LOS VECINOS DEL VECINO

La continentalización de México y Canadá en América del Norte

LOS VECINOS DEL VECINO

La continentalización de México
y Canadá en América del Norte

_____

María Teresa Gutiérrez-Haces

Ariel

Diseño de portada: José Luis Maldonado
Ilustración de portada: ©iStockphoto

© 2015, María Teresa Gutiérrez-Haces

Derechos reservados

© 2015, Universidad Nacional Autónoma de México
Ciudad Universitaria, Coyoacán
C.P. 04510, México, D.F.
Instituto de Investigaciones Económicas
Circuito Maestro Mario de la Cueva, s/n
Ciudad de la Investigación en Humanidades

© 2015, Ediciones Culturales Paidós, S.A de C.V.
Bajo el sello editorial ARIEL M.R.
Avenida Presidente Masarik núm. 111, Piso 2
Colonia Polanco V Sección
Deleg. Miguel Hidalgo
C.P. 11560, México, D.F.
www.planetadelibros.com.mx
www.paidos.com.mx

Primera edición: septiembre de 2015

ISBN UNAM: 978-607-02-6397-2
ISBN PLANETA: 978-607-8406-53-1

Este libro fue dictaminado por pares académicos.

Impreso en los talleres de Litográfica Ingramex, S.A. de C.V.
Centeno núm. 162-1, colonia Granjas Esmeralda, México, D.F.
Impreso y hecho en México - *Printed and made in Mexico*

A Sebastián, Lupita y Alexander Hiernaux

Contenido

Tercera parte

La continentalización como sistema de articulación de poder prolongado

Agradecimientos

Esta obra es el resultado de numerosos años de investigación. No se trata aquí de hacer un recuento casi histórico de las deudas intelectuales y afectivas que se encuentran detrás del libro, sino de poner en evidencia los activos adquiridos a lo largo del proceso de elaboración de esta obra, aquellos que por su naturaleza no dejan de ser profundos, determinantes y, en muchos casos, entrañables.

Es sin duda gracias al trato cotidiano con un intelectual de la talla del Dr. Leopoldo Zea, quien contribuyó profundamente en mi formación intelectual en una primera etapa de mi vida universitaria, a quien yo debo mi apertura profesional al mundo y mi interés por construir una visión propia, a partir de los estudios comparados, primero sobre América Latina y posteriormente más centrados en América del Norte.

Este libro indudablemente es el resultado de la perspectiva intelectual que adquirí durante mis estudios de posgrado en la Universidad de Lovaina y en la Universidad de Amberes en Bélgica, así como a través de mi doctorado en la Universidad de la Sorbonne Nouvelle-Paris III. Estas experiencias marcaron mi formación y conocimiento sobre el estudio del desarrollo económico desde la perspectiva de la economía política internacional.

Posteriormente, mi integración al Instituto de Investigaciones Económicas de la Universidad Nacional Autónoma de México (UNAM) y por algunos años al Centro de Investigaciones sobre América del Norte, también de la UNAM, me ofreció un ambiente de trabajo estable, con un inmenso grado de autonomía que alentó mi creatividad. En especial, agradezco a los directivos del Instituto de Investigaciones Económicas su apoyo y respeto a mi investigación sobre América del Norte, y posteriormente, a la redacción de este libro, indudablemente la tarea intelectual más significativa dentro de mi vida académica.

Quiero también reconocer la importante contribución que representó el contacto con los investigadores canadienses. Mis muchas estancias en las universidades canadienses, trabajando junto a innumerables personas que me apoyaron durante mis prolongadas estadías de investigación, permitieron que con los años me convirtiera en un verdadero "canadianista". Esta experiencia derivada de la relación constante con los investigadores (y las "investigadoras", como se insiste en Quebec) ha sido central en mi trabajo no solo como investigadora sino como docente. Quiero agradecer muy especialmente a Christian Deblock y a Dorval Brunelle, mis primeros colegas canadienses de la Universidad de Quebec en Montreal; a Stephen Clarkson y al profesor Mel Wathins, de la Universidad de Toronto; a Marie Lapointe y Gordon Mace de la Universidad Laval; a Fernand Harvey del Instituto Nacional de la Investigación Científica en Urbanización, Cultura y Sociedad; a Daniel Drache de la Universidad de York; a Duncan Cameron de la Universidad de Ottawa; a Marjorie Cohen de la Universidad Simon Fraser; a Laura MacDonald de la Universidad de Carleton; a Michel Rioux de la Universidad de Quebec en Montreal, y a Bruce Campbell del Centro Canadiense de Políticas Alternativas de Ottawa.

También quisiera hacer una mención a Jean Labrie y a Brian Long, responsables de la promoción de los estudios canadienses en el mundo, dentro del Ministerio de Asuntos Exteriores y Comercio Internacional de Canadá (DFAIT). Su apoyo durante mis largos años de investigación en las universidades canadienses y en el Archivo Nacional de este país fue invaluable. En el mismo tenor, quisiera agradecer a Gloria Antonetti, encargada de la Biblioteca Hugh Keenlyside de la Embajada de Canadá en México y a Pierre Sved, responsable de la sección de enlace académico de la misma embajada, por su apoyo y sensibilidad al interés de los académicos mexicanos en el estudio de la realidad canadiense.

Finalmente, me gustaría destacar los excelentes lazos de amistad forjados con los colegas del Consejo Internacional de Estudios Canadienses, que compartieron conmigo una visión del Canadá desde fuera; en especial quiero mencionar a Jean-Michel Lacroix, profesor del Instituto del Mundo Anglófono de la Universidad Paris III, Sorbonne Nouvelle, que durante años ha fomentado los estudios canadienses en Francia, así como a Cristina Frías, presidenta ejecutiva del International Council for Canadian Studies, en Ottawa.

Del lado europeo, me gustaría expresar mi agradecimiento al apoyo ilimitado y profunda amistad que durante años me ofrecieron mis mentores y amigos del Instituto de Altos Estudios de América Latina, en particular los profesores Jean Revel-Mouroz, Polymnia Zagefka y Jean-Michel Blanquer, así como al profesor Alain Joxe, catedrático en la Escuela de Altos Estudios en Ciencias Sociales y a la profesora Martine Azuelos de la Universidad Paris III.

Para la realización de este trabajo, agradezco el apoyo incondicional de mi asistente de investigación, Carmen Uribe, quien pacientemente me ayudó en la búsqueda de los datos que constituyen el esqueleto de este libro.

Para terminar con esta larga lista de reconocimientos, que no son sino una aproximación del inmenso número de agradecimientos que respaldan este libro, agradezco a mi hijo, Sébastian Hiernaux, quien me acompañó a lo largo de esta compleja y a veces solitaria experiencia que es la investigación.

Prefacio

El carácter y la naturaleza de las relaciones entre México, Estados Unidos y Canadá, analizados desde la singularidad que producen los contactos entrecruzados entre estos tres países, región conocida como América del Norte, es sin duda el referente analítico de este libro.

Encontrar los elementos que han dotado a estas relaciones de su particularidad, y en ocasiones de su excepcionalidad, implicó un complejo ejercicio de investigación y reflexión, en el que uno de los principales desafíos consistió en esquivar la trampa del lugar común, y demostrar a través de sus capítulos la multiplicidad de temáticas a explorar y reinterpretar dentro de la vasta diversidad de vínculos que se desarrollan en Norteamérica.

Este reto obligadamente nos llevó a preguntarnos si aún quedaban algunos intersticios, ciertos fragmentos secretos o detalles olvidados que pudieran descifrar aspectos oscuros o extraviados en las relaciones entrelazadas o bifurcadas de estos países, y ofrecernos elementos y pistas que sirvieran para emprender nuestra investigación desde una perspectiva renovada, una que ofreciera la posibilidad de replantearnos el futuro de América del Norte con mayor nitidez.

Durante casi un siglo, en la naturaleza del análisis sobre las relaciones entre México y Estados Unidos, así como sobre Canadá y Estados Unidos, ha prevalecido un enfoque de carácter bilateral, acentuadamente compartimentado debido al carácter hegemónico de Estados Unidos. En contadas ocasiones se ha buscado elaborar una indagación de índole trilateral que explique la simultaneidad, la interacción o lo refractario de las relaciones que sostienen entre ellos, individual y hasta conjuntamente. Por ello este libro se propuso interpretar y construir un análisis en el que se diera cuenta de cómo se ha modificado el carácter del Estado, principalmente en México y Canadá, como resultado de la relación con su vecino: Estados Unidos. Visto así, no se trata de examinar dos bilateralismos separados y en ocasiones antepuestos, sino de encontrar los trazos que explican cómo las dos semiperiferias de Estados Unidos, representadas por Canadá y México, han respondido de forma paralela, a veces simultánea y en innumerables ocasiones desencontradamente a la vecindad estadounidense, de ahí que este libro trata de los vecinos del Vecino.

La instrumentación del Tratado de Libre Comercio de América del Norte (1994) indudablemente modificó el carácter y la dinámica de las relaciones entrecruzadas que habían prevalecido hasta esa fecha en la región, pero de todos los cambios que se dieron en los últimos veinte años, destaca la transformación de la relación entre México y Canadá en nuevos términos; en esta sobresale una nueva forma de vincularse, en la que sin prescindir de su relación con Estados Unidos han ido construyendo un espacio común propio.

En un horizonte temporal en que los acuerdos comerciales de diversa índole han proliferado, dando una nueva fisonomía a América del Norte, es de notar que Canadá y México se han convertido simultáneamente en los vecinos del Vecino, hecho muy distinto de lo que había sido la norma en la región. En la actualidad, estos países son más conscientes de que lo que había sido una tarea bilateral desinformada y hasta indiferente, actualmente es un ejercicio cotidiano muy dinámico, en el que interactúan repensando su destino continental dentro de América del Norte.

Bajo los imperativos de la coyuntura regional e internacional, Canadá y México enfrentan su mutua vecindad y también su propia vecindad con Estados Unidos de manera más idónea que en el pasado. Este hecho no hace más que denotar su mutua circunstancia histórica y geográfica, que es la de estar perennemente inmersos en un proceso de negociación de su propia vecindad, en la que se asume que ser los vecinos del Vecino implica la renegociación de su recíproca y a la vez propia interlocución en Norteamérica.

Este libro, por tanto, no es un análisis separado de las relaciones de México y Canadá con Estados Unidos, sino un intento de visualizar la relación de estos dos países con el Vecino que los une y los separa, en un proceso más amplio que pone en evidencia los puntos en común, las diferencias y los contrastes, los hechos históricos que los han aproximado y aquellos que en ocasiones también los han alejado. Estos hechos, que se remontan a la construcción misma de los tres países, se desarrollan dentro de un proceso de continentalización progresiva, que de forma paulatina, pero de manera desigual y asimétrica, ha ido incluyendo a los tres países de América del Norte dentro de un espacio único, caracterizado por su articulación en lo económico, y gradualmente identificado, en la dimensión de las cúpulas políticas y empresariales, con la visión estadounidense. Sin embargo, este proceso ha estado muy lejos de ser lineal; la resistencia, y las disidencias, de Canadá y México a ser parte del proyecto continental de Estados Unidos indudablemente ha establecido matices determinantes en Norteamérica.

El hilo conductor de este libro es, entonces, la continentalización, un proceso de naturaleza múltiple que en cierta medida se remonta a la consolidación política de estos países y que por su particularidad resulta ser uno de los rasgos más destacados de las relaciones económicas y políticas de la América del Norte.

Frente a las numerosas voces que sitúan la relación trilateral contemporánea fuera de su contexto histórico y que consideran que estas son un efecto directo del regionalismo abierto, iniciado en la década de 1990, nosotros planteamos como punto de partida del análisis la historicidad de la continentalización, vista como un proceso dinámico, progresivo y cambiante, y no tanto como resultado exclusivo del voluntarismo de las élites y los gobiernos.

La perspectiva cronológica que da cuenta de la implementación de la continentalización no es suficiente. Los hitos históricos, políticos y económicos mencionados en el libro estuvieron encuadrados dentro de una genealogía con la que intentamos demostrar cómo la continentalización, lejos de ser un concepto acotado a primera vista, en realidad es un referente conceptual que se construye y desconstruye de manera permanente en América del Norte.

Una de las primeras evidencias que dio origen a la argumentación desarrollada en este libro fue que la construcción de la continentalización no se hizo, ni se hace, en un contexto de equilibrio cuasiperfecto entre los tres países, en particular en las esferas política y económica. Sino que más bien, lo inverso ha sido la regla predominante. Paradójicamente, la asimetría, el desequilibrio y la desigualdad han sido los elementos que mayormente han dado cohesión y coherencia al proceso mismo de la continentalización.

La continentalización debe ser entendida como un proceso que pone en evidencia la creciente convergencia de intereses entre los gobiernos y los grupos empresariales más identificados con las premisas del libre comercio. En sentido opuesto se encuentra la falta de identificación con estos principios y la inclinación hacia lo que sería la antítesis del libre comercio: el proteccionismo, que ha generado posiciones refractarias y contestatarias a la continentalización.

Este rasgo es analizado extensamente como fases de ruptura y obvio desencuentro entre los tres países, produciendo con ello la puesta en marcha de procesos parciales de continentalización. Cabe destacar que tanto México como Canadá en el pasado vivieron largos períodos de anticontinentalización, entendidos como posiciones reactivas a lo que en su momento fue interpretado como un proceso de absorción o de asimilación de Estados Unidos a sus dos vecinos. Actualmente todo parece apuntar a interpretar la continentalización como una consecuencia inherente a la vinculación creciente de los tres países dentro de una región única por su composición política y económica en torno a una hegemonía.

El propósito medular del libro es, indudablemente, reformular una conceptualización que al mismo tiempo logre la desconstrucción de las definiciones y los enfoques tradicionales, que generalmente han atribuido la prioridad al análisis de las relaciones bilaterales de los tres países, cayendo así en un reduccionismo fácil que sobredimensiona la ascendencia de Estados Unidos en la región, restando a Canadá y a México cualquier margen de maniobra.

Este enfoque, si bien permite poner en evidencia aspectos significativos de las relaciones internacionales, fracasa frente a la complejidad creciente de la interconexión dentro de la región, al obviar otras dimensiones en las que el antagonismo o la complementariedad desempeñan un papel crucial como agentes dinamizadores.

A lo largo de la historia política y económica de las Américas han surgido diversos conceptos y definiciones que de una u otra forma han buscado definir la naturaleza de las relaciones que Estados Unidos ha establecido, principalmente en el continente latinoamericano. Estos referentes han buscado explicar, y en muchos casos simplemente describir, cómo bajo los términos de las relaciones hegemónicas estadounidenses reaccionan los países receptores; en ese sentido debe analizarse, entre muchas otras ideas, las vertidas por el bolivarismo, el dependentismo, la Teoría del Subimperialismo, y, en cierto sentido, el estructuralismo desarrollado en los trabajos iniciales de la Comisión Económica para América Latina, bajo el liderazgo intelectual de Raúl Prebish.

En contrapunto a las definiciones emanadas del pensamiento y la realidad latinoamericana, este libro argumenta que la continentalización nace de la visión que Estados Unidos tiene y manifiesta de su propio papel en el continente americano y en particular en América del Norte. No está de más mencionar que el movimiento de independencia de Estados Unidos se originó después de que los colonos descontentos con la política del Imperio británico celebraran el Primer Congreso Continental (1774), en el cual se esperaba también la participación de los delegados de las Colonias Británicas de América del Norte, entre las que se contaba el Alto y Bajo Canadá (Quebec y Ontario) y Nueva Escocia. Durante el Segundo Congreso Continental (1775) se organizó un Ejército Continental Americano, nombrando como su jefe a George Washington, y ya en 1781 se hablaba de los billetes continentales y de la imposibilidad de formar un gobierno continental fuerte.

En este sentido Estados Unidos creó su propia versión de Estado, con base en la idea de un proyecto continental. La percepción de Estados Unidos como una nación continental cobró mayor significado cuando los Padres Fundadores decidieron llamarla los Estados Unidos de América, dejando así poco margen de maniobra y de imaginación para el futuro político del resto del continente americano. Asimismo, la prolongación de su visión y de su proyecto al resto de las Américas se concretó primero con la Doctrina Monroe (1823), después con la Primera Conferencia Panamericana (1889-1890) y posteriormente con el Panamericanismo.

En 1990, tres años después de que Canadá y Estados Unidos sellaran su relación económica con la firma de un acuerdo de libre comercio, Seymour Martin Lipset publicó en Estados Unidos su obra seminal, titulada en español *La división continental. Los valores y las instituciones de los Estados Unidos y Canadá*. En ella buscó demostrar el carácter distintivo de los dos países desde 1783 hasta la época actual. En su introducción, Lipsey se desvincula de la connotación geográfica de lo que se denomina la *División Continental*, definida como una demarcación física, lo suficientemente elevada en su superficie como para crear una línea divisoria entre los flujos de al menos dos ríos, uno desembocando hacia el Este y el otro hacia el Oeste, como sería el caso de las montañas Rocallosas respecto a Canadá y Estados Unidos.

Lipsey no consideró en su obra los términos *continentalización* y *continentalismo* para describir el proceso político y económico que progresivamente ocurría en América del Norte, y prefirió analizar los valores y la cultura de dos naciones emanadas de un mismo proyecto colonial, para determinar lo que él considera las diferencias consistentes en comportamientos, instituciones y valores. Sin embargo, al utilizar literariamente el término para titular su obra, Lipsey posiblemente consideró innecesario atender al hecho de que la *División Continental* no solo separa los cauces fluviales del Océano Pacífico de los que desembocan en el Océano Atlántico y en el Ártico, sino que se prolonga hacia el Sur del Continente Americano siguiendo la cresta de la Sierra Madre Occidental en México y continuando hasta los picos de América del Sur, a través del Canal de Panamá. En suma, existe una traza que la propia naturaleza creó para unir un continente bajo el nombre de la *División Continental*.

Difícilmente podríamos determinar cuánto influyó la idea de la *División Continental* en los colonos rebeldes que protagonizaron la Revolución de Independencia de los Estados Unidos de América, pero indudablemente el uso del vocablo *continental* trascendió su propia connotación geográfica y se adoptó para definir un proceso articulador del espacio norteamericano. Con el tiempo, el uso que hicieron Canadá y México del término resultó muy distinto del utilizado originalmente por los fundadores de los Estados Unidos; sin embargo, no hay que perder de vista que la referencia ulterior al concepto, tarde o temprano hace alusión a la relación con Estados Unidos.

Canadá se sirvió inicialmente del término como un eufemismo para describir la identificación progresiva de su gobierno y de las élites dominantes con sus contrapartes estadounidenses, con las cuales compartían no solo el idioma, parte de su cultura y de su historia, sino la necesidad de construir una identidad propia frente a la presencia de la Gran Bretaña.

La continentalización vista por aquellos canadienses fue, en un primer momento, una reacción frente a las presiones atlantistas reivindicadas por la monarquía inglesa. Estas presiones fueron las que, de acuerdo con el historiador canadiense Jack Granatstein en su libro *Yankee Go Home? Canadians and Anti-Americanism,* "arrojaron a Canadá en los brazos de los estadounidenses".

A lo largo de la historia política de Canadá, el continentalismo o la continentalización aluden a las políticas gubernamentales que han buscado la consolidación de los vínculos económicos con Estados Unidos. Durante los siglos XIX y XX, ocurrieron amplios debates sobre las opciones políticas y económicas de Canadá; muchos respaldaron la opción nacionalista, aquella que hizo decir al primer ministro John Diefenbaker: "Yo no soy antiamericano. Pero soy férrea y decididamente procanadiense". En aquel momento, ser nacionalista podía traducirse como ser pro-Atlantista.

Tuvieron que pasar varias décadas para que el gobierno canadiense y los canadienses repensaran su nacionalismo a raíz de una revisión exhaustiva del estado de su economía en lo tocante a la propiedad y el control de sus recursos naturales, así como de la actividad manufacturera. Esta revisión, resultado del Reporte Watkins, reveló a la sociedad canadiense cómo su economía se encontraba prácticamente en manos de las empresas estadounidenses. A partir de este reporte, los canadienses se dividieron entre aquellos que consideraban a la continentalización como una opción "natural" y aquellos que cerraron filas para que la economía en su conjunto fuera recuperada por Canadá.

Este proceso, que puso en el centro del debate el destino de Canadá, contó con dos grandes hitos en su historia: la Tercera Opción (1973), que inspiró al gobierno liberal del primer ministro Pierre Trudeau, y el Libre Comercio, que como opción-país desembocó en el Acuerdo de Libre Comercio con los Estados Unidos (1988-1994) y el Tratado de Libre Comercio de América del Norte (1994) bajo el gobierno conservador de Brian Mulroney.

Durante el siglo XX, los canadienses continuaron utilizando el término para describir un proceso de identificación creciente con muchos de los valores estadounidenses, pero sobre todo para justificar la profundización de una dependencia de carácter económico como la fuerza motriz del desarrollo canadiense.

México interpretó de manera muy distinta su relación con los Estados Unidos y raramente la vinculó a un término como la *continentalización*. Debido a su histórica vinculación a los países de América Latina y el Caribe, la idea de compartir un concepto que lo integraba plenamente a América del Norte y que lo desvinculaba de las Américas estaba muy lejos de sus principios y compromisos políticos. En su lugar, se inclinó por describirla como una amenaza a su autodeterminación o, pura y simplemente, como un intento de asimilación o de anexión.

A mediados de la década de 1980, el peso económico de los Estados Unidos se convirtió en una variable determinante en su relación con Canadá y con México, lo que a la larga produjo un proceso creciente de regionalización propio de América del Norte: el continentalismo. En la práctica resultó ser más intenso y definitorio que la propia apertura económica que México y Canadá habían emprendido años atrás hacia el resto del mundo. Este rasgo, que caracteriza exclusivamente a las economías de estos países hasta el período actual, ha implicado que su participación en el proceso de globalización se haga a partir del continentalismo, es decir, por la intermediación o la interferencia de los Estados Unidos. Visto así, el regionalismo abierto de México y Canadá, aunque naturalmente se inscribe en el proceso de globalización de los intercambios comerciales y de capital, lo hace a través de su propia continentalización.

En este sentido, la connotación de regionalismo abierto inicialmente propuesta por la CEPAL resulta aplicable al contexto del continentalismo en América del Norte: "Un proceso creciente de interdependencia económica en la región, promovido por acuerdos preferenciales de integración y liberalización comercial, reforzados por la proximidad geográfica".

A través de nuestro análisis hemos querido destacar aquellos elementos que dotan a América del Norte de su especificidad y, por ende, de su particularismo; entre estos cabe mencionar aquellos que enfatizan con mayor claridad el significado y los alcances de la continentalización.

Una pieza clave para entender la continentalización es que aunque esta es originada por los Estados Unidos, no puede autorreproducirse sin la connivencia de sus vecinos. Con los años, aparentemente, la continentalización ha dejado de tener una connotación tan negativa y en la actualidad es considerada por los gobiernos de México y Canadá como una palanca para asegurar el crecimiento económico de sus vecinos; en particular esta posición se hizo más patente con la instrumentación del TLCAN.

La economía de los Estados Unidos siempre ha dependido de los recursos naturales y la mano de obra de sus vecinos, lo que ha implicado una suerte de interdependencia desigual. Sin embargo, la atadura de los recursos naturales ha sido manejada de manera muy distinta y discrepante por México y Canadá. Mientras el primero expresó posiciones muy nacionalistas, en particular desde 1938 y hasta la década de los noventa, en el caso del segundo solo se puede mencionar la existencia de un breve período de carácter nacionalista conocido como la canadianización, que entre otras iniciativas, replanteó la gestión gubernamental de los recursos naturales. Como resultado de esta estrategia se creó PetroCanadá (1973), a imagen y semejanza de la empresa paraestatal Pemex, el New Energy Program (1980), así como diversas empresas hidroeléctricas en las provincias con mayor cantidad de recursos hídricos como son Hidro-Quebec e Hidro-Columbia Británica.

México comenzó a participar plenamente en el proyecto internacional de comercio de Canadá y de los Estados Unidos bajo los parámetros del libre comercio a partir de 1986, como consecuencia de su entrada al GATT (1985); aunque el impulso más consistente provino del Tratado de

Libre Comercio de América del Norte (1994) y de su ingreso a la OCDE en el mismo año. Esto explica la demora estructural que se advierte al comparar con Canadá su participación integral dentro del proyecto económico norteamericano.

La frontera es una coordenada geográfica de primer orden para comprender la continentalización. La economía mexicana se manifestó de manera más clara y decidida en su "marcha hacia el Norte" desde los años setenta por medio del programa de la industria maquiladora de exportación; gracias a este, dio los primeros pasos hacia la transformación de la frontera norte de México al introducir cambios de carácter cualitativo y cuantitativo en su relación con los Estados Unidos. En contraste, Canadá ha sido siempre un país concentrado física y económicamente a lo largo de su frontera con los Estados Unidos. El hecho de que la mayoría de su actividad económica sea mayoritariamente compartida con los estados de la Unión Americana, prácticamente desde 1854, facilitó sin duda el proceso de continentalización.

Históricamente, la frontera Canadá-Estados Unidos ha sido mucho más abierta que la del lado mexicano, en gran medida porque la primera no funciona bajo la presión de una migración ilegal desmedida y porque las actividades económicas de uno y otro lado de la frontera se encuentran perfectamente reguladas. Por otra parte, la frontera canadiense ha prescindido progresivamente de las garitas de control aduanero en los pasos fronterizos terrestres, por considerarlas innecesarias y costosas. En su lugar existen puestos de control migratorio gestionados por servidores públicos canadienses y estadounidenses, en los aeropuertos internacionales de Canadá.

La existencia de un regionalismo tan sui géneris en América del Norte obliga a la reconsideración de sus fronteras, a repensar las articulaciones territoriales y la división espacial del trabajo entre los tres países; estos imperativos, entre otros, imponen una modificación radical de los sistemas de infraestructura establecidos en períodos anteriores. Si bien el proceso vinculado a los flujos de capital y mercancías está regulado, las fronteras requieren una transformación de fondo que se base en las necesidades de desarrollo regional y no exclusivamente en las exigencias de seguridad nacidas de la lucha antiterrorista.

Esquema del libro

Esta obra fue dividida en tres partes. La primera aborda la continentalización como un proceso que busca la institucionalización de los espacios en América del Norte. En un primer capítulo damos una respuesta inicial, apoyándonos en el análisis de las raíces históricas del desarrollo económico de México y Canadá frente a la continentalización. Se trata de un ejercicio de reflexión que comparativamente da seguimiento a ambos procesos, los cuales a primera vista fueron tangencialmente opuestos si nos atenemos a la disyuntiva que enfrentaron respecto a las políticas económicas a implementar. De manera particularmente sorprendente, el debate en torno a estas opciones y la decisión que finalmente tomaron respecto a crecer con o sin la intervención de los Estados Unidos, marcaron de manera profunda su futuro económico en Norteamérica.

A pesar de que las soluciones propuestas para resolver el dilema del desarrollo como Estado independiente fueron notablemente distintas, sería imposible soslayar que tal diferenciación resulta de un conjunto de factores, entre los cuales la estructura político-institucional que finalmente adoptaron México y Canadá delinearon no solo las bases económicas de estos países, sino su destino político a escala internacional.

El esfuerzo que implicó para México reconstruirse como un Estado nacional, después de una guerra de independencia devastadora y un largo período de inestabilidad y mutilación territorial, indudablemente jugó en su contra colocándolo en una evidente asimetría en el proceso de crecimiento de América del Norte. Por su parte, Canadá asumió una relación de independencia relativa de su metrópoli, al optar por permanecer dentro de la estructura política y económica del Imperio. Así, sin necesidad de recurrir a una guerra de independencia, como las ocurridas respectivamente en los Estados Unidos y en México, Canadá prefirió resolver su relación con los Estados Unidos protegido por el manto británico al aceptar, entre otros, que la cabeza de la monarquía inglesa fuera, a la vez, el jefe del Estado en Canadá. Paradójicamente, esta tendencia no se extendió al ámbito económico, en el que el gobierno canadiense se demarcó rápidamente de sus vínculos británicos, buscando consolidar un modelo económico anclado en la explotación de los recursos naturales gracias a la inversión estadounidense.

El segundo capítulo se construye alrededor de la política económica internacional de Canadá. Este país comprendió tempranamente la importancia que tenía para su sobrevivencia la construcción de una diplomacia basada de forma exclusiva en las relaciones económicas. El móvil de esta decisión encuentra su explicación en los límites que el propio gobierno británico impuso a Canadá para el establecimiento de una política exterior independiente. Con pragmatismo, los sucesivos gobiernos canadienses construyeron gradualmente una política marcada por la inevitable presencia de Estados Unidos, y por la menguante lealtad a la Madre Patria. En este capítulo se trazan los diferentes momentos de su política económica y la relación que se establece progresivamente con un modelo de continentalización.

La contraparte del anterior capítulo es analizada en el tercero. En este se llevó a cabo un recorrido similar al del caso canadiense. Se revisan los primeros acuerdos comerciales que México trató de establecer con Gran Bretaña y Estados Unidos durante el siglo XIX y principios del XX, para rematar con los acuerdos firmados en el marco de la Segunda Guerra Mundial. Posteriormente se analiza la importancia que tuvo el nacionalismo de México en el diseño de sus estrategias económicas, en un momento marcado fuertemente por la ideología que agrupaba alrededor de este país la causa de los países del Tercer Mundo. El capítulo termina analizando cómo México se despoja paulatinamente de su ideología nacionalista y se encamina para participar en una modalidad inédita de identificación con las propuestas de una mayor integración con los países de América del Norte.

Una vez establecidos los paralelismos y las diferencias de las historias económicas y la construcción gradual de las políticas comerciales internacionales de los dos países, nos centramos, en la segunda parte de este libro, en el tema de la convergencia de las relaciones económicas mutuas. En el capítulo cuarto no solo se hace un repaso sobre las cercanías intermitentes de los dos países, también se presta especial atención en demostrar que el interés mutuo que unió a los dos países desde el siglo XIX literalmente sufrió un cortocircuito debido a la creciente presencia de Estados Unidos. A pesar de esta interferencia, destacan los intereses económicos canadienses, presentes en varias etapas de la modernización de México, en particular durante el porfiriato, en que los capitales canadienses se encargaron de modernizar la infraestructura de las principales ciudades del país. A pesar de que este fue un encuentro difícil, sobre todo cuando las inversiones y los activos canadienses fueron dañados por la Revolución Mexicana, la relación bilateral finalmente eclosiona con el establecimiento formal de las relaciones diplomáticas entre los dos países en 1944 y la apertura de las mutuas embajadas; esta nueva fase de la relación se basa en una institucionalización creciente que finalmente tendrá como colofón el TLCAN.

Por su parte, el capítulo quinto proporciona un análisis detallado de las condiciones y las reacciones que marcaron la firma del Acuerdo de Libre Comercio entre Canadá y Estados Unidos, firmado en 1988. En este apartado no se analizan en detalle los términos del Acuerdo, ya que esta tarea la han realizado otros investigadores y yo misma en otros contextos, sino que se sitúa dicho Acuerdo dentro de la tendencia hacia la continentalización que examinamos en los capítulos anteriores. En esta parte, se considera particularmente interesante explicar las condiciones de comercio y las dificultades experimentadas por los negociadores canadienses frente a sus contrapartes estadounidenses, como una muestra representativa de las estrategias de los negociadores estadounidenses, casi los mismos que en un futuro cercano estarían involucrados en la última Ronda del GATT, y el inicio de la negociación del TLCAN. A través de este análisis se busca detectar aquellos rasgos que cambiaron subrepticiamente la relación con sus vecinos.

En el sexto capítulo se ofrece un análisis similar en su estructura, sobre el TLCAN, un tratado que unió por primera vez a los tres países bajo el formato de un acuerdo de libre comercio ampliado a otros tópicos como la protección a la inversión de los tres países dentro de la región. Decidimos no retomar las diversas interpretaciones alrededor del contenido del tratado, sino más bien destacar su esencia y su funcionalidad en el proceso de continentalización. Para ello buscamos responder a ciertos interrogantes, entre los cuales, uno en especial, guía al resto de nuestros cuestionamientos: ¿Cuáles fueron los elementos clave del TLCAN, aquellos que permitieron fortalecer nuestra hipótesis central, la cual sostenía que el TLCAN había dejado atrás un proceso de continentalización *de facto* en

América del Norte para convertirse en una continentalización reforzada, y *de jure*? Una vez más, la dinámica impuesta por la negociación nos pareció un indicativo de la correlación de fuerzas entre los tres países.

Finalmente en este capítulo nos interesa destacar el tema de la reacción de la sociedad civil, ya sea de las cámaras de comercio, de los grupos empresariales o de los sindicatos, sin olvidar la confluencia de fuerzas que se formaron de manera *ad hoc* para oponerse a la firma de este acuerdo. En las dos experiencias aquí descritas, podría afirmarse que la aceleración del proceso de continentalización prohijó la apertura de la sociedad civil de Canadá y de México, junto con la estadounidense; sobre este asunto, el libro estableció paralelismos importantes.

La última parte del libro proporciona al lector varios análisis sobre la continentalización como un sistema de articulación del poder ampliado. Una de las preguntas que legítimamente surgen del proceso de integración que llamamos la continentalización es cómo se prevé la relación con América Latina después del TLCAN. Si bien sabemos que Canadá mantiene considerables intereses económicos de larga data en los países económicamente más importantes de América Latina, es evidente que México también tiene un gran ascendiente en el Sur y que sus intereses económicos no son menos importantes que los de Canadá. Sin embargo, las apuestas en torno a una estrategia más afinada con América Latina son diametralmente distintas porque se encuentran marcadas por el TLCAN.

En el marco de este análisis, quisimos dar paso a una exploración sobre la dimensión local, saber cómo se manifiesta el proceso de continentalización en el microcosmos de una provincia canadiense como Quebec, la cual representa, junto con Ontario, a las provincias fundadores de Canadá.

Históricamente, Quebec siempre ha estado en busca de su plena autonomía en relación con el gobierno federal canadiense, pero también ha perseguido sostenidamente su reconocimiento internacional como una sociedad distinta dentro del conjunto de provincias mayoritariamente angloparlantes. Siguiendo esta doble estrategia, Quebec instrumentó una política comercial independiente que acompaña y en ocasiones esconde bajo una política de defensa de su especificidad cultural.

Frente a un proceso de creciente continentalización, Quebec no ha podido sustraerse a la dinámica impuesta por el TLCAN. Durante la negociación del Acuerdo de Libre Comercio con los Estados Unidos, manifestó su incontestable liderazgo, presionando para que la negociación no fuera un asunto exclusivamente federal, y se declaró resueltamente continentalista, buscando con ello debilitar la relación especial que la provincia de Ontario había sostenido históricamente con Estados Unidos.

Respecto a sus intereses en América Latina, Quebec ya llevaba una considerable delantera en relación con el resto de las provincias canadienses, cuando el TLCAN acercó a Canadá con América Latina.

Este libro termina con algunas conclusiones generales y una extensa bibliografía a la cual hemos hecho referencia a lo largo del texto.

Primera parte

La continentalización como proceso de institucionalización de los espacios

Capítulo 1

Raíces históricas del desarrollo económico de México y de Canadá a la luz de la continentalización

Introducción

En años recientes ha sido considerable el número de ensayos, artículos y libros que se han escrito tomando como eje de su análisis la noción de América del Norte.

Aunque ya resulta un lugar común afirmar que esto se debe al Tratado de Libre Comercio de América del Norte (TLCAN), lo que en gran medida es cierto, es indiscutible que el ambiente, no solo económico, sino político y social generado a raíz del tratado, trastocó las vertientes tradicionales de análisis de los estudios sobre las relaciones bilaterales de los tres países signatarios del TLCAN, dentro de las cuales generalmente se examinan determinados aspectos de los binomios México-Estados Unidos y Canadá-Estados Unidos, respectivamente.

Este capítulo revisará el análisis tradicional que enfatiza los aspectos meramente bilaterales, examinando comparativamente aquellos que por su relevancia podrían explicar el rumbo que ha tomado la dinámica del desarrollo económico, principalmente de México y Canadá y, en un menor grado, de EEUU,[1] ocurrido antes de 1987 y 1990, fechas en que se iniciaron las negociaciones del Acuerdo de Libre Comercio Canadá-Estados Unidos y el Tratado de Libre Comercio de América del Norte.

En un momento en que la discusión en torno a la creación de una comunidad norteamericana[2] está empezando a adquirir cierto sentido, y en el cual la instrumentalización del TLCAN ingresa en su fase final (2004-2013), y por consiguiente se abre la posibilidad de la creación de una unión aduanera,[3] la evaluación sobre lo que ha sido y es el desarrollo económico de México y Canadá cobra particular relevancia.

Es un hecho que durante la negociación del TLCAN los funcionarios de los tres países asignados a esa tarea tuvieron que llevar a cabo el proceso de negociaciones a la par que el autoaprendizaje de diversos aspectos vinculados al desarrollo económico de sus contrapartes. Desde luego, dentro de este proceso, tanto México como Canadá conocían lo suficiente sobre el socio estadounidense, por ser la contraparte económica dominante, mientras que a la vez ignoraban un número considerable de aspectos económicos concernientes a ellos mismos.

Aunque el tema de las asimetrías económicas fue oficialmente ignorado a petición expresa del grupo negociador mexicano, estas estuvieron presentes en todo momento y sirvieron en gran medida para determinar el rumbo que tomaría la negociación.[4] Paradójicamente el equipo mexicano reivindicó un trato entre iguales, respaldado en su reciente ingreso a la Organización para la Cooperación y el Desarrollo Económico (OCDE) en 1994, como si por arte de magia, tal membresía hubiera sido capaz de borrar el hecho de que las relaciones entre los tres países eran y serán estructuralmente asimétricas.

Por lo anterior, no se consideraron las asimetrías económicas, lo cual provocó que no se estableciera ningún mecanismo de compensación para solventar aquellas que pudieran detectarse en el caso de México, pero también de Canadá, como consecuencia de la instrumentalización del TLCAN.

El tema de las asimetrías económicas en América del Norte es, sin lugar a dudas, el rasgo que mejor caracteriza la forma en que se ha dado el proceso de desarrollo económico entre México, EEUU y Canadá; sin embargo, raramente se consideró la necesidad de formular una explicación consistente sobre el origen de tales asimetrías.

Tomando en cuenta lo anterior, el propósito de este capítulo consiste en analizar los principales rasgos que han caracterizado el desarrollo económico de México y de Canadá, desde una perspectiva que esencialmente busca desentrañar las complejidades de dos procesos asimétricos en los que sobresale inicialmente la presencia de tres poderes hegemónicos: España, Inglaterra y los EEUU, como los actores que de manera más flagrante han modificado históricamente el carácter contemporáneo del Estado en los dos países.

El argumento central sobre el cual buscamos que descanse nuestro análisis es que el sistema capitalista ha recreado permanentemente un número considerable de desigualdades, las cuales comportan una función esencial dentro del carácter acumulativo del sistema capitalista. Estas desigualdades han moldeado el carácter del desarrollo económico de estos países y, a la vez, han determinado una forma de articulación específica entre las dos semiperiferias de América del Norte y el Centro estadounidense.[5]

En este sentido, si buscamos comprender el desarrollo económico de estos dos países y desentrañar las razones de su vinculación o ruptura con EEUU, resulta imprescindible inquirir sobre las diversas respuestas que a través del tiempo se han formulado frente a la propuesta de ser parte del proyecto de desarrollo económico de los EEUU.

Dentro de un estudio de esta naturaleza, evidentemente surgen innumerables criterios sobre cuáles serían las variables que servirían para explicar las diferencias y coincidencias en el desarrollo económico de estos países; nosotros optaremos por un análisis que ponga el acento en el carácter periférico, y por ende asimétrico, del desarrollo económico de México y Canadá y su permanente condicionamiento económico debido a la vecindad estadounidense.

1.1. Antecedentes

El desarrollo económico de Canadá creció a la par que la evolución del sistema capitalista en Europa. Esta circunstancia que comparte especialmente con EEUU y en menor grado con México, produjo desde el inicio una profunda articulación con dos centros, primero Inglaterra y posteriormente EEUU, debido a una serie de circunstancias históricas que analizaremos con detalle más adelante. Entre estas destaca particularmente el hecho de que estas dos potencias o países-centro han representado históricamente el epítome del poder capitalista. A esto habría que agregar su circunstancia geográfica que dotó a Canadá de una posición privilegiada al lado de EEUU, la cual, por cierto, comparte con México, el tercer ocupante del espacio de América del Norte.

Por su parte, México no puede ser cabalmente entendido si no se toma en cuenta que su desarrollo económico ha estado permanentemente condicionado por la relación con los EEUU. En contraste con Canadá, que ha contado con Inglaterra y los EEUU como referente histórico, México ha tenido, a partir de mediados del siglo XIX, un referente conceptual único para explicar su propia periferia: los Estados Unidos.

La presencia de España, como el vínculo principal durante la conquista armada y el período colonial, fue preponderante en México (1521-1810). Este vínculo con la Madre Patria fue prácticamente liquidado como resultado del movimiento de Independencia, el cual únicamente se dio por finiquitado en 1821.[6]

La forma en que un número considerable de habitantes de las Trece Colonias de América del Norte (hoy Estados Unidos) y de las colonias británicas de América del Norte (Canadá) expresaron su renuencia a desvincularse políticamente del Imperio británico,[7] durante el siglo XVIII y el XIX respectivamente, representa un ingrediente importante para entender los inicios del desarrollo económico de los EEUU y Canadá, pero poco tiene que ver con la experiencia mexicana, la cual no solo rompió con España, sino que la hizo sujeto de una leyenda negra que influyó sobre la historiografía de México y el imaginario popular.[8]

Este aspecto resulta de particular relevancia, ya que al igual que en los EEUU y Canadá, también en México existieron determinados sectores, conocidos como *criollos*, que promovían –pese a que ya eran independientes de la monarquía española– la permanencia de algunas de las instituciones coloniales monárquicas, a condición de que se modificara la política comercial de la metrópoli; sobre estos aspectos volveremos más adelante [Stanley y Stein, 1977: 166].

Por su parte, Estados Unidos tuvo buen cuidado de establecer en su Constitución que "el presidente de los Estados Unidos no era el rey de Inglaterra"; mientras que paradójicamente, México estableció en dos ocasiones un gobierno monárquico después de la consumación de su Independencia.[9] Frente a lo anterior, no deja de ser significativo que los fundadores de la confederación canadiense no solamente decidieron permanecer dentro de la protección política del Imperio británico, sino que propusieran que el nombre que llevaría la recién nacida confederación (1867) sería el Reino de Canadá, propuesta que rápido rechazó la Corona inglesa temiendo que esto los enemistaría con Estados Unidos [Brown, 1994: 350-353].

Raramente los estudios que se han hecho sobre el período arriba mencionado han dado especial importancia al hecho de que en todas las colonias establecidas en el territorio de América del Norte existieron importantes segmentos sociales que consideraban excesivo cancelar el vínculo político y económico con las metrópolis europeas que les habían dado origen, y que aun cuando vieron consumada la independencia, insistieron en conservar gran parte de las instituciones coloniales.[10]

De los tres países analizados, quizá Canadá sea el más influido por este fenómeno, ya que un número considerable de ingleses realistas, durante la guerra de Independencia de los EEUU, se desplazó hacia el territorio de lo que en ese período era el asentamiento de las colonias británicas de América del Norte.[11] Este grupo de fieles a la Corona inglesa tuvo la oportunidad de perpetuar sus ideas políticas y económicas en una suerte de invernadero, gracias a su reubicación en lo que restaba del territorio británico en América del Norte,[12] mientras que otros grupos, con ideas similares en México, permanecieron activos dentro de la nación recién independizada y significaron un elemento de carácter contrarrevolucionario que afectó profundamente el futuro desarrollo político de este último país.

El Imperio británico tuvo una importante presencia en México, incluso superior en términos económicos que la de los Estados Unidos al inicio de la vida independiente mexicana. El primer tratado de comercio que México firmó con una nación europea se llevó a cabo con el gobierno de Inglaterra (1825). Durante la etapa de la primera modernización económica del país, en tiempos de la dictadura porfirista (1876-1880 y 1884-1911), el Imperio británico logró ejercer una influencia determinante sobre el país, a través del comercio, las inversiones directas —sobre todo en la minería— y los empréstitos. Su pujanza económica sufrió un duro revés con la Revolución mexicana

(1910), y años después recibió su tiro de gracia con la expropiación de las compañías petroleras, las minas, los ferrocarriles y la reforma agraria a partir de 1934. Conforme se debilitó la presencia económica inglesa, creció proporcionalmente la de EEUU, que a partir del porfiriato se posicionó en el espacio mexicano; su consolidación coincide con el fin de la Segunda Guerra Mundial.

Desde esta fecha, México se ha debatido entre los intentos por salir de la órbita estadounidense y los acomodos que ha debido hacer dentro de esta; ya sea como un antagonista, en la mayoría de los casos, o como un actor a la defensiva, prácticamente de forma permanente.

Canadá, por su parte, también ha pasado por situaciones análogas, pero indudablemente su papel dentro de la órbita estadounidense ha tenido un carácter más tenue y menos defensivo, si se compara con el caso mexicano.

1.2. Crecer a la sombra del mercantilismo

Al analizar comparativamente el proceso de desarrollo económico de México y Canadá, desde una perspectiva a la vez económica e histórica, sobresale el que ambos países construyeron las bases de su crecimiento económico sobre el comercio y las exportaciones de materias primas y productos de base; en este sentido, el enfoque de la *teoría de staples*, desarrollada por Harold Innis (1894-1952) en Canadá,[13] ofrece claves interesantes para el análisis de los orígenes del desarrollo económico de México.

Aunque ambos países se insertaron en la economía mundial bajo un esquema de países coloniales exportadores, sus procesos económicos no se llevaron a cabo en tiempos y espacios similares. México hizo su conexión con el comercio de ultramar más tempranamente que Canadá; su inserción ocurrió en la primera etapa del mercantilismo, cuando el valor económico preponderante eran los metales preciosos.[14]

El proceso de desarrollo económico de Canadá también se llevó a cabo bajo el mercantilismo, pero en una etapa más tardía y por medio de la exportación de bienes de valor secundario, desde el punto de vista de los cánones mercantilistas, como pescado, pieles y madera, inicialmente.

Sin duda, el tipo de bienes susceptibles de ser explotados en Canadá resultaban relativamente inferiores si los comparamos con la apabullante producción minera de la Nueva España, pero la demanda europea de estos *staples* prueba que los mercados se crean a partir de la suma de diversas demandas, de tal forma que tanto los metales preciosos de la Nueva España, como los *staples* de Canadá formaron parte de la oferta colonial. Así, en una fase de arranque del proceso de industrialización en Inglaterra, y posteriormente en los EEUU, la madera, las pieles y el pescado respondieron a la demanda de una población en crecimiento. Esta compraventa ocurrió, por supuesto, después de que los primeros europeos que atracaron en las costas de lo que sería Canadá exploraran el territorio atlántico de América del Norte, con el propósito de buscar yacimientos, principalmente de oro y plata.

En 1534 las primeras incursiones en Terranova fueron indudablemente una decepción para Jacques Cartier[15] [Brown, 1994: 21].

En 1521, Hernán Cortés llevaba a cabo la conquista de México; su famosa frase: "Vine por oro, no para cultivar la tierra como un campesino" fue una clara premonición sobre lo que sería la empresa de los españoles en América. La coincidencia entre el proyecto de los conquistadores y el hallazgo de una riqueza minera inimaginable determinó la suerte del desarrollo económico de México. Poco después, en 1534, ante la vista del futuro territorio de Canadá, Cartier expresó: "A esta tierra no debería llamársela Tierra Nueva, compuesta como está de piedras y horribles rocas ásperas [...]. Me inclino a creer, antes bien, que esta es la tierra que Dios dio a Caín" [citado en Ray, 1994: 21].

Prácticamente todos los gobiernos europeos alentaron el proceso de conquista y colonización de las Américas[16] por diversas razones; sin embargo, los motivos económicos y expansionistas predominaron sobre cualquier otro, aun por encima de los religiosos.

El rasgo central del mercantilismo fue la acumulación de metales, los cuales servían para comprar barcos, armas, soldados, bienes de consumo y suntuarios. Si el oro y la plata no podían ser obtenidos directamente en muchas de las colonias europeas, como España lo hacía en las suyas, estos se adquirían a través del comercio de otros bienes como eran las pieles, los textiles, la madera y múltiples herramientas de trabajo.

Conforme pasaron los años, esta forma un tanto idílica de comercio fue sustituida por un intercambio más violento que se hacía a "punta de fusil", ya que el contrabando y la piratería se habían convertido en una práctica paralela de comercio para obtener aquellas mercancías que otras colonias producían.

Entre las colonias de las Américas y las Indias Occidentales existía un intenso intercambio comercial en el que paradójicamente la Joya de la Corona española, la Nueva España, dependía del comercio que en Europa controlaban especialmente los ingleses. Dentro de este se encontraban los productos provenientes de las colonias británicas en América del Norte.

Debido a esta circunstancia, tanto las colonias españolas como las inglesas contribuyeron con una balanza de pagos generalmente positiva, la cual ofrecía aquellas materias primas que no se encontraban en las metrópolis, y a cambio las colonias adquirían todo tipo de bienes procesados.

Un aspecto que ilustra ampliamente el poderío español es el de la producción de la plata en la Nueva España.[17] La moneda mexicana, conocida como *ocho reales* o *real de a ocho*, fue la primera moneda universal que circuló profusamente en el mundo [López Rosado, 1971: 293-294; Rosenzweig, 1965: 791]. Su origen se remonta a 1497, cuando los Reyes Católicos, Isabel y Fernando (1474-1504), expidieron la ordenanza donde se reglamentó la acuñación de la moneda y se estableció el real como unidad monetaria. A partir de 1572, Felipe II (1556-1598) instruyó al virrey de la Nueva España para que se acuñara esta moneda utilizando la producción de plata que se extraía de las minas mexicanas. Esta moneda fue conocida en inglés como *spanish milled dollar* o *pillar dollar*, y circuló no solo en las posesiones españolas, sino en el resto de las posesiones europeas, principalmente en Inglaterra (*dollar*), Alemania (*saeulen piaster*), Holanda (*real van achten*), Italia (*colonnato*), etc. Por más de tres siglos, el real de a ocho fue el principal producto de exportación extraído de tierras mexicanas. Su radio de acción abarcó Norteamérica, las Antillas, Filipinas, China, Japón, Indochina, la India y Malasia. Por su parte, Inglaterra, Francia y EEUU la utilizaron en sus transacciones comerciales, especialmente con el

Oriente. El 96.75% de la moneda acuñada hasta el siglo XIX era de plata, solo 3.22% era de oro y 0.03% de cobre, por lo que resulta evidente la influencia económica de la plata en el desarrollo de la Nueva España y posteriormente de México [Bátiz, 1976: 14].

El *spanish dollar* fue, durante 285 años, una moneda universal de exportación. La pieza de a ocho,[18] conocida entre los pueblos de habla inglesa con el nombre de *dollar*, sin duda porque tenía el tamaño de un *thaler* alemán, fue tan utilizada que terminó por convertirse en la unidad monetaria de los Estados Unidos [Robertson, 1964: 114].

A fines del siglo XIX, la abundancia de plata en algunos países, entre ellos Estados Unidos, provocó que se idearan diversos mecanismos para destronar al real de a ocho y penetrar específicamente en el pujante mercado oriental. Con este propósito, los Estados Unidos emitieron en 1873 el *trade dollar*, que circuló hasta 1885; esta moneda fue impopular, tanto en este país como en Oriente, donde el real de a ocho, conocido como el *Mex-dollar*, llegó a cotizarse en 30% más de su valor en plata y en ciertos períodos alcanzó un valor de más de 80% sobre su valor metálico. Durante la primera mitad del siglo XIX, México contribuyó con 57.5% de la producción mundial de plata [Willem, 1959: 194].

El período colonial en México fue un proceso de desarrollo económico continuo que combinó formas mercantilistas de producción y comercio con prácticas de explotación precapitalistas generalmente vinculadas a los estratos inferiores de la sociedad y, en especial, las comunidades indígenas.

El sistema colonial español tenía como finalidad obtener la mayor cantidad posible de metálico con el menor desembolso de recursos metropolitanos. Esto fue posible porque el botín de la conquista no solo incluía plata, sino también hombres y tierras.

La presencia de grandes poblaciones indígenas, a las que su organización anterior a la conquista las hacía utilizables para la economía colonial, fue crucial para el éxito de la empresa colonial española [Halperin, 2000: 19].

Los indígenas no fueron exterminados por los españoles, como ocurrió en Estados Unidos; tampoco fueron los proveedores e intermediarios del comercio de pieles como en Canadá; fueron conquistados y por tanto sometidos, cristianizados y asimilados, dentro de una sociedad racialmente mixta, en la que muchas instituciones indígenas persistieron junto con las españolas. El esplendor y grandeza de la organización indígena que enfrentaron los españoles implicó una verdadera guerra de conquista, seguida de un complejo proceso de pacificación que llevó al mestizaje de dos civilizaciones.

Los españoles se mezclaron con los indígenas, de la misma manera que ambos se mezclaron con los esclavos africanos y algunos asiáticos. La mezcla de todos estos grupos era "moneda corriente" dentro de las costumbres novohispanas. Los blancos que pertenecían a los sectores más ricos no participaban abiertamente de esta tendencia, por lo que eran fácilmente identificables.[19] Este fenómeno dio lugar a una sociedad estamental, lo cual significaba que cada grupo (*casta*, en el lenguaje colonial) tenía un estatus más o menos definido, que tanto el gobierno colonial, como la Iglesia católica debieron tomar en cuenta [Vázquez y Meyer, 1982: 16-17].

La mezcla racial junto con una política de reconocimiento de igualdad de todos los individuos por parte de la Iglesia católica y la Corona española facilitó el camino para que posteriormente el liberalismo mexicano en el siglo XIX y las leyes del México Independiente establecieran una igualdad jurídica para todos los habitantes de lo que sería México.

Dentro de esta reforma legal, los indígenas también fueron considerados sujetos de ella, lo cual trajo como un resultado inmediato la liquidación de los privilegios indígenas. Desgraciadamente, esta medida jurídica no fue aplicada junto con una política gubernamental que amortiguara el estado de indefensión en que habían quedado las comunidades indígenas. La reforma liberal y la política llevadas a cabo por el presidente Benito Juárez (1858, 1861-1862, 1867-1872) marginaron de por vida a aquellos grupos que habitaron y dominaron el territorio de la Nueva España hasta1521.[20]

Antes de que el liberalismo se convirtiera en una ideología influyente en el México independiente, el indígena, durante la etapa colonial, recibió un trato muy específico al ser considerado un menor de edad dentro de la sociedad novohispana. Este manejo indudablemente fue violentado en innumerables ocasiones por los sectores más pudientes, los cuales consideraban que el indígena estaba legalmente bajo su "encomienda"[21] y que, por tanto, podían disponer de su persona.

La historia de esta etapa se encuentra plagada de casos que prueban que, dentro de la estructura eclesiástica y colonial de la Nueva España, igual se desarrolló la injusticia que la consideración y el amor hacia las comunidades indígenas.

La fuerza de trabajo de origen africano se utilizó relativamente en la Nueva España; si se compara con el caso de las plantaciones en los EEUU, estos empezaron a contratarse cuando la población indígena disminuyó drásticamente en el siglo XVI. Los esclavos africanos fueron emancipados[22] con relativa facilidad, principalmente por tres motivos: *1)* porque no eran la base y el motor de la economía, como en el sur de los Estados Unidos; *2)* porque las ideas calvinistas sobre la predestinación no tenían cabida en una colonia totalmente cristianizada en la que el discurso oficial de la Iglesia católica era la resignación, la aceptación del lugar que socialmente se ocupaba en la estructura colonial, así como del sufrimiento que a cada uno le tocaba ("cargar con su cruz"), y *3)* porque la mezcla racial estaba tan extendida que difícilmente aquellos africanos podían desencadenar actos de violencia étnica [Vázquez y Meyer, 1982: 17].

Hacia 1700, la presencia colonial española había establecido una red de centros mineros conectados con pujantes regiones agrícolas y ganaderas, que a su vez estaban vinculados a centros urbanos que servían como ejes de aprovisionamiento de víveres, materias primas y bienes de consumo durables y de capital.

El sistema comercial colonial estaba organizado para exportar a España la plata y el oro en forma de lingotes. Estos servían para adquirir los bienes producidos en Europa o provenientes de las colonias inglesas, holandesas, portuguesas y francesas, que también se vendían en el viejo continente. La edad de oro de España fue sobre todo un tiempo de conquista y de guerras para defender su hegemonía frente a la avidez del resto de las monarquías europeas, en especial la inglesa; fue un tiempo de plata, no de oro [Stanley y Stein, 1977: 30].

Durante los primeros doscientos años, el sector colonial minero fue diseñado para sostener la economía metropolitana y la posición internacional de España. Los centros mineros requirieron enormes cantidades de mano de obra indígena, la cual vivía concentrada no muy lejos de las minas. Periódicamente se relevaba a los indígenas, los cuales regresaban "medio muertos" a sus poblados de origen, y se reclutaba nueva mano de obra por medio de la leva. Las estadísticas demográficas disponibles sobre este período demuestran cómo la población nativa rápidamente quedó reducida a su mínima expresión a causa de las enfermedades contraídas por el contacto con los europeos –como la viruela y las enfermedades venéreas–, el desarraigo de sus familias y de su lugar de origen, así como las condiciones de trabajo en las minas.

La minería creó un mercado interior pujante en el que la producción de textiles de lana y algodón nada tenía que envidiar a los importados de Europa; como en muchos otros casos, la Corona española aplicó medidas draconianas para impedir que los productos coloniales compitieran con los europeos; los casos de la prohibición de la producción de aceite de olivo y de aceitunas en los campos de Culhuacán, la vid y la producción de vino, y más tardíamente el cultivo del gusano de seda, ejemplifican cómo las autoridades truncaron un desarrollo manufacturero vernáculo en sus posesiones.

Tanto ingleses como españoles y portugueses no solamente saquearon los recursos naturales y humanos de sus colonias, sino que establecieron una férrea política sobre estas que impedía producir y organizarse localmente; la innovación era vigilada, controlada y muchas veces suprimida, cuando esta significaba una competencia desleal para el comercio metropolitano.

El auge minero de 1545 a 1610 fue un clásico ejemplo de empresa privada en la que los mineros, los comerciantes y el Estado colonial colaboraban al unísono y se repartían los beneficios de una asociación que se cimentó sobre la sobre explotación de los indígenas.

Pese a la riqueza de sus colonias, España no logró totalmente desencadenar la transición de un régimen económico de carácter feudal a otro de rasgos capitalistas; en términos modernos, España dentro de Europa era una economía subdesarrollada.[23]

No obstante, los metales preciosos hallados en la Nueva España sumaron cerca de la mitad de los que afluyeron a Europa a lo largo de los siglos XVI y XVII. Estos metales en su momento provocaron una tremenda inflación, pero sin duda empujaron el proceso de desarrollo capitalista en el Viejo Mundo y, por ende, su principal logro: la Revolución industrial [Jiménez Codinach, 1991: 206].

La plata principalmente, pero también otras riquezas, era transportada al puerto de Sevilla para ajustar la balanza de pagos con los comerciantes franceses, holandeses, ingleses e italianos. La producción minera mexicana pagaba hasta 90% de las importaciones que se consumían en España y en sus colonias. Este fue el precio que la Corona pagó por su fracaso en no crear a tiempo una burguesía comercial local y no desarrollar una producción colonial de artículos como el hierro, el acero, el papel, los textiles y otros bienes que eran importados [Stanley y Stein, 1977: 31-34].

De acuerdo con Jiménez Codinach [1991], gracias a los trabajos de historiografía producidos por Ángel Palerm se sabe que la plata fue un factor clave en la formación de la economía novohispana. Esta tenía un importante papel al ser el elemento que articulaba toda la vida económica novohispana: la agricultura local, la red de transportes internos y de ultramar, y la industria textil, principalmente. Su triple destino como un metal precioso, un bien comercial y dinero, provocó que fuera considerada una mercancía clave, que era ambicionada por todas las potencias europeas de la época [Palerm, 1979: 93-127; citado en Jiménez Codinach, 1991: 205-206].

Aunque la riqueza minera fue imparable, no hay que olvidar la gran importancia de la producción agrícola, que no solo bastó para alimentar la producción local, sino que pronto obtuvo excedentes para la exportación. A las especies tradicionales, principalmente de consumo indígena, como el maíz y el frijol, se añadieron nuevos cultivos como caña de azúcar, papa, vainilla, cacao y jitomate,[24] que junto con los productos de origen animal como la cochinilla (colorante de grana) y de origen vegetal como el palo de tinte de Campeche (azul añil), endulzaron y condimentaron las cocinas europeas y tiñeron de rojo carmesí y de azul los gobelinos y textiles europeos.[25]

A fines del siglo XVIII, España se encaminaba a su caída, debía defender sus buques mercantes en las rutas atlánticas y le era prácticamente imposible cerrar las fronteras de las colonias a los productos fabricados por la floreciente industria británica; su riqueza minera, y con ella su poderío económico, fueron insuficientes para sostener la demanda creciente de las importaciones.

Al mismo tiempo, la organización política, militar y económica de sus colonias americanas había rebasado los límites de lo que podía controlar y sostener. La formalización de vastas estructuras de supervisión y defensivas, como la Casa de Contratación de Sevilla; el mantenimiento de la flota de galeones escoltados; el pago de una pesada burocracia colonial, y la especulación de los prestamistas y comerciantes, junto con una penetración económica incontrolable de las otras potencias europeas, asediaban a España como los bárbaros lo hicieron ante las puertas de Roma.

1.3. El dilema: crecer o comerciar dentro o fuera de la Metrópoli

Hacia 1700, el Imperio británico estaba listo a irrumpir en el territorio que el resto de Europa consideraba la fuente real y potencial de metales preciosos y materias primas, así como un vasto mercado de consumidores y abastecedora de lingotes de oro y plata.

De manera diversa, la economía inglesa se había entrelazado con las de España y Portugal, así como con sus propias colonias. Los textiles, primero de lana y después de algodón, fueron llevados a África para ser canjeados por esclavos; también sirvieron, en el puerto de Cádiz, para adquirir plata con la cual comprar aquellas materias primas que Inglaterra necesitaba para avanzar en su Revolución industrial, mientras que el contrabando inglés en el Caribe servía para adquirir palo de tinte de Campeche [Stanley y Stein, 1977: 11].

Todas estas actividades fueron clave en el desarrollo económico de Inglaterra, que sentó las bases para que a partir de mediados del siglo XIX el comercio internacional fuera una realidad dentro del sistema capitalista.

Por lo pronto, el intercambio comercial antes de ese siglo, debido a la naturaleza política de los actores, consistió en una actividad mercantil pujante, pero carente del universalismo que posteriormente caracterizaría al comercio internacional a mediados del siglo XIX.

El comercio antes de este siglo funcionaba en un "circuito cerrado", dentro del cual el intercambio comercial se hacía principalmente entre las colonias y sus propias metrópolis, mientras que las mercancías producidas fuera del circuito se adquirían a precios elevados.[26]

En términos estrictamente económicos, el intercambio entre las colonias y las metrópolis no eran movimientos de exportación ni de importación, estas solo comerciaban dentro de un esquema de intercambio ampliado en ultramar, el cual era particularmente vasto si nos atenemos al radio de acción del Imperio español o del Imperio británico.

Con la independencia de las Trece Colonias inglesas en América del Norte (1775-1783)[27] y de la Nueva España (1810-1821), las nuevas naciones tuvieron que reorganizar su comercio, estructuralmente dependiente de la Madre Patria; dentro de este proceso México no contó con las facilidades que los ingleses otorgaron a los Estados Unidos.

En 1783, por medio del Tratado de París, la Gran Bretaña reconoció la independencia de los Estados Unidos; pese a las consecuencias de este viraje político, su relación económica y política no se vio empañada y continuó estrechándose ininterrumpidamente hasta principios del siglo XIX, cuando los Estados Unidos declararon la guerra a su Madre Patria (1812).[28]

Por el contrario, los mexicanos recién independizados enfrentaron la pérdida virtual de su principal mercado, en un ambiente político hostil. A la intransigencia de España habría que agregar la posición de Estados Unidos, que al no reconocer la independencia mexicana, apostaba a que su aislamiento internacional, así como el hambre y las pugnas internas acabaran por arrojar a México en los brazos estadounidenses; no hay que olvidar que España tardó muchos años en reconocer oficialmente la independencia de sus colonias americanas y que, concretamente en el caso de México, apostó sus barcos frente al puerto de Veracruz y siguió ocupando una franja de tierra firme sobre la costa veracruzana con la esperanza de la reconquista.

La actitud de los EEUU cambió cuando las ambiciones de las potencias europeas consideraron que el ostracismo de que era objeto México facilitaba el camino para apoderarse, al menos, de una parte del territorio mexicano.

Ante esto, la respuesta del gobierno de Estados Unidos no se hizo esperar, así que en 1823, la Doctrina Monroe[29] declaraba: "Ninguna potencia europea podía imponerse en las naciones recién independizadas". Esta declaración cortó de tajo los sueños expansionistas de ciertos gobiernos europeos, y provocó que México no solo perdiera las esperanzas de recuperar su mercado metropolitano, sino que también bloqueó momentáneamente su relación comercial con Inglaterra y lo empujó a acogerse a las oportunidades que aparentemente Estados Unidos le ofrecía. La herencia colonial y las condiciones externas antes, durante y después de la independencia en América Latina crearon conflictos de interés que permanecieron sin solución durante décadas después de 1824, y que llevaron a la opción de guerras internas más que a un acuerdo constitucional.

Casi desde el principio surgieron dos hechos importantes en la guerra anticolonial: la resistencia a posteriores controles económicos trasatlánticos y la lucha entre facciones por el dominio gubernamental. La política colonial española de gobernar dividiendo, equilibrar un grupo de interés contra otro, se desplomó en 1810 dejando un legado colonial de conflictos regionales.

Se sostiene ampliamente que los movimientos de independencia latinoamericanos tenían como finalidad acabar con el monopolio metropolitano sobre la toma de decisiones económicas. Quizá sería más adecuado argumentar que buena parte de la élite colonial deseaba seguir siendo leal a España, disfrutando a la vez de su derecho de comerciar directamente con Europa y los Estados Unidos.

Los novohispanos no buscaban echar abajo la sociedad colonial, sino más bien, ampliar su acceso al disfrute de las posiciones del lucrativo monopolio colonial. El conflicto abierto sobrevino cuando la agresividad española respondió a las demandas libertarias de un comercio directo con la ampliación de la fuerza militar contra los reformadores; la única salida que quedó fue la insurrección armada.

Algunos segmentos de la élite de América Latina colonial intentaron racionalizar a favor de sus intereses el sistema económico colonial. Mientras que hacia 1793, Estados Unidos podría beneficiarse del conflicto europeo, las colonias españolas se sentían frustradas. Su producción de azúcar, cebo, café, curtidos y carne salada se incrementó, pero la marina mercante española fue bloqueada por las omnipresentes naves de guerra inglesa.

El comercio novohispano después de la Independencia quedó materialmente sitiado, ya que a causa de la política española que había obstaculizado la creación de una industria naval en las colonias, estos carecían de transporte suficiente para desahogar los productos coloniales. Los españoles negaron víveres y manufacturas a las colonias; las manufacturas solo podían obtenerse mediante la participación masiva en el contrabando con los buques ingleses y norteamericanos que merodeaban cerca de sus costas.

Estados Unidos, por su parte, también mantuvo una posición bastante similar en los inicios del movimiento de independencia: un número considerable de colonos en 1776 no deseaba romper con Inglaterra, sino cambiar las reglas prevalecientes. Posiblemente el hecho de que la guerra no se prolongara tantos años, como fue el caso con la mexicana, y de que el radio de acción geográfico fuera mucho más reducido, provocó que los efectos de la lucha armada en Estados Unidos, al ser menos extendidos, amortiguaran los impactos económicos. No hay que olvidar que la extensión territorial de Estados Unidos solamente aumentó después de 1776 gracias a la cesión de los estados al gobierno federal (1781-1802), la compra de la Luisiana (1803), de las Floridas (1819), la anexión de Texas (1846) y poco después el apoderamiento de más de la mitad del territorio de México (1846-1848). No satisfechos con estas adquisiciones, alentaron el desplazamiento de su frontera hacia el Oeste y compraron Alaska (1867). Todas estas anexiones fueron hechas dentro del territorio continental de América del Norte.

Pese a lo anterior, la guerra de Secesión (1861-1865) revistió características similares a la guerras intestinas ocurridas en México; en ambos casos, la independencia de las metrópolis no había resuelto las

Cuadro 1-1

**Expansión territorial de los Estados Unidos, 1781-1970
(tierra y aguas)**

Territorio	Años	Superficie en millas cuadradas
Estados cedidos para la Unión	1781-1802	370 041
Tratado de París con Gran Bretaña	1783	845 882
Compra de la Luisiana	1803	827 988
Cuenca del Río Rojo	1803	46 253
Cedido por España	1819	72 102
Anexión de Texas	1845-1846	390 143
Oregón	1846	285 580
Cedido por México	1848	529 017
Compra de Texas	1850	123 323
Gadsden	1853	29 640
Alaska	1867	586 412
Hawái	1898	6 450
Filipinas	1898	115 600
Puerto Rico	1899	3 435
Guam	1899	212
Samoa	1900	76
Canal de Panamá	1904	553
Islas Vírgenes	1917	133
Islas Pacíficas	1947	8 489
Superficie total	1970	3 628 066
Territorio de Estados Unidos antes	1846	2 162 366
Territorio mexicano cedido	1846-1853	10 721 232

Fuente: Cuadro elaborado por la autora con base en la información del United States Bureau of the Census, *Historical Statistics of The United States, Colonial Times to 1970*, Washington 1970, Series 1-2, J 4; Paul Adams Willi, *Historia Universal, vol. 30, Los Estados Unidos de América*, Siglo XXI, 1979.

diferencias políticas, económicas y, sobre todo, regionales de las nuevas naciones, y aquellas buscaron solucionarlas por medio de la guerra civil.

De los tres países que constituyen América del Norte, Canadá fue el único que logró conservar el vínculo con su Metrópoli, pero a un costo político elevado. Si Canadá pudo lograr tal objetivo, esto se debió a que la reestructuración de su relación con el Imperio británico ocurrió en 1867, cuando Inglaterra ya había adoptado el libre comercio (1846) y había firmado un tratado de libre comercio con Francia (1860).

La circunstancia que precipitó la creación del Dominio de Canadá[30] y su permanencia dentro del Imperio británico no fue únicamente la adopción del libre comercio por las dos Madres Patrias que le dieron nacimiento, también participó la relación con los Estados Unidos, que hacía poco había dado por concluido un Tratado de Reciprocidad Comercial con Inglaterra, el cual negoció en nombre de las colonias británicas de América del Norte (1854).

De los tres países analizados, Canadá quizá sea el que de manera más compleja vivió el proceso de autonomía económica de su Metrópoli. La fase de ruptura entre España y México fue larga y violenta, pese a la voluntad inicial de los novohispanos que buscaban acceder a su independencia amigablemente y conservar los lazos con los españoles. En el caso de los Estados Unidos, la ruptura se hizo por etapas: la fase de disolución del vínculo con la Gran Bretaña se llevó a cabo en dos momentos: aparentemente el año de 1783 marcó el reconocimiento oficial de la independencia de estas colonias, pero la declaración de la guerra a Inglaterra 29 años después, en 1812, demostró que el rompimiento con la Madre Patria no se había resuelto por completo y que existían asuntos pendientes que aparentemente solo solucionaría la guerra.

En el caso de Canadá, los hechos se desarrollaron tantos años después, que el contexto económico y político había cambiado radicalmente. La metrópoli británica manifiestamente tenía dos intereses respecto a las colonias que le quedaban: uno, conservar sus relaciones con las colonias, pero al menor costo posible para sus intereses económicos y políticos, y dos, evitar cualquier tipo de pleito o enfrentamiento con los EEUU, por causa de las colonias británicas.

En general, el proceso de creación de la confederación canadiense tiende a obviar los hechos ocurridos entre 1763 y 1867, los cuales demuestran que la creación de la confederación fue un proceso difícil, debido a que estas colonias estaban atrapadas entre sus intereses económicos y políticos con la Gran Bretaña y sus vínculos comerciales, culturales y consanguíneos con los Estados Unidos, resultado de una historia en común.[31]

Esta situación se agudizó particularmente después de 1776, cuando el gobierno británico consideró que estas colonias podían sustituir gran parte de las funciones comerciales que los Estados Unidos habían desempeñado durante su etapa colonial.

Como una consecuencia de tal percepción, Inglaterra aplicó determinadas políticas sobre sus posesiones americanas, buscando así habilitar a sus colonias dentro del proyecto que se traía en manos. Estas políticas fueron mal acogidas por los colonos y solo sirvieron como el detonador de importantes protestas y rebeliones, como la encabezada por Louis-Joseph Papineau (1837).

Uno de los aspectos más interesantes de este período fue el movimiento anexionista que se desarrolló en Montreal (1849), el cual planteaba abiertamente la unión territorial del Bajo Canadá a los Estados Unidos [Cross, 1971: 9-22].

1.4. Anexionismo o reciprocidad comercial en Canadá

El futuro de las colonias británicas de América del Norte fue el tema central en todos los debates políticos como consecuencia directa de los cambios que Inglaterra dictó en sus colonias a partir de 1846. Dentro de este debate sobresalían diversos tópicos; en un primer nivel, se debatieron asuntos tales como la reciprocidad comercial, la anexión y la abolición mutua de todos los aranceles entre Estados Unidos y las colonias y, en un segundo plano, la discusión se derivó hacia un aspecto más acuciante, el cual consistía en elegir entre la adopción de su propia política arancelaria o unirse al librecambismo que empezaba a ser practicado por la Gran Bretaña.

En 1846, se estableció la Free Trade Association en Montreal, bajo el liderazgo de los comerciantes del Bajo Canadá. Al mismo tiempo se creó el periódico *The Canadian Economist*, que pronto se convirtió en uno de los más influyentes promotores del libre comercio; estos dos aspectos pusieron en medio del debate colonial el tema del anexionismo.

La depresión económica en los Estados Unidos y la relativa falta de demanda de los productos canadienses sirvió de acicate para que los comerciantes más influyentes de las colonias consideraran que la política británica los había sumido en un estado deplorable, y de que era necesario buscar una salida a esta situación. En este sentido existía un amplio consenso sobre el hecho de que Canadá debía buscar con celeridad un sustituto comercial ante la pérdida de sus ventajas dentro del sistema imperial de comercio. Evidentemente, la mejor alternativa que se presentaba era Estados Unidos, pero de la búsqueda de la reciprocidad comercial a la anexión política solo había un paso.

La anexión era una idea que no carecía de lógica si tomamos en cuenta que era el resultado de un contexto político enmarcado por el paso de un sistema mercantilista cerrado a la adopción del libre comercio. Los comerciantes de las colonias se sentían despojados de la protección de la Madre Patria y aparentemente se sintieron conminados a buscar en los Estados Unidos otra matriz imperial [Cross, 1971: 5-9].

El movimiento anexionista, aunque parido en el Bajo Canadá y particularmente en Montreal, también encontró apoyo en el Alto Canadá, donde se fundó la British American League, la cual organizó dos convenciones, la primera en Kingston y la segunda en Toronto en 1849. Como un corolario a estos acontecimientos, en octubre del mismo año se publicó *The Annexation Manifesto*, en Montreal, el cual fuera de esta ciudad tuvo un efecto limitado.

La mayoría de los apoyos a la propuesta anexionista provinieron de los grandes empresarios que fueron afectados por el fin de las preferencias británicas, en especial aquellos envueltos en el negocio de la madera. El resto de la población contempló la propuesta con tibieza. La existencia de este movimiento fue relativamente corta, y finalmente la mayoría de los habitantes de estas colonias expresaron su fidelidad al Imperio británico.

Esta situación se vio favorecida por la recuperación económica en Estados Unidos (1849-1850) y la abrogación de las Actas de Navegación, que a partir de 1850 abrió la navegación del río San Lorenzo a cualquier barco, lo cual abarató los costos de transportación de las mercancías canadienses. Por otra parte, la fiebre del oro en California, que seguía su curso, vio ampliar su radio de acción gracias al botín territorial que Estados Unidos obtuvo de la guerra con México.

A esto habría que agregar otras circunstancias provenientes del lado mexicano. En efecto, el movimiento anexionista del Bajo Canadá coincidió primero con la separación (1836) y posterior anexión de Texas a Estados Unidos (1845), seguido del fallido movimiento anexionista de Yucatán a los Estados Unidos (1836) y de la guerra entre México y Estados Unidos (1846-1848).

El hecho de que en el mismo período las ideas anexionistas tuvieran cabida en México y en las colonias británicas refleja en cierta medida la forma en que el mercado estadounidense se había vuelto atractivo para sus vecinos y los nexos que se habían empezado a entretejer entre la comunidad de negocios de los tres países.

No deja de ser oportuno mencionar que el anexionismo, aunque fue un hecho de relativa amplitud, alentó el expansionismo de los EEUU y con ello la necesidad urgente de poblar los territorios recién adquiridos, y, en especial, la construcción de ciudades en el American Middle West; esto produjo una insaciable demanda de madera, cereales, alimentos y la apertura de nuevas vías de comunicación [Cross, 1971: 12].

En 1850 las ideas anexionistas se habían apaciguado. En su lugar reapareció la idea de la reciprocidad comercial, entendiéndose por esta la reducción recíproca de los derechos de aduana aplicados por Canadá a los productos de otro país. Durante 65 años (1846-1911), la reciprocidad fue el principal objetivo de la política económica internacional de Canadá.

El anexionismo y la reciprocidad, ya lo hemos mencionado, tuvieron un origen común en la depresión económica y el descontento generalizado que produjeron la abrogación por parte del Parlamento británico de las Leyes del Cereal en 1846 –hasta esas fechas, los agricultores de las colonias habían gozado de un acceso preferencial al mercado británico–. A partir de 1849, la reducción generalizada de los derechos de aduana colocaba dentro de la dinámica de la libre competencia a las colonias británicas, así como a cualquier otro exportador extranjero; ante esto, la búsqueda de preferencias comerciales en el mercado estadounidense se convirtió en un objetivo político [Tucker, 1936: 99-112].

Mientras que el anexionismo fue una propuesta que provenía principalmente del Bajo Canadá, la reciprocidad comercial tuvo sus raíces en el Alto Canadá. El apoyo que el resto de las colonias ofreció a esta idea fue regionalmente desigual, como veremos más adelante.

En los EEUU, la idea de la reciprocidad comercial tampoco fue acogida de manera positiva por todos los integrantes de la Unión. La propuesta de un tratado de reciprocidad cayó en un momento político difícil, ya que los estados sureños veían con desconfianza un acercamiento de las colonias británicas del norte, las cuales en un momento dado podrían apoyar la causa de los estados norteños; en suma, la reciprocidad comercial era percibida como la antesala de la anexión [Masters, 1932: 4; Tucker, 1936: 110-111].

La reciprocidad comercial empezó a negociarse entre Washington e Inglaterra en 1847 y solamente desembocó en la firma de un tratado hasta 1854. Esta negociación fue particularmente importante, pese al relativo interés de los Estados Unidos, porque durante siete años los intereses británicos –y no solamente los de sus colonias–, estuvieron bajo una enorme presión. Inglaterra, en especial, también dependía indirectamente del comercio estadounidense, como lo veremos en las siguientes líneas.

1.5. Entre dos órbitas económicas: Inglaterra y los Estados Unidos

A mediados del siglo XIX, dos hechos favorecieron ostensiblemente a los Estados Unidos en el ascenso hacia su poderío comercial. Por una parte, los movimientos de independencia de las diversas colonias españolas, ubicadas a lo largo del continente americano, provocaron la apertura de un importante número de mercados y de consumidores, portadores de una gran diversidad de productos; por otra parte, las circunstancias en que se dieron las relaciones entre Inglaterra y Estados Unidos, después de 1783, provocaron que estos países funcionaran inicialmente, desde el punto de vista comercial, de manera simbiótica.

Estados Unidos, a partir de esta fecha, inició un proceso de expansionismo económico gracias a una estrategia de penetración comercial que abarcaba tanto las posesiones inglesas como las españolas. Esta empresa difícilmente hubiera tenido éxito si Estados Unidos no hubiera contado con sus propios barcos. Estos transportaban a Europa azúcar de Cuba, maderas y tintes de América Central, sedas y especias desde el Oriente, pero con más frecuencia reexportaban manufacturas europeas a las Américas, particularmente desde la Gran Bretaña; debido a ello, Inglaterra se convirtió en el principal abastecedor de aquellas mercancías que Estados Unidos a su vez reexportaba.

México, poco a poco, se convirtió en un cliente importante de las mercancías que reexportaba su vecino del norte; este fenómeno adquirió fuerza entre 1820 y 1836, cuando los mexicanos compraron dos quintas partes de las reexportaciones de los EEUU; todas las compras eran pagadas en plata [Jiménez Codinach, 1991: 197-199].

La relación entre Inglaterra y los Estados Unidos no siempre fue armoniosa, a partir de 1797 la nueva nación observaba con desconfianza los movimientos de la Madre Patria en el Caribe y América del Sur, en especial después de la invasión de Buenos Aires y Montevideo en 1806-1807. A su vez, los ingleses manifestaban su preocupación frente al pujante comercio estadounidense en áreas anteriormente controladas por Inglaterra.

Es un hecho que Estados Unidos había aprovechado ampliamente su posición de neutralidad frente a las guerras que los países europeos habían llevado a cabo. Esta neutralidad les permitía navegar a sus anchas y comerciar ahí donde era vedado para Inglaterra, Francia o España.

Desde luego, lo que más exasperaba a los ingleses era que en muy poco tiempo los estadounidenses se habían convertido en pujantes armadores de barcos sin necesidad de acudir a las importaciones inglesas. En 1816 el periódico *The Times* declaraba: "Los barcos se pueden fabricar con el equipo necesario, independientemente de cualquier país extranjero. Con esos recursos en sus manos los norteamericanos no vacilan en mantener grandes esperanzas de disputar con éxito el poderío naval de la Gran Bretaña en una época no muy lejana" [citado en Jiménez Codinach, 1991: 201].

En Estados Unidos, la industrialización condujo a la construcción de la nación aunque en una forma distinta a la que había hecho Inglaterra. Después de la guerra de 1812, los estadounidenses comenzaron un lento pero firme camino hacia la consolidación de su sector secundario. En 1860, Estados Unidos ya contaba con un poder industrial que desafiaba la posición británica. Pero antes de que esto sobreviniera, Estados Unidos tuvo que afirmar su poder como nación sobre los intereses regionales.

El ascenso económico de los EEUU, junto con su crecimiento territorial, competía abiertamente con los continuos intentos de posicionamiento de la Gran Bretaña en las Américas. En medio de esta pugna quedaron atrapados México y Canadá; paradójicamente ambos optaron por la negociación de los tratados comerciales como el mecanismo que les permitiría delimitar su independencia frente a los grandes poderes y, al mismo tiempo, asegurar su desarrollo económico, aun a costa de la pérdida de su autonomía económica.

1.6. Artilugio o sobrevivencia: los tratados comerciales

En 1846, la Britain's Enabling Act removió todas las preferencias coloniales y conminó por medio de la Colonial Office a que todas estas colonias se unieran bajo una unión aduanera. Pese a la presión británica, el establecimiento de una zona regida por el libre comercio entre las colonias fue prácticamente boicoteado y, en su lugar, los colonos británicos presionaron a Inglaterra para que negociara con los EEUU un acuerdo de comercio preferencial [Pomfret, 1989: 69-73].

Antes de que la negociación de un tratado fuera iniciada por Lord Elgin, aparecieron otras iniciativas que buscaban establecer una relación de reciprocidad comercial con los Estados Unidos. En 1849, Nueva Brunswick organizó una conferencia sobre este asunto, y en ese mismo año, la Isla Príncipe Eduardo expidió una ley que otorgaba un trato de libre comercio a una lista de mercancías estadounidenses, siempre y cuando esto fuera recíproco; por su parte, Nueva Escocia y Nueva Brunswick tuvieron una iniciativa similar en 1850.

Dos años después, corrió la noticia de que los estadounidenses deseaban negociar dentro de estos acuerdos el libre acceso a las aguas de las colonias atlánticas y de las aguas americanas, lo cual obviamente restaría competitividad a las pescaderías de Nueva Escocia, Nueva Brunswick e Isla Príncipe Eduardo principalmente; ante esto, la opción de un tratado de reciprocidad que abarcara a todas estas colonias adquirió importancia [Norrie y Owram, 1996: 181].

No deja de ser notable el hecho de que estas colonias, aunque separadas políticamente entre ellas, pero unidas individualmente a la Gran Bretaña, lograran un acuerdo de reciprocidad comercial con una nación independiente. Este hecho sin duda sirve como un antecedente para explicar por qué las provincias canadienses históricamente han manifestado una considerable independencia en el manejo de su política comercial internacional, la cual con frecuencia ha ignorado los intereses de las otras provincias y del gobierno federal.

Entre 1854 y 1866 estas colonias gozaron de una situación doblemente única, al tener libre acceso al mercado estadounidense gracias al tratado comercial y al incremento excepcional de la demanda estadounidense provocada por la Guerra de Secesión. Esta situación, obviamente, tuvo su contraparte en Canadá, con el inicio de lo que sería el afianzamiento económico de los Estados Unidos y la dependencia canadiense de la economía estadounidense [Masters, 1932: 3-22].

El tratado de 1854 fue importante para las dos contrapartes por razones distintas; las colonias tenían un gran interés en asegurar el ingreso preferencial de sus productos naturales al mercado de Estados Unidos y, por tanto, fueron las que con mayor celeridad empujaron a que Inglaterra llevara a cabo estas negociaciones. Por su parte, Estados Unidos tenía intereses muy específicos, como la obtención del libre acceso a las aguas territoriales de las colonias y el acceso al río San Lorenzo; finalmente, ambos obtuvieron esto durante los diez años que duró el tratado [Cross, 1971: 14].

Desde una perspectiva económica, la confederación debe ser vista como parte de un ajuste estructural del Imperio británico, que por haber ocurrido en el corazón de la Revolución industrial afectó prácticamente a todo el mundo atlántico. El ajuste –ya lo hemos explicado– comenzó en 1845, cuando el sistema mercantil británico empezó a debilitarse afectando con severidad a las colonias británicas de América del Norte. Este ajuste influyó definitivamente sobre el comportamiento global de estas colonias, precipitando no solo la negociación de un tratado comercial sino la creación de la Confederación canadiense [Norrie y Owram, 1996: 171].

Después de 1866, con la cancelación del Tratado de Reciprocidad Comercial, los colonos desplegaron una estrategia por demás ambivalente; por una parte consideraron que su unificación, bajo una entidad política única, posiblemente atraería el interés económico estadounidense, pero al mismo tiempo temían al expansionismo del país del sur que había dado pruebas de su voracidad con México (1846-1848), así que optaron por quedar bajo la protección de la Metrópoli bajo la fórmula de un Dominio.[32] Con este gesto, prolongaron en gran medida su subordinación hasta 1931, cuando el Estatuto de Westminster los liberó incruentamente de Inglaterra.

El Tratado de Reciprocidad reflejaba en gran medida la orientación de las colonias respecto al uso de los recursos naturales. El artículo 1º y el 2º ofrecían acceso recíproco, salvo algunas excepciones, a las pescaderías de las costas atlánticas de Norteamérica británica y de las costas atlánticas de Estados Unidos, al norte del paralelo 36º. Sin embargo, ciertas variedades como el salmón fueron excluidas de la reciprocidad, así como la pesca en los ríos y sus desembocaduras; en la misma forma, la pesca de crustáceos fue prohibida en las costas americanas. El artículo 3º establecía la libre importación recíproca de una considerable variedad de productos que cubrían prácticamente todo lo que podía ofrecer su sector primario. Los productos incluidos en el tratado cubrían alrededor de 90% del comercio establecido entre las colonias y la frontera estadounidense.[33]

La duración del tratado fue estipulada en diez años; cualquiera de las contrapartes podía cancelar el tratado, siempre y cuando lo hiciera con 12 meses de antelación, acción que Estados Unidos llevó a cabo en 1865, dándose por terminado el tratado el 17 de marzo de 1866, año en que también terminó la Guerra de Secesión.

La guerra había costado al gobierno estadounidense más de 2 000 millones de dólares al año; las reclamaciones indirectas a la Gran Bretaña fueron estipuladas en 4 000 millones de dólares.

Los Estados Unidos, sintiéndose libres de cualquier compromiso con Inglaterra, gracias a la conclusión del Tratado de Reciprocidad de

Cuadro 1-2

**Valor total del comercio entre los Estados Unidos
y las Colonias Británicas de Norteamérica
(millones de dólares)**

1850	14.6	1861	44.4
1851	17.0	1862	39.0
1852	15.6	1863	45.1
1853	18.9	1864	56.1
1854	32.8	1865	62.0
1855	42.8	1866	73.3
1856	50.3	1867	46.0
1857	46.2	1868	50.3
1858	39.3	1869	52.6
1859	47.3	1870	61.6
1860	46.2		

Fuente: Masters, *La Réciprocité 1846-1911*, 1933: 22.

1854, insinuaron abiertamente a la Gran Bretaña que la cesión del territorio ocupado por las colonias británicas podía ser la indemnización que reclamaban por su interferencia durante la Guerra Civil.

Los británicos no podían permitir que los estadounidenses las tomaran, como habían hecho con México, pero decidieron que no sería ofensivo para el orgullo británico si los colonos decidían encargarse de su propio futuro, así que prohijaron el movimiento en pro de la Confederación [Brown, 1994: 349-350].

Los futuros canadienses, haciendo gala de un enorme pragmatismo, dejaron de lado el incidente expansionista de los Estados Unidos y durante los primeros 12 años de vida del Dominio de Canadá (1867-1879) todos los gobiernos que lo dirigieron buscaron con insistencia la negociación de un nuevo tratado con su vecino del sur. El reiterado fracaso de esta iniciativa reforzó, a partir de 1867, la posición de aquellos sectores económicos interesados en la instalación de prácticas comerciales proteccionistas, por medio de lo que posteriormente se conocería como la *Política Nacional* (1879).

Para favorecer el proteccionismo se argumentaba que el mercado interno debía estar reservado a los productores del Dominio, y que la única manera de lograrlo consistiría en la construcción de barreras arancelarias lo suficientemente elevadas como para desalentar la competencia foránea.

1.7. Trueque o negociación: el reconocimiento de la Independencia de México y la reciprocidad comercial

A pesar de la evidente anarquía que privó en el período posterior a su independencia, México se convirtió en el espacio económico donde las rivalidades de la Gran Bretaña y Estados Unidos se enconaron profundamente.

El interés británico no se limitó al territorio mexicano; de hecho los ingleses también se hicieron presentes tanto en los países sudamericanos como en América Central y, por supuesto, en el Caribe. Este hecho alertó a Estados Unidos, el cual ya consideraba que el continente americano era la extensión inmediata de su espacio vital.

A mediados del siglo XIX, los británicos se propusieron convertir a las excolonias españolas y portuguesas en una zona de influencia de la libra esterlina. El eje de su cruzada era la venta económica de la manufactura inglesa y su poderosa flota mercante, que junto con la implantación del credo librecambista apostaría a favor de los intereses británicos [Meyer, 1991: 15].

Debido a esto, México había quedado atrapado en un conflicto de intereses; aunque con grandes tropiezos, trató de sacarle el mejor provecho. Gran Bretaña había expresado claramente su interés en invertir en México, sobre todo en la minería, el comercio, el transporte ferroviario y el sector textil, lo cual resultaba maravilloso para un país aislado políticamente y devastado por su guerra de independencia.

Dentro de la visión británica, la economía mexicana, aún en estado embrionario si la comparamos con la inglesa o la americana, representaba un cúmulo de oportunidades a las que difícilmente estaba dispuesta a renunciar. Inglaterra era, de entre las potencias europeas, la que más necesitaba colocar su excedente de capital y de manufacturas; también era la primera nación que se había hecho presente en el espacio americano, llenando el vacío que por fuerza había dejado la Corona española.

Entre 1824 y 1825, Inglaterra vivía un período de bonanza económica; como consecuencia de esto, se crearon 624 compañías para operar en el extranjero, de las cuales 46 estaban destinadas a funcionar en América Latina. Las inversiones inglesas en México se ubicaron en la adquisición de valores, así como la explotación de recursos naturales, especialmente los metales preciosos. En 1824 se crearon seis compañías con el objeto de explotar los metales preciosos de las minas mexicanas: United Mexican; Anglo-Mexican; Real del Monte; Mexican; Tlalpujahua y Guanajuato [Rippy, citado en Ceceña, 1973: 30].

Gran Bretaña había renunciado a prolongar su Imperio formal en América Latina, sobre todo después del revés que había tenido al pretender ocupar militarmente la región del Río de La Plata. Así que su estrategia consistió en asentarse informalmente dentro de las redes comerciales, financieras y de transportes de países como México; después de todo, este tipo de estrategia le permitía sacar buen provecho de América Latina sin tener que asumir la responsabilidad política, como aún ocurría con sus colonias en América del Norte [Meyer, 1991: 16].

Debido a esta observación, el nombre oficial de México es actualmente aquel que fue impuesto por los ingleses en el tratado.

Gracias al Tratado de comercio, navegación y amistad entre los Estados Unidos Mexicanos y su Majestad el Rey de Gran Bretaña e Irlanda, este país se convirtió en el principal proveedor de México y cliente prioritario para las exportaciones mexicanas. En 1824, el monto total de las importaciones mexicanas ascendía a 12.1 millones de pesos, de los cuales 7.4 millones de pesos (61%) correspondían a productos ingleses. Para 1845, las importaciones procedentes de la Gran Bretaña habían ascendido a 14.4 millones de pesos, frente a 2.8 millones de pesos procedentes de Francia y 2.5 millones provenientes de los Estados Unidos. Estos datos demuestran que Inglaterra era durante este período el principal proveedor de manufacturas de México; sin embargo, su presencia económica fue aún mucho más pronunciada en las inversiones indirectas, en especial a partir de la estructuración de lo que se llamó *la deuda de Londres*, la cual abarcó dos grandes empréstitos otorgados al gobierno mexicano entre 1824 y 1825, que juntos sumaban un monto de 5 281 400 libras en 1831. Esta cifra se incrementó a 14 014 277 libras esterlinas en 1848 debido a las amortizaciones y los intereses acumulados. A esta suma habría que agregar 3 593 684 libras más en 1867, debido a las reclamaciones de ciudadanos ingleses por concepto de daños y perjuicios que presuntamente ocurrieron durante la guerra expansionista de Estados Unidos contra México (1846-1848) [Nicolau D'Olwer, 1974: 936, 1005, 1011,1029; Ceceña, 1973: 30-39].

1.8. Reciprocidad *versus* continentalización

Debido a una premura justificada, si consideramos la virtual quiebra de la economía, el gobierno mexicano abrió las puertas al expansionismo estadounidense.

El tratado fue firmado en la Ciudad de México el 5 de abril de 1831. El canje de instrumentos de ratificación entre los dos países se efectuó solamente un año después. Fue promulgado en México por el Decreto del 1º de diciembre de 1832.[34] Por su parte, el tratado fue ratificado por Washington seis años después de su conclusión el 5 de abril de 1832, estipulándose en este que al término de los primeros seis años se revisaría su contenido. Este tratado tendría una duración límite de 12 años. Poco después de su implementación, Texas se separaría de México (1836), cumpliéndose con esto uno de los cometidos secretos del negociador Poinsett.[35] Cuando 12 años después, el tratado llegó a su término, dos acontecimientos agriaron la relación; por una parte, a instancias estadounidenses, la República de Texas se anexó a este país (1845), y por la otra, los Estados Unidos declararon la guerra a México [Zea, 1982; Ibarra Bellon, 1998].

Tanto los aranceles como la inversión extranjera, bajo sus dos manifestaciones predominantes, la productiva y la de portafolio, han desempeñado un papel determinante en el desarrollo económico de México y Canadá. Los primeros tratados comerciales que estos países firmaron con Estados Unidos, en 1831 y 1854, respectivamente, tuvieron en común el haber sido negociados y suscritos cuando ni México y mucho menos Canadá eran naciones independientes; solo lo eran de manera virtual.

España –ya lo mencionamos– no reconocería la Independencia de México hasta 1836, cuando paradójicamente su relación con los Estados Unidos había entrado en un franco deterioro debido a su reiterada negativa de vender gran parte de su territorio norte, lo que al final causó que los Estados Unidos emprendieran primero la invasión gradual, y finalmente la guerra expansionista.

Por su parte, Canadá solo adquirió una personalidad política más definida en 1867, con la creación de la Confederación, pero indiscutiblemente su transformación en Dominio no tuvo las implicaciones de las guerras de independencia llevadas a cabo años atrás por México y los Estados Unidos.

Los tratados de carácter comercial que hemos analizado tenían propósitos más extensos que los puramente económicos; en gran medida reflejaban los grandes acontecimientos y cambios que se dieron a lo largo del siglo XIX: la consolidación del comercio internacional desde una perspectiva marcadamente capitalista; el auge del expansionismo territorial; la lucha entre aquellos países que se arrogaban el derecho a intervenir en la política internacional en virtud de la "gracia divina",[36] y el combate contra los movimientos liberales y nacionalistas. Ni México ni Canadá pudieron sustraerse a estos hechos; el recuento de las circunstancias en que se produjeron estos tratados son un testimonio elocuente de las dificultades que estos países enfrentaron en sus intentos por acceder a una autonomía económica relativa.

La demarcación de sus fronteras continentales, la reglamentación de la navegación, así como la circunscripción de las rutas comerciales fueron los aspectos más significativos que los negociadores ingleses y estadounidenses impusieron en su momento al gobierno mexicano. Los tratados efectuados primero con Inglaterra y después con los Estados Unidos fueron en gran medida un auténtico *tour de force* por controlar el espacio mexicano debido a su ubicación geográfica.

México vio en estos tratados un mecanismo de presión sobre España, que no se decidía ni a retirar sus tropas del puerto de Veracruz, ni mucho menos a aceptar oficialmente que había perdido sus posesiones americanas; conforme la renuencia se prolongaba, el acercamiento y la aceptación a las exigencias fueron más evidentes.

Los tratados significaban para México la promesa de una modernización largamente anhelada que conllevaba todos los ingredientes de lo que México necesitaba para crecer: ferrocarriles, carreteras, industrialización, mercados e inversión, en suma, todo aquello que le daría acceso a un verdadero desarrollo económico.[37]

La apuesta del gobierno mexicano también apuntaba a detener el desmembramiento territorial y político que el país enfrentaba tanto al sur como en el norte de su territorio, debido a la resistencia de los gobiernos regionales a aceptar un gobierno centralista (1836). Mientras que el gobierno federal obtenía sus ingresos de los aranceles de importación y exportación, los gobiernos estatales aplicaban discrecionalmente un impuesto adicional sobre las transacciones comerciales, conocido como la *alcabala*, el cual no solo se imponía arbitrariamente sino que además era diferente en cada región.[38]

Con un sentido distinto, el Tratado de Reciprocidad Comercial de Canadá de 1854 no tenía como propósito explícito la delimitación de la frontera sur de las colonias británicas: el objetivo central era el comercio y el libre acceso a determinados recursos naturales. A diferencia de la dispersión demográfica prevaleciente en el territorio norte de México, los pobladores británicos y franceses estaban prácticamente asentados a lo largo de una buena parte de la frontera sureste de los Estados Unidos, creando con ello una permanente barrera de contención frente a las eventuales pretensiones expansionistas de su vecino.

Además de este hecho, no hay que olvidar que a lo largo de esta línea divisoria existía una considerable vida comercial, incentivada por la relación entre ellos, por lo que difícilmente podríamos referirnos a esta como una zona caracterizada por un vacío económico, político y humano, como era el caso en determinados tramos de la frontera mexicana, considerada por ello "tierra de nadie".

Sin embargo, estas circunstancias no detuvieron las ambiciones estadounidenses por las pescaderías de las Marítimas y en especial las de la costa de Nueva Escocia, expresadas durante las negociaciones entre el comisionado inglés Lord Elgin y el estadounidense Marcy.

A diferencia de lo ocurrido en México, donde la negociación de estos tratados parecía más la certificación de la repartición económica y territorial de este país que un arreglo comercial entre naciones autónomas, en el caso del futuro Canadá, el tratado de 1854 tuvo el propósito de dar a las colonias acceso preferencial al mercado estadounidense, mientras que los Estados Unidos obtenían a la vez su entrada a un doble mercado, el de sus vecinos y el de la Madre Patria, gracias a la preferencia imperial. En este sentido, las colonias representaron un puente comercial de doble vía entre los Estados Unidos e Inglaterra.

Ambos tratados tuvieron una existencia limitada; en el de 1854, los Estados Unidos no buscaron prorrogarlo más allá del plazo establecido por considerarlo innecesario, sobre todo cuando de todas maneras tenían acceso a casi todas las materias primas canadienses. En el tratado mexicano, los verdaderos intereses estadounidenses, que iban más allá de los aspectos arancelarios, no habían sido satisfechos por medio del tratado, así que decidieron tomar sin que mediara ningún convenio lo que realmente los motivaba: el territorio mexicano.

Independientemente de las razones anteriores, el legado más profundo que dejaron estos tratados fue el establecimiento de una relación de muy largo aliento, en la cual tanto México como Canadá asentaron los cimientos de lo que sería con los años una relación de profunda dependencia económica hacia el mercado y la inversión estadounidenses.

Durante décadas, después de la abrogación de estos tratados, los dos países buscaron por diversos conductos restablecer una relación de reciprocidad comercial con Estados Unidos, en especial México llegó a negociar otros tratados en 1857, 1859, 1876-1879; 1883-1886; 1909-1911, los cuales por una gran variedad de razones políticas, provenientes de ambos lados, nunca llegaron a su aprobación y mucho menos a su ratificación.[39]

Paradójicamente, cuando el gobierno americano manifestó un genuino interés en llevar a cabo una estrategia simultánea hacia México y Canadá, conocida como *la diplomacia del dólar*, la cual buscaba llevar a cabo nuevas negociaciones en torno a la reciprocidad comercial, ocurrió que en ambos casos los tratados fueron rechazados tanto en México (1909-1911) como en Canadá (1911), por lo que serían las primeras expresiones de un nacionalismo antiyanqui en los dos países.

Podría decirse que en el caso de Canadá la inversión extranjera raramente había suscitado reacciones chauvinistas durante este período, por el contrario, esta siempre había sido bien acogida, sin hacer discriminación alguna ni por su origen ni su destino económico en Canadá.

Cuadro 1-3

Capital extranjero en Canadá, 1900-1960

Años	Directa	Portafolio	Total	Gran Bretaña	Estados Unidos
1900			1.2	85	14
1905			1.5	79	19
1910			2.5	77	19
1913			3.7	75	21
1920			4.9	53	44
1926	1.8	4.2	6.0	44	53
1930	2.4	5.2	7.6	36	61
1939	2.3	4.6	6.9	36	60
1945	2.7	4.4	7.1	25	70
1950	4.0	4.7	8.7	20	76
1960	12.9	9.4	22.2	15	75

Fuente: Pomfret, *The Economic Development of Canada* [1989: 62].

Sin embargo, no podría afirmarse lo mismo respecto a la política comercial, la cual históricamente había sido el motivo de diversos conflictos con los Estados Unidos. Estas desavenencias propiciaron la Confederación de las Colonias en 1867, la formulación de la Política Nacional en 1879 y la caída del gobierno del primer ministro Laurier (1911), quien había negociado un tratado de reciprocidad comercial con los Estados Unidos considerado lesivo por los canadienses, quienes proclamaron como lema de protesta contra el gobierno: "No truck nor trade hit the yankees" [Gutiérrez-Haces, 2002: 27-30; Twomey, 1993: 44].

Haciendo un repaso de los hechos anteriores, fácilmente podría inferirse que tanto las negociaciones comerciales como los tratados que tuvieron lugar en las fechas antes mencionadas poco tendrían en común, por tratarse de dos países que, además de ser económicamente distintos, mantenían una relación con los Estados Unidos claramente diferente. Sin embargo, un análisis más pormenorizado de estos revela la existencia de una serie de elementos que prueban que –al menos en cuatro de los tratados que aquí se han mencionado– existieron vasos comunicantes entre los objetivos que los Estados Unidos perseguían a través de estas negociaciones, tanto en México como en Canadá. Esto probaría que la asimetría económica de los dos países mencionados, finalmente, poco cuenta cuando la contraparte es Estados Unidos. Esta afirmación nos lleva a plantear varias hipótesis, las cuales han estado implícitas a lo largo de este capítulo:

- La estrategia económica y comercial de Estados Unidos, en lo que concierne a los países que junto con él forman el espacio norteamericano, ha tenido un carácter considerablemente homogéneo. Si los resultados han sido manifiestamente distintos, tanto en México como en Canadá, esto se explica por la correlación que existe entre las fuerzas políticas internas que han sido predominantes en un momento dado, y su vinculación con el contexto internacional.
- Tomando en cuenta que estos países han sostenido una relación de dependencia económica con un país que ha detentado la hegemonía mundial desde la década de 1940, su contexto internacional prácticamente se reduce a la correlación de fuerzas con los Estados Unidos.
- Los extremos de la dialéctica que ha marcado las negociaciones de estos tratados, así como las relaciones en América del Norte han sido la búsqueda de la reciprocidad comercial frente a la continentalización económica.

En este sentido, el Tratado Forsyth-Montes de Oca, negociado por México a partir de 1857, y el Tratado McLane-Ocampo de 1859 resultan un buen ejemplo para fundamentar las hipótesis anteriores, ya que desde el punto de vista de la correlación de fuerzas internacional, el fin de la guerra de 1847, junto con la redefinición de la frontera norte de México y el replanteamiento de la relación política con los Estados

Unidos (desde la óptica de un país vencido militarmente), pesaba mucho al momento de negociar nuevos tratados comerciales. Aunado a esto, los insaciables intereses de los sureños ejercían presión adicional sobre el contenido de las negociaciones, las cuales, de nueva cuenta, no solo incluían la reciprocidad comercial, sino buscaban asegurarse de manera exclusiva el libre tránsito a través del istmo de Tehuantepec y la adquisición de más territorio al norte de México, que abarcaba la península de Baja California y el estado de Sonora.

Desde el punto de vista de la correlación interna, México era un país que no lograba despegar ni económica ni políticamente, debido a las luchas internas entre los liberales y los conservadores. Esta polarizada correlación se agudizó a causa de Francia, España e Inglaterra, que en un evidente gesto intervencionista respaldaban descaradamente al grupo conservador y amenazaban militarmente con la invasión armada por incumplimiento de pagos.

Visto así, todo podría haber indicado que el gobierno mexicano, ante una correlación de fuerzas ostensiblemente desfavorable, se negaría a negociar cualquier tratado, sin embargo, hizo lo contrario, porque ello representaba la posibilidad de mantener en el poder al gobierno liberal, primero de Comonfort y después de Juárez; pagar las deudas más apremiantes; vencer a la oposición conservadora, y finalmente obtener el reconocimiento oficial de los Estados Unidos.[40]

Si tomamos en cuenta que únicamente tres años antes había sido negociado el Tratado Elgin-Marcy, resulta importante preguntarse si el gobierno estadounidense había utilizado parte de la experiencia adquirida en el tratado de 1854, para las negociaciones con México en 1857 y 1859.

Aún más importante sería determinar si Washington estaba siguiendo en ese momento un plan preconcebido que claramente pretendía armonizar económica, comercial y territorialmente sus intereses en los dos espacios vecinos, lo que de ser afirmativo sería el primer indicio del proyecto estadounidense de continentalización.

La reciprocidad comercial representó en ambos casos el hilo conductor que marcó el rumbo de las pláticas. Las instrucciones que el Departamento de Estado dio al negociador Forsyth indicaban claramente que el contenido, el ritmo y los límites de las negociaciones debían acotarse al contenido del tratado con Gran Bretaña en 1854; una actitud similar llevó a cabo el negociador McLane durante la negociación con México del Tratado McLane-Ocampo en 1859 [Riguzzi, 2003: 69].

Aunque los negociadores estadounidenses consideraron los logros del tratado de 1854 como marco de referencia para las negociaciones con México, hubo importantes diferencias en el contenido de lo que finalmente negociaron mexicanos y canadienses, como puede observarse en el siguiente cuadro.

El tratado Elgin-Marcy nunca fue renovado por los Estados Unidos, así que el Dominio de Canadá tuvo que idear una política comercial alternativa de largo plazo que tomara en cuenta, por una parte, su creciente interés por el mercado estadounidense, y al mismo tiempo la política mercantil del gobierno de Estados Unidos, la cual, conforme transcurrió el tiempo, tendía a mezclar la imposición de determinados aranceles con la propuesta de reciprocidad a sus socios comerciales.

La implementación de tal política difícilmente podría haberse llevado a cabo sin la intervención del Estado. Una de las características más relevantes del desarrollo económico de Canadá fue que, desde su fundación, el Estado se había convertido en un agente clave en la consolidación de la economía de la Confederación.

Para lograr tal cometido, implementó tres estrategias: la unificación política y comercial del territorio canadiense por medio de la creación de un sistema ferroviario; una política de poblamiento en las provincias del Oeste que apuntaba a que, a mediano plazo, se unirían con las provincias más antiguas ubicadas en el Este de su territorio, y finalmente, la implementación de una política arancelaria nacional [Laux y Molot, 1988: 44].

Entre 1866 y 1874, el gobierno federal intentó al menos en tres ocasiones negociar un nuevo acuerdo comercial con Estados Unidos. Los repetidos fracasos de estos tanteos fueron un excelente argumento en manos de los habitantes del Dominio, quienes presionaran al primer ministro MacDonald (1867-1873 y 1878-1891) para que se cambiaran las reglas del juego que prevalecían en las relaciones con su vecino. Estas presiones, a partir de 1859, desembocaron en la elevación de

Cuadro 1-4

Diferencias entre el Tratado Elgin-Marcy (1854-1866) y el Forsyth-Montes (1857) y el McLane-Ocampo (1859)

Canadá (1854)	México (1857 y 1859)
Acceso recíproco.	Rebaja arancelaria a cambio de un préstamo.
Liberalización de 28 productos.	Liberalización de un número superior al estipulado en el tratado británico.
Abarcaba: materias primas, productos de origen agrícola y animal.	Abarcaba: ciertas manufacturas* y productos agrícolas.
Excepciones: los productos manufacturados, el salmón. La pesca en la desembocadura de los ríos. El tratado no se aplicaba en la costa atlántica al sur del paralelo 36º. La pesca de crustáceos quedaba prohibida en toda la costa de los Estados Unidos.	Excepciones: géneros de algodón, especialmente la manta trigueña y el azúcar (solo en el tratado de 1857).
La pesca en las costas del Pacífico británico no estaba permitida.	No incluía el comercio portuario en las costas del Golfo de México.
Incluía todo el territorio de las colonias británicas de América del Norte.	Incluía únicamente el comercio de la zona fronteriza del norte de México con Estados Unidos.
Vigencia: 10 años.	No se determinó un plazo de terminación.
Nivel previo de intercambio comercial entre los dos países: bajo.	Los productos negociados representaban 90% del comercio bilateral.

* Las manufacturas no artesanales que figuraban en los dos tratados eran casas de madera o de hierro, piezas de refacción, materiales tipográficos, libros no encuadernados, máquinas y aparatos, láminas para techos, embarcaciones fluviales, arados y sus rejas [Romero, 1896, citado en Riguzzi: 2003: 70].

Fuente: Elaborado con base en la información proporcionada por Norrie y Owram, *A History of the Canadian Economy*, 1996: 180-185; Pomfret, *The Economic Development of Canada*, 1989: 73, 75-76; Riguzzi, *¿Reciprocidad imposible?, La política de comercio entre México y Estados Unidos, 1957-1938*, 2003: 70-72, y Masters, *La Réciprocité 1846-1911*, 1932: 7.

los aranceles y se convirtieron en el eje de la estrategia comercial de la Confederación [Gutiérrez-Haces, 2002: 25-26].

Esta política no hizo más que emular aquella que ya era aplicada por los Estados Unidos, de tal suerte que durante un largo período la relación entre ambos se desarrolló bajo una situación de carácter simbiótico que combinaba a la vez el proteccionismo con las concesiones, el regateo y las represalias mutuas; después de todo, ni el Dominio, ni los Estados Unidos estaban genuinamente dispuestos a renunciar totalmente al comercio bilateral. En este sentido, habría que decir que la adopción de una estrategia de industrialización por sustitución de importaciones se llevó a cabo bajo la sombra de la economía estadounidense [Williams, 1987: 15-40].

Pese a la permanencia de la Política Nacional, los gobiernos federales establecieron una doble estrategia, sin importar su credo partidista, ya fueran liberales o conservadores. Por una parte prosiguieron con aquellos que buscaban reanudar la reciprocidad comercial, mientras que al mismo tiempo cultivaban su relación comercial con la Gran Bretaña. Los ingleses, por su parte, prosiguieron con su política librecambista iniciada en la década de 1840, pese a que a su alrededor avanzaba el proteccionismo. Únicamente hasta cerca de la década de 1920 adoptaron un sistema de preferencias imperiales que volvió a favorecer las relaciones comerciales con sus dominios y colonias; sin embargo, el daño ya estaba hecho y el Dominio de Canadá había caído prácticamente en los brazos de los Estados Unidos [Hart, 1998: 13].

Si bien la Política Nacional no desencadenó una respuesta más favorable por parte del gobierno de los Estados Unidos, surtió un efecto considerable sobre los inversionistas, que vieron en esta medida la ocasión soñada para posesionarse directamente de determinados sectores económicos en Canadá, en especial los recursos naturales. La perspectiva de poder producir *in situ*, contar con un mercado cautivo de consumidores y gozar de un sistema tributario propicio fue un importante incentivo para que el capital estadounidense emigrara a Canadá.

La presencia estadounidense creció junto con el proceso de industrialización proteccionista; esta se manifestó no solo gracias a la inversión directa, sino por medio de las oportunidades que surgieron gracias a la Canadian Patent Act, emitida en 1872, la cual estableció condiciones muy benévolas para el uso y transferencia de tecnología [Niosi, 1982].

A principios del siglo XX, la toma de control extranjero de un número considerable de compañías canadienses y el establecimiento de las filiales estadounidenses era un hecho; el capital americano poco a poco se posesionó de importantes segmentos de la industria química, eléctrica y automotriz [Laux y Molot, 1988: 46].

En enero de 1910, la suerte del gobierno canadiense pareció cambiar; el primer ministro liberal sir Wilfrid Laurier (1896-1911) logró negociar un acuerdo de reciprocidad con el presidente Taft, el cual establecía el libre comercio sobre los productos agrícolas primarios, así como sobre los recursos naturales y productos derivados de estos, además de una rebaja arancelaria sobre un número determinado de bienes manufacturados, principalmente herramientas y maquinaria agrícola. Paradójicamente, el acuerdo logró ser aprobado con bastante celeridad por el poder legislativo estadounidense durante el mes de julio de 1911, a pesar de que desde febrero la comunidad de negocios en Canadá, así como el sector financiero y manufacturero de Toronto y de Montreal, lo habían rechazado públicamente.

El clímax del movimiento antitratado ocurrió cuando 18 liberales de la ciudad de Toronto publicaron un manifiesto en el que se oponían al acuerdo y conminaban a la población a oponerse en bloque.[41] Poco después se formaron la Anti-Reciprocity League, en Montreal, y la Canadian Nacional League, en Toronto. Todas estas protestas consiguieron la atención de la alta jerarquía gubernamental, que inquieta, comentaba: "The feeling in Montreal and Toronto against the Agreement could hardly be stronger if the United States troops had already invades our territory" [Lord Grey, Governor-General, citado en Stevens, 1970].

A finales de febrero, un grupo de miembros del caucus liberal solicitó a Laurier la postergación del acuerdo hasta que realmente este fuera ratificado por el Congreso de Estados Unidos. La experiencia pasada demostraba que en anteriores ocasiones los acuerdos habían sido rechazados por los senadores estadounidenses, así que resultaba hasta cierto punto ocioso y políticamente arriesgado el desencadenar una discusión al interior del Parlamento, cuando ya de por sí los ánimos estaban bastante caldeados. El primer ministro se negó a escuchar a sus correligionarios y los siguientes 25 días significaron una batalla parlamentaria que lo precipitó a su muerte política y con ella a la debacle del partido liberal.[42]

Los principales argumentos en contra, formulados en interminables debates parlamentarios, podrían resumirse de la siguiente manera: *1)* la reciprocidad destruiría la economía canadiense y el eje comercial que esta había construido entre las regiones del Este y el Oeste; *2)* el acuerdo alentaría y profundizaría los intercambios Norte-Sur entre los dos países, en detrimento de aquellos que ya existían entre las regiones canadienses [Foster, 1910-1911: 3327, 3336-3342]; *3)* la reciprocidad significaría la absorción económica de Canadá; *4)* su incierta duración significaba una amenaza para los intereses de los transportistas y de los productores que serían forzados a competir interminablemente con las importaciones de Estados Unidos [Sifton, 1911: 4385-4409]; *5)* significaría prácticamente la desaparición de las industrias locales; *6)* la reciprocidad conduciría en el mediano plazo a que Canadá se separara de la Gran Bretaña[43] porque esta destruiría tarde o temprano las preferencias británicas de que gozaba el Dominio [Hawkes, 1911] y, finalmente, *7)* eliminaría el comercio interprovincial que con tantos esfuerzos se había logrado con la construcción de los ferrocarriles[44] [Foster, 1910-1911: 3530-3563].

Por su parte, los argumentos favorables a la reciprocidad, sostenidos parcialmente por los liberales y Laurier, corrieron menos suerte, ya que desde un principio existía una enorme animadversión a la propuesta. Estos argumentos aseguraban que *1)* la reciprocidad produciría una ampliación del mercado para los recursos naturales; *2)* la prosperidad del sistema de transportes se vería favorecida con un mayor número de fletes; *3)* pero sobre todo, Laurier consideraba que era necesario permitir a la gente que se sirviera de los canales de comercio que le eran más próximos, es decir, el eje Norte-Sur y no forzarlos a llevar a cabo un comercio que de entrada podía ser más costoso, como ocurría con muchos de los intercambios que se llevaban a cabo entre el Oeste y el Este canadienses [Dafoe, 1911; Laurier, 1910-1911: 4751-4771].

Finalmente, los parlamentarios pidieron a Laurier que se hicieran ciertos cambios al contenido del tratado, petición que también fue rechazada por el primer ministro. A partir de ese momento el destino de Laurier y el tratado estaban determinados. El 29 de julio de 1911 el gobierno disolvió la Casa de los Comunes y llamó a una elección general programada para el 21 de septiembre; esta votación produjo la derrota de los liberales y del tratado.

El proceso de elecciones generales en 1911 tuvo el efecto de una caja de Pandora de la que resurgieron dos posiciones antagónicas: el nacionalismo y el continentalismo; ambas emergían periódicamente como parte fundamental de un debate de muy larga data que reiteradamente intentaba definir la posición del país frente a los Estados Unidos. Estas dos tendencias habían existido desde antaño y habían convivido hasta cierto punto al interior del gobierno, de los partidos políticos y de la población en general; pero en 1911 la noticia de que el gobierno liberal había negociado un acuerdo de reciprocidad comercial, que ya había sido aprobado previamente por el Senado estadounidense, fue interpretada como un acto de alta traición.

El problema estaba lejos de ser resuelto debido a la caída de Laurier y el partido liberal, ya que el fondo del conflicto residía en gran medida en la forma como el Oeste y el Este de Canadá situaban sus intereses comerciales al interior de la Confederación y en relación con los Estados Unidos y la Gran Bretaña.

El primer ministro era un librecambista convencido, y como tal consideraba que este acuerdo era extremadamente ventajoso para Canadá. La iniciativa daba curso a las peticiones de los granjeros y agricultores del oeste y centro canadiense que exigían la reducción arancelaria, pero, por el contrario, esta decisión no contaba con mucho consenso entre los habitantes de la provincia de Quebec.[45]

El contenido del acuerdo de 1911 difería notablemente del que había sido implementado en 1854, ya que en aquel los negociadores estadounidenses estaban interesados principalmente en tener libre acceso a las pesquerías noratlánticas y habían manifestado menor entusiasmo por el comercio con la provincia de Canadá. Probablemente, aunque los intereses estadounidenses veían en la incipiente actividad manufacturera de lo que sería Ontario las bases materiales para la instalación de sus filiales, prefirieron dar prioridad al acceso a las pescaderías de la costa atlántica. Por lo pronto, en el acuerdo de 1911, las provincias del oeste y del centro pareció que obtendrían una posición más ventajosa que Quebec y Ontario [Stevens, 1970: 3-4].

Pese a las diferencias regionales que el tratado eventualmente provocaría, la suerte de Canadá en su conjunto estaba echada. La estructura económica de Canadá en aquellos años estaba compuesta por un importante grupo de empresarios locales que había crecido junto con los inversionistas estadounidenses, gracias a la protección que les brindaba la Política Nacional. Estos empresarios se manifestaban satisfechos de producir para un mercado cautivo.

Durante décadas, la política económica tuvo un doble objetivo: por una parte alentaba las exportaciones de una industria basada en los recursos naturales y, por otro, protegía a un sector manufacturero doméstico en el que las fronteras entre el control nacional y el extranjero prácticamente no existían. Para 1914, las filiales estadounidenses habían logrado consolidarse en el sector manufacturero. Canadá contaba con más compañías controladas por capitales estadounidenses que ningún otro país, convirtiéndose con esto en el mayor receptor de capitales provenientes de su vecino. Alrededor del 40% de estos flujos de inversión se localizaban en la producción de las industrias de *staples*: minerales, papel periódico y combustible, que exigían el uso de una tecnología sofisticada para su extracción y procesamiento. En contraste, los capitales canadienses se ubicaban en las industrias más tradicionales que exigían una utilización intensiva de trabajo, con un menor uso de tecnología, como calzado, textiles, ropa, muebles, hierro y acero [Laux y Molot, 1988: 46].

El debate político que suscitó en Canadá el acuerdo de reciprocidad de 1911 no fue ajeno a México; este país también negoció, durante años, dos tratados con Estados Unidos. El primero, ocurrido entre 1883 y 1886, fue truncado en su última etapa, cuando, pese a que había sido aprobado por los cuerpos legislativos de ambos países, no pudo ser implementado por oponerse la Cámara de Representantes de los Estados Unidos a discutir la iniciativa de ley para ponerlo en ejecución (1886) [Romero, 1890; Flores Caballero, 1971: IX-XXVIII]. El segundo, negociado entre 1909 y 1911, reviste particular importancia porque, como lo analizaremos más adelante, no fue finalmente rechazado por algún cuerpo del gobierno de los Estados Unidos, como ya era tradición, sino por el gobierno mexicano. Ambos tratados fueron negociados casi totalmente durante la larga dictadura del general Porfirio Díaz (1876-1880 y 1884-1911).

El proceso negociador de ambos acuerdos levantó en México un interesante debate, con claroscuros similares a los que se dieron en Canadá; durante este, el gobierno mexicano asumió una posición política muy proactiva, respaldado en una situación económica boyante gracias a la presencia masiva de la inversión extranjera, por cierto no exclusivamente estadounidense.

Cabe mencionar que si bien las iniciativas de reciprocidad comercial negociada irremisiblemente parecía que tenían un destino nefasto cuando entraban en la recta final de la aprobación legislativa, esto no amilanó ni al poder ejecutivo estadounidense ni a los funcionarios vinculados al Departamento de Comercio. Ambos propusieron otras fórmulas que finalmente llevaron a resultados similares a los que podían haberse obtenido con los acuerdos de reciprocidad. En este sentido, no podemos pasar de largo lo ocurrido en la primera Conferencia Panamericana (1889-1890), convocada por el gobierno de Estados Unidos, en la cual se planteó abiertamente la posibilidad de establecer una unión aduanera continental que "proteja, hasta donde sea posible y provechoso, el comercio de las naciones americanas unas con otras" [citado en Riguzzi, 2003: 135].

Los motivos que el gobierno mexicano expresó al oponerse a la propuesta de una unión aduanera fueron contundentes. De ellos sobresalen tres; el primero era de orden económico: el gobierno mexicano no podía aceptar un arreglo librecambista continental porque eso significaría eliminar —o en su defecto reducir— los aranceles con que hasta ese momento se gravaba al comercio exterior, estos representaban una fuente de financiamiento central. En segundo término, surgió un argumento bastante similar al que los canadienses esgrimieron al oponerse al tratado de 1911: había que proteger la industrialización del país; y en tercer lugar, se argüía que la propuesta ponía en franco peligro la autonomía del país al precipitarlo a una situación de dependencia de los Estados Unidos [Riguzzi, 2003: 136].

El secretario de Estado, Blaine, al percibir el rechazo no solo de la delegación mexicana sino del resto de las representaciones latinoamericanas, decidió cabildear separadamente con cada grupo y detectar aquellos países que expresaban un liderazgo. Blaine, en cierta medida, intentó cooptar a Matías Romero, cabeza de la delegación mexicana y negociador veterano del malogrado acuerdo de 1883. Para ello ofreció que retomaran el curso de las fracasadas negociaciones bilaterales y a cambio pidió que cabildeara al resto de los delegados. Esta propuesta no encontró eco en Matías Romero; de hecho, la conferencia representó un rotundo fracaso para el proyecto continental de los Estados Unidos, pero fue enormemente fructífera para los países latinoamericanos que supieron con mayor claridad a qué atenerse entre ellos.[46]

Finalmente lo que ocurrió con Blaine en 1888 fue que el Congreso estadounidense creó el arancel McKinley,[47] que contravenía el espíritu librecambista propuesto en la Conferencia Panamericana.

El arancel McKinley, en su momento, produjo en la economía mexicana efectos muy particulares; en nuestra opinión, este instrumento proteccionista provocó de manera directa el establecimiento de importantes filiales estadounidenses en México, al estilo de las existentes en Canadá.

Estas empresas trasladaron en parte o enteramente el proceso productivo de sus compañías, que normalmente contaba con la importación de los minerales mexicanos, debido a que el arancel McKinley gravaba notablemente estos insumos. Ante este impedimento, las compañías decidieron trasladarse a México y llevar a cabo *in situ* el proceso de producción desde su inicio. Tal fue el caso del establecimiento de plantas de beneficio y fundiciones, vinculadas a las empresas ASARCO (Guggenheim), Kansas City Smelting and Refining, y la Omaha Grant [Gutiérrez-Haces, 2003d; Riguzzi, 2003: 142].

La experiencia anteriormente descrita fue una victoria importante para México, ya que con el traslado de estas fundiciones, la vida económica de las zonas que las acogieron mejoró sensiblemente. Pero más importante aún fue el hecho de que por primera ocasión una medida proteccionista de los Estados Unidos había sido revertida a favor de México, gracias a la decisión de actores no gubernamentales. Los empresarios estadounidenses demostraron mayor sagacidad que sus funcionarios, los cuales estaban empantanados en un proteccionismo a ultranza que solamente prohijó todo tipo de triquiñuelas para desviar sus efectos.

Estos hechos necesariamente evocan otros de carácter similar. La Política Nacional también provocó que los empresarios estadounidenses se establecieran en las regiones canadienses para elaborar aquellos productos que antaño exportaban a Canadá; con esta relocalización lograron abaratar sus costos y monopolizar el mercado. Finalmente esta experiencia también se produjo en México a partir de la década de 1940, cuando la estrategia de industrialización por sustitución de importaciones produjo la entrada masiva de las filiales estadounidenses. En aquel momento, se afirmó en México lo mismo que Canadá había manifestado desde 1879: la inversión extranjera directa era una palanca del desarrollo económico y como tal no debía enfrentar cortapisa alguna.

Porfirio Díaz, taimado y astuto como era, atrajo la inversión extranjera directa, sin importar credo ni color, reconociendo reiteradamente que su proyecto de modernización del México bronco no podía ni debía prescindir de ella. Si el presidente mexicano postergó voluntariamente la ratificación definitiva de un acuerdo comercial, que desde 1909 estaba siendo negociado con el gobierno americano, esto se debió a que el país contaba con toda la inversión que requería, sin necesidad de exponerse a caer de nuevo en un desgastante proceso como el acontecido en 1896.

La presencia de los empresarios canadienses durante el porfiriato fue crucial para la construcción de una moderna infraestructura en la Ciudad de México y en otras importantes ciudades del interior del país. Díaz admiraba su estilo, que encarnaba, en su opinión, lo mejor de lo británico, lo francés y lo americano. Fue contemporáneo de los gobiernos de sir John MacDonald y de sir Wilfrid Laurier, conocía los avatares del proyecto de unificación de la Confederación canadiense así como la forma en que la Política Nacional y los ferrocarriles habían atraído la inversión extranjera.

El presidente Díaz, como aquellos primeros ministros del Dominio de Canadá, también aplicó algunas medidas proteccionistas, indudablemente menores que la Política Nacional, que pretendían resguardar la incipiente industrialización mexicana. Apostó a que los ferrocarriles, aunque construidos con empréstitos y concesiones extranjeras, traerían la unificación del país y acabarían con los caudillos regionales que no habían hecho más que producir guerras y separatismo. Fue un ferviente creyente de que el progreso entraba con el comercio exterior y asumió con entusiasmo el papel de proveedor de materias primas y productos de base, que el sistema capitalista destinaba a la economía mexicana. Su prolongada administración introdujo la primera modernización de México, alargando una mano amiga al capital extranjero y reprimiendo con la otra a una población que continuaba siendo indígena y campesina [Gutiérrez-Haces, 1997: 11-32; Nicolau, 1974: 1017-1018, 1087-1090].

El tratado de reciprocidad comercial propuesto a México desde 1909, rechazado por el gobierno de Díaz en 1911, no era un tratado más que venía a sumarse a la larga lista de propuestas y negociaciones truncadas, que las más de las veces enrarecieron la relación bilateral. Este tratado fue planteado en el mismo período que aquel negociado por el gobierno de Laurier en Canadá, y en ambos casos, ya lo mencionamos, estos fueron rechazados por fuerzas políticas internas opuestas a la reciprocidad. Este aspecto demuestra que pese a su dependencia de la economía estadounidense, México y Canadá siempre contaron con un margen de maniobra considerable que estaba muy lejos de la mera subordinación.

La tentativa de homologación simultánea –aunque esta fuera parcial– que representaron estos tratados obviaba la asimetría económica que existía entre los tres países, porque, de hecho, la relación desigual entretejida a lo largo de los años convenía perfectamente a los intereses de los Estados Unidos.

El proyecto de reciprocidad comercial continental no surgió entre 1990 y 1994, cuando el TLCAN recorrió las obligadas etapas que ya otros tratados habían andado: este prácticamente se originó en 1910, cuando el gobierno estadounidense propuso, basado en "las relaciones especiales que derivan de la contigüidad territorial" dos tratados comerciales a México y Canadá que significaron una clara tentativa de crear un mercado norteamericano hegemonizado por Estados Unidos. A partir de esa fecha, la propuesta regresó con asombrosa regularidad bajo fórmulas diplomáticas muy diversas, recibiendo en su momento una multiplicidad de respuestas que dieron contenido a lo que después se conocería como la agenda bilateral de estos países [Hanningan, 1980: 14; Pringle, 1964: 584; Wolman, 1992: 167, y Riguzzi, 2003: 181].

NOTAS

[1] En este análisis se examinará básicamente la forma en que EEUU ha incidido en el carácter del desarrollo económico de México y Canadá, y no tanto en el desarrollo económico por separado de cada uno de los países de América del Norte.

[2] Para un análisis sobre el tema consultar: Pastor Robert (2002).

[3] *Diario Oficial de la Federación* (2004); Canales Clariond, Fernando de Jesús, secretario de Economía, "Aviso mediante el cual se solicitan comentarios respecto a una posible armonización de los aranceles de nación más favorecida entre México, los Estados Unidos y Canadá y una posible liberalización de las Reglas de Origen del Tratado de Libre Comercio de América del Norte, México".

[4] El concepto de *asimetría* ha sido utilizado por los gobiernos para dar cuenta de las diferencias flagrantes que existen entre economías. Es a menudo utilizado por los economistas neoliberales porque está aceptado y es más neutral que el concepto de *desigualdad*, cuyo alcance es más complejo, nos parece. En este trabajo, utilizaremos el término *desigualdad* tal como lo definimos en los párrafos siguientes, pero utilizaremos a veces el término *asimetría* con el mismo significado, para facilitar la lectura.

[5] Nuestro análisis se apoya en el enfoque desarrollado por Immanuel Wallerstein (n. 1930) sobre la historia del capitalismo y más en particular sobre el modo de organización o configuración interna del propio sistema-mundo capitalista, el cual

se organiza a partir de una estructura tripartita jerárquica, polarizada y desigual que subdivide a dicho sistema-mundo en una pequeña zona central, una cierta zona semiperiférica y una vasta zona periférica. Es decir, una organización interna estratificada en tres o hasta cuatro zonas diferentes, si se incluye también en el esquema a las "arenas exteriores" del sistema-mundo. Dentro de esta configuración el centro y la periferia aparecen como los extremos opuestos, mientras que el nivel intermedio es considerado la semiperiferia por ser más rico que la periferia, pero menos que el centro y con un desarrollo intermedio en lo económico, lo político y lo social en general. Esta ubicación diferenciada de los países dentro del sistema-mundo, posee un carácter a la vez cambiante y permanente, que hace posible que en varias décadas o siglos un país o una zona determinada pueda modificar su estatus específico dentro del sistema y explica el destino histórico que ha tenido cada una de las diferentes naciones o espacios en los últimos cinco siglos [Aguirre, 2003: 45-46; Wallerstein, 1984, 1998a, 1998b].

[6] En esta fecha un oficial criollo, Agustín de Iturbide, aprovechó el mando de tropas para unirse a Vicente Guerrero, el único rebelde insurgente en pie de lucha en el Sur. En febrero de 1821, se proclamó el Plan independentista de Iguala y el 27 de septiembre del mismo año, el último representante de la Corona española, Don Juan O'Donojú, abandonaba el poder. La Nueva España se convirtió por un efímero período en el Imperio Mexicano (1821-1823).

[7] De acuerdo con los historiadores Nevins, Commanger y Robertson, respectivamente, solamente una minoría de colonizadores norteamericanos hacia julio de 1776 estaba convencida de lo atinado que sería separarse del Imperio británico; pero probablemente más de la mitad de los colonos deseaban aún evitar la separación política. A lo largo de la guerra, un tercio de las Trece Colonias seguía oponiéndose a la rebelión y el otro tercio se sentía indiferente. Por consiguiente, estos autores consideran que sería más exacto afirmar que la revolución entre 1776 y 1783 fue la lucha de una minoría por imponerse al resto de los colonos y conseguir que el gobierno británico reconociera su autonomía política y económica [Nevins, Commanger, Morris, 1994: 69; Robertson, 1967: 149]. Por su parte las colonias británicas de América del Norte no pensaron que fuera relevante emular a sus vecinos de las Trece Colonias con otra guerra de independencia y mucho menos consideraron su anexión a la nueva nación; las metas de estas colonias eran lograr la autosuficiencia dentro del Imperio británico y protegerse de los EEUU, que durante la Guerra Civil (1861-1865) habían expresado repetidamente "que después seguirían los Canadás" dentro de su proyecto expansionista. La constitución del Dominio de Canadá en 1867 y su decisión de mantenerse dentro del Imperio británico obedecieron en parte a estos motivos [Brown, 1994: 15, 341-355].

[8] El sentimiento antiespañol en México se desarrolló a raíz del movimiento de Independencia (1810); durante décadas, la palabra *gachupín* se utilizó como una locución peyorativa para denominar a una persona de origen hispano. Salvo casos

muy aislados, que tendremos oportunidad de mencionar posteriormente. Las relaciones con la Madre Patria en los primeros años del México independiente se caracterizaron por su tirantez y hostilidad. España tardó muchos años en reconocer la independencia del Virreinato de la Nueva España y llevó a cabo varios intentos por recuperar al menos parte de sus posesiones, en especial las que colindaban con el Océano Atlántico. Prácticamente ningún peninsular permaneció en México después de la guerra y los criollos, por ser los hijos de los peninsulares nacidos en México y haber sido los detentadores del poder minero y mercantil, también enfrentaron la desconfianza de la población indígena y mestiza, en especial cuando se convirtieron en la clase dominante. Durante la década de 1930 y 1940 surgió una corriente nacionalista que se definía en relación a lo antiespañol y el encumbramiento a ultranza de todo lo que recordaba el pasado indígena. Este sentimiento se perpetuó hasta fines de los años treinta del siglo XX, en que el gobierno del general Lázaro Cárdenas cambió parcialmente la actitud oficial respecto a los españoles al acoger como refugiados a los republicanos de la Guerra Civil Española y romper relaciones diplomáticas con el gobierno del general Francisco Franco. Pese a esto, la población conservó un sentimiento de hostilidad hacia todo lo relacionado con la Madre Patria.

[9] El primero se conoce como el *primer imperio*, bajo el gobierno de Agustín de Iturbide, quien gobernó entre 1822 y 1823 como Emperador de México, y el segundo, años después, fue establecido gracias a un acuerdo político entre los conservadores y Napoleón III, quien apoyó el establecimiento de un gobierno monárquico, presidido por Maximiliano de Austria (1864-1867), el cual terminó su reinado frente a un pelotón de fusilamiento mexicano.

[10] Una de las obras más reconocidas que sí analiza estos aspectos es el libro de Lipset, 1999.

[11] Todo el que rechazase la Declaración de Independencia (1776) y se considerase a sí mismo "leal" a Inglaterra, era proscrito como *Tory*, y era físicamente atacado, y si huía al territorio protegido por las tropas inglesas dejando atrás sus bienes, estos eran inmediatamente confiscados. No se puede decir con precisión cuántas personas siguieron siendo leales a la Corona durante la guerra. Entre 80 000 y 100 000 personas abandonaron las colonias rebeldes durante el conflicto, lo que supone entre 2% y 3% de la población, mientras que la Revolución francesa (1789) solo provocó la emigración de un 0.5% de la población. La mayoría de los leales buscaron asilo en Canadá y en las islas de las Indias occidentales británicas. Una parte importante de estos ocupaban cargos públicos, o eran terratenientes, vendedores al por mayor, religiosos anglicanos y cuáqueros.

[12] Seymour Martin Lipset afirma: "Los estadounidenses no lo saben, pero los canadienses no pueden olvidar que de la Revolución estadounidense surgieron dos naciones, no una. Los Estados Unidos son el país de la revolución, Canadá el de la contrarrevolución". Para un análisis más amplio de esta temática, consultar Lipset [1999: 19].

[13] La teoría de *staples* afirma que el paso y la naturaleza del crecimiento económico es determinado por las características de un producto (*staples*) que es exportado y del cual depende la economía del país. En esta forma el crecimiento económico está íntimamente vinculado con la demanda de *staples* de las economías industrializadas. Innis explica, a partir de su obra sobre el comercio de pieles en Canadá, que las características económicas del *staples*, al ser exportado, determinaron la evolución de la economía canadiense. De acuerdo con este autor, la exportación de los *staples* dio lugar a la consolidación de un sector líder dentro de la economía de mercado en Canadá [Innis, 1956; Watkins, 1963; Drache, 1995; Pomfret, 1989; Howlet y Ramesh, 1992; Drache y Wallace, 1985].

[14] *Mercantilismo* es el nombre que se dio a un grupo de ideas y prácticas particularmente característica del período que transcurrió entre 1500 y 1800, por el cual los gobiernos europeos utilizaron la explotación y comercio de los minerales para asegurar su propia unidad y poder frente a otros estados. El mercantilismo en Inglaterra estuvo menos estructurado que en Francia, pero fue igualmente influyente. La política colonial británica fue moldeada por la Ley de la Tierra y los Intereses de Clase de los Negocios. El propósito principal fue apoyar a los comerciantes marítimos en expansión, de la competencia extranjera y la promoción de autosuficiencia en recursos y productos manufacturados. La clave para lograr esto fueron las Actas de Navegación establecidas en 1651. Bajo estas actas, los bienes producidos en Asia, África y América podrían ser importados a Inglaterra únicamente en los barcos ingleses. Los exportadores europeos podían usar los barcos ingleses o los de su propio país aunque después de 1661 las mercancías llevadas de esta manera enfrentaban elevados impuestos. El Staples Act de 1763 estipulaba que ninguna mercancía europea podría ser importada a las colonias si esta no provenía de Gran Bretaña [Norrie y Owram, 1996: 18].

[15] Si bien es cierto que el oro y la plata fueron los metales preciosos más apreciados durante la primera etapa del mercantilismo, debido principalmente a su valor monetario, este aspecto debe ser manejado con cierta cautela, ya que conforme avanzó el proceso capitalista resultó evidente que también eran necesarios otro tipo de metales como el hierro, el acero, el cobre y, posteriormente, el aluminio, entre muchos otros. Todos estos eran insumos indispensables para la fabricación de un sinnúmero de bienes durables y de capital que la revolución industrial requería. Con el uso de la máquina de vapor, la mecanización de la agricultura, el uso de transportes refrigerados y la fabricación del alambrado para la ganadería, la demanda de otro tipo de metales permitió la entrada de otros países en el comercio internacional. La visión sobre la escasez de cierto tipo de riquezas minerales de Canadá cambió radicalmente a partir de 1858 con el descubrimiento del oro en el río Fraser, ubicado en el territorio de lo que sería Columbia Británica y, posteriormente, con el descubrimiento de yacimientos de petróleo en Alberta, la producción de níquel en Sadbury y el aluminio en Quebec y Ontario.

[16] A lo largo del texto el lector encontrará la expresión *las Américas*, la cual utilizo para designar tanto a América del Norte como a América Latina. Un sinónimo de esta expresión sería *el continente americano*.

[17] La parte del Imperio español que colindaba con Estados Unidos era la Nueva España, constituía el Virreinato más rico de la Corona, su territorio hacia el sur abarcaba hasta el norte del istmo de Panamá (Costa Rica,) incluidas las posesiones en el Caribe. Hacia el norte del continente, comprendía los territorios de Nuevo México, Texas y Vieja y Nueva California, Arizona, así como Nuevo Santander, Coahuila y Nuevo León. Las islas Filipinas también formaron parte de este virreinato a partir de 1565. En 1819, después de la Independencia mexicana, llegaba hacia el norte hasta el paralelo 42° y el nororiental colindaba con la Luisiana.

[18] A la *pieza de a ocho* se le llamaba así debido al VIII grabado en una de sus caras para indicar su valor de ocho reales. En muchas partes de los Estados Unidos, hasta mediados del siglo XX, seguían siendo comunes las expresiones *two bits, four bits y six bits*.

[19] En la segunda mitad del siglo XVIII, con el auge de las actividades económicas, fue tomando importancia creciente una clase social de comerciantes y manufactureros, compuesta en su mayor parte por criollos (blancos nacidos en la Nueva España), que habían de ser los promotores de los ideales revolucionarios e independentistas en la colonia.

[20] Resulta paradójico que el único presidente de origen indígena (zapoteca) que ha tenido México haya sido justamente el que llevara a cabo una serie de medidas que afectaron de una manera negativa e irreversible la inserción de las comunidades indígenas en la estructura social de México a mediados del siglo XIX.

[21] Los conquistadores españoles y sus herederos podían recibir el título de encomenderos. Gracias a este, recibían un lote de indígenas. Estos trabajaban especialmente en las actividades agrícolas. Sobre la tierra y el trabajo indígena se apoyó un modo de vida señorial que perduró hasta el siglo XIX, conservando rasgos de opulencia y de miseria.

[22] La abolición de la esclavitud fue una reivindicación recurrente durante todo el movimiento de independencia. Miguel Hidalgo, prócer de México, al llevar a cabo la proclamación del movimiento de independencia en 1810, proclamó la abolición de la esclavitud; más adelante, durante el Congreso de Chilpancingo (1813), José María Morelos resolvió acabar con la esclavitud y todas las distinciones de casta, y en 1829 de nuevo se declaró oficialmente la abolición [Cockcroft, 2001: 73 y 84].

[23] En los siglos XVIII y XIX, España pasa de ser un espacio semiperiférico fuerte a un espacio semiperiférico débil, o hasta en un espacio francamente periférico del sistema-mundo [Aguirre, 2003: 46].

[24] Durante el período de los Médicis, el jitomate mexicano sirvió como planta de ornato en Italia (*pomme d'or*), tardíamente se descubrió en ese país su valor culi-

nario, como un producto que después sería irremplazable en la comida italiana, llamándolo *pomodoro*.

[25] La plata tenía una importante articulación con la agricultura local, el transporte, la planeación urbana, la industria textil, las tendencias culturales y religiosas, así como sus conexiones con un importante sistema económico mundial.

[26] España realizó los primeros pasos para liberar el comercio de sus colonias en 1765, cuando les permitió comerciar entre sí. Después, en 1788, expidió la "ordenanza o pragmática de libre comercio", que terminaba con el monopolio ejercido por los comerciantes de Cádiz y Sevilla. En 1796, facilitó el acceso al mercado metropolitano a los comerciantes americanos y como consecuencia de la guerra con Inglaterra aceptó que algunas potencias neutrales comerciaran con sus posesiones americanas. El cambio en la política española no significaba que había acogido las ideas librecambistas: esto era el resultado de sus dificultades con las potencias europeas y con sus colonias americanas [Flores Caballero, 1971: IX-X].

[27] La publicación en 1776 de la obra *The Wealth of Nations*, de Adam Smith, coincidió con la Declaración de Independencia de los Estados Unidos. Las ideas antimercantilistas contenidas en este libro no provocaron una reacción inmediata sobre las ideas económicas y políticas que prevalecían en estos tiempos; sin embargo, con el transcurrir de los años estas tuvieron un efecto contundente contra las políticas proteccionistas y el papel de los gobiernos. Entre 1776 y 1846 las políticas mercantilistas se erosionaron dando como resultado final la abrogación de las leyes proteccionistas británicas como las Corn Laws. A partir de 1846, el Imperio británico adoptó oficialmente el libre comercio afectando directamente sus relaciones comerciales con dos países independientes: México y Estados Unidos, así como con sus colonias en América del Norte [Norrie y Owram, 1996: 71].

[28] A inicios del siglo XIX la afluencia de estadounidenses al Alto Canadá resultaba inquietante. En 1812, los Estados Unidos declararon la guerra a la Gran Bretaña y atacaron a los canadienses. El gobierno de Estados Unidos, pero en especial los estadounidenses avecindados en el Alto Canadá, declararon que "El Alto Canadá era una colonia estadounidense completa". El gobierno estadounidense estaba convencido de que "Era necesario ayudar a que el Alto Canadá se liberara del yugo británico". Thomas Jefferson creyó que su conquista sería "un simple paseo". En 1813, los invasores trataron de partir los Canadás, mediante la captura de Kingston, atacando primero York (Toronto); el lago Erie cayó bajo dominio estadounidense durante el resto de la guerra. En 1814, los ingleses y sus colonos de América del Norte atacaron e incendiaron la ciudad de Washington y la Casa Blanca. La paz fue pactada por el Tratado de Gante en 1814, la desmilitarización de los Grandes Lagos y la demarcación del paralelo 49° como frontera entre el territorio estadounidense y el británico se llevó a cabo entre 1817 y 1818 [Brown, 1994: 234-236]. No deja de sorprender la similitud de este episodio con el de la anexión de Texas, en donde también se empezó por una invasión pacífica de agricultores, el establecimiento de

asentamientos urbanos y una campaña orquestada para "liberar a los colonos del dominio del Imperio español". Finalmente, en este caso, los estadounidenses tuvieron más éxito, pues los texanos se independizaron de México y, posteriormente, pasaron a ser parte del territorio estadounidense (1836 y 1846).

[29] En 1823, las tropas de la Santa Alianza (Austria, Rusia, Prusia e Inglaterra) restauraron por la fuerza el absolutismo en España, lo cual revivió los temores de que España intentara recuperar sus posesiones coloniales. Esto movió a que la Gran Bretaña invitara a los Estados Unidos a reconocer oficialmente la independencia de los países latinoamericanos y que de paso declarara que sería inadmisible que estas pasaran a poder de otra potencia. La repartición de América parecía un hecho. Alejandro I de Rusia mencionaba sus derechos sobre la costa noroeste de América, desde el paralelo 51° hasta el 71°, la Gran Bretaña aún tenía las posesiones de las colonias británicas del Norte y de hecho era la única metrópoli europea que conservaba territorios en América, los cuales geográficamente colindaban con Estados Unidos. Ante esto, los Estados Unidos decidieron actuar por su cuenta, el 2 de diciembre de 1823 el presidente James Monroe en su mensaje anual expuso lo que la posteridad llamaría la Doctrina Monroe: Estados Unidos no admitiría ninguna intervención ni colonización europea en las Américas. Esta declaración alivió al gobierno mexicano que aún enfrentaba la presencia de España en el fuerte de San Juan de Ulúa, frente al puerto de Veracruz, el cual era la salida de todas las mercancías hacia Europa. El reconocimiento de la Independencia de México era urgente, con ella se buscaba también el acceso a un préstamo de Inglaterra que permitiría comprar armas y barcos, para expulsar a los españoles de su territorio. Finalmente, Inglaterra reconoció la independencia mexicana (1825) e hizo los préstamos; por su parte, Estados Unidos se apresuró a nombrar a Joel R. Poinsett como ministro plenipotenciario ante el gobierno mexicano. Este nombramiento, junto con la Doctrina Monroe, buscaba cortar de tajo los avances de Inglaterra en México y en América Latina y establecer oficialmente que el continente americano era su área natural de influencia [Vázquez y Meyer, 1982: 22].

[30] Después de 1783, el nombre de Canadá debe ser utilizado con cierta prudencia ya que este posteriormente cubrió diversos espacios geográficos. Políticamente, Canadá no se refería a toda la América del Norte Británica, denominación que estuvo vigente entre 1776 y 1867. La provincia de Canadá fue creada en 1791 y contenía dos colonias: Upper Canada y Lower Canada. Después de 1841, el Act of Union la convirtió en Canada East y Canada West, en ambos casos estas colonias cubrían en gran medida lo que después serían las provincias de Ontario y Quebec. A partir de 1867, se crea el Dominio de Canadá, el cual comprendía las anteriores colonias, más Nueva Escocia y Nueva Brunswick. En 1870 las tierras de la Bahía de Hudson pasaron a formar parte del Dominio. Columbia Británica y la Isla Príncipe Eduardo se unieron en 1871 y 1873, respectivamente; posteriormente, ingresaron las provincias de las Praderas: Manitoba, Saskatchewan y Alberta. Estas distinciones resultan

realmente importantes cuando hablamos de la creación del Dominio de Canadá, el cual como puede observarse comprendía lo que después se llamaría Quebec y Ontario, así como dos colonias geográficamente muy alejadas en la región de las Marítimas [Brown, 1994: 212].

[31] En 1763, año en que se firmó el Tratado de París por el cual se decidió la suerte de la Nueva Francia como parte del botín de la Guerra de los Siete Años entre Francia e Inglaterra (1756-1763) y como resultado de la derrota que Inglaterra infringió a Francia en la batalla de Abraham (1759), se discutió en Londres si la Gran Bretaña podía quedarse con todos los territorios que ocupaban sus ejércitos y qué debería devolverse. Hubo quienes pidieron que se conservara la isla de Guadalupe, productora de azúcar que ofrecía un futuro más lucrativo que el frío Canadá. Finalmente, se consideró que Canadá, sin la presencia francesa, era estratégicamente importante, pues ponía fin a la competencia en el comercio peletero y abría la perspectiva de una expansión económica hacia el oeste [Brown, 1994: 210].

[32] El Acta Británica de América del Norte fue aprobada el 29 de marzo de 1867. En el preámbulo de esta ley se la describe como: "[...] un acta para la unión de Canadá, Nueva Escocia y Nueva Brunswick [...] han expresado su deseo de ser unidas federalmente dentro de un Dominio. Tal unión podría conducir a la riqueza de las provincias y a promover sus intereses en el Imperio británico. Se han hecho provisiones para una posterior adquisición dentro de esta unión, de otras partes de la Norteamérica Británica". El 1º de julio de 1867 el Dominio de Canadá fue oficialmente establecido, quedando este como una parte del Imperio británico [Norrie y Owram, 1996: 170].

[33] Para una lista más detallada de los productos que ingresaron dentro del tratado y aquellos que fueron excluidos se puede consultar a Masters [1932: 7].

[34] Para mayor información sobre esto, puede consultarse: Secretaría de Relaciones Exteriores, 1999: 83-100.

[35] El 2 de marzo de 1836, nació la República de Texas. El 16 de febrero de 1846 Texas se anexó a los Estados Unidos.

[36] La Santa Alianza consideraba que tenía el derecho a intervenir en un país, así como invadirlo y declararle la guerra, en virtud de la "gracia divina". Inicialmente esta fuerza estaba conformada por Austria, Rusia y Prusia, poco después se unió a estos países el Reino Unido, llamándose así la Cuádruple Alianza (1815). El apoyo de Inglaterra a las revoluciones de independencia en América Latina, a finales de 1830 desbarató la fuerza interna de la Santa Alianza.

[37] De 1810 a 1876 México vivió una situación de estancamiento económico como consecuencia de dos factores. El primero fue la guerra, la cual prácticamente destruyó la industria minera, arrasó con la agricultura y provocó una fuga masiva de capitales. El segundo factor fue la duración del conflicto armado, el cual durante 11 años desarticuló la vida del país y dejó un saldo de más de un millón de muertos.

El sistema político mexicano fue prácticamente descabezado durante los primeros cincuenta años de independencia, la vida política de México fue dirigida por más de cincuenta gobiernos con treinta presidentes distintos. Además de las luchas internas, hubo dos guerras con Francia y una con los Estados Unidos, sin contar que tropas extranjeras con frecuencia se estacionaban en las costas mexicanas amenazando con invadir al país. En 1820 México solamente poseía tres caminos que difícilmente podían considerarse verdaderas carreteras; en 1860 el país solo contaba con 24 km de vías férreas utilizables. En 1867, 95% de los ingresos aduanales que constituían más de las cuatro quintas partes de los ingresos del gobierno estaban hipotecadas por el pago de la deuda externa. Un sistema de transporte precario, la inestabilidad política y los elevados impuestos conspiraban contra el productor mexicano que tenía que cubrir mayores costos que los que se imponían a sus competidores europeos y estadounidenses [Hansen, 1971: 19-21].

[38] El caso de Yucatán resulta ser un buen ejemplo de esta problemática, ya que una buena parte de los conflictos que tuvo con el gobierno federal fueron ocasionados por las discrepancias en la política arancelaria. Su separación de la República Mexicana en dos ocasiones –1836 y 1844– fue precipitada por el conflicto fiscal. Un caso similar fue el del gobernador de Nuevo León y Coahuila, que en 1855 abrió seis nuevas aduanas en la frontera norte y estableció derechos de importación que rebajaban entre 40% y 60% las cuotas del arancel nacional establecido en 1856. Por último, el gobernador de Tamaulipas en 1858 estableció la Zona de Libre Comercio en una franja del territorio que gobernaba, por la cual las importaciones destinadas al consumo local entraban libremente [citado en Riguzzi, 2003: 70].

[39] El Tratado Forsyth-Montes de Oca (1857) no llegó a ser discutido por el Senado de los Estados Unidos, al ser rechazado por el presidente Pierce en 1856 y por su sucesor Buchanan en 1857; el Tratado McLane-Ocampo (1859) fue finalmente rechazado por el Senado estadounidense; el Tratado Grant-Romero (1883) fue aprobado por el Senado estadounidense, pero la Cámara de Representantes de este país rehusó en 1886 discutir la iniciativa de ley para poner en ejecución al tratado; el Tratado de Reciprocidad (1909-1911) no fue aceptado por el gobierno de Porfirio Díaz que consideró la propuesta de reciprocidad comercial como atentatoria contra el interés nacional, y el estallido de la Revolución mexicana postergó la posibilidad de una nueva ronda de negociaciones.

[40] Por ejemplo, el Tratado McLane-Ocampo se negoció después del reconocimiento diplomático del gobierno estadounidense al gobierno de Juárez.

[41] Publicado en *The Mail and Empire*, 20 de febrero de 1911. El grupo estaba dirigido por Zebulon Lash, un conocido abogado de Toronto y sir Edmund Walker, presidente del Canadian Bank of Commerce.

[42] Con este gesto, Laurier provocó que muchos de sus colaboradores y miembros del Parlamento buscaran una salida política fuera del partido liberal al aliarse con los *tories* para detener el acuerdo y eliminar el gobierno encabezado por Laurier.

[43] En relación con esta afirmación resulta interesante la lectura del panfleto titulado "An Appeal to the British Born", publicado en el *British News of Canada* por Arthur Hawkes, quien se inspiró para escribirlo en el eslogan de la campaña electoral de MacDonald en 1891: "A British subject I was born, a British subject I will die".

[44] Todos estos argumentos se vieron reforzados cuando se filtró una carta escrita personalmente por el presidente Taft, la cual decía: "The amount of Canadian products we would take, would produce a current of business between Western Canada and the United States that would make Canada only an adjunct of the United States" [citado en Stevens, 1970: 3].

[45] Las declaraciones del político quebequense Henri Bourassa, a través de sus editoriales en el periódico *Le Devoir*, iban en este sentido. Cabe mencionar que Bourassa había sido en el pasado muy favorable a la reciprocidad con los Estados Unidos por considerar que esta evitaría un *zollverein* Imperial. Su cambio de opinión también estaba motivado por la oportunidad que le brindarían las elecciones generales, pero además significó la posibilidad de oponerse a la conscripción obligatoria, en caso de una guerra imperial que arrastrara a Canadá tras Inglaterra.

[46] Riguzzi expresa aspectos muy ilustrativos al respecto, en especial lo concerniente a la recomendación que se hizo a los gobiernos de "negociar tratados de reciprocidad parcial con otros países americanos" y las consideraciones de Argentina, la cual argumentó que cualquier intento de crear un mercado común americano sería una guerra de un continente contra otro, una medida de hostilidad hacia Europa, donde en cambio descansaban las llaves seguras de la prosperidad: capitales, tecnología, emigrantes, mercados [McGann, 1960: 151; citado en Riguzzi, 2003: 138].

[47] El arancel McKinley ganó su fama gracias a que introdujo importantes variantes sobre la política comercial de Estados Unidos; su principal novedad residió en que fue utilizado para obtener en un primer momento, un mayor número de concesiones arancelarias no recíprocas, bajo amenaza de represalias. En una segunda etapa, el país amenazado podía ser conminado a negociar un acuerdo, que por tener un rango inferior al de un tratado no estaba sujeto a las veleidades del Congreso, sino a las decisiones del Ejecutivo [Riguzzi, 2003: 139].

Capítulo 2

La construcción de la continentalización a largo plazo: La política económica internacional de Canadá

Introducción

Tradicionalmente, la mayoría de los análisis destinados al estudio de la especificidad y singularidad de la Política Exterior de Canadá (PEC) han dado una importancia menor a los aspectos relacionados con su desempeño económico y comercial dentro del ámbito de las relaciones internacionales, pese a que ha sido un elemento nodal en todo el proceso de construcción de la política internacional de este país.

Esta constatación, sin duda, revela una de las paradojas de la PEC, la cual pese a su importante participación en la construcción del orden económico internacional desde mediados de los años treinta –y más específicamente, después de la Segunda Guerra Mundial– en realidad adquirió notoriedad internacional gracias al papel que desempeñó a favor del multilateralismo en primera instancia, así como por su actuación como mediador y pacificador en muchos de los conflictos suscitados a partir de la Guerra Fría. Esta afirmación debe ser entendida dentro de un contexto en el cual el internacionalismo de Canadá fue medular como parte de su estrategia como potencia media.[1]

El análisis de la política internacional de comercio de Canadá[2] reviste particular interés por ser el caso de un país que accedió pacíficamente a través de consecutivas etapas al manejo de su autonomía e independencia política. La primera ocurrió en 1926 gracias a la Declaración de Balfour, la cual estableció que la Gran Bretaña y los Dominios eran jerárquicamente iguales dentro de una comunidad de naciones que se llamó la Commonwealth.[3] Posteriormente, en 1931, gracias al Estatuto de Westminster, se amplió el control de Canadá sobre su política interna y externa. Por este estatuto, Canadá obtuvo el derecho a formular y dirigir su propia política internacional. La tercera fase se dio en 1982, con la repatriación de su Constitución que hasta esa fecha se encontraba depositada en el Parlamento de Westminster, lo cual permitió al gobierno federal agregar al Acta Británica de América del Norte (1867), considerada originalmente como la constitución de Canadá, la Carta Constitucional de Derechos y Libertades, así como una fórmula de enmienda concebida en Canadá [Cook, 1994: 479]. El hecho de que dentro de la organización política de Canadá, aún en la época actual, la reina de Inglaterra es considerada, políticamente hablando, la cabeza del Estado canadiense, por ser la monarca del Reino Unido y de la Commonwealth, al cual Canadá pertenece, mientras que el cargo de primer ministro significa que es el jefe del poder Ejecutivo del gobierno canadiense, tiene importantes implicaciones para la formulación de la PEC en sentido amplio, y en particular para los asuntos de orden comercial y económico vinculados a la política internacional de comercio de este país.

Es bien sabido que Canadá históricamente ha estado vinculado política y económicamente, primero, al Imperio británico, y, posteriormente, a los Estados Unidos; este rasgo resulta de particular relevancia desde la perspectiva del análisis de su gestión dentro del ámbito de los asuntos económicos internacionales.

Tomando en cuenta lo anterior, la política económica internacional de Canadá difícilmente puede ser entendida si no se toman en cuenta las premisas fundamentales que conforman la política internacional de comercio de los gobiernos y las instituciones que han promovido el libre comercio, entre las que se encuentran países como Estados Unidos y Gran Bretaña, así como instituciones internacionales como el GATT (General Agreement on Tariffs and Trade),[4] todos ellos cruciales para Canadá.

Este capítulo analiza, desde la perspectiva que nos ofrece el enfoque de la economía política de las relaciones internacionales y la historia económica, las circunstancias en que Canadá construyó su política internacional de comercio bajo condiciones por demás complejas, entre las cuales la sustitución del Reino Unido, como referente político y económico predominante, por los Estados Unidos, como centro hegemónico de atracción e influencia sobre Canadá, tuvo un enorme peso sobre la formulación de su política tanto interna como internacional.

Dentro de esta perspectiva debemos considerar que Canadá ha utilizado tradicionalmente su política económica internacional como un instrumento de negociación dentro de un espacio-frontera asentado entre el centro hegemónico, representado primero por Inglaterra y, posteriormente, por los Estados Unidos, y ellos mismos, como un país semiperiférico ubicado en América del Norte.

Ante la imposibilidad de dictar una política internacional independiente de Inglaterra hasta 1931, Canadá se inclinó por establecer relaciones internacionales con un fuerte acento en lo comercial, en detrimento de lo que sería un enfoque tradicional basado principalmente en la formulación de principios y pronunciamientos de carácter ético y moral. Su cuasi abstención de pronunciamientos diplomáticos grandilocuentes refleja en gran medida el peso de la tradición diplomática inglesa, que generalmente ha optado por actuar y después por pronunciarse. Este capítulo analiza, desde diversos ángulos, las estrategias seguidas por los innumerables gobiernos canadienses, independientemente de su signo partidista, con el propósito de construir una PEC propia. Dentro de este análisis enfatizaremos aquellos aspectos que nos permiten argumentar que la PEC ha llevado a cabo una actividad diplomática en la cual el acento sobre lo económico es flagrante.

En un primer apartado examinaremos específicamente los orígenes de la política comercial canadiense, sus vinculaciones con los dos centros hegemónicos que se disputaban el control de su territorio y su economía: el Imperio británico y los Estados Unidos; sus intentos para asegurar un mercado preferencial en estos, destacando los acuerdos comerciales con los Estados Unidos de 1854, 1911, 1935 y 1938. Por último, examinaremos la participación de Canadá en la construcción de la institucionalidad económica después de la Segunda Guerra Mundial, a partir de la fundación del GATT en 1948, y las consecuencias que su cruzada por el multilateralismo y la no discriminación comercial trajeron aparejadas. Finalmente, haremos un repaso de aquellos acontecimientos que empujaron a Canadá a profundizar el carácter económico de su política internacional durante la década de 1970 y lo encaminaron a la consolidación de la opción continentalista a través del Acuerdo de Libre Comercio Canadá-Estados Unidos en 1988.

Tres son las hipótesis centrales que guían este trabajo. La primera es que la construcción de la política de comercio internacional de Canadá significó inicialmente una válvula de escape para expresarse internacionalmente en términos más independientes de los que le permitía inicialmente la subordinación política hacia Inglaterra. La segunda es que dicha política hizo posible promover una serie de principios como el multilateralismo y el libre comercio, que reiteradamente fueron utilizados como un mecanismo seguro para enfrentar –y muchas veces sobrevivir– un ámbito internacional en el que la hegemonía de Inglaterra, primero, y después de los Estados Unidos, ha sido un factor limitante para Canadá. Por último, la tercera hipótesis que buscamos demostrar es que dentro de la formulación de su política económica internacional Canadá ha manifestado particular predilección por establecer determinadas reglas de comportamiento comercial, no solo *de facto*, sino también *de jure*, a través de la celebración de acuerdos comerciales con sus principales contrapartes económicas, entre las que destacan, por supuesto, la Gran Bretaña y los Estados Unidos. Esta inclinación, como lo demostraremos más adelante, reviste ciertas particularidades, entre ellas, la principal es su afán por establecer una normatividad que cumpla al menos con tres requisitos: la reciprocidad comercial la protección contra prácticas desleales y medidas de retorsión, y la garantía de acceso y permanencia a los mercados hegemónicos. Históricamente los canadienses han expresado su convencimiento de que para que estos requisitos se cumplan, el multilateralismo representa el mejor instrumento.

Cuadro 2-1

Evolución de las relaciones comerciales de Canadá
1854-1930

Firma del Tratado de Reciprocidad con Estados Unidos (libre circulación de materias primas)	Cancelación del Tratado de Reciprocidad	Adopción de una política proteccionista canadiense (Política Nacional)	Convenio recíproco de liberalización parcial rechazada	Inicio de la crisis económica	Adopción de tarifas sobre las importaciones canadienses y estadounidenses
1854	1866	1879	1911	1929	1930

Cuadro 2-2

Evolución de las relaciones comerciales de Canadá
1935-1988

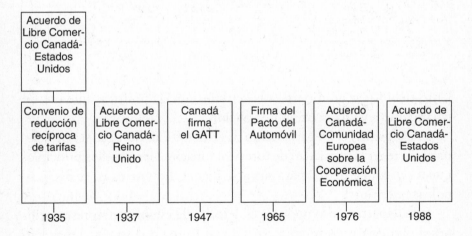

Acuerdo de Libre Comercio Canadá-Estados Unidos					
Convenio de reducción recíproca de tarifas	Acuerdo de Libre Comercio Canadá-Reino Unido	Canadá firma el GATT	Firma del Pacto del Automóvil	Acuerdo Canadá-Comunidad Europea sobre la Cooperación Económica	Acuerdo de Libre Comercio Canadá-Estados Unidos
1935	1937	1947	1965	1976	1988

2.1. Hacia la institucionalización de una política de comercio internacional[5]

La formulación de la PEC, por estar ligada directamente a la constitución de Canadá como un Estado, tuvo un proceso de construcción muy

Cuadro 2-3

**Evolución de las relaciones
comerciales de Canadá
1989-1997**

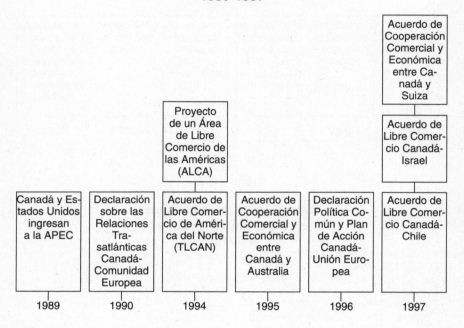

1989	1990	1994	1995	1996	1997
		Proyecto de un Área de Libre Comercio de las Américas (ALCA)			Acuerdo de Cooperación Comercial y Económica entre Canadá y Suiza
					Acuerdo de Libre Comercio Canadá-Israel
Canadá y Estados Unidos ingresan a la APEC	Declaración sobre las Relaciones Trasatlánticas Canadá-Comunidad Europea	Acuerdo de Libre Comercio de América del Norte (TLCAN)	Acuerdo de Cooperación Comercial y Económica entre Canadá y Australia	Declaración Política Común y Plan de Acción Canadá-Unión Europea	Acuerdo de Libre Comercio Canadá-Chile

lento debido en gran parte a las circunstancias políticas que dieron nacimiento a Canadá como una nación.

Inicialmente, el Departamento de Asuntos Exteriores (DAE)[6] funcionaba sin tener la capacidad de formular oficialmente aquellos principios que servirían de marco para sus actividades diplomáticas, es decir, su política exterior.

Este departamento no tenía el derecho de establecer representaciones diplomáticas en ningún país, de tal forma que sus intereses eran representados y manejados por las representaciones diplomáticas de la Gran Bretaña [Departament of External Affaires, 1984: 3].

En un principio, el DAE fue encabezado por sir Joseph Pope (1919-1925), el cual tenía la encomienda de manejar todos los asuntos que principalmente se ventilaban entre Ottawa y Londres. Con el correr de los años esta responsabilidad también abarcó la relación con los

Cuadro 2-4

**Evolución de las relaciones
comerciales de Canadá
1998-2005**

Acuerdo de Cooperación Comercial y Económica Canadá-Islandia					
Acuerdo de Cooperación Comercial y Plan de Inversiones entre Canadá y el Mercosur.			Negociaciones en marcha para firmar un Acuerdo de Libre Comercio Canadá y el Caricom		
Memorándum de Entendimiento sobre Comercio e Inversión Canadá-Costa Rica, El Salvador, Guatemala, Honduras y Nicaragua	Acuerdo Marco de Cooperación Comercial y Económica entre Canadá y la Organización para la Liberación de Palestina	Negociaciones en marcha para firmar un Acuerdo de Libre Comercio Canadá y América Central (Guatemala, Nicaragua y El Salvador)	Negociaciones en marcha para firmar un Acuerdo de Libre Comercio Canadá-Singapur	Acuerdo de Libre Comercio Canadá-Costa Rica	Negociaciones en marcha para firmar un Acuerdo de Libre Comercio Canadá-Corea
1998	1999	2000	2001	2002	2005

países más importantes de principios del siglo XX, aunque, por razones históricas evidentes, la mayoría de los asuntos estaban vinculados a Washington, Francia e Inglaterra[7] [Barry y Hilliker, 1993: 7, citado en Story, 1993].

En 1914, el Departamento contaba con un presupuesto muy reducido, el cual sostenía únicamente a 14 funcionarios, los cuales manejaban la totalidad de las relaciones internacionales de este país; de estos únicamente dos hacían la gestión, uno de ellos era el propio Pope y el otro, su asistente. A ellos correspondió de manera muy directa lidiar con los asuntos internacionales de Canadá durante la Gran Guerra. El DAE

Cuadro 2-5

Evolución de las relaciones comerciales de Canadá 2007-2013

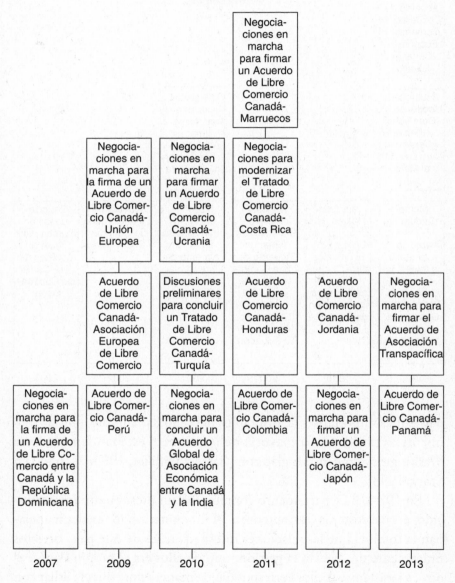

2007	2009	2010	2011	2012	2013
			Negociaciones en marcha para firmar un Acuerdo de Libre Comercio Canadá-Marruecos		
	Negociaciones en marcha para la firma de un Acuerdo de Libre Comercio Canadá-Unión Europea	Negociaciones en marcha para firmar un Acuerdo de Libre Comercio Canadá-Ucrania	Negociaciones para modernizar el Tratado de Libre Comercio Canadá-Costa Rica		
	Acuerdo de Libre Comercio Canadá-Asociación Europea de Libre Comercio	Discusiones preliminares para concluir un Tratado de Libre Comercio Canadá-Turquía	Acuerdo de Libre Comercio Canadá-Honduras	Acuerdo de Libre Comercio Canadá-Jordania	Negociaciones en marcha para firmar el Acuerdo de Asociación Transpacífica
Negociaciones en marcha para la firma de un Acuerdo de Libre Comercio entre Canadá y la República Dominicana	Acuerdo de Libre Comercio Canadá-Perú	Negociaciones en marcha para concluir un Acuerdo Global de Asociación Económica entre Canadá y la India	Acuerdo de Libre Comercio Canadá-Colombia	Negociaciones en marcha para firmar un Acuerdo de Libre Comercio Canadá-Japón	Acuerdo de Libre Comercio Canadá-Panamá

empezó a cambiar con la jubilación de Pope; el objetivo central tanto de O.D. Skelton (1925-1941), el nuevo encargado del Departamento, como del primer ministro Mackenzie King (1921-1926, 1926-1930, 1935-1948), fue trabajar en diversos planos para obtener, tarde o temprano, la autonomía del Dominio de Canadá, el cual, como sabemos, se logró en 1931.

Desde 1909, cuando fue creado el Departamento, hasta 1930, todos los asuntos de comercio internacional eran gestionados por el Trade Commisioner Service, directamente conectado con el poder británico.

La primera mención que se hizo respecto a la formulación de una política económica exterior dentro del DAE surgió en 1930, durante el gobierno del primer ministro Richard Bedford Bennett (1930-1935), el cual abiertamente afirmó que el Departamento debía servir a los intereses económicos de Canadá, en especial frente al proteccionismo de Estados Unidos que recientemente había aprobado, por medio de su Congreso, una ley comercial escandalosamente proteccionista: el Acta Smoot-Hawley.

Pero la necesidad de dar un rumbo más económico a las actividades desempeñadas por el Departamento no descansaba únicamente en las presiones comerciales de los estadounidenses: también obedecía a la política comercial de la Gran Bretaña que, como veremos más adelante, había adoptado un oneroso Sistema de Preferencias Arancelarias, el cual era dañino incluso para aquellos países como Canadá, que formaban parte de la Comunidad Británica.

Durante la Segunda Guerra Mundial, el nuevo encargado del DAE, Norman Robertson, consideró que Canadá debía integrarse a los organismos encargados de movilizar los recursos económicos destinados tanto a la conducción del conflicto bélico como a la reconstrucción de los países más afectados por la guerra, como Inglaterra.

Todas las actividades en que Canadá se vio involucrado lo conectaron con una dimensión internacional que le permitió madurar vertiginosamente. En 1945, el perfil diplomático de Canadá había crecido de tal manera que se había situado en el centro de las negociaciones económicas internacionales. Este salto cualitativo llevó al gobierno canadiense a la apertura de 26 representaciones en el extranjero, siendo este un número considerable si se piensa que en 1936 este país solo contaba con seis representaciones[8] [Barry y Hilliker, 1993: 9].

Acorde con esta estrategia, en 1946 el gobierno canadiense, con Mackenzie King como primer ministro, emitió el Acta de Asuntos Exteriores que daba un Ministerio al Departamento de Asuntos Exteriores y nombró a Louis St. Laurent como ministro y a Lester Pearson como subsecretario.[9] De esta época data la autodenominación de Canadá como una *potencia media*, lo cual significaba que se reconocía que era un Estado modesto pero con suficientes recursos como para funcionar como un mediador internacional [Holmes, 1970: 17-19].

A partir de este principio, Pearson y su equipo construyeron poco a poco las bases para una estrategia internacional que fuera a la vez constructiva y activa; uno de los objetivos de esta fue la obtención de un sitio como miembro no-permanente en el Consejo de Seguridad de las Naciones Unidas (ONU) en 1948-1949.

Leaster Pearson fue el primer servidor público que puso en práctica el papel de Canadá como una potencia media y que dio al Ministerio una dimensión realmente internacional, sobre todo cuando su mediación logró conjurar mayores conflictos internacionales como sería el caso del conflicto en el canal de Suez en 1956.

Un hecho por demás interesante fue el papel que tuvo el Ministerio y principalmente el DAE en la creación de la Organización del Tratado del Atlántico Norte (OTAN). El primer movimiento fue provocado por Dana Wilgress,[10] quien recomendaba en un memorando que los países cobijados bajo la ONU formaran una organización regional que velara por la seguridad hemisférica y pusiera coto al avance de la Unión Soviética bajo el liderazgo de Estados Unidos.

Gracias a los buenos oficios de Pearson, el entonces primer ministro St. Laurent pronunció en 1947 un discurso en el pleno de la asamblea general de la ONU que proponía el establecimiento de "un acuerdo regional de defensa para preservar la paz y la democracia de los países". Esta propuesta dio lugar a la creación de la OTAN en 1949, la cual gracias a la intervención de los funcionarios canadienses incluyó un paquete de cláusulas que comprometían a los países signatarios a la cooperación económica entre ellos. Esta moción se convirtió en un importante precedente en la futura consecución de los intereses económicos de Canadá dentro de sus relaciones internacionales.

A partir de la posguerra, el DAE dio prioridad tanto a los asuntos económicos como a los relativos a la defensa continental dentro de su agenda de trabajo. Al mismo tiempo, el propio crecimiento de este ministerio provocó que se interconectara con otras oficinas vinculadas a la economía y el comercio dentro del gobierno. Este fue el caso del Gabinete del Comité de Política Comercial Exterior, creado en 1946 y dirigido por el secretario de Estado para Asuntos Exteriores y del Comité Interdepartamental de Comercio. En 1949 este gabinete fue remplazado por el Gabinete del Comité Económico. Más importante aún fue el nombramiento de funcionarios con una destacada experiencia para dirigir estas oficinas, pero sobre todo para empujar desde ellas una política internacional de comercio [Barry y Hilliker, 1993: 13].

Uno de los momentos más interesantes en los primeros años de vida del DAE ocurrió en 1953, cuando todo el equipo que conformaba la planta de este departamento se volcó en apoyos al primer ministro Louis St. Laurent, con el propósito de detener una iniciativa de Estados Unidos a favor de un acuerdo bilateral de libre comercio. El Departamento, con la anuencia del primer ministro, llegó a retener la información destinada a otros departamentos gubernamentales, para así impedir que aquellos funcionaros favorables a la iniciativa se sirvieran de la información para ganar su causa.[11]

La PEC y su vertiente económica toma por primera vez un sesgo partidista durante el mandato del primer ministro St. Laurent (1948-1957), quien tomó una posición muy crítica respecto al partido conservador y sus relaciones con Europa, poniendo con ello en tela de juicio la tradicional posición atlantista de los anteriores gobiernos.

Con los años, el DAE creció en número de miembros e influencia dentro de los consecutivos gobiernos. No todos los primeros ministros vieron en la existencia del DAE algo positivo y de hecho algunos pusieron su mejor esfuerzo por debilitarlo, considerando que sus integrantes muchas veces competían deslealmente en contra de los intereses del primer ministro, en especial cuando este pertenecía al partido conservador.[12] Durante el período del conservador Diefenbaker (1957-1963), la desconfianza hacia el Departamento creció, en especial porque se había convertido en un refugio de los liberales. Aunado a esto, las relaciones con su tradicional contraparte –Inglaterra y Washington– pasaron por uno de sus peores momentos simultáneamente. Las relaciones entre Diefenbaker y Kennedy fueron muy tirantes, pero también las que se sostenían con el Reino Unido, que en aquellos años buscó su inclusión a la Comunidad Económica Europea, lo que a los ojos del primer ministro representaba un acto de traición hacia Canadá.

Pierre Trudeau (1968-1979 y 1980-1984)[13] fue también muy crítico hacia la labor del DAE, pese a que pertenecía al partido liberal; en 1982 anunció la creación de un nuevo Departamento en el que fue fusionado el viejo DAE, el Comisionado de Servicio Comercial y todas las unidades encargadas de la política y promoción comercial pertenecientes al Departamento de Industria y Comercio, así como la Corporación de Desarrollo de las Exportaciones y la Corporación Comercial Canadiense. La reestructuración del DAE dio nacimiento al Ministerio de Asuntos Exteriores y Comercio Internacional (MAECI) [Nossal, 1993: 37].

La inclusión del comercio internacional en la denominación oficial del ministerio obedeció básicamente a dos razones. La primera estaba vinculada al escepticismo y el desprecio que Trudeau tenía por el viejo estilo de algunos de los diplomáticos del DAE, formados al fragor de las guerras y el conflicto Este-Oeste. En múltiples ocasiones, el primer ministro cuestionó públicamente el desempeño de esta dependencia, y consideró que su estilo no era acorde con las necesidades internacionales de Canadá. Un segundo motivo era que Trudeau estaba absolutamente convencido de que no debería haber una separación entre las funciones de los ministerios dedicados al comercio y la economía, y aquellos que se ocupaban de la diplomacia, sobre todo cuando la situación económica internacional se perfilaba como muy conflictiva en la década de 1970.

Este último aspecto indudablemente fue determinante para darle una connotación más económica al DAE. Brevemente recordemos que en aquella década Canadá vivió junto con el resto del mundo la crisis en el suministro de petróleo (1973), y que años antes el presidente Nixon había emprendido un programa económico que consistía básicamente en incentivar a las empresas estadounidenses localizadas en el exterior a regresar e invertir en Estados Unidos. Si tomamos en cuenta que la inversión estadounidense ocupaba el primer rango en Canadá y que un número considerable de plantas subsidiarias se encontraban asentadas en territorio canadiense, no es difícil imaginar el impacto de tales medidas.

En esta misma tesitura, Nixon aplicó en 1971 un sobreimpuesto a todas las importaciones que ingresaban a este país, lo cual junto con una situación económica poco esperanzadora para Canadá debido a su creciente dependencia de Estados Unidos empujó a que Trudeau reconsiderara la política internacional bajo términos más relacionados con los intereses económicos de Canadá. En conclusión, el ministerio debía ser manejado por funcionarios que tuvieran una demostrada pericia en asuntos económicos internacionales.

La idea de Trudeau resultaba muy evidente; en efecto, lo que buscaba era eliminar la separación que existía hasta ese momento entre los ministerios y departamentos que trabajaban sobre diplomacia y comercio. Al mismo tiempo, esta propuesta reflejaba de manera velada la mala opinión que Trudeau tenía del DAE y su convencimiento de que al reformarlo desde sus raíces podría remediar su supuesta inoperancia y darle una proyección más económica.

A estos cambios habría que agregar toda la discusión que se llevó a cabo sobre el futuro de la política exterior en relación con los mercados potenciales que Canadá debía explorar, en especial el estadounidense. Desde luego que todo este debate, que finalmente condujo a la formulación de la *Tercera Opción*, estuvo muy vinculado al proceso de canadianización económica que el país venía experimentando desde 1965.

La reorganización del Departamento bajo Trudeau implicó principalmente que los funcionarios vinculados a este tuvieran que analizar a partir de aquel momento la política doméstica y la internacional como un todo, y en consecuencia concebir la PEC no solo como una actividad emanada del poder federal, sino también de las provincias.

Unido a lo anterior, una medida que indudablemente marcó el rumbo comercial y económico del MAECI fue la creación dentro del propio ministerio de un área totalmente dedicada a la promoción de las exportaciones canadienses y a la consolidación de relaciones comerciales con el mundo. Este cambio respondía a las inquietudes de muchos funcionarios que consideraban que la PEC había perdido el *momentum* y era totalmente irrelevante para el juego en que Ottawa quería participar en la arena internacional:

> External has become irrelevant to the Ottawa game because it has lost sight of the fact that economic considerations led Canada to set up a foreign service in the first place [...] Canada's external policies and its foreign activities must relate directly to our national interest, and that interest is 90% oriented toward trade and commerce. Questions of peace and war are vital, and should be understood and taken into account, but concern for economic issues must be predominant [Royal Commission on Conditions of Foreign Service, 1981: 80-81].

A partir de los años ochenta, la PEC continuó su proceso de crecimiento; las circunstancias derivadas del comportamiento de la economía internacional coadyuvaron a que la vertiente comercial de la diplomacia canadiense se acentuara, en especial con la llegada de gobiernos más procontinentalistas, Mulroney (1984-1993), Chrétién (1993-2003), Martin (2003-2006) y Harper (2006-).

Entre 1989 y 1990, el MAECI emprendió una revisión de su estructura y de sus objetivos, dando especial importancia a la prosecución de los intereses corporativos ligados a la promoción de las exportaciones. A partir de esta fecha, el ministerio no solo acentuó su estrategia comercial internacional, sino que también dio mayor cabida a la promoción de los intereses corporativos dentro de los objetivos de su PEC, como lo demuestra la publicación en 1995 del documento titulado *Canada dans le monde,* dentro del cual la promoción de los valores económicos, entre ellos el libre comercio, ocupan un lugar central [Gutiérrez-Haces, 2003a: 33-36].

Este documento, junto con el publicado durante el gobierno de Trudeau, *La politique étrangère au service de canadiannes,* en 1970, representan el principio y la continuidad de uno de los objetivos más apreciados de la PEC: la promoción de una política de comercio internacional.

2.2. La construcción de la política económica internacional de Canadá

Las circunstancias históricas en que se dio la creación de Canadá, básicamente como uno de los Dominios del Imperio británico con una Constitución que quedó bajo la custodia del Parlamento inglés (1867-1982) por voluntad de los Padres Fundadores, significó que Canadá desarrollara desde sus inicios una política internacional segmentada y compartimentalizada.

El carácter marcadamente comercial se movía simultáneamente en dos grandes niveles: el primero, secundando política, militar y económicamente a la diplomacia inglesa, al mismo tiempo que llevando a cabo una estrategia económica y comercial propia que le permitía establecer un importante margen de maniobra frente a la propia Inglaterra. En el segundo nivel, construyendo su propia personalidad internacional como mediador y promotor de los principios del internacionalismo y el multilateralismo, en especial a partir de la década de 1940.

Canadá construyó su política internacional de comercio bajo los principios económicos del mercantilismo y, posteriormente, del librecambismo, teniendo como principal punto de referencia la experiencia económica de Inglaterra y los Estados Unidos. Este factor tuvo como consecuencia que el bilateralismo, en ciertos momentos, y el trilateralismo, en otros, fueran las fuerzas que dinamizaban dicha política dentro de lo que tradicionalmente se ha llamado el North Atlantic Triangle –Inglaterra, los Estados Unidos y Canadá– [Brebner, 1945; Stacey, 1976; McKercher y Aronsen, 1996]. Sin embargo, dentro de esta mecánica, la política comercial británica hasta antes de la Segunda Guerra Mundial estuvo dirigida deliberadamente a la obstrucción de cualquier forma de multilateralismo que no ocurriera dentro del espacio económico de la Commonwealth. Este hecho limitó de forma progresiva el margen de maniobra comercial internacional de Canadá, empujándolo a estrechar sus lazos con Estados Unidos.

Como vimos en el capítulo anterior, Canadá es una nación que tempranamente construyó estrategias de desarrollo económico basadas en las exportaciones, ya sea de recursos naturales, materias primas o productos manufacturados y semimanufacturados; dentro de este proyecto, la instrumentalización de una política comercial exterior ocupó un lugar central como motor de la actividad económica del país.

Durante las dos últimas décadas del siglo XX, Canadá se vio enfrentado a un entorno económico internacional adverso, por cierto muy distinto del que gozó en la segunda posguerra y que le permitió montar la infraestructura política, económica y social que lo transformó en un país con elevados estándares de vida.

En 1973, Inglaterra tomó la decisión de ingresar a la Unión Europea, lo que para Canadá significó un cambio sustancial en su relación económica con dicho país; en los ochenta, los canadienses sufrieron una profunda crisis económica que los obligó a replantear los términos de su política económica y social; también esta fue la década en que su participación como uno de los miembros más activos dentro del GATT se puso a prueba.

Asimismo, en los noventa, Canadá hizo cambios sustanciales en su política comercial internacional, los cuales desembocaron en la firma de un Acuerdo de Libre Comercio con Estados Unidos (1988), un Tratado de Libre Comercio de América del Norte (1994) y la liberalización de un mayor número de medidas comerciales que se acordaron al final de la Ronda Uruguay del GATT, las cuales a su vez desembocaron en la creación de la Organización Mundial del Comercio (OMC) en 1995.

Por otra parte, Canadá manifestó activamente su interés comercial por América Latina a partir de 1990, lo cual se concretó con su ingreso a la Organización de Estados Americanos (OEA) en 1990 y la negociación de un Acuerdo de Libre Comercio con Chile (1997). Por último en 1998, Canadá planteó al Mercado Común del Cono Sur (Mercosur)[14] una negociación comercial y creó el *Team Canada*, un grupo de hombres de negocios, empresarios, banqueros, agencias gubernamentales y secretarías de Estado, dedicados a promover los intereses comerciales de este país en el exterior.

Es común afirmar que la política comercial canadiense en el ámbito internacional se ha manifestado casi siempre a favor de negociaciones y acuerdos multilaterales; sin embargo, esta aseveración opaca en cierta medida el análisis de las tres grandes tendencias que estructuralmente han servido a su vez de inspiración y orientación para aquellos canadienses que han tenido bajo su responsabilidad dicha política.

Estas tendencias también han simbolizado las tres opciones nacionales medulares en el ámbito económico, sobre las cuales la sociedad canadiense y sus gobernantes se han visto confrontados en innumerables ocasiones.

Estas tres grandes orientaciones, conocidas como el *atlantismo*, el *continentalismo* y el *nacionalismo*, indudablemente han influido en la conformación geoeconómica de Canadá. A lo largo de este capítulo estas tendencias aparecen como el hilo conductor de la política comercial internacional de Canadá.

El atlantismo, entendido como la estrecha relación que Canadá sostuvo con el Imperio británico, tuvo una enorme influencia en las decisiones comerciales de Canadá hasta la década de 1970, durante los cuales, como ya mencionamos, Inglaterra trastocó el orden comercial establecido dentro de la Commonwealth,[15] al ingresar al entonces Mercado Común Europeo. Esta decisión coadyuvó en gran medida a que Canadá optara por un mayor estrechamiento en la relación económica con Estados Unidos.

El continentalismo o continentalización ha sido una tendencia que inicialmente se manifestó en forma pendular, aludiendo con esto a la forma en que Canadá ha llevado a cabo el estrechamiento gradual de su relación política y económica con Estados Unidos. Con el transcurso del tiempo esta opción desplazó casi totalmente al atlantismo y se convirtió en un rasgo predominante para Canadá: "[...] The influence of the United States on the Canadian economy had grown more steadily dominant; but they made no conscious move to question or resist this growing domination" [Creighton, 1976: 267].

Estas dos grandes tendencias han estado presentes en Canadá, tanto en el debate económico como en el político; unido a estas, aparecen también los aportes teóricos de economistas como Adam Smith y David Ricardo, que indudablemente influyeron en los debates que sobre proteccionismo y libre comercio sostuvieron Alexander Galt y sir John MacDonald, junto al resto de los padres de la Confederación Canadiense, mucho antes de 1867 [Moore, 1997; Brown, 1994].

También es innegable, en debates más recientes, la influencia de John Maynard Keynes, sobre todo en el período que transcurrió entre la depresión económica de 1930 y la segunda posguerra, en que la política de pleno empleo justificó la entrada masiva de la inversión extranjera directa a Canadá.

Este aspecto resulta de particular importancia, ya que, analizando las principales orientaciones de la política económica canadiense, se observa el alto grado de influencia que los teóricos mencionados ejercieron sobre la formulación de las decisiones económicas y comerciales de Canadá.

Por último, el nacionalismo en Canadá representa una tendencia que en especial influyó en la economía y su política exterior a fines de la década de 1970, teniendo bajo dicha expresión una corta vida, ya que la crisis financiera de 1982 empujó al gobierno canadiense a abandonar la canadianización y replegarse de nuevo en la opción continentalista por medio de la negociación del Acuerdo de Libre Comercio con los Estados Unidos, firmado en 1988 [Gutiérrez-Haces, 1994a].

2.3. En los orígenes de la nación canadiense: el espíritu comerciante

El historiador canadiense Donald Creighton escribió en 1937 *The Commercial Empire of the St. Lawrence, 1760-1850*. Esta obra describe con maestría los orígenes del Estado canadiense, el cual se cimentó sobre el comercio y la explotación de los recursos naturales:

> It is impossible to understand the political objectives of the commercial class without an understanding of its business system. The first British Canadians were merchants before they were Britons, Protestants, or political theorists [...] the merchants became a political power because they controlled and represented a commercial system which, in turn dictated their main political demands [...] For them the conquest was the capture of a giant river system and the transference of commercial power [Creighton, 1976].

Esta cita ofrece una aguda descripción sobre los orígenes de lo que, años después, se perfilaría como una nación comerciante, la cual desde un principio centró sus expectativas en los mercados externos, casi siempre más extensos y poderosos que el suyo.

El mercado externo canadiense encontró primero su justificación en la inmensidad de su territorio y en las dificultades iniciales para cimentar su comercio sobre una infraestructura inicialmente muy limitada. En este sentido, es interesante mencionar que durante décadas existió una clara tendencia a comerciar al sureste de su territorio y de su frontera, en los límites con Estados Unidos; paralelamente, se desarrolló otra estrategia comercial que tendió a privilegiar los intercambios trasatlánticos con Inglaterra y, por último, la zona de los Grandes Lagos se convirtió rápidamente en el corazón industrial de Canadá; con esta actividad se daría entrada al proceso de continentalización.

Con el ingreso de Manitoba en 1870, Columbia Británica en 1871, Alberta en 1905, Saskatchewan en 1905 y Terranova en 1949, el territorio de Canadá se amplió, pero las tendencias comerciales de las nuevas provincias privilegiaron también la conexión internacional. Por otra parte, las provincias iniciaron un proceso de proteccionismo comercial provincial que desembocó en el uso de barreras comerciales interprovinciales, las cuales únicamente fueron canceladas años después de haberse firmado los acuerdos comerciales de 1988 y 1994 [Gutiérrez-Haces, 1994c].

Una explicación adicional a la apertura del mercado canadiense se sustenta sobre dos hechos: el primero es que Canadá, aun antes de llamarse así, nació y creció dentro de dos sistemas comerciales, el inglés y el francés. Estas influencias primero se manifestaron en forma alternativa; el predominio de una de ellas siempre estuvo vinculado a la pugna político-militar que históricamente libraron Francia e Inglaterra.

Durante más de dos siglos, Canadá se convirtió en el territorio donde los conflictos, las pugnas y las guerras europeas se prolongaban en el nuevo continente. Los habitantes de estas tierras siempre encontraron difícil identificarse plenamente con el poder colonial;[16] en venganza optaron por aprovechar las redes comerciales imperiales, en especial las del Imperio británico y solo en un segundo momento volcaron sus intereses hacia adentro.

La apertura de su comercio también encuentra una explicación en los intereses económicos y comerciales que manifestaban las entonces Colonias Británicas de América del Norte. Estos eran diversos y en ocasiones opuestos; desde un punto de vista político, poseían gobiernos locales que no necesariamente funcionaban de manera conjunta; en lo económico, eran entidades separadas que primordialmente buscaban el mercado europeo para sus productos. Su lealtad era un sentimiento que inspiraba el imperio, pero que no necesariamente existía entre el resto de las provincias del futuro Canadá.

Estrictamente hablando, su política comercial internacional apareció como tal hasta mediados del siglo XIX, cuando las Colonias Británicas de Norteamérica obtuvieron cierta autonomía en la conducción de sus asuntos económicos y comerciales. Esta relativa autonomía coincidió con los cambios económicos que ocurrieron en Inglaterra (1846), en especial el paulatino abandono de las prácticas mercantilistas y la adopción de un sistema comercial enfocado en el libre comercio; sobre este aspecto volveremos más adelante.

Toda política comercial está cimentada sobre dos opciones, no necesariamente excluyentes: el proteccionismo y el libre comercio. En ambas, la aplicación o desaparición de los aranceles desempeña un papel central. Desde el momento en que el Imperio británico, a fines del siglo XIX, optó por la creación gradual de un sistema arancelario para sus colonias y otro muy distinto para el resto del mundo, se sentaron las bases que servirían para definir en el futuro las políticas comerciales a partir del uso de los aranceles.

Este aspecto podría llevarnos a concluir que cualquier política comercial está vinculada al proteccionismo. En el caso de Canadá, esto no fue así desde el inicio, ya que los aranceles impuestos en un principio se destinaron a pagar los gastos de administración del imperio *in situ*; mucho después estos se utilizaron como un mecanismo para proteger la incipiente industrialización.

Hasta 1846, el mercado británico representó el destino obligado de los productos canadienses: pieles, pescado, trigo, productos forestales, metales, minerales, etc. Este trayecto comercial fue seriamente afectado a partir de la decisión unilateral que tomó Inglaterra al finiquitar el acceso preferencial de Canadá, al igual que el resto de sus colonias, a su mercado. Esta medida obligó a las Colonias Británicas de América del Norte a buscar aceleradamente mercados alternativos; evidentemente el mercado más cercano y atractivo era Estados Unidos.

Esta opción significó, al mismo tiempo, un problema adicional para Canadá, ya que Estados Unidos libraba internamente una lucha a muerte entre dos proyectos económicos no coincidentes, esta lucha estaba directamente vinculada a la abolición de la esclavitud, el proteccionismo y el libre comercio [Gutiérrez-Haces, 2002: 23-24].

Pese a esto, las colonias británicas de América del Norte lograron, en 1854, la firma de un Tratado de Reciprocidad con Estados Unidos, negociado por el gobernador general lord Elgin; este tratado ofreció un corto respiro a los productores canadienses.

Las circunstancias en que se llevó a cabo la negociación de este documento resultan de especial interés para entender el entorno en el que la política comercial canadiense tuvo sus inicios. En primer término, se trató de un convenio comercial negociado entre un Estado que se había independizado del Imperio británico 78 años antes y un grupo de colonias aún bajo la férula británica, que aunque gozaban de bastante autonomía para dirigir su política comercial, siempre debían contar con el beneplácito inglés. Las negociaciones, excepcionalmente prolongadas debido a los problemas internos de Estados Unidos y a la actitud de un Congreso desconfiado de las colonias británicas, finalmente lograron su aprobación.

Resulta significativa la capacidad de las Colonias Británicas de América del Norte y en especial de sus negociadores para establecer un acuerdo de reciprocidad comercial con Estados Unidos; este logro, junto con la construcción del ferrocarril a partir de 1850, demuestra que la creación de un Estado nacional puede ser precedido por proyectos de enorme envergadura, los cuales tradicionalmente se identifican con la consolidación de un Estado.

En 1854, Canadá como una colonia del Imperio británico aún no contaba con una constitución propia ni tampoco con una unificación territorial que delimitara sus fronteras como un solo país; pese a estos impedimentos logró un trato comercial preferencial de Estados Unidos que indudablemente provocó la envidia de más de una nación europea.

La red de ferrocarriles que se construiría en el futuro Canadá apuntaba a la comunicación comercial de ese vasto territorio; desde luego, esta sobrevivió mucho más que el Tratado de Reciprocidad, que en 1866 fue cancelado unilateralmente por el gobierno estadounidense.

Dice la sabiduría popular que "no hay mal que por bien no venga", y este refrán bien podría aplicarse a las consecuencias que desató la derogación del tratado; ante la nueva pérdida de un mercado preferencial, las colonias británicas empezaron a estudiar con mayor interés la posibilidad de una unificación entre la provincia de Canadá, así como con Nueva Escocia y Nueva Brunswick.

Esta unificación se concretó con el Acta Británica de América del Norte en 1867, el nombre que asumió la agregación de estos territorios fue Dominio de Canadá. Este Dominio dedicó los primeros diez años de su existencia, entre muchas otras tareas de corte político, a intentar que se reanudara una negociación comercial que desembocara finalmente en la rubricación de un nuevo tratado con Estados Unidos. El reiterado fracaso de esta iniciativa reforzó, a partir de 1867, la posición de aquellos sectores económicos interesados en la instalación de prácticas comerciales proteccionistas, por medio de lo que posteriormente se conocería como la *Política Nacional* (1879).

En el centro de este debate, mezcla de frustración, nacionalismo y oportunismo, se encontraba la figura de sir John MacDonald, reconocido por la posteridad como el Padre de la Confederación Canadiense.[17] Para favorecer al proteccionismo se argumentaba que el mercado interno debía estar reservado a los productores del Dominio y que la única manera de lograrlo consistiría en la construcción de barreras arancelarias, lo suficientemente elevadas como para desalentar la competencia foránea [Dales, 1966: 143-145].

Paradójicamente, las simpatías de MacDonald respecto a la implantación de medidas como las sugeridas no se fundamentaban tan solo en la necesidad de proteger la industria nativa; su perspectiva de nuevo trascendía las fronteras de Canadá.

La creación de la Política Nacional obedeció a tres objetivos fundamentales: el primero buscaba satisfacer las presiones de los productores a favor de un proteccionismo arancelario. El segundo, unido a lo anterior, también perseguía consolidar una industria manufacturera nacional; sin embargo, el tercer objetivo contenía la verdadera apuesta de MacDonald: provocar el interés de Estados Unidos y negociar un nuevo acuerdo que permitiría a los productos canadienses introducirse en forma preferencial al mercado de su vecino [Gutiérrez-Haces, 2002: 25-26].

La Política Nacional consistió, *grosso modo*, en gravar arancelariamente aquellas importaciones que competían con las producidas por la industria canadiense y, al mismo tiempo, permitir la entrada de ciertas importaciones que acortaban el camino de su propia producción.

Esta estrategia se tradujo en la aplicación de determinadas medidas que orientaron al sector manufacturero canadiense a la transformación de materias primas y productos semielaborados, así como a las actividades de ensamblaje.[18]

La Política Nacional así planteada enfrentó varios problemas con el transcurso del tiempo, el principal fue la dimensión del mercado canadiense; los productores, gracias al nivel de protección de que gozaron inicialmente, mejoraron sustancialmente sus volúmenes de producción, pero al mismo tiempo conocieron tempranamente los límites del mercado interno; debido a ello, de nuevo surgió la demanda por mercados externos seguros.

El deseo del primer ministro MacDonald se cumplió de forma parcial; la Política Nacional logró atraer el interés no tanto del gobierno estadounidense como de sus inversionistas y empresarios, quienes encontraron en el proteccionismo canadiense importantes ventajas, sin que por ello mediara un acuerdo comercial entre ambos.

Gradualmente, un enorme número de empresas con matriz en Estados Unidos asentó sus subsidiarias en suelo canadiense, calculando que los beneficios por controlar no solo la manufactura canadiense, sino otros sectores económicos, entre ellos los recursos naturales, así como casi el control del mercado interno, les ofrecería grandes beneficios.

De esta manera, la economía canadiense fue prácticamente cooptada por los capitales estadounidenses, mientras que la posibilidad de
un nuevo tratado de reciprocidad fue alejándose de las expectativas
de los canadienses.

Entre 1879 y 1911, cualquier gobierno en turno intentó dicho objetivo; el hermetismo de los Estados Unidos se agudizó al descubrir las
ventajas que ofrecía un mercado cautivo de productores y consumidores
gracias a la Política Nacional canadiense.

En contraste, mientras más aumentaba la presencia económica de
los EEUU en Canadá, mucho más se multiplicaba la presencia canadiense en otros mercados donde buscaban colocar sus productos de
base.[19]

2.4. La conexión imperial por *default*: la búsqueda del multilateralismo a través de la conexión británica

Durante cerca de 32 años los canadienses construyeron los cimientos
de su política comercial exterior sin contar con un marco legal que
garantizara su acceso al mercado estadounidense. Este obstáculo no
interfirió con el avance de los intereses empresariales de Estados Unidos,
los cuales, gracias a la Política Nacional canadiense, sí contaban con un
mercado seguro en Canadá.

Ante esta realidad, el gobierno de Canadá buscó un contrapeso en la
conexión imperial: "[....] if Canadian goods could not gain a privileged
status in the United States market, then they had to regain such status
in Great Britain" [Hart, 1998: 33].

La búsqueda de tal conexión no era evidente, ya que las políticas que
orientaban la economía y el comercio de Gran Bretaña prosiguieron su
tendencia librecambista hasta prácticamente la década de 1920. Esta
actitud implicó que los ingleses se mostraran poco proclives a otorgar
un trato preferencial a las mercancías canadienses; sin embargo, este
hecho no obstaculizó sus intercambios comerciales.

Si bien Canadá no contaba con el trato de nación más favorecida,[20]
ni con Estados Unidos ni con Gran Bretaña, esto no fue un impedimento para que otorgara unilateralmente un trato preferencial a los productos británicos y buscara a su vez acuerdos preferenciales recíprocos

con diversos países que habían crecido bajo la férula británica, como Australia y Nueva Zelanda.

Sobre este aspecto debemos decir que el comercio internacional, desde su aparición a mediados del siglo XIX, recurrió a la utilización del estatuto de nación más favorecida, junto con la aplicación de un régimen arancelario, como instrumentos al servicio de una política comercial internacional determinada. Ante la imposibilidad de obtener tal estatuto, Canadá optó por negociarlo con otros países, tanto de Europa como de América Latina. No fue hasta 1911, con el gobierno del primer ministro liberal Laurier, cuando los negociadores canadienses lograron un nuevo acuerdo comercial con Estados Unidos; paradójicamente, no pudo instrumentarse debido a la oposición de los canadienses, y ese rechazo precipitó la caída política de Laurier [Norrie y Owram, 1996: 20].[21]

Detrás de este rechazo, se encontraban los intereses económicos de la Asociación de Manufactureros y la de los agricultores más fuertes, los cuales habían crecido al abrigo de la Política Nacional. Para ellos, evidentemente, un acuerdo de libre comercio con los estadounidenses ponía en peligro los privilegios adquiridos bajo el proteccionismo que imperaba en Canadá.

El acuerdo de 1911 fue aprobado por el Congreso de Estados Unidos en las dos Cámaras; en consecuencia, el rechazo canadiense fue mal recibido por los negociadores y los congresistas estadounidenses, lo que tuvo repercusiones graves en Canadá. Uno de los efectos más importantes fue la vinculación que se hizo entre los principios de la política comercial internacional y los intereses electorales de los partidos políticos. Principios como el del libre comercio y la reciprocidad en el trato comercial, propugnado por el gobierno de Canadá, fueron golpeados severamente por el partido conservador.

A partir de esta fecha, los partidos políticos, en especial el liberal y el conservador, hicieron de la política comercial internacional su caballo de Troya; paradójicamente, a fines de la década de 1980, fueron los conservadores quienes utilizaron el triunfo del conservador Brian Mulroney para empujar la negociación de un nuevo acuerdo de libre comercio con los Estados Unidos.

2.5. Canadá ingresa a la Commonwealth

Canadá es un país que tradicionalmente ha sabido sacar ventaja de la adversidad económica: así fue durante su participación al lado de Inglaterra en la Primera Guerra Mundial (1914-1918), de la cual salió fortalecido no solo en el ámbito económico sino en el político. El rasgo más flagrante de esta conducta fue la forma en que supo obtener del gobierno británico el derecho a dictar su propia política internacional a partir de 1926.

Sin duda, la crisis mundial de 1930 puso a prueba la resistencia de las economías de la mayoría de los países; una de las consecuencias más importantes de esta crisis fue que las relaciones económicas y comerciales entre los países se volvieron altamente proteccionistas. Los efectos de la crisis fueron fulminantes para la economía canadiense; los mercados tradicionales para las exportaciones de trigo, minerales y otros recursos naturales se desplomaron y las fábricas tuvieron que cerrar sus puertas.

Una de las reacciones inmediatas fue la elevación de los aranceles en la mayoría de los países. Sin lugar a dudas, uno de los países que en forma más recalcitrante aplicó medidas proteccionistas fue Estados Unidos en especial a partir de 1930, cuando el Congreso aprobó el Acta Arancelaria Smoot-Hawley,[22] la cual gravó las exportaciones canadienses con casi 60%; el gobierno del primer ministro Mackenzie King reaccionó violentamente elevando también los impuestos a las exportaciones estadounidenses [Muirhead, 1992: 5-11; Cook, 1994: 489]. Por otra parte, Gran Bretaña había iniciado su alejamiento de las políticas de libre comercio en los años veinte; el advenimiento de la Gran Depresión en 1929 y el estallido mundial de la crisis en 1930 sirvieron de argumento para que se planteara un golpe de timón en su economía y en su comercio internacional.

En 1930, la situación económica se tornó insostenible, en especial las relaciones entre Ottawa y Washington tomaron el sesgo de una guerra comercial en la que el gobierno canadiense intentó una vez más reforzar la conexión imperial. La Conferencia Imperial de 1930 resultó ser el foro en el cual los canadienses intentaron reforzar y ampliar sus acuerdos con los miembros de la Commonwealth.[23] Su propuesta consistía en el ofrecimiento de 10% de preferencia en su mercado a cambio de recibir una preferencia similar en sus mercados; esta propuesta fue rechazada de inmediato. Sin embargo, al final de la Conferencia, los miembros de la comunidad aceptaron que no modificarían la tarifa preferencial en los tres años siguientes [Muirhead, 1992: 6].

Resulta interesante mencionar el paralelismo que existió entre la Política Nacional implementada por MacDonald en 1879 y aquella propuesta por el primer ministro R.B. Bennett en 1930; en ambos casos el incremento de los aranceles sobre las importaciones estadounidenses y británicas, respectivamente, fue esgrimido como el recurso más eficaz para abrir paso a las exportaciones canadienses.

El primer ministro prometió en el discurso de su campaña que él "haría pelear a los aranceles por ellos" y que "los usaría para abrirse camino en los mercados que habían sido cerrados", pero aún más importante fue su agresividad frente a la política comercial británica al proponer abiertamente el establecimiento de una "preferencia imperial", propuesta que de inmediato fue rechazada por el gobierno británico.

En agosto de 1932 se celebró la Conferencia sobre Comercio y Economía en Ottawa, en la cual participaron los Dominios y posesiones del Imperio. En esta reunión se tejieron los hilos de lo que sería un sistema de preferencias arancelarias dentro de acuerdos bilaterales. Canadá salió de esta conferencia con importantes acuerdos comerciales con Australia, Nueva Zelanda, Sudáfrica, Rodesia e Irlanda. La peculiaridad de lo acontecido residió en que también el resto de los países participantes establecieron acuerdos preferenciales bilaterales entre ellos y a su vez con el Reino Unido, de lo que resultó la creación de un bloque comercial con un sistema de preferencias arancelarias cruzadas, dentro del cual la hegemonía de Inglaterra solo era relativa; este hecho marcó el carácter semiperiférico de Canadá respecto al centro británico, ya que, pese a la búsqueda del multilateralismo, el gobierno canadiense tuvo que acogerse al bilateralismo en el interior de una comunidad británica aparentemente multilateral [Cook, 1994: 490].

Los miembros de la Commonwealth se otorgaron preferencias recíprocas y convinieron en un ajuste preferencial común, que desembocaría en la aplicación mutua de la cláusula de nación más favorecida,[24] así como de una política comercial común de carácter librecambista.

Sin duda, la medida que causó mayor efecto en Estados Unidos fue la decisión que los miembros de la Commonwealth acordaron al elevar conjuntamente los aranceles a aquellos países que no pertenecían a la agrupación, mientras que internamente rebajaban los aranceles de su comercio. Esta decisión inauguró un modelo bastante complejo de política comercial internacional en la cual simultáneamente se aplicaba el bilateralismo y el trilateralismo dentro de un marco de comercio multilateral conocido como la Comunidad Británica.[25]

Un motivo adicional de preocupación para los estadounidenses fue la creación de la zona de la libra esterlina, moneda con la cual se regían las transacciones comerciales entre los participantes de la Commonwealth. Una característica del sistema monetario imperante hasta antes de 1914 –año que marca el inicio de la Primera Guerra Mundial– fue que estuvo centrado en Londres; todos los países miembro de la Comunidad Británica, y muchos otros fuera de ella, se encontraban muy unidos al comercio, la inversión y los empréstitos ingleses, constituyendo en cierta medida una prolongación del sistema monetario y comercial británico al seguir las políticas y orientaciones que dictaba el banco central inglés. Sin embargo, en lo tocante a la zona de la libra esterlina, Canadá no suscribió esta parte del arreglo, lo cual podrá interpretarse como un intento por liberarse un poco del control británico y no profundizar el malestar estadounidense [Chapoy Bonifaz, 2000: 12-18; Muirhead, 1992: 5].

La Gran Depresión de 1929 precipitó la pérdida de hegemonía económica británica y en especial de su moneda, la libra esterlina. La incertidumbre financiera fue de tal magnitud que el sistema monetario internacional se colapsó. Los préstamos a largo plazo que había hecho Inglaterra no pudieron ser reembolsados y, a su vez, el Reino Unido fue incapaz de obtener préstamos frescos del exterior. Los ingleses tampoco pudieron convertir en oro las cuantiosas reservas acumuladas en libras, propiedad de otros países; ante este panorama, el 19 de septiembre de 1931 el Reino Unido determinó devaluar la libra esterlina [Chapoy Bonifaz, 2000: 17].

Por otra parte, la forma en que se coordinaron internamente los acuerdos refleja claramente el problema de las asimetrías en el desarrollo económico de los países que pertenecían a la Commonwealth. Ninguno de los países participantes estaba en condiciones de otorgar a los manufactureros británicos una entrada indiscriminada a su mercado, ya que en la mayoría de los casos se argüía que era necesario cierto grado de protección para consolidar su desarrollo industrial.

Gran Bretaña tampoco estaba en condiciones de castigar las importaciones de materias primas sin arriesgarse a aumentar sus costos, lo cual afectaría su competitividad; en consecuencia, se llegó a un *modus vivendi* que permitía la convivencia de un proteccionismo relativo y el trato preferencial: "[...] the British received an undertaking from Australia, Canada and New Zealand to protect only 'plausible industries' and not impose prohibitive duties on other UK manufactured goods" [Drummond, 1972: 32].

En los años subsecuentes, la estructura de la Commonwealth mostró sus debilidades, en especial cuando Estados Unidos se propuso quebrarlo por medio de las negociaciones comerciales con el Reino Unido y Canadá por separado; ante esto, el resto de los dominios se preguntaron si los beneficios comerciales de estas negociaciones se extenderían a ellos en tanto miembros de la Commonwealth[26] [Hart, 1998].

Este problema tenía su raíz en la forma en que inicialmente se habían establecido dentro de los acuerdos bilaterales las preferencias comerciales. En especial, los funcionarios canadienses, durante el gobierno del partido liberal, habían insistido enfáticamente en que las preferencias imperiales deberían funcionar bajo el siguiente principio: deberían darse libremente y también podrían retirarse libremente. Sin embargo, en 1912, en ocasión de la negociación de un acuerdo con las West Indies, los conservadores, que por aquel entonces dominaban en el gobierno canadiense, decidieron que estas deberían ser obligatorias. A partir de esta fecha la práctica se extendió hasta consolidarse dentro de la Commonwealth, cuando años después los Estados Unidos negociaron por separado dos acuerdos comerciales, uno con Canadá (1935 y 1938) y otro con el Reino Unido (1937); este aspecto fue motivo de disensiones.[27] De la misma manera, esto se convertiría en un verdadero problema para diversas negociaciones entre cada uno de los países pertenecientes a la Commonwealth y aquellos que participaban en el

GATT [Hart, 1998: 22]. Efectivamente, el gobierno del presidente Roosevelt, desde sus comienzos en 1933, aprovechó cualquier reunión para recordar tanto a la Gran Bretaña como a Canadá que las preferencias imperiales y el bilateralismo dentro de la Commonwealth representaban prácticas regresivas que contrariaban directamente el espíritu que debía privar en el comercio internacional [Drummond y Hillmer, 1989: 27].

Por supuesto, el asunto que entre telones tanto molestaba a los Estados Unidos era que la Gran Bretaña había tenido la capacidad de dirigir un bloque comercial y monetario que antagonizaba con los intereses comerciales estadounidenses. Otro aspecto que el presidente Roosevelt prefería no recordar cuando lanzaba su discurso a favor del multilateralismo y el libre comercio era que de 1930 a 1932 su gobierno había aplicado un arancel ruinoso para sus socios comerciales, y que solamente gracias a la intervención del secretario de Estado, Cordell Hull, se habían revertido los efectos de una medida proteccionista a ultranza, como el arancel Smoot-Hawley.

2.6. La incursión de Canadá entre las grandes potencias

A partir de 1932, la relación de Canadá con el resto de la Commonwealth se convirtió en un punto de seria preocupación para Estados Unidos, quien veía con desconfianza la fuerza comercial y monetaria que se había constituido entre los países que giraban en la órbita imperial británica.

Su molestia residía sobre todo en la actitud canadiense que mantenía diversas lealtades en sus asuntos económicos; no se trataba únicamente de su participación en la Commonwealth, sino también de la suscripción de otros convenios de índole monetaria, como fue el acuerdo sobre pagos con Alemania en esta misma época.

Estos hechos coadyuvaron a que los estadounidenses realizaran un giro en la relación comercial y política con el gobierno canadiense. Conscientes del efecto que la crisis económica y la aplicación del Acta Smoot-Hawley había provocado en la economía canadiense, iniciaron en 1933 conversaciones que los conducirían a un acuerdo de libre comercio en 1935, bajo el gobierno de Mackenzie King (1921-1926). "Este fue el primer acuerdo comercial con Estados Unidos ratificado por el Parlamento canadiense, ya que el Acuerdo de Reciprocidad Comercial de 1854 había sido aprobado por el Parlamento de Westminster en Inglaterra" [Granatstein, 1981: 51].

La importancia de esta iniciativa no residió tanto en el objetivo comercial como en el hecho de que dicho acuerdo vino a significar la clara intención por parte de Estados Unidos de iniciar una política comercial internacional de carácter multilateral en la cual Canadá sería la pieza maestra: "[...] the United States was engaged in too much of a lone fight against trade barriers and requested Canadian help [...]" [citado en Muirhead, 1992: 9 y Drummond, 1972].

Basta mencionar que los canadienses percibieron esta oculta intención y durante cierto tiempo aplicaron las técnicas de un equilibrista, más que las de un diplomático, para conservar el favor de sus dos grandes lealtades. De estas maniobras obtuvieron el acuerdo de 1935 con Estados Unidos y el acuerdo de 1937 con los británicos [Hart, 1998: 259].

Esto reforzó la imagen que los estadounidenses tenían del gobierno canadiense, el cual era visto como un obstáculo serio a la política de desarme económico que Estados Unidos había emprendido a partir de la publicación del Acta sobre Acuerdos Comerciales (1934), promovida por el presidente Roosevelt y su secretario de Estado, Cordell Hull.[28]

Esta acta del Congreso de los Estados Unidos intentaba revertir los deplorables efectos de su antecesora, el Acta Smoot-Hawley, otorgando al presidente de Estados Unidos la autorización para negociar, durante los próximos tres años, acuerdos recíprocos de comercio y desgravación arancelaria. Estos acuerdos no requerirían la aprobación del Senado; el acta que los autorizaba había sido redactada y negociada por el Congreso (1933) con el objeto de dar al presidente de Estados Unidos la libertad para consolidar su liderazgo en asuntos económicos internacionales.[29]

Este cambio aceleró la estrategia estadounidense y al mismo tiempo minó la fortaleza económica de la Commonwealth. Con el tiempo, Canadá resultó no únicamente un convencido del multilateralismo sino que además se convirtió en un aliado de Estados Unidos en su nueva estrategia comercial. La burocracia canadiense encontró en el multilateralismo la solución a su histórica disyuntiva: el atlantismo y el continentalismo o la lealtad a dos estados imperialistas.

2.7. El paso de Canadá de la órbita imperial británica a la órbita de los Estados Unidos

La situación para Canadá en los años treinta, en lo tocante a su política internacional de comercio, distaba mucho de ser sencilla. No solamente las presiones estadounidenses sino las británicas crecieron con los años. Canadá era acosado por los dos países; sin embargo, las discrepancias con Inglaterra y el paulatino convencimiento de que la relación comercial inglesa se debilitaba por la propia situación de la economía británica finalmente provocó que los canadienses aceptaran la negociación de un nuevo acuerdo comercial con Estados Unidos en 1935.[30]

Este acuerdo fue un instrumento político y comercial que Estados Unidos utilizó conforme a sus intereses con Canadá, pero también con Inglaterra; así que, en varias ocasiones, los Estados Unidos pidieron a Canadá su respaldo contra el bilateralismo y el proteccionismo de la Gran Bretaña, prometiéndole a cambio una ampliación de los términos del acuerdo de 1935.

Canadá, por su parte, buscaba a través de este acuerdo balancear la relación con la Gran Bretaña, la cual se calmó temporalmente, cuando en 1937 Estados Unidos y el Reino Unido, junto con sus Dominios, negociaron trilateralmente la reducción de los aranceles y los márgenes de las preferencias entre estos países, logrando con ello amortiguar el ambiente de proteccionismo comercial imperante.

El período que transcurrió de 1931 a 1938 fue particularmente difícil para los objetivos que Canadá se había propuesto dentro de su política internacional de comercio. En gran medida, las manifiestas pugnas por la hegemonía comercial internacional, entre los Estados Unidos e Inglaterra, habían atrapado a Canadá. En innumerables ocasiones, los americanos presionaron al gobierno canadiense en el sentido que desde el interior de la Commonwealth produjeran una corriente de opinión más favorable a los Estados Unidos; en otras ocasiones presionaron para que Canadá abandonara las ventajas comerciales que obtenía de los ingleses, y con frecuencia se les prometió la ampliación de las preferencias comerciales en el mercado estadounidense a cambio de que presionaran a los británicos.

Finalmente, Canadá fue atraído a la órbita comercial de los Estados Unidos gracias al señuelo que significó la promesa de incluirlo en futuras negociaciones comerciales multilaterales; esta idea cautivó de inmediato al gobierno canadiense, que consideró que el multilateralismo estadounidense daría oxígeno a sus intereses económicos y produciría un contrapeso a la influencia económica tanto de la Gran Bretaña como de los Estados Unidos, dentro de la economía de Canadá [Muirhead, 1992: 11].

Haciendo una recapitulación de lo ocurrido desde 1930 hasta el fin de la Segunda Guerra Mundial, resulta bastante evidente que la actitud de los ingleses *vis à vis* de Canadá fue de tal naturaleza que finalmente la opción atlantista languideció por decisión de la Gran Bretaña y orilló a que el proceso de continentalización de Canadá se consolidara rápidamente.

Existe una extensa bibliografía que considera que durante el período 1945-1957 ocurrió lo que se ha dado en llamar la *venta de Canadá*, acción muy vinculada a la política económica y de comercio internacional de los gobiernos liberales bajo el liderazgo de los primeros ministros Mackenzie King (1921-1926, 1926-1930 y 1935-1948) y Louis St. Laurent (1948-1957). Estos gobiernos, por la forma en que enfocaron sus relaciones económicas con los Estados Unidos, han sido considerados los artífices del proceso que desencadenó la continentalización de la economía canadiense.

De acuerdo con varios autores, los gobiernos de Mackenzie King y St. Laurent, al haber empujado políticas de desarrollo económico que contaban para su buen éxito con la conexión continentalista, hicieron de Canadá un país abastecedor de materias primas para la economía estadounidense en expansión, y crearon una economía altamente dependiente de la inversión americana para la creación de empleos, lo cual dio entrada a la instalación de un número considerable de plantas subsidiarias. A cambio, Canadá fue recompensado con el acceso al mercado estadounidense. Donald Creighton afirmaba que entre 1939 y 1952: "Canada made a number of crucial decisions about its direction.

It chose one fork of the road to the future"; por su parte, Kari Levitt, James Laxer y Melissa Clark-Jones, entre muchos otros, coincidían en que la elevada concentración del comercio canadiense en la economía estadounidense desde la Segunda Guerra Mundial había provocado la enajenación económica de Canadá.

Por el contrario, intelectuales como Granatstein, Hillmer y Muirhead coinciden al afirmar que los gobiernos aludidos trabajaron arduamente en el reforzamiento de la conexión atlantista como lo prueban las propuestas de Canadá durante las conferencias imperiales. Pero aún más importante que esto fue el hecho de que el proyecto económico de la Gran Bretaña, centrado en la inconvertibilidad y la discriminación hacia aquellos países que estaban fuera de la órbita de la Commonwealth, resultó predominante hasta mediados de los años cincuenta, sacrificando con esto a aquellos países que formaban parte de la comunidad británica, como era el caso de Canadá. Después de la Segunda Guerra Mundial, como veremos más adelante, los Estados Unidos representaron la única opción económica viable para Canadá.

2.8. La recomposición de fuerzas durante la década de 1940

Canadá participó de diversas maneras en muchas de las guerras imperiales en que la Gran Bretaña se vio involucrada por ser, entre otros, miembro de la Commonwealth;[31] en especial su respaldo y participación en las dos guerras mundiales fueron invaluables. De cada una de estas experiencias obtuvo avances importantes en su relación política y comercial con Inglaterra. Desde luego, los progresos más espectaculares se dieron después de las dos conflagraciones mundiales: de la Primera Guerra Mundial se derivó gran parte de su independencia política y el derecho a manejar con autonomía su política internacional. Concretamente, de la Segunda Guerra Mundial obtuvo plena mayoría política y un lugar privilegiado en el diálogo multilateral, especialmente al lado de Estados Unidos e Inglaterra, a través de instancias como el GATT, el Fondo Monetario Internacional y la Organización de las Naciones Unidas, aunque no necesariamente compartiera con estos países la totalidad de sus objetivos.

De todas estas experiencias, Canadá no solo obtuvo logros políticos sino que consiguió importantes ventajas económicas a través de una estrategia ensayada innumerables ocasiones con los ingleses, la cual consistió en vincular los aspectos militares con determinados arreglos de carácter económico y comercial.

Nunca está de más recordar que Canadá apoyó desde un principio la causa de los Aliados y que su involucramiento junto con la Gran Bretaña en la Segunda Guerra Mundial (1939-1945) fue absoluto, anteediendo por mucho a la tardía participación de los Estados Unidos, que permaneció neutral hasta después del ataque japonés contra Pearl Harbor (1941).

Durante los primeros años de la guerra, Canadá gastó enorme energía en convencer a los Estados Unidos para que diera su apoyo a la causa de los Aliados. El presidente Roosevelt nunca dudó sobre el campo de batalla que debía apoyar, tampoco de que cualquier iniciativa que emprendiera al respecto debía contar con el apoyo canadiense, ya que estaba convencido de la necesidad de la defensa conjunta de América del Norte. Así que este convencimiento dio origen al Acuerdo de Ogdensburg, de 1940, por el cual se estableció la Junta Mixta Permanente de Defensa, a la cual siguió la Declaración de Hyde Park,[32] en virtud de la cual se tomaron medidas financieras que permitieron a Canadá financiar la producción de los materiales de guerra que Canadá proporcionaba a la Gran Bretaña, conforme a un acuerdo de préstamo-arrendamiento concertado entre Estados Unidos y Gran Bretaña.

Estas dos acciones tuvieron un particular significado para Canadá que, por primera ocasión, se convirtió en el eslabón más preciado de la relación entre las dos potencias y al mismo tiempo obtuvo un considerable estímulo financiero que dio pujanza a su industria de guerra. En 1948, cuando el conflicto bélico parecía cosa del pasado, el Congreso de los Estados Unidos, como parte del Plan Marshall destinado a ayudar a la reconstrucción de Europa, decidió renovar para Canadá la mayoría de las ventajas de la cooperación económica que había disfrutado gracias al acuerdo de Hyde Park[33] [Cook, 1994: 502, 515].

Estados Unidos y Canadá alcanzaron un elevado grado de cooperación económica en el campo industrial durante la Segunda Guerra

Mundial a través de operaciones relacionadas con los principios que encarnaban el mencionado acuerdo. Desde sus inicios, existió un claro interés en establecer los principios de una seguridad mutua para asistir a ambos gobiernos dentro de sus obligaciones bajo la carta de la ONU y la OTAN, considerando la necesidad de que ambos gobiernos coordinaran una defensa de la producción y los recursos de ambos países.

Después de la Segunda Guerra Mundial, Canadá abrió sus puertas a la inversión de Estados Unidos, la cual fue de gran escala y contribuyó a asegurar el crecimiento y la prosperidad de la economía canadiense. La inversión estadounidense controlaba la mayoría de las plantas subsidiarias asentadas en Canadá, afectando con ello el comportamiento de sus filiales, las cuales se regían bajo los parámetros de la legislación estadounidense; tal fue el caso de la prohibición de comerciar con Cuba.

En 1945, había 2 522 empresas en Canadá bajo control extranjero, mayoritariamente estadounidenses; en 1969, el número había aumentado a 4 839 empresas, de las cuales 3 686 eran de origen estadounidense [Bonin, 1967: 101-102].

El gobierno canadiense consideró en aquel momento que la vasta mayoría de los canadienses daba la bienvenida a la inversión de Estados Unidos al declarar:

> Nosotros no somos alérgicos al capital extranjero, ni le ponemos obstáculos, esto significaría poner un obstáculo al desarrollo económico de Canadá. Desde que Canadá es uno de los países más libres del mundo y que no hay obstáculos al movimiento de capitales hacia dentro o hacia fuera, algunos canadienses han elegido invertir en el exterior, tanto como dentro del país; los canadienses han invertido más en los Estados Unidos que los americanos en Canadá [citado en Bonin, 1967].

El resultado neto fue que tres cuartas partes del capital canadiense fue financiado con el ahorro interno, ante lo cual los empresarios canadienses declaraban en aquel entonces:

Damos la bienvenida a los capitales del sur, damos la bienvenida a las empresas, a la experiencia en el mercado, a la ingeniería, a las investigaciones que puedan ayudarnos a construir nuestro país más rápidamente que si nosotros lo hiciéramos solos. Ambos, los Estados Unidos y Canadá, se han beneficiado, han encontrado nuevos mercados, han obtenido nuevas fuentes de materias primas, en buena proporción las ganancias de Estados Unidos controlan las corporaciones en Canadá y han sido reinvertidas en Canadá, el resto ha sido libremente transferido en forma de dividendos a las empresas estadounidenses en Estados Unidos. Debido a nuestra cercanía con Estados Unidos y nuestras instituciones y costumbres similares, los estadounidenses seguido tratan a Canadá para propósitos de negocios como si fueran parte de Estados Unidos [citado en Bonin, 1967].

2.9. La ingeniería diplomática a prueba: la construcción de la institucionalidad económica de la posguerra

Una de las afirmaciones más recurrentes utilizada por políticos e intelectuales menciona que Canadá históricamente se ha inclinado por el multilateralismo, tanto en el ámbito político como en el comercial.

Esta aseveración, aunque exacta, necesita ser matizada, ya que habría que agregar que esta práctica siempre fue utilizada como una coraza protectora ante las presiones de Estados Unidos, pero también de Gran Bretaña.

Las negociaciones internacionales en las que participó Canadá durante la década de 1940 se inspiraron en los principios que Estados Unidos venía promoviendo desde la administración del presidente Roosevelt: liberalización económica y comercial, rechazo a cualquier tipo de proteccionismo disfrazado de nacionalismo, reciprocidad en cualquier acuerdo y multilateralismo en la participación de los convenios comerciales; de hecho, de estas propuestas la última ya había sido acogida por los gobiernos canadienses desde 1931.[34]

Un aspecto digno de mención es que, en el ánimo de los Estados Unidos, la meta inmediata era la eliminación de las barreras arancelarias entre países. Para llevar a buen término sus objetivos iniciaron conversaciones con Canadá y los países aliados con la finalidad de crear la Organización Internacional de Comercio (OIC).

Desde el punto de vista estadounidense, la reconstrucción económica de la posguerra ofrecía la oportunidad de poner punto final a las preferencias imperiales que detentaba la Commonwealth y establecer por cualquier medio un sistema comercial basado en el multilateralismo y el libre comercio. Un segundo cometido de los estadounidenses era terminar de debilitar la solidez de la libra esterlina, en especial como la divisa que hasta hacía poco regía el comercio internacional.

Con esto en mente, el gobierno estadounidense publicó el documento llamado *Proposals for Expansion of World Trade and Employment* en el mes de diciembre de 1945, como un apéndice del acuerdo del préstamo angloamericano. Por supuesto que el Reino Unido percibió las intenciones estadounidenses a través de este documento, pero la guerra había sumido en tal estado al país que difícilmente podía ofrecer una alternativa a las presiones de los Estados Unidos.[35]

Paralelamente, los Estados Unidos iniciaron en 1945 conversaciones conjuntas con Canadá y los países aliados con la finalidad de crear en muy corto plazo la OIC.

Para esto se organizó un comité preparatorio, del cual Canadá y el Reino Unido formaron parte. Este grupo redactó el borrador de una carta constitutiva, que posteriormente sería discutida durante la celebración de la Conferencia Internacional sobre Comercio y Empleo en La Habana, Cuba, en 1947.[36]

El largo proceso de discusión de lo que después se llamaría la *Carta de La Habana* ofreció a Canadá una oportunidad excepcional para expresar en cada una de las reuniones preparatorias sus propuestas acerca de lo que deberían ser las futuras reglas del comercio internacional y construirse, gracias a ello, una sólida reputación en este tipo de negociaciones. El desempeño del equipo canadiense, bajo el liderazgo de Dana Wilgress, empezó a dar a Canadá el espacio internacional tan buscado. Al respecto Wilgress escribía al ministro Lester Pearson: "This status has enabled us to play a leading role in all the discussions leading up to the formulation of the Draft Charter. We have participated on an equal footing with the United Kingdom and the United States [...]. This is an indication not only of the ability of the members of the delegations, but also our status as a commercially great power" [Wilgress to Pearson, 30 sep. 1947, citado en Muirhead, 1992: 199].

Indudablemente, la participación de Canadá en las reuniones preparatorias de la OIC fue la ocasión ideal para que este país sentara definitivamente las bases para la construcción de su perfil como una potencia media, capaz de servir como mediador entre dos rivales comerciales de la estatura de la Gran Bretaña y los Estados Unidos [Gutiérrez-Haces, 1999a].

Uno de los obstáculos que Canadá enfrentó en la consecución de esta tarea fue armonizar sus intereses con los de otros países, dentro de los cuales reinaban las asimetrías económicas, en especial cuando el comportamiento de Estados Unidos dificultaba la tarea al intentar que prevalecieran sus puntos de vista, envalentonado con la posición que habían adquirido a partir del fin de la Segunda Guerra Mundial [Gutiérrez-Haces, 2002: 41].

Canadá compartía con Estados Unidos ciertas posiciones comerciales, como el principio de no discriminación y reciprocidad comercial, pero también se sentía incómodo ante la indiferencia y arbitrariedad estadounidense frente a los argumentos de los países menos desarrollados y de aquellos otros que enfrentaban serios problemas en su balanza de pagos.

La Conferencia Internacional sobre Comercio y Empleo (1947), llevada a cabo en La Habana, tuvo como objetivo discutir las reglas sobre las cuales se construiría la OIC. Estados Unidos alentó los trabajos de discusión, interesado en lograr que esta organización anulara el sistema de preferencias imperiales de los ingleses: "[...] US public opinion would judge the success of these negotiations by the success achieved in cracking the Empire preference system" [Joyce y Kolko, 1972].

Por su parte, el Imperio británico, después de la guerra, enfrentaba una caótica situación interna que no lo colocaba en una posición de fuerza frente a sus aliados estadounidenses.

Después de la guerra, los ingleses reconocieron, por medio de sir John Maynard Keynes, a cargo del Tesoro, que "la generosidad financiera del gobierno canadiense había sido extraordinaria". En efecto, los préstamos y donaciones otorgados habían salvado momentáneamente a su nación de una debacle económica mucho peor. La forma en que Canadá los ayudó fue un gesto en el que se mezclaron la lealtad hacia la Madre Patria y un profundo pragmatismo económico que les hizo ver el callejón sin salida dentro del cual habían sido arrastrados.

Los ingleses continuaban sosteniendo la zona de la libra esterlina, así como la inconvertibilidad de su moneda, como lo habían decidido desde 1939. En consecuencia, todas las importaciones de Canadá eran pagadas en una moneda sin convertibilidad, en una coyuntura en la cual Canadá tenía mayor urgencia de divisas para sufragar las crecientes importaciones de Estados Unidos que su industria exigía.

Canadá tenía la esperanza de que la ayuda brindada a la Gran Bretaña desahogaría sus arcas inundadas de una moneda inconvertible, lo que a su vez reactivaría tanto la economía inglesa como el comercio entre Canadá y los ingleses, pero esta apuesta solo funcionó a medias.

Mediante los Acuerdos de Hyde Park se intentó rescatar al gobierno canadiense de una verdadera bancarrota, a cambio de una integración efectiva de las dos economías; en los años venideros, la inversión estadounidense creció en Canadá de la misma forma que el poder de sus corporaciones [Thompson y Randall, 1994: 169, 170-172, 182; Granatstein, 1996: 87, 88, 96].

En general, la extensa bibliografía publicada en español sobre la OIC y la creación del GATT tiende a privilegiar, dentro de sus análisis, el profundo antagonismo que estas iniciativas provocaron entre los países subdesarrollados y los desarrollados, en especial entre los latinoamericanos. Efectivamente, los intereses de estas naciones no estaban ni mínimamente representados en las discusiones, mucho menos en el contenido de la Carta de La Habana, y aunque Canadá era sensible a la desigualdad económica de estos países y a la actitud muchas veces predadora de los Estados Unidos, la realidad es que Canadá era y sigue siendo un país muy favorable al libre comercio, así que vio con muy malos ojos la forma en que América Latina se organizaba para formar un frente que cuestionaba las decisiones que poco a poco se tomaban en las reuniones del GATT [Gutiérrez-Haces, 2004c].

El corolario de esta situación se dio en 1948, cuando un grupo de economistas, principalmente latinoamericanos, se acogieron a las propuestas de la Organización de las Naciones Unidas y crearon la Comisión Económica para América Latina (CEPAL) bajo el liderazgo de Raúl Prebisch; esta iniciativa fue mal acogida por el gobierno de Canadá, que declaró su desaprobación a ese "tipo de regionalismo comercial".[37]

La preocupación expresada acerca del regionalismo que alentaba la CEPAL no solo surgía desde Ottawa: también se manifestaba entre los miembros del equipo que daba seguimiento al proceso de la OIC/GATT bajo el liderazgo de Dana Wilgress, principalmente debido a que ellos habían sido testigos oculares del profundo disentimiento que existía entre los estadounidenses y los británicos con motivo de la Commonwealth, y naturalmente veían con suspicacia el surgimiento de un bloque regional que con el tiempo podía establecer un frente común de preferencias arancelarias. La historia de este período da buena cuenta de cómo los Estados Unidos ejercieron enormes presiones sobre los países latinoamericanos para que se unieran al GATT y de las estrategias que se aplicaron particularmente en cada uno de estos países para vencer la naciente solidaridad [Spencer, 1957: 215].

Entre 1945 y 1950, Canadá consideró que su política económica internacional promultilateral no estaba rindiendo frutos. La guerra había dejado a Estados Unidos como el único país con un mercado capaz de absorber gran cantidad de las exportaciones canadienses y ayudarle en su objetivo de crear mayor prosperidad interna. Sin embargo, Canadá prefería que esto ocurriera dentro de un ámbito comercial multilateral; pero en los hechos, la política canadiense, aunque quería ser multilateral por preferencia, era bilateral por necesidad y manifiestamente continental por *default* [Gutiérrez-Haces, 2003d: 231-250].

En 1950, con el desencadenamiento de la Guerra de Corea, hubo un verdadero *boom* de la demanda de materias primas procesadas, así como de acero y aluminio, lo que provocó que Estados Unidos incrementara sus compras a Canadá de una manera considerable; paralelamente, el comercio con Inglaterra descendió en picada; finalmente, era claro que Canadá empezaba a sentirse más cómodo con Estados Unidos y su papel continental [Muirhead, 1992: 46].

La participación de Canadá en la construcción de una nueva institucionalidad económica al lado de Estados Unidos fue parte de la
tónica política canadiense en las décadas de 1940 y 1950. Su presencia
en la creación del Fondo Monetario Internacional (FMI),[38] así como
del Banco Internacional de Reconstrucción y Fomento (BIRF),[39] lo
prepararon en la conformación de su imagen como potencia media;
los negociadores canadienses se hicieron famosos por su capacidad para mediar, pero también para llevar a buen término sus propios intereses[40] [Gutiérrez-Haces, 1999b].

2.10. La continentalización de la estrategia comercial canadiense

Cuando en 1952 el presidente Harry Truman, junto con el gobierno
de Estados Unidos, publicó un estudio titulado *Resources for Freedom.
Report of the President's Materials Policy Commission*, conocido también
como el *Informe Paley*,[41] en el cual catalogaban 29 productos clave –entre recursos naturales y materias primas, que eran vitales para la seguridad económica y militar de Estados Unidos–, Canadá fue revalorado
geopolíticamente al descubrirse que en su territorio se localizaban 12 de
aquellas materias primas y recursos naturales [Gutiérrez-Haces, 2002:
44].

Dentro de este informe también se afirmaba que Estados Unidos
había tenido en los últimos años un incremento de 400% en sus importaciones de materias primas destinadas a su producción industrial,
de las cuales la mayoría era suministrada por Canadá, convirtiéndose
así en su principal distribuidor de recursos naturales [Muirhead, 1992:
77; Brunelle y Deblock, 1989: 68-69].

Posiblemente Canadá hubiera preferido otro destino, pero los inversionistas británicos prácticamente lo habían abandonado y preferían
invertir abiertamente y comerciar dentro de otra área que la de la libra
esterlina, es decir, el área estadounidense. Por su parte, el gobierno
canadiense, prácticamente privado de la conexión atlantista a causa de
la guerra, estaba aprendiendo a lidiar con la realidad de la continentalización, frente a la calculada indiferencia británica.

Pero el *Informe Paley* no se contentaba con catalogar los lugares don-de se localizaban tales recursos, todos ellos indispensables para Estados Unidos, aun en tiempos de paz. También contemplaba la posibilidad de que, ante un conflicto bélico de envergadura, se aplicara una estra-tegia de seguridad continental que consistía en usar a Canadá como un espacio susceptible de ser utilizado como vía segura para transportar materias primas y, eventualmente, desplazar hombres y armamento.

Para dar una idea más clara del papel que desempeñarían los recursos naturales y el propio territorio en el horizonte geopolítico estadouni-dense, podríamos señalar que entre los años 1950 y 1955, Canadá suministró a su vecino 23% de las importaciones de este país, volumen superior al que en este momento podrían ofrecer el conjunto de Amé-rica Latina o los países europeos [Brunelle y Deblock, 1988: 67-72].

La posición de Canadá frente al papel que le había asignado el *In-forme Paley* fue construir una vía marítima a través del río Saint Lau-rent, que a partir de 1959 estuvo en condiciones de convertirse en una auténtica ruta suministradora, que corría desde Shefferville, Sept-Iles y Port-Cartier hasta la región de los Grandes Lagos, frontera industrial de Canadá y Estados Unidos.

Esta obra de infraestructura favoreció notablemente a la industria automotriz de la región de Ontario, la cual se convirtió en una zona donde años después, en 1965, se aplicaría el Pacto del Automóvil, un acuerdo sectorial contraído por Canadá y Estados Unidos, que a media-dos de los ochenta sirvió como antecedente para apoyar el inicio de las conversaciones tendientes a instrumentar un acuerdo de libre comer-cio entre los dos países.

El *Informe Paley* no fue el único signo de que el gobierno estadouni-dense se moviera paulatinamente hacia un enfoque de política econó-mica internacional, donde la geopolítica ganaba espacio conforme la Guerra Fría adquiría mayor presencia, lo cual evidentemente afectaba a Canadá por ser su vecino septentrional.

Durante este período, Washington mostró su inconsistencia con los principios comerciales que había estado enarbolando desde las primeras reuniones del GATT; tal fue el caso de las cuotas que empezó a aplicar en sus importaciones agrícolas. En la misma tónica, el Congreso tendía a ser proteccionista, lo cual provocaba innumerables antagonismos con el poder ejecutivo, que no siempre coincidía con los puntos de vista de los congresistas.

Esta situación se vio reforzada con la creación de la Comisión sobre Política Económica Exterior, en 1953, más conocida como la Comisión Randall, la cual tenía como propósito examinar y presentar recomendaciones al presidente Eisenhower sobre la política internacional que debía aplicarse, en especial en lo relativo al GATT.[42]

Durante prácticamente veinte años, el equipo de canadienses que participó en las diversas reuniones dentro del GATT tuvo la tarea de fortalecer el código de conducta de las relaciones comerciales internacionales que se habían establecido después de la Segunda Guerra Mundial; la contraparte más difícil fueron los estadounidenses, que en términos generales continuaban aplicando la estrategia del embudo: exigían mayor liberalización comercial del resto de los países miembro, y a la vez aplicaban diversas formas de proteccionismo sobre estos.

En aquellos años, una de las más serias preocupaciones del gobierno de Canadá fue que el desinterés manifiesto de los estadounidenses hiciera fracasar los cometidos del GATT. En 1953, Dana Wilgress, uno de los artífices de esta organización y a la vez su representante en aquel momento, en una intervención dirigida al presidente Eisenhower, en relación con las opiniones vertidas por la Comisión Randal, afirmó:

> The recommendation of your Commission and the resulting trade policies of the United States are positive, I feel the prospects are good for making a real advance towards an effective system of multilateral trade and payments, from which all countries, including the United States, would benefit. If United States policies are not encouraging, I very much fear a progressive deterioration in world trading relations, a resumption of restrictions and discriminatory policies, and a revival of autarky and economic blocs in many parts of the world.[43]

2.11. Buscando alternativas a la continentalización

El debate sobre una estrategia de mayor apertura económica hacia Estados Unidos formó parte de la cotidianidad política canadiense desde

1947 hasta fines de la década de 1960, cuando se empezó a discutir económica y políticamente la posibilidad de una tercera opción comercial, en el ámbito internacional, bajo la administración liberal de Pierre Elliot Trudeau.[44]

En 1970 se publicó el *White Paper*[45] titulado *Foreign Policy for Canadians*, el cual analizaba seis líneas diplomáticas sobre las cuales el gobierno liberal se proponía concentrar su estrategia. Estas eran crecimiento económico, soberanía e independencia, paz y seguridad, justicia social, mejoramiento de la calidad de vida y conservación del equilibrio en el medio ambiente.

Un aspecto relevante de este documento es la evidente profundización del carácter económico de la política internacional canadiense por medio de dos estrategias de acción: la diplomacia comercial y la ayuda al desarrollo [Gutiérrez-Haces, 2003a: 242].

En 1972 empezó a circular un documento que pasó a la historia como la *Tercera Opción*, el cual analizaba la política económica internacional de Canadá en relación con los Estados Unidos. Estas opciones hablaban de las tres alternativas que Canadá debería considerar:

1. Conservar más o menos presente la relación de Canadá con los Estados Unidos, con un mínimo de ajuste en sus políticas.
2. Buscar la integración de Canadá con los Estados Unidos.
3. Reducir la vulnerabilidad de Canadá ante los Estados Unidos dirigiendo la actividad económica hacia otras potencias.[46]

Los ministros vinculados a los asuntos económicos y comerciales favorecían en términos generales la primera opción; por el contrario, nadie en aquel momento aprobaba la segunda estrategia, que implicaba una mayor integración económica con los Estados Unidos y la negociación de un acuerdo de libre comercio con su vecino. Algunos de aquellos ministros y secretarios, como Donald MacDonald y Simon Reisman, cambiaron sus puntos de vista con el tiempo y, así, en 1986, desempeñaron un papel central dirigiendo las negociaciones para un acuerdo de libre comercio.

Ministros como Sharp, por el contrario, se opusieron a las negociaciones de 1986, no porque estuviera en contra del libre comercio,
sino porque era un convencido promotor del multilateralismo, como
él bien lo expresaba:

What I considered a deplorable error in terms of national policy, was to
shift from a multilateral or international approach to a continental approach, to accord better treatment to trade with the United States, than
to trade with Europe and Japan. Until then we had done what we could
to resist the overwhelming influence of the United States in our economy,
our culture, and ours politics. By entering into an exclusive free-trade
agreement designed to integrate the economies of our two countries, we
were not only abandoning our resistance, we were deliberately inviting
ourselves to be overwhelmed [Sharp, 1994: 185].

Dentro de las tres opciones de política internacional de comercio,
la posibilidad de implementar una estrategia que buscaba consolidar
los lazos económicos con la Commonwealth y con la Comunidad Económica Europea, así como con América Latina y Japón, tenía el propósito de desarrollar una política de contrapesos ante el claro incremento
de su dependencia económica de Estados Unidos.

Este debate implicó un doble cambio para Canadá; la Tercera Opción buscaba no solo la reestructuración económica interna del país,
sino que también se planteaba su papel, como potencia media, frente a
la comunidad internacional. De este período data el acercamiento entre
México y Canadá, unidos por una visión común de su vecindad y con
intereses semejantes en lo diplomático, como fue con Centroamérica
[Gutiérrez-Haces, 1997].

Esta doble estrategia acentuó el intervencionismo estatal y ciertas
políticas de inspiración keynesiana, que de hecho no fueron más que la
continuación de la política implementada desde 1941 a partir del Informe Rowell-Sirois, que en su momento empujó al Estado canadiense
a asumir un papel más activo en el desarrollo económico y social del
país.

La Tercera Opción se manifestó en un clima económico internacional adverso, marcado por la política del presidente Richard Nixon, que en agosto de 1971 decidió suspender la convertibilidad del dólar en oro e impuso una sobretasa del 10% a todas las importaciones de productos que pretendían introducirse al mercado estadounidense. Esta decisión marcó el fin de la llamada relación especial entre los Estados Unidos y Canadá [Sharp, 1994: 178].

Ante la imposibilidad de la administración Trudeau de obtener, por parte de Estados Unidos, un trato de excepción comercial, presuponiendo que jugarían a su favor las estrechas relaciones preexistentes hasta ese momento, el gobierno canadiense recurrió a medidas proteccionistas internas que trajeron como consecuencia la Ley C-73, que estableció la congelación de precios y salarios en octubre de 1974. Asimismo, creó la Agencia de Examen a la Inversión Extranjera (1973); poco después fundó la Sociedad Petro-Canada (1975) y publicó el Programa Energético Nacional (1981) [Gutiérrez-Haces, 1995a; Clarkson, 1968, 1985].

Diez años más tarde, la recesión económica acompañaba el final del gobierno liberal de Trudeau. Los cambios ocurridos a inicios de los ochenta en el ámbito mundial afectaron profundamente a la economía canadiense. En este contexto, la sociedad canadiense y en especial los grupos económicos más poderosos iniciaron un proceso de cuestionamiento de la intervención del Estado. Las políticas y las leyes aplicadas hasta este momento aparecieron repentinamente como un obstáculo a la libre empresa y a los objetivos de la libre competencia de los grupos nacionales y transnacionales.

Estos aspectos coadyuvaron en la conformación de un sentimiento generalizado de reprobación contra el Estado canadiense, a quien se culpó de que, a pesar de su excesivo intervencionismo, no había sido capaz de controlar la crisis económica. Esta visión adquirió consenso, mientras que el paradigma nacional-keynesiano que inspiró casi tres décadas de política económica fue sustituido paulatinamente por un nuevo paradigma librecambista y de alcances continentales.

Esta medida, como algunas otras que se aplicaron después, tenían el objetivo básico de habilitar a Canadá como un país que deseaba ser competitivo en el ámbito de una economía globalizada, de ahí que iniciativas como la desregulación y la privatización no fueron más que algunos de los pasos que el Estado canadiense consideraba indispensables para asumir una política librecambista y de mayor acercamiento a la economía estadounidense.

Después de la publicación de *Foreign Policy for Canadians*, el Senado y la Casa de los Comunes, junto con el Comité especial sobre Relaciones Exteriores del Parlamento de Canadá, produjo el *Green Paper*,[47] titulado *Indépendance et Internationalisme*, en 1986, el cual tuvo la particularidad de recoger el testimonio de un número considerable de canadienses que se pronunciaron acerca de diversos aspectos políticos y económicos relacionados con la política exterior del país[48] [Gutiérrez-Haces, 2003a: 32-35].

Aunque el tema sobre la unidad nacional resultó central dentro de su contenido, las consecuencias de la proximidad con los Estados Unidos fueron repetidas ampliamente, en gran medida porque se trataba de un *Green Paper* que esencialmente recogía la opinión de los ciudadanos.

Este aspecto marcaba una enorme diferencia con el *White Paper* de 1970, que había sido muy criticado por no haber publicado un panfleto especial sobre los Estados Unidos, cosa que sí había hecho sobre Europa, América Latina, la Ayuda Externa, el Pacífico y las Naciones Unidas, dentro de su reflexión sobre las tres opciones comerciales.[49] Mitchell Sharp, en sus memorias, aceptó la omisión de un análisis de fondo sobre las relaciones de Estados Unidos y Canadá en aquel documento, y lo comparó con un "Hamlet without the Prince of Denmark" [Sharp, 1994].

La política internacional durante la década de 1980 miró en forma muy distinta la vinculación económica de Canadá con el resto del mundo y, en especial, las implicaciones de la segunda opción.

En 1984, el partido conservador –con Brian Mulroney a la cabeza– ganó las elecciones federales; el triunfo de este partido introdujo una forma distinta de enfocar la política exterior de Canadá y, en especial, la relación con los Estados Unidos, como lo demuestra la publicación del documento *Competitivité et Securité: Directions pour le relations internationales du Canada*, en 1985, el cual de inmediato suscitó una controversia considerable entre los canadienses. De hecho, la publicación del

Green Paper de 1986 fue la respuesta que la ciudadanía, por medio del parlamento canadiense, ofreció a las nuevas propuestas de Mulroney.

Una de las primeras iniciativas del gobierno fue la creación de la Real Comisión sobre la Unión Económica y las Perspectivas de Desarrollo de Canadá en 1985, la cual constaba de un apabullante número de estudios sectoriales que hacían la disección política y económica del país. Estos trabajos fueron la pauta para un cambio a fondo, en el que la opción librecambista cobraba mayor credibilidad; gracias a los resultados publicados por esta comisión, el paradigma keynesiano que enarbolaba la rectoría del Estado recibió su tiro de gracia.

Las negociaciones formales de un acuerdo de libre comercio con los Estados Unidos se iniciaron en 1986, y para fines de 1987 Canadá pudo contar con un acuerdo que sería la concreción de aquella segunda opción que en los setenta fuera desechada por el gobierno liberal.

A partir de esta fecha, la política económica exterior de Canadá empezó a transitar por rumbos que en los cuarenta no se habrían sospechado, cuando la opción multilateral parecía ser la más viable para un país que nunca había dejado de considerarla como el mayor instrumento de su política exterior.

NOTAS

[1] La definición aparece después de la Segunda Guerra Mundial en la jerga diplomática canadiense, algunos la atribuyen a Lester Pearson, primer ministro de Canadá y premio Nobel de la Paz en 1957. El término describe a Canadá como "demasiado pequeño para ser considerado una gran potencia y demasiado grande para ser marginal". Keohane lo define como "a state whose leaders consider that it cannot act alone effectively, but may able to have a systematic impact in a small group or through an international institution" [Keohane, 1969: 295, citado en Cooper, 1997: 19].

[2] A lo largo de este trabajo mencionaremos casi indistintamente la política internacional de comercio; la política económica internacional y la política económica exterior, para describir aquellas acciones económicas y comerciales que forman parte de la política internacional de los países y que por tanto involucran a sus gobiernos e instituciones. Prácticamente no existe ningún país que no considere importante aplicar políticas favorables a la inversión extranjera y a las exportaciones; sin embargo, esto no necesariamente significa que sostengan una política internacional de comercio o una política económica exterior. Para que esto ocurra es necesario que un gobierno otorgue un espacio considerable a las relaciones económicas dentro del conjunto de su actividad diplomática. En general, los países más proclives al libre comercio han manifestado un particular interés en desarrollar una diplomacia más económica que meramente política; en este sentido Estados Unidos y Canadá podrían ser un ejemplo de lo primero, mientras que México, hasta mediados de la década de 1980, desarrolló una política internacional de comercio de bajo perfil, en parte debido a su compromiso con un proyecto de desarrollo económico proteccionista. El creciente predominio del enfoque realista en el ámbito de las relaciones internacionales, desde fines de la década de 1940, influyó tanto en el terreno de la diplomacia como en el de las relaciones económicas internacionales. La creación de instancias económicas internacionales como el GATT no escapó a esta visión que considera a las relaciones comerciales como parte de un conflicto entre países. Las relaciones económicas bilaterales o multilaterales han sido objeto de una regulación creciente a través de los años que ha dado como resultado la celebración de acuerdos y tratados comerciales entre los países. En todas estas iniciativas, la correlación de fuerzas en torno a la lucha por el dominio económico es flagrante y forma parte de la cotidianidad de la política internacional.

[3] Durante la Conferencia Imperial celebrada en 1926 se declaró que "Canadá y otros Dominios británicos se convertirían en comunidades autónomas dentro del Imperio británico, pero en ningún sentido subordinado al Imperio británico, aunque unidos por una lealtad común a la Corona". Para demostrar que Canadá valoraba su vínculo con la Corona, al abrirse su primera representación diplomática en

Washington en 1927, se decidió que en lugar de utilizar los vocablos diplomáticos *embajada* y *embajador*, se emplearían *legación* y *ministro* [Thompson y Randall, 1994: 104-105].

4 General Agreement on Tariffs and Trade (GATT) fue concebido para servir como conjunto normativo orientado a crear condiciones favorables que permitan el incremento del comercio entre las partes.

5 En este apartado nos proponemos hacer un breve repaso de los principales aspectos que contribuyeron a la formulación de la política de comercio internacional de Canadá, no se trata por tanto de hacer un repaso de la política exterior de este país, la cual es analizada en diferentes secciones de la obra.

6 La creación del Departamento de Asuntos Exteriores fue autorizada en mayo de 1909 por el Parlamento, el nombre de *External Affairs* fue elegido en lugar de *Foreign Affaires* debido a la pertenencia de Canadá al Imperio británico y porque se consideró que los otros miembros de la Comunidad no eran, estrictamente hablando, "extranjeros" para los canadienses. En 1919, Canadá firmó el Tratado de Versalles como una entidad separada de la Gran Bretaña. En 1923 firmó también el Tratado Halibut de las Pescaderías en Washington, habiendo con ello marcado el momento en que empezó a negociar algunos tratados en forma autónoma.

7 Canadá contaba inicialmente con el High Commissioner's Office en Londres y el Commissioner General's Office en París, ambos habían sido establecidos antes de la creación del DAE. También contaba con una oficina en Ginebra que se ocupaba principalmente de las relaciones con la Organización Internacional del Trabajo y la Liga de las Naciones; finalmente, también contaba con una oficina dentro de la Embajada Británica en Washington.

8 En 1925, había oficinas en Ginebra. La legación canadiense en Washington había sido abierta en 1927; en París, en 1928; en Tokio, en 1929 y en Bélgica y los Países Bajos, en 1939.

9 Lester Pearson fue nombrado primero subsecretario, después secretario de Estado para Asuntos Exteriores (1946-1957); posteriormente, entró a la vida política y se convirtió en primer ministro de Canadá (1963-1968).

10 Exembajador de Canadá en la Unión Soviética, quien participó activamente en las discusiones en torno a la creación de la Organización Internacional de Comercio (OIC) y la Carta de La Habana, entre 1947 y 1948.

11 El presidente Eisenhower propuso una reunión con St. Laurent en mayo de 1953, para discutir la factibilidad de un acuerdo comercial; finalmente esta no llegó a buen término debido a la renuencia de muchos de los funcionarios públicos, encabezados por el propio primer ministro [citado en Barry y Hilliker, 1995: 13].

12 Tradicionalmente, los miembros del partido conservador se inclinaron por favorecer las relaciones con el gobierno británico y la Commonwealth hasta después de la Segunda Guerra Mundial. El atlantismo de los conservadores produjo innume-

rables conflictos al interior del DAE, en especial cuando ellos gobernaban el país. Con el pasar de los años, a medida que Canadá pudo conformar una personalidad internacional propia, contó con mayor margen de acción para pronunciarse en contra o condicionar su respaldo a la causa inglesa. Después del largo gobierno liberal de Trudeau, las cosas cambiaron para los liberales y los conservadores; la línea divisoria a favor de las posiciones atlantista y continentalista dejaron de ser tan marcadas ya que ambos partidos, gracias a la influencia de la globalización, fueron más favorables a la diplomacia comercial y con ello a las posiciones más proamericanas.

[13] Pierre Trudeau fue el único primer ministro que llegó a ocupar este puesto sin haberse desempeñado antes o durante su gestión como parte del Ministerio de Asuntos Exteriores. Resulta paradójico que la fama internacional de Trudeau proviniera en gran medida de la política internacional que llevó a cabo durante su gobierno, sin jamás haber trabajado para el DAE. Seguramente, el hecho de que nunca fue ministro de Asuntos Exteriores permitió a Trudeau manejarse con una enorme independencia ya que no llegó con ningún compromiso político vinculado con el DAE, lo que en consecuencia le permitió actuar con entera libertad al hacer su reestructuración.

[14] Creado el 26 de marzo de 1991 con la firma del Tratado de Asunción, por Argentina, Brasil, Paraguay y Uruguay.

[15] Inicialmente se concibió como una zona comercial protegida para la industria británica, esta zona se extendía a las colonias y dominios británicos como Canadá y Australia; los estrechos nexos que existían dentro del Commonwealth consistía en algo más que aranceles preferenciales. La Gran Depresión y la aparición de la Ley Smoot-Hawley de 1930 en Estados Unidos provocaron el reforzamiento de las preferencias imperiales. Debido a que sus miembros de ultramar deseaban proteger sus industrias de la competencia británica, la Commonwealth nunca pudo ser un mercado común en el sentido amplio del término [Dell, 1981].

[16] Esta percepción ha sido recientemente estudiada por la historiografía de Quebec, en especial en aquellos manuscritos y relatos de la historia oral que describen a los habitantes del antiguo Quebec como espectadores, más que actores, de un conflicto bélico en el que Francia perdió frente a Inglaterra en 1763. El Tratado de París, por el cual Francia abandonó sus posesiones continentales en América, fue interpretado como el abandono de la Madre Patria, del mismo modo que años después lo haría Inglaterra, la Madre Patria del Canadá angloparlante, al considerar oneroso el mantenimiento de Canadá.

[17] Para una mayor profundización de la obra de este personaje resulta interesante consultar la obra de Creighton, 1952.

[18] Esta política, muy poco tenía que ver con un proceso de industrialización sustitutiva de importaciones, al estilo de lo que ocurrió años después en México y muy pronto fue identificada como una estrategia de planta subsidiaria [Williams, 1983].

[19] Nos referimos con ello especialmente a aquellos productos vinculados a los recursos naturales y que básicamente se orientan hacia la exportación, que en los textos económicos canadienses se conocen como *staples*.

[20] En 1417 aparece la primera cláusula de "trato de nación más favorecida", en un acuerdo entre Inglaterra y Flandes, aplicada a los navíos de ambos países; en 1434 reaparece en un tratado entre Inglaterra y la Liga Hanseática, donde figura la primera alusión. En 1778 aparece la primera "cláusula condicional" del trato de nación más favorecida en un tratado celebrado entre Francia y los Estados Unidos, por la cual cuando se subordina la aplicación de dicho trato a la concesión compensatoria de ventajas equivalentes a las que hiciere en su día el tercer otro país a quien se califique de más favorecido.

[21] Las circunstancias en que se dio el debate a favor y en contra del acuerdo de 1911 son ampliamente examinadas en el capítulo 1, aquí solo las mencionamos someramente, con el propósito de reforzar nuestro análisis sobre la política internacional de comercio de Canadá, la cual desde sus orígenes tuvo una acentuada inclinación hacia los Estados Unidos.

[22] El Acta Arancelaria es considerada una de las medidas más proteccionistas en la historia económica de los Estados Unidos. Esta fue el resultado de la alianza de ciertos sectores agrícolas e industriales que presionaron al Congreso para que aprobara esta ley.

[23] Esta expresión se refiere a la Comunidad Británica de Naciones. Se habló de la Commonwealth por primera vez en la Conferencia Imperial de 1926 y fue hasta 1931 que fue incorporada y reconocida por el Parlamento Británico en 1931 a través del Estatuto de Westminster.

[24] Se expresa como el compromiso de reconocer a otra parte o a sus nacionales, un trato no menos favorable que el otorgado, en circunstancias similares, a cualquier otro Estado (parte o no parte), o a los nacionales de cualquier otro Estado, sobre la materia negociada. En consecuencia, si se reconociera un trato más favorable a estos últimos, el mismo deberá ser incondicionalmente extendido a la otra parte o a sus nacionales, según el caso.

[25] La conferencia celebrada en Ottawa puso los cimientos para el futuro de las relaciones comerciales internacionales al establecer que los acuerdos de libre comercio podían ser negociados en forma bilateral dentro de un esquema ampliado de carácter multilateral, gracias al consentimiento y consenso de cada uno de los países miembros. Esta forma de funcionamiento sin duda es un antecedente importante para lo que sería el funcionamiento del GATT [Hart, 1998: 21].

[26] Este mismo asunto se plantearon los canadienses en 1990, cuando México inició sus negociaciones con Estados Unidos, ante la posibilidad de que los beneficios no se extendieran a Canadá, vía su propio acuerdo de libre comercio, por lo que mejor optaron por participar directamente. Un caso semejante ocurrió también entre los países latinoamericanos y México; los primeros reclamaron extensión de los

beneficios del TLCAN en el marco de la Asociación Latinoamericana de Integración (ALADI), pero la negativa mexicana casi puso en peligro la membresía mexicana a la Asociación en 1990.

[27] Los Estados Unidos siempre expresaron su inconformidad ante las preferencias arancelarias, en especial cuando estas eran discriminatorias para la economía estadounidense. Los ingleses por su parte estaban conscientes de que era imposible satisfacer las exigencias de los Estados Unidos si antes no liberaba de ciertas obligaciones a los Dominios. Este aspecto dañaba directamente el comercio de los Dominios ya que implicaba la pérdida de las ventajas obtenidas gracias a los acuerdos bilaterales preferenciales y la cláusula de la Nación más Favorecida.

[28] Los Reciprocal Trade Agreements Program delegaban la autoridad para la negociación de los aranceles al presidente de los Estados Unidos. Bajo el liderazgo del Departamento de Estado, durante los siguientes ocho años se negociaron alrededor de treinta acuerdos de reciprocidad comercial con veintiocho países, reduciendo los aranceles estadounidenses a cerca de 50% para aquellos países que participaban en el programa [Hart, 1998: 259].

[29] Después de la aprobación de esta ley, se hicieron modificaciones significativas a la autorización del Congreso. Entre las más recientes se encuentra la que se autorizó durante la Ronda Uruguay de negociaciones del GATT, conocida como *fast track*, la cual terminó en 1994 al concluir las negociaciones del TLCAN y la Ronda Uruguay. A fines del año 2000, se creó Trade Promotion Authority (TPA), que permite al Poder Ejecutivo negociar acuerdos comerciales con terceros países y enviarlos al Congreso para someterlos a su aprobación, el cual puede rechazarlo o aceptarlo pero no puede introducir modificaciones. La Ley de Comercio de 2002 contó con la aprobación final de la TPA y expiró en 2007. Actualmente, el presidente Obama espera obtener la autorización del Congreso para usar el *fast track* y concluir las negociaciones del Acuerdo de Asociación Transpacífico (TPP) y, posiblemente, la conclusión de la firma de un acuerdo de libre comercio con la Unión Europea (UE).

[30] Este acuerdo fue inicialmente negociado por el primer ministro Bennett, pero tocó a su sucesor, Mackenzie King, el concluir tal acuerdo pocas semanas después de que este había ganado las elecciones. Gracias a esta negociación, Canadá obtuvo la reducción arancelaria en sus exportaciones primarias y en algunos productos manufacturados así como el acceso libre a un número considerable de productos.

[31] En la guerra de los Boers en 1899; como observador militar en Cachemira después de la guerra Indo-paquistana en 1948; en Colombo, también como observador en 1952 y en el Canal de Suez, Egipto, en 1956.

[32] Al respecto, la descripción de Muirhead revela la importancia que para Canadá tenía este convenio: "[...] the prime minister [Mackenzie King] travelled south to Roosevelt´s home at Hyde Park, New York, in April 1941. There the two leaders agreed on the Hyde Park Declaration, which promised a more effective integration

of the Canadian and American economies […]". En esta declaración se reafirmó la importancia del esfuerzo económico de los dos países para coordinar un plan de defensa común, de producción y recursos naturales de ambos países. De estas declaraciones salieron el concepto de cooperación económica común, el cual intentaba dar luz a los conceptos básicos que guiaron las actividades futuras de los dos gobiernos [Muirhead, 1992: 13, 68; Morton, 1994: 515].

[33] El Acuerdo de Hyde Park fue renovado en 1950 como una medida tendiente a calmar las presiones ejercidas por Canadá respecto a la negociación de un acuerdo comercial bilateral con los Estados Unidos, que de hecho venía discutiéndose desde 1947 como parte de la estrategia estadounidense que promovía la celebración de acuerdos de libre comercio dentro de la futura ITO. Estas discusiones se llevaron a cabo en Torquay, Inglaterra (1950-1951) con motivo de la reunión del GATT que supuestamente sería la antesala de la OIC.

[34] Con la esperanza puesta en el multilateralismo, Canadá emprendió su propio proyecto y con tenacidad luchó porque los principios que enarbolaba prevalecieran en todas aquellas reuniones internacionales que serían parte de los grandes acontecimientos de inicios de la posguerra. Fue así que Canadá participó en 1944, en la conferencia celebrada en Bretton Woods, New Hampshire, que dio nacimiento al Fondo Monetario Internacional y al Banco Internacional para la Reconstrucción y Desarrollo (BIRD) que después se convertiría en el Banco Mundial (BM).

[35] Este apéndice establecía que Londres debería aceptar las reglas que daban fin a las preferencias arancelarias. Evidentemente, la situación económica de la Gran Bretaña no daba ningún margen a cualquier tipo de oposición a la propuesta impuesta por los Estados Unidos a cambio del rescate financiero.

[36] En noviembre de 1946, se organizó una reunión preparatoria en Londres, en la que los representantes de 16 países discutieron la Suggested Charter for an Internacional Trade Organization. En esta propuesta se planteaba la eliminación del sistema de preferencias arancelarias, así como la revocación de las restricciones cuantitativas discriminatorias y el establecimiento de un control estricto sobre los subsidios a las exportaciones. Este grupo, posteriormente, continuó trabajando la propuesta en Nueva York y finalizó su tarea en febrero de 1947. Finalmente, durante el mes de abril del mismo año se reunieron 23 países en Ginebra para discutir el documento que pretendía fundar la OIC y presentarlo para su aprobación en la Conferencia Mundial sobre Comercio y Empleo en La Habana, Cuba, en 1947-1948.

[37] Paul Martin, secretario de Estado para Asuntos Exteriores, se opuso a la creación de la CEPAL y declaraba: "Estamos preocupados de que en el futuro el regionalismo y la autarquía regional desempeñen el peligroso papel que el nacionalismo y autarquía nacional han tenido en los años recientes. Un muro construido en torno a un número de países en una sola área del mundo no es una barrera menos importante al bienestar y a la prosperidad del mundo en conjunto que un muro construido en torno a las fronteras de un solo Estado" [citado en Miller, 1947: 66-82].

[38] El FMI fue creado el 27 de diciembre de 1945 en la Conferencia Monetaria y Financiera de las Naciones Unidas celebradas en Bretton Woods. Sus objetivos son fomentar la cooperación internacional, con un correlativo desarrollo de las economías internas, la estabilidad en los tipos de cambio y la reducción o rectificación de los desequilibrios en la balanza de pagos.

[39] El objetivo del BIRF es contribuir a la reconstrucción y desarrollo económico de los países miembros fomentando el mejor aprovechamiento de los recursos, promover las inversiones de capital privado, o cuando no fuera suficiente, mediante los fondos del propio banco.

[40] El activismo canadiense no se limitó a la creación de las organizaciones económicas internacionales: también logró, por medio de un cabildeo muy bien orquestado, introducir cláusulas económicas en las actas de fundación de estas instituciones. Tal fue el caso del artículo II, más conocido como "artículo Canadá", de la Carta de la OTAN firmada en 1949, que incluía una referencia que ataba a los firmantes a los principios del multilateralismo, la no discriminación arancelaria y las restricciones cuantitativas al comercio.

[41] El autor del estudio fue William Paley.

[42] No hay que olvidar que Eisenhower protagonizó momentos muy tensos en la relación con la Unión Soviética. Desde esta perspectiva, el Departamento de Estado consideraba esencial el reforzamiento de la presencia de los Estados Unidos en aquellos foros multilaterales donde podía encontrar aliados para enfrentar la Guerra Fría. En 1956, Eisenhower invitó al presidente mexicano Ruiz Cortines y al primer ministro St. Laurent a una reunión en White Sulphur, en West Virginia. Durante esta, un alto funcionario canadiense preguntó a uno de los mexicanos: "¿Me podría usted decir, francamente, qué problemas comunes tienen nuestros dos países que nos hace reunirnos aquí?". A lo cual el funcionario mexicano contestó: "Los Estados Unidos" [citado en Thompson y Swanson, 1971].

[43] Véase: Statement Delivered to the Randall Commission by M. R. Wilgress, 11 November 1953. D. D. Eisenhower Presidential Library, White Hose central files, 1953-61.

[44] Trudeau introdujo cambios de importancia, entre ellos los más relevantes fueron la marcada orientación económica que confirió a este ministerio por medio de la diplomacia comercial y la creación de instancias institucionales relacionadas con la ayuda financiera a los países en desarrollo.

[45] Generalmente, se llama *White Paper* a un documento que publica oficialmente el gobierno de un país, el cual refleja la posición de un gobierno sobre un asunto de interés nacional, en este caso, la formulación de la política exterior de Canadá en la década de 1970.

[46] El *White Paper* así como el documento conocido como la *Third Option* fueron dados a conocer por el ministro de Asuntos Exteriores, Mitchell Sharp, quedando

su nombre registrado como el autor de ambos documentos. Pero en realidad, la *Tercera Opción* fue originalmente redactado por Klaus Goldschag –un oficial de alto rango del ministerio– a solicitud del ministro Sharp; en su versión preliminar (*draft paper*) fue discutido ampliamente, durante varios meses, por el Priorities and Planning Comité, así como por el gabinete de Trudeau, siendo publicado en su versión definitiva en 1972 [citado en Sharp, 1994].

[47] Se refiere a un documento de opinión que recoge los puntos de vista de los ciudadanos y que posteriormente es publicado por la rama legislativa.

[48] De la lectura de este documento se desprenden dos conclusiones. La primera, que ya fue mencionada, fue que con la aparición de este documento se estableció un importante precedente en la política exterior de este país: la consulta ciudadana sobre esta materia, lo cual dio un carácter presumiblemente más democrático a la elaboración de las directrices de tal política. En segundo término, esta fue también la primera ocasión en que la PEC fue analizada por un Comité Parlamentario *ad hoc*, el cual condujo el debate sobre este asunto tanto en el Senado como en la Casa de los Comunes.

[49] La omisión hecha en el *White Paper* en 1970 fue corregida posteriormente gracias a la publicación de un artículo firmado por Mitchell Sharp, ministro de Asuntos Exteriores, durante el gobierno liberal de Trudeau, titulado "Canada-U.S. Relations: Options for the Future", que fue publicado en *International Perspectivas*, en 1972.

Capítulo 3

La construcción de la continentalización a largo plazo: La política económica internacional de México

Introducción

Hay varios aspectos que tienen en común los orígenes de la política económica internacional de México y de Canadá. En contra de lo que se ha considerado, la presencia del Imperio británico marcó profundamente la vida política de México, y no solo de Canadá, como en general se afirma.

Los británicos dejaron a estos países un legado económico significativo que influyó de manera profunda en su futuro como países semiperiféricos. Una de las hipótesis que han guiado este trabajo es que la continentalización, como un proceso que paulatinamente ha integrado a México y Canadá a la economía de Estados Unidos, no podría haberse llevado a cabo sin la existencia previa de un largo período de relaciones económicas entre el Imperio británico y estos países, lo cual sentó las bases para el posterior posicionamiento económico de Estados Unidos.

Aunque con ciertas diferencias y algunos matices, no hay que olvidar que tanto Estados Unidos como Canadá hasta el siglo XVIII formaron una unidad política y territorial que dependía del Imperio inglés, y esto significó que ambos fueron piezas clave de lo que se conoce como *el imperio formal*, mientras que México pasó a ser parte del *imperio informal* desde el fin de su independencia hasta el estallido de la Revolución, en 1910. Algunos autores consideran que la influencia inglesa en México rebasa el período revolucionario y se prolonga hasta 1938 con la expropiación de las compañías petroleras inglesas. El imperio informal inglés también se hizo presente en América Central y el Caribe, así como en otros países hispanoamericanos, principalmente en Argentina y Uruguay [Meyer, 2000; Ferns, 1960; Winn, 1975].

México también se ha debatido históricamente entre las tres opciones –atlantistas, continentalistas y nacionalistas– en lo tocante a la definición de su política exterior, pero con importantes diferencias en cuanto a lo que hemos visto en Canadá. No hay que olvidar que México enfrentó tales disyuntivas como un Estado independiente, mientras que Canadá no logró tal estatus hasta 1931.

Por otra parte, se observa que la tendencia atlantista en el caso de México prácticamente desapareció a inicios del siglo XX, y que las dos tendencias restantes, el nacionalismo y el continentalismo, han luchado enconadamente por imponerse desde finales de la Segunda Guerra Mundial. En relación con lo anterior, podríamos afirmar, aunque sea de manera por demás somera, que el nacionalismo económico en México fue una tendencia casi predominante hasta 1983, cuando la crisis de la deuda externa orilló al gobierno a un replanteamiento del modelo económico imperante. A partir de esa fecha, la continentalización, como una tendencia francamente influyente, ganó terreno en México, aun antes de 1986, cuando ingresó como miembro pleno del GATT; dentro de este proceso, la firma del TLCAN, en 1994, podría considerarse la consolidación *de jure* del proceso de continentalización mexicano a la economía estadounidense, del mismo modo que lo hizo Canadá con su propio acuerdo de libre comercio en 1988, y posteriormente con México y de nuevo los Estados Unidos en 1994.

3.1. Proteccionismo y libre comercio en México

La abolición del monopolio colonial en el comercio internacional y la instauración del libre comercio o el proteccionismo en América Latina y, especialmente, en México implicó un profundo debate político y económico en el cual los impuestos a las importaciones, los aranceles y otras muchas cortapisas al comercio exterior desempeñaron un papel decisivo como parte de una discusión mucho más profunda que conducía al debate sobre el proyecto de nación de México.

Cuadro 3-1

Evolución de las relaciones comerciales de México 1827-1980

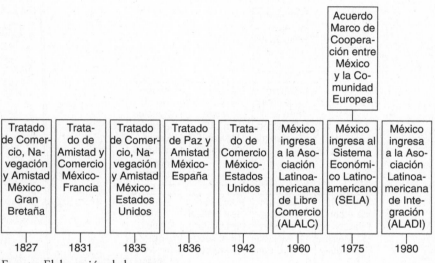

Tratado de Comercio, Navegación y Amistad México-Gran Bretaña	Tratado de Amistad y Comercio México-Francia	Tratado de Comercio, Navegación y Amistad México-Estados Unidos	Tratado de Paz y Amistad México-España	Tratado de Comercio México-Estados Unidos	México ingresa a la Asociación Latinoamericana de Libre Comercio (ALALC)	Acuerdo Marco de Cooperación entre México y la Comunidad Europea — México ingresa al Sistema Económico Latinoamericano (SELA)	México ingresa a la Asociación Latinoamericana de Integración (ALADI)
1827	1831	1835	1836	1942	1960	1975	1980

Fuente: Elaboración de la autora.

Sin querer con esto minimizar un debate similar, ocurrido en Canadá desde 1866, resulta bastante claro que México llevó a cabo esta discusión durante y después de la encarnizada lucha armada por independizarse de la metrópoli española (1810-1821), con evidentes costos humanos, políticos, económicos y sociales, que dejaron al país en un terrible desastre.

Aunado a esto, los gobiernos mexicanos postindependentistas sufrieron la indiferencia políticamente calculada de las potencias europeas, el bloqueo comercial en múltiples ocasiones y la invasión militar punitiva ante la incapacidad de solventar sus deudas.

Indudablemente, el debate sobre proteccionismo y librecambismo significó uno de los componentes centrales en el proceso de formación del Estado en México. En este sentido, las discusiones sobre tales opciones económicas, aunque ocurrieron más tempranamente en México (1821-1824), no fueron demasiado distintas de las debatidas en Canadá por sir John MacDonald y Alexander Galt.

Cuadro 3-2

**Evolución de las relaciones
comerciales de México
1983-1992**

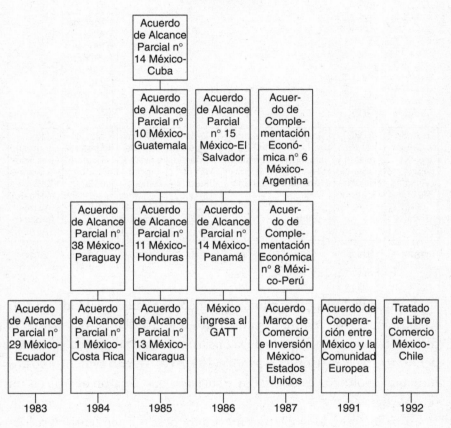

En el caso mexicano, durante décadas se identificó a proteccionistas y librecambistas con los grupos políticos conocidos como *conservadores* y *liberales*; en años recientes la tipología formulada por D. Stevens [1991], citada en los trabajos de Ibarra Bellon [1998], distingue cinco aspectos que diferenciaban a los liberales de los conservadores y de los radicales: *1)* la organización del Estado; *2)* los métodos de control social; *3)* la intervención del Estado en la economía; *4)* las relaciones entre la Iglesia y el Estado; *5)* las actitudes respecto al pasado colonial.

Cuadro 3-3

Evolución de las relaciones comerciales de México 1993-2000

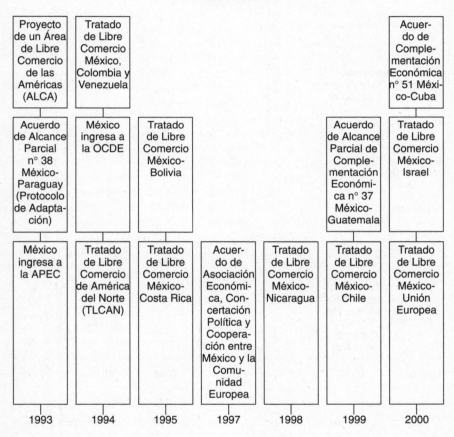

1993	1994	1995	1997	1998	1999	2000
Proyecto de un Área de Libre Comercio de las Américas (ALCA)	Tratado de Libre Comercio México, Colombia y Venezuela					Acuerdo de Complementación Económica n° 51 México-Cuba
Acuerdo de Alcance Parcial n° 38 México-Paraguay (Protocolo de Adaptación)	México ingresa a la OCDE	Tratado de Libre Comercio México-Bolivia			Acuerdo de Alcance Parcial de Complementación Económica n° 37 México-Guatemala	Tratado de Libre Comercio México-Israel
México ingresa a la APEC	Tratado de Libre Comercio de América del Norte (TLCAN)	Tratado de Libre Comercio México-Costa Rica	Acuerdo de Asociación Económica, Concertación Política y Cooperación entre México y la Comunidad Europea	Tratado de Libre Comercio México-Nicaragua	Tratado de Libre Comercio México-Chile	Tratado de Libre Comercio México-Unión Europea

Para los propósitos de este capítulo nos interesa enfatizar que tanto destacados liberales de la talla de José María Luis Mora como el conservador Lucas Alamán coincidían en su rechazo a Estados Unidos; asimismo, estos dos personajes, junto con Valentín Gómez Farías, compartían abiertamente su aceptación tanto del vínculo económico como del apoyo que Inglaterra brindaba a México después de la Guerra de Independencia [Ibarra Bellon, 1998].

Cuadro 3-4

**Evolución de las relaciones
comerciales de México
2001-2012**

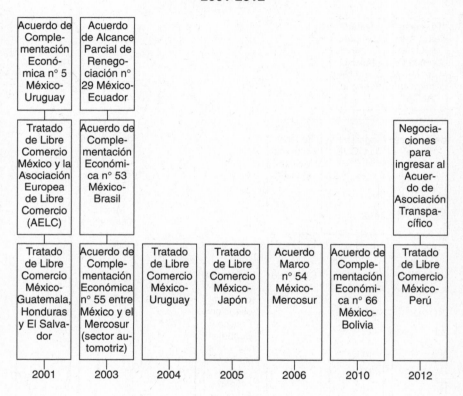

Acuerdo de Complementación Económica n° 5 México-Uruguay	Acuerdo de Alcance Parcial de Renegociación n° 29 México-Ecuador					
Tratado de Libre Comercio México y la Asociación Europea de Libre Comercio (AELC)	Acuerdo de Complementación Económica n° 53 México-Brasil					Negociaciones para ingresar al Acuerdo de Asociación Transpacífico
Tratado de Libre Comercio México-Guatemala, Honduras y El Salvador	Acuerdo de Complementación Económica n° 55 entre México y el Mercosur (sector automotriz)	Tratado de Libre Comercio México-Uruguay	Tratado de Libre Comercio México-Japón	Acuerdo Marco n° 54 México-Mercosur	Acuerdo de Complementación Económica n° 66 México-Bolivia	Tratado de Libre Comercio México-Perú
2001	2003	2004	2005	2006	2010	2012

Estas opciones no necesariamente coincidían con las posiciones políticas que enarbolaban los conservadores y los liberales en México, pero definitivamente en lo tocante a aspectos económicos y comerciales existían coincidencias. Lucas Alamán aceptaba la visión económica de Mora, que consideraba a México un país esencialmente agrícola y minero, pero, a su vez, Alamán era un abierto partidario de impulsar la industria manufacturera en el país.

El pensamiento económico de Lucas Alamán antecedió sin duda a los proyectos de desarrollo económico de los gobiernos mexicanos después de 1946, que podrían resumirse en la propuesta de un modelo de industrialización basado en una política de sustitución de importaciones; la protección no solo arancelaria sino selectiva a base de permisos de importación; el establecimiento de bancos de fomento y fondos de crédito preferentes para impulsar la industria; la aceptación de la inversión extranjera, pero con limitaciones y cortapisas; los intentos de integrar una zona de libre comercio hispanoamericana; la desconfianza en la penetración económica norteamericana y una dirección gubernamental de la economía [Calderón, 1955 y 1985].

Los liberales se inclinaban por el fomento a la minería y consideraban que el comercio exterior debía basarse en la exportación de materias primas y optar por la importación de los productos manufacturados.

La diferencia central entre la visión económica sustentada por los liberales y la de los conservadores era la posición que adoptaban frente al libre comercio. Lucas Alamán favorecía la protección arancelaria para fomentar en especial la industria textil. De acuerdo con Alamán, el proteccionismo arancelario se justificaba como un instrumento para fortalecer la industria nacional y, posteriormente, romper la dependencia del comercio exterior. Los liberales eran mucho más proclives a conformar el comercio exterior de México desde una perspectiva que paradójicamente tendía a conservar el esquema económico colonial, basado en la exportación de productos primarios y mineros y la importación de manufacturas.

Lucas Alamán, pese a su inclinación por un Estado centralizador y fuerte, que identificaba con un gobierno monárquico, resultaba desde el punto de vista económico más avanzado que algunos liberales mexicanos.

Por último, el debate económico no solo se centraba en la relación económica con Inglaterra y Estados Unidos, ya que internamente la lucha entre centralistas y federalistas tenía como trasfondo la disputa por el control del mercado interno y no solo sobre aquellos sectores que en su opinión debían conformar el comercio exterior, como se creería en un primer momento.

Al igual que Canadá, también en sus inicios México enfrentó una clara resistencia de diversos poderes regionales y locales que se oponían a ceder sus ganancias y recursos a favor de un gobierno central.

En México, las disputas regionales, además de largas, trajeron enormes costos políticos y económicos, y en la mayoría de los casos tuvieron un desenlace armado, lo cual dificultó el reconocimiento oficial de México como nación independiente por los países europeos y trabó en una primera etapa la celebración de acuerdos comerciales con cada gobierno mexicano en turno.

La anarquía regional y las disputas locales y contra el centro atrajeron en cierta medida los intereses primero de Inglaterra y después de Estados Unidos, que aprovecharon el desorden político y económico para canalizar el excedente de capitales y de manufacturas en condiciones muchas veces leoninas. Inglaterra disponía de capitales que podía ofrecer bajo la forma de préstamos, además de los servicios de sus compañías navieras, sus compañías de electricidad y gas, así como en la construcción y el financiamiento de redes de ferrocarriles y tranvías, de bancos y compañías aseguradoras y, desde luego, de su excedente de productos manufactureros: "Cuando Inglaterra ponía sus ojos en México, descubría dos ventajas: por un lado, un gran mercado comercial para sus hilados y tejidos de algodón y lana; por otro, un campo propicio para exportar sus capitales sobrantes e invertirlos en la minería" [Chávez Orozco, 1947, citado en Ibarra Bellon, 1998: 42].

La política económica internacional de México tuvo en sus orígenes una trayectoria errática, consecuencia directa de los acontecimientos políticos del país; uno de los problemas más serios que México, al igual que otros países de América Latina, tuvo que enfrentar fue la necesidad de allegarse recursos financieros que apoyaran el crecimiento económico interno y, por ende, su comercio exterior. La mentalidad de estos países, recién independizados de España, era que el endeudamiento principalmente con las casas británicas obligaría a que estas se interesaran económicamente por el país e invirtieran en él. De acuerdo con una reflexión de Marichal: "Los hombres de negocios y los políticos de Gran Bretaña estaban convencidos de que los préstamos serían los canales de acceso a los mercados, a las minas, y los tesoros de las jóvenes naciones, así como al fortalecimiento de su poderío naval en el Pacífico y en el Atlántico" [Marichal, 1988: 32].

La diplomacia comercial de México se concentró desde 1821 en cuatro grandes aspectos: *1)* fortalecer el comercio exterior; *2)* allegarse recursos financieros bajo la forma de empréstitos de origen extranjero; *3)* promover la inversión extranjera, y *4)* celebrar acuerdos comerciales internacionales que garantizaran la inversión de capitales que fomentarían las actividades productivas y el comercio.

Durante este período y hasta finales del siglo XIX, la diplomacia mexicana se concentró en buscar el reconocimiento oficial de su independencia política de España, y para ello utilizó como incentivo los acuerdos y tratados comerciales; dentro de esta estrategia, el reconocimiento oficial de Inglaterra y de Estados Unidos se revelaba esencial.

La formulación de una política comercial internacional parecía difícil, en especial para el gobierno mexicano en turno, que tenía al mismo tiempo que enfrentar tanto la búsqueda de nuevos empréstitos como el pago de los anteriores, así como la fijación de una política fiscal que fortaleciera al Estado, pero que no levantara demasiada oposición entre aquellos grupos que se disputaban los beneficios del comercio exterior.

Las decisiones a favor del proteccionismo o el libre comercio no eran únicamente políticas e ideológicas: más importante parecía la discusión sobre la fijación de impuestos, dentro de los cuales las alcabalas y las aduanas desempeñaban un papel central.

Los grupos dominantes aceptaban la necesidad de instrumentar una política fiscal; sin embargo, su preocupación se centraba en la magnitud de esos impuestos, así como en la asignación de los recursos resultantes de esta política. Aquellos que se pronunciaban a favor del libre comercio buscaban que los impuestos fueran lo más bajos posible, en especial los grupos comerciantes que vivían de la importación de diversos productos manufacturados. Por el contrario, ciertos grupos extranjeros avecindados en México, como muchos ingleses vinculados a las actividades financieras, paradójicamente estaban a favor del proteccionismo, a sabiendas de que el pago del servicio de la deuda se haría con la recaudación fiscal del comercio exterior principalmente, puesto que las aduanas eran manejadas por el gobierno central. Otros grupos de extranjeros, como los comerciantes españoles y franceses, favorecían el librecambismo, ya que la mayoría de la mercancía era importada.

Por una política proteccionista a fondo pugnaban los comerciantes de productos nacionales, los terratenientes, los granjeros y, sobre todo, los gremios de artesanos, que naturalmente producían para el mercado nacional.

El gobierno, temerosos de que una política fiscal muy austera profundizara el descontento popular, optó durante muchos años por contratar empréstitos en vez de aumentar los gravámenes fiscales, pero a finales de la década de 1820 estos préstamos habían dejado de significar una alternativa y los impuestos comerciales fruto del comercio exterior llegaron a tener enorme importancia para el gobierno en turno [Bulmer-Thomas, 1994].

Ante estos hechos, el fortalecimiento del comercio exterior se volvió imperante para el gobierno mexicano, y los tratados comerciales se convirtieron en la pieza clave para México, pero también para los gobiernos extranjeros que buscaban un mercado seguro para sus inversiones y mercancías sin la amenaza del proteccionismo arancelario.

La diplomacia mexicana, a partir de este período, no solo trabajó en la promoción del reconocimiento de México como país independiente sino que también, como lo veremos más adelante, concentró todas sus fuerzas en promover económicamente a México a través de la negociación de varios acuerdos comerciales, entre los que sobresalen el negociado con Gran Bretaña (1827), Francia (1831), Estados Unidos (1835) y España (1836).

Como una primera conclusión de este apartado diríamos que conforme avanzó el siglo XIX, los impuestos con que se gravaba el comercio exterior indudablemente significaron la fuente de ingresos más importante para el gobierno mexicano. Sin embargo, debido a las terribles pugnas entre el gobierno central y los estados federales se acordó, a partir de 1824, que los ingresos de las aduanas portuarias y fronterizas, así como los impuestos recabados de la actividad del comercio exterior, correspondieran al gobierno central, mientras que a los estados corresponderían los impuestos resultantes del mercado interno –alcabalas–, así como los derechos sobre el oro y la plata, los impuestos sobre el pulque y la pelea de gallos [Carmagnani, 1982, citado en Ibarra Bellon, 1998: 78].

De 1824 a 1847, el gobierno mexicano modificó sus aranceles: en 1829, 1837 y entre 1842 y 1843 todas estas medidas tenían como finalidad allegarse recursos y al mismo tiempo proteger específicamente al sector textil algodonero.

Cuadro 3-5

Fases de la política arancelaria, 1821-1872

Años	Orientación de la política
1821-1824	Libre cambio con algunos elementos proteccionistas o prohibitivos
1824-1829	Proteccionismo con algunas prohibiciones
1829-1837	Sistema prohibitivo en la teoría, en la realidad proteccionismo
1837-1853	Sistema prohibitivo (con excepciones frecuentes)
1846-1848	Aranceles estadounidenses
1848-1853	Anarquía arancelaria
1853-1872	Transición al libre cambio
1872	Libre cambio

Fuente: Ibarra Bellon, *El comercio exterior de México 1821-1862* [1998: 70].

3.2. Primeros acuerdos comerciales del México independiente

Como acabamos de indicarlo, México comenzó a firmar varios acuerdos con potencias extranjeras. Analicemos ahora estos acuerdos con Gran Bretaña y con los Estados Unidos.

3.2.1. El acuerdo con la Gran Bretaña

A pesar de la evidente anarquía que privó en el período posterior a su independencia, México se convirtió en un espacio, en términos económicos, en el cual las rivalidades de Gran Bretaña y Estados Unidos se enconaron profundamente.

Cuando los artífices de la independencia mexicana iniciaron el largo proceso de construcción del Estado en México, la idea del modelo político estadounidense estuvo en la mente de muchos: en aquel momento Estados Unidos significaba un modelo que provocaba, en cierto sentido, algunas de las decisiones de aquellos hombres. El modelo estadounidense no fue la única fuente de inspiración de aquellos mexicanos; la representación de la experiencia británica, por su parte, tuvo una enorme influencia en ellos, en especial durante la discusión de los aspectos económicos.

La presencia inglesa en México (como en América Central, en el Caribe y, por supuesto, en Sudamérica) detonó la formulación de la Doctrina Monroe, expresada por primera ocasión en 1823 en Estados Unidos:

> Consideramos peligroso para nuestra paz y seguridad cualquier propósito por parte de aquellas [potencias] de extender sus sistemas a una porción cualquiera de este hemisferio. No hemos intervenido y no intervendremos en las colonias o dependencias existentes de ninguna potencia europea. Pero con respecto a los gobiernos que han declarado y sostenido su independencia, y cuya independencia hemos reconocido fundándonos en grandes consideraciones y principios justos, no podríamos contemplar sino como una manifestación de disposiciones poco amistosas para los Estados Unidos el que cualquier potencia europea interviniera en ellos con el propósito de oprimirlos o de dominar de cualquier otra manera sus destinos [Monroe, 1823, citado en Boorstin, 1997: 212].

De esta manera, México quedó atrapado en un conflicto de intereses y, aunque con ciertos tropiezos, trató de sacarle el mejor provecho. Por una parte, la voluntad británica había expresado claramente su interés en invertir en México, en especial en la minería, el comercio, el transporte ferroviario y el sector textil. Dentro de la visión británica, la economía mexicana, en un estado aún embrionario si la comparamos con la inglesa, representaba un cúmulo de oportunidades a las que difícilmente estaban dispuestos a renunciar. Inglaterra era, de entre las potencias europeas, la que más necesitaba colocar su excedente de capital y de manufacturas; también era la primera nación que se había hecho presente en el espacio americano, llenando el vacío que por fuerza había dejado la Corona española. Por cierto, esta visión era ampliamente compartida por los habitantes de Canadá, que en aquellos años aún eran súbditos ingleses, como lo veremos más adelante durante la etapa del porfiriato [Gutiérrez-Haces, 1997].

Estados Unidos, por su parte, también tenía un interés económico en México, aunque cabe aclarar que en este período la economía estadounidense se inclinaba por las actividades agrícolas y, en menor grado, por la manufactura; sus exportaciones no se ubicaban en el algodón sino en los productos alimenticios [Foreman-Peck, 2000]. Aunque la talla y el perfil de ambas economías eran diferentes, no por ello dejaron de percibirse como competidoras en el espacio latinoamericano.

En 1822, México recibió un enviado del gobierno británico que viajaba con el propósito de explorar las posibilidades comerciales que ofrecían el gobierno y la economía mexicanos. El móvil de aquel comisionado británico no se limitaba a explorar las posibilidades económicas que ofrecía México: sus preocupaciones contenían un trasfondo de rivalidades veladas a medias. Sus gestiones tenían la intención inconfesa de negociar un acuerdo comercial con México, con el propósito de cerrarle el paso a España. Los ingleses sabían de buena fuente que España buscaba también un acuerdo comercial con México, que le daría el monopolio del comercio mexicano con "exclusión de cualquier otra nación", sin que hasta ese momento mediara un reconocimiento oficial de la independencia mexicana [Bosch, 1946a].

Con Guadalupe Victoria como presidente de México, el enviado inglés Patrick Mackie logró negociar algunos aspectos comerciales en términos bastante favorables para Inglaterra, sin por ello llegar a firmar un acuerdo comercial como lo deseaba el gobierno mexicano. Entre las ventajas que el comisionado inglés logró del presidente Victoria, se encontraba la reducción de los impuestos de importación de 25% a 15%; Mackie también intentó que estos fueran aún menores para ciertas exportaciones inglesas, como los artículos de lino y algodón.

Tal era el interés de México en firmar un acuerdo comercial con Inglaterra que Victoria ofrecía a cambio de este "todas las ventajas comerciales que estuviera en sus manos conceder" [Bosch, 1946a: 499]. Por su parte, Inglaterra también deseaba acelerar las negociaciones comerciales, a sabiendas de que el gobierno de Estados Unidos estaba decidido a reconocer la independencia de Hispanoamérica *de facto*.

Indudablemente, uno de los aspectos que más obstaculizaba el comercio exterior en México era la falta de una infraestructura naviera y ferroviaria. Esta limitante frenaba en forma muy ambivalente las ambiciones británicas, pues, como ya comentamos, buscaba colocar su excedente manufacturero en el mercado mexicano. Al mismo tiempo, la casi ausencia de medios de transporte ayudaba a los intereses de los ingleses, quienes podrían construir los ferrocarriles por medio de empréstitos y transportar las mercancías mexicanas en barcos con bandera inglesa; este último aspecto a su vez trabaría a futuro las negociaciones de otro tratado comercial, esta vez con Estados Unidos. Pese a estas ventajas, Inglaterra terminó por condicionar la firma de un tratado comercial a que México obtuviera el reconocimiento español y ofrecerle a la antigua metrópoli un acuerdo comercial en el cual incluiría la cláusula de Nación Más Favorecida (NMF). Esta propuesta de los ingleses era una maniobra política bastante clara que tenía como objetivo cerrarle momentáneamente el paso a Estados Unidos y, al mismo tiempo, no enemistarse con Francia, Alemania y, desde luego, España.

México reaccionó extrañado de la propuesta e insistió en que se otorgarían privilegios a cambio del reconocimiento de su independencia; durante un largo período las gestiones diplomáticas de Michelena parecieron infructuosas, pero Inglaterra continuaba insistiendo en el asunto español; con el tiempo fue más claro el porqué de la estrategia inglesa: en el fondo sabían que si México aceptaba la cláusula de la Nación Más Favorecida dentro de un acuerdo comercial con España, a la larga, estarían obligados a extender los privilegios del acuerdo a los demás.[1]

A finales de 1824, la actitud británica cambió sorpresivamente ante los avances estadounidenses en México y reconoció la independencia de México enviando a su vez a un agente a negociar un acuerdo comercial recíproco.[2] El tratado fue negociado y firmado el 6 de abril de 1825, pero al final no lo ratificó Inglaterra porque se consideró que los negociadores ingleses habían otorgado demasiado a México. En especial, el gobierno británico sugirió que aunque reconocía que México era una república, este nombre debería sustituirse por el de Estado en el cuerpo del Tratado; los plenipotenciarios mexicanos no vieron problema en la observación inglesa y utilizaron la denominación de Estados Unidos Mexicanos para evitar confusiones con el ya existente Estado de México.

También los ingleses objetaron el Artículo 4, que contenía el derecho de México de conceder términos especiales en los tratados futuros de reconocimientos por las otras naciones, lo que suponía que al dárselo a ellas se lo quitaba a Inglaterra. Tampoco complació que España tuviera privilegios mayores que los de ninguna otra nación europea, excluyendo a Estados Unidos; desde la perspectiva inglesa, España debía ser incluida entre las "Naciones Más Favorecidas" y no por encima de ellas.

Estados Unidos tenía interés en que este acuerdo se firmara en los términos en que había sido negociado, pues favorecía las futuras negociaciones del suyo. Los ingleses consideraban un peligro que Estados Unidos fuera asimilado dentro de este acuerdo como una "nación americana", pues esto los encaminaba a una suerte de federación americana donde ellos serían la cabeza; finalmente, también les incomodaba la insistencia mexicana en incluir la extensión de los privilegios adquiridos al resto de los países de América del Sur.

Finalmente, el negociador Ward aconsejó a su gobierno que cediera en este último punto, pues así México estaría libre para tratar con preferencias a los estados del Sur y esto forzaría a los Estados Unidos a firmar lo mismo y a sufrir las consecuencias del caso.

Después de un largo proceso de estire y afloje, el acuerdo comercial con las correcciones anteriores se firmó en diciembre de 1826 y fue ratificado el 16 de julio de 1827.

El Tratado de Comercio, Navegación y Amistad entre México y Gran Bretaña reviste especial interés para los propósitos de este análisis, ya que en este se introdujeron, entre otros aspectos, las cláusulas de libertad recíproca de comercio y la de Nación Más Favorecida, las cuales en el futuro marcarían las estrategias y el desempeño de la política comercial internacional no solamente de México y la Gran Bretaña, sino del Dominio de Canadá.

3.2.2. El acuerdo con los Estados Unidos

Hasta cerca de 1825, los lazos entre México y los Estados Unidos fueron relativamente informales; la representación estadounidense era oficiosa pese a que desde 1822 Agustín de Iturbide había enviado a Washington un embajador para corresponder a la visita de Poinsett en 1822. En un artículo publicado por Carlos Bosch en 1946, se menciona que el enviado mexicano perseguía dos objetivos: la negociación de un empréstito de 10 millones de pesos para lo cual estaba autorizado a "negociarlo e hipotecar las rentas de la nación", y la investigación de las verdaderas intenciones que tenía Estados Unidos en relación con la frontera norte de México y sus planes de expansión [Bosch, 1946b: 330].

Efectivamente, este país, por medio de Poinsett, exploró en México la posibilidad de negociar un acuerdo comercial, pero Zozaya, el enviado del emperador Agustín de Iturbide, expresó en su correspondencia diplomática importantes inquietudes al respecto: *1)* consideraba que este tratado se redactaría de acuerdo con la legislación de Estados Unidos; *2)* juzgaba que existía una profunda asimetría entre la marina mercante de México y la de Estados Unidos; *3)* pensaba que la reciprocidad comercial, aspecto central de un acuerdo de esta naturaleza, era prácticamente una utopía si se consideraba que el comercio entre los dos países se haría prácticamente con la flota naviera estadounidense, con los consiguientes costos adicionales para el comercio exterior mexicano; por último, *4)* expresaba su alarma respecto al ambiente político del gobierno en Washington, el cual consideraba que no solo era la capital de Estados Unidos, sino de América Latina.

Las inquietudes y sospechas de Zozaya no estaban desencaminadas; Poinsett efectivamente tenía consignas secretas en relación con su visita a México; la principal consistía en presionar al gobierno mexicano para que se otorgara mayores ventajas a sus colonias en Austin, Texas, dentro del territorio mexicano. Henry Clay, por medio de John Quincy Adams, hizo saber a Poinsett lo que esperaban de él; por su significado para este análisis, lo reproducimos:

> Es usted el primer ministro que realmente sale de los Estados Unidos para residir cerca de una potencia soberana establecida y ejercida en este conti-

nente cuyos territorios limitan con el nuestro [...]. Sea que lo consideraremos en su condición actual o que hagamos memoria de su antigua historia y de su suerte, los Estados Unidos Mexicanos merecen alta consideración [...] pero lo que proporciona en este momento al presidente peculiar interés con respecto a la misión, es que tiene por objeto principal echar los cimientos de una correspondencia de amistad, comercio, navegación y vecindad que pueda ejercer poderosa influencia durante un dilatado período sobre la prosperidad de ambos estados [Clay, 1825, citado en Bosch, 1946b: 340].

Detrás de este mensaje existía otro, mucho más torvo que el anterior; en realidad, el gobierno estadounidense se consideraba con ciertos derechos sobre México, no solo por su condición de vecino, sino por haber sido el primer país en reconocer *de facto* la independencia mexicana, y, en consecuencia, juzgaba firmemente que México no concedería al comercio y la navegación de los países europeos, en especial de la Gran Bretaña, ninguna ventaja que no concediera antes a su vecino [Manning, 1916].

En relación con los sucesos que desencadenaron las gestiones de Poinsett en México y la posterior separación e independencia de Texas del territorio mexicano (1836), existe una profusa bibliografía; baste decir que la propuesta alrededor de un tratado comercial y de navegación con los Estados Unidos fue planteada desde un principio como un acuerdo que necesariamente debería incluir la delimitación de la frontera terrestre entre los dos países.

Para México era más urgente concluir un tratado que estipulara con claridad las relaciones comerciales entre los dos países, con la finalidad de obtener un reconocimiento político de su independencia y para allegarse recursos financieros. México, en ese momento, carecía de la infraestructura y de los recursos necesarios para emprender la obra de deslinde y delimitación de su frontera, y Estados Unidos insistía en que el tratado debería incluir con claridad los caminos que, partiendo de la frontera occidental del estado de Missouri hasta la línea fronteriza de Estados Unidos en dirección de Santa Fe de Nuevo México, alcanzaban el territorio mexicano.

Otros aspectos que se negociaron tuvieron que ver con el uso de la bandera en los barcos mercantes y la forma de evitar la piratería y el contrabando; asimismo, se discutió el trato a los indígenas, los esclavos y prófugos en la frontera, pero sin duda el tema que reiteradamente regresaba era el tratamiento comercial a terceros países. Poinsett insistía en que sus relaciones no debían depender de lo que hiciera una tercera potencia [Carta de Poinsett a los comisionados Alamán y Esteva, 1825].

Respecto a la cláusula de la Nación Más Favorecida como parte de la discusión de este tratado, surgen dos interpretaciones: por un lado, se entiende que aquellos países que formaban parte de esta cláusula, como resultado de acuerdos anteriores, conservaban sus derechos en relación con México, pero también era entendido, en especial por los Estados Unidos, que gracias a esta cláusula México hacía ciertas concesiones a otros países, en especial a los de América Latina, y que esto excluía a los estadounidenses o por lo menos los colocaba en un plano de cierta inferioridad.

Esta cláusula, en derecho internacional contemporáneo, determina que las concesiones otorgadas a un país se hacen extensivas a aquellos terceros países que hayan acordado con anterioridad esta cláusula en otro acuerdo o tratado comercial. Es posible que en 1825 la interpretación legal que hicieron los negociadores viera la cláusula en términos de concesiones pero no en un plano de igualdad.

Por lo pronto, Poinsett quería evitar que se tomaran como modelo los principios que aparecían en el tratado con la Gran Bretaña, ya que los intereses estadounidenses eran "americanos y no lucrativos como eran los de las naciones europeas". Poinsett llegó a proponer a los mexicanos que "se aboliesen los distintos derechos que colocaban sobre el pie de igual favor a los ciudadanos de cada país en relación con todos los objetos del comercio y la navegación, en vez de extenderlos a los privilegios y exención de la Nación Más Favorecida, logrando con esto que el tratado entre México y los Estados Unidos no dependiera de un tercero" [Bosch, 1946b: 32].

Pese a las anteriores objeciones, la cláusula de la Nación Más Favorecida sí fue incluida en el tratado comercial durante la séptima conferencia de los plenipotenciarios, llevada a cabo el 17 de mayo de 1826. Cabe aclarar que en el Tratado de Amistad, Comercio y Navegación entre México y los Estados Unidos, firmado el 10 de julio de 1826 y enviado para su ratificación por el presidente y el Congreso de los Estados Unidos, no aparece ninguna mención a la cláusula de la Nación Más Favorecida; por el contrario, el Artículo 2 declara textualmente: "Deseando tomar por base de su convenio la más perfecta igualdad y reciprocidad, se comprometen mutuamente a no conceder privilegio alguno particular a otras naciones respecto a su comercio y navegación que no se haga inmediatamente común a la otra parte libremente, si la concesión hubiese sido condicional" [Bosch, 1946b: 342].

El tratado se dio por concluido en julio de 1826, después de que se acordó que en relación con las fronteras, estas se establecerían en un tratado solemne aparte y que se comprometían a sufragar los gastos del deslinde; más crucial fue la decisión que desde aquel momento se asentaba de que la actuación de las naciones de indios de la frontera no sería argumento de posesión de territorio [Nota de los comisionados mexicanos a Poinsett, *circa* 15 a 25 de junio, 1826].

El tratado comercial fue detenido en el Congreso de los Estados Unidos y devuelto a México para su corrección; las discusiones se renovaron en mayo de 1828, pero la aprobación en Estados Unidos se alargó más de lo esperado. Mientras tanto, la relación económica sufrió cierto deterioro debido a los reclamos comerciales de Poinsett, que en realidad sirvieron como una cortina de humo mientras conspiraba alrededor de los límites de la frontera y la situación de Texas. Finalmente, el tratado fue ratificado por Washington el 5 de abril de 1835, estipulando que al término de seis años se revisaría su contenido y que en esta versión tendría una duración límite de 12 años; un año después de su ratificación, Texas se separaría de México [Zea, 1982; Ibarra Bellon, 1998].

3.3. La continentalización *de facto*

Indudablemente, la etapa porfiriana (1876-1910) es el antecedente más sólido para describir los inicios de una formulación gubernamental en torno a una estrategia económica internacional que acercara a México con los Estados Unidos.

De 1870 a 1910, México vivió una etapa acelerada de desarrollo capitalista, en la cual la mayoría de las transformaciones económicas estuvieron íntimamente ligadas a su inserción a la economía internacional. Tanto el capital financiero como el comercial se hicieron presentes en México gracias a una estrategia bastante articulada por parte de Porfirio Díaz y sus colaboradores, la cual podría resumirse en: *1)* crear condiciones económicas favorables a la inversión extranjera; *2)* facilitar y estimular las exportaciones mexicanas, y *3)* asegurar a cualquier precio la estabilidad política de México [Ayala y Blanco, 1981].

La mayoría de la inversión extranjera siguió un patrón bastante similar al de Canadá en el mismo período, al destinarse enormes montos a la extracción minera, la construcción de ferrocarriles y la instalación de bancos; posteriormente, también se dirigió a la creación de plantas generadoras de energía eléctrica y a ciertas ramas de la industria manufacturera.

Durante este período, la estrategia económica se adecuó a las exigencias de la economía internacional y el comercio exterior se convirtió en el eje dinámico de la economía mexicana, mientras que el mercado interno crecía a su sombra. Entre 1877 y 1878 y entre 1910 y 1911, el valor de las exportaciones mexicanas creció de 32.5 millones a 281.1 millones, lo cual significó un incremento de alrededor de 864% [Ayala y Blanco, 1981: 17].

Dentro de este acelerado proceso de inserción en la economía internacional, la naturaleza de las exportaciones mexicanas estuvo de acuerdo con la demanda de las economías centrales y se requirió la construcción de una infraestructura que instaló puertos marítimos y creó sobre todo vías férreas y ferrocarriles. Estas vías se establecieron primero hacia el Golfo de México, lo cual revela las tendencias atlantistas, en especial británicas, de la política económica exterior mexicana; posteriormente, hacia el Pacífico y, por último, hacia la frontera norte.

De acuerdo con Ayala y Blanco, a partir de 1880 el comercio con los Estados Unidos desplazó al comercio con Inglaterra, hasta alcanzar en 1910-1911 el 76% de las exportaciones y 55% de las importaciones mexicanas.

El proceso de continentalización a la economía estadounidense no necesitó nuevos acuerdos comerciales por el momento; la propia dinámica y orientación que el gobierno de Porfirio Díaz imprimió a la política económica y en especial al comercio exterior lo condujo sin necesidad de ningún tratado comercial hacia Estados Unidos; por otra parte, el desenvolvimiento industrial de este país exigía la ampliación de su mercado interno y, por ende, de sus comunicaciones, en especial los ferrocarriles:

> Entraba necesariamente en el cálculo de los empresarios de los grandes sistemas de comunicación que se habían acercado a nuestras fronteras completarlos en México, que, desde el punto de vista de las comunicaciones, era considerado como una misma región con el suroeste de los Estados Unidos. El resultado financiero de este englobamiento de nuestro país en la inmensa red férrea estadounidense se confiaba a la esperanza de dominar industrialmente nuestros mercados. Esta ingente necesidad estadounidense se podía satisfacer de dos modos: bélica, declarando ingobernable e impacificable al país y penetrando en él en son de protección para realizar las miras de los ferrocarrileros; o pacífica, si se llegaba a adquirir la convicción de que existía en México un gobierno con quien tratar y contratar [Justo Sierra, 1948: 364, citado en Ayala y Blanco, 1981: 19].

Aunado a la construcción de los ferrocarriles, la supresión de las alcabalas en 1896[3] fue una medida que a la vez que suprimió los cotos fiscales regionales, coadyuvó al fortalecimiento de un Estado centralizador, que encontraría en el proteccionismo arancelario controlado desde el centro una importante fuente de recursos pecuniarios.

Durante la dictadura de Porfirio Díaz se apoyaron las actividades manufactureras por medio de aranceles aduanales y otras medidas proteccionistas. La industria mexicana contó con una protección arancelaria que iba de 50% a 200% del valor de las importaciones, y uno de los sectores más beneficiados fue el textil.

En los últimos años de la dictadura, capitales británicos y canadienses invirtieron en el sector eléctrico y proveyeron a la Ciudad de México de servicios públicos que abarcaron el alumbrado urbano, el telégrafo y los trolebuses, entre otros [Gutiérrez-Haces, 1994a].

En 1911, las inversiones de Estados Unidos en México representaban casi la mitad de la riqueza total del país, la cual se calculaba en 2.434 millones de dólares; de este monto, 1.058 millones de dólares lo constituía la inversión estadounidense [Dunn, 1927].

De acuerdo con un análisis publicado por Alfredo Navarrete (1958), todo el capital extranjero combinado poseía más que todos los mexicanos juntos. A pesar del conflicto suscitado por la Revolución Mexicana (1910-1920), la inversión extranjera directa continuó creciendo, la industria petrolera recibió un enorme impulso como consecuencia de la Primera Guerra Mundial (1914-1918), captando 200 millones de dólares de 1908 a 1924. Para 1929, la inversión extranjera creció a 2 214 millones de dólares, de los cuales 975 millones de dólares correspondían a los Estados Unidos, seguida de 201 millones de libras esterlinas de la Gran Bretaña.

En 1935, el capital extranjero controlaba 98% de las minas; 99% del petróleo; 79% de ferrocarriles y tranvías, y 100% de la energía eléctrica, entre otras actividades económicas.

La entrada de los Estados Unidos a la Segunda Guerra Mundial en 1941 cambió la correlación de fuerzas políticas y económicas entre ellos y sus dos vecinos cercanos; el proceso de continentalización, en vez de romperse debido al desplazamiento momentáneo de los intereses geopolíticos de Estados Unidos a Europa, se profundizó, haciéndose necesaria la firma de un acuerdo comercial por separado con cada uno de estos países. La guerra obligó a la economía estadounidense a trabajar a toda su capacidad, y para ello necesitó el respaldo de México y Canadá como proveedores de materias primas y bienes duraderos y semiduraderos.

El momentáneo distanciamiento político entre el gobierno mexicano y el de Estados Unidos, como consecuencia de la expropiación petrolera en 1938, fue arreglado con urgencia por medio de una declaración *ad hoc* formulada por el presidente de este país y conocida como la *Convención sobre Reclamaciones de 1941*. Este arreglo legal entre el gobierno de México y el capital extranjero formaba parte de un convenio más amplio que abarcó la estabilización del peso mexicano, por medio de un fondo de estabilización depositado en la Tesorería de los

Estados Unidos, por la cantidad de 40 millones de dólares, así como la negociación de un nuevo tratado comercial, la compra de plata mexicana y el otorgamiento de nuevos créditos por medio del Export-Import Bank de Estados Unidos [Navarrete, 1958].

3.4. El Tratado de Comercio entre México y Estados Unidos (1942-1950)

Desde la década de 1940 existió una voluntad política por parte del gobierno de los Estados Unidos por impulsar, sostener y compartir los proyectos de desarrollo económico de México y Canadá. El grado en que esta participación se manifestó en la práctica dependió obviamente de la decisión interna de estos países, pero en ninguno de los dos casos la presencia económica estadounidense se debilitó.

Por lo que respecta a México, resultaba imprescindible que la política de Industrialización Sustitutiva de Importaciones se consolidara; este propósito encaró muy tempranamente algunos problemas respecto de la relación estadounidense, en cuanto era impostergable decidir si se aceptaría su participación activa en la economía o se le limitaría relativamente.

Esta disyuntiva iba acompañada de ciertas consideraciones políticas que definitivamente influían en la polémica: permitir una participación económica más amplia resultaba peligroso en términos consensuales, ya que la presencia económica extranjera había sido objeto de una enorme manipulación gubernamental en años recientes. Al mismo tiempo, el gobierno mexicano no deseaba provocar un enfrentamiento con el sector privado ligado al proyecto de industrialización.

Además de estas consideraciones, existían ciertas realidades económicas insoslayables; la Segunda Guerra Mundial había acentuado la dependencia del mercado estadounidense y debilitado a su vez los lazos comerciales con Europa; el proceso de industrialización mexicano dependía de la importación de bienes intermedios y de capital, en gran medida provenientes de Estados Unidos. Al mismo tiempo, la estructura de la balanza comercial se había modificado, reflejando los intereses del mercado estadounidense, el cual acentuó el carácter agrícola de las exportaciones mexicanas, marcando con ello el futuro patrón de producción mexicano, el cual se industrializaba para el consumo interno y se abría agrícolamente hacia el Norte.

En términos económicos, los Estados Unidos plantearon desde la década de 1940 el estrechamiento de los lazos comerciales con otros países, por medio de acuerdos librecambistas; unido a esto, el gobierno estadounidense expresó claramente su disgusto por el estatismo económico que se perfilaba a través del proyecto de industrialización mexicana, e insistía en su participación en sectores clave de la economía, como el petrolero.

Las presiones por adoptar el libre comercio como directriz de la relación México-Estados Unidos adquirieron fuerza a partir de la década de 1940. Sería un error considerar que esto obedecía únicamente a la situación de guerra. Mientras que el Estado mexicano basaba sus principales preocupaciones en la urgencia por consolidar un proyecto de Industrialización Sustitutiva de Importaciones, Estados Unidos venía perfilando desde los años treinta una política económica exterior basada en la ampliación de mercados para sus productos:

> Nuestra tarea ahora no es descubrir o explotar riquezas naturales o producir necesariamente más mercadería. Es una tarea más sobria: la de administrar las fábricas y riqueza ya existentes; de restablecer mercados para nuestro exceso de producción, solucionar el problema del consumo insuficiente, ajustar la producción al consumo, distribuir más equitativamente la riqueza y los productos y adaptar las organizaciones económicas existentes a las necesidades del pueblo [F.D. Roosevelt, 1932, citado en Reyes Heroles, 1950: 50].

Durante los llamados *Cien días de Roosevelt*, iniciados en marzo de 1933, este convocó al Congreso de los Estados Unidos a un período extraordinario de sesiones con la finalidad de promulgar un conjunto de leyes, entre las cuales se emitió la *National Recovery Act,* cuyo principal objetivo era "remover los obstáculos para la libre circulación del comercio interno y externo" [Reyes Heroles, 1950: 58].

Un año después se publicó una ley adicional llamada *Ley de Convenios Recíprocos de Comercio*, que tenía el propósito de "ampliar los mercados extranjeros en favor de los productos norteamericanos". Estos convenios bilaterales contenían una cláusula de la Nación Más Favorecida, con vigencia de tres años y un límite de 50% en la reducción arancelaria. Según datos ofrecidos por José Attoloni (1950), el comercio exterior estadounidense se distribuía de la siguiente forma: 61.8% correspondía a los países que habían firmado convenios como el descrito anteriormente, 1.2% con países que estaban tramitando convenios similares, 1.5% con la URSS y 35% con países no ligados por convenios recíprocos.

El convenio de 1942 formaba parte del primer grupo y empezó a negociarse desde 1940; se firmó en el año citado y no se puso en vigor hasta enero de 1943.[4] Algunos aspectos contenidos en este convenio merecen mención: un primer elemento, que centró parte de la discusión, se refería al uso de impuestos aplicables a las importaciones, los aranceles y permisos previos, en relación con la política económica vigente.

Para algunos, el gobierno mexicano tenía la capacidad de disminuir o derogar el impuesto de 15% para ayudar a las exportaciones y subsidiar aquellos artículos que lo necesitaban, pero se consideraba que los impuestos obtenidos del desarrollo económico interno eran los que debían pagar los subsidios y no pretender subsidiar el proyecto de industrialización con los impuestos obtenidos del sector externo.

Otro aspecto por considerar era el carácter mismo de la negociación, que en opinión de muchos estaba demasiado centrado en las concesiones arancelarias y en los posibles montos de recaudación, resultado del comercio exterior.

Uno de los elementos que alimentó la discusión se centraba en el proyecto de industrialización que proponía el Estado mexicano; este fue parte nodal en las negociaciones de 1942 y también significó el primer obstáculo que se presentó en esta etapa, cuando la delegación mexicana rechazó el primer grupo de propuestas estadounidenses al constatar que la reducción arancelaria no protegía el desarrollo de la industria mexicana y afectaba el equilibrio de la balanza de pagos.

En este mismo orden de ideas, los negociadores mexicanos rechazaron la exigencia estadounidense de considerar que ambas economías se enfrentaban al cumplimiento del convenio en pie de igualdad económica, sin que Estados Unidos reflexionara sobre el enorme esfuerzo que para México implicaba este tipo de arreglo.

Una observación muy generalizada entre los negociadores mexicanos versó sobre el propio proceso de industrialización y la estrategia que se pretendía aplicar en el comercio exterior, aludiendo con ello al peligro que a mediano plazo significaría el reducirse a un solo mercado y a la casi nula diversificación en los productos de exportación. En general, la creencia entre la mayoría de quienes estaban a cargo de este proceso era que, pasada la conflagración bélica, México volvería a diversificarse en cuanto a mercados y productos, y solamente una minoría consideraba que el modelo por consolidar se centraba en un proyecto estrechamente ligado a la economía de Estados Unidos.

Por su parte, este país veía en el convenio la posibilidad de asegurar la venta de sus productos manufacturados en el mercado mexicano; no olvidemos que en esta época Estados Unidos tenía muy fresco el recuerdo de la crisis de sobreproducción de 1929, y el evitar un nuevo colapso económico hacía que contemplara al mercado mexicano como una válvula de escape natural.

También se tenía muy claro que, ante la carencia de determinadas materias primas y recursos naturales, era necesario asegurar su continuo abastecimiento, sobre todo en tiempos de guerra, por lo que existió una política muy clara al respecto que tuvo consecuencias inmediatas, no solo en México sino en Canadá. Baste decir que, años después, el gobierno de Estados Unidos formuló un inventario de los recursos naturales que consideraba indispensable para su economía (*Informe Paley*), y dentro de dicho repertorio México y Canadá poseían el mayor número de ellos; este hecho implicó que, con los años, estos países, en cuanto receptáculos de materias primas vitales, pasaran a ser considerados territorial y económicamente parte de la seguridad nacional de Estados Unidos [Gutiérrez-Haces, 1990a].

Por último, una de las grandes presiones que ejerció Estados Unidos en esta negociación se ubicó en el petróleo mexicano; varios países exportadores de petróleo buscaban colocar su producción petrolera en el mercado estadounidense, enfrentando el problema de que hasta esa fecha existían grandes restricciones, debido a que solo 5% del petróleo refinado de Estados Unidos entraba con una cuota arancelaria reducida en el mercado estadounidense: de esta cuota de 5%, Venezuela acaparaba 79.9%, en comparación con Colombia y otros países en los que se incluía a México, el cual solo participaba con 3.8 por ciento.

Aunado a esto, Estados Unidos insistió inicialmente en participar en la explotación petrolera en México, tratando de ocupar el vacío dejado por las compañías extranjeras después de 1938; estas gestiones no tuvieron éxito, pues en el ánimo de los negociadores prevalecía la opinión de que había que preservarse de negociaciones que pudieran frenar y obstaculizar la consolidación de las industrias existentes en México.

Si bien en materia de petróleo poca fue la ganancia inicial por parte de Estados Unidos, resulta interesante observar la insistencia con que se pedían garantías para la inversión estadounidense, haciendo para ello referencia a la cláusula de Tratamiento Nacional que lo protegía frente a la competencia de la inversión nacional mexicana.

El convenio fue firmado en diciembre de 1942, logrando con este la reducción o congelación del 50% sobre 203 fracciones arancelarias de la Tarifa General de Importación Mexicana, aplicadas a los productos más comerciados entre los dos países. Dentro de esta reducción, el sector manufacturero tuvo un espacio privilegiado, en especial los textiles, los artículos de confección, los aparatos domésticos, los productos agrícolas procesados y ciertos productos semiduraderos.[5]

Por su parte, México logró una mejor colocación comercial del petróleo, el plomo y zinc en el mercado estadounidense, todo ello de manera transitoria, pues con el término de la guerra cambiaron los intereses económicos de Estados Unidos y se abrieron nuevos mercados internacionales.

La negociación y firma del tratado de comercio debe ubicarse dentro del clima económico internacional generado por la segunda posguerra, en el que la formulación del GATT, la reunión que dio origen a la redacción de la Carta de La Habana (1947) y la Reunión de Chapultepec (1945) fueron instancias de enorme importancia, en las cuales se debatió sobre el futuro del comercio internacional bajo parámetros librecambistas y geopolíticos.

En todas estas reuniones, el gobierno mexicano dejó sentada su decisión de no aceptar el libre comercio como base de sus relaciones económicas bilaterales, aludiendo a la necesidad de proteger la industria mexicana. Sin duda, esta decisión marcó claramente los límites de la relación económica de México y Estados Unidos, y, a su vez, el rumbo tan opuesto que tomó el desarrollo económico de Canadá, país que en el mismo período negoció con Estados Unidos una mayor apertura de su sector manufacturero y extractivo.

Independientemente de estas consideraciones, con el transcurso del tiempo resultó evidente que si bien la industria mexicana había logrado un importante nivel de proteccionismo, la inversión extranjera directa, y más específicamente la estadounidense, había logrado sortear la urdidumbre legal mexicana y participar en la producción de determinadas manufacturas. Con el supuesto de que ciertos bienes manufacturados no estaban disponibles en México, la inversión estadounidense sacó ventaja del proteccionismo arancelario de México y se ubicó mediante la inversión directa dentro del espacio económico mexicano. De esta manera logró penetrar ciertas ramas, no solo del sector manufacturero, sino del comercio interno, iniciándose con esta estrategia la introducción de las compañías transnacionales en el país.

Durante esos años no existió una posición clara por parte del gobierno mexicano, como tampoco en Estados Unidos, para encarar la relación económica con algo más que el acuerdo comercial firmado en 1942. El proyecto de industrialización mexicana fue el punto central de discrepancia, en cuanto se consideraba que su éxito dependía en gran medida del proteccionismo que se estableciera en relación con las mercancías provenientes de Estados Unidos. Aunado a esto, la conducta empresarial, en ocasiones oportunista y descontenta con las posiciones del gobierno mexicano, ayudaba en poco a mejorar una relación bilateral que, por momentos, se perfilaba conflictiva.

El Acuerdo de Comercio de 1942 se dio por terminado oficialmente el 24 de junio de 1950, por mutuo acuerdo, en vista del deseo explícito de México de liberarse de este. La determinación se debió a circunstancias de diversa índole. En primer término, la relación con su contraparte en ocasiones había sido ríspida; por ejemplo, en 1943 el gobierno mexicano promulgó un decreto que establecía aumentos considerables a los impuestos aduanales de varios productos; tal medida molestó a Estados Unidos pese a que esta decisión no afectaba sus intereses económicos en México ni contravenía el contenido del acuerdo comercial; la protesta estadounidense finalmente logró revocar el decreto del gobierno mexicano. De acuerdo con Rafael Izquierdo (1975), a raíz de este hecho creció el rechazo mexicano a la negociación de acuerdos comerciales de carácter internacional; es un hecho que hasta la década de 1960 esta posición no se había podido revertir. Efectivamente, el acuerdo estadounidense de 1942 mermaba la soberanía del Estado y erosionaba su capacidad para dictar una política fiscal acorde con los intereses de la estrategia de desarrollo económico de México.

Un segundo hecho que coadyuvó a la cancelación del acuerdo fueron los acontecimientos ocurridos durante la Conferencia Interamericana sobre Problemas de la Guerra y la Paz, llevada a cabo en México en 1945, también conocida como la Conferencia de Chapultepec.[6]

Obviamente, la diferencia de opiniones acerca de la adopción del libre comercio suscitó un quiebre de importancia en la relación entre México y Estados Unidos, y, desde luego, erosionó el buen funcionamiento de su acuerdo comercial. Cabe señalar que el malestar en el lado mexicano era compartido por el gobierno y por gran número de empresarios mexicanos. Finalmente en 1948, el gobierno mexicano inició una revisión del acuerdo comercial, la cual profundizó los malos entendidos; ante el estancamiento de las negociaciones, el gobierno estadounidense alegó una compensación, pero la contraparte mexicana solicitó dar por terminado el arreglo, que finalmente fue anulado, como ya lo mencionamos, en 1950.

3.5. El desarrollo estabilizador como cimiento del primer intento de liberalización comercial en México

Pese a que Estados Unidos aprovechó ampliamente la situación interna generada por el proteccionismo mexicano, la animadversión de los inversionistas extranjeros fue una constante en la relación entre los dos países; los estadounidenses siempre observaron con cierta desconfianza cualquier alusión de contenido nacionalista proveniente del gobierno mexicano.

Esta situación se limó relativamente años después, durante los gobiernos de Manuel Ávila Camacho (1940-1946) y de Miguel Alemán (1946-1952), quienes se ocuparon de neutralizar la política introducida por el presidente Lázaro Cárdenas (1934-1940), rectificando las medidas tomadas en el pasado en cuanto a reparto de tierras y cuestiones sindicales, entre otros aspectos.

A partir de 1950, la política de comercio exterior del gobierno mexicano se reforzó, considerando que una parte importante del ingreso nacional del país se gastaba y se derivaba justamente de las actividades resultantes del comercio exterior. A partir de 1952, se empezó a hablar oficialmente de la formulación de una política económica internacional que se vinculara directamente al desarrollo económico de México.

Dentro de este enfoque, la relación con Estados Unidos se consideraba un elemento central en la balanza de pagos, ya que 90% de los ingresos de México por concepto de turismo, así como la totalidad de las remesas de trabajadores mexicanos en el extranjero y la mayor parte del capital que ingresaba al país en la forma de inversión privada, así como las remesas institucionales o empréstitos oficiales, se originaban en Estados Unidos.

Un aspecto de interés era la situación que privaba en la balanza comercial de México, la cual en 1951 arrojaba un déficit comercial importante como consecuencia de una política deliberada del gobierno mexicano que fomentaba la importación de bienes de capital y materias primas necesarias para el proceso de Industrialización Sustitutiva de Importaciones.

Esta estrategia se apoyó en el empleo de las reservas acumuladas que fueron obtenidas gracias a la coyuntura económica provocada por la Guerra de Corea (1950-1952); con esta política, el gobierno mexicano se propuso evitar repetir la situación que había acaecido al final de la Segunda Guerra Mundial, cuando las reservas, por causa de las restricciones mundiales a las exportaciones, sobre todo de Estados Unidos, no pudieron utilizarse para importar [Banco Nacional de Comercio Exterior, 1953].[7]

La política de promoción del comercio exterior, durante estos años, concebía un régimen impositivo que consideraba que los impuestos generados por esta actividad debían tener un propósito regulador y no necesariamente servir para una política proteccionista con fines exclusivamente fiscales.

Dentro del total de los impuestos recaudados por la Federación, el gravamen sobre el comercio exterior en México había descendido desde inicios de los años cincuenta; así, en 1951, el total de los impuestos a las importaciones y exportaciones representaba 30.4% del total captado por la Federación; mientras que en 1952 este porcentaje había disminuido a 23.7 por ciento.

El proteccionismo implantado por el Estado mexicano tuvo un cambio de timón con la derogación hecha en 1957, que determinó proteger a todo inversionista que aceptara producir en México, siguiendo determinadas reglas. En esas circunstancias, la inversión extranjera directa se convirtió en un elemento de importancia en el proyecto de sustitución de importaciones, en especial en lo relacionado con la producción de bienes intermedios y de consumo duradero.

Entre 1954 y 1960, el Estado mexicano consideró positiva la inversión extranjera y evitó, hasta cierto punto, imponer una reglamentación que a la larga la obstaculizaría; así, en 1955, el propio gobierno declaraba: "Los capitales extranjeros son un grupo que debe compartir la responsabilidad de lograr el desarrollo económico del país" [Ortiz Mena, 2000: 46].

La atracción de la inversión extranjera implicó no recurrir a devaluaciones monetarias, sostener la libertad cambiaria, ofrecer incentivos fiscales no exclusivos a los inversionistas mexicanos y aplicar un control moderado, como fue desde 1952 hasta 1958.

Al parecer, si la inversión estadounidense estaba relativamente poco restringida y el Estado mexicano llevaba a cabo una política de apoyo a esta, sería fácil concluir que la relación México-Estados Unidos, por lo menos hasta 1960, se conducía en términos cordiales. Sin embargo, esa relación conoció sus limitaciones a partir del momento en que la migración temporal de trabajadores mexicanos a Estados Unidos se incrementó, siendo necesario reglamentarla a partir de 1942.

Durante las gestiones del presidente Adolfo López Mateos (1958-1964) y del presidente Gustavo Díaz Ordaz (1964-1970), el desarrollo económico de México gozó de elevadas tasas de crecimiento económico y de una estabilidad económica considerable. Este período, conocido en la historia económica de México como *el desarrollo estabilizador*, dio enorme importancia a los logros macroeconómicos, en especial los relacionados con la balanza de pagos, los préstamos de la banca privada internacional y las relaciones con instituciones financieras internacionales como el Fondo Monetario Internacional.

El crecimiento económico que se logró durante los años del desarrollo estabilizador fue el más alto que México ha obtenido durante 12 años consecutivos en el siglo XX; estos prácticamente abarcaron la gestión presidencial de los dos mandatarios mencionados.

En las *Memorias* escritas por Antonio Ortiz Mena, responsable de las finanzas públicas de México entre 1958 y 1970 y en gran medida artífice

Cuadro 3-6

**Crecimiento económico e inflación
en los sexenios presidenciales, 1935-1994**

Período	Presidente	Crecimiento PIB real anual promedio*	Inflación anual promedio
1935-1940	Lázaro Cárdenas	4.52%	5.52%
1941-1946	Manuel Ávila Camacho	6.15%	14.56%
1947-1952	Miguel Alemán Valdez	5.78%	9.86%
1953-1958	Adolfo Ruiz Cortínez	6.42%	5.80%
1959-1964	Adolfo López Mateos	6.73%	2.28%
1965-1970	Gustavo Díaz Ordaz	6.84%	2.76%
1971-1976	Luis Echeverría Álvarez	6.17%	12.83%
1977-1982	José López Portillo	6.10%	29.64%
1983-1988	Miguel de la Madrid	0.34%	92.88%
1989-1994	Carlos Salinas de Gortari	3.92%	15.91%

*Hasta 1970, el PIB estaba calculado en pesos constantes de 1960; de 1970 a 1982, en pesos constantes de 1970, y de 1982 a 1994, en pesos constantes de 1993.

Fuentes: INEGI, *Estadísticas Históricas de México*, tomo II, México [1994: 34], y Ortiz Mena [2000: 50].

de la política económica aplicada durante estos sexenios, el autor afirma que el crecimiento promedio anual del Producto Interno Bruto (PIB) durante este período fue de 6.8%, y el crecimiento promedio anual del PIB per cápita fue de 4%. He aquí los resultados comparativos a largo plazo, hasta el tiempo actual.

Paradójicamente, pese al notable incremento poblacional que México experimentó durante aquellos años, el país tuvo un crecimiento económico muy significativo en el producto por habitante, a tal grado que la desigualdad en el ingreso no se contempló oficialmente como un problema mayor durante el desarrollo estabilizador.

Esta situación, como tendremos oportunidad de analizar más adelante, tocó a su fin a inicios de 1971, durante la gestión del presidente Luis Echeverría Álvarez, quien enfrentó en su mandato una creciente desigualdad en la distribución del ingreso per cápita y un aumento considerable de la inflación; de estos dos aspectos, la desigualdad en el ingreso indudablemente es lo que no se ha podido superar en la actualidad.

Durante el desarrollo estabilizador, el acelerado crecimiento económico de México tan solo fue superado por Japón, Singapur y Corea, y estuvo muy por encima del que alcanzaron países como Estados Unidos, Canadá, Alemania, Francia, Brasil y Chile en el mismo período. En términos absolutos, durante esta etapa el PIB de México fue superior al de Brasil y se convirtió en el más alto de América Latina [Ortiz Mena, 2000: 50].

La evolución de la inflación en México durante el desarrollo estabilizador fue reducida, aun si se compara con la de países desarrollados. El crecimiento del índice de precios se mantuvo en línea con el de Estados Unidos. Entre 1958 y 1970, el crecimiento de los precios en ambos países fue prácticamente el mismo y la inflación acumulada en México durante este período fue de 34.5%, mientras que en los Estados Unidos fue de 34.3% [Ortiz Mena, 2000: 53].

Los intercambios internacionales, la estabilidad y el crecimiento interno permitieron también su mejora, como lo muestra el cuadro a continuación para 1958.

Cuadro 3-7

**Exportaciones de México por grupos
principales de productos en 1958**

Grupos y productos	Millones de dólares	Porcentaje
Agricultura y ganadería	377.5	53.24
Algodón	193.8	27.33
Café	79.2	11.17
Tomate	22.7	3.20
Ganado y carne	53.6	7.56
Otros	28.2	3.98
Pesca	33.9	4.78
Minerales	159.0	22.42
Plomo	35.1	4.95
Azufre	23.2	3.27
Zinc	19.9	2.81
Cobre	29.9	4.22
Petróleo y gas natural	29.4	4.15
Otros	21.5	3.03
Bienes manufacturados	82.2	11.59
Azúcar	17.1	2.41
Otros comestibles	13.3	1.88
Henequén	18.3	2.58
Otros textiles	8.4	1.18
Químicos	15.1	2.13
Otras manufacturas	10.1	1.42
Otras exportaciones	56.5	7.97
Exportaciones totales	709.1	100.0

Fuente: Prospecto de colocación de bonos de México en el exterior [1963: 122].

Durante este período, tanto la composición de la estructura social como de la económica cambiaron sustancialmente; el fenómeno más espectacular fue el fuerte proceso de industrialización, mientras que el sector agropecuario redujo por primera ocasión su participación en el total de la producción nacional, de 17.4% en 1958 a 11.6% en

1970. El rubro más dinámico de la producción fue el manufacturero, que incrementó su participación en el producto total en 5.2% para llegar a representar 23.3% del PIB en 1970. Por su parte, el comercio, la electricidad, la construcción y la minería aumentaron ligeramente su participación en el PIB, mientras que el transporte, la comunicación y los servicios, la redujeron [Ortiz Mena, 2000: 54].

Esta tendencia estuvo acompañada de un cambio igualmente importante en la estructura poblacional del país. Entre 1960 y 1970, la población rural redujo su participación en el total, siendo esta de 49% a 42 por ciento.

El comportamiento favorable en la productividad laboral se reflejó en los salarios reales; el salario mínimo real se incrementó a una tasa media anual de 6% entre 1959 y 1970, mientras que los salarios reales industriales se incrementaron en 3.5% anual en promedio [Ortiz Mena, 2000: 56].

En cuanto al financiamiento del crecimiento, la política económica tuvo como objetivo no utilizar fuentes inflacionarias; para ello, el déficit del sector público se mantuvo en niveles reducidos y se promovió el ahorro voluntario. El déficit del gobierno federal representó un promedio de 1.3% del PIB entre 1958 y 1970, y el déficit total del sector público fue de 2.6% del PIB en promedio durante el período analizado.

En el aspecto financiero internacional, resulta interesante destacar que entre 1975 y 1970 el FMI utilizó el peso mexicano como parte de la canasta de divisas para apoyar las monedas de países con problemas macroeconómicos. De la misma manera, fue notable que en 1968 los Estados Unidos dispusieron de los recursos previstos en los acuerdos financieros bilaterales firmados con México con el objetivo de apoyar el dólar americano [Ortiz Mena, 2000: 57].

Durante los años del desarrollo estabilizador, la política económica se aplicó en un entorno internacional especialmente complejo debido a las presiones políticas, económicas y, en ocasiones, militares provocadas por la Guerra Fría. Debido a su vecindad con Estados Unidos, México debió conducir con profunda cautela su política económica, pero también su política internacional, para evitar convertirse en instrumento de alguna de las potencias mundiales.

Durante el gobierno de los presidentes López Mateos y Díaz Ordaz, México reafirmó los principios históricos de su política exterior y llevó a la práctica una política económica internacional, que en gran medida consistió en una intensa relación con los principales centros financieros del mundo; en este sentido, resulta notable cómo estos dos presidentes optaron por una estrategia muy conservadora, de evidente acercamiento con instituciones financieras internacionales por considerar que esto garantizaría un mayor ingreso de inversión directa y de portafolio al país.

En términos comparativos, podríamos afirmar que en especial durante la presidencia de Miguel Alemán (1946-1952) la inversión estadounidense tuvo una enorme presencia en México, y que en los sexenios correspondientes al desarrollo estabilizador la tónica fue seguir alentando dicha tendencia y consolidar las relaciones con las finanzas internacionales; *grosso modo*, podría decirse que poco a poco la inversión extranjera fue aceptándose como un elemento importante en el desarrollo económico del país.

A principios de 1960, el gobierno del presidente Einsenhower creó un fondo de 500 millones de dólares para promover el progreso social en la región latinoamericana, el cual se destinaría a financiar programas de salud, educación y reforma agraria. Este mismo gobierno promovió la creación del Banco Interamericano de Desarrollo (BID); con estas dos medidas se dio inicio a una estrategia, implementada por el gobierno de los Estados Unidos, para contrarrestar los posibles avances del comunismo en México y América Latina. Estas iniciativas no eran más que el reflejo de una corriente de opinión, por cierto de gran aceptación en los medios políticos estadounidenses, de que la falta de crecimiento económico no era un buen asunto para los intereses políticos y económicos de este país.

En la campaña presidencial de 1960, el futuro presidente Kennedy destacó la necesidad de una política exterior más activa. Congruente con esta opinión lanzó el proyecto de una política integral hacia la región, cuyo eje fue la Alianza para el Progreso (Alpro), programa diseñado a petición del mismo Kennedy por investigadores de la Universidad de Harvard y del Instituto Tecnológico de Massachussets [Ortiz Mena, 2000: 70].

El programa fue dado a conocer en una reunión cumbre en Punta del Este, Uruguay, en agosto de 1961, y contemplaba los siguientes puntos:

1. Lograr un crecimiento económico en los países de la región que representara un incremento del PIB per cápita de por lo menos 2.5% anual.
2. Realizar una reforma social con acento especial en la estructura de tenencia de la tierra.
3. Diversificar y aumentar las exportaciones.
4. Impulsar la educación y eliminar el analfabetismo.
5. Lograr la estabilidad de precios para evitar inflación y deflación.
6. Reformar la estructura de los impuestos para favorecer a los grupos de menores ingresos.
7. Elaborar planes integrales de planeación del desarrollo.

La Alpro indudablemente fue el primer acercamiento integral entre el gobierno del presidente Kennedy y los gobiernos latinoamericanos, y, en cierto sentido, significó una respuesta alternativa a la ausencia de un Plan Marshall para la región y el intento de producir un antídoto al avance del comunismo en la región. Pero si avanzamos un poco más en nuestro análisis, es evidente que la Alpro también implicó el primer intento de establecer una serie de políticas que a mediano plazo daría más homogeneidad económica a Latinoamérica, sobre todo si se toma en cuenta que la mayoría de estos países llevaban a cabo políticas económicas que no agradaban totalmente a Estados Unidos.

Para entender las reacciones provocadas por este proyecto debemos tener en cuenta que estos países no formaban parte del GATT y mucho menos practicaban el libre comercio; sus gobiernos estaban aplicando estrategias económicas proteccionistas para apoyar la Industrialización Sustitutiva de Importaciones y recientemente habían suscrito acuerdos de integración comercial regional, como el Mercado Común Centro Americano y la Asociación Latinoamericana de Libre Comercio (ALALC) en 1960.

La dificultad para aplicar los principios en la región no fue la misma en todos los países. En el caso de México, muchas de las propuestas de la Alpro coincidían plenamente con los principios de la Revolución Mexicana, como la reforma agraria, el combate al analfabetismo y las reformas fiscales orientadas a una mejor distribución del ingreso, y en gran medida venían aplicándose por los gobiernos desde los años veinte. Pero la mayoría de los regímenes dictatoriales de la región, militares o civiles se encontraba en franca oposición a la realización de reformas agrarias o fiscales.

La Alpro produjo reacciones muy encontradas: por una parte, la derrama económica era un argumento nada despreciable para aceptar el programa, pero, por otra, la disciplina integral que imponía la Alpro levantó enormes suspicacias en la región.

En los hechos, la Alpro significó una importante transferencia de recursos a la región; el programa estableció que podía ponerse a disposición de los países latinoamericanos un monto de 20 000 millones de dólares, a razón de 2 000 millones anuales durante diez años, así como proporcionar apoyo formal de asistencia técnica a los países.

México obtuvo considerables ventajas económicas y políticas de la Alpro; el gobierno mexicano logró un buen acercamiento con su vecino pese que al mismo tiempo tuvo que enfrentar un asunto tan delicado como el del apoyo que decidió dar a Cuba y a la Revolución cubana.[8] De acuerdo con funcionarios mexicanos, el entorno de la Guerra Fría implicó importantes retos para el gobierno mexicano, el cual tuvo que desarrollar una sólida política de gobierno para preservar la soberanía del país. Con respecto a los Estados Unidos, se consideraba que el reto consistía en evitar su injerencia en las decisiones sobre asuntos cuya resolución correspondía al gobierno mexicano, a la vez que era necesario aprovechar las ventajas que ofrecía la vecindad con la economía más grande del mundo[9] [Ortiz Mena, 2000: 74].

En 1959, en la carta que el gobierno mexicano envió al FMI como parte de su plan económico, se menciona la realización de una reforma tributaria global. Con la expedición de la nueva Ley de Secretarías, en 1958, se establecieron las bases para fomentar los programas de planeación del desarrollo. Asimismo, el gobierno de López Mateos se había propuesto continuar con la reforma agraria y dar un mayor impulso al combate contra el analfabetismo.

Todas estas medidas guardaban una importante similitud con lo propuesto por la Alpro, por lo que el gobierno del presidente López Mateos no tuvo que hacer grandes cambios para convertirse en sujeto del financiamiento; por otra parte, estos aspectos eran considerados motivo de orgullo para el gobierno mexicano, el que afirmaba que de todos los países latinoamericanos, México era el único que cumplía con todos los requisitos impuestos por la Alpro.

Aunque los siguientes aspectos no son el objetivo central de este capítulo, es imposible dejar de mencionar que a pesar del saldo económico positivo de este período, durante 1958 y 1959 el gobierno mexicano fue objeto de un importante intento de desestabilización encabezado por el Partido Comunista Mexicano; durante el primer año hubo 740 huelgas, número muy superior a las 150 en promedio que habían estallado durante los cinco años anteriores. Todos estos movimientos generaron una situación social muy polarizada que influyó en la toma de importantes decisiones del nuevo gobierno, encabezado por López Mateos.[10]

En este sentido, una de las mayores preocupaciones del gobierno fue reforzar la estrategia de estabilidad macroeconómica, por considerarse que una de las metas de los grupos que protestaban era conseguir una devaluación que provocara el descontento generalizado entre la población y debilitar al gobierno.

El gobierno de López Mateos cuidó exageradamente la imagen política del país, y aunque tenía interés en darle continuidad al nacionalismo económico, tuvo buen cuidado de evitar en sus discursos y en los hechos que estas fueran interpretadas como socialistas. En materia de política económica, durante el desarrollo estabilizador se trató de llevar a cabo acciones importantes con extremo cuidado para evitar dar señales equivocadas a la comunidad internacional, ese fue el caso de la nacionalización de la industria eléctrica en 1960.

El reto al llevar a cabo tal medida fue presentarla como una acción exclusivamente de carácter técnico, necesaria para el adecuado desarrollo del sector eléctrico en México; durante el proceso se tuvo cuidado de establecer que no se trataba de una acción inspirada en la xenofobia.

Parte de los cambios que modificaron el carácter de las relaciones México-Estados Unidos se suscitó a partir de esta nacionalización, ya que pese a que se adquirieron dos compañías, la American Foreign Power y la Mexican Light and Power Co,[11] generadoras y distribuidoras de energía eléctrica en México, se decidió manejar tal medida bajo un tono menos nacionalista que el otorgado a la expropiación petrolera en 1938.

La situación internacional se complicó en 1961 para el gobierno mexicano con el inicio de la Revolución cubana, ya que hubo que mostrar a la comunidad internacional y a los grupos empresariales que la posición del gobierno mexicano respondía legítimamente a una convicción histórica, así como a la determinación de no sentar un precedente que pudiera justificar la intervención de alguna potencia extranjera.

Para reducir el impacto recurrente de las crisis económicas de Estados Unidos, México buscó entre los países europeos que habían sido el objeto de las giras presidenciales aquellos con los que pudiera estrechar sus relaciones económicas y comerciales. Así fue como se decidió emprender un acercamiento con Francia, principalmente por dos razones: la primera fue que la estrategia llevada a cabo por el general De Gaulle, en el sentido de establecer una mayor autonomía respecto de los Estados Unidos, parecía enormemente atractiva para un país como México, tan condicionado por su vecindad; segundo, existía la posibilidad de que México negociara con Francia el otorgamiento de un financiamiento en condiciones más favorables que las establecidas en el acuerdo de Berna de 1962.

En 1962, el entonces ministro de Economía de Francia, Valery Giscard d'Estaing, realizó una visita a México, durante la cual se iniciaron las negociaciones para un crédito que combinaría recursos de bancos privados franceses y el principal banco de fomento francés. Las condiciones en su conjunto fueron tales que se logró un mayor plazo que el contemplado por el Acuerdo de Berna, al tiempo que se permitió a México utilizar parte de los recursos en la compra de bienes nacionales; este crédito se utilizó para financiar la construcción de varios ingenios azucareros y, años después, esta línea de crédito fue utilizada también para la construcción del Metro de la Ciudad de México [Ortiz Mena, 2000: 79].

Posteriormente al período analizado, hubo momentos en que el gobierno mexicano consideró las ventajas de negociar un nuevo acuerdo comercial con Estados Unidos, o de cambiar parcialmente el rumbo de su política económica interna, pero concretamente no fue hasta 1960 cuando México decidió alejarse de manera sustancial de su aislacionismo en política al unirse a Brasil, Argentina, Uruguay, Perú, Ecuador, Colombia, Chile y Paraguay bajo la Asociación Latinoamericana de Libre Comercio (ALALC).

Esta determinación por supuesto que afianzó sus relaciones comerciales con los países latinoamericanos mencionados, pero en términos reales no significó un verdadero menoscabo en la relación económica con Estados Unidos, dado que por encima de los altibajos de la relación de gobierno a gobierno ya existía un creciente flujo de inversión directa estadounidense que había logrado posicionarse en México e inclinar hacia sus propios intereses tanto el nacionalismo como el proteccionismo mexicanos.

Un gran número de empresas americanas había decidido producir *in situ* para el mercado interno mexicano, aprovechando justamente la casi nula competencia extranjera que existía en el país, y la existencia de un mercado cautivo de consumidores. Esta estrategia ya había sido probada con bastante éxito en las plantas subsidiarias en Canadá (*branch plant*), como se mencionó anteriormente.

Con la Política Nacional establecida en Canadá y la Política de Industrialización Sustitutiva de Importaciones en México, el proceso de continentalización de Estados Unidos estaba funcionando desde adentro aprovechando justamente las medidas proteccionistas que en su momento fueron establecidas para proteger la incipiente planta manufacturera de las exportaciones estadounidenses [Gutiérrez-Haces, 2000].

Con López Mateos en la presidencia (1958-1964), el Estado mexicano utilizó su política económica exterior como elemento de legitimación y rearticulación social en torno al proyecto político y económico vigente; no hay que olvidar que los múltiples viajes del presidente sirvieron también para darle una mayor visibilidad al país y, esencialmente, al Partido Revolucionario Institucional (PRI). Al mismo tiempo, significaron uno de los primeros intentos para reducir el excesivo bilateralismo de la relación México-Estados Unidos, con base en la apertura de nuevos mercados para México.

3.6. El tercermundismo de Estado como antídoto a la continentalización

En los años setenta la diplomacia en México adquiere un evidente sesgo económico, sin abandonar los principios rectores que tradicionalmente caracterizaron a la política exterior mexicana. Este rasgo, con el devenir de los años, se convirtió en una pieza clave en la gestión de todos los gobiernos bajo la tutela del PRI hasta el año 2000. De acuerdo con Carlos Rico, la política exterior y el énfasis en las vinculaciones internacionales del país encontraron un lugar privilegiado prácticamente en todas las opciones de política económica que fueron consideradas desde inicios de los años setenta [Rico, 2000: 15].

Con el triunfo del Partido Acción Nacional (PAN) con Vicente Fox en 2000 y de Felipe Calderón en 2006, el carácter económico del gobierno mexicano ha fortalecido las relaciones internacionales, siguiendo la línea trazada durante los últimos treinta años, y es especialmente visible en las políticas de liberalización de la inversión extranjera y el comercio en el ámbito internacional.

En este sentido debemos enfatizar el hecho de que los aspectos de carácter económico, como parte de los objetivos de la política exterior en México, aparecen sin interrupción ni grandes cambios; el quehacer diplomático de México está por encima del origen partidario de sus presidentes.

A partir de la gestión de Luis Echeverría Álvarez (1970-1976), todos los gobiernos que le sucedieron confirieron un peso enorme a toda actividad diplomática que persiguiera un objetivo económico. Durante el sexenio de Echeverría, el aislacionismo diplomático, como una característica propia de la política exterior mexicana, fue seriamente cuestionado tanto por el propio gobierno como por diversos grupos pertenecientes al sector empresarial.[12] Junto con esta crítica se formularon otros cuestionamientos, los cuales consideraban que el énfasis otorgado en el pasado a las relaciones bilaterales con Estados Unidos había sido excesivo y en detrimento de los contactos diplomáticos con otros países. A partir de este planteamiento, se consideró que nuestra pasividad internacional había sido un error y que esta había terminado por afectar al propio proceso de desarrollo económico del país. Los cuadros 3-1 y 3-2 muestran gráficamente los escasos convenios comerciales que México había firmado antes de 1986, fecha en la que se formalizó su adhesión al GATT.

En este sentido, la política exterior mexicana sufrió una transformación sensible durante el sexenio de Echeverría; las temáticas económicas ocuparon un lugar central dentro de la agenda diplomática del presidente mexicano, de la misma manera que durante el mismo período la política exterior de Canadá, con Pierre Elliot Trudeau, optó por dar un sesgo bastante económico a sus actividades diplomáticas.

Ambos gobernantes estaban convencidos de que el aislamiento internacional y la extrema dependencia de un socio comercial único era extremadamente negativo para el futuro de ambos países, y que prolongar esa situación no hacía más que profundizar el avance de la continentalización en los dos países.

Sin embargo, fue el presidente Echeverría quien demostró por medio de un activismo diplomático inusitado para México, pero también para Estados Unidos, que era necesario cambiar las reglas del juego en el ámbito internacional para el conjunto de los países con menor desarrollo económico. Acorde con esta tesitura, Echeverría declaró en 1974:

El aislacionismo es hoy, más que nunca, una doctrina impracticable. El progreso de cada pueblo depende cada vez en mayor medida de la forma como establezca relaciones complementarias con los demás. Debemos cobrar mayor conciencia de que nuestro destino está ligado a las transformaciones que ocurren más allá de nuestras fronteras. Abstenernos de participar en ellas significaría transferir al exterior la posibilidad de determinar el futuro de la nación y comprometer los perfiles de su identidad. Equivaldría, también, a desplazar el ejercicio de la soberanía a centros de poder ajenos al país. Es por ello necesario multiplicar contactos con el exterior, hacer de la diplomacia un medio más apto para la defensa de nuestros principios e intereses y salir al mundo para enfrentar los problemas que nos afectan [Secretaría de la Presidencia, 1976: 193].

Pese al interés manifestado por el gobierno de Echeverría de romper con el excesivo bilateralismo que caracterizaba a las relaciones con Estados Unidos por medio de acciones diplomáticas mucho más dinámicas e intensas, los logros políticos en materia internacional no fueron en muchas ocasiones sino espectaculares pronunciamientos públicos, debido básicamente a que en aquel momento México carecía de una base internacional de poder político y económico tan sólida como para realizar un viraje de envergadura que lo encaminara a disminuir el peso económico de dicha relación, como sí lo fue durante el sexenio del presidente José López Portillo, cuando México empezó a ser considerado una potencia media, gracias al auge petrolero [Rico, 2000].

El período del presidente Echeverría se caracterizó no solo por la multiplicidad de pronunciamientos e iniciativas tendientes a la reestructuración de la política gubernamental en materia diplomática, sino por el énfasis que se dio a la reestructuración de todos aquellos aspectos económicos vinculados al comercio exterior. Una de sus primeras acciones en este sentido fue la creación del Instituto Mexicano de Comercio Exterior (IMCE), por medio de la promulgación de un decreto publicado en el *Diario Oficial. Órgano del Gobierno Constitucional de los Estados Unidos Mexicanos*, el 31 de diciembre de 1970, a escasos treinta días de la toma de posesión por parte de Echeverría. Este decreto reflejaba con claridad el inmenso interés del jefe del Ejecutivo en echar a andar una reforma económica interna que principalmente buscaba hacer cambios de importancia en la política de Industrialización Sustitutiva de Importaciones (ISI) vigente, y, por ende, en la estructura de protección arancelaria. El presidente Echeverría también instrumentó políticas específicas para incentivar la exportación de manufacturas mexicanas que fueran producidas con un considerable valor agregado nacional; con esta medida, Echeverría buscaba reforzar a muy corto plazo el mercado interno, situación muy distinta de lo que ocurre en la actualidad como una consecuencia de la aplicación del TLCAN.

Cuadro 3-8

**México: Incentivos fiscales al comercio
exterior, 1970-1976
(porcentajes)**

	1970	1971	1972	1973	1974	1975	1976
Valor total (millones de dólares)	225.7	211.3	287.3	292.8	451.7	451.8	406.0
Total	100.0	100.0	100.0	100.0	100.0	100.0	100.0
Impuestos al comercio exterior	100.0	95.7	87.6	70.0	69.3	67.6	55.2
Apoyo al comercio exterior	0.0	4.3	12.4	29.7	30.7	32.4	44.8
Otros	0.0	0.0	0.0	0.0	0.0	0.0	0.0

Fuente: Flores Quiroga, *Proteccionismo versus librecambio: La economía política de la protección comercial en México* [1998: 145].

Con esta estrategia, Echeverría se propuso hacer cambios en el modelo de desarrollo económico vigente, y para ello buscó un respaldo en el exterior, a través de una intensa actividad internacional que se proponía básicamente dar a México una mayor visibilidad en el espacio económico internacional.

Es un hecho que las modificaciones que se introdujeron en el modelo de desarrollo económico representaron el primer espacio en el que se expresarían las nuevas realidades que condicionaron a la diplomacia mexicana a lo largo de los siguientes veinte años [Rico, 2000: 22].

Un primer acercamiento a los hechos anteriores podría llevarnos a concluir que durante la gestión del presidente Echeverría hubo un exceso de cambios institucionales que, en realidad, en muchos casos, al cabo de seis años demostraron haber dejado escasos resultados; por el contrario, si se profundiza en las causas de esta celeridad, aparecen varios aspectos de interés para los propósitos de este capítulo.

En primer término, debe considerarse que Luis Echeverría heredó una estructura burocrática terriblemente anquilosada que creció cobijada por la inercia del proyecto de Industrialización Sustitutiva de Importaciones y las secuelas de la nacionalización del petróleo, la electricidad y los ferrocarriles, entre otros. Los sindicatos gozaban de una enorme fuerza debido a su connivencia con el PRI, y gran parte de la clase empresarial creció y se enriqueció debido al largo período de proteccionismo económico vinculado al proyecto de ISI.

Ante este panorama, las posibilidades de un cambio que partiera directamente de la iniciativa presidencial resultaban complejas, debido a la situación de privilegios que prevalecía en el seno de la burocracia y del sindicalismo oficial, los cuales obviamente respaldaban al partido en el poder (durante estos años se acuñó la frase: "Vivir fuera del presupuesto es un error).

El sinnúmero de iniciativas que dieron origen a nuevos decretos y leyes, así como a la creación de instituciones, direcciones, departamentos y oficinas relacionados con la economía y el comercio exterior durante la presidencia de Luis Echeverría deben ser interpretados como parte de un proceso que buscaba canalizar dentro de una nueva institucionalidad las exigencias de una visión renovada del comercio exterior.

Echeverría logró, en pocos años, establecer una estructura burocrática paralela más acorde con sus objetivos de renovación institucional; estructura que encargó a un grupo de funcionarios más "modernos" y tecnócratas que los que tradicionalmente habían emergido del PRI.

Este mandatario intentó introducir cambios económicos sustanciales en México, pero sus propias bases políticas lo obstaculizaron en los hechos; internamente se permitió que el presidente recurriera de forma reiterada a los pronunciamientos internacionales de corte progresista como una suerte de válvula de escape para sus propósitos de cambio, pero en la práctica sus iniciativas tuvieron un difícil aterrizaje sobre los grupos políticos y empresariales cobijados por la ISI.

En un primer momento, una de las preocupaciones iniciales del presidente Echeverría fue la constatación de que el modelo de desarrollo económico basado en la Industrialización Sustitutiva de Importaciones manifestaba claros signos de agotamiento y que esta situación tarde o temprano afectaría el poder de la clase gobernante y del PRI. Desde luego, tenía presente que la falta de una distribución equitativa del ingreso sin duda era una bomba de tiempo, pero el presidente consideró que los cambios introducidos resolverían automáticamente la inequidad del ingreso.

Desde un principio, el desafío económico y político del nuevo gobierno fue más allá del machacado discurso sobre el excesivo peso económico de los Estados Unidos en el comercio exterior de México. El principal cuestionamiento se dirigió al uso y abuso de una política industrial y comercial viciadamente proteccionista. Sin embargo, en los hechos, Echeverría no tuvo empacho en valerse del discurso antiamericano para justificar y detonar los cambios económicos. En consecuencia, la política exterior mexicana consolidó su vena pragmática al acentuar su papel como un instrumento central en el cumplimiento de las funciones de acumulación de la acción estatal [Rico, 2000].

Un segundo aspecto que conviene tener en cuenta para entender la estrategia comercial de apertura durante el período de Echeverría es la coyuntura internacional y, dentro de esta, la relación con los Estados Unidos. Un año después de haberse instalado el gobierno de Echeverría, exactamente en 1971, el IMCE señalaba el fenómeno de la balanza desfavorable con Estados Unidos; casi al mismo tiempo, el gobierno estadounidense, con Richard Nixon a la cabeza, declaró la congelación de precios y salarios, la suspensión de la convertibilidad del dólar en oro y un impuesto adicional de 10% a todas las importaciones que ingresaban a los Estados Unidos; asimismo, se ofreció un importante incentivo a las empresas estadounidenses localizadas en el extranjero para que repatriaran sus actividades. Todas estas medidas afectaron de manera directa al comercio exterior de México, precipitándolo en un proceso de deterioro económico que estallaría aparatosamente en 1982; sobre el efecto de estas medidas hablaremos más adelante.

La primera evaluación de fondo que se hizo sobre la estrategia de industrialización vía sustitución de importaciones fue la emprendida por las autoridades mexicanas durante la administración de Echeverría Álvarez. La revisión desembocó principalmente en la instalación de dos estrategias económicas que se proponían revertir la tendencia a la declinación de las exportaciones mexicanas observada durante la década de 1960. La primera buscaba una mayor racionalización de la protección arancelaria, y la segunda apuntó directamente a establecer una estrategia de promoción de las exportaciones.[13]

La reforma comercial llevada a cabo durante la gestión de Echeverría se orientó fundamentalmente a la promoción de las exportaciones. El elemento explicativo sobre tal cambio fue que las reglas comerciales adoptadas desde los cuarenta fueron rebasadas por las circunstancias económicas imperantes y produjeron prácticas proteccionistas vinculadas al comercio exterior muy viciadas. En relación con lo anterior, los datos son contundentes: entre 1960 y 1970, el déficit en cuenta corriente de México aumentó a una tasa anual de 19%, en contraste con 14% en los veinte años anteriores. Esta elevación de la tasa de crecimiento del déficit en cuenta corriente en gran medida debe atribuirse a la incapacidad de las exportaciones de bienes y servicios para financiar las crecientes necesidades de importaciones de la planta productiva. Durante la década de 1960, el total de las exportaciones creció a una tasa anual de 6%, inferior al 8% de crecimiento de las importaciones. Así, el déficit de la balanza comercial aumentó de 260 millones de dólares en 1959 a 950 millones de dólares en 1970 [Flores Quiroga, 1998: 156].

A los datos anteriores habría que agregar que el crecimiento de las oportunidades de empleo ofrecidas por la Industrialización Sustitutiva de Importaciones empezó a disminuir junto con la desaceleración del crecimiento de la producción, amenazando con no satisfacer las necesidades de una población que crecía a un ritmo de 3.3% anual. Por su parte, la producción industrial creció a un promedio de 8.3% durante los sesenta, pero declinó a 6.1% después de 1970. A estos problemas se sumó el de una administración ineficiente del régimen de industrias sustitutivas importaciones; en 1975 estas prácticas afectaron a un sistema que había llegado a ser excesivo, indiscriminado y permanente [Villareal, 1976].

En opinión de Villareal y de Flores Quiroga, la estructura de protección en México mostraba serias contradicciones: la proporción de las importaciones mexicanas cubiertas por restricciones cuantitativas desde 1956 era de 17.7%, mientras que en 1970 había llegado a representar 68.3 por ciento.

A medida que el proteccionismo aumentaba, las industrias mexicanas tenían cada vez menos incentivos para volverse competitivas y quedaba cada vez menos espacio para establecer nuevas industrias. Muchos de los funcionarios que durante este período se desempeñaron en las áreas de economía y comercio exterior consideraron que cada vez sería más difícil sustituir las importaciones y al mismo tiempo mantener la competitividad en las industrias mexicanas.

Desde su campaña en 1970, el presidente Echeverría reconoció el problema de las deficiencias existentes en las políticas industrial y comercial, y en su discurso inaugural como presidente anunció que su administración trataría de reformar la política comercial y de promover las exportaciones. Casi un año después, en su primer informe anual, reiteró esta posición y enfatizó que la promoción de las exportaciones debería concentrarse en los productos con mayor valor agregado.[14]

En consecuencia, la participación del comercio en la producción manufacturera cayó de alrededor de 20% en 1950 a 14% en 1970. El rápido aumento de las restricciones cuantitativas en los años sesenta, que si bien respondía al objetivo de sustituir las importaciones en un mayor número de industrias –bienes intermedios y de capital–, afectó profundamente la producción manufacturera, altamente dependiente de las importaciones [Flores Quiroga, 1998: 158].

El argumento oficial era contundente: con el incremento de los ingresos, gracias a las exportaciones, se reduciría la dependencia de la inversión extranjera –y con una mayor creación de empleos crecería la popularidad del gobierno.

Un tercer aspecto que influyó en las decisiones que Echeverría tomaría más adelante en materia de comercio exterior fue la existencia de un comercio triangular en que una gran parte de las mercancías mexicanas exportadas a los Estados Unidos eran reexportadas por este país a otras naciones. En opinión de varios economistas, el comercio triangular era antieconómico, ya que reducía la utilidad que correspondía al comercio exterior de México e impedía la posibilidad de abrir directamente otros mercados para las mercancías mexicanas [Arellano García, 1980].

Durante este sexenio se diseñó una política de promoción de las exportaciones apoyada en el sector paraestatal, tal fue la función del Banco Nacional de México. S.A. (Banamex); el Banco Nacional de Comercio Exterior (Bancomext) y el IMCE; asimismo se dio mayor espacio a la discusión sobre la integración económica; en este sentido sobresalen los trabajos de la Comisión Técnica para los Procesos de Integración.

La reorganización del servicio exterior mexicano no se hizo esperar: el número de embajadores con formación económica aumentó, así como una mayor articulación entre las embajadas y los consulados y las representaciones comerciales en el extranjero [Rico, 2000: 28].

El sector privado participó inicialmente al lado del gobierno en pro de un mayor impulso al comercio exterior; tal fue el caso del Consejo Empresarial Mexicano para Asuntos Internacionales (CEMAI); la Asociación Nacional de Importadores y Exportadores de la República Mexicana (ANIERM); la Asociación para el Fomento de Exportaciones Mexicanas (AFEM); la Confederación de Cámaras Industriales de los Estados Unidos Mexicanos (Concamin); la Cámara Nacional de la Industria de Transformación (Canacintra) y la Confederación de Cámaras Nacionales de Comercio (Concanaco).

Los cambios en la política comercial indiscutiblemente provocaron mudanzas considerables en la actitud de los empresarios mexicanos, en especial aquellos vinculados a las exportaciones manufactureras; en este sentido, la demanda de mayor seguridad en el acceso a los mercados internacionales se convirtió en un aspecto central en la relación gobierno-sector privado.[15]

Echeverría sostenía que el Estado nunca debería prescindir del sector privado, pero descartaba que la inversión privada debiera dominar a la pública. En una de las múltiples entrevistas que el periodista Luis Suárez hizo al presidente tras haber concluido su mandato, Echeverría afirmó textualmente: "La iniciativa privada, frecuentemente asociada al capital extranjero, quisiera administrar el petróleo, la electricidad y los ferrocarriles" [Suárez, 1983: 157].

Dentro de esta misma serie de entrevistas, Echeverría expresó sus percepciones sobre el capital extranjero y el papel que desempeñaba el empresariado mexicano en aquel momento: "Sí deben promoverse las nacionalizaciones o mexicanizaciones, estas debieran hacerse de acuerdo con ellos [el sector privado mexicano] y con ellos compartirlas para afrontar conjuntamente los riesgos en la economía. Lo que debe descartarse es la idea de que la inversión privada ha de dominar a la pública.

Muchos inversores mexicanos son socios de los capitales extranjeros" [Suárez, 1983: 157].

Indudablemente uno de los aspectos más interesantes de este proceso fueron los cambios que se dictaron al funcionamiento del comercio exterior; más allá de la creación de un instituto *ad hoc* que se consagraría a la promoción de las exportaciones mexicanas y de bancos cuya función principal era la promoción de las exportaciones, fueron los cambios en la aplicación de los aranceles, gracias a la adopción que desde los años sesenta se había hecho de la Nomenclatura Arancelaria de Bruselas, lo que dio la pauta del cambio.

En este proceso sobresale el hecho de que el gobierno mexicano dictó un gran número de medidas, pero siempre en congruencia con los principios acordados dentro de la ALALC. Este hecho significó que la visión de la integración económica que el gobierno mexicano avalaba obviamente estaba vinculada a la perspectiva de otros países latinoamericanos; esta situación se prolongó durante los treinta años siguientes hasta el momento en que se inició la negociación del Tratado de Libre Comercio de América del Norte (1990), cuando México pasó a compartir la visión de integración económica promovida por los Estados Unidos y Canadá.

Como ya lo mencionamos, para lograr el crecimiento y la diversificación de las exportaciones, el gobierno del presidente Echeverría necesitaba con urgencia participar en forma más activa en los foros de negociaciones comerciales internacionales dentro y fuera del ámbito latinoamericano. Esta exigencia obligó a los funcionarios mexicanos a plantearse con mayor seriedad una opción como la adhesión de México al GATT, y a que utilizaran el espacio de interlocución que ofrecía la Conferencia de Naciones Unidas para el Comercio y el Desarrollo (UNCTAD) para llevar a cabo una importante labor de cabildeo entre los países en desarrollo, aspecto sobre el que volveremos más adelante.

Como se recordará, la posibilidad de crear una Organización Internacional de Comercio fue rechazada tajantemente durante la reunión de La Habana, en 1947. Como consecuencia de tal censura, algunos países como Estados Unidos y Canadá formaron el GATT en 1948, al cual un número considerable de países latinoamericanos, incluso

México, decidió no adherirse.[16] Entre los 23 gobiernos que participaron en la conferencia que daría nacimiento al GATT y que avalaron la reglamentación establecida por el Acuerdo, se encontraban Brasil, Cuba y Chile.

En 1971 las autoridades mexicanas estimaron que el sobreimpuesto de 10% a las importaciones estadounidenses decretado por Nixon afectaría por lo menos a 55.6% de las exportaciones mexicanas, y significaría una pérdida de 50 millones de dólares en el momento en que los ingresos generados por las exportaciones debían empezar a aumentar [Suárez, 1983: 176].

A raíz de las medidas estadounidenses, el gobierno de Echeverría intentó hacer prevalecer su condición de país vecino y de socio privilegiado, aludiendo a la existencia de su "relación especial" con los Estados Unidos; todos estos argumentos fracasaron marcando indudablemente el quehacer diplomático a futuro y acelerando el convencimiento oficial de que México debía diversificarse seriamente si quería contrarrestar la vulnerabilidad económica en que estaba sumido.[17]

Este incidente, parte de una larga cadena de malentendidos y represalias comerciales, desató la opinión, entre varios funcionarios, de que la relación con los Estados Unidos debería reglamentarse, hecho que no se concretaría hasta 1990 con las negociaciones del TLCAN.

Paradójicamente, la mayoría de la opinión pública, con una visión bastante parroquial del problema, atribuyó al nacionalismo económico y al activismo internacional del presidente Echeverría las causas de esta medida, sin siquiera detenerse a considerar que las medidas impuestas por Nixon afectaban a todos los países que exportaban a Estados Unidos o que se beneficiaban desde hacía años de la presencia de la inversión estadounidense en sus países.

El gobierno de México, al igual que todos los afectados por esta medida, buscó sin éxito una dispensa; la intransigencia del gobierno estadounidense provocó que el mexicano emprendiera negociaciones comerciales multilaterales con diversos países, con el propósito de ampliar su acceso a otros mercados [Suárez, 1983: 176].

A este hecho habría que agregar otro acontecimiento que de igual manera contribuyó a precipitar la decisión de buscar en el multilateralismo comercial una compensación al proteccionismo de Estados Unidos. El anuncio hecho a inicios de 1972 por Europa, Japón y Estados Unidos en el sentido de que iniciarían una nueva ronda de negociaciones multilaterales dentro del marco del GATT preocupó al gobierno mexicano, y lo consideró un mal augurio para su proyecto de apertura gradual a los mercados internacionales.

Concretamente, Estados Unidos quería incorporar al comercio mundial nuevas reglas para el uso y la aplicación de barreras no arancelarias, cuya utilización había aumentado notablemente después de las negociaciones multilaterales que sucedieron a la Segunda Guerra Mundial. La reacción del gobierno mexicano ante este anuncio no deja de ser interesante: México, a partir de los setenta, había decidido cambiar gradualmente su estrategia de desarrollo económico en relación con su comercio exterior; sin embargo, decidió aplicar sus propias reglas del juego, que consistían en no plegarse a las medidas impuestas por el GATT y mucho menos por Estados Unidos y en relacionarse selectivamente con determinados países dentro de este Acuerdo y, sobre todo, tratar de crear un frente económico común de países en desarrollo, vía UNCTAD, que reivindicara un trato diferenciado del que buscaba imponer principalmente Estados Unidos.

Respecto a su relación económica con Estados Unidos, aunque consciente de su dependencia, no buscó una solución multilateral del estilo de la que eligió Canadá dentro del GATT. Por el contrario, decidió establecer su propia estrategia multilateral utilizando abiertamente los foros que le ofrecía la ONU y aprovechando solo lo que en particular podía ofrecerle el GATT. Habría que decir que el gobierno mexicano, al revitalizar el espacio multilateral que ofrecía la UNCTAD, demostraba mayor consistencia con los principios establecidos por la ONU, ya que en sentido estricto a la UNCTAD le correspondía dirigir la organización del comercio mundial después de la posguerra, y no a un acuerdo comercial como el GATT, aun si este estaba vinculado a las Naciones Unidas.

Es interesante mencionar que la solución multilateral estaba muy acorde con el contexto político y económico en que se desarrolla con la gestión del presidente Echeverría, quien justamente había recurrido a los foros multilaterales para exponer sus ideas sobre la desigualdad de los deberes y derechos económicos entre los países desarrollados y el Tercer Mundo.

Respaldada en lo anterior, la Secretaría de Hacienda de México consideró que se avecinaba un cambio en las reglas comerciales internacionales, precisamente en el momento en que el gobierno mexicano llevaba a cabo una estrategia para dinamizar las exportaciones. Así que, como responsable de emprender todas las negociaciones internacionales, esta Secretaría decidió realizar negociaciones comerciales multilaterales y dejar para mejores momentos los extrañamientos y negociaciones bilaterales, en especial con su vecino del norte.

Los funcionarios mexicanos estaban del todo convencidos de que el contexto internacional del momento había cambiado profundamente y que era insensato mantener una posición como la que se sostuvo en contra de los principios del GATT desde 1947. La posición mexicana bien podría ilustrarse con la siguiente cita, publicada por la revista de negocios *Expansión* en 1975: "El *modus operandi* del GATT está caminando, y al parecer los países en desarrollo podrían perder mucho y ganar poco si deciden mantenerse fuera en las negociaciones multilaterales" [citado en Flores Quiroga, 1998: 179].

Más allá de la anuencia del presidente y su gabinete económico a las negociaciones comerciales multilaterales, era un hecho —irreversible por el momento— que México no era oficialmente una de las partes contratantes del GATT. Un hecho que por su naturaleza se revelaba difícil de evadir, fue que el presidente Echeverría había insistido, a lo largo de su gestión, en que era inadmisible la desigualdad en las relaciones económicas entre Primer y Tercer Mundo debido a la asimetría que prevalecía entre estos países. El GATT, hasta 1965, no había tomado en cuenta las asimetrías de desarrollo económico y, por tanto, aplicaba y exigía a todos los países las mismas obligaciones sin considerar el diferencial económico entre los países desarrollados y aquellos que se consideraban en vías de desarrollo.[18] Así que en la práctica México se encontraba atrapado dentro de una contradicción política entre lo que predicaba y lo que buscaba en su relación semiinformal con el GATT.

Esta situación finalmente cambió cuando el GATT, bajo la presión de un considerable grupo de países entre los que se contaba México, aceptó la modificación del capítulo XVIII de la Parte II (1950), que versa sobre las asimetrías económicas, el papel del Estado como pieza central en el desarrollo económico y la anuencia de que estos países establecieran medidas proteccionistas en beneficio de su desarrollo económico [Gutiérrez-Haces, 2003d].

A partir de 1964, la UNCTAD se convirtió en el foro de los países en desarrollo y en un instrumento de expresión y acción frente al GATT. Por medio de esta conferencia, los países en desarrollo presionaron a los países industrializados pertenecientes al GATT para que introdujeran una Parte IV en la reglamentación del GATT que se refería al comercio y al desarrollo, esto se logró en 1965.[19]

La Parte IV contiene tres preceptos que expresan la base filosófica y normativa entre las partes contratantes desarrolladas y las partes contratantes poco desarrolladas del GATT.[20] Es importante destacar que las partes contratantes "no esperan reciprocidad por los compromisos contraídos por ellos en negociaciones comerciales". Dentro de estos cambios es necesario destacar el papel de liderazgo que desempeñaron los representantes mexicanos en la modificación de las cláusulas del GATT, en especial si se considera que México llevó a cabo esta labor de cabildeo como un país no miembro del GATT. A pesar del avance que se dio con la introducción de estas nuevas disposiciones al GATT, los resultados logrados en la Ronda Kennedy y en la Ronda Tokio no correspondieron con esta filosofía ni con el contenido establecido en el Capítulo XVIII de la Parte II y los capítulos correspondientes a la Parte IV. Sin embargo, debemos mencionar que México logró importantes avances políticos y no solo económicos, al convencer a los países menos desarrollados no miembros del GATT de que participaran en la Ronda Tokio, reivindicando en esta su participación sobre la base de no reciprocidad (Parte IV).

Gracias a este recurso, los países marginados del Acuerdo pudieron obtener un mayor acceso a los mercados de los países desarrollados sin necesidad de conceder los mismos beneficios, lo que les permitió continuar con sus políticas de industrialización basadas en el proteccionismo comercial. La aprobación de la propuesta mexicana, primero en la UNCTAD III en Chile y posteriormente aprobada por el GATT permitió a 24 países menos desarrollados iniciar negociaciones comerciales multilaterales[21] [Malpica, 1988: 178].

Desafortunadamente, con los años y en especial a partir de 1990, el gobierno mexicano, que tanto había luchado por estos cambios, dio carpetazo a dichas reivindicaciones al negarse a aceptar sus asimetrías económicas frente a Estados Unidos y Canadá en ocasión de la negociación del TLCAN y de su ingreso a la OCDE.

México desarrolló en esa ocasión una estrategia comercial no exenta de astucia, ya que logró obtener del GATT varios acuerdos comerciales que se caracterizaron por ser bilaterales dentro de un marco multilateral, sin que México fuera realmente miembro de este organismo internacional. Esta estrategia no provocó gran respuesta en los círculos industriales empresariales porque el ardid consistió precisamente en obtener algunos de los beneficios del GATT sin tener que modificar de forma abrupta el régimen comercial de México. Aparentemente, esta táctica resultó atinada en su momento, pero a la larga el reformismo que la animó terminó por producir un verdadero híbrido que a nadie satisfizo por completo.

Mientras tanto, el gobierno creó la Comisión Interministerial para Negociaciones de Acuerdos Multilaterales, presidida por el secretario de Hacienda y formada por los titulares de las secretarías de Industria y Comercio, Relaciones Exteriores y Agricultura, más los del Banco Central, Bancomext y el IMCE. La comisión estaba encargada de preparar estudios sectoriales en la lista de los productos que México negociaría.

Al iniciarse la Ronda de Tokio en septiembre de 1973, el secretario de Hacienda de México, José López Portillo, presentó ante los representantes de los países desarrollados siete reivindicaciones, que por su contenido reflejan claramente el sentir del presidente Echeverría en relación con los países desarrollados y el Tercer Mundo. La primera demanda fue sobre la necesidad de una participación más efectiva de los países en desarrollo en el comercio mundial; esto mismo ya lo había expresado el presidente Echeverría durante la tercera reunión de la UNCTAD, celebrada en Chile.[22]

En ambas, la postura oficial de México fue muy clara: se señaló la urgencia de que los países en desarrollo no quedaran, una vez más, al margen de los beneficios de las negociaciones del GATT. López Portillo propuso el establecimiento de mecanismos que garantizaran una participación efectiva de todos los países en dichas negociaciones, fueran o no miembros del GATT [Malpica, 1988: 94].

Un tercer aspecto fue el relacionado con las barreras no arancelarias y el código de conducta; se insistió en la consolidación y la ampliación del, hasta entonces incompleto, Sistema Generalizado de Preferencias (SGP), en particular mediante la eliminación de las barreras no arancelarias que restringían marcadamente sus beneficios.

También insistió, como parte de la cuarta propuesta, en que teniendo siempre presente las circunstancias de los países en desarrollo, la acción en los campos arancelario y no arancelario exigía que mecanismos de salvaguardia, siempre sujetos a vigilancia internacional, operaran conforme a criterios claramente definidos que previeran un crecimiento constante del comercio e incorporaran tratamientos diferenciados en el caso de los países en desarrollo, permitiéndoles estabilidad en sus mercados de exportación [Malpica, 1988: 95].

La incorporación de los principios de no reciprocidad, no discriminación y tratamiento preferencial al GATT fue una de las demandas más importantes del gobierno mexicano. López Portillo insistió en que

La única manera en que puedan consolidarse los beneficios que los países en desarrollo deriven de este proceso de negociación es a través de la incorporación, en el texto del acuerdo, de los elementos anteriores, y, especialmente, los principios de no reciprocidad, no discriminación y tratamientos preferenciales o diferenciados en su favor [...]. Queremos garantizar que estos esfuerzos, combinados, conduzcan a la plena incorporación de los países en desarrollo a la economía mundial, cuidando que los avances en un campo no se hagan nugatorios por decisiones adoptadas en otros, sino que sean congruentes y aseguren una creciente transferencia neta de recursos reales hacia el Tercer Mundo [Malpica, 1988: 95].

Finalmente demanda "bases claras de participación plena y efectiva", ya que, en anteriores negociaciones, el mundo en desarrollo prácticamente no había derivado ventajas. Él afirma: "Nos obligan a insistir en la necesidad de establecer bases claras que nos permitan participar de

manera efectiva, plena y continua durante todo el proceso de negociación" [Malpica, 1988: 95].

De acuerdo con otras declaraciones del secretario de Hacienda durante el inicio de la Ronda Tokio del GATT, afirmó:

> México participará con la firme convicción de que la voluntad política
> de los países desarrollados los llevará a asumir su plena responsabilidad
> histórica, y el que las negociaciones ofrecen una oportunidad excepcional
> para reordenar los postulados que rigen las relaciones comerciales, dotando
> de nuevo sentido a las aplicables al comercio [...]. México, consciente de
> su responsabilidad, expresa formalmente su propósito de participar en las
> negociaciones comerciales multilaterales ya que considera que aquellas
> pueden contribuir mediante una revisión del sistema comercial mundial
> al establecimiento del orden económico más favorable a los intereses de
> los países en desarrollo [Malpica, 1988: 94-96].

Fue durante esta etapa cuando se produjeron los primeros documentos oficiales que planteaban los principios de política económica exterior
del gobierno mexicano; entre ellos sobresale la *Carta de los derechos y
deberes económicos de los estados*, la cual representa un buen ejemplo de
lo anterior: "México tiene la necesidad latente de apoyar el desarrollo del
derecho internacional. La Carta de los Derechos y Deberes Económicos
de los Estados es la propuesta de un código de conducta internacional
para restaurar la situación económica internacional en su conjunto a
través de negociaciones entre países en vías de desarrollo y los países
industrializados" [Arellano, 1974].

Tres años después, los negociadores mexicanos obtuvieron un mayor
acceso a los mercados en forma de 248 concesiones arancelarias de países
miembros del GATT, a cambio de liberalizar únicamente 8.5% del valor
de las importaciones de 1976, principalmente en bienes que México no
producía [*Excelsior*: 1973, citado en Arellano, 1974: 54].

De los temas mencionados, resulta de particular interés para los
propósitos de este análisis considerar que los cambios introducidos por
Echeverría se produjeron en dos velocidades, la racionalización de la
protección se hizo en forma más lenta que la estrategia de promoción

de las exportaciones, lo que a la larga, en nuestra opinión, provocó una gran inestabilidad tanto en la política industrial como en el ámbito de la macroeconomía.

Un aspecto ligado a lo anterior fue la necesidad de crear consensos y negociar los tiempos y plazos en que se llevaría a cabo la desgravación arancelaria; por decirlo muy llanamente, todos los sectores estuvieron en total acuerdo de aceptar los apoyos y subsidios que ofrecía una estrategia de fomento a las exportaciones, pero se mostraron renuentes y hasta levantiscos ante los cambios inherentes a la desgravación. Esta, desde luego, afectaría a todos, pero en forma por demás desigual; en este sentido fue muy evidente que los afectados querían todas las ventajas de los subsidios sin renunciar a las canonjías que el proteccionismo de la ISI les había dado.

Pese a lo anterior, las negociaciones se llevaron a cabo entre los funcionarios del gobierno y los representantes de la Concamin y la Canacintra; por lo delicado del asunto, este proceso tomó tiempo. Las pláticas se iniciaron en 1971 y concluyeron en 1975, llegando a la aceptación de un esquema de desgravación dividido en tres etapas; baste decir que se calculaba que para 1980 el nivel de protección del sector industrial habría sido reducido considerablemente [Arellano, 1974: 179].

Con la ventaja que el tiempo da a nuestro análisis, hoy sabemos que las etapas propuestas tuvieron serias dificultades para instrumentarse, ya que el factor político jugó una mala pasada al proyecto de Echeverría, quien tuvo que lidiar y discrepar, a veces frontalmente, con los empresarios mexicanos. Para 1980 las metas que perseguían las tres etapas mencionadas no habían sido cumplidas en su totalidad, y otro gobierno en turno, el de José López Portillo, a la mitad de su gestión, trataba de imprimir a la política económica sus propios criterios.

Los funcionarios de sucesivos gobiernos, en especial los tecnócratas, aprendieron las lecciones de 1971-1975, y en las siguientes negociaciones comerciales, como fueron las del ingreso al GATT en 1985 y las del TLCAN en 1990 se decidió expresamente dar un escaso margen de maniobra en las negociaciones a las partes interesadas, a fin de despolitizar la negociación y ceder parte de su poder de decisión como gobierno a las contrapartes internacionales, por considerar que de esta manera los acuerdos tomados no se verían afectados por las presiones políticas internas y que el principio de obligatoriedad sería respetado cabalmente.

A diferencia de lo que se presenció a partir de 1986, durante la década de 1970 la idea de una reforma "de choque" no tuvo ninguna aceptación. Tanto en el gobierno como en el sector privado se desarrolló una corriente de opinión bastante unificada en el sentido de que las reformas comerciales se aplicarían gradualmente para permitir a los productores mexicanos adquirir las tecnologías o hacer los ajustes necesarios para enfrentar la mayor competencia extranjera. La velocidad, el ritmo y el nivel de la reorganización de los aranceles y la eliminación de las licencias se determinó mediante consultas entre funcionarios gubernamentales y representantes de la industria, en particular de las mayores cámaras industriales del país; en este sentido hay que reconocer que pese a la mala reputación política del presidente Echeverría en todo el proceso de negociación que transcurrió entre 1971 y 1976 demostró mayor sensibilidad política y social que la manifestada en el gobierno de Salinas de Gortari, en el cual se negoció el TLCAN.

Una mención especial merecen los programas de promoción a las exportaciones que se aplicaron durante este período. El IMCE fue el encargado de hallar mercados extranjeros y abrirlos para los bienes mexicanos, ayudar a los exportadores a manejar sus procedimientos burocráticos, supervisar el nivel de calidad de los productos, organizar misiones y convenciones comerciales y, en general, facilitar las actividades exportadoras.

En marzo de 1971, las autoridades comerciales lanzaron un nuevo programa de promoción de las exportaciones con base en dos posturas: facilitar el acceso a los permisos de importación de maquinaria, bienes intermedios o materias primas, utilizados en la producción de bienes exportables, y devolver impuestos a los exportadores; estas medidas contribuyeron a reforzar el reglamento para la industria maquiladora (1972).[23]

Indudablemente, la exigencia de que 40% del costo de manufactura de origen nacional necesaria para autorizar la importación de materias primas, productos semimanufacturados o terminados dio la pauta sobre el tipo de apertura comercial que se buscaba instrumentar.

Las rebajas fiscales fueron conocidas como Certificados de Devolución de Impuestos (Cedi), y sustituyeron al triple subsidio que el gobierno mexicano imponía a las exportaciones hasta ese momento. Bajo el plan anterior, los exportadores mexicanos obtenían rebajas sobre los impuestos indirectos, ganancias de capital y aranceles de importación a condición de que sus productos tuvieran 80% de contenido nacional. Con el nuevo plan, los exportadores de bienes industriales recibían rebajas de 10% por cinco años sobre los impuestos indirectos y los aranceles de importación, a condición de que el contenido nacional de sus productos fuera superior al 50 por ciento.

Los Cedi se convirtieron rápidamente en el principal incentivo a las exportaciones mexicanas; la mayor parte de los beneficios derivados de estos se concentraron en el sector manufacturero, el cual recibió alrededor de 80% de los subsidios. Con la creación del IMCE y la introducción de los Cedi, el gobierno amplió la cantidad de créditos preferenciales que concedía a los exportadores. Esos créditos eran proporcionados generalmente por Nacional Financiera y el Fondo para la Promoción de Productos Manufacturados (Fomex).

El total de créditos concedidos por este fondo entre 1971 y 1976 tuvo un monto aproximado de 1 500 millones de dólares; cerca de un tercio de las exportaciones manufactureras mexicanas en este período disfrutaron del apoyo de Fomex [Banco Nacional de Comercio Exterior, 1987, citado en Flores Quiroga, 1998: 175].

A lo largo de este análisis que cubre el período 1970-1976, hemos visto diversas facetas de la estrategia económica del gobierno de Echeverría, en el cual se instrumentaron cambios económicos de importancia que en definitiva trastocaron el modelo de Industrialización Sustitutiva de Importaciones imperante. Dentro de estos cambios sobresale la orientación que se dio a la política industrial, la cual, ya se mencionó, se fundamentó en el uso de importantes porcentajes de contenido nacional, por medio de una política prácticamente indiscriminada de incentivos fiscales y estímulos financieros.

Debido a la ausencia casi total de fuentes internas de financiamiento, la deuda externa alcanzó un monto de 22 millones de dólares al final del sexenio; de esta, 70% había sido contratada con los bancos privados y el resto con instituciones financieras internacionales. Aunado a esto, la especulación contra el peso y la fuga de capitales deterioraron la capacidad del gobierno [Flores Quiroga, 1998: 192].

Un aspecto escasamente mencionado en los análisis sobre este período es la preocupación de Echeverría por los recursos naturales no renovables. Se establecieron tasas elevadas para la exportación en bruto de los recursos naturales no renovables. El objetivo de este gravamen era conservar y proteger esos recursos y procurar su transformación en el país o al menos el abastecimiento del mercado nacional.[24]

La búsqueda de reglas más justas para el comercio exterior fue vinculada a una genuina preocupación por los sectores sociales más desfavorecidos, como fue el caso de los caficultores y la creación del Instituto Mexicano del Café (Imecafe), y del Fondo Nacional de Turismo (Fonatur), el cual buscó la promoción de desarrollos turísticos de Cancún e Ixtapa entre otros, lo que, supuestamente, beneficiaría a los ejidatarios que tenían sus tierras en estas playas. Aun en el caso de que estas iniciativas no tuvieran el éxito esperado, indiscutiblemente esta fue la primera ocasión en que la promoción del comercio exterior y la inversión extranjera fue puesta en una perspectiva más social y no solo a favor de los sectores económicos tradicionalmente privilegiados. Echeverría, sin proponérselo en realidad, introdujo el enfoque sobre desarrollo sostenible en la política comercial de México.

La promulgación de la Ley sobre el Registro de la Transferencia de Tecnología y el Uso y Explotación de Patentes y Marcas en diciembre de 1972, así como de la Ley para Promover la Inversión Mexicana y Regular la Inversión Extranjera de diciembre de 1973, creó los instrumentos legales de los cuales se sirvió el gobierno de Echeverría para sustentar con hechos su discurso internacionalista sobre la protección de los recursos naturales y la necesidad de un código de conducta de deberes y derechos económicos de las naciones.

Una de las hipótesis que podríamos formular al analizar este período sería que el presidente Echeverría, así como su gabinete, estaba convencido de la necesidad de una modernización económica que contemplara una diversificación en el comercio exterior y en sus socios comerciales, además de considerar que la puesta en marcha de un proceso paulatino de apertura comercial en definitiva era el mejor antídoto para contrarrestar el avance del proceso de continentalización estadounidense sobre la economía mexicana.

La conciencia del peso económico de los Estados Unidos estuvo siempre presente en el ánimo de este grupo de funcionarios que buscaban introducir ciertos cambios; la tozuda resistencia del sector privado mexicano y el cabildeo de los Estados Unidos impidieron que estos cambios finalmente se consolidaran.

El estigma político que rodeó al presidente Echeverría durante toda su gestión en relación con los sucesos estudiantiles del 68 impidió, salvo en contadas excepciones, evaluar objetivamente las iniciativas políticas y económicas que se emprendieron durante su mandato en cuanto al propósito de iniciar un proceso de apertura comercial menos dependiente de los Estados Unidos.

En especial, durante su presidencia se impulsó, como ya mencionamos, la reivindicación del uso de los recursos naturales; la racionalización en la utilización y exportación de las materias primas; el trato preferencial para la transferencia de tecnología hacia los países en vías de desarrollo; una mayor responsabilidad en el uso de las fuentes de energía; la creación de empresas multinacionales comunes a los países en vías de desarrollo y la fundación del Sistema Económico Latinoamericano (SELA)[25] conjuntamente con Venezuela en 1975.

Estas fueron algunas de las propuestas que proyectaron la política económica exterior de México a una dimensión más vinculada a la problemática de los países del Tercer Mundo y los llamados Países No Alineados, con el afán de establecer una sana distancia frente a las tendencias continentales de Estados Unidos.

México sufrió en 1976 los efectos de una profunda crisis económica que desembocó en la devaluación del peso mexicano y la entrada a un proceso de negociación con el FMI. La deuda externa ascendía a cerca de 22 millones de dólares en ese momento, seis veces más que al final del sexenio anterior. Sobre el análisis de estos hechos existe una profusa bibliografía, pero para los propósitos de este trabajo nos interesa destacar que ese período podría ser calificado como una clara etapa de transición hacia la consolidación de la apertura económica de México, truncada por la crisis económica de 1976. La intervención del FMI frustró dicha etapa y las medidas impuestas por este organismo internacional reorientaron la economía mexicana hacia un claro proceso de continentalización, al condicionar el apoyo financiero a México al desmantelamiento del sistema proteccionista y a la no intervención económica del Estado.

3.7. El Estado petrolizado desafía la continentalización

José López Portillo (1976-1982) asume la Presidencia de la República en medio de una profunda crisis que cuestionó la confiabilidad de un sistema político articulado en torno al PRI y en un modelo de desarrollo económico desgastado y responsable de serias contradicciones sociales.

Durante el lapso que transcurrió entre la elección de López Portillo y su toma de posesión, en diversos sectores dentro y fuera del gobierno fue evidente la opinión de que México debía cambiar no solo su estrategia de política económica, sino su política exterior; sin embargo, ambos objetivos se encontraban obstaculizados por la situación económica en la que el país se encontraba.

El presidente Echeverría empleó los seis años de su gestión para tratar de situar de lleno al país dentro del ámbito internacional; aun si su estrategia no tuvo todo el éxito deseado por carecer de cierta congruencia con la política interna, sí logró mayor contacto de México con los foros internacionales y que adquiriera un mayor cosmopolitismo e internacionalización, lo cual hizo difícil cualquier intento de regresar a un pasado de aislamiento y proteccionismo.

Carlos Rico considera que "las dificultades económicas con las que concluía el sexenio no eran sino la confirmación de la distancia entre la capacidad y la voluntad de participar activamente en la redefinición de las reglas del juego internacional en curso que se había hecho patente durante sus dos últimos años" [Rico, 2000: 69].

Durante 1977 y 1980, el gobierno mexicano intentó infructuosamente reemplazar la estrategia de Industrialización por Sustitución de

Importaciones por una orientada hacia la exportación de manufacturas. Este movimiento, además de incluir nuevas medidas de liberalización comercial, tomó un giro inusitado cuando se decidió oficialmente entablar negociaciones para ingresar al GATT en 1979.

Este nuevo intento de reforma contó con una situación económica mucho más favorable que la contemplada a inicios de ese sexenio, en que la crisis económica y las medidas de ajuste impuestas por el FMI habían maniatado al gobierno de López Portillo.

Sin embargo, cuando todo parecía conducirse por buen camino, el presidente y sus colaboradores decidieron cancelar el protocolo de adhesión al GATT (1980), aspecto que trataremos más adelante. Al igual que con las reformas comerciales establecidas durante la presidencia de Echeverría, esta etapa también incurrió en medidas regresivas al final de su período, al instaurar regulaciones de protección más elevadas que las vigentes al inicio del sexenio.

Los acontecimientos anteriores parecerían carecer de racionalidad de no tomarse en cuenta el fenómeno que constituyó el auge petrolero en México. En ese sexenio, las reservas probadas pasaron de 6 000 millones de barriles de crudo en 1976 a 16 000 en 1977, 20 000 en 1978 y 72 000 en 1981; asimismo, el valor de las exportaciones de petróleo aumentó vertiginosamente, pasando de 1 019 millones de dólares en 1977 a 13 303 millones en 1981, año en que los precios del petróleo empezaron a declinar en el mercado internacional [Rico, 2000: 81].

En este lapso, la política exterior de México creció al ritmo de su producción petrolera, convirtiéndose en una diplomacia económica petrolizada: "El petróleo es nuestra potencialidad de autodeterminación, porque nos hará menos dependientes del financiamiento externo y mejorará nuestras relaciones económicas internacionales" [López Portillo, 1988].

En esta forma, la producción petrolera se convirtió en una cortina de humo ante las presiones del FMI. No hay que olvidar que el 20 de septiembre de 1976, el gobierno mexicano, aún bajo la presidencia de Luis Echeverría, firmó una Carta de Intención con este organismo internacional mediante la cual esta institución se comprometía a entregar 1 200 millones de dólares del Fondo de Facilidad Ampliada con la condición de que el gobierno mexicano aplicara un programa de ajuste económico y una serie de reformas estructurales que estimularan la entrada de flujos de capital hacia México, la promoción de las exportaciones y un mayor acceso al capital extranjero; este monto también serviría para pagar los préstamos externos.[26]

Gracias al auge petrolero iniciado en 1979, las condiciones del FMI fueron parcialmente neutralizadas, la fuerza de la producción petrolera acalló de forma temporal los reclamos de la comunidad financiera internacional sobre la deuda externa y permitió al gobierno mexicano aplicar una política económica menos ortodoxa de lo que se le había exigido en 1976. El auge petrolero dio a la política exterior un respaldo económico inesperado y la dotó de un mayor activismo; todos estos aspectos contribuyeron a que muchos políticos y académicos mexicanos empezaran a considerar seriamente que México se había convertido en una potencia media, como lo era Canadá.

A partir de 1979, nuevas variantes aparecieron en la conducción de la política económica exterior; se crearon programas de asistencia económica para Centroamérica y el Caribe alentados por la bonanza petrolera[27] y, por primera vez, se activó la diplomacia de partido que ya había empezado a funcionar con el presidente Echeverría.

El petróleo cambió radicalmente la correlación de fuerzas, no solo entre México y Estados Unidos sino con la comunidad económica internacional y afectó los criterios políticos y económicos del gobierno mexicano, en especial del presidente López Portillo, quien respaldado por esta inesperada riqueza llevó a cabo una gestión caracterizada por un nacionalismo económico que muchas veces incurrió en serias contradicciones.

Generalmente, al analizar este período se omite el hecho de que el auge petrolero no solo cambió el carácter de interlocución de México con Estados Unidos, sino la forma en que nuestro país empezó a ser percibido por el gobierno estadounidense. Como se recordará, México había alcanzado un indiscutible liderazgo entre los países periféricos desde la posguerra; su participación en diversos foros internacionales y regionales, desde la UNCTAD hasta el GATT, sin olvidar su desempeño dentro de la CEPAL, le dieron una autoridad moral considerable.

Paradójicamente, el auge petrolero lo situó en un rango económico distinto en relación con el resto de los países en desarrollo; este hecho produjo casi de inmediato dos consecuencias: por una parte, Estados Unidos aprovechó tal circunstancia y empezó a insistir en que ya no podía considerársele un país en vías de desarrollo y, por tanto, no estaba en posición de seguir beneficiándose de los privilegios que el GATT y el propio Departamento de Comercio de Estados Unidos le habían otorgado en el pasado; por otra, Estados Unidos también trató de romper con este argumento el liderazgo histórico de México entre los países periféricos y lo invitó a formar parte del GATT, argumentando su potencial económico; es indudable que este gesto escondía una maniobra para separarlo del resto de sus aliados.

Estos hechos empezaron a suceder cuando se puso bajo la lente la participación de determinadas exportaciones mexicanas que se beneficiaban de las dispensas arancelarias otorgadas por el SGP de Estados Unidos. Esta medida tuvo un impacto relativo en las exportaciones mexicanas, puesto que entre 1974 y 1978, 90 productos mexicanos ya habían sido suprimidos del SGP como consecuencia directa de la postura estadounidense en cuanto a que México "ya no era un país en vías de desarrollo".

López Portillo inició su mandato convencido de la necesidad de llevar a cabo una reforma comercial de mayor aliento que la aplicada durante el sexenio de Echeverría; en ese sentido, las presiones del FMI no iban realmente en contra de lo que él se había propuesto; sin embargo, dos aspectos influyeron de forma notable en el rumbo que se dio a tal estrategia. Por un lado, no hay que olvidar que López Portillo fue secretario de Hacienda durante la presidencia de Echeverría y que, como tal, había participado en la tercera reunión de la UNCTAD y en los inicios de la Ronda Tokio del GATT, indicios de su familiaridad con la problemática de los países en desarrollo ante el comercio internacional. Durante los seis años en los que López Portillo participó en el gobierno de Echeverría, tuvo un contacto muy estrecho con las ideas nacionalistas y tercermundistas del mandatario, de tal forma que, ya como presidente, tuvo la oportunidad de aplicar sus propias ideas, inspirado en su experiencia anterior, con la ventaja de que el país gozaba de una bonanza económica gracias al auge petrolero.

Por otro lado, López Portillo tenía muy presente que el proteccionismo de Estados Unidos iba en aumento, y que en este sentido debía meditar con cuidado sobre el tipo de reforma comercial que habría de hacerse, justamente en el momento en que su principal socio comercial no hacía más que cerrarse; esta reflexión seguro pesó en su ánimo, sobre todo cuando inicialmente optó por una salida multilateral como el GATT para impulsar la reforma comercial.

Considerar estos aspectos ayuda a entender que López Portillo viera en el auge petrolero el respaldo suficiente a su gestión, y en especial la posibilidad de llevar a cabo, "a su manera", las reformas comerciales.

Evidentemente, esta postura no podía agradar al gobierno estadounidense, que veía en la excesiva autonomía del presidente mexicano una amenaza latente para sus intereses económicos y políticos en el país, más aún si se considera que tanto en el mandato de Echeverría como en el de López Portillo se realizaron múltiples acciones destinadas a poner límites al proceso de continentalización de los Estados Unidos.

Este último aspecto podría explicar por qué el gobierno de Estados Unidos insinuó y, posteriormente, formuló una invitación al gobierno mexicano para que abriera sus fronteras comerciales e ingresara formalmente al GATT, que en aquel entonces estaba concluyendo la Ronda Tokio 1979 [Vega Cánovas, 1987].

La insistencia en que México se adhiriera al GATT tiene al menos dos lecturas posibles: la primera, que Estados Unidos se proponía utilizar el espacio hegemónico que le brindaba el GATT para lograr mayores formas de control sobre México; y la segunda, que el ingreso de México al GATT garantizaría la puesta en marcha en México de políticas económicas internas capaces de generar un excedente en la cuenta corriente que, en caso de fallar los ingresos petroleros, serviría para pagar las obligaciones internacionales contraídas [Flores Quiroga, 1998: 203]. En ambos casos, se trataba de un proceso de endurecimiento de la continentalización.

A lo largo de este sexenio, la élite económica agrupada en el Consejo Coordinador Empresarial (CCE) se oponía a casi todas las acciones del presidente López Portillo, en especial las económicas y las de corte diplomático. La presión sobre el gobierno a lo largo de este período se ejerció mediante acciones de desestabilización, tales como la fuga de capitales y de divisas en manos privadas, así como a través de la especulación, el retiro de la inversión privada y la falta de apoyo a las iniciativas económicas del gobierno. El CCE reclamaba, entre otras cosas, una mayor tajada de la actividad económica y consideraba que la excesiva intervención del Estado era una seria limitación, además de ser contraproducente para los intereses del sector privado.

Esta situación llegó a tal punto que finalmente produjo un verdadero *impasse* en el que ni la agenda del gobierno ni la del sector privado lograban avanzar; a esto habría que agregar que, a diferencia de lo ocurrido durante el sexenio de Echeverría, las demandas del sector empresarial nacional se contraponían con las planteadas por las corporaciones extranjeras; los primeros pedían una reforma gradual al estilo de la llevada a cabo en 1971-1975, y los otros exigían un proceso de liberalización comercial firme, rápido y contundente.

Un aspecto mencionado por Flores Quiroga resulta de particular relevancia para entender la situación que se había suscitado en ese momento; aunado a los hechos anteriores, el sector privado mexicano no había visto favorablemente el acuerdo firmado con el FMI por considerarlo un atentado a la soberanía nacional, cuando en realidad ellos se referían implícitamente a la "soberanía del sector privado". Estos veían en las medidas de ajuste impuestas por el FMI la reducción de su "capacidad de [...] influir en las decisiones gubernamentales de política económica" [Flores Quiroga, 1998: 204].

Durante la gestión de López Portillo, se intentó de nuevo la apertura gradual de la economía, y la Comisión de Aranceles y Controles al Comercio Exterior se encargó de ello por medio de un programa de sustitución de permisos por aranceles y la disminución de las imposiciones.

Los incentivos fiscales a las exportaciones fueron de dos tipos: los primeros se aplicaron en 1977 y consistieron en una nueva versión de los Cedi, aplicados en el sexenio anterior. Estos incentivos destacaban por la importancia que se daba al porcentaje de contenido nacional en las exportaciones, el cual se redujo de 50% a 30% para tener derecho a una devolución de los impuestos a los exportadores. Un elemento adicional consistió en que tales devoluciones iban de 25% a 100%, con tasas más elevadas que se concedían a las empresas con mejor desempeño exportador o con mayor contenido nacional; cabe aclarar que los Cedi fueron reintroducidos y rediseñados de acuerdo con los lineamientos propuestos por el Banco Mundial, y debían ser compatibles con las exigencias del FMI [Flores Quiroga, 1998: 209-210].

Los segundos incentivos fueron los Certificados de Promoción Fiscal (Ceprofi),[28] que otorgaban cinco años de crédito en el pago de impuestos federales a las empresas que invirtieran en las industrias consideradas *prioritarias* (agroindustrias, cemento, hierro, acero, bienes de capital y productos farmacéuticos) o en zonas fuera de la ciudad o de otros centros urbanos. En la práctica, estos subsidios no podrían haber sido tan generosos si no hubieran contado con los ingresos obtenidos de la exportación petrolera, y estos, a su vez, sirvieron para aumentar el monto de los créditos preferenciales para los exportadores que participaban en el programa de sustitución de importaciones.

Cuadro 3-9

**México: Incentivos fiscales al comercio
exterior, 1977-1982
(porcentajes)**

	1977	1978	1979	1980	1981	1982
Valor total (mdd)	186.6	651.3	896.1	961.6	1552.6	933.7
Total	100	100	100	100	100	100
Ceprofi*	n.d.	n.d.	0.5	17.3	34	40.3
Apoyo al comercio exterior	44.9	29.8	25.8	22.4	21.1	24.4

*Certificados de Promoción Fiscal.
Fuente: Secretaría de Hacienda y Crédito Público.

Mientras la reforma comercial se ponía en marcha, el contexto internacional empezó a cambiar en gran medida por la conclusión de las negociaciones en la Ronda Tokio del GATT en 1978. De esta nacieron nuevas reglas para el comercio internacional, entre las que destacaban siete códigos de conducta para regular el uso de barreras no arancelarias: subsidios a las exportaciones, derechos compensatorios, políticas de compras gubernamentales, valoración aduanera, medidas *antidumping*, licencias y productos agropecuarios. Estos códigos evidentemente afectarían los cambios que se estaban aplicando internamente en México, en especial porque estos pasarían a formar parte de la Ley de Comercio de los Estados Unidos de 1979, lo cual implicaba que estas medidas serían aplicadas en la relación económica con México [Vega, 1989: 235].

Estos aspectos detonaron una corriente de opinión en México que consideró necesario plantear oficialmente el ingreso del país al GATT (enero de 1979). Esta opción parecía la más viable para el gobierno mexicano, que por entonces buscaba la ampliación y diversificación de sus mercados, en especial si quería disminuir la dependencia de Estados Unidos [Falk y Torres, 1989: 11-12].

El argumento que respaldaba esta posición[29] era que si la negociación del Protocolo de Adhesión garantizaba realmente que México fuera tratado como un país en desarrollo, que se respetaran algunos postulados fundamentales de la Constitución Mexicana y que el período acordado para la eliminación de las licencias fuese suficiente para garantizar una liberalización comercial gradual, estos eran elementos suficientes para contemplar con seriedad el inicio del proceso de adhesión [Flores Quiroga, 1998: 236].

Sin embargo, la situación interna no hacía las cosas tan evidentes. Según varios autores, al interior del gabinete las opiniones en torno a la adhesión de México al GATT eran antagónicas: la Secretaría de Hacienda y la Subsecretaría de Comercio Exterior se manifestaron a favor; no así la Secretaría de Patrimonio y Fomento Industrial, que lo impugnó por el daño que significaría para la planta productiva nacional [Olea, 1994].

Algo que no ayudaba a crear un ambiente favorable a esta iniciativa era la situación económica interna de México. Entre los principales aspectos que podríamos enumerar, se encontraban: *1)* la orientación hacia la exportación en el sector manufacturero estaba declinando, como lo indicaba la caída en la participación de las manufacturas en el total de las exportaciones; *2)* al mismo tiempo, la Secretaría de Patrimonio

Nacional y la Secretaría de Hacienda estaban a punto de introducir el nuevo incentivo fiscal, Ceprofi, que iba totalmente en contra del código sobre subsidios y derechos compensatorios del GATT; *3)* este incentivo representaba jugosos ingresos para los productores nacionales, y *4)* el mercado interno estaba creciendo a un buen ritmo, sin que hubiera necesidad de aprovechar la apertura de mercados que eventualmente ofrecía el GATT.

Estos razonamientos hicieron que muchos consideraran que ingresar al GATT no era realmente prioritario para el país, en especial porque significaría aceptar una serie de reglas que no solo afectaban los intereses del sector privado, sino a ciertos sectores dentro del gobierno que consideraban en peligro la puesta en marcha de la reforma comercial y, con ella, sus cotos de poder. Por último, los productores nacionales consideraban que el GATT introduciría una mayor competencia de importaciones, lo cual era lesivo para la producción nacional.

No obstante, el presidente López Portillo parecía sostener un punto de vista muy favorable al ingreso al GATT, seguro influido por su anterior cargo como secretario de Hacienda, así que soslayando los argumentos que hemos mencionado, el 17 de enero de 1979 instruyó al secretario de Comercio para que iniciara la negociación, por lo que se nombró un grupo de trabajo.[30]

La decisión de López Portillo resulta ilustrativa del clima político imperante en aquellos años, y en especial resulta sorprendente que el mandatario recientemente hubiera instrumentado una reforma comercial de largo alcance y que al mismo tiempo ordenara una negociación internacional que a todas luces iba en contra de las medidas económicas tomadas internamente.

Esta forma de hacer política se agudizó debido a la diversidad de opiniones dentro del gabinete de López Portillo, porque desde el inicio de su mandato, el presidente decidió designar como secretarios de gobierno a personas que pese a su indiscutible preparación profesional se distinguían por la polarización de sus puntos de vista y sus ideologías: igual había economistas de inspiración estructuralista que de izquierda y moderados, así como proteccionistas, librecambistas, y también los había con posiciones nacionalistas como con perspectivas continentalistas.[31] Sin duda, el sexenio del presidente López Portillo será recordado por el debate nacional que provocó la posibilidad de que México ingresara al GATT.

El Colegio Nacional de Economistas (CNE) se expresó en términos no muy favorables al proyecto. Cabe decir que el CNE tenía importantes nexos con conocidos economistas que formaban parte del gabinete, y que seguramente esta vinculación representaba un importante respaldo financiero y político para la asociación. Entre sus miembros se contaban prominentes funcionarios, así que no es de extrañar que algunos aprovecharan este foro público para expresar sus reservas sobre la negociación.[32]

La importancia política del CNE en esta época era considerable, así que no fue sorprendente que el presidente López Portillo participara personalmente en la clausura de su III Congreso Anual (abril de 1979), en la cual varios de sus socios, incluyendo al propio presidente del CNE, hicieron fuertes críticas y analizaron las implicaciones de esta negociación [Flores Quiroga, 1998: 238; Malpica, 1988: 273].

Indudablemente, esta anécdota ofrece una interesante lectura para nuestro análisis. En primer término, las críticas expresadas contaban con un considerable respaldo dentro del gabinete de López Portillo; sin este, hubiera sido difícil que el CNE externara abiertamente sus críticas frente al presidente. También refleja que esta asociación aún representaba puntos de vista independientes y que, pese a ser considerada como una agrupación vinculada al PRI, *grosso modo* representaba el sentir de la corriente nacionalista dentro de este partido político. Por otra parte, también indica que el CNE aún no se había alineado tan abiertamente al PRI y al gobierno, como ocurrió después en el gobierno de Miguel de la Madrid y, en especial, en el de Salinas de Gortari. Por último, su posición evidenció que existían importantes fisuras en gestación, sobre todo en cuanto al rumbo que debía tomar la política económica y comercial del país.

La embestida proteccionista del CNE no se detuvo allí, y en mayo del mismo año publicó en varios periódicos una carta abierta en la que exponía al presidente una serie de argumentos que buscaban disuadirlo de prolongar el proceso de negociación de adhesión al GATT. Las principales consideraciones eran: *1)* los sectores agrícola e industrial no estaban preparados para enfrentar la competencia extranjera; *2)* las metas de promoción industrial aplicadas en México podían alcanzarse con los instrumentos de política económica existentes y no era necesario recurrir al GATT; *3)* el GATT era incapaz de contrarrestar el creciente proteccionismo de Estados Unidos y había sido ineficaz al atender las necesidades de los países en desarrollo.

El CNE proponía, concretamente, perfeccionar los instrumentos de política comercial existentes a fin de reducir el sesgo antiexportador; reutilizar las instancias de negociación bilaterales como el SGP; adoptar una política hacia el GATT similar a la que se había utilizado frente a la Organización de Países Exportadores de Petróleo (OPEP), es decir, respetar los puntos del acuerdo sin ser miembro de este [Malpica, 1988: 239].

La carta publicada por el CNE indudablemente desencadenó un proceso de importancia para el momento; los periódicos, al igual que cualquier otro foro de opinión, fueron inundados con análisis, comentarios y críticas en torno a la negociación.

La presión política creció a tal grado que, para noviembre, el presidente López Portillo abrió un período de consulta nacional con diversos grupos de interés, desde los industriales y comerciantes hasta los partidos políticos y académicos.

Paradójicamente, a finales de octubre de ese año, el Protocolo ya había sido terminado y el presidente López Portillo, sorpresivamente, tomó la decisión de entregar a la prensa nacional tanto el Protocolo de Adhesión como el informe del grupo de trabajo, considerando que con este gesto abría un proceso de consulta nacional sobre el ingreso de México al GATT (1979-1980). Esto causó un profundo impacto en los funcionarios mexicanos que habían logrado negociar un protocolo muy favorable para México.[33]

Vista desde otro ángulo, esta medida abrió uno de los escasos espacios democráticos de la década: durante cerca de cuatro meses, la población interesada, aunque no siempre bien informada, debatió en un tono que ni por asomo se reducía a la adhesión o al rechazo al GATT; en realidad se discutía el modelo de desarrollo que México debía adoptar en un futuro cercano. No en vano años después se publicó un libro que

Cuadro 3-10

Primera negociación de México con el GATT en 1979: Permisos de importación negociados

	Número de fracciones arancelarias	Valor (mdd importaciones de 1976)
1. Permisos a la importación mantenidos indefinidamente	48	81 531
2 Permisos a la importación mantenidos indefinidamente y establecimiento de una cuota de importación	24	163 545
3. Eliminación o consolidación del permiso a la importación al término de un período de 10 a 12 años	76	79 851
4. Eliminación inmediata del permiso de importación	150	179 274
a. Nivel arancelario sin cambio	33	7 482
b. Nivel arancelario aumenta	88	156 262
c. Nivel arancelario disminuye gradualmente	28	15 068
d. Nivel arancelario disminuye de inmediato	1	462
5. Eliminación inmediata del permiso de importación y establecimiento de un nivel arancelario más alto	2	119
Total	300	504 320

Fuente: Flores Quiroga, *Proteccionismo versus librecambio: La economía política de la protección comercial en México 1970-1994* [1998: 242].

hacía el recuento de esta época: *México, la disputa por la nación* [Cordera y Tello, 1981].

López Portillo no estuvo en condición de controlar totalmente el proceso, y la controversia entre diversos miembros del gobierno y del sector privado se agravó hasta convertirse en tema de debate nacional. La Concamin, la Coparmex y la Anierm fueron las organizaciones que se manifestaron más proclives al ingreso al GATT, al considerar que la política económica de México debía inclinarse al libre comercio [Rico, 2000: 86].

Entre sus principales argumentos a favor de la medida sobresalen la protección de los intereses económicos de México a través de instancias multilaterales como el GATT; el aprovechamiento de la protección legal que ofrecía el GATT en un entorno internacional, en el cual México podía ser objeto de medidas discriminatorias; las ventajas que ofrecía el Protocolo de Adhesión, que regulaba el carácter gradual de la apertura comercial de México, la flexibilidad de las reglas y los beneficios que a la larga se obtendrían de participar en un acuerdo multilateral de comercio [Malpica,1988: 237-338].

También destaca el argumento que consideraba que el libre comercio forzaría a la planta productiva mexicana a volverse más eficiente por el embate provocado por la competencia internacional. A esta suposición se agregaba que el ingreso al GATT haría irreversible la apertura comercial en México, así como los cambios que traería aparejada tal iniciativa [Bravo Aguilera, 1989: 25].

Resulta paradójico constatar que estas mismas razones alentaron el proceso de negociación del TLCAN años después, y que en ambos casos prevaleció una visión del cambio claramente jerárquica y vertical, que consideraba que cualquier transformación económica en México debía ser una iniciativa del presidente y de su gabinete. Tales argumentos no hacían más que revelar el darwinismo económico que prevalecía en ciertos sectores del gobierno y el empresariado mexicano, quienes consideraban que los más obsoletos o débiles debían desaparecer.

Los grupos en contra del ingreso al GATT, pese a que provenían de una importante diversidad social, económica e ideológica, articularon una argumentación en contra que tuvo un fuerte arraigo en amplios sectores sociales. En términos generales, se manifestaron favorables a la intervención del Estado y defendieron a la pequeña y mediana empresas, en su opinión las más vulnerables a la competencia extranjera; alertaban ante la consabida pérdida de empleo y el riesgo a la soberanía nacional; asimismo, manifestaban su preocupación por la pérdida del poder negociador que nos ofrecía el petróleo al vernos obligados a acatar determinadas cláusulas. Desde luego que el argumento de mayor peso era el peligro que significaban los Estados Unidos al interior del GATT, en especial porque dentro de este gozaba de tal preponderancia que fácilmente podía inclinar la balanza a su favor en determinadas negociaciones comerciales.

Pese a que el gobierno mexicano había dado los pasos necesarios para que México ingresara al GATT, la polémica levantada internamente provocó que el presidente López Portillo organizara una votación entre aquellos secretarios de su gabinete que, por estar más vinculados al asunto, tenían la posibilidad de pronunciarse al respecto. Esta votación se llevó a cabo en marzo de 1980; en ella, los partidarios del GATT perdieron la posibilidad de que el acuerdo se concretara.[34] Pocos días después, el presidente López Portillo, por medio de sus negociadores, retiró la propuesta de adhesión, que ya había sido aceptada y aprobada por el propio GATT (18 de marzo de 1980).[35]

La fecha en que López Portillo decidió cancelar el proceso de adhesión no fue una elección fortuita: aprovechó su presencia en un acto conmemorativo de la expropiación petrolera para dar un discurso particularmente emotivo que buscaba el respaldo político de la población y reunificar a su dividido gabinete. Este discurso fue una clara señal de que la opción nacionalista dentro del gabinete, así como la del propio presidente, no solo había prevalecido sino que se había fortalecido; desde entonces hasta el fin del sexenio, en 1982, las medidas y los pronunciamientos políticos tuvieron esa orientación.

En nuestra opinión, hubo cuatro hechos que precipitaron la rectificación de rumbo del presidente mexicano: por una parte, el manifiesto y reiterado interés del gobierno de Estados Unidos en que México ingresara al GATT produjo sospechas y gran desconfianza; la mención de crear una zona de libre comercio con Canadá y el Caribe los inquietó aún más y el anuncio de la creación de un mercado de energía continental, que obviamente incluiría a México, provocó que López Portillo cancelara el ingreso de México al GATT; todos estos aspectos entrañaban, en opinión del mandatario, un mayor control de Estados Unidos sobre los asuntos internos de México. De cierta manera, la decisión en contra del ingreso al GATT fue el mejor recurso que se encontró para detener el avance del proceso de continentalización, en especial a la luz de ciertos hechos ocurridos dentro de la relación con Estados Unidos, los que a continuación analizaremos.

El rechazo al protocolo del GATT fue la segunda ocasión en que el presidente López Portillo cancelaba un compromiso en que los Estados Unidos tenían un papel importante. La primera vez en que se rompió un acuerdo ya negociado fue respecto a la construcción del gasoducto Cactus-Reynosa, que saldría del estado de Chiapas y terminaría en el estado de Tamaulipas, en los lindes con la frontera de Estados Unidos. El proceso que antecedió a la cancelación de esta obra ilustra el tono en que se había llevado a cabo la relación bilateral en los primeros años de ese sexenio.

Contra lo que podría pensarse, López Portillo inició su mandato con la determinación de mejorar sustancialmente la relación con su vecino del Norte; la primera visita del presidente mexicano a Washington estuvo precedida por el anuncio de que se enviarían "exportaciones de emergencia" de petróleo y gas a Estados Unidos;[36] con este gesto totalmente unilateral, el gobierno mexicano lanzaba una señal de cordialidad y buena voluntad, lo que sin proponérselo colocó el tema de los hidrocarburos en el centro de la agenda bilateral [Rico, 2000: 78].

Pese a ello, el presidente Carter tenía otras prioridades, y en la planeación de sus viajes al exterior, México no figuraba entre los países que debía visitar; sin embargo, las noticias que hablaban del aumento en las reservas de petróleo en México, que ya representaban 106 000 barriles diarios en 1976, cambió de manera radical el enfoque de Estados Unidos.

A lo anterior se suma el anuncio que hizo el gobierno mexicano a través de la paraestatal Pemex en cuanto a que se iniciaría la extracción de gas en los yacimientos petroleros del sudeste del país; se estimaba que este proceso generaría alrededor de 2 millones de pies cúbicos, cantidad que rebasaba ampliamente los requerimientos del consumo interno [Rico, 2000: 79].

En consecuencia, se consideró la posibilidad de vender el excedente al mercado estadounidense, por lo que se pensó en construir un gasoducto desde Cactus, Chiapas, hasta Reynosa, Tamaulipas. El financiamiento se pactó por medio de un consorcio de seis compañías estadounidenses en 1977. En el momento de la firma del acuerdo, el precio pactado fue de 2.60 dólares por millar de pies cúbicos [Grayson, 1977: 80-81, citado en Rico, 2000: 81].

Este acuerdo desató amplias críticas, en especial en cuanto a que atentaba contra la soberanía territorial de México y amarraba indefinidamente las exportaciones de gas a un solo mercado. En efecto, el gasoducto Cactus-Reynosa físicamente fijaba las exportaciones de gas a la construcción de esta obra de ingeniería, y en gran medida era un indicio importante del avance del proceso de continentalización territorial, que era particularmente ambicioso por tratarse de una obra que atravesaba todo el territorio mexicano, y que además estaba financiada por las más importantes compañías petroleras estadounidenses.

El gobierno mexicano canceló el proyecto cuando el secretario de Energía de los Estados Unidos, Arthur Schlesinger, respaldado por varios senadores, entre ellos Adlai Stevenson, cuestionó el precio que ya había sido pactado entre los negociadores, con el argumento de que desencadenaría un alza automática en el precio del gas que Canadá ya les exportaba en ese momento: 2.25 dólares por millar de pies cúbicos. Asimismo, Schlesinger sostuvo que "debido a los bajos costos de producción del gas mexicano y la racionalidad de exportarlo al mercado norteamericano, Pemex tendría que venderlo, tarde o temprano, a los precios internos de Estados Unidos: 1.75 dólares, y no a los precios internacionales" [Rico, 2000: 81].

Ante esto, el presidente López Portillo canceló el acuerdo, mas no la construcción del gasoducto, el cual tuvo como destino final Cadereyta, Nuevo León. Con esta medida se inició una etapa de cierta rispidez en la relación bilateral, y al mismo tiempo, como bien asevera Rico, también se buscó apoyar la industria nacional ubicada en el norte del país.

Un ejemplo más de esta tendencia fue el Plan Global de Energía, presentado ante la ONU en septiembre de 1979, el cual establecía un tope de 50% de las exportaciones para la venta de petróleo a cualquier país, además de implantar una estrategia muy clara respecto a las metas de crecimiento de la producción y la composición de las exportaciones petroleras.

Gracias al auge petrolero, gran parte del gasto público se destinó a fortalecer las industrias paraestatales, como fue el caso de las vinculadas al acero, los fertilizantes y el petróleo; estas medidas afectaron directamente la relación con Estados Unidos, el que, desde luego, hubiera preferido que el gobierno mexicano fuera menos proclive al nacionalismo y la intervención estatal.

Resulta casi imposible no establecer ciertos paralelismos entre lo ocurrido en México entre 1971 y 1984 y lo que aconteció en el mismo período en Canadá. Tanto la mexicanización de la economía durante las presidencias de Luis Echeverría y de López Portillo, como el proceso de canadianización durante la gestión del primer ministro Pierre Trudeau buscaron opciones económicas frente a la preponderancia de los lazos económicos con Estados Unidos, y con sus acciones políticas despertaron el descontento de muchos sectores de la sociedad. Ambos gobiernos compartieron una política de apoyo y solidaridad hacia Centroamérica y rechazaron las dictaduras militares de América del Sur; también enfrentaron en sus países la desestabilización económica de la guerrilla urbana y los secuestros; igualmente, el sector empresarial se acercó de manera abierta a los intereses de la clase empresarial de los Estados Unidos; por último, los mandatarios de los dos países terminaron sus respectivas gestiones con profundas crisis económicas y financieras.

Las presiones por la instauración de una economía más abierta, sin proteccionismo y sin la intervención del Estado, así como la moderación en el lenguaje y el evitar los antagonismos con los Estados Unidos, fueron las reivindicaciones de los empresarios canadienses y mexicanos al final del período de Trudeau[37] y de la presidencia de José López Portillo.

Por último, de la misma manera en que Trudeau planteó varias opciones para el futuro comercial de Canadá –la más conocida es la *Tercera Opción*–, también en el sexenio de López Portillo se discutieron tres opciones excluyentes para solucionar la problemática con Estados Unidos: *1)* la multilateral, que implicaba la adhesión de México al GATT; *2)* la bilateral, que significaba un acuerdo con los Estados Unidos; *3)* la unilateral, que consistía en un ajuste interno al sistema de estímulos a la exportación y que fuera acorde con el Programa Inmediato de Reordenación Económica [Olea, 1994].

NOTAS

[1] Al iniciarse el tercer decenio del siglo XIX, ciertos líderes británicos se propusieron hacer de la antigua América española y del Brasil una zona de influencia de la libra esterlina. El proyecto concebido en Londres era principalmente económico; los dirigentes políticos y financieros británicos estaban seguros de que la ventaja económica de la industria inglesa, aunada a la capacidad de su flota mercante, llevaría a que las fuerzas del libre comercio operaran en América Latina básicamente a favor de los intereses británicos [Meyer, 1991: 15-16].

[2] El comercio inglés no se vería afectado de darse un acuerdo comercial con España, ya que este desde 1810 había recibido el permiso español para iniciar su comercio con Hispanoamérica.

[3] La *alcabala* es un impuesto real sobre toda transacción mercantil, principalmente, sobre los bienes inmuebles, los muebles, las ventas, el intercambio y la venta de propiedades inmuebles rurales y urbanas. Este impuesto debía pagarse también para todo lo que se recolectaba, se vendía, o estaría sometido a contrato de los trabajos agrícolas o artesanales. Se estableció en 1571, posteriormente la Constitución de México de 1857 propuso suprimir este impuesto, pero no se consiguió; sucesivamente se dieron diversos intentos de anulación en 1822, 1884 y 1886, hasta que el 1 de mayo de 1896 se decretó el cese definitivo del cobro de alcabalas.

[4] De acuerdo con Blanca Torres (1979) y Sandra Kunz (2003), la firma del tratado comercial tuvo como antecedente un contrato firmado en julio de 1941, el cual reservaba la venta exclusiva del conjunto de la producción de materiales estratégicos y fibras duras a Estados Unidos por un período de 18 meses. Este contrato resulta de particular relevancia si se considera que también en 1941 Estados Unidos había concluido el Acuerdo de Hyde Park con Canadá, el cual también aseguraba el abasto de materiales estratégicos a Estados Unidos y vinculaba el proyecto de desarrollo económico de Canadá a los intereses militares y geoeconómicos de Estados Unidos.

[5] El acuerdo comercial de 1942 fue negociado por don Ramón Beteta, el cual fue designado embajador especial para este propósito, por lo que solicitó licencia como subsecretario de Hacienda, cargo al que regresó después de haberse firmado el acuerdo [Llinás Álvarez, 1996].

[6] Los Estados Unidos propusieron una serie de medidas para regular el comercio internacional con el propósito de establecer un régimen internacional basado en el libre comercio; esta propuesta provocó una abierta oposición de México y la mayoría de los países latinoamericanos. Posteriormente, en 1947, se planteó de nuevo la propuesta de regir el comercio internacional bajo los parámetros librecambistas en el marco de la Conferencia de La Habana; ante la oposición de diversos países, entre ellos México, de crear una Organización Internacional del Comercio, los países pro libre comercio como Canadá y Estados Unidos crearon el GATT.

[7] A partir de la derogación del tratado comercial de 1942, México recuperó su libertad cambiaria y comercial. A partir de 1952 se reafirmó la aplicación de los lineamientos de la Ley sobre Atribuciones del Ejecutivo Federal (diciembre de 1950), en materia económica, por la cual, entre otros, el Ejecutivo estaba facultado para imponer restricciones a las importaciones o a las exportaciones; determinar la forma en que debía realizarse la distribución de artículos importados escasos; estableciendo prioridades para atender las demandas preferentes por razones de interés general; asimismo, se estipuló que los productores estaban obligados a satisfacer primero la demanda del consumo nacional, antes de efectuar exportaciones; por último, esta ley tenía como propósito que la política arancelaria continuara utilizándose para facilitar la adquisición de productos necesarios al desarrollo económico del país, como era el caso de los bienes de capital y las materias primas industriales, e impedir la exagerada importación de artículos de lujo.

[8] En 1959, el régimen de Batista fue derrocado en Cuba por un movimiento encabezado por Fidel Castro; el hostigamiento que ejerció Estados Unidos sobre el nuevo gobierno los llevó a alinearse con la Unión Soviética. En abril de 1961, el presidente Kennedy decidió autorizar la invasión de Cuba por la Bahía de Cochinos; la operación resultó un verdadero fracaso. El gobierno mexicano fue prácticamente el único país de América Latina que dio su respaldo a Cuba.

[9] Durante la visita a México del presidente Kennedy en 1962, este preguntó al secretario de Hacienda, Antonio Ortiz Mena, cuáles eran los principales retos en la relación económica de México con Estados Unidos. La respuesta fue contundente: "mantener buenas relaciones con las autoridades financieras, con los principales inversionistas y, en general, con todos los participantes en el sistema financiero de Estados Unidos" [Ortiz Mena, 2000: 74].

[10] Los principales movimientos políticos en contra del gobierno fueron los de los telegrafistas, maestros, ferrocarrileros y petroleros; de este período data el crecimiento de importantes centrales sindicales relacionadas con estas actividades.

[11] Esta compañía era propiedad canadiense y no fue totalmente nacionalizada; de hecho Canadá guardó parte de sus acciones y hasta el momento de negociación del TLCAN aún seguía conservando esta participación.

[12] No hay que olvidar que justamente es a partir de los años setenta cuando se inicia el avance de las transnacionales en México, y que muchos de estos empresarios justamente tenían relaciones de interés con el capital transnacional, el cual buscaba mayores facilidades en el país; sin embargo, la ley les impedía poseer el control mayoritario de las empresas, así que los mexicanos eran imprescindibles dentro de sus planes.

[13] De acuerdo con el análisis elaborado por Aldo Flores, la primera intentó refinar la estructura de protección con miras a reducir su dispersión y asegurar una mayor protección relativa para los productos más elaborados, mientras que la segunda pretendió ofrecer mayores subsidios específicos a los exportadores. Estas políticas

se aplicaron entre 1971 y agosto de 1976, después de lo cual fueron abandonadas y desembocaron, contrariamente a su objetivo general, en una imposición del control de las importaciones, más elevado que los aplicados antes de 1970 [Flores Quiroga, 1998: 152].

[14] A lo largo de la gestión presidencial de Echeverría se aplicaron medidas para incentivar la incorporación del contenido nacional tanto en la producción interna como en las exportaciones; esta decisión indudablemente fue un gran aliado para la producción manufacturera nacional e impidió que el proceso de continentalización avanzara con la misma celeridad que en el caso de Canadá, en el cual el grado de control de la inversión estadounidense en la manufactura representaba 42% de la inversión, mientras que esta significaba 60% en la explotación de gas y petróleo y 46% en la actividad minera en 1975 [Deblock, 1989: 237].

[15] En un primer momento, los empresarios consideraron que las medidas emprendidas serían benéficas, pero conforme el sexenio de Echeverría transcurrió hubo primero un enfriamiento con el gobierno y en especial con el presidente, seguido de una situación de claro enfrentamiento, exacerbada por la ola de secuestros y asesinatos de empresarios, en manos de la guerrilla urbana; en especial los empresarios de Monterrey fueron el ojo del huracán de esta situación.

[16] El GATT fue concebido principalmente por Estados Unidos y secundado por Canadá, Bélgica, Francia, Holanda, Luxemburgo y Reino Unido, como un tratado internacional, bajo la forma de un acuerdo comercial multilateral. La figura legal de un Acuerdo permitió al presidente de Estados Unidos instrumentarlo administrativamente, sin tener la necesidad de contar con la aprobación del Senado para ratificarlo a través de la Trade Agreement Act. México no suscribió el GATT por las mismas razones que no había avalado la Carta de La Habana: se consideraba que ponía en peligro el proyecto de desarrollo económico vigente.

[17] En estas fechas, alrededor de 60% de las exportaciones mexicanas se destinaban al mercado estadounidense, lo que hacía muy vulnerable al comercio exterior mexicano.

[18] El GATT podía imponer "informalmente" muchas de sus reglas a los países que no formaban oficialmente parte de este acuerdo, porque lo integraban países poderosos en términos económicos como Estados Unidos, el cual, desde la Segunda Guerra Mundial, era el principal mercado para las exportaciones latinoamericanas y fuente principal de inversión extranjera directa en la región.

[19] El 30 de diciembre de 1964, la Asamblea General de Naciones Unidas en su 19º período de sesiones estableció por su Resolución 1995 (XIX) la Conferencia de las Naciones Unidas sobre Comercio y Desarrollo (UNCTAD) como órgano de la Asamblea General. Los miembros de la UNCTAD son los Estados Miembros de las Naciones Unidas o miembros de los organismos especializados y del Organismo Internacional de Energía Atómica y deben reunirse a intervalos con un máximo de tres años. Las principales funciones de la UNCTAD son *1)* promover el comercio

internacional, especialmente con miras a acelerar el desarrollo económico, y en particular el comercio entre países que se encuentran en etapas diferentes de desarrollo, entre países en desarrollo y entre países con sistemas diferentes de organización económica y social; *2)* formular principios y políticas sobre comercio internacional y sobre problemas afines del desarrollo económico; *3)* presentar propuestas para llevar a la práctica dichos principios y políticas y adoptar aquellas otras medidas dentro de su competencia que sean pertinentes para tal fin, habida cuenta de las diferencias existentes entre los sistemas económicos y los diversos grados de desarrollo; *4)* iniciar medidas, cuando sea pertinente, en cooperación con los órganos competentes de las Naciones Unidas, para negociar y aprobar instrumentos jurídicos multilaterales en la esfera del comercio, habida cuenta de lo adecuado que sean los órganos de negociación ya existentes y sin duplicar actividades; *5)* servir de centro de armonización de las políticas comerciales y de desarrollo de los gobiernos y de las agrupaciones económicas regionales [Díaz, 1980: 65-66].

[20] Los países industrializados aceptaron que la elevación de los niveles de vida y el desarrollo progresivo de la economía es especialmente urgente para los países en desarrollo, que los ingresos de exportación de los países en desarrollo pueden representar un papel fundamental en el desarrollo económico, y que es necesario dar prioridad a las exportaciones de productos primarios otorgándoles condiciones más favorables de acceso a los mercados mundiales [Malpica, 1988: 29-30].

[21] La propuesta de México fue aceptada como la Resolución 82 en 1972 en la UNCTAD.

[22] En la III UNCTAD, Echeverría presentó un documento titulado *Carta de los derechos y deberes económicos de los estados*, el cual propuso fuera negociado en el seno de la Organización de las Naciones Unidas. Dentro del contenido de este, Echeverría definía su concepto de *tercermundismo* y la relación con los países desarrollados o Primer Mundo.

[23] El régimen de las maquiladoras se caracterizaba por permitir a los interesados realizar actividades de producción, ensamble y acabado. Las maquiladoras podían importar u obtener las materias primas, partes, piezas o unidades dentro del mercado nacional e importar libres de impuesto la maquinaria, los aparatos, instrumentos, equipo, refacciones y herramientas requeridas para el proceso productivo. Asimismo, la exportación de los productos maquilados se haría sin gravamen.

[24] Comisión Técnica para los Procesos de Integración; *Principales Instrumentos de la Política de Comercio Exterior y Desarrollo Industrial de México*, 1973.

[25] La crisis del proyecto de integración económica en América Latina contribuyó a que el gobierno mexicano se vinculara a nuevos proyectos económicos multilaterales, tales como Geplacea, agrupación dedicada al comercio internacional del azúcar; Namucar, sobre comunicaciones navales, y Olade, sobre política energética. Para mayor información consultar Rico [2000: 55].

[26] El programa de estabilización del FMI, como todos los de su género, obligaba al gobierno mexicano a aplicar determinadas políticas macroeconómicas. Asimis-

mo, lo obligaba a reducir el gasto público, a aumentar los impuestos, elevar el precio de los bienes y servicios suministrados por el sector público, controlar los aumentos de salarios nominales, devaluar la moneda y eliminar completamente las barreras comerciales y los sitios a la exportación.

[27] Un buen ejemplo es el Acuerdo de San José (1980), en que México y Venezuela acordaron una cuota para el suministro de petróleo de los países centroamericanos y del Caribe. Los primeros beneficiarios fueron Nicaragua, Costa Rica y Jamaica para el primer año de vigencia, y en una segunda etapa fueron incorporados Barbados, El Salvador, Guatemala, Panamá y República Dominicana. El acuerdo estipulaba que los dos países signatarios aportarían en partes iguales 160 000 barriles diarios, otorgando créditos por el equivalente del 30% de sus facturas petroleras con un plazo de cinco años y a una tasa de interés de 4% anual. El plazo podía ampliarse a veinte años y reducirse a 2% la tasa de interés [Rico, 2000: 99].

[28] El Ceprofi también se considera uno de los mecanismos importantes para estimular la descentralización industrial. De hecho, la preocupación por el crecimiento exponencial de México estaba en la agenda, y alentó el establecimiento de una política de ordenamiento territorial que contemplaba, entre otras cosas, la promoción pública de nuevos centros industriales y turísticos, y, por otra parte, limitaciones cada vez más rígidas para el establecimiento de nuevas industrias alrededor de la capital [Hiernaux, 1984].

[29] Los principios que sostenía la delegación mexicana eran *1)* México es un país en desarrollo; *2)* México seguirá aplicando plenamente sus políticas de desarrollo económico y social; *3)* México debe tener flexibilidad en la regulación de sus importaciones, ya que si abriera sus puertas al libre comercio y a la competencia irrestricta, no se podría resolver el problema demográfico ni la necesidad de crear anualmente entre 800 000 y 1 millón de empleos; *4)* necesidad de proteger al sector agrícola; *5)* proteger y promover el desarrollo industrial, conforme a las propias políticas internas del país; *6)* plena vigencia de los ordenamientos jurídicos internos [Malpica, 1988: 226].

[30] En la reunión del 29 de enero de 1979 se estableció un grupo de trabajo formado por Argentina, Australia, Brasil, Canadá, Comunidad Económica Europea, Colombia, Egipto, España, Estados Unidos, la India, Japón, Nueva Zelanda, Nicaragua, Perú, Rumania, Suecia, Suiza y Uruguay. Los negociadores mexicanos fueron Héctor Hernández, subsecretario de Comercio Exterior de la Secretaría de Comercio (SC); Abel Garrido (SC); Luis Bravo Aguilera (SC); Javier Matus (SRE); Luis de Pablo (SPP); Sergio Delgado, consejero económico; Mauricio de María y Campos (SHCP); Salvador Arriola (SHCP) y Ruby Betancourt (STPS) [Malpica, 1988: 227].

[31] El presidente designó entre 1976 y 1982 a sus asesores, secretarios y miembros de su gabinete entre personas con ideologías y perspectivas económicas divergentes. Esto se hizo deliberadamente con el objetivo de contar con diversos puntos de vista antes de tomar una decisión. Así nombró en la Secretaría de Patrimonio y

Fomento Industrial a Oteyza, un economista estructuralista vinculado a la Escuela de Cambridge; Julio Rodolfo Moctezuma Cid, David Ibarra y Jesús Silva Herzog, economistas moderados para la Secretaría de Hacienda; a un economista de izquierda, Carlos Tello; a un empresario conservador, García Saínz; a un abogado moderado para Programación y Presupuesto, Miguel de la Madrid; y políticos de larga trayectoria en el PRI, Jorge de la Vega y Fernando Solana, en Comercio [Flores Quiroga, 1998: 207].

[32] Para un recuento pormenorizado de este debate y su desenlace, véase el excelente trabajo de Malpica [1988: 273-291].

[33] El Protocolo de Adhesión incluía cláusulas que permitían al gobierno mexicano continuar utilizando subsidios y controles de exportación por algún tiempo, aplicar el Plan Nacional de Desarrollo Industrial, proteger la agricultura, aplicar el Decreto de la Industria Automotriz de 1977 y dejar a la industria petrolera fuera del Protocolo; por último, los miembros del GATT aceptaron tratar a México como un país en desarrollo. Para información más detallada, véase Malpica [1988], Flores Quiroga [1998] y Rico [2000].

[34] De acuerdo con Flores Quiroga [1998], así como en las memorias del propio López Portillo [1988] y en un reportaje de la revista *Proceso* [1985], todos los votos fueron entregados por escrito; como resultado de la votación la propuesta favorable al GATT perdió por 5 a 3 votos, pero más allá de los resultados obtenidos, lo que evidenció la votación fue que esta era un reflejo de los antagonismos existentes entre los secretarios de gobierno y no únicamente el resultado de un voto razonado, tomando en consideración el interés nacional.

[35] Los principales argumentos que fundamentaron la negativa presidencial fueron: *1)* por ser un asunto muy controvertido y con elevados costos políticos para el mandatario; *2)* porque no era el momento oportuno; *3)* por existir un conflicto entre el GATT y el Plan Energético Nacional; *4)* por la naturaleza de los códigos de conducta del GATT emanados de la Ronda de Tokio; *5)* porque liberalizar el comercio no implica un orden económico mundial más justo; *6)* por ser mejores las negociaciones bilaterales que las multilaterales [Malpica, 1988: 291].

[36] No hay que olvidar que en 1973 el mundo vivió una grave crisis de petróleo que provocó serios problemas a las economías de los países industrializados, altamente dependientes de los hidrocarburos, y Estados Unidos no fue la excepción. Las secuelas de esta crisis alcanzaron el sexenio de López Portillo.

[37] El período de Trudeau y del Partido Liberal en el poder fue muy largo, de 1968 a 1979 y de 1980 a 1984, y abarca desde la mitad del sexenio de Gustavo Díaz Ordaz hasta el segundo año de mandato de Miguel de la Madrid.

Segunda parte:

La convergencia de relaciones económicas mutuas

Capítulo 4

México y Canadá:
Una vecindad interferida

Introducción

A finales de 1990, Canadá y México decidieron emprender un proceso
de negociaciones tendientes a lograr un tratado de libre comercio que
también incluyera a los Estados Unidos. Paradójicamente, este proceso
exhibió el estado en que se encontraban las relaciones entre México y
Canadá. Los dos países enfrentaron de forma abrupta el hecho de que,
durante los cincuenta años anteriores, y pese a compartir el mismo
espacio geográfico en América del Norte, habían avanzado muy poco
en su conocimiento mutuo.

Más aún, había prevalecido en su relación un aparente desinterés
basado, por un lado, en la vocación atlántica manifestada por Canadá
desde el siglo pasado y, por el otro, en la vocación latinoamericana cul-
tivada por México desde los inicios de su vida independiente. Aunque
norteamericanos en términos geográficos, Canadá y México prefirieron
ser identificados, por décadas, de otra manera. Ello se debió no solo a
las respectivas vocaciones antes mencionadas, sino quizá también a que
desde sus orígenes Estados Unidos siempre se autodesignó Norteamérica
o, simple y llanamente, y hasta nuestros días, América, dejando con esto
tan poco margen de maniobra a sus vecinos cercanos como para que
vislumbraran la posibilidad de fortalecer entre ellos un vínculo que en
otras circunstancias hubiera sido natural. Es indudable que la hegemonía ejercida por Estados Unidos sobre sus dos vecinos históricamente ha

sido de tal naturaleza que casi obnubiló la posibilidad de que México y Canadá pudieran construir una relación articulada y sostenida a través de los años.

Canadá y México solo se asumieron norteamericanos, de manera conjunta, al negociar y adoptar el Tratado de Libre Comercio de América del Norte con Estados Unidos. Es decir, gracias a un acuerdo para normar las relaciones comerciales entre las tres naciones norteamericanas y promover una integración económica regional. Canadá y México deciden así, por primera vez, a finales del siglo XX, asumir una vocación que geográficamente les pertenecía pero que no decidieron promover hasta 1990.

Sin embargo, el interés mutuo de México y Canadá de ninguna manera es reciente. En el caso de México, basta señalar el cuidado con el cual don Matías Romero, representante de México en Washington, seguía, hace más de un siglo, el debate de los congresistas estadounidenses respecto a una posible anexión de Canadá a Estados Unidos, la formulación de un tratado comercial de reciprocidad o la discusión acerca de una unión comercial entre los dos países.[1] A pesar del interés mutuo, la vecindad compartida con Estados Unidos –influencia constante en el desarrollo de la relación bilateral entre Canadá y México– es uno de los factores explicativos más importantes tanto del desconocimiento tradicional entre los dos países como de su reciente acercamiento. Durante años, dicha vecindad fue erigiéndose en densa cortina de humo entre México y Canadá, pues cada uno de ellos daba prioridad a sus relaciones bilaterales con el poderoso vecino hasta llegar a convertirse en relación privilegiada y casi excluyente. El atlantismo canadiense y el latinoamericanismo mexicano bien pueden ser vistos, en parte, como reacciones ante el vínculo, no siempre confortable, con Estados Unidos.

Este capítulo analiza algunos de los rasgos menos conocidos de los inicios y la evolución de la relación entre Canadá y México,[2] una vecindad con frecuencia interferida por la presencia de los Estados Unidos. Es claro que su reciente acercamiento no debe confundirse con el inicio de su relación bilateral, ya que este no puede ubicarse en 1990 con los hechos que llevaron a la conclusión del Tratado de Libre Comercio de América del Norte. Tampoco, como algunos pretenden, en 1970, cuando la política exterior impulsada por el primer ministro Pierre Trudeau (1968-1979, 1980-1984) buscaba en América Latina la respuesta a su Política de Tercera Opción. Aunque crucial en la relación bilateral, el acercamiento reciente entre los dos países solo representa una etapa más en la evolución de este vínculo.

Tomando en cuenta las anteriores salvedades, hemos dividido el análisis de la evolución de la relación bilateral en cuatro grandes períodos,[3] los cuales se apoyan básicamente en fuentes de primera mano consultadas en Canadá y México. Por fortuna, en ambos países tuvimos la oportunidad de consultar no solo los archivos públicos sino los archivos diplomáticos que aún no han sido totalmente clasificados. En este sentido, tanto el Archivo de Concentraciones de la Secretaría de Relaciones Exteriores, como el Archivo Histórico del Departamento de Asuntos Exteriores y Comercio Internacional resultaron ser de enorme interés para esta investigación, pese a las dificultades inherentes a la consulta de documentos que no han sido ordenados por completo desde su salida de las embajadas y consulados, y que, por tanto, contienen todo tipo de papeles, desde algunos realmente reveladores, hasta muchos otros que carecen de un valor historiográfico.[4]

Gracias a la lectura de estos documentos, así como a la de invaluables fuentes secundarias, pudimos inferir varios aspectos que consideramos clave para entender cabalmente el contexto en que ha evolucionado la relación bilateral. Naturalmente, el aspecto más evidente, aunque no el único, es el miedo a la dominación y a la dependencia de los Estados Unidos. Este sentimiento aparece como una de las preocupaciones centrales en el manejo de la diplomacia de estos países, paradójicamente más acentuado en las fuentes canadienses que en las mexicanas.

En este sentido, resulta por demás interesante analizar la relación bilateral a la luz del proceso de continentalización, en el entendido de que esta siempre fue considerada como un proceso creciente de identificación y adhesión a los Estados Unidos que se llevaba a cabo por separado y que en apariencia no afectaba la relación entre México y Canadá, aunque ahora sabemos que sí lo hacía, debilitándola y en ocasiones obstaculizándola. Con el paso del tiempo y gracias a una mayor abundancia de información sobre cada una de estas etapas, es posible afirmar que el proceso de continentalización influyó en la relación entre los dos países, aun cuando este hecho no se viviera de manera tan consciente como ocurrió después.

En realidad, fue a partir de la década de 1970 cuando México y Canadá empezaron a plantearse la necesidad de disminuir el peso de la realidad continental por medio de una búsqueda más formal de otras opciones, entre las cuales resultó importante el acercamiento entre México y Canadá, aunque no necesariamente tan exitoso como se anunciaba. Hay que reconocer que el clima generado por el TLCAN a partir de los noventa ofreció tal oportunidad, pero en un sentido inverso de lo que se buscaba en los setenta. En la década de 1990, la propuesta implicó asumir la continentalización, vivirla de manera conjunta, dejar de rechazarla o de buscar mejores alternativas.

El porfiriato (1876-1911), *grosso modo*, representa la primera fase de un proceso continuo de continentalización, interrumpido drásticamente por la Revolución Mexicana y remodelado por la Primera Guerra Mundial y la Gran Depresión. Una segunda etapa en la relación bilateral surge como respuesta a la interrupción de los vínculos comerciales transatlánticos y transpacíficos, causados por la Segunda Guerra Mundial, que provocó una aceleración de la creciente integración económica hacia los Estados Unidos. En esta etapa, el proceso de continentalización *de facto* no fue tanto el resultado de una decisión de Política Nacional sino, hasta cierto punto, la consecuencia de la falta de alternativas que se dieron a partir de la década de 1940.

La tercera fase es la de la negociación trinacional, como una necesidad pragmática. En esta aparece un punto en común que los vincula como no había ocurrido antes. El interés económico común del capital privado de los tres países y de sus gobiernos coincide con la idea de que las fronteras geográficas y económicas no son más que una barrera a sus intereses comerciales. En esta etapa, como ya hemos mencionado en este trabajo, México consolida su adhesión a los principios de la liberalización económica.

La cuarta fase corresponde a la época actual; después de veinte años de operación del TLCAN, los tres gobiernos están intentando poner en marcha un proyecto de integración profunda que implica la creación de una comunidad de América del Norte. Esta fase fue provocada por los acontecimientos ocurridos en los Estados Unidos después del 11 de septiembre, que está incidiendo en un cambio de la política fronteriza y de la política de seguridad nacional de los tres países de una manera que hasta ese momento no había logrado el TLCAN.

4.1. El surgimiento del interés canadiense por México

Los orígenes de la relación entre Canadá y México se remontan a la segunda mitad del siglo XIX.[5] En 1865, cuatro colonias británicas de Norteamérica ya habían puesto sus ojos en México: Canadá, Nueva Escocia, Nueva Brunswick y la Isla Príncipe Eduardo discutieron en una reunión sobre "movimientos mercantiles", en la ciudad de Quebec, acerca de las posibilidades que ofrecía el mercado mexicano como alternativa comercial frente al expansionismo del mercado estadounidense.[6]

Esta primera misión, que pronto se encaminaría hacia Latinoamérica, repentinamente se volvió de vital importancia para los futuros padres de la Confederación, ya que un año después de la reunión de Quebec tuvieron que afrontar la abrogación del Tratado de Reciprocidad Comercial que mantenían desde 1854 con los Estados Unidos. El reporte de la reunión afirmaba contundente: "Este asunto se volvió de la mayor importancia en el que nuestro interesante comercio con los Estados Unidos se ve amenazado con interrupciones y, ciertamente, de allí en adelante continuaría bajo diferentes condiciones de las existentes hasta entonces" [Report of the Commissioners, 1866: 4].

La importancia de esta iniciativa deriva, en primer término, del estatus de las cuatro colonias británicas mencionadas, las cuales no alcanzaban siquiera la situación de dominio territorial británico. Pese a su estatus, dichas colonias venían desarrollando una importante vocación de comercio, según lo demuestra el interés por México. Esta vocación comercial era compartida por sus vecinos del sur, lo cual no es de extrañar si se tienen en cuenta los estrechos lazos entre los habitantes de estas colonias y los Estados Unidos. Muchos de los habitantes de las colonias británicas eran realistas fieles a la Corona que habían huido hacia el norte después de la independencia de Estados Unidos (1776). Incluso, como bien ha resumido Seymour M. Lipset, "los estadounidenses no lo saben, pero los canadienses no pueden olvidar que de la revolución estadounidense surgieron dos naciones, no una. Los Estados Unidos son el país de la revolución, Canadá el de la contrarrevolución" [Lipset, 1993: 19]. La relación entre las colonias británicas de América del Norte y la Madre Patria enfrentó cierta rispidez en la búsqueda de mercados alternos. Los proyectos comerciales de ultramar de las colonias, como cualquier otra iniciativa que tomaran, debía pasar por el tamiz de las altas autoridades en Inglaterra. Así, el Consejo Confederado de Comercio, al proponer el intercambio comercial fuera de la órbita británica, afirmaba:

> En la opinión de este Consejo sería altamente deseable que se haga una solicitud al Gobierno de Su Majestad Imperial, pidiendo que se den los pasos necesarios para posibilitar a las provincias británicas de América del Norte abrir la comunicación con las islas de las Indias Occidentales, con España y sus colonias, con Brasil y con México, con el propósito de encontrar de qué manera puede extenderse y asentarse sobre una base más ventajosa el tráfico entre las mencionadas provincias y aquellos países [Linscott, 1900: 300; citado en Ogelsby, 1989: 11].

Este Consejo buscaba básicamente mercados para colocar lo que estas colonias producían, e insistía en que el intercambio debía cimentarse en el principio de reciprocidad comercial. En este sentido resulta interesante mencionar que la propuesta del Consejo implicaba la necesidad de nombrar en cada una de las colonias un representante que viajaría primero a Londres y después a las regiones mencionadas. Sin duda alguna, en esta moción podemos encontrar los orígenes de la política de comercio internacional de las provincias.

Por su parte, el Consejo Ejecutivo Canadiense, en contacto continuo con la Oficina de las Colonias y la Secretaría de las Colonias en Norteamérica ubicadas en Londres, informó sobre los planes de las colonias, los cuales fueron aprobados por los Lords of Trade [Ogelsby, 1989: 11]. De acuerdo con documentos diplomáticos de la época, el gobierno británico estaba muy pendiente de que la primera misión comercial de estas colonias "no asumiera ningún carácter independiente ni para negociar, ni para hacer convenios" [PARC, RG 7, G21/22]. Así que el encargado inglés ante los representantes provinciales tuvo buen cuidado de determinar cuáles serían los propósitos de su viaje: "indagar, reunir datos, rendir información, hacer recomendaciones a sus respectivos gobiernos, los cuales debían dejar las negociaciones y acuerdos futuros a una autoridad competente, esto es, al gobierno británico" [Report of the Commissioners, 1866: 1].

Las acotaciones que el funcionario inglés impuso a la acción de estas colonias no fueron el único nubarrón que ensombreció el naciente entusiasmo de los colonos; por su parte, los Estados Unidos también manifestaron su reticencia, en particular cuando la misión empezó a visitar países como Brasil y Cuba y a ponderar el costo económico que les significaba aceptar el intermediarismo de Estados Unidos en la compra de muchas de las importaciones, como era el caso del azúcar: "El comercio que existe entre Cuba y la Inglaterra norteamericana es muy considerable; sin embargo, todo su alcance y valor no aparece en las estadísticas publicadas por nuestro comercio, como consecuencia de que una gran parte de este tráfico, hasta hoy, ha hecho su camino, en tránsito de Cuba a las provincias británicas, por puertos de Estados Unidos y viceversa" [Repport of the Commissioners, 1866: 2].

Al final de su periplo, los representantes de las colonias tenían una idea más clara de lo que significaban América Latina y el Caribe para sus intereses. Un aspecto que en particular los había inquietado fue la constatación de que para cualquier fin práctico las colonias británicas se encontraban maniatadas por Inglaterra y Estados Unidos, y que en consecuencia no les sería tan fácil emprender un intercambio comercial directo con estos países. Aquellos comisionados tuvieron que reconocer que el comercio directo era poco realista y que lo mejor que podían hacer en aquellas circunstancias sería continuar participando en un comercio triangular dentro del Imperio y aceptar que sus productos continuarían siendo reexportados por Inglaterra y Estados Unidos.

4.2. Las primeras misiones comerciales canadienses en México

A mediados del siglo XIX, al igual que en el resto de América, los primeros comerciantes que llegaron a México se presentaron en calidad de ciudadanos de un imperio europeo con asentamientos territoriales en el continente. Según esto, su presencia fue considerada por los mexicanos como parte de las actividades de los británicos asentados en Canadá.

Las primeras misiones comerciales canadienses desconfiaban profundamente de la situación que prevalecía en México. Sin duda, los acontecimientos armados que afectaban periódicamente al país provocaban una imagen de inseguridad para los capitales extranjeros que los canadienses no podían ignorar. De hecho, la primera misión comercial enviada a México nunca llegó; en ese entonces, el país veía desmoronarse el imperio de Maximiliano de Habsburgo, por lo que los canadienses prefirieron suprimir a México de su primer periplo comercial en Latinoamérica: "Los comisionados, al encontrar que México era aún teatro de la guerra, juzgaron oportuno retardar su regreso para visitar la capital de aquel Imperio" [Report of the Commissioners, 1866: 1-2].[7]

La presencia canadiense en México empezó a ser significativa a partir de los primeros años de ese siglo. Entonces, un grupo de empresarios, con una enorme dosis de aventura, se vinculó por medio de sus inversiones al proceso de modernización de la infraestructura de algunas ciudades de México. Estos empresarios pioneros fueron fruto de un período de enorme florecimiento económico en Canadá, a partir de 1900. En América Latina, en particular en México, encontraron un espacio económico en el cual podían acrecentar sus capitales y realizar colosales negocios.

4.3. Los empresarios canadienses y el porfiriato

En México, el régimen del presidente Porfirio Díaz (1876-1880 y 1884-1911) pasaba por una etapa de enorme apertura a la inversión extranjera, la cual era considerada necesaria para modernizar al país. Bajo el lema "Orden y progreso", el presidente Díaz inició la primera modernización de México, que buscaba transformar alrededor de 10 millones de mexicanos en "ciudadanos activos, consumidores y productores", que se consideraba que lograrían a través de "un vigor productivo y empresarial participar en el gran futuro industrial, agrícola y manufacturero" de México [Romero, 1898: 76-80; citado en Konrad, 1995: 18]. Los Científicos, como se llamaba a los más cercanos colaboradores de Díaz, estaban imbuidos de las ideas liberales tan en boga en aquel período, y el país representaba un terreno virgen en el cual podían ponerlas en práctica.

Matías Romero, por aquel entonces ministro de Hacienda, considuraba que la localización geográfica de México, al lado de Estados Unidos, era envidiable y que había que aprovechar las ventajas económicas de su vecindad territorial: "I look forward to the time, which I do not think far distant, considering our continuity of territory to the United States and our immense elements of wealth, when we shall be able to provide the United States with most of the tropical products [...] which they now import from several other countries" [Romero, 1898: 9, citado en Konrad, 1995: 18].

Esta visión era ampliamente compartida por J.W. Foster, el representante de los Estados Unidos en México, quien con prontitud llevó a cabo su labor de cabildeo, que esencialmente buscaba respaldar el proyecto de modernización comercial e industrial que proponía el presidente Díaz, y obviamente favorecería los intereses estadounidenses.

El representante estadounidense había hecho una acertada evaluación del estado en que se encontraba la economía de México y concluyó que las exportaciones de este país estaban muy poco diversificadas y prácticamente se reducían al oro y la plata, mientras que la agricultura estaba escasamente orientada a las exportaciones. Efectivamente, alrededor de 77% de las exportaciones provenían del sector minero y la mayoría de la población en aquel entonces era de origen rural y practicaba una agricultura mayoritariamente de subsistencia. Foster trató de influir en la política fiscal y comercial de Díaz, pugnando por la eliminación de los impuestos a las exportaciones y la mecanización de la agricultura. Ambas propuestas especialmente convenían a los inversionistas y exportadores estadounidenses que tenían puesta la mira en México.[8]

De esta manera, el proyecto de modernización de Díaz, basado en la industrialización y la creación de un proyecto agrícola exportador,[9] así como en la diversificación de las exportaciones, pasó a ser visto con inmensa simpatía no solo por Estados Unidos, sino por Canadá y las principales potencias europeas.

Porfirio Díaz sabía que sin una red ferroviaria, sin telégrafos, electricidad ni infraestructura urbana difícilmente podría lograrlo. Sin embargo, cierta animadversión de su gobierno hacia Estados Unidos favorecía la presencia de otros países. Canadá, por su vinculación al Imperio británico y su actitud moderadamente independiente de los Estados Unidos, resultaba atractivo para el gobierno mexicano [Gutiérrez-Haces, 1995b: 62 y 1997: 15-17; Konrad, 1995: 17]. Puesto que los constructores del ferrocarril, conocido como el *Canadian Pacific*, y las empresas mineras también buscaban nuevos mercados, la coincidencia de intereses no podía ser mejor.

4. 4. Los primeros acercamientos

El primer paso importante en la relación comercial bilateral se da en 1904. El gobierno de Díaz firma la Convención Postal entre la Dirección General de Correos de México y el Departamento de Correos del Dominio de Canadá. En el documento original figura, incluso, la firma del propio Díaz, del director General de Correos de México y el postmaster General de Canadá, W.M. Lock. Esta medida significó que los dos países estaban dispuestos a incrementar sus relaciones comerciales, para lo cual el servicio postal y el establecimiento de giros postales eran indispensables; las ciudades de Nuevo Laredo y Montreal fueron elegidas como oficinas de cambio [AHREM, 1904 y 1906, 27-4-50].

El primer comisionado de comercio que envió el gobierno canadiense a México llegó en 1905. La designación de A.W. Donly abrió una nueva etapa en la relación bilateral, ya que su presencia demostró un cambio de giro en la actitud del gobierno canadiense hacia México, en especial como consecuencia de los positivos informes que sobre el mercado mexicano eran enviados por los empresarios y banqueros canadienses. Estos reportes comerciales también llamaron poderosamente la atención del gobierno canadiense, el cual, pese a su estatus de dominio británico, empezó a seguir una política cada vez más independiente del imperio [Ogelsby, 1989: 62, Gutiérrez-Haces, 1997: 18]. México fue uno de los primeros países de América Latina en recibir un comisionado con carácter permanente, lo cual en cierta medida reflejaba el temprano interés de este país por el mercado mexicano. Como parte de esta voluntad, también se discutió la posibilidad de establecer una ruta de vapores con el apoyo financiero de ambos gobiernos. El proyecto de comunicación se concretó en 1905 y funcionó exitosamente hasta 1913, cuando el servicio fue cancelado como consecuencia de la Revolución Mexicana.

Durante 1920, el gobierno mexicano tomó cartas en el asunto y decidió que era momento de reanudar contactos con algunos gobiernos con los que en el pasado sostuvo buenas relaciones. Con este ánimo, en julio de 1920 se envió a Luis M. Martínez a Toronto con el nombramiento de representante comercial. Uno de sus principales cometidos era tratar de restablecer con el gobierno canadiense el servicio de vapores como una medida que principalmente buscaba salvar el paso por los Estados Unidos, la ruta más socorrida para la exportación de los productos mexicanos.

Los primeros canadienses que llegaron a México estaban persuadidos de que sus ganancias serían superiores a las que podían obtener trabajando solamente en el mercado de Canadá; consideraron que su economía tenía limitaciones inherentes a la estructura del país, y que tarde o temprano estas afectarían su libertad de acción y, sobre todo, la rentabilidad de sus operaciones. Además, tenían el convencimiento de que el nicho de mercado que habían decidido ocupar lejos de Canadá los hacía imbatibles: la tecnología y la operación de servicios públicos en comunicaciones y transportes eran su especialidad.[10]

Los empresarios canadienses en México fueron los primeros en aplicar los principios de la "gestión" combinada con el uso de la tecnología de punta y un eficiente manejo de operación de servicios públicos. Con el apoyo de los banqueros canadienses, aprovecharon los senderos comerciales que los británicos habían abierto en América Latina y en el Caribe. Conscientes de su ventaja frente a los incipientes empresarios locales, decidieron explotar la ventaja que la coyuntura internacional les ofrecía: un Imperio británico en repliegue, un sector económico del cual Estados Unidos no se había adueñado y una urgencia de modernización en la infraestructura de muchas ciudades que ansiaban interconectarse tanto en su espacio nacional como en el exterior.

Aquellos canadienses de principio de siglo no hacían más que repetirse que las imperfecciones del mercado hacían aún más atractivas las economías locales de América Latina, de ahí que la inversión canadiense en México se concentrara en la transferencia de tecnología madura hacia regiones marginales que, en aquella época, recibieron con pláceme a los inversionistas, ingenieros y empresarios que construyeron las primeras centrales hidroeléctricas en México, como en el caso de Necaxa [Gutiérrez-Haces, 1997: 20].

La pericia tecnológica, los conocimientos de gestión y la reinversión de capitales permitieron a los empresarios canadienses levantar un imperio de servicios urbanos que paulatinamente conectó las arterias económicas de México. Contaban, también, con otras ventajas: una tasa de rentabilidad superior a la que era factible obtener en Canadá; superioridad técnica; mano de obra barata; exención de impuestos. La disponibilidad de tierra gratuita y, por último, la anuencia de un gobierno que les permitía actuar con una libertad posiblemente inimaginable en Canadá. Estos fueron algunos de los elementos que jugaron a favor de aquellos anglocanadienses y del presidente Porfirio Díaz.[11]

4.5. F.S. Pearson y el inicio de los monopolios de servicios públicos

En 1902, en plena pujanza porfirista, Frederick Stark Pearson conoce México.[12] De acuerdo con lo que relata J. Ogelsby, la impresionante caída de agua provocada por el río Necaxa (por supuesto en temporada de lluvias) lo lleva a planear su primer gran proyecto: proponer al gobierno mexicano y a sus apoyos financieros en Canadá las posibilidades comerciales que representaba la construcción de una planta hidroeléctrica en México[13] [Ogelsby, 1976: 139-162; Armstrong y Nelles, 1988: 85-87]. Poco tiempo después, funda la Mexican Light Power Company, con capitales de Montreal, y entra en una abierta competencia con la Mexican Electric Works, de propiedad alemana, la cual sería adquirida, en 1903, en una transacción de compra-venta en efectivo por los canadienses. El poder de F.S. Pearson llegó a su culminación al obtener la concesión para abastecer de electricidad a la Ciudad de México hasta el año 2012[14] [Ogelsby, 1976; Godoy, 1996, Armstrong y Nelles, 1988].

F.S. Pearson creó tres grandes empresas con las cuales habría de dar servicio a las calles, la industria, las minas, los trenes y los *trolleys*.[15] Aunque estas empresas involucraban a administradores de empresas, aseguradoras, corredores de bolsa, ingenieros y técnicos, así como a importantes capitales canadienses, belgas, alemanes y británicos,[16] su liderazgo era indiscutible. Para 1906, F.S. Pearson era presidente de la Compañía de

Tranvías de la Ciudad de México y los inversionistas canadienses controlaban el 75% de las acciones.[17]

Empresarios como F.S. Pearson habían descubierto que en México se podían crear monopolios de servicios públicos integrados que, como auténticos pulpos, extendieron sus actividades hasta llegar a controlar mercados completos de energía hidroeléctrica y gas, como la ciudad de Pachuca, en donde hasta el funcionamiento de las minas dependía de este monopolio. Ligados a este tipo de estrategia comercial también llegaron los bancos, entre ellos el Banco de Montreal (1906) y el Banco Canadiense de Comercio (1910), que tenían la misión de asegurar y regular el uso del capital en manos de estos empresarios.[18]

Para 1911, Canadá y la Gran Bretaña representaban 29.1% de la inversión extranjera en México.[19] Eran además responsables de 89% de la inversión extranjera en telégrafos, teléfonos, agua, luz y las hidroeléctricas.[20] Estas cifras revelan el importante peso económico que Canadá

Cuadro 4-1

Inversión extranjera en México
por país y sector en 1911
(porcentaje)

Sector	Estados Unidos	Gran Bretaña	Francia	Alemania	Holanda	Otros	Total
Deuda pública	4.6	8.4	36.1	3.0	48.2		14.6
Bancos	2.7	1.8	11.0	18.3	3.7		4.9
Ferrocarriles	41.4	40.6	12.8	28.5	43.2	40.0	33.2
Infraestructura	1.0	21.4	1.1		4.9		7.0
Minería	38.6	11.8	19.8			23.9	24.0
Tierras	6.3	9.2	1.8	9.1			5.7
Industria	1.6	1.1	7.9	41.1			3.8
Comercio	0.7		8.8			36.1	3.6
Petróleo	3.1	5.8	0.7				3.1
Valor de la inversión ($ millones)							
Pesos	1 292.4	989.5	908.7	65.7	53.5	91.1	3 401
US$	646.3	495.0	454.4	32.9	26.8	45.6	1 700

Fuentes: H.K. May y J.A.F. Arena, *Impact of Foreign Investment in Mexico* [1972: 10, 61-62] e *Historia Moderna de México, la vida económica* [1965: 1150-1156].

y Gran Bretaña habían adquirido en México a principios del siglo XX [Armstrong y Nelles, 1988: 188-189; Konrad, 1995: 23].

Debido a su condición de dominio británico, los canadienses no tuvieron más remedio que abstenerse de participar oficialmente en las fiestas del Centenario de la Independencia de México, ya que el gobierno inglés había decretado un duelo por la muerte del rey Eduardo VII. Ello no impidió, sin embargo, que los canadienses regalaran al gobierno de Porfirio Díaz un sembradío de árboles de Maple, de milla de largo, en el Bosque de Chapultepec.[21]

La Revolución Mexicana estalló en 1910, cortando de tajo en un primer momento la relación comercial con Canadá y posteriormente los vínculos diplomáticos. Las compañías de electricidad, los ferroca-rriles y los tranvías pronto se vieron afectados ya que, después de todo, la primera revolución social del siglo XX requería las vías y los me-dios de comunicación y transporte para su causa. En 1916, la mayoría de los bancos canadienses habían cerrado sus oficinas en México, ya que los decretos revolucionarios no iban de acuerdo con sus intereses. La etapa de los enormes privilegios del porfiriato había llegado a su fin.[22] Durante años, los intereses canadienses tuvieron su sede en las oficinas del Banco de Londres; todavía en 1923, Noel Wilde, comisionado de comercio canadiense en México, despachaba en las oficinas de esa ins-titución financiera [Gutiérrez-Haces, 1997].

Los acontecimientos de México entre 1910 y 1916 provocaron enormes cambios en la actitud de los empresarios canadienses, la mayoría de los cuales se vieron obligados a abandonar el país sin posibilidad de reclamo legal ni indemnización efectiva, en gran medida porque formularon sus quejas a través de la Comisión de Reclamos, representada por la Gran Bretaña en México.[23] Años después, al romperse las relaciones entre los gobiernos mexicano y británico debido a la expropiación petrolera de 1938, Canadá vio aún más debilitada su presencia en México al carecer de una representación diplomática oficial e independiente de Inglaterra [Meyer, 1991].

4.6. El fin de una etapa

¿Cuáles fueron las características heredadas por la relación bilateral entre Canadá y México después del porfiriato?

Un primer aspecto que cabe destacar es que aquellos canadienses que llegaron a México a principios del siglo XX eran un fiel producto del pensamiento capitalista que imperaba en aquellos años. Estos individuos consideraban que cualquier país pobre tenía prácticamente la obligación de abrirse a las oportunidades de negocios que ofrecían los países más poderosos. De acuerdo con esta idea, los recursos naturales y la fuerza de trabajo de estos países debían ponerse al servicio de tales intereses. Considerando que este deseo en muchos casos podía ser recibido con particular animadversión, los gobiernos de tales países tenían como misión ofrecer protección y condiciones favorables a la operación de tales intereses. El capital extranjero pedía más que un tratamiento nacional, exigía mejor recepción y el mismo trato del que gozaban sus habitantes, aunque en los hechos podría decirse que solo una minoría de nacionales gozaba del mismo trato que se otorgaba a los extranjeros.

Desde esta perspectiva, Porfirio Díaz encabezaba un modelo perfecto de gobierno: respetado en el ámbito internacional y temido lo suficiente en su propio país, interesado en modernizarlo con la ayuda del capital extranjero, eficazmente autoritario como para impedir cualquier tipo de oposición a las operaciones de los foráneos y bastante identificado con las ideas económicas en boga como para adoptar el patrón oro, pese a que durante décadas la fortaleza de la producción de plata había dado estabilidad monetaria al país. Nunca un gobernante mexicano gozó de tanta popularidad en los círculos internacionales y nunca después los inversionistas extranjeros temieron tanto cambios como los que la Revolución Mexicana produjo con los años.

Aquellos canadienses se sabían protegidos por las dos grandes potencias del momento, la Gran Bretaña y los Estados Unidos, pero también estaban conscientes de su extrema vulnerabilidad al depender de los accionistas de ambos países. El emporio montado sobre los servicios públicos, aunque era una empresa principalmente canadiense, dependía de los bancos europeos y estadounidenses. La construcción de la infraestructura urbana también estaba condicionada a una compleja red de préstamos atados que involucraban prácticamente a todos los capitales extranjeros presentes en México. Cuando la Revolución Mexicana derribó a uno, todos los demás empezaron a caer debido a la interdependencia que existía entre ellos. Porfirio Díaz había sido el único capaz de respaldar y sostener tal poderío.[24]

También es necesario destacar la existencia de dos tipos de actores sociales en la relación bilateral. El primer grupo lo conforman los inversionistas y empresarios que a título casi individual deciden aventurarse en México. El segundo grupo está representado por los escasos funcionarios gubernamentales que desde 1905 visitan México. Los dos reflejan la estructura de la sociedad canadiense de principios de siglo, en la cual los grupos económicos privados aún no estaban tan fusionados a la estrategia económico-diplomática del gobierno federal y provincial como lo estarían posteriormente.

En lo que toca al primer grupo, debe recordarse que los empresarios canadienses se inclinaron por una estrategia de inversión ubicada en transportes, telecomunicaciones y la prestación de servicios ligados a la explotación de los recursos naturales como agua, petróleo, bosques y minería. Esta situación no ha variado mucho desde entonces. Por otra parte, hoy, al igual que en el pasado, los empresarios canadienses que invierten en México consideran la necesidad de vincularse al mercado local y crear una cadena de servicios interconectados. La dificultad para aplicar esta estrategia está íntimamente ligada a la historia económica de México. En Canadá, la explotación de los recursos naturales no ha sido nacional ni parte del monopolio estatal, salvo durante un corto período en los años setenta y ochenta bajo la canadianización [Watkins, 1968]. En México, la presencia estatal en los rubros que interesan a los canadienses persiste hasta la fecha: minería, telecomunicaciones, electricidad y carreteras. Resulta obvio que la actitud, por demás errática, de los diversos gobiernos mexicanos a partir de 1910 –que en términos generales oscilaron entre el nacionalismo económico, la intervención estatal y la atracción de la inversión extranjera– representó una fuente de frustración y conflicto.

En cuanto al segundo grupo, debe destacarse que el inicio de la presencia oficial de Canadá en México es reflejo de la evolución del

Ministerio de Relaciones Exteriores de Canadá, creado en 1909, y el debate que existía entre la política comercial internacional de Canadá y su diplomacia. Esa presencia oficial también habría de evolucionar. Por ejemplo, en 1920, el comisionado de Comercio de Canadá en México fue duramente reprimido por sus superiores como consecuencia de las entrevistas que celebró con algunos representantes del gobierno mexicano, las cuales tenían el propósito de detectar oportunidades de inversión en México. Sin embargo, dicha actitud cambiaría sustancialmente a partir del momento en que la cancillería canadiense asumió como parte de sus funciones la diplomacia comercial. En 1946, México y Canadá celebraron un Acuerdo de Reciprocidad Comercial; este convenio fue el primero que Canadá rubricó sin la tutela de Inglaterra [PARC, 1920, RG 25].

En tercer lugar, la presencia económica y política de la Gran Bretaña, reemplazada años después por los Estados Unidos, es un elemento central en la evolución de la relación México-Canadá [Konrad, 1995: 31]. El hecho de que este último continuara arreglando sus asuntos diplomáticos con México a través de Inglaterra, casi hasta 1944, condicionó en gran medida el perfil de la relación; puede afirmarse que, en ciertas ocasiones, Canadá "compró" algunos conflictos con México debido a su estatus de Dominio.[25]

Por último, los canadienses aprendieron en México lo que significaba perder la mayoría de sus inversiones. La lucha armada por supuesto que dañó físicamente la mayoría de las instalaciones canadienses, pero es indiscutible que el golpe más duro no provino de la revuelta popular, sino de los consecutivos gobiernos que los canadienses desde la época de Díaz habían lisonjeado sin cesar. Las medidas tomadas por el presidente Carranza (1917-1918) asestaron el golpe de gracia a aquellos canadienses. La reivindicación de que el Estado era el único dueño de todos los minerales y los recursos naturales y que todas las empresas extranjeras habían hecho negocios en México como "ciudadanos mexicanos" y, por tanto, no podían acudir a la protección de las leyes de sus países, significó la pérdida de sus haberes en México.

Las ideas planteadas por Carranza poco después pasaron a ser parte del Artículo 27 de la Constitución Mexicana de 1917, el cual fue redactado en forma tan contundente que durante décadas los inversionistas extranjeros no olvidaron los riesgos que significaba invertir en México e hicieron de este artículo constitucional la *bête noir* de las relaciones con el gobierno mexicano.[26]

4.7. Las relaciones México-Canadá en los tiempos de la geopolítica

La Revolución Mexicana, al cortar las relaciones comerciales, propició el enfriamiento de las relaciones bilaterales. Más aún, algunos de los funcionarios de los dos países encargados de mantenerlas durante las dos guerras mundiales reflejaron en sus decisiones y propuestas el clima que, en el ámbito internacional, habían provocado los alineamientos alrededor de Alemania y Gran Bretaña. Pero no solo la relación vivió las consecuencias de los alineamientos, también el reflujo económico, resultado del crack de 1929, desempeñó un papel importante en el reacomodo de los principios mismos de la relación.

Casi al término de la Primera Guerra Mundial, en febrero de 1918, la Legación de México en La Habana informó sobre un supuesto complot perpetrado por Canadá y los Estados Unidos contra México, filtrado por los servicios diplomáticos cubanos en Washington. El encargado de negocios *ad interim* en La Habana mencionaba que el rumor se había generado a partir de una nota publicada en el periódico *El Demócrata* [AHREM, 1918, 17-11-250].[27] Por supuesto, la noticia fue negada por estadounidenses y británicos. Es de destacar, sin embargo, que este diario formaba parte de los periódicos mexicanos que estaban en la lista de pagos del ministro alemán Von Eckardt.[28] Así, sin mayores datos a la disposición y si recordamos que México se mantuvo neutral a lo largo de todo el período de la guerra,[29] podría pensarse que se trataba de una conspiración periodística que tenía la finalidad de crear fricciones entre Canadá, Estados Unidos y el gobierno de Venustiano Carranza. *El Demócrata* había reproducido una nota del periódico *The Washington Post*, también de febrero de 1918, acerca de que la armada estadounidense había movilizado una fuerza que sería enviada a Tampico para tomar posesión de los campos petroleros, información desmentida oficialmente por el gobierno estadounidense a través del periódico *Excélsior*, en diciembre de 1918 [Matute, 1995: 15-22].

Sin duda, la relación entre México y Canadá había tomado una dinámica muy particular ante la imposibilidad de sustraerse a las luchas de espacio y poder que la guerra europea había alimentado. A partir de 1918, el gobierno canadiense asumió medidas de control y proteccionismo que se prolongaron hasta más allá de 1920. La publicación de las "listas negras" de Canadá en las que se detallaba la prohibición de exportar ciertas mercancías, reflejaba un clima de "linchamiento comercial" [AHREM 1918 y 1919, 16-23-34]. En 1920, por ejemplo, el cónsul mexicano en Toronto informaba de manera confidencial sobre la oferta que se le había hecho para adquirir 30 000 armas del último modelo que había usado el ejército canadiense, las cuales podían ser entregadas en "alguna puerta" mexicana. De acuerdo con el funcionario, la exportación de armas de Canadá era factible en cuanto no "existe ninguna disposición que lo prohíba". Sin embargo, el cónsul mexicano también señalaba: "Es casi indudable que, de tener conocimiento de alguna negociación sobre el particular, el Gobierno de Estados Unidos trataría de impedir la venta o exportación y Canadá seguiría las indicaciones de Inglaterra", lo que destaca la influencia británica y estadounidense sobre Canadá [AHREM, 1920, 17-17-338].

En el período de entreguerras, la relación bilateral Canadá-México vivió lo que podría calificarse como un período de "hibernación", que no estuvo exento de los ingredientes propios de la conspiración, el espionaje y la lucha geopolítica que la Primera Guerra Mundial prohijó. En ello también tenía un papel relevante el clima político internacional que acompañó a la promulgación de la Constitución en 1917. Pese a su declarada neutralidad, el nuevo gobierno mexicano enfrentaba momentos de profunda tensión debido a que Alemania, Gran Bretaña y los Estados Unidos jugaban su propia guerra en territorio mexicano.

Por su condición de vecindad con los Estados Unidos y su enorme potencial en petróleo y materias primas estratégicas, México tenía una importancia geopolítica de primer orden. Para Estados Unidos, tener a México de su lado era cuestión de supervivencia (del mismo modo, la "eurofilia" canadiense representaba una amenaza). Para los europeos, México constituía una inmejorable plataforma de espionaje, además de ser percibido como el camino más cercano para construir un cinturón proeuropeo que geográficamente apretara la frontera sur de Estados Unidos.

El papel que desempeñaron Estados Unidos y Reino Unido sobre México y Canadá, en los años veinte, habría de marcar la relación entre estos últimos. La vecindad interferida proviene más de esta época que de la Guerra Fría que seguiría al fin de la Segunda Guerra Mundial.

4.8. Reinicio de las relaciones económicas

Afortunadamente, las relaciones entre México y Canadá, si bien escasas, no se estancaron en un encadenamiento de episodios de intrigas y ambiciones. Los servicios consulares de México en Vancouver, Winnipeg y Montreal, por ejemplo, empezaron una labor titánica para iniciar la construcción de un vínculo diplomático-comercial con Canadá que habría de cristalizar, como se señaló, en la década de 1940. La correspondencia de estos diplomáticos entre 1920 y 1933 es un importante ejemplo de la visión de estos funcionarios mexicanos que, a fin de sustraerse del clima geopolítico antes descrito, proponían a través de sus informes la necesidad de levantar un puente comercial alternativo para México y Canadá. Por ejemplo, Héctor Villatoro, representante diplomático de México en la provincia de Columbia Británica, con una clarividencia asombrosa analizaba desde Vancouver la necesidad de establecer una línea de vapores que asegurara el comercio entre los dos países, ya que la ausencia de un medio de transporte organizado significaba un enorme obstáculo para el crecimiento de la relación comercial [AHREM, 1922, 37-14-130].

Los diplomáticos mexicanos señalaban como un serio obstáculo para las relaciones comerciales algunos problemas que, aún hoy, siguen siéndolo: el proteccionismo comercial estadounidense que impedía que el jitomate mexicano se introdujera en Canadá; la informalidad de los productores mexicanos en sus entregas; las deficiencias en el empaquetado y la triangulación impuesta a los productos canadienses y mexicanos que eran obligados a reexportarse desde puertos y bodegas estadounidenses a los dos países [AHREM, 1930, III-185-2].

Los intentos mexicanos por restablecer las relaciones comerciales con Canadá eran tenaces. En diciembre de 1920, el visitador de consulados, Enrique A. González, se entrevistó con el ministro de Comercio de Canadá con la excusa de discutir sobre el comercio de jitomates mexicanos; en realidad, buscaba la oportunidad para celebrar un tratado comercial entre ambos países [AHREM, 1930, III-185-2].

Aunque la documentación diplomática acerca de estas iniciativas es escasa, resalta la mención a las reacciones periodísticas que despertaban. Así, en el Trade Supplement del periódico *The Times* se publicaron en enero de 1931 algunos comentarios que sugerían que era preferible priorizar las importaciones de legumbres y frutas desde las Indias Occidentales Británicas a Canadá que desde México, para lo cual argüían que el comercio "debería hacerse dentro del Imperio". De nuevo, los imperios contraatacaban. No pocas veces se recordaba el arancel común que los países de la Commonwealth, establecida formalmente desde 1926, debían aplicar a los países que no formaban parte de ella [AHREM, 1931, III-185-2 y 1931, III-302-48].

Desde luego, estas presiones no impidieron a México y Canadá establecer un intercambio de correspondencia y visitas diplomáticas con la finalidad de concretar un convenio comercial. La información y comentarios del cónsul Barrera Guerra y del cónsul Magaña podrían haber servido como una lectura de cabecera a los negociadores del Tratado de Libre Comercio de 1994. Un punto nodal en la correspondencia fue la discusión sobre la tácita obligatoriedad que existía para las mercancías canadienses y mexicanas de pasar por territorio estadounidense, lo que, según su consideración, mantenía separados a los dos países. El beneficiado de este hecho naturalmente era Estados Unidos, el cual "al ser el intermediario entre el comprador y el vendedor, podía regular los precios y las ganancias a cambio de la eficiencia en sus medios de comunicación" [AHREM, 1931, III-185-2]. El cónsul Magaña concluía sus informes apurando a la Cancillería mexicana a celebrar un tratado comercial con Canadá.

La influencia británica sobre Canadá, en lo que concierne a las relaciones con México, era abrumadora, como lo demuestran las fuentes primarias consultadas. Además de los intereses propiamente comerciales del Imperio británico, que impidieron un acercamiento pleno en la década de 1930, que nuevamente interfirieron en la vecindad de México y Canadá, documentos diplomáticos canadienses de finales de esa época mencionan de forma reiterada la imposibilidad de establecer una representación canadiense en México. El argumento utilizado era que México había roto relaciones diplomáticas con Gran Bretaña a raíz de la expropiación petrolera de 1938. Sin embargo, las presiones de México aumentaban. Canadá, por su parte, en el centro de sus viejos lazos con Reino Unido y sus nuevos intereses americanos, norteamericanos y mundiales, debía tomar una decisión.

Otro aspecto por explorar sería el componente geopolítico que, si bien ha sido vinculado históricamente a nuestra relación con los Estados Unidos, también debería estudiarse desde el ángulo de la relación Europa-Canadá-México. La historiografía contemporánea ha dado, no sin razón, un amplio espacio al período de la Guerra Fría, cuando en realidad vemos que muchas de las políticas que se llevaron a cabo en este período tienen su raíz y explicación en el período que recién hemos analizado.

En suma, por lo que se deriva del análisis anterior, es necesario dejar de afirmar que la relación México-Canadá se inicia en la década de 1940 y que su consolidación coincide con el fin de la Guerra Fría y la negociación del Tratado de Libre Comercio de América del Norte. Lo anterior no niega la importancia de esta etapa ni la trascendencia de lo que ocurrió; pero en vez de enfocarla como el principio, sería necesario estudiarla como parte de un proceso continuo que adquiere envergadura tiempo después.

4.9. El establecimiento de relaciones diplomáticas con México

Quizá la característica más importante entre la primera oleada de canadienses que llegaron a México y la iniciada a partir de los años cuarenta es que esta se desarrolló bajo muchos de los parámetros de la Guerra Fría. Si bien este fenómeno afectó en su totalidad las relaciones internacionales, regidas bajo una visión de bipolaridad, para México y Canadá fue de particular relevancia debido a su vecindad geográfica, la cual sobrecargó cualquier tipo de decisión política, diplomática y comercial que intentaran establecer mutuamente. Algunos ejemplos recogidos, gracias a la información diplomática de esa época, ilustran el clima que vivieron Canadá y México entre 1940 y 1990.

Canadá comienza a establecer relaciones diplomáticas con los países de América Latina en la década de 1940; cuando ya había establecido sus primeras misiones diplomáticas en Europa a finales de los años veinte. Los primeros países latinoamericanos con los cuales Canadá entabla relaciones son Argentina, Brasil y Chile.

En 1938, el gobierno de Brasil fue el primero en proponer a Canadá la creación de relaciones diplomáticas. Adivinando que las restricciones de presupuesto serían una excusa del lado canadiense, este país propuso que se enviara un embajador canadiense que estaría encargado de toda América del Sur oriental y que se establecería en Río de Janeiro. Aparentemente la propuesta cayó bien, sobre todo en un momento en que Canadá discutía la apertura de nuevas misiones diplomáticas de acuerdo con el criterio de países ABC, el cual hacía referencia a la potencialidad de los países latinoamericanos en relación con los objetivos de expansión comercial de Canadá [Ogelsby, 1989: 38].

Según el criterio ABC, Brasil ocupaba el segundo lugar, antecedido por Argentina y seguido por Chile. El gobierno canadiense prefirió dejar enfriar la propuesta brasileña ya que su interés inicial era Argentina y dudaba de que pudiera abrir otras embajadas simultáneamente, no solo por razones de presupuesto, sino de escasez de personal calificado para este tipo de responsabilidades.

Un aspecto que contribuyó a postergar la propuesta brasileña fue que hasta ese entonces existía un acuerdo tácito entre Canadá e Inglaterra, por el cual este último manejaría las relaciones de Canadá con cualquier país en que este no tuviera representación diplomática. En este sentido, las presiones directas sobre Canadá por parte de Brasil, obviando el ascendente británico, fueron vislumbradas como un conflicto potencial. Al final, la Segunda Guerra Mundial fue lo que más contribuyó a debilitar el asunto.

En 1940 Argentina tomó la estafeta e inició su labor de cabildeo a favor de la apertura de una embajada en su país, mientras que Brasil reanimaba su estrategia, por cierto no siempre muy ortodoxa.[30] En Canadá, por lo pronto, existía una opinión muy favorable a que se fortalecieran los vínculos comerciales con estos países, que a todas luces parecían los favoritos del gobierno canadiense. En octubre de aquel año, finalmente el primer ministro Mackenzie King accedió a establecer relaciones diplomáticas con Brasil y Argentina, y un mes más tarde comunicó su decisión a la Cámara de los Comunes. Sin embargo, el nombramiento de los embajadores tardó casi un año en concretarse.

Poco después del comunicado de Mackenzie King, el gobierno de Chile también estableció contacto con el canadiense con el mismo propósito, con la salvedad de que su caso parecía más complicado debido a que Canadá inicialmente lo había colocado en el segundo grupo de países con los que en un futuro indeterminado se abrirían nuevas representaciones. Este segundo grupo se completaba con México y Cuba.

El caso chileno resulta de particular relevancia para los propósitos de este capítulo, ya que pese a la renuencia canadiense, el primer ministro Mackenzie King tuvo que acceder a los requerimientos chilenos bajo la presión de los Estados Unidos. Un mensaje de Cordell Hull, secretario de Estado de este país, hizo saber al gobierno canadiense lo mucho que apreciaría que Chile contara con una embajada, en especial porque el orgullo nacional de este país había sufrido un enorme descalabro con la decisión de Mackenzie King a favor de Argentina y Brasil. Pero sin duda fue Sumner Welles, el subsecretario de Estado, quien con mayor claridad reveló el propósito que tenía su gobierno al presionar a Canadá a favor de la causa chilena. Welles consideraba que la representación diplomática en Chile significaría un aliciente para este país en relación con la defensa de este hemisferio.

Canadá, de una manera completamente imprevisible para la mayoría de los servidores públicos del gobierno de Mackenzie King, había quedado atrapado en un conflicto diplomático no solo con Chile sino con Estados Unidos, y esto era algo que en definitiva el gobierno de Mackenzie King no buscaba agravar. Viendo las fechas en que surgió este problema resulta evidente que los Estados Unidos ya habían iniciado el proceso de redefinición de su seguridad nacional con motivo de la Segunda Guerra Mundial, la cual en 1941 empezó a considerarse más como de carácter hemisférico. Los acuerdos de Ogdensburg (1940) y de Hyde Park (1941) involucraban directamente a Canadá en el proyecto hemisférico de Estados Unidos y su lucha contra los gobiernos totalitarios. Al respecto, el propio presidente Roosevelt se encargó de hacer saber a Mackenzie King su opinión respecto al asunto chileno: "Como usted sabe, tengo 'corazonadas', no siempre buenas pero muchas veces certeras [...]. Mi 'corazonada' de hoy es que sería de gran ayuda el que Canadá tomara una parte más grande en la lucha entre las fuerzas del totalitarismo y las de la democracia, lucha ahora sostenida en Latinoamérica [...] Canadá puede cooperar, usted sabe a través de cuáles métodos mejor que yo" [Anglin, 1961: 8, Ogelsby, 1989: 45].

En respuesta a tales presiones, Mackenzie King optó por nombrar un representante canadiense ante Buenos Aires y Santiago; y recibido el beneplácito de los dos países se procedió al nombramiento de un embajador el 23 de septiembre de 1941.

Después de obtener lo que deseaba, el gobierno de Estados Unidos pasó a la siguiente etapa, en la cual aconsejaron a Canadá que no solicitara su membresía en la Unión Panamericana.[31] Con esta petición el gobierno estadounidense ponía coto a las futuras acciones de Canadá en América Latina.[32]

Según consta en los Archivos Nacionales en Ottawa, Estados Unidos censuró y bloqueó la iniciativa, aduciendo que no deseaba la presencia de Canadá –aún muy ligada a Gran Bretaña–, pues existía el riesgo de que Reino Unido utilizara su influencia para intervenir en asuntos hemisféricos por interpósita persona. Estas afirmaciones tenían un sustento real, ya que el propio Churchill en 1944 había expresado personalmente al primer ministro Mackenzie King que en "la posible asamblea regional en las Américas, nosotros en Gran Bretaña esperamos que Canadá nos represente" [citado en Blair, 1967: 79 y en Ogelsby, 1989: 49].

A las expectativas inglesas habría que agregar que la propia Doctrina Monroe, tan citada en aquel período, se había redactado teniendo en mente el intervencionismo de los ingleses en Latinoamérica, así que la presencia del Dominio de Canadá en el seno de la Unión Panamericana evidentemente provocaba la desconfianza estadounidense. Sin embargo, el hecho que resulta más sorprendente dentro de esta anécdota sería la posición personal de Mackenzie King, que pronto reaccionó a los temores de Roosevelt al afirmar en una nota diplomática dirigida a uno de sus colaboradores: "Me gustaría que el presidente supiera que se trataba tan solo de una idea de posible cooperación en cuestiones que podrían ser de ayuda en las relaciones Estados Unidos-Sudamérica [a la luz de conversaciones previas sobre el punto], lo que me hizo consentir ante la sugerencia de proponer la participación de Canadá, si ello fuera aconsejable".[33]

Este episodio naturalmente alertó al gobierno canadiense sobre un aspecto de la política exterior de los Estados Unidos desconocida hasta aquel momento por los diplomáticos canadienses. Hasta entonces estos se encontraban confiados en la relación especial que sostenían con su vecino, en particular después de que habían avalado diversos acuerdos de seguridad hemisférica y defensa militar. La cadena de aclaraciones y retracciones que suscitó este episodio demostró las verdaderas intenciones del gobierno estadounidense respecto a la organización institucional del orden internacional que se venía preparando desde los años cuarenta y el verdadero papel que habían determinado que tendría Canadá en este escenario.

En 1942, Canadá estaba más involucrado que nunca en el multilateralismo; su participación en las dos guerras mundiales le había dado estatura política internacional y manejaba con más certeza la relación con su vecino. Durante aquellos años, Canadá poco a poco se había convertido en un aliado de talla, lo cual hasta cierto punto le permitió llevar a cabo una revisión de sus intereses en América Latina y determinar sus objetivos en la región.[34] Si Canadá podía hacer tal cosa, en parte se debía a que ahora se sabía indispensable como aliado en ciertas causas; no hacía mucho, el presidente Roosevelt le había pedido que ampliara sus representaciones diplomáticas como parte de la "lucha entre las fuerzas del totalitarismo y las fuerzas de la democracia" [Rochlin, 1999: 28].

Paradójicamente, el relativo entusiasmo que Canadá pudo abrigar respecto a su ingreso a la Unión languideció con los años. Además de la razón que ya esgrimimos, hay otros motivos. El primero era que conforme los años transcurrieron y se aclaró cuál era en realidad el proyecto geopolítico de Estados Unidos en la región, Canadá empezó a inquietarse sobre el cariz que habían tomado las cosas en la Unión Panamericana.

Canadá sopesaba el significado y los compromisos que adquiriría con su ingreso y preveía que con su presencia se alteraría el frágil balance de poder que prevalecía internamente. Visto así, Canadá no sentía ningún interés en adherirse a una institución en la que todo parecía presagiar que le traería problemas no solo con su vecino, sino con los países latinoamericanos. Una segunda razón que enfrió el entusiasmo canadiense fue que su ingreso implicaba prácticamente la firma del Tratado de Río, el cual versaba sobre la defensa del continente. Después de todo, con la firma del acuerdo de Ogdensburg y la Declaración de Hyde Park, Canadá ya tenía suficientes compromisos y no consideraba que debía meterse en un acuerdo, en vista de la inestable situación política latinoamericana. Considerando todo esto, resultaba bastante explicable que el gobierno canadiense se mostrara tan escéptico cuando, en 1944, el Departamento de Estado envió una recomendación política que apoyaba su ingreso.

Lester Pearson, futuro primer ministro de Canadá, declaraba en aquel entonces: "[...] bien podría argumentarse que para Canadá una unión septentrional de Estados democráticos sería de mayor valor e interés que una asociación con Ecuador, Bolivia, Venezuela, etc." [citado en Rochlin, 1999: 47]. Esta opinión resultaría premonitoria si se toman en cuenta los hechos que ocurrirían a partir de 1990 con el TLCAN.

Por lo pronto, durante este proceso, innumerables opiniones manifestaron la necesidad de espacio en la apertura diplomática a un país como México, que tradicionalmente había sido cercano a Canadá gracias a su intercambio comercial.

4.10. El significado de México dentro de las prioridades canadienses

El hecho de que en un inicio México no estuviera incluido en el proyecto de expansión diplomática de Canadá sorprende si se toma en cuenta la existencia de lazos de importancia desde 1904 y la relevancia que había adquirido la posibilidad de un tratado comercial bilateral desde la década de 1930.

La explicación podría encontrarse en los lineamientos de la política hemisférica de los Estados Unidos, la cual consideraba oficialmente que Canadá debía respaldarlo en su política hacia América del Sur, en

donde consideraba que existía el peligro de que algunos "gobiernos totalitarios" se aliaran con Chile, Brasil y Argentina. La correspondencia
diplomática entre Cordell Hull, Sumner Welles, Roosevelt y Mackenzie
King es elocuente al respecto [PARC, RG 25].

La decisión de no establecer una Embajada de Canadá en México
hasta 1944 obedeció a varios factores: los lazos con Gran Bretaña son uno
de ellos; la influencia de los Estados Unidos es otro. No olvidemos que
Canadá estaba participando activamente en la construcción del nuevo
orden mundial y le preocupaba salir avante en el juego de equilibrios
diplomáticos que debía enfrentar con el Viejo Mundo, así como con el
Nuevo: Estados Unidos, aunque también América Latina. Esta preocupación se agudizó cuando un buen número de países latinoamericanos
empezó a solicitar a Canadá la formalización de relaciones diplomáticas,
lo cual produjo un intenso intercambio epistolar, del cual sobresale el
memorándum enviado, en agosto de 1940, por O.D. Skelton, subsecretario de Estado en Asuntos Exteriores, al primer ministro de Canadá. En
este documento, Skelton sostenía que Argentina y Brasil eran los países
más importantes de América Latina en términos económicos y políticos,
además de que a Canadá le resultaría costoso enviar un representante
solamente a uno de ellos y no a los dos.[35] Un año más tarde, el tema
surgió de nuevo ante la petición de Chile y Perú en el mismo sentido;
al respecto, N.A. Robertson, entonces subsecretario de Estado para
Asuntos Exteriores, comentaba que México debía recibir un enviado
canadiense antes que Chile.[36] A mediados de 1941, Canadá estableció
claramente que no recibiría enviados diplomáticos de países a los que
no hubiera enviado antes un representante canadiense.[37]

Sin embargo, más allá de las consideraciones propias del gobierno
canadiense, los factores externos fueron determinantes. En primer lugar,
la renuencia a establecer relaciones con México antes que con los países
de América del Sur puede encontrarse en presiones estadounidenses sobre
el gobierno de Canadá. En la política hemisférica de Estados Unidos,
Canadá ocupaba un importante lugar para asegurar que Argentina, Brasil y Chile no se aliaran con los gobiernos totalitarios; de ahí el interés
de que Canadá estableciera de inmediato relaciones con estos países.
Desde esta perspectiva, las relaciones de Canadá con México no eran

prioritarias. Estados Unidos se encargaría, por sí mismo, de que México y Centroamérica se mantuvieran alejados de las potencias del Eje.[38]

En segundo lugar, el retardo en el inicio de las relaciones diplomáticas de Canadá con México encuentra una explicación adicional en los estrechos lazos de Canadá con Reino Unido y la ausencia de las relaciones mexicano-británicas.[39] Esta ausencia fue determinante; las relaciones entre México y Canadá solo se establecieron con la anuencia británica.[40]

La importancia geoeconómica de México era palpable para los canadienses desde los inicios de la Segunda Guerra Mundial: su condición de nación norteamericana no podía ya ser ignorada.[41] Sin duda, dentro del orden económico de la Segunda Posguerra, México no solo adquiría una nueva importancia sino que obligaba a Canadá a reconocer la afinidad de intereses con un país con el cual compartía un espacio regional específico y de creciente relevancia geopolítica.[42]

En junio de 1941, los asesores de Mackenzie King presionaron para que se considerara seriamente la apertura de una embajada en México. Con independencia de los intereses económicos, los aspectos geopolíticos tuvieron una influencia considerable. Los convenios de Ogdensburg y Hyde Park se habían suscrito con los Estados Unidos recientemente y King consideró, quizás aconsejado por los estadounidenses, que la defensa común de Norteamérica corría graves riesgos si fallaba la cooperación con México.[43] Al parecer estos argumentos eran lo suficientemente persuasivos como para acelerar el expediente mexicano, sin embargo, como ya mencionamos, las razones estadounidenses finalmente se inclinaron a alentar la apertura de la representación diplomática de Canadá en Chile en lugar de la de México.

El 12 de julio de 1943, ante la Cámara de los Comunes, King explicó que no podía prorrogar más la apertura de nuevas representaciones diplomáticas y precisó que "el caso México es particularmente agudo" [Debates, 1943: 4664-67].

Así, con la anuencia británica, el gran interés de México y el apoyo estadounidense, las relaciones diplomáticas México-Canadá se formalizaron con la apertura de la embajada canadiense en México, en marzo de 1944.[44]

Sin embargo, Canadá y México esperaron hasta 1946 para firmar un acuerdo de reciprocidad comercial,[45] cuatro años después del acuerdo comercial entre México y Estados Unidos. Los Estados Unidos tuvieron un papel determinante en el acercamiento mexicano-canadiense; necesitaban el respaldo de sus dos vecinos ante los problemas de política internacional y comercio exterior.

4.11. La convivencia durante la Guerra Fría

Durante la posguerra, la presión estadounidense sobre Canadá se tradujo en su participación en el Tratado del Atlántico Norte. Además, gracias a las coincidencias de su política económica interna y externa, Canadá y Estados Unidos se convirtieron en miembros fundadores del GATT [Gutiérrez Haces, 1992a y 1992b].

Quizás una de las grandes diferencias entre México y Canadá resida en la forma en que han manejado la presencia de la inversión extranjera y el control nacional de sus recursos naturales. Canadá consideraba que la inversión extranjera era una palanca de crecimiento económico indispensable, aunque dicha actitud cambió temporalmente durante los años setenta, cuando un amplio movimiento de nacionalismo económico los obligó a replantearse su actitud frente a la entrada casi irrestricta de inversión extranjera y la explotación de los recursos naturales en manos de compañías mayoritariamente extranjeras. La publicación del Reporte Watkins cimbró al país al revelar cifras y datos del grado de extranjerización económica que el país aceptó a cambio de una política de crecimiento económico y de pleno empleo no siempre exitosa.

Mucho antes que los canadienses, México inició la nacionalización de sus recursos naturales. Canadá realizó un proceso similar a finales de los sesenta, con la creación de Hidro Quebec, de Petro-Canadá, de la Agencia de Revisión de la Inversión Extranjera, del Plan Nacional de Energía y de la Ley sobre Transferencia de Tecnología [Wolfe, 1978; Rotstein, 1978; Watkins, 1968, y Gutiérrez-Haces, 1995a].

En 1953, el gobierno de Canadá organizó una importante misión comercial, la primera por su envergadura y por la importancia de sus participantes. Visitó Puerto Rico, Brasil, Argentina, Uruguay, Trinidad, Venezuela, Maracaibo, Colombia, República Dominicana, Cuba, Haití y México. Esta misión resultó ser el primer intento de Canadá por llevar a cabo una política comercial internacional más articulada que en el pasado. Para México tuvo un gran significado porque por primera vez los canadienses discutieron con el gobierno mexicano, bajo la presidencia de Adolfo Ruiz Cortines, la necesidad de abrir un puente aéreo y de mejorar el transporte y las rutas marítimas. El argumento central de esta misión fue que puesto que Canadá ocupaba el tercer lugar mundial en apertura comercial –solo después de los Estados Unidos y el Reino Unido–, era imperativo crear un proyecto comercial a largo plazo cuya estrategia fuera no solo vender sino también comprar: "trade has to be a two-way operation" [*External Affairs*, 1953, document 1089].

Casi 25 años después, en 1969, se empezó a hablar de la creación de una Cámara de Comercio Mixta México-Canadá. Las condiciones económicas eran más favorables a la relación, pero todavía fue necesario esperar algunos años para que un grupo de empresarios fundara la Asociación Canadiense de América Latina.

La razón de la lentitud y parsimonia de las relaciones durante estos años ha de buscarse en la existencia de ciertos miedos y desconfianza –al igual que en el período posrevolucionario– por los rumores que periódicamente hablaban de devaluaciones, expropiaciones, nacionalizaciones y cualquier otra excusa que alimentara el clima de inseguridad económica de la inversión extranjera.

En 1959, Adolfo López Mateos se convierte en el primer presidente mexicano en visitar Canadá, y después recibe la visita del primer ministro John Diefenbaker. Durante estas visitas se habla por primera vez de la vecindad compartida. Con estos dos mandatarios terminó la etapa de una diplomacia que podría caracterizarse de "bajo perfil"; ambos inician un mesurado activismo internacional que incluía la búsqueda de espacios económicos suplementarios y alternativos a Estados Unidos.[46] Estas visitas fueron el antecedente inmediato de la formulación de la política canadiense de la Tercera Opción, impulsada por el primer ministro liberal Trudeau y apoyada por los presidentes mexicanos Luis Echeverría (1970-1976) y José López Portillo (1976-1982).

El punto más elevado de la relación bilateral anterior a 1990 se dio en 1968, con la llegada a América Latina de una gran misión ministerial canadiense. El informe de la misión alentó la formulación de muchas ideas expresadas en el libro blanco, titulado *Política exterior al servicio de los canadienses* (1970). En él, Mitchell Sharp, entonces ministro de Relaciones Exteriores, desarrolló los grandes lineamientos de la diplomacia canadiense.[47] Resulta interesante observar que dicha misión enfrentó los sucesos políticos del 68 –no únicamente en México– con un gran pragmatismo diplomático-comercial, logrando alejar los viejos temores de los inversionistas canadienses sobre la inestabilidad política y la inseguridad en América Latina.

Otro resultado de esta misión comercial fue la creación de la Agencia Canadiense de Desarrollo Internacional (ACDI), la cual coordinaría la participación de Canadá en los países en vías de desarrollo y la fundación de la Sociedad para la Expansión de las Exportaciones (SEE), destinada a financiar las exportaciones canadienses. Con el establecimiento de estas dos instituciones y el cambio que generó el libro blanco en la política internacional canadiense, se dio un paso definitivo hacia la articulación y sistematización de la relación bilateral entre Canadá y América Latina. En el caso específico de México, surge la idea de formar una comisión bilateral para examinar los aspectos de interés común en materia económica y política [Rochlin, 1999: 117].[48]

Consecuencia de lo anterior fue la formulación de una lista de temas para la agenda binacional, entre los que sobresale la iniciativa de crear el Joint Ministerial Committee para examinar los aspectos de interés común en materia económica y política.

La Comisión Ministerial Conjunta se reunió en tres ocasiones entre 1972 y 1978, principalmente para explorar nuevas vías para incrementar el intercambio comercial. En 1978 surgió un malentendido que por un tiempo enfrió la relación: los representantes mexicanos sugirieron a Canadá la posibilidad de celebrar una reunión trilateral que incluyera a Estados Unidos para discutir varios asuntos, propuesta que recibió una respuesta inmediata de un funcionario del Departamento de Asuntos Exteriores: "Dudo mucho que Canadá considere en alguna ocasión seriamente diluir su relación con Estados Unidos por medio de la participación en actividades tripartitas sobre cualquier asunto que no sea específico y técnico, por ejemplo, los narcóticos y otros similares" [PARC,

RG 25, 20-1-2, 1978: 2]. La renuencia de Canadá a tratar los asuntos trilateralmente no era de extrañar, ya que este país cuidaba con celo la relación especial con los Estados Unidos y no estaba dispuesto a debilitar su poder de interlocución en aras del trilateralismo. Esta actitud predominó prácticamente hasta 1990, cuando solicitó participar en las negociaciones del TLCAN; pero aún después de esta fecha, el gobierno canadiense ha guardado un espacio considerable de independencia respecto a México en las discusiones trilaterales que naturalmente ha generado el tratado comercial.

Canadá decidió iniciar los setenta con una nueva infraestructura diplomático-comercial que facilitara la inversión y los negocios. En el ámbito político deseaba diversificar sus relaciones. Bajo la administración de Luis Echeverría, México también buscaba una diversificación de los contactos políticos y económicos del país. A lo largo de los setenta, ambas cancillerías expresaron la voluntad política tanto del gobierno como de los empresarios por profundizar la relación bilateral.

Así que si la relación económica no comenzó a profundizarse hasta los noventa, fue porque la decisión de abrir mercados alternativos para México y Canadá enfrentó serios obstáculos. Primero, la política comercial estadounidense incluyó, a partir de 1971, medidas arancelarias en contra de todas las importaciones que afectaban directa y muy especialmente a sus dos vecinos. Segundo, tanto en Canadá como en México surgió un clima nacionalista que desalentaba a los inversionistas, hecho que se profundizó con la aparición de movimientos guerrilleros en ambos países. Además, Estados Unidos presionó para intentar modificar la posición internacional de Canadá y de México respecto a Centroamérica, Cuba y Chile.

Este fue un período realmente complejo para la relación bilateral. Si Canadá y México deseaban estrechar sus lazos, sus estrategias no contaban con el apoyo de su poderoso vecino compartido, el cual se encargó de acorralarlos económicamente. La vecindad entre los dos países de nuevo se vio interferida. El hecho de que tuviera una balanza comercial dependiente de Estados Unidos y un endeudamiento externo que habría de pesar sobremanera en las crisis económicas de ambos países a inicio de los ochenta favoreció dicha interferencia.

4.12. Hacia una mayor institucionalización de la relación

El análisis de los siguientes años recoge un alud de convenios, memorandos, visitas ministeriales y declaraciones oficiales. En ellos se percibe el interés en ubicar la relación en parámetros más cercanos a la nueva realidad económica de América del Norte. En 1988, la firma del Acuerdo de Libre Comercio entre Estados Unidos y Canadá, y en 1994, la del Tratado de Libre Comercio de América del Norte reubicaron la relación de los tres países en un proceso creciente de integración económica regional. Así, los viejos obstáculos que por tanto tiempo impidieron que se consolidara la relación México-Canadá pareció que empezaban a ser superados.[49]

En el curso de los últimos veinte años (1990-2013), la relación vivió con particular intensidad innumerables altibajos como resultado de las turbulencias económicas y políticas que han afectado indistintamente a los tres países que forman América del Norte.

Aquellos políticos que firmaron el TLCAN en 1993 poco imaginaron que una relación que se vislumbraba principalmente económica, habría de convertirse, por la fuerza del destino, en una creciente alianza política y social. Quizá a esto se deba que dentro de los grupos dirigentes de los tres países recientemente haya ganado fuerza una corriente de opinión que insiste en la necesidad de crear una estructura suprainstitucional que regule de una manera más formal las relaciones entre los tres países.[50] La *integración profunda*, como se ha dado en llamar a esta propuesta, a la larga conduciría a la creación de una comunidad de América del Norte, lo que en términos llanos sería un mercado común.

A través de la historia de las relaciones entre los dos países, hemos visto cómo Canadá vio parcialmente frustrados varios de sus intentos de establecer una relación comercial más estrecha con México. La adversidad parecía estar presente cada vez que los canadienses se preparaban para emprender una misión comercial de envergadura: en 1867, la caída del Imperio de Maximiliano; en 1910, la Revolución Mexicana, y en 1994, el asesinato del candidato del PRI a la Presidencia de México, que ensombreció la visita del primer ministro Jean Chrétién, así como la inauguración de una misión comercial que buscaba abrir espacios a los grupos empresariales de los dos países.

Todos estos sucesos, aunque lejanos, están presentes en la mente de los canadienses y se han convertido en un obstáculo que impide la creación de un verdadero clima de confianza. A esto habría que añadir el levantamiento indígena en Chiapas del primero de enero de 1994, fecha de inicio del TLCAN, lo cual naturalmente inquietó a más de uno, aunque como ahora sabemos también sirvió para que los contactos entre las ONG y los grupos indígenas de los dos países se desarrollaran exponencialmente.

Sin duda el TLCAN ha sido el factor de cambio en la relación. En un primer momento llevó a que los vínculos económicos predominaran, pero conforme transcurrió el tiempo, la relación política, en especial la intergubernamental, se intensificó dando pie a una mayor formalización de los vínculos institucionales.

En este sentido, dos aspectos merecen ser mencionados: la estrecha colaboración entre el organismo Elections Canada y el Instituto Federal Electoral (IFE) en México; y la publicación, en 2003, de la Ley de Acceso a la Información y la creación del Instituto Federal de Acceso a la Información Pública, inspirados en el Acta Canadiense de Acceso a la Información [Abizaid, 2004: 5]. Estas iniciativas demuestran que la relación bilateral puede funcionar exitosamente en el terreno de la cooperación política y que Canadá puede llevar a cabo su misión de *peacebuilding*[51] en un país tan cercano a sus actuales intereses, como México.

Más allá de una rápida enumeración de las causas que han desencadenado el fortalecimiento de la relación institucional, tendría que reconocerse que, pese a ciertos aspectos negativos producidos por el TLCAN, el ambiente que generó, sobre todo durante la negociación y los primeros años de su instrumentalización, forzó a los dos países a razonar desde otro ángulo su tradicional interdependencia con los Estados Unidos. En vez de seguir considerándose consecuencia natural de la relación bilateral, los obligó a cobrar conciencia de que era tiempo de tomarse en cuenta mutuamente respecto a un sinnúmero de decisiones que antes llevaban a cabo de manera unilateral.

Ejemplo de ello fue la crisis económica que México enfrentó entre 1994 y 1995. Nunca un presidente estadounidense había movilizado tan rápidamente a su Congreso para obtener apoyo financiero. Lo mismo podría decirse de Canadá, que ofreció con prontitud su apoyo económico al gobierno mexicano. Este gesto marcó un importante precedente en la relación trilateral, ya que por primera vez se asumía que la crisis económica de uno de los socios del TLCAN afectaría el buen funcionamiento de las economías de América del Norte.[52] La crisis mexicana los empujó a asumir una posición de corresponsabilidad ante el socio en desgracia, hecho inédito en la historia de las relaciones entre los tres países. Es indudable que su reacción dio un nuevo sesgo al enfoque que tradicionalmente se daba a la interdependencia, hasta entonces considerada negativa y en general enfrentada con resignación.

Cuando se hizo el anuncio de las negociaciones del TLCAN, tanto México como Canadá vieron en la participación del otro una amenaza para sus intereses dentro del mercado estadounidense. Sin embargo, Canadá pronto reconsideró su primer impulso y valoró la importancia del mercado mexicano, así como el que México fuera la puerta de entrada a las economías de Latinoamérica. Por su parte, los mexicanos sopesaron el asunto y tomaron conciencia de las ventajas que en aquel momento –pero también en el futuro– significaría contar con Canadá para enfrentar algunos aspectos por demás complejos de la relación con los Estados Unidos.[53]

Durante los últimos veinte años ambos países han recurrido a esos argumentos como parte de un discurso político que tiende a resaltar la convergencia, coincidencia y complementariedad de intereses. Sin embargo, este enfoque que presumiblemente considera la posibilidad de una alianza estratégica para manejar en conjunto la relación con los estadounidenses, representa uno de los principales escollos en la prosecución de una relación exitosa entre México y Canadá.

Aunque ninguno de los gobernantes de esos países se atrevería a reconocerlo públicamente, resulta evidente que el peso de la relación con Estados Unidos puede significar un impedimento considerable. El acercamiento de México a los Estados Unidos no ha parado de crecer, particularmente desde las administraciones priistas de De la Madrid, Salinas de Gortari y Zedillo, pero lo mismo podría afirmarse de los dos gobiernos panistas, el de Vicente Fox y Felipe Calderón: esto demuestra claramente que en materia de estrategia internacional la voz que predomina actualmente es la del gobierno estadounidense. A diferencia de los sexenios anteriores, los cinco últimos mandatarios asumieron pragmáticamente que la relación estadounidense era la dominante y, por tanto, debía construirse una estrategia específica para manejarla. Esta posición es muy parecida a la que siempre ha sostenido Canadá, y permite establecer un diálogo inédito entre México y Canadá, hecho que en el pasado resultaba difícil.[54]

Dentro de esta agenda, el problema de la migración de indocumentados se convirtió en un elemento central de la política exterior del gobierno de Fox: el presidente y el ministro de Relaciones Exteriores buscaban lograr un acuerdo migratorio con Estados Unidos. Aunque aparentemente este asunto no era responsabilidad del gobierno de Canadá, el presidente Fox y su canciller buscaron su apoyo. Sin embargo, el gobierno de Paul Martin optó por no participar en cualquier negociación[55] [Gutiérrez-Haces, 2004c]. Aunque este aspecto parece secundario dentro de la agenda bilateral, resulta especialmente significativo si se considera que en Canadá existe una corriente de opinión que considera que ocuparse de los problemas de la frontera norte de México pone en riesgo la buena relación con los Estados Unidos. Cabe recordar que el mismo razonamiento disuadió a Canadá de participar como miembro permanente en la OEA hasta 1990, por el temor de que si se viera forzado a tomar partido por determinados problemas latinoamericanos se contaminaría la relación con su mayor socio.[56]

En este mismo tenor, el gobierno canadiense tampoco ha implementado ningún proyecto de carácter integral de combate a la pobreza, argumentando que México no puede ser sujeto de ninguna ayuda al desarrollo ya que es miembro de la OCDE, lo que es cierto. Esto no obsta para que algunas agencias de ayuda al desarrollo de Canadá, como el Centro de Investigaciones para el Desarrollo Internacional (IDRC), eventualmente otorguen financiamiento a proyectos muy específicos, en general relacionados con las comunidades rurales más desposeídas. Sin embargo, resulta difícil pensar que Canadá en el futuro manifieste su anuencia al establecimiento de un fondo compensatorio para las regiones más pobres dentro de América del Norte.[57]

La relación Canadá-Estados Unidos siempre ha sido prioritaria para cualquiera de sus gobiernos sin distinción partidaria. Sin embargo, a mediados de 2004, el primer ministro Paul Martin[58] emprendió una serie de cambios en su gobierno que en definitiva pusieron la relación con Estados Unidos a la cabeza de sus prioridades personales y gubernamentales. Las medidas más espectaculares fueron: *1)* la creación de un Comité de Gabinete sobre Asuntos Internacionales, presidido por el primer ministro, que adopte una estrategia integrada en materia de Asuntos Exteriores, Defensa, Desarrollo Internacional, Comercio y otras cuestiones internacionales; *2)* la creación de un Comité de Gabinete sobre las Relaciones Canadá-Estados Unidos, presidido por el primer ministro, que es responsable de la implementación de una estrategia de gobierno en la materia;[59] comité que recibirá el apoyo de una *3)* Secretaría para las Relaciones Canadá-Estados Unidos en la Oficina del Consejo Privado, y *4)* el nombramiento de un secretario parlamentario del primer ministro, quien será responsable de la relación de Canadá con Estados Unidos.

Con estos nombramientos, el primer ministro logró capturar la relación bajo su entero control, aun por encima del secretario de Asuntos Exteriores, Pierre Pettigrew. Estos nombramientos causaron sorpresa en el Departamento de Asuntos Exteriores y Comercio Internacional, donde ya existía un área que manejaba la relación con Estados Unidos. Por otra parte, el que los nuevos nombramientos establecieran una cadena de mando privilegiada bajo el liderazgo de Martin en los asuntos estadounidenses resultaba esclarecedor en relación con lo que debía esperarse en el futuro compartido de México y Canadá.

En 1994, la Secretaría de Relaciones Exteriores organizó una reunión de expertos para analizar el Plan Nacional de Desarrollo 1995-2000 –documento que delineaba las prioridades del gobierno de Ernesto Zedillo– desde la perspectiva de la política exterior. Esta reunión reflejó el creciente interés del gobierno por estrechar la relación con Canadá, ya que por primera vez se organizó un panel para analizar la relación con dicho país [Gutiérrez-Haces, 1994b].

En 1996, se publicó la Declaración de Objetivos de la relación México-Canadá, en la cual se establecía la existencia de los tres elementos estratégicos que debían dinamizar la relación: convergencia, coincidencia y complementariedad.[60] A partir de este documento se multiplicaron los mecanismos de diálogo y consulta, que dieron más formalidad a la relación. Tres años después se publicaron las *Nuevas Direcciones: Declaración de Objetivos y Plan de Acción Canadá-México 1999*, que buscaban refinar los planteamientos de la primera declaración. Pocas veces se había producido un documento de tal concreción y especificidad como el aquí mencionado. Dos años después se publicó un escrito, también de carácter programático, titulado *México y Canadá: amigos, socios y vecinos*.

A partir de la XI Reunión de la Comisión Ministerial, celebrada en Ottawa en abril de 1995, los mecanismos de diálogo y consulta se multiplicaron. Entre estos destaca el Comité Directivo Binacional que en su momento buscaba promover la relación bilateral mediante la coordinación de políticas de fortalecimiento de las instancias de diálogo existentes, así como la creación de otras que promovieran el intercambio de experiencias en los más diversos sectores. Como tantas otras buenas iniciativas, este comité dejó de funcionar en cuanto la Secretaría de Relaciones Exteriores cambió de canciller[61] [Berain, 1997: 89-90; Castro-Valle, 1996-1997: 103-104].

Gracias a los cambios democráticos ocurridos en México a partir de 2000, Canadá empezó a considerar que México por fin se encuentra en sintonía con tres de sus principales intereses en política exterior: el multilateralismo; el libre comercio y la promoción de los procesos democráticos.

A través de la relación con México, Canadá ha puesto a prueba su proyecto como nación comerciante, guardián de la paz y constructor de la democracia.[62] Mientras México contribuya al reforzamiento de lo anterior, la relación se conducirá por los senderos de la convergencia, las coincidencias y la complementariedad. Pero ¿hasta cuándo el gobierno mexicano podrá responder a tales expectativas y hasta cuándo los canadienses responderán a las expectativas que México abriga en relación con un *NAFTA plus*?[63]

México ha asumido las exigencias inherentes al libre comercio, no solo como consecuencia del TLCAN sino de más de treinta acuerdos comerciales y de inversión, de muy diverso formato, que ha suscrito con los países de Europa, América Latina y Asia. Asimismo, tiene una mayor participación en los foros multilaterales donde comparte con Canadá sus puntos de vista, y ha celebrado elecciones más democráticas que en el pasado. Todo ello ha alentado el inicio de una nueva etapa en la que Canadá y México han construido proyectos que por primera ocasión incluyen al otro.

Un ejemplo lo dan las giras emprendidas por el Comité de Asuntos Exteriores y Comercio Internacional de la Cámara Baja del Parlamento Canadiense,[64] que en marzo de 2002 tuvieron el propósito de recabar de primera mano cuál había sido el efecto del TLCAN en los dos países y hacia dónde se dirigían.[65] Este comité entrevistó a un número considerable de individuos en Canadá, México y Estados Unidos[66] y posteriormente publicó el documento *Socios en América del Norte. Promover las relaciones de Canadá con Estados Unidos y México (2002)*, que refleja su posición,[67] al tiempo que reproduce los aspectos más sobresalientes de las entrevistas.[68] Aparte de la publicación del mencionado documento, también el Standing Senate Committee on Foreign Affaires publicó el informe *Mexico: Canada's Other NAFTA Partner*, el cual reconoce que la alianza estratégica con este país "represents a useful counterweight to the U.S., Canada and Mexico share similar concerns about sovereignty and many of their foreign policy perspectiva also match up well"[69] [Parlamento de Canadá, 2004: 2].

En la misma tesitura, el gobierno federal de Canadá creó desde 2001, dentro de las instalaciones de su embajada en México, la Congressional Relations Unit,[70] encargada de dar seguimiento a las actividades del Poder Legislativo mexicano y fortalecer los contactos con los senadores y diputados. También se creó una asociación de amistad binacional de los parlamentarios, que viene a unirse al Comité Parlamentario México-Canadá, el cual se reúne periódicamente [Abizaid, 2004: 6-7].

Uno de los espacios en que de manera más evidente se ha hecho patente la necesidad de un mayor conocimiento sobre la estructura política de los dos países ha sido en el terreno del poder legislativo, donde un número sorprendente de representantes ignoran hasta los datos más básicos sobre estos países. Un aspecto que mucho contrasta es la actitud de los legisladores canadienses, que han dado pruebas de un mayor interés sobre México, que los legisladores mexicanos, los cuales hasta el momento no han sido capaces de producir documentos como los anteriormente mencionados. Sin embargo, existen comisiones como la de Relaciones Exteriores y la de Comercio y Fomento Idustrial que han trabajado con seriedad para lograr acuerdos que involucren a ambos países, como el acuerdo entre los gobiernos de México y Canadá sobre la aplicación de sus leyes de competencia, firmado en la ciudad de Veracruz en noviembre de 2001 y aprobado por el Senado mexicano en diciembre de 2002 [*Gaceta Parlamentaria* 86, 2002].

La propuesta de una integración profunda reconocía la naturaleza política de la región de América del Norte, hecho que nunca antes había surgido en el panorama político mexicano, de la misma manera que con anterioridad el TLCAN había hecho el reconocimiento de Norteamérica como una región económica y el espacio de acción natural de los tres países que la conforman.

Pese a lo anterior, el TLCAN como el catalizador de la relación pasó temporalmente a un segundo plano. Este hecho no puede ser totalmente atribuido al ataque a las Torres Gemelas, sino a que el tratado fue instrumentado en tres etapas, y en 2005 este entró a su última fase. Los objetivos del tratado han sido prácticamente cumplidos y es un hecho que el ímpetu de antaño ha disminuido, aunque debemos reconocer que el mercado sigue estando cada vez más integrado.

Tanto México como Canadá se encuentran en un proceso de reajuste de sus agendas, ya que de una situación de integración continental se ha pasado a otra de seguridad continental; en esta existe una escasa coincidencia entre los dos países debido a la diferencia de enfoques de las instituciones vinculadas a la seguridad nacional de los dos países.

Después de la visita del presidente Fox a Canadá en octubre de 2004 y de las elecciones presidenciales en los Estados Unidos, en noviembre del mismo año, los gobiernos de México y Canadá intentaron redirigir su agenda común hacia el terreno del TLCAN, con el claro propósito de descontaminarla de la discusión antiterrorismo.

Dentro del oficio que el presidente Fox remitió al Senado, en octubre de 2004, solicitando autorización para ausentarse del territorio nacional, mencionaba que los tres ejes de su visita a Canadá serían: diálogo político, diálogo empresarial y diálogo con las comunidades de mexicanos en ese país. En esta misma misiva sobresale la insistencia del presidente mexicano en "promover la visión mexicana sobre el futuro de la región de América del Norte, a fin de consolidar nuestra influencia en la formulación de una nueva arquitectura regional más propicia para los intereses de México" [*Gaceta Parlamentaria* 62, 2004].

Dentro de las reuniones programadas durante la visita, sobresale la comparecencia del presidente mexicano en el Parlamento de Canadá, así como una serie de reuniones tanto con miembros del gabinete del primer ministro Martin, como con destacados miembros del sector privado de este país. Pero definitivamente el aspecto más sobresaliente fue el lanzamiento conjunto del programa Partenariat Canada-Mexique, el cual busca consolidar la alianza estratégica entre los dos países por medio de acciones concertadas de los gobiernos y de su sector privado. El objetivo principal es la intensificación de la seguridad económica y física de los dos países.[71]

En el marco de esta visita se suscribieron varios acuerdos que en su contenido reflejan el grado de intensificación de la relación. Aparte del arriba mencionado, también se celebró un Acuerdo de Cooperación entre el Instituto Canadiense del Servicio Exterior y el Instituto de Estudios Diplomáticos Matías Romero, con la finalidad de intercambiar información y llevar a cabo programas de entrenamiento diplomático en los que sobresale el uso del *e-learning* como herramienta del acuerdo. En esta misma visita, también se firmó un convenio para formar la Asociación Parlamentaria México-Canadá, que busca el estrechamiento de contactos entre los legisladores de ambos países.

Tres cartas de intención fueron firmadas por los dos países. La primera se refería al cambio climático, de particular importancia puesto que México era el único país de la OCDE que no obstante haber ratificado el Protocolo de Kioto,[72] aún no tenía un compromiso de reducción de gases hasta 2012.[73] Una carta de intención fue suscrita entre los ministerios de Salud, así como otra más que buscaba facilitar la construcción de alojamientos sociales en México, usando tecnología alternativa y programas de financiamiento. En este mismo tenor se suscribieron acuerdos de carácter educativo y cultural, como el de la Universidad de Alberta y el Instituto Mexicano del Petróleo para formar especialistas en energía [*Diplomacy this Week*, 2004: 8].

Independientemente de la firma de numerosos acuerdos, que sin duda demuestran la amplitud de los campos de interés que ha generado la relación,[74] sobresale también el activismo de los grupos empresariales de los dos países que desde la negociación del TLCAN iniciaron una serie de alianzas y encuentros de particular importancia. Durante 2004, el Canadian Council of Chief Executives publicó dos documentos[75] que reflejan cómo los más importantes empresarios canadienses, entre los que sobresale Thomas D'Aquino, han venido entretejiendo una estrategia corporativa que aprovecha el apoyo del gobierno canadiense, pero que goza al mismo tiempo de un enorme poder y autonomía, dentro y fuera de Canadá. Concretamente, en el documento presentado en la ciudad de Veracruz en septiembre de 2004, D'Aquino habló de una nueva iniciativa trilateral que sería la creación de un *task force*, el cual contaría con un programa de trabajo para los próximos diez años. Este programa, de acuerdo con D'Aquino, buscaría principalmente "deepening North American economic integration, encouraging regulatory convergence, closing the development gap between México and its North American Partners, enhancing continental security, and developing flexible new institutions for managing the trilateral relationship" [D'Aquino, 2004: 16].

Al principio, el consejo estaría encabezado por John Manley, exministro de Asuntos Exteriores de Canadá; Bill Weld, exgobernador del estado de Massachusetts; Pedro Aspe, exsecretario de Hacienda de México; Robert Pastor, autor del libro *Toward a North American Community* (2001) y evidente propulsor de una integración más profunda; Andrés Rozental, exdiplomático y presidente fundador del Consejo Mexicano de Relaciones Internacionales, y el ya mencionado Thomas D'Aquino.

Resulta interesante constatar que mientras la propuesta mexicana de un *Nafta plus* cae en el vacío cada vez que se la recuerda, los grupos empresariales más influyentes de Canadá se han movilizado aceleradamente para consolidar un proyecto trilateral, que sin ser igual al propuesto por el presidente Fox, también busca una mayor integración a mediano plazo.

En contraste con esta iniciativa, claramente dirigida por individuos influyentes en los ámbitos político y empresarial de los tres países, durante la última visita de Fox a Canadá sobresalió el énfasis que el mandatario puso en todas sus declaraciones y discursos a favor de la promoción de la pequeña y mediana empresas, demostrando con ello una posición más realista sobre las necesidades de la economía mexicana que la que exhibieron sus antecesores, notablemente más identificados con el proyecto de las grandes corporaciones.

Durante varias de sus intervenciones, el presidente Fox insistió en que los tres países de América del Norte estaban perdiendo empleos debido al auge económico de China y que era necesario que se retomara su propuesta sobre el *Nafta plus*. Pese a su insistencia sobre la necesidad de reforzar la alianza estratégica trilateral, los funcionarios canadienses prefirieron ignorar la propuesta, quizás porque consideraban que era preferible no abrirse totalmente a las reiteradas exigencias del mexicano al respecto [*Globe and Mail*, 2004: A9].

A manera de conclusión, me gustaría dar fin a este capítulo con algunas reflexiones sobre las condiciones que podrán moldear, en el futuro, las relaciones entre Canadá y México, ahora asociados en un intento de integración regional.

En primer lugar, la relación bilateral tiene un carácter marcadamente económico. Esto es tan cierto en los años noventa, después del TLCAN, como lo fue en el siglo pasado o a inicios de este. Además de las razones históricas, no hay que olvidar que, a diferencia de la mexicana, la Cancillería canadiense está organizada en dos grandes áreas: la comercial y la diplomática. Lo anterior debe tenerse presente, pues la promoción comercial es parte indisoluble de sus responsabilidades. Será necesario cuidar que las relaciones diplomáticas trasciendan los asuntos económicos y puedan cubrir los muchos otros aspectos potencialmente fructíferos de una relación bilateral más profunda.

En segundo lugar, debido a sus propios intereses, algunas de las provincias canadienses, como Ontario, Quebec y Alberta, tienen una mayor presencia en México. Ello es posible debido a un rasgo íntimamente vinculado al carácter de la política exterior canadiense: su política provincial internacional (sobre esto hablaremos en los siguientes capítulos, en especial los consagrados a Quebec y al Federalismo en Canadá). La existencia de la Delegación General de Quebec en México (1980) y la apertura de la representación comercial de Ontario (1994) y de Alberta (1995) expresan el nivel de flexibilidad del federalismo canadiense y su diplomacia, así como el potencial económico y político de algunas provincias en el extranjero. La profundización de las relaciones de México con Canadá tiene, entonces, caminos adicionales que el gobierno federal al igual que otros grupos sociales, como los empresarios, deben conocer y aprovechar.

El gran desafío para Canadá y México consiste en construir una estrategia de profundización de sus relaciones, en la cual exista una jerarquía entre los objetivos a mediano y largo plazo y los asuntos que la coyuntura actual hace que aparezcan como urgentes. Si en el mediano plazo la integración comercial parece ser una vía inmejorable, no debe olvidarse que las relaciones entre los pueblos pueden ser mucho más fuertes si se anclan en intereses comunes que vayan más allá de lo estrictamente comercial. En el rubro económico, como en el político y el social, las oportunidades para estrechar las relaciones son amplias.

NOTAS

[1] Véanse las cartas enviadas por Matías Romero desde Washington entre 1888 y 1892, en el Archivo Histórico de las Relaciones Exteriores de México (AHREM), [AHREM, 3-3-4012, 1989].

[2] Se ha escrito muy poco sobre la historia de dicha relación bilateral, por lo que la consulta de fuentes primarias resultaba de mayor interés. El presente trabajo es parte de una investigación de mayor alcance que se basa exclusivamente en fuentes primarias: la mayoría forma parte del AHREM. El Archivo Histórico de las Relaciones Exteriores de México, también perteneciente a la Secretaría de Relaciones Exteriores (SRE), y de los Archivos Públicos del Ministerio de Relaciones Internacionales y Comercio Exterior de Canadá (PARC). Algunos de los expedientes diplomáticos consultados nunca habían sido abiertos y permanecieron, por tanto,

desconocidos para cualquier investigador contemporáneo. Para aclarar algunos pasajes de la historia de los dos países, cuando la información ofrecida por los archivos resultó fragmentaria, oscura o mutilada, se recurrió al uso de fuentes secundarias, debidamente citadas en las notas.

[3] En este capítulo analizaremos más sucintamente tres de las cuatro etapas en que hemos dividido el análisis de la relación bilateral. La relacionada con el ALCCEU y el TLCAN son analizadas con mayor profundidad en los capítulos 5 y 6 de este trabajo. La mayoría de los aspectos relacionados con Canadá y América Latina no son considerados en esta parte, estos se examinan en el capítulo 7.

[4] Concretamente en el caso de México, los archivos de las embajadas y consulados en general sufren una primera depuración dentro de las propias sedes diplomáticas antes de partir a México, donde tarde o temprano serán clasificados y posteriormente convertidos en documentos públicos. Concretamente, en el caso de México, los funcionarios ubicados en embajadas y consulados realizan un primer filtro, el cual aunque es difícil de comprobar, se sabe que existe. Basta con ver en algunas ocasiones la pobreza del material que llega en las cajas al AHREM para deducir que hubo una censura previa a la oficial. El camino que recorren los documentos diplomáticos, en los hechos, resulta larguísimo, pues en la mayoría de los casos, debido a la falta de personal calificado, las cajas que provienen del extranjero pueden permanecer cerradas en las bodegas de la SRE durante muchos años antes de ser clasificadas. A esto habría que agregar la regulación que existe respecto al acceso público a la consulta de estos materiales, la cual está fijada en 25 años, lo cual obviamente agrega mayor diletancia a su liberación. Mi experiencia personal resultó muy interesante, pero también terriblemente desgastante para los fines de mi investigación, ya que las cajas del Archivo de Concentraciones se encontraban en "estado bruto", así que darle una cierta coherencia al material se convirtió en una labor titánica. El caso canadiense resultó algo distinto, ya que la sección histórica del MAECI lleva a cabo una primera clasificación de todo el material que recibe de sus representaciones diplomáticas y después pasa a los archivos nacionales, donde existe un grupo de personas encargadas de supervisar la liberación de los documentos al público. En este caso, aunque los documentos son técnicamente públicos sucede que muchas veces se decide que determinadas personas no pueden acceder a su consulta pese a que ya sean públicos, por decisión del Clerk. En ese caso se puede apelar a la Ley de Acceso a la Información y finalmente recibir el documento, el cual resulta prácticamente inservible pues aparece con párrafos rayados para impedir su lectura. Durante mi investigación en Canadá, me topé en algunas ocasiones con este tipo de obstáculos debido a que era la primera investigadora mexicana que solicitaba documentos referentes a México, los cuales muchas veces contenían juicios y reflexiones poco favorables a México y a ciertos personajes de la vida política del país.

[5] Antes de este período, México ya había formado parte del itinerario de aquellos viajeros interesados en conocer la diversidad geográfica de México y su potencial

económico. Samuel de Champlain, uno de los primeros colonizadores del Canadá francés, visitó México y tuvo contacto con Alexander von Humboldt, quien daría a conocer por medio de su monumental trabajo, la riqueza de México. En la casa de Humboldt, localizada en Taxco, Guerrero, aparece el nombre de Champlain como uno de los extranjeros que lo visitaron y discutieron la realidad mexicana.

[6] PARC, Record Group (en adelante, RG 25). Dicho número identifica a los asuntos internacionales en los archivos nacionales de Canadá.

[7] A pesar de ello, el título del informe que presentó dicha misión incluye el nombre de nuestro país. Véase el documento *Report of Commissioners for British-North America Appointed to Inquire into the Trade of the West Indies, Brazil, and Mexico* [PARC, RG 25]. Dentro del contenido del reporte se asentaba que Nueva Escocia y Nueva Brunswick ya contaban con un modesto intercambio comercial con México que sumaba un total de 20 000 dólares (importaciones y exportaciones).

[8] La apertura de las North American Great Plains a la agricultura comercial transformó esta región compartida por los Estados Unidos y Canadá en un área de gran desarrollo económico. Este proceso desencadenó un gran número de actividades manufactureras, entre las que sobresalió la producción de maquinaria y herramientas destinadas a las actividades agrícolas, las cuales no solo sirvieron para satisfacer la demanda de estos países, sino que fueron exportadas justamente a países como México, que se encontraban en pleno proceso de transformación y apertura de su agricultura. Gracias a la exportación de esta maquinaria, un estado como Yucatán pudo dar un salto económico espectacular que lo convirtió en el principal exportador de henequén en el mundo.

[9] El modelo de desarrollo del porfiriato buscaba convertir a la agricultura tradicional mexicana en un polo de exportación de productos tropicales. Sin embargo, el modelo que se aplicó correspondía mucho más a aquel que había sido aplicado con éxito en países de clima templado. Esta estrategia propugnaba por la transformación de una población rural dedicada básicamente al cultivo de subsistencia, en una población orientada a las actividades de explotación forestal, la agricultura comercial y la producción exportadora. La aplicación de este proyecto a la larga resultó ser un serio problema para el gobierno de Díaz. Este incurrió en un grave error al querer implementar estrategias que se encontraban muy alejadas de la realidad geográfica y social mexicana [Konrad, 1995: 20-21].

[10] Entre las principales empresas que se instalaron en este período se encontraban Mexico City Tramways Company, Mexico City Light and Power Company, Mexican Northwestern Railway Company, Veracruz Electric Light, Power and Traction Company, Anglo Mexican Electric Company, Monterrey Waterworks and Sewerer Company y Yucatan Power Company [Armstrong y Nelles, 1988: 85-104, 185-226; French, 1981; Konrad, 1995: 26].

[11] La anuencia del gobierno de Díaz a las peticiones de los empresarios extranjeros, y entre ellos los canadienses, produjo un enorme beneplácito en los círculos fi-

nancieros. A los derechos de exclusividad para explotar los ríos Necaxa, Tenango y Catapuxtla, para la construcción de presas, canales y túneles para la generación de electricidad, otorgados a los canadienses, siguieron también las concesiones para construir otras plantas hidroeléctricas en cualquier lugar del país, para lo cual se expropiaron tierras. No bastando con esto, la exención de impuestos se volvió una práctica común entre las empresas extranjeras. Pero indudablemente el aspecto más atractivo para aquellos inversionistas fue el hecho de que fácilmente se empezaron a establecer verdaderos *holdings* que controlaron los centros neurales de la capital y del país. Aquellos empresarios no solo controlaban los recursos naturales, su explotación y la distribución, sino que fijaban los precios a los consumidores con la protección de las autoridades.

[12] La nacionalidad de F. S. Pearson resulta confusa para muchos historiadores. Armstrong y Nelles afirman en su libro que era un ingeniero *yanky* que había enseñado a los canadienses a modernizar su propia infraestructura y a gestionar los servicios urbanos y el sistema de transportes. Según estos autores, F. S. Pearson empujó a los canadienses a invertir en Brasil y después en México en las hidroeléctricas [Armstrong y Nelles, 1988: 84]. Sin embargo, autores como J. C. M. Ogelsby [1989: 141], Lorenzo Meyer [1991: 76, 126, 213] y Priscilla Connolly [1997: 12] lo distinguen claramente del empresario de origen británico que portaba el nombre de Weetman Dickinson Pearson y que pasó a la historia como el primer lord Cowram. W. D. Pearson, llamado El Contratista de Don Porfirio, fundó S. Pearson & Son Ltd y fue el principal beneficiario de la política porfirista de apertura a la inversión extranjera, aunque, como bien menciona Connolly, Pearson era más un contratista que un inversionista, denominación que ajusta perfectamente para el Pearson canadiense. W. D. Pearson fue el constructor del gran canal de desagüe del Valle de México; llevó a cabo las obras portuarias y de saneamiento del puerto de Veracruz, Coatzacoalcos y Salina Cruz; reconstruyó el ferrocarril de Tehuantepec. Asimismo, controlaba las Compañías de Luz y Fuerza de Veracruz, Córdoba, Puebla y Tampico, además de ser accionista de las compañías de su homónimo F. S. Pearson, principal impulsor de la industria eléctrica en México. Pero indudablemente una de las hazañas que le dieron mayor notoriedad fueron sus trabajos de exploración de petróleo, que en 1910 rindió frutos con la explotación del pozo Potrero del Llano número 4 que permitió a su compañía petrolera, El Águila, exportar. Dos años después, El Águila controlaba aproximadamente la mitad de la producción de petróleo en el país y había creado subsidiarias que gestionaban el transporte, almacenamiento y distribución fuera de México. De esta forma, los dos Pearson fueron capaces de construir sólidos imperios basados en la explotación de los recursos naturales y el manejo de obras y servicios públicos tan necesarios al proyecto porfirista.

[13] F. S. Pearson llegó por primera vez a México para asistir a una reunión internacional de ingenieros en 1901. Acompañado por el Dr. Arnoldo Vacquie, visitó la cascada de 739 m de altura producida por el río Necaxa. Un año después, en marzo de 1902, Pearson adquirió la concesión de Vacquie e inició la construcción de una

asombrosa hidroeléctrica que suministraría electricidad a la Ciudad de México y a los estados adyacentes [Armstrong y Nelles, 1988: 85-86].

[14] Lo único que pudo detener su energía empresarial fue el hundimiento del *Lusitania* en 1915, en el cual viajaba. En algunos artículos publicados en *El Universal* (1925) y en *Electra* (1928), Vasconcelos se refería a él como un modelo [Godoy, 1996].

[15] F. S. Pearson no fue el primer canadiense vinculado a esta actividad. De acuerdo con información obtenida en los archivos canadienses, el primero que adquirió notoriedad en México fue A. E. Worwich, un ingeniero que estaba a cargo de la electrificación del sistema de tranvías de la Ciudad de México por medio de la empresa Mexico City Tramways, que sustituyó el antiguo sistema de tracción animal alrededor de 1898. F. S. Pearson se vinculó al sistema eléctrico de la Ciudad de México desde 1902 y bajo su liderazgo los inversionistas canadienses pasaron a controlar casi la totalidad del sistema de servicios eléctricos del Distrito Federal. Una medida que dio enorme popularidad a F. S. Pearson fue la reducción a la mitad de las tarifas vigentes hasta ese momento [Ogelsby, 1989: 141-142].

[16] Estas compañías eran la Mexican Light and Power Co., la Mexico Tramways Co. y la Mexico North Western Railway Co. Véanse los ensayos citados de Ogelsby [1989] y Godoy [1996], además del libro de Armstrong y Nelles [1988].

[17] No deja de ser sorprendente que en 1906, el representante británico en México afirmara con cierto orgullo y mucha condescendencia que el empuje del capital y de los empresarios canadienses empezaba a ser notable en el país: "The Canadian colony here is not numerous one, but its members make up in enterprise what they lack in number. They seem to combine the push of the Yankee with the recognized commercial integrity of the Englishman" [citado en Armstrong y Nelles, 1986: 178-203, y Armstrong y Nelles, 1988: 85].

[18] Una actitud semejante se percibe, actualmente, con la llegada de algunos bancos canadienses que realizan coinversiones con bancos mexicanos. Es el caso del Banco de Nueva Escocia e Inverlat, el Banco Nacional de Canadá y Banca Confía, y el Banco de Montreal con Bancomer. El primero de ellos, en especial, desempeñó un importante papel en la operación de rescate financiero a México en 1995 [Gutiérrez-Haces, 1997].

[19] Estados Unidos ocupaba el primer lugar, con 38%; Francia el tercero, con 26.7%, y Alemania representaba 1.9 por ciento.

[20] Estados Unidos solo representaba 6% de la inversión en estos rubros; Francia, 4% y los Países Bajos únicamente 1.6 por ciento.

[21] Así dieron origen a la Calzada de la Milla, hoy conocida como avenida Gandhi. Los árboles canadienses sobreviven y reflejan en su nudosa corteza 94 años de relaciones entre los dos países. Véase García Genaro [1990].

[22] El advenimiento de un movimiento revolucionario en México fue un acontecimiento que ningún inversionista quiso ver, pese a que una enorme cantidad de

incidentes anunciaban el malestar social y político del país. De acuerdo con la información consultada, los empresarios e inversionistas extranjeros inicialmente consideraron a la Revolución Mexicana como una rebelión armada que tendría una efímera existencia. Ninguno de ellos consideró que sus intereses realmente peligraban pues confiaban en que la mano dura de don Porfirio, y posteriormente de los gobernantes revolucionarios, acabaría por controlar la situación. Estos extranjeros negociaban con cada revolucionario que controlaba la Ciudad de México por medio de sobornos y pagos de protección, pero conforme el movimiento armado creció fue insostenible mantener sus propiedades a salvo, así que poco a poco abandonaron el país. Díaz se mantuvo en el poder hasta 1911, cuando partió al destierro. Pearson, como prueba de su amistad, le ofreció refugio en uno de sus castillos en la Gran Bretaña, pero Díaz prefirió terminar sus días en París.

[23] A medida que la Revolución acentuó los rasgos de una lucha de clases y exhibió su carácter nacionalista, los sucesivos gobiernos revolucionarios buscaron de diversas maneras forzar a que las reglas internacionales del juego fueran más favorables a México que a los inversionistas extranjeros. Esto, en resumidas cuentas, significó que los canadienses, como el resto de los inversionistas extranjeros, tuvieran cada vez más dificultades para lidiar con los continuos cambios de gobierno, los cuales cada vez con mayor frecuencia recurrieron a la confiscación de sus propiedades. Al principio las hidroeléctricas permanecieron inmunes al ataque debido en gran medida a la complejidad que implicaba su operación, pero en revancha los medios de transporte y los puertos rápidamente fueron tomados por los grupos revolucionarios.

[24] Sin duda, el momento más arduo para los inversionistas y empresarios canadienses ocurrió en 1915, cuando la Mexico Tramways y la Mexican Light and Power pasaron a manos de sus empleados y clientes sin que ni Inglaterra ni los Estados Unidos hicieran algo para impedirlo. La Primera Guerra Mundial había comenzado y las potencias en pugna no tenían la posibilidad ni el interés de distraerse con un problema menor. Por su parte, la Doctrina Monroe había marcado muy claramente los límites de la intervención de la Gran Bretaña en América Latina y, por tanto, no podía entrar en conflicto con los Estados Unidos por causa de los canadienses.

[25] Por ejemplo, en 1914 el cónsul mexicano en Toronto informaba a la Cancillería que las autoridades canadienses habían ordenado la requisición de armas entre los súbditos de naciones enemigas de Inglaterra que habitaban en territorio canadiense. Informaba, también, que se enviarían 50 000 canadienses a la guerra en Europa [AHREM, 1914, 16-13-24].

[26] El año de 1911 no solo marcó el destierro de Porfirio Díaz, sino la fecha en que la producción petrolera en México empezó a destacar por su volumen. En 1917, México logró colocarse en el tercer lugar en el ámbito mundial, después de Estados Unidos y Rusia. El petróleo era extraído por alrededor de 277 compañías, pero la tajada grande estaba en manos de las compañías inglesas, holandesas y estadouni-

denses. Las compañías mexicanas, al igual que otras menores de capital extranjero, estaban sometidas a las grandes empresas para la transportación y el beneficio del petróleo, ya que carecían de tecnología suficiente y maquinaria. De todas las facciones revolucionarias, la constitucionalista, con Venustiano Carranza a la cabeza, fue la única que destacó la importancia geoestratégica del petróleo. El Artículo 27, Fracción 4, de la Constitución promulgada en Querétaro el 5 de febrero de 1917 asentaba esta preocupación, pero definitivamente fue el decreto del 19 de febrero de 1918, que estaba relacionado con el contenido del artículo 27, el que exacerbó la relación entre el presidente Carranza y las compañías petroleras. En 1917, las compañías estadounidenses e inglesas formaron la Asociación de Productores de Petróleo en México, a raíz de las amenazas que percibían en el gobierno de Carranza. Estas compañías montaron una poderosa campaña publicitaria que buscaba desacreditar a la Constitución por su contenido nacionalista. El presidente Wilson, por su parte, tuvo que enfrentar la presión de las petroleras que clamaban por una intervención militar, alegando el germanismo de Carranza y el peligro de que el Artículo 27 exigiera mayores pagos por el usufructo de los terrenos donde se asentaban los pozos petroleros, las bodegas y los puertos y centros de transporte [Matute, 1995: 33-45].

[27] En los archivos canadienses, la información sobre este incidente está censurada.

[28] De acuerdo con una lista publicada en el trabajo del historiador Álvaro Matute, al parecer *El Demócrata* recibía la cantidad de 8 000 pesos. La vocación germanófila de este periódico contrastaba con las tendencias proaliados de *El Universal*. Véase Matute [1995: 12-22].

[29] Pese a la neutralidad de México durante la Primera Guerra Mundial, el gobierno estadounidense siempre siguió muy de cerca todos los movimientos políticos que ocurrían dentro y fuera del gobierno mexicano; no hay que olvidar que el primer avión de guerra usado por Estados Unidos en abril de 1914 sirvió para llevar a cabo misiones de reconocimiento continuo sobre el territorio mexicano y en especial de la frontera norte y los campos petroleros.

[30] Por ejemplo, hablando con los funcionarios británicos en Washington para que presionaran a los canadienses; utilizando a los inversionistas y empresarios canadienses asentados en Brasil para hacer lo propio, etcétera.

[31] La Unión Panamericana se consolidó en 1910, e inicialmente contaba con la membresía de 21 repúblicas del continente americano. A pesar del estatus político de Canadá, que no era aún independiente de la Gran Bretaña, el secretario de Estado de los Estados Unidos ordenó un número 22 en la mesa para las conferencias y se colocó una silla con el nombre de este país, sin embargo, esta nunca fue ocupada y finalmente se embodegó. Desde 1909, varios de los países latinoamericanos lo habían invitado a participar; esta invitación se formalizó con Chile (1923), Brasil (1925 y 1941), México (1928 y 1931) y Argentina (1929 y 1941). Resulta interesante notar que estas invitaciones coincidieron en cierta medida con dos hechos. El primero es que si se observan las fechas, podría afirmarse que estas posiblemente

coinciden con períodos en los cuales estos países gozaban de una cierta independencia frente a la enorme ascendencia que ya ejercían los Estados Unidos dentro de
la agrupación. La segunda observación es que estas propuestas se detuvieron prácticamente en 1941, fecha en que Canadá y los Estados Unidos ya habían asumido
los compromisos de Ogdensburg (1940) y suscrito la Declaración de Hyde Park
(1941), lo que nos hace concluir que para ese momento Canadá ya había logrado
una mejor ubicación geopolítica al lado de su vecino del sur [Rochlin, 1999: 23-
24]. Durante la Conferencia Panamericana celebrada en 1928, circuló un texto
de autoría estadounidense llamado *Canadá*, el cual cuestionaba la presencia de las
colonias, posesiones y los dominios controlados por estados europeos, porque esto
significaría que harían prevalecer sus puntos de vista en las decisiones de la organización. A este argumento habría que añadir el hecho de que consideraban que la
presencia canadiense iba en contra de la Doctrina Monroe (1823), la cual había sido
concebida pensando en impedir la presencia de Inglaterra en los asuntos latinoamericanos. La política estadounidense fue por demás ambigua, ya que simbólicamente
daba un espacio a este país en el mobiliario de la Unión, pero en los hechos lo
obstaculizaba. Por su parte, los países latinoamericanos cabildeaban a favor de su
ingreso considerando que este tendría el papel de un "honrado agente" entre Estados Unidos, la Gran Bretaña y América Latina. En 1942, Canadá se encaminaba
confiadamente a ocupar su lugar en la agrupación, alentado por la apertura de sus
embajadas en América del Sur y el respaldo oficial de Brasil, cuando Sumner Welles
declaró en Washington, en una conversación con el ministro canadiense en esta ciudad, que después de haber tratado el asunto con el presidente Roosevelt consideraba
que "la posición de los Estados Unidos en la colaboración interamericana se basaba
en acuerdos interamericanos, lo que hace absolutamente imposible que cualquier
gobierno que no sea el de una república americana, pueda estar representado en
la próxima conferencia" [Anglin, 1961: 10]. Después de esta declaración, Canadá
optó por archivar el asunto.

[32] A partir de este momento, todos los gobiernos canadienses tuvieron enorme cuidado en no aventurarse en una región que los Estados Unidos consideraban parte
de su zona de influencia. Así, Canadá se hizo presente solo en los lugares y en los
momentos que su vecino le autorizaba, como veremos más adelante.

[33] Nota de King en el Memorando de Reid [1941], PARC [283130].

[34] Entre aquellos objetivos se mencionaban: *1)* el establecimiento y mantenimiento
de relaciones cordiales con Latinoamérica; *2)* un esfuerzo por propiciar relaciones
armoniosas entre el Reino Unido y los Estados Unidos; *3)* un esfuerzo para unir a
los países de América Latina en la lucha por derrotar a los países del Eje; *4)* apoyar los esfuerzos de Estados Unidos para llevar la prosperidad económica a América Latina, como resultado de consideraciones estratégicas; *5)* la protección y el
aumento de la inversión y los intereses comerciales canadienses en Latinoamérica
[Rochlin, 1999: 32].

[35] La cita textual dice: "The two Latin American countries most important from both the political and the economic point of view are Argentina and Brazil. Chile, Mexico and Cuba would come in the next group. Argentina is the leader of the countries whose trade and cultural connections are mainly with Europe. Brazil is the largest of the countries in the northern part of South America which in trade matters, at least, are more closely connected with the United States. It would be difficult to appoint a Minister to either of these two countries without appointing to the other and they are so far apart that I do not think the Brussels-Hague experiment could be worked there satisfactorily [...]". Véase *Memorandum from Under-Secretary of State for External Affairs (O. D. Skelton) to Prime Minister, Ottawa*, 10 de agosto de 1940, Canadá, Ministerio de Asuntos Exteriores y Comercio Internacional, 1939-1941, documento 72.

[36] "My own opinion is that Mexico should come first in any further expansion of Latin America representation" [...] "the Mexican Government had twice in recent weeks raised the question of diplomatic representation with Canada through their Embassy in Washington. We has discouraged them from expecting any immediate response from Canada but undoubtedly they would return to the charge if we agreed to receive the Chilean Consul General as a diplomatic officer". Véase *Memorandum from Acting Under-Secretary of State for External Affairs (N. A. Robertson) to Prime Minister*, Ottawa, 15 de febrero y 30 de marzo de 1941, en *External Affairs*, 1939-1941, documentos 105 y 106.

[37] "A number of Allied Governments have also in recent months raised question of their accrediting diplomatic representatives in Ottawa but thus far we have refused to receive in diplomatic capacity representatives of any country to which Canada has not sent its own diplomatic representatives".

[38] La exclusión de México del grupo ABC podría explicarse mejor si tomamos en consideración que esta no solo se relacionaba con el reparto de responsabilidades hemisféricas entre Estados Unidos y Canadá. Esta decisión estaba también vinculada a los acontecimientos políticos de México a partir de 1938, fecha de la expropiación petrolera y de la culminación de otras medidas emprendidas por el presidente Cárdenas, tales como la Reforma Agraria, la administración obrera de los ferrocarriles, y la recuperación de la propiedad de los recursos naturales, entre otros. La reacción internacional no se hizo esperar, ante la ira de Estados Unidos y Gran Bretaña. Visto así, posiblemente el gobierno de Canadá prefirió esperar a que el fervor nacionalista disminuyera, en especial cuando constató que el gobierno estadounidense prefería tomar personalmente en sus manos la protección de su flanco Sur, dada la vieja historia de antiamericanismo que existía en México y la simpatía que el presidente Cárdenas había tenido por los alemanes. Sobre esto último, el propio Cárdenas se encargó de precisar que no significaba en absoluto que avalara la causa del nazismo.

[39] Desde Washington, M. M. Mahoney escribió a Skelton: "The desire of Mexico to make an earlier approach to Canada, through the appropriate channel –that

is to say, London– has been handicapped by the absence of diplomatic relations between the United Kingdom and Mexico, brought about by the oil disputes. Dr. Quintanilla asserted that the present Minister of Foreign Relations of Mexico is decidedly pro-British and that it is his understanding that negotiations are either under way or are to be pursued shortly with a view to resumption of full diplomatic relations between the United Kingdom and Mexico. He advanced the theory that if diplomatic relations could be established collaterally with Canada it would have a psychological effect to the extent that Mexico is in accord with the efforts of Canada and the British Commonwealth to overthrow totalitarianism". Véase *Memorandum from Chargé d'Affaires in United States (Mahoney) to Under-Secretary of State for External Affairs (Skelton),* Washington, 4 de enero de 1941, *External Affairs,* 1941, documento 124.

[40] Un importante memorándum mencionaba: "After consultation with the United Kingdom, Mexico be informed that the Canadian government has much pleasure in agreeing to accept a Mexican Minister at Ottawa and to appoint a Canadian Minister to Mexico City". Véase *Memorandum by Second Secretary (Escott Reid), Ottawa,* 17 de junio de 1941, *External Affairs,* 1939-1941, documento 127.

[41] Hay reconocimiento explícito del nivel que podía alcanzar la relación en un futuro: "The announcement of the establishment of direct diplomatic relations with Mexico be accompanied by a public explanation that the reason is that Mexico is an important North American State".

[42] Reid subrayaba en su memorándum: "a) Mexico is one of the three important states in North America; b) One of the main purposes of the Ogdensburg and Hyde Park declarations was the working out by Canada and the United States of a common plan of defence of the northern half of the western hemisphere. The effectiveness of any such plan is gravely impaired if Mexico does not cooperate. Mexico is at present cooperating with the United States. The chances of Mexico continuing to give real cooperation would be increased if Canada and Mexico entered into direct diplomatic relations; c) the British Commonwealth should have a diplomatic representative in Mexico City because of Mexico's importance to the Anglo-American war effort. It would perhaps be easier for Canada to establish diplomatic relations than for Great Britain to re-establish them; d) Canada could establish direct diplomatic relations with Mexico without giving any other country reasonable cause to demand equal treatment".

[43] Sabemos que el gobierno mexicano no suscribió oficialmente ni Ogdensburg ni Hyde Park, pero esto no significa que se mantuviera al margen de tales arreglos. En realidad México no solo les dio seguimiento, sino que también participó en muchas de sus reuniones. Sin embargo, esta situación implicó serios problemas para el gobierno del presidente Ávila Camacho, quien tuvo que enfrentar enormes críticas al interior del país.

La guerra provocó que México orientara la mayor parte de su comercio exterior hacia los Estados Unidos. La política del "buen vecino" se plasmó en un convenio firmado con México en julio de 1941, que tenía como propósito evitar que México suministrara productos estratégicos a los países del Eje y garantizaba la absorción de los mismos por los Estados Unidos [Rivero, 1985: 23-27, 32]. Desde marzo de 1941 se inició una serie de pláticas entre los dos países, que finalmente se completaron el 12 de enero de 1942, cuando se anunció la creación de la Comisión México-Estados Unidos de Defensa Conjunta, encargada de examinar desde un punto de vista técnico las modalidades de defensa común de los dos países y estudiar la forma más adecuada de llevarlas a la práctica. Respecto a las atribuciones de esta comisión, surgieron dos posiciones opuestas. Una proponía una competencia amplia que implicaba la defensa de áreas adyacentes de los dos países y medidas de cooperación. La otra era más restringida y estaba relacionada con cuestiones técnicas militares como el privilegio de vuelos sobre territorio mexicano e ingreso del transporte americano a México. Finalmente, la posición restringida predominó, gracias al respaldo del Departamento de Guerra, como el de la Marina de Estados Unidos. Del lado mexicano también obtuvo mayor consenso la competencia restringida, ya que el general Cárdenas era el comandante de la Región Militar del Pacífico y pronto se convertiría en secretario de la Defensa Nacional. En octubre de 1942, el gobierno mexicano llevó a cabo las primeras medidas que lo conducirían a la colaboración militar con Estados Unidos. Una primera decisión fue crear la Región Militar del Pacífico, a cargo del general Lázaro Cárdenas, cortando de tajo la amenaza de una amigable ocupación de esa parte del territorio mexicano por el ejército estadounidense. Pese a lo anterior, la relación fue particularmente difícil en los primeros meses de 1942; por ejemplo, en febrero de ese año el gobierno mexicano tuvo que parar a la fuerza aérea americana que pretendía enviar un escuadrón de combate a Tehuantepec, cuando solo existía un permiso para la instalación de un aeropuerto militar sin que los Estados Unidos pudieran ejercer autoridad sobre este. Finalmente, los mexicanos accedieron de forma temporal a que los aviones estadounidenses utilizaran los aeropuertos de Mérida, Cozumel e Isla Mujeres. Después de esta concesión, en marzo de 1942 se firmó el Acuerdo de Préstamos y Arrendamiento, por el cual se otorgó un crédito de 10 millones de dólares para artículos militares de defensa, y se aceptó que este pagaría 48% en partes hasta 1948 y se comprometería a devolver los artículos en caso de que los requiriera Estados Unidos.

Indudablemente, Cárdenas tuvo un papel destacado en estos acontecimientos. En abril de 1942, el coronel Samuel Mathewson presentó a la Comisión de Defensa Conjunta un anteproyecto que proponía establecer algo similar al plan de defensa acordado entre Canadá y Estados Unidos en 1940 en Ogdensburg. Poco después, ante la desconfianza del lado mexicano, el vicealmirante Johnson propuso un plan de colaboración en lugar de uno de defensa. Cárdenas, en su calidad de secretario de la Defensa, respondió a Francisco Castillo Nájera, representante mexicano ante la Comisión, el 5 de enero de 1943. Las propuestas de Cárdenas pasaron a ser llamadas Plan Mexus. Toda la propuesta de Cárdenas podría resumirse en un solo punto: se aceptaba el apoyo técnico, la adquisición de armamento y el entrenamiento bajo la supervisión de la autoridad mexicana. Cárdenas dejaba perfectamente establecido que la colaboración militar estadounidense consistiría en lograr el mejoramiento del ejército mexicano y asegurar la defensa del territorio. Mexus no logró firmarse porque, entre otras cosas, nunca lograron llegar a un entendimiento sobre quién sería la persona que estaría a cargo en el caso de una emergencia. El único acuerdo que se mantuvo en vigor fue el conocido como Cárdenas-De Witt, que contemplaba la defensa conjunta de la porción occidental de los dos países. Las posiciones irreductibles sostenidas por los mexicanos fueron un obstáculo para que se llegara a un acuerdo más ambicioso [Torres, 1979: 65-141; Loyola, 1985: 1-9; Paz 1990: 49-82; Paz, 1997: 47-73; Conn, Engelmann y Fairchild, 1964: 342, 356-361].

44 Durante el año de 1946, James Mackinnon, ministro de Comercio de Canadá llevó a cabo una misión comercial a Latinoamérica. Concretamente, en el caso de México, este esperaba que el acuerdo comercial recién firmado, por establecer el estatus de reciprocidad comercial y trato de Nación Más Favorecida reduciría los aranceles e incrementaría las exportaciones canadienses a México [Rochlin, 1999: 46].

45 En 1946, como resultado de una misión ministerial comercial de Canadá en América Latina, se firmó un convenio comercial bilateral en el que se sentaba la base de un código de conducta basado en los principios NMF (Nación Más Favorecida), el cual establecía un trato especial, en consideración al carácter menos desarrollado que argumentaba México [PARC RG 25, 11863, Treaties].

46 En 1953, Canadá ya había entablado relaciones diplomáticas con casi todos los países latinoamericanos. Pese a que no era miembro pleno sino observador permanente de la Organización de Estados Americanos (OEA) en 1972, asistía frecuentemente a sus reuniones y participaba en algunos de sus grupos. Dentro de esta misma tónica, en 1961 se convirtió en miembro de la CEPAL y en 1964 empezó a colocar anualmente fondos disponibles en el Banco Interamericano de Desarrollo (BID); pese a todos estos esfuerzos por vincularse institucionalmente con América Latina su participación estaba muy acotada por la presencia estadounidense. Canadá se convirtió en miembro pleno de la OEA en 1990.

47 Este reporte recogía las experiencias de la misión comercial que el gobierno canadiense organizó en 1968. A partir de estas se redactó el folleto *Latin America: Foreign Policy for Canadians*, publicado en junio de 1970.

48 Uno de los principales temas que se discutió en México con motivo de esta misión ministerial fue la creación de una comisión conjunta México-Canadá. La propuesta ya había sido formulada desde 1965 por Antonio Carrillo Flores, secretario de Relaciones Exteriores de México. La comisión debía empezar a funcionar en 1969 y la idea era que esta se convocara en un plazo no menor de dos años [Rochlin, 1999: 117].

[49] Como hemos visto, antes de 1990 la relación entre los tres países de América del Norte era estrictamente bilateral, y la prioridad tanto de México como de Canadá era la conquista permanente del mercado estadounidense y la atracción a ultranza de sus inversionistas. Antes de que se llevara a cabo la negociación del TLCAN, la relación bilateral tenía un doble carácter: las relaciones de Estado a Estado, de las cuales hemos hecho en este capítulo una descripción pormenorizada, y las relaciones entre gobiernos que tienen por meta casi exclusiva la creación de vínculos económicos entre los sectores privados de los dos países. Después de 1990 esta situación cambió con la participación de nuevos actores, como los sindicatos, las organizaciones no gubernamentales, las instituciones educativas; en suma, se trataba de un encuentro entre dos sociedades civiles que hasta entonces habían sido más espectadores pasivos que actores.

[50] Después de más de 20 años de instrumentalización del TLCAN, tanto los funcionarios públicos como los empresarios más influyentes de los tres países consideran que este tratado ya dio de sí y que es necesario llevar a cabo diversos ajustes a fin de que las relaciones de los países de Norteamérica den un salto cualitativo. Esto implicaría no solo la revisión del contenido del TLCAN sino la creación de una institucionalidad más acorde con el nuevo entorno político y económico de la región.

[51] En México, los observadores electorales canadienses estuvieron presentes prácticamente desde la presidencia de Zedillo; asimismo, se han llevado a cabo importantes proyectos de cooperación no solamente con el IFE sino con un número considerable de ONG mexicanas, dedicadas desde hace décadas a la promoción de la democracia, la vigilancia de los comicios electorales y la protección de los derechos humanos.

[52] En este sentido, el tratamiento que estos países otorgaron a la crisis mexicana no tiene parangón si lo comparamos con lo ocurrido durante la crisis financiera de México y de Canadá en 1982. Asimismo, resulta interesante constatar que hasta el momento el TLCAN ha conferido a la relación trilateral una interconexión política y económica inédita en la que la corresponsabilidad es un ingrediente importante.

[53] Pese a la complejidad de la relación con Estados Unidos, ambos gobiernos reconocen pragmáticamente que una alianza estratégica solo es factible en los asuntos que de manera "natural" lo exigen. Esto significa que ninguno considera de absoluta prioridad la construcción de una estrategia conjunta para resolver cada uno de los asuntos de la agenda estadounidense. Desde luego que esta posición pudo ser sostenida hasta septiembre de 2001; después, la guerra antiterrorismo obviamente los obligó a consultarse con mucho más frecuencia que en el pasado. En este sentido, considero que resulta un buen ejemplo la visita del primer ministro Chrétien a México, días antes de que estos países dieran una respuesta oficial al presidente Bush respecto a su respaldo a la guerra de Irak. En ocasión de esta visita, Chrétien eligió un lugar visiblemente neutro para ofrecer su primer discurso, en una de las instalaciones de la Universidad Nacional Autónoma de México, donde empezó por analizar los principales elementos de la política exterior canadiense, que le permi-

tieron argumentar públicamente las razones por las cuales Canadá no respaldaría esa guerra. Al puntualizar su posición dentro de un ámbito académico, el gobierno canadiense dio un calculado margen de respuesta al presidente Fox antes de la entrevista oficial, que obviamente versaría sobre este asunto. Pocos días después, ambos mandatarios expresaron su posición oficial de rechazar la guerra contra Irak. Un día antes, el gobierno de Chile también había manifestado su desacuerdo con la política de Bush.

[54] Canadá y Estados Unidos se consideran a sí mismos países *like-minded*. Este aspecto se fundamenta en el hecho de que los diferentes gobiernos canadienses generalmente han sostenido y preferido que sus relaciones internacionales se hagan con países, organizaciones e individuos que compartan una comunidad de ideas e intereses, en particular respecto a los asuntos económicos e internacionales. La posición de Canadá se apoya en la idea de que es necesario ser parte de una comunidad epistémica. Mientras México no aceptó los principios del libre comercio, ni formó parte del GATT, ni contó con un sistema político más democrático, difícilmente podía ser considerado parte de la comunidad epistémica que formaban los otros países de América del Norte. Desde luego que actualmente existe una mayor convergencia entre los tres países; sin embargo, el gran desafío que enfrenta México es ser parte de una comunidad epistémica en la cual las similitudes no solo sean determinadas por Estados Unidos.

[55] En Canadá se encuentra la segunda comunidad más grande de mexicanos en el exterior, después de la de Estados Unidos. Se estima que en 2004, alrededor de 43 000 mexicanos residían en este país. Los inmigrantes mexicanos representan 10.04% de inmigrantes latinoamericanos en Canadá y 0.10% de la población del país. En 2003 el total de la población estaba calculada en 31 485 623 de habitantes. México y Canadá cuentan con un Programa de Trabajadores Agrícolas Temporales desde hace más de treinta años, que ha funcionado con éxito hasta la fecha. Actualmente más de 8 000 mexicanos, bajo la coordinación de la Secretaría del Trabajo de México, viajan a Canadá para participar en diversas actividades agrícolas. Después de la visita de Fox a este país, en octubre de 2004, el gobierno mexicano abrió una nueva oficina en Leamington, Ontario, considerada la zona de mayor concentración de estos trabajadores. Por otra parte, la Cancillería mexicana está explorando la posibilidad de ampliar el envío de trabajadores por medio del programa Low-Skilled Worker Pilot Program, que contrata trabajadores para la construcción, los servicios y las actividades turísticas.

[56] Esto no ha impedido a Canadá participar en varias ocasiones con algunos de estos países. Cuba es un buen ejemplo, ya que Canadá y México son los únicos países de América que no rompieron sus relaciones diplomáticas después de la Revolución cubana, que no aceptarán las exigencias de la Ley Helms-Burton y continuaron negociando e invirtiendo en la isla. También apoyaron a Arbenz (1951-1954) en Guatemala cuando la United Fruit Co. quería derrocarlo. Del mismo modo apoyó

a Nicaragua y al Frente Sandinista (1979), a Granada durante la invasión de los Estados Unidos (1983), al Grupo Contadora (1983) y a la Comisión de Control y Comprobación (1984), así como a los refugiados políticos de las dictaduras militares de América del Sur a partir de los años setenta.

[57] Tanto durante las negociaciones del TLCAN, como en las de su ingreso a la OCDE en 1994, el gobierno de Salinas de Gortari tuvo buen cuidado en no acentuar el carácter asimétrico de la economía mexicana. Desde este punto de vista resulta difícil para el gobierno de México reivindicar la asimetría económica de las regiones y promover un fondo compensatorio de desarrollo, aunque evidentemente su posición sea más cercana a la realidad.

[58] El primer ministro Paul Martin fue la cabeza del partido Liberal hasta 2004. En un inicio su nombramiento como primer ministro se debió a que sustituía a Jean Chrétien, quien renunció al cargo debido a su jubilación. Posteriormente, Martin llamó a elecciones federales en junio de 2004, las cuales ganó con un escasísimo margen, lo que provocó que su gobierno fuera considerado minoritario y políticamente débil.

[59] A petición de la Presidencia, se invitará al embajador de Canadá en los Estados Unidos y al secretario parlamentario del primer ministro a asistir a las reuniones sobre las cuestiones de Canadá y Estados Unidos.

[60] De acuerdo con la *Declaración de objetivos de la relación México-Canadá,* la expansión de la relación se ha basado en tres elementos: convergencia, coincidencia y complementariedad. La primera existe dentro de la búsqueda en común del "fortalecimiento de los vínculos entre los países de América del Norte". La *complementariedad* es definida como la acción que los une al emprender diversas facetas de la relación en el terreno comercial, migratorio, manufacturero, educativo y tecnológico, principalmente. La *coincidencia* alude al acoplamiento de sus tiempos históricos y políticos en torno a un sinnúmero de aspectos entre los cuales sobresale su decisión de convertirse en socios dentro del TLCAN y el manejo de su relación con Estados Unidos [Berain, 1994: 14-15 y 1996: 93-98; Studer, 1997: 49; Castro-Valle, 1997: 102-104].

[61] El Comité Directivo Binacional fue una iniciativa de la Cancillería mexicana, aunque por supuesto fue avalada por su contraparte en Canadá. Este logró reunir a individuos de diversa formación profesional que trabajaban en el gobierno, el sector privado y a profesores universitarios. Durante su breve existencia, tuve la oportunidad de colaborar en la redacción de un documento que buscaba plantear el manejo de la relación bilateral desde una perspectiva mexicana.

[62] Bajo estas adjetivaciones, los sucesivos gobiernos han venido definiendo el papel de Canadá en el mundo prácticamente desde inicios del siglo XX.

[63] El presidente Fox planteó desde los inicios de su mandato que era necesario ir más allá de los objetivos planteados por el TLCAN y propuso un *Nafta Plus* el cual, *grosso modo,* proponía un proyecto de integración a largo plazo, ya que el anterior tenía

solo quince años de vigencia. Esta prolongación del tratado implicaría la creación de instituciones supranacionales, una movilidad laboral que no esté restringida a los hombres de negocios, como es el caso con el TLCAN; la creación de un fondo social que reduzca las asimetrías económicas, una corte trinacional, un mercado común de energía, principalmente. La propuesta fue acogida con resquemor por el gobierno del primer ministro Chrétien, así como por el primer ministro Paul Martin, de hecho fueron los ataques terroristas a Estados Unidos en el 2001 lo que permitió a los canadienses sesgar tal propuesta y encaminarse junto con los mexicanos hacia el proyecto estadounidense llamado Fronteras Inteligentes y Perímetro de Seguridad.

[64] La relación entre los cuerpos legislativos de ambos países tiene una larga historia de intercambios y trabajo conjunto, desde 1975 se reúnen cada dos años. Además, el Foro Inter-Parlamentario de las Américas, fundado en Ottawa, en abril del 2001, se ha convertido en un lugar de encuentro en el cual México y Canadá desempeñaron un papel de liderazgo en el seno del grupo de trabajo sobre el ALCA hasta 2005.

[65] En diciembre del 2001, el Comité parlamentario publicó un informe preliminar titulado *Canada and the North American Challenge: Managing Relations in Light of the New Security Environment,* basado en una serie de audiencias celebradas con motivo de los ataques terroristas de 2001. Paralelamente el Subcomité de Comercio Internacional, Controversias Comerciales e Inversiones publicó un informe en noviembre del 2001 titulado *Towards a Secure and Trade Efficient Border* que fue respondido por el gobierno federal en 2002. En el Informe publicado en 2001, se señalaba que es necesario "escuchar las ideas de los canadienses de todo el país y tratar dichas cuestiones con nuestros socios de América del Norte. Canadá debe fijar sus propios objetivos y sus prioridades en el marco de las futuras relaciones, pero no es probable que los logre si no se valora en su justa medida la evolución de la situación en Estados Unidos y México entre los factores que conforman el panorama político de América del Norte".

[66] Además de las audiencias organizadas por el Comité en todo Canadá, sus miembros también organizaron entrevistas con funcionarios de los gobiernos de Estados Unidos y México, así como con legisladores y miembros del sector empresarial.

[67] El Informe contiene los siguientes capítulos: *1.* Política exterior canadiense hacia una estrategia para América del Norte; *2.* Para comprender mejor una América del Norte en pleno cambio; *3.* Prioridades de Canadá para la promoción de sus relaciones con América del Norte; *4.* Principales temas de la gestión y promoción de las relaciones económicas entre los países de América del Norte; *5.* Prioridades de Canadá para la promoción de sus relaciones bilaterales y trilaterales en América del Norte; *6.* La visión del Comité para promover los objetivos de Canadá en América del Norte [Parlamento de Canadá, 2002: v-xiv, 1-5].

[68] Durante su visita a México, la embajada de Canadá fue la sede de las audiencias, las cuales reunieron a funcionarios públicos, empresarios, sindicalistas, ONG, intelectuales y grupos indígenas. El hecho de que las reuniones se llevaran a cabo en

el domicilio de la embajada denota no solamente el respaldo del gobierno federal canadiense a la iniciativa parlamentaria, sino también el uso de la inmunidad diplomática, dado el contenido de las discusiones que se llevaron a cabo. El grupo en que participé estuvo compuesto por el exsecretario de Economía y jefe de las negociaciones del TLCAN; el exsecretario de Energía, y un académico de una universidad privada. Prácticamente en todos los grupos que se entrevistaron sobresalieron la diversidad y pluralismo ideológico. Esta no fue la única ocasión en que la embajada canadiense organizó reuniones de esta índole. Durante 1999, hubo una serie de reuniones en las que se discutieron los problemas indígenas, la gobernabilidad y la democracia, así como los derechos humanos. Este foro dio espacio a un gran número de voces disidentes que finalmente en las elecciones federales del 2000 pudieron hacer valer su voto. El activismo de la embajada debe ser entendido dentro de los lineamientos de su política exterior, la cual se basa en los principios de la Seguridad Humana promovidos por la ONU. Desde luego que este tipo de actividades fueron muy mal recibidas por la Cancillería mexicana y contribuyeron al enrarecimiento temporal de las relaciones bilaterales. Aunado a esto, el descontento del sector empresarial canadiense, frustrado por las limitaciones a su expansión en el sector eléctrico y petrolero, así como su fracaso en algunas licitaciones públicas, añadieron una excesiva presión a la embajada, lo cual alcanzó su clímax cuando el embajador Perron imprudentemente concedió una entrevista al periódico *Milenio*, en la cual criticó abiertamente la falta de democracia y corrupción de México, posiblemente molesto por el fracaso de la licitación de Bombardier-Concarril, de la cual los empresarios lo hacían indirectamente responsable. Acto seguido el representante diplomático fue llamado a comparecer en Ottawa y explicar lo sucedido. El embajador nunca regresó a México, poco después fue nombrado un nuevo embajador.

[69] El estudio cuenta con tres volúmenes: *Uncertain Access: The consequences of U.S. Security and Trade Actions for Canadian Trade Policy* (1); *The Rising Dollar: Explanation and Economics Impacts* (2); y el tercero que está dedicado a México.

[70] Solo algunos otros países cuentan con una unidad de seguimiento parlamentario, estos son Estados Unidos, Japón y Brasil [Abizaid, 2004: 7].

[71] La Alianza optimizará las redes existentes y las asociaciones estratégicas, persigue los siguientes objetivos: *1)* reforzar y profundizar los lazos comerciales, políticos y sociales existentes, cultivando las relaciones de alto nivel entre los dirigentes de ambos países en los sectores públicos y privados; *2)* crear oportunidades para las pequeñas y medianas empresas; *3)* aumentar la prosperidad en ambos países mediante la promoción del comercio y de la inversión a través de una red de representantes comerciales de alto nivel; *4)* identificar las barreras que impiden el flujo de la inversión y del comercio y hacer recomendaciones para eliminarlas; *5)* mejorar y ampliar la cooperación bilateral entre las instituciones y los organismos de Canadá y México para lograr resultados concretos; *6)* promover contactos individuales de los grupos culturales, académicos y de investigación, *7)* fomentar un mayor desarro-

llo en Canadá y México a través de asociaciones público-privadas, y *8)* identificar, en el contexto de América del Norte, los desafíos de la competitividad global [Gobierno de México y el Gobierno de Canadá, Partenariat Canada-Mexique, 2004].

[72] El gobierno canadiense ha decidido retirarse en 2011 del Protocolo de Kioto de las Naciones Unidas. En diciembre de 2012, Canadá ratificó su decisión de evitar el pago de multas por no reducir las emisiones. El gobierno no puede evitar el aumento del 17% de las emisiones de efecto de invernadero desde 1990 y debe pagar 14 millones de dólares a otros países. Esto se debe a la industria petrolera en auge en la provincia de Alberta.

[73] México no forma parte del Anexo I, en ese momento no tenía obligaciones cuantitativas en la reducción de la emisiones de gases de efecto invernadero (GES).

[74] Programa de investigación conjunta Canadá-México sobre la tuberculosis; Programa @Campus México; Iniciativa sobre Ciudades Sustentables (Matamoros y Reynosa); Plan de Trabajo Canadá-México sobre la Migración; Intercambio de Profesionistas de la Cultura; Contribución a la Cátedra de Estudios Canadienses en la Universidad Nacional Autónoma de México, Export Development Canada; Acuerdo entre la Asociación Canadiense de Importadores y Exportadores y el Consejo Mexicano de Comercio Exterior; Acuerdo entre la Comisión Mexicana de Promoción del Turismo y Desjardins International.

[75] *New Frontiers. Building a 21st Century. Canada-United States Partnership in North America*, abril de 2004, y *Canada and Mexico. Building a Shared Future in North America*, septiembre de 2004.

Capítulo 5

La continentalización codificada: La inserción de Canadá en el espacio económico de los Estados Unidos mediante la negociación del ALCCEU

Introducción

En 1980, durante la campaña presidencial de Ronald Reagan, se manifestaron los primeros indicios de lo que en un futuro cercano sería la política económica exterior de la administración republicana. El discurso político predominante giró en torno a la reiterada afirmación que sostenía que los Estados Unidos debían demostrar al mundo que la hegemonía estadounidense se encontraba más vigorosa que nunca. Así, el gobierno de Reagan buscó afianzar su hegemonía tanto en el plano militar como en el comercial, y ello lo llevó a revisar cuidadosamente el estado en que se encontraba la relación con sus principales socios comerciales. México y Canadá ocuparon un lugar privilegiado no solo por su vecindad geográfica y su relación de dependencia económica, sino por una serie de razones de orden geopolítico, entre las cuales tuvo especial relevancia el conflicto centroamericano.[1]

Tanto durante la primera administración del presidente Reagan (1981-1989), como en su segundo período presidencial, se acentuó la tendencia del gobierno estadounidense de exigir la caída del proteccionismo comercial de todo país que comerciara con los Estados Unidos. Al mismo tiempo, se inició una cruzada por el libre cambio que implicaba, en opinión de la administración republicana, un mundo más libre y justo, gracias al establecimiento de un mayor número de regímenes democráticos –en especial en América Latina– apoyados por los Estados Unidos. Al respecto, el presidente Reagan declaró en 1980: "O el mundo libre sigue avanzando y sosteniendo el impulso de la posguerra hacia la obtención de mercados más abiertos, o corremos el riesgo de repetir los trágicos errores de 1930, cuando los burócratas se convencieron de que podían ser más eficaces que los empresarios [...]. Si abandonamos el principio de limitar la intervención gubernamental en la economía mundial, los conflictos políticos se multiplicarán" [citado en Bitar y Moneta, 1984: 96-123; Pearson, 1989: 34].

La crisis económica, que desde principios de los ochenta afectó tanto a México como a Canadá, favoreció paulatinamente la modificación de la relación acordada con los Estados Unidos, en la que sus vecinos seguían una estrategia de avance y retroceso permanente aceptando de manera tácita que Estados Unidos desempeñaba el papel dominante en los asuntos económicos de América del Norte [Gutiérrez-Haces, 1991b: 154].

En particular, la década de 1980 enfrentó a Canadá con una nueva realidad; este país se encontraba en grave riesgo de ser uno de los grandes perdedores del proceso de reconfiguración geoeconómica del mundo. América del Norte se había transformado paulatinamente en un espacio donde el proteccionismo y la reestructuración económica de los Estados Unidos cerraban el paso a opciones nacionalistas como las que Canadá sostuvo en décadas anteriores.[2]

Primero Canadá y después México se vieron forzados a repensar sus relaciones económicas internacionales, recurriendo a una solución que implicaba la implementación de un proyecto abiertamente librecambista, que no dejaba espacio a ningún gesto de proteccionismo. Aunque es indudable que Canadá siempre se pronunció en pro del libre comercio, también es cierto que esta tendencia siempre se manifestó en un ámbito multilateral como el GATT. Por su parte, México nunca declaró formalmente una verdadera inclinación por dicha estrategia sino hasta bien entrada la década de 1980, cuando decidió ingresar al GATT, en 1986, como ya explicamos de forma sucinta en los capítulos precedentes.

Tomando en cuenta estos aspectos, el objetivo de este capítulo consiste en analizar las circunstancias que empujaron a Canadá a optar por la vía librecambista bilateral como la mejor estrategia para reajustar su relación con los Estados Unidos y dar solución a la difícil situación económica que desde 1981-1982 aquejaba a este país. Esta determinación, sin duda, marcó el paso de un proceso de continentalización que ya existía *de facto*, a uno que por sus características contractuales encaminó a los dos países a una continentalización *de jure*.

El período examinado confirma una de las hipótesis que esbozamos en capítulos anteriores, la cual argumenta que la respuesta que tradicionalmente Canadá ha dado a la amenaza del proteccionismo estadounidense ha sido la instrumentación de una estrategia de mayor estrechamiento económico con su vecino, el que al no poder negociar un acuerdo amplio de libre comercio ha optado por la negociación de algunos acuerdos parciales de diversa índole.

Esta estrategia siempre ha tenido como principal objetivo ganar mayores concesiones, en especial, aunque no exclusivamente, de orden económico, que permitan a Canadá un acceso preferencial al mercado estadounidense.

Esta hipótesis es ampliamente corroborada al analizar el texto del Acuerdo de Libre Comercio Canadá-Estados Unidos (ALCCEU), que en la introducción de la versión oficial publicada en Canadá, afirma: "L'Accord couronne les efforts que déploient depuis un siècle les Canadiens et les Américains en vue d'améliorer et de rendre plus sur le cadre de gestion de leurs relations économiques et commerciales. Avant même que le Canada ne devienne une nation, les États-Unis et la Grande-Bretagne tentent de garantir que le 49º parallèle ne devienne pas un obstacle inutile et artificiel aux échanges entre Canadiens et Américains" [Maeci, ALCCEU, 1987: 2].

Con el propósito de enriquecer nuestra argumentación, nos proponemos analizar las circunstancias en que se llevaron a cabo las negociaciones del ALCCEU, así como los principales aspectos incluidos en su contenido.

Teniendo en cuenta la inclinación que Canadá ha manifestado por el multilateralismo y su particular fidelidad hacia el GATT, consideramos la necesidad de dejar bien establecido dentro de este análisis cuáles fueron los aspectos concernientes al GATT que Canadá retomó en el ALCCEU, y cuáles otros se hicieron a un lado en aras de que este nuevo acuerdo se aprobara lo más pronto posible. Finalmente, consideramos necesario examinar los principales aspectos que se negociaron, los puntos vulnerables del acuerdo, así como la evaluación de las consecuencias del ALCCEU en Canadá. Dado lo controvertido que resultó tanto el proceso de negociación como la instrumentalización de este acuerdo, consideramos fundamental consagrar una parte de nuestro análisis a la forma en que la oposición rechazó el acuerdo y se organizó para impedir su aplicación y, posteriormente, su cancelación.

5.1. Canadá hacia el libre comercio bilateral

A través de las siete rondas de negociaciones organizadas por el GATT, entre 1947 y 1979, Canadá logró avances en su relación comercial con los Estados Unidos; las barreras arancelarias entre los dos países disminuyeron considerablemente, y se logró establecer algunas reglas sobre el comportamiento comercial que ayudaron a estrechar la relación bilateral.

Desde este punto de vista, podríamos decir que, en términos generales, los gobiernos canadienses se sentían razonablemente satisfechos con la fórmula multilateral para arreglar y gestionar los asuntos bilaterales con su vecino. Lo habían logrado sin pagar los elevados costos políticos que tradicionalmente exigían las relaciones bilaterales, sobre todo con los estadounidenses como su contraparte.

Esto no impidió que en 1947 los dos países intentaran la negociación de un acuerdo global de libre comercio, que no llegó a concluirse básicamente porque el primer ministro Mackenzie King consideró que "Canadá no estaba listo para este tipo de acuerdo y que el GATT era suficiente por el momento".[3] Un gesto similar tuvo en 1953 el primer ministro Saint Laurent, ante la propuesta de un acuerdo de libre comercio formulada por el presidente Eisenhower; también entonces se concluyó que el GATT servía perfectamente a los intereses bilaterales y multilaterales de Canadá y que no era momento de iniciar un proceso que podría lesionar la relación con los Estados Unidos y el equilibrio político interno.

Esta calculada indecisión de los gobernantes canadienses no impidió que se llevaran a cabo diversos acuerdos bilaterales, como ya lo mencionamos; recordemos que el Acuerdo de Hyde Park establecía la producción de carácter bélico compartida; garantizaba el libre comercio de material y equipo de defensa entre los dos países y sentaba las bases para la creación de un sector de explotación y transformación de recursos naturales estratégicos, junto con la consolidación de un sector manufacturero que no solo producía material militar, sino una infinidad de bienes de consumo durables y semidurables necesarios para sostener el esfuerzo bélico en Europa.

Indudablemente, los procesos productivos de ambos países funcionaban con un alto grado de interdependencia, debido a que la mayor parte de esta actividad se desarrollaba a lo largo de su frontera[4] y a que existía toda una infraestructura previa, gracias al establecimiento de un gran número de plantas subsidiarias americanas en Canadá desde principios del siglo XX.[5]

No es entonces de extrañar que en 1965 los dos países concluyeran el Pacto del Automóvil, que permitía la admisión *en franchise* de autos, camiones, autobuses y autopartes. El objetivo de este acuerdo era racionalizar la producción de ambos países y crear un espacio económico común bajo los principios del libre comercio.[6] En 1987, de acuerdo con datos del gobierno de Canadá, el Pacto del Automóvil generaba solamente en la provincia de Ontario 130 000 empleos y exportaba 90% de su producción.

Pese a los hechos anteriores, la relación económica entre los dos países sufrió considerables tropiezos a partir de los setenta; no hay que olvidar lo que significaron las medidas de choque emprendidas por el presidente Nixon en 1971, las cuales castigaban el ingreso de las exportaciones de sus principales socios comerciales, a la vez que establecieron un programa de incentivos a todas las empresas estadounidenses que, tras operar en el extranjero, se repatriaran; ambas iniciativas golpeaban duramente a Canadá, que experimentó la drástica disminución de sus ventajas, tanto en el mercado americano como en el doméstico [Brunelle y Deblock, 1989: 96-97].

La década de 1970 fue especialmente severa para el gobierno canadiense, el cual quedó atrapado dentro de un fuego cruzado entre los nacionalistas y los procontinentalistas que formaban parte de la burocracia federal y provincial. Entre las filas de los servidores públicos siempre existieron diferentes puntos de vista sobre cómo encarar la relación con su vecino, que no necesariamente tenía que alinearse con el sentir del primer ministro.[7] Ningún gobierno en toda la historia de Canadá –independientemente de su credo partidista o de su inclinación económica– ha podido gozar de un consenso absoluto dentro de su gabinete respecto a la forma y orientación con que debe encararse la relación con los Estados Unidos. En este sentido, el prolongado gobierno liberal, con Trudeau a la cabeza, no fue la excepción.

Durante este gobierno, se produjeron tres reportes gubernamentales que se publicaron en 1975, 1978 y 1982, respectivamente, los cuales tenían en común que expresaban una opinión favorable al establecimiento de negociaciones directas con los Estados Unidos, haciendo prácticamente caso omiso del recurso multilateral.[8]

Entre los reportes, publicados por el Senate Standing Committee on Foreign Affaires, destacaba el titulado *Canada's Trade Relations with the United States*, de 1982, que fue redactado después de un proceso de audiencias públicas y consultas hechas a la comunidad de negocios, práctica muy frecuente cuando se trataba de publicar un documento de importancia pública que era avalado por el Poder Legislativo [Hart, 1994: 13].

En 1975 también se publicó el documento *Looking Outward: A New Trade Strategy for Canada*, realizado por el Economic Council, en el cual se presentaba una lista de opciones sobre la estrategia a seguir, entre las cuales el libre comercio ocupaba el quinto rango.[9] Con el respaldo de los trabajos de destacados economistas, el Consejo concluía que "the small Canadian economy could not afford to isolate itself from the world economy by maintaining high barriers to imports" [Hart, 1994: 13-14].

Pese a que los reportes anteriores presentaban una argumentación sólida respecto a la disyuntiva que ya se venía planteando, es un hecho que a partir del momento en que se publicaron varios trabajos con el título oficial de *Politique Étrangère aux services des Canadiens*, junto con el artículo escrito por el ministro de Asuntos Exteriores, Mitchell Sharp, *Canada-U.S. Relations: Options for the Future*, de 1972, ocurrió que los puntos de vista expresados en estos documentos, que no eran particularmente favorables al libre comercio, se convirtieron en el enfoque oficial del gobierno de Trudeau.[10]

Pese al entusiasmo expresado a favor de una estrategia comercial basada en la diversificación, como dictaba la Tercera Opción, la realidad poco a poco demostró lo equivocado de tal opción. Ni el acercamiento a Europa, ni aquel que se intentó con Japón habían dado frutos considerables. El acuerdo de cooperación económica con la Comunidad Económica Europea (CEE) tomó dos años en negociarse, y pese a los esfuerzos canadienses y la retahíla de declaraciones de amistad y mutuos buenos deseos, no logró la disminución de las barreras arancelarias de los países de la comunidad.

El intento de reposicionamiento comercial de Canadá al menos produjo dos hechos que sirven para entender los motivos que llevaron a Canadá a contemplar la opción librecambista bilateral al final del gobierno de Trudeau y más aún a partir de la administración de Mulroney. El primero fue la acelerada diversificación de las principales exportaciones, entre las cuales los productos terminados y las manufacturas llevaron la delantera, aunque la exportación de los materiales crudos mantuvo su importancia; este proceso prácticamente se llevo a cabo en diez años, y reflejaba tanto la madurez del sector exportador como la urgencia de encontrar una desembocadura segura a las exportaciones de Canadá. El segundo, aunque no era muy novedoso, demostraba la tendencia creciente de Canadá hacia la continentalización. Entre 1960 y 1970, la concentración geográfica del comercio exterior canadiense se había centrado en los Estados Unidos, como puede observarse en el siguiente cuadro.

Cuadro 5-1

**Distribución de las exportaciones
canadienses por regiones, 1960-1984
(porcentaje)**

	1960	1970	1980	1983	1984
Estados Unidos	55.8	64.4	63.2	72.9	75.6
Reino Unido	17.4	9.0	4.3	2.8	2.2
El resto de Europa Occidental	11.3	9.8	10.6	5.8	5.0
Japón	3.4	4.9	5.9	5.3	5.1
Asia	2.2	2.9	4.0	4.4	3.8
Otros	9.9	9.0	12.0	8.8	8.3
Total	100.0	100.0	100.0	100.0	100.0

Fuente: Lipsey y Murray, *Taking the Initiative: Canada's Trade Options in a Turbulent World*
[1985: 16].

La respuesta del gobierno canadiense no se dejó esperar y a lo largo
de toda esta década hubo un importante resurgimiento del nacionalismo económico, que no hizo más que recrudecer el mal estado de la relación bilateral. Finalmente, a inicios de los ochenta, la llegada de Ronald
Reagan a la presidencia estadounidense, el estallido de la crisis financiera en 1982 y el agravamiento del proteccionismo comercial en el
seno del Congreso estadounidense urgieron a que el gobierno canadiense reconsiderara la estrategia bilateral que hasta este momento
había tenido vigencia. A diferencia de lo que había ocurrido en el pasado, quedaba bastante claro que Canadá ya no podía refugiarse en el
ámbito multilateral para solucionar sus desavenencias con los Estados
Unidos [Hart, 1994: 13-17].

Cuatro hechos desencadenaron el golpe de timón que daría el gobierno liberal de Trudeau respecto al enfoque que debía darse a la relación con los Estados Unidos y la aceptación del libre comercio como
instrumento central que regularía el vínculo bilateral.[11] En 1982, el
Comité Permanente de Asuntos Exteriores del Parlamento apoyó la
idea de que se deberían liberalizar aún más los intercambios comerciales
con Estados Unidos. Convencidos de la importancia de esto, se creó la
Comisión Royale sur l'Union Économique et les Perspectives de Deve-

loppement du Canada, mejor conocida como la Comisión MacDonald, instalada oficialmente por un decreto del 5 de noviembre de 1982, que fue revisado y modificado el 25 de noviembre de 1982 y luego el 25 de enero de 1983. Su propósito era "hacer una encuesta y posteriormente publicar un reporte sobre las posibilidades, las perspectivas y los desafíos económicos a largo plazo para la federación canadiense y sus diversas regiones, y sobre la incidencia de estas perspectivas y desafíos sobre las instituciones económicas y gubernamentales y sobre la gestión de los asuntos económicos de Canadá"[12] [Hart, 1994: 32].

El segundo hecho se dio entre 1982 y 1983, cuando el gobierno federal emprendió una revisión de su política comercial internacional. Este ejercicio produjo dos documentos centrales: *A Review of Canadian Trade Policy* y *Canadian Trade Policy for the 1980s: A Discussion Paper*. La particularidad de estos documentos no residió tanto en su contenido como en el clima en que fueron producidos, ya que su elaboración significó el triunfo de una visión más procontinentalista dentro del gobierno sobre la vieja escuela de diplomáticos, que abogaban por la Tercera Opción.[13]

Poco a poco, las ideas vertidas en estos reportes empezaron a ganar adeptos, primero en los ministerios y departamentos más vinculados a la industria, el comercio, la inversión y las finanzas. Posteriormente, también lograron un importante avance en el Departamento de Asuntos Exteriores, bastión histórico de la Tercera Opción.

Un año después, en 1983, el gobierno liberal llegó a la conclusión de que Canadá no podía contar únicamente con el GATT y que era necesario buscar nuevas negociaciones de índole bilateral y sectorial —del estilo de las que habían conducido al Pacto del Automóvil— para mejorar su acceso al mercado estadounidense.[14] Ambos gobiernos se dieron a la tarea de identificar aquellos sectores susceptibles de interés para ambos gobiernos y considerar una eventual negociación; pero finalmente la iniciativa canadiense fracasó debido a que las metas de los estadounidenses eran más ambiciosas y no se contentaban con obtener de su contraparte un acuerdo parcial, cuando podían presionar por uno global [Drache y Cameron, 1985: ix-xxxix].

La recesión económica que sobrevino entre 1981 y 1982 provocó un cuestionamiento absoluto de la política económica del gobierno de Trudeau, que no solo provocó inquietud en las filas del gobierno, sino en el sector empresarial, tanto canadiense como extranjero. La máxima preocupación de este grupo era la posibilidad de que el gobierno volviera a las posiciones nacionalistas de antaño. Tanto el Foreign Investment Review Agency (FIRA) como el National Energy Program (NEP) eran motivo de incesantes críticas y quejas contra el gobierno. A partir de 1982, los empresarios iniciaron una intensa campaña contra estas agencias. Su discurso no hacía más que repetir que el mercado estadounidense era prioritario para la economía canadiense y que las políticas que habían llevado a la creación de estas oficinas eran nefastas, porque interferían constantemente en sus negocios.

En 1983, la Canadian Chamber of Commerce redactó una resolución en la cual se solicitaba a Trudeau que se reuniera con las provincias y el sector industrial para "explorar los beneficios y ajustes que se requerían para facilitar un acuerdo de libre comercio con los Estados Unidos" [Chamber, 1983].

Las inquietudes expresadas durante el gobierno de Trudeau y la Comisión MacDonald[15] no pudieron ir más lejos, principalmente debido a que los tiempos políticos marcaban la necesidad de llamar a una elección nacional, la cual ocurrió en 1984. El triunfo del partido conservador, y la obvia salida de los liberales, significó un cambio de estafeta crucial en un momento político crítico para Canadá.

En este contexto, el ALCCEU, firmado entre Canadá y los Estados Unidos en 1987, respondía a la realidad de una economía canadiense en repliegue frente a la embestida internacional de un comercio mundial que buscaba recuperarse a partir de la configuración de bloques económicos regionales, intentando con ello implementar una estrategia claramente defensiva frente al proteccionismo de otros países, no solo de los Estados Unidos sino de la Comunidad Económica Europea [Deblock, 1989: 25, Drache y Cameron, 1985: xiv].

Tanto Canadá como Estados Unidos tenían como uno de sus objetivos centrales al negociar el ALCCEU la creación de un ámbito común, básicamente de carácter económico, que posibilitaría la recuperación de su competitividad internacional y, por ende, de su debilitada posición frente a la disputa comercial por la hegemonía mundial. Se trataba, entre otras cosas, de encontrar en el vecino un espacio seguro para instrumentar nuevas estrategias comerciales y de inversión, bajo la protección del libre cambio. Dentro de esta mutua visión, México ni remotamente era contemplado como la contraparte natural dentro de un espacio al que geográfica y comercialmente pertenecía; sobre todo si se tiene en cuenta que tanto México como Canadá compartían una histórica dependencia de los Estados Unidos.

En ese sentido, la continentalización antes de 1990 se expresaba claramente en dos ámbitos económicos y geográficos compartimentalizados, dentro de los cuales los Estados Unidos representaban la relación predominante tanto para México como para Canadá. Hasta esa fecha, este hecho no había tenido como consecuencia la existencia de un proceso interconectado de carácter trilateral, sino que más bien se trataba de dos continentalizaciones aisladas entre las partes más débiles, México y Canadá, con un común denominador: los Estados Unidos.

La aceptación del ALCCEU no obedeció exclusivamente a la situación de recesión económica que afectaba a Canadá; también hubo importantes factores políticos que desde 1984, con el advenimiento de un gobierno conservador, empujaron a la negociación y firma del convenio.

La administración asumida por los conservadores inicialmente contaba con algunas ventajas de índole política respaldadas por un clima de aparente calma después del turbulento período que había conmocionado a la sociedad canadiense al final de la administración Trudeau. Entre aquellos hechos, sobresalía la efervescencia del nacionalismo en Quebec, que finalmente los llevó a celebrar un referéndum en 1980, el cual produjo 60% de votos en contra de la separación. Aunque esto demostró fehacientemente que las ideas separatistas no tenían un respaldo ciudadano absoluto, dejó profundas heridas en la sociedad quebequense. Otro aspecto que convulsionó al país durante los ochenta fueron las disputas regionales, muchas veces alentadas por la bonanza económica de ciertas provincias, como sucedió con Alberta y su auge petrolero, que provocó que el gobierno federal estableciera un Programa Nacional de Energía (1981) que buscaba apoyar a aquellas provincias que carecían de yacimientos petrolíferos y que materialmente se habían convertido en los rehenes de Alberta, en cuanto a la fijación de los precios de venta. Por su parte, la provincia de Ontario gozaba de una situación económica especialmente privilegiada gracias a la existencia del Pacto del Automóvil, que funcionaba entre los dos sectores de la industria automotriz de estos países, bajo los principios del libre comercio. En opinión del resto de las provincias, y muy especialmente de Quebec y Alberta, esta situación debería extenderse al resto del país por medio de un acuerdo comercial que favoreciera por igual los intercambios económicos con los Estados Unidos, pero, mientras tanto, las pugnas provinciales continuaban teniendo como telón de fondo la disputa entre las provincias por el acceso preferencial al mercado y la inversión estadounidense.[16]

Aunado a esto, el proceso político de repatriación de la Constitución, lanzado por Trudeau en 1982, no contaba con el consenso de todas las provincias, así que finalmente el gobierno federal tuvo que recurrir a un "madruguete" ante la negativa de Quebec, que se oponía a la repatriación.[17] Otro hecho que virtualmente envenenó al país fue la aparición en 1970 del Frente de Liberación de Quebec (FLQ), movimiento guerrillero urbano que colocó al gobierno en una situación de crisis interna obligándolo a recurrir al Decreto de Medidas de Guerra, para desarticular la ola de bombazos y secuestros que acontecieron en Quebec.[18] Todos estos elementos coadyuvaron a la conformación de un sentimiento de abatimiento y de desinterés nacional con el que Canadá recibió al gobierno conservador de Brian Mulroney (1984-1993).

El triunfo electoral del Partido Conservador[19] indudablemente fue parte de una repulsa generalizada hacia los liberales, y en especial hacia un gobierno que en opinión de una sociedad demasiado mimada por la bonanza económica de antaño consideraba que había actuado con ineficiencia y era el principal autor de la crisis política y social en que estaba sumido Canadá.

En septiembre de 1984, los canadienses escucharon a un Mulroney triunfador que anunciaba lo que sería el eje de su política: "better relations with the U.S. or, refurbished relations, would be at the heart of the new government's foreign policy, and trade policy would have to play a central role" [Hart, 1994: 62].

A este anuncio siguió la aplicación de una serie de medidas de corte neoliberal, las cuales en un inicio no provocaron excesiva controversia en cuanto a que en el contenido de su discurso político Mulroney prometía atacar justamente aquello que la mayoría de los canadienses, abierta o solapadamente, ya había juzgado y condenado desde hacía tiempo, en especial el fin de las políticas de inspiración keynesiana, la virtual liquidación del intervencionismo estatal y la renuncia al nacionalismo económico canadiense surgido desde la década de 1960. Esta actitud de censura por parte de la ciudadanía alentó el inicio de importantes cambios en lo tocante a la inversión extranjera, así como en la política energética, la explotación de los recursos naturales y las conquistas sociales logradas en el pasado y muy especialmente durante el gobierno de Trudeau.[20]

Consecuente con lo anterior, en 1985 el gobierno conservador envió al Parlamento un proyecto de ley que modificaba el estatuto y funcionamiento del FIRA,[21] el cual fue aprobado sin grandes objeciones; gracias a ello, se autorizó a las empresas extranjeras a establecerse en territorio canadiense, prácticamente sin ningún trámite ni cortapisa para su aprobación, y la agencia cambió su nombre a Investissement Canada.

El artículo 2 de la Ley sobre Inversión de Canadá (junio de 1985) define como sigue el mandato de Inversión Canadá: "Reconnaissant qu'une augmentation du capital et que le développement de la technologie apporteraient des avantages au Canada, la présente loi vise á encourager les investissements au Canada, par de Canadiens et de non Canadiens, qui contribueront á la création d'emplois, et établit un mécanisme d'examen des investissements importants effectués au Canada par des non-Canadiens afin de garantir ces avantages" [Investissement Canada, *Rapport Annuel*, 1990-1991: 21].

Esta medida, como algunas otras que se aplicaron después, tenía como objetivo habilitar a Canadá como un país que deseaba ser, gracias a estos cambios, más competitivo en el ámbito de una economía cada vez más globalizada. Iniciativas tales como la desregulación y la privatización significaron el inicio de un proceso que el gobierno conservador de Mulroney consideraba indispensable instrumentar para emprender a fondo una política librecambista que obviamente implicaba un mayor

Cuadro 5-2

**Porcentaje de los activos de distintas
industrias canadienses que pertenecen
a entidades extranjeras o controladas por ellas, 1986**

	Pertenencia	Control
Industria manufacturera	55	40
Bebidas	82	96
Caucho	24	27
Textiles	36	33
Pasta de madera y papel	55	34
Maquinaría agrícola	91	98
Automóviles y partes	65	77
Material de transporte	12	3
Siderurgia	64	----
Aluminio	60	65
Aparatos eléctricos	70	83
Productos químicos	36	46
Otras industrias manufactureras	46	49
Petróleo y gas natural	38	34
Minas y fundiciones. Fundición y refinamiento de metales no ferrosos	31	14
Otros	40	33
Total parcial	37	27
Total	42	41

Fuente: *Statistique Canada, Bilan des Investissements internationaux du Canada* [1990: 98].

acercamiento a la economía estadounidense. En este sentido, consideraramos que Mulroney nunca pensó seriamente en una estrategia de libre comercio que fuera realmente multilateral, ya que esa, mal que bien, ya se practicaba dentro del GATT.

Para entender los cambios que el gobierno de Mulroney efectuaría en un futuro cercano, quizá nada resulta más revelador que examinar los datos económicos, los cuales ilustran la forma en que el gobierno conservador visualizaba un acuerdo de libre comercio con los Estados Unidos.

El flujo de comercio y servicios entre los dos países producía, a finales de los ochenta, alrededor de 200 000 millones de dólares. Canadá destinaba 70% de sus ventas al exterior a los Estados Unidos y 67% de sus importaciones provenían de este país. Visto desde otro ángulo, las exportaciones canadienses a Estados Unidos representaban 19% de su PNB, mientras que las exportaciones estadounidenses a Canadá representaban solo 1% de su PNB en 1990 [*Statistics Canada*, 1990].

Cuadro 5-3

Canadá: Principales socios comerciales antes del ALCCEU

	1984	1985	1986	Enero-junio 1987
Principales mercados de exportaciones de Canadá (en porcentajes)				
Estados Unidos	75.6	77.9	77.3	76.4
Japón	5.0	4.8	4.9	4.8
Reino Unido	2.3	2.1	2.3	2.6
República Federal Alemana	1.1	1.0	1.1	1.3
URSS	1.9	1.3	1.0	0.8
Principales mercados de importaciones de Canadá (en porcentajes)				
Estados Unidos	71.4	70.1	68.6	68.8
Japón	5.9	5.9	6.8	6.5
Reino Unido	3.1	3.1	3.3	3.7
República Federal Alemana	2.6	2.6	3.1	3.1
República Federal de Corea del Sur	1.5	1.5	1.6	1.5
Balances intercambio comercial con los principales mercados de exportación (millones de dólares canadienses)				
Estados Unidos	+19.8	+19.2	+15.8	+7.0
Japón	-0.05	-0.4	-1.7	-0.8
Reino Unido	+0.2	-0.8	-1.0	-0.6
República Federal Alemana	-0.9	-1.5	-2.1	-1.0
URSS	-2.1	+1.6	+1.2	+0.5

Fuente: *Economic and Trade Analysis Division*, Report núm. 6 [1987: 26].

Desde esta perspectiva, Estados Unidos y Canadá desde 1945 representaban el conjunto regional con la relación económica bilateral más intensa, la cual rebasaba en valor a cualquier otro nexo en el mundo. En 1987, el valor del PNB de los dos países significó el producto total de los países industrializados, superior al de la Comunidad Económica Europea y de Japón. Las importaciones de ambos ocuparon el segundo lugar en 1987 y su comercio bilateral fue superior a los 135 000 millones de dólares. Finalmente, en lo tocante a la inversión extranjera, Estados Unidos era el mayor generador de este flujo monetario en Canadá, con 75% de la IED bajo su control; en contraste, solamente 9.2% estaba bajo control británico en aquel momento. La inversión de portafolio estadounidense representaba 52% del total de la IEI frente a 4.8% proveniente de Inglaterra [Brunelle y Deblock, 1989: 235; Gutiérrez-Haces, 1995a: 158].

Esta indiscutible dependencia económica, pero a su vez reducida participación en el total del comercio exterior estadounidense, provocó reacciones muy específicas en el gobierno canadiense a finales de la década de 1980. Por una parte, si bien era evidente el alto grado de implicación de la economía canadiense en la de los Estados Unidos, también era claro que su peso era relativo y que amenazaba con disminuir dadas las tendencias proteccionistas de la economía estadounidense. Cuando la iniciativa de la actual ley comercial de este país, la Omnibus Bill (1988), comenzó a tomar cuerpo, Canadá, como muchos otros países, miraron con pánico la perspectiva de un cierre a sus exportaciones en el mercado estadounidense a muy corto plazo.

5.2. Escenario del Acuerdo de Libre Cambio de Canadá y los Estados Unidos

Difícilmente Canadá podía sustraerse a la realidad económica que históricamente lo ligaba al proyecto continental de Estados Unidos. El gobierno de Brian Mulroney poco a poco fue dejando atrás todas las políticas tendientes a crear una relación menos dependiente de su vecino y avanzó por el camino opuesto iniciando la negociación del ALCCEU en 1986; con esta decisión no solo canceló la trayectoria nacionalista de Canadá, sino aquellos intentos de diversificar su comercio exterior, así como su diplomacia, demasiado pendiente de los designios y los movimientos de los Estados Unidos.[22]

Es un hecho que, a partir de marzo de 1985, con motivo de la reunión cumbre celebrada en Quebec, el presidente Reagan y el primer ministro Brian Mulroney, por medio de la Declaración sobre el Comercio de Bienes y Servicios, lanzaron conjuntamente la iniciativa de considerar con mayor detenimiento la posibilidad de estrechar los lazos económicos de ambos países. En el mes de octubre, acordaron formalmente, por medio de una declaración escrita, la apertura de las negociaciones oficiales con el propósito de suscribir en un momento determinado un acuerdo de carácter global.

La Comisión Real sobre la Unión Económica y las Perspectivas de Desarrollo de Canadá –conocida como la Comisión MacDonald– publicó en agosto de 1985 un vasto reporte que oficialmente significó la introducción de un lenguaje y de una determinada visión sobre Canadá, lo que permitió al gobierno de Mulroney legitimar su posición librecambista frente a la sociedad canadiense.[23]

Esta comisión estuvo conformada –entre 1983 y 1985– por un presidente y 12 miembros permanentes; su composición buscaba cubrir las exigencias de una comisión que debía ser políticamente correcta, lo que significaba equilibrio en cuanto a género, región y perfil profesional, principalmente. Una revisión de los antecedentes de cada uno de los participantes revelaba que todos pertenecían a las filas del *establishment* canadiense: profesionistas de edad madura, económicamente prósperos, servidores públicos, intelectuales y académicos prestigiados, hombres de negocios destacados, en suma, todos ellos reconocidos representantes del *mainstream* canadiense. La ausencia de individuos que representaran a algunas de las minorías que conformaban la sociedad canadiense de los ochenta fue flagrante.

Uno de los propósitos iniciales al crear esta comisión fue elaborar un reporte que, entre otras cosas, justificara el incremento de los poderes federales en relación con los de las provincias; no hay que olvidar que la comisión fue creada sobre un polvorín político al final del gobierno de Trudeau. En este sentido, el hecho de que la comisión real llevara como nombre *Unión económica y los prospectos de desarrollo de Canadá* no fue fortuito, ya que su mandato era crear un consenso a favor de la unión económica de todas las provincias y los territorios que buscaban revertir las tendencias crecientes hacia una balcanización.

Los trabajos que la comisión emprendió desde 1982 implicaron que se organizaran múltiples grupos de consulta sectorial sobre comercio exterior, pero no exclusivamente, invitando no solo a los miembros del gobierno, sino a individuos o grupos independientes. Por su parte, los primeros ministros de cada provincia se expresaron al respecto y se establecieron mecanismos de consulta permanente[24] [Hart, 1994: 29].

El análisis emprendido por la comisión tomó la dinámica de un proyecto de investigación, en muchas ocasiones con un carácter más académico que político, lo que no es de extrañar pues la mayoría de los responsables de las temáticas que se analizaron eran destacados académicos en economía, ciencias políticas y derecho. Muchos de los trabajos que sirvieron de base para el reporte final fueron estudios realizados por encargo a conocidos académicos, o que se presentaron en las audiencias públicas; en ambos casos, la mayoría provenía del medio intelectual.[25]

Pese al marcado carácter académico de los trabajos, la diversidad de las temáticas tratadas puso al descubierto el talón de Aquiles de la comisión. La falta de un tema nodal que vertebrara todas las intervenciones resultaba evidente. Hasta ese momento, la comisión había escuchado y recibido innumerables trabajos de muy heterogénea calidad temática, y los comisionados empezaban a estar exhaustos, saturados y preocupados por la forma en que tarde o temprano deberían encarar la redacción final del reporte, cuando aún no habían logrado establecer una jerarquía temática.

Esta situación sorpresivamente cambió cuando Donald MacDonald, cabeza de la comisión, en ocasión de una conferencia en Nueva York, aludió a la necesidad de los canadienses de dar un *leap of faith* en relación con el libre comercio. Esta declaración fue difundida en Canadá y milagrosamente logró "centrar" no solo a la comisión, sino al grueso de los canadienses sobre el tema que se había esquivado desde 1983.

Pese al mandato apartidista de la comisión, su orientación estuvo claramente influida por tres posiciones políticas. La primera, promovida por el sector empresarial, a través del Canadian Manufacturers Association, el Business Council on National Issues, la Canadian Bankers Association, la Canadian Federation of Independent Business, el Fraser Institute y el C.D. Howe Institute, principalmente. Estos grupos sostenían que debía reducirse la intervención estatal, incluyendo la modificación de las políticas de bienestar social; así como dejar que el mercado creara por sí mismo el crecimiento económico y el empleo. La segunda posición reflejaba los principales enfoques de las agencias gubernamentales que sostenían una renovación del papel del Estado y la creación de un nuevo pacto social entre los patrones y los trabajadores. Asimismo, eran proclives a la idea de convertir a Canadá en una economía industrial de alta tecnología. La tercera posición, sostenida por quienes propugnaban por el regreso a las raíces de Canadá, consideraba críticamente el rumbo que podría tomar su país de imponerse la agenda corporativa.

La Comisión MacDonald no solo fue importante por los estudios sectoriales que se realizaron, sino porque dio la pauta para un cambio económico y político que declaró la defunción de uno de los paradigmas más venerados en Canadá desde los cuarenta: el keynesianismo.

El informe MacDonald no se limitó a cuestionar este paradigma, también enjuició todos los programas federales, la política regional y todos aquellos aspectos relacionados con la política social, desde el seguro de desempleo hasta la estructura administrativa que sustentaba al Estado de bienestar en Canadá.

Dentro del debate surgido de las negociaciones sobre el acuerdo se percibían algunos de los elementos explicativos que empujaron a Canadá a la firma del ALCCEU: la pérdida de competitividad de la economía canadiense; la amenaza del proteccionismo, no solo de Estados Unidos sino de Europa; la búsqueda de un acceso garantizado al mercado estadounidense; la posibilidad de participar en una alianza económica frente a la exclusión de otros bloques de integración y la promesa de un mayor número de empleos.

Para los grupos de poder provincial, como era el caso de Quebec, el acuerdo significó la posibilidad de negociar el acceso de su propia economía provincial frente a Estados Unidos, compitiendo así con aquellas provincias que en el pasado fueron beneficiadas por Estados Unidos con un trato preferencial, como fue el caso de Ontario y su Pacto del Automóvil.

5.3. Los avatares de la negociación

Después de casi tres años de negociaciones, en las que muchas veces se conjuró el fracaso y el quiebre de las conversaciones bilaterales, el acuerdo a finales de 1987 estaba listo para ser firmado por los dos presidentes convocantes.[26] El trayecto que siguió la negociación no fue sencillo, en especial para Canadá, que tuvo que ocupar un equipo cuantitativamente superior al de Estados Unidos: más de 120 expertos y 23 ejecutivos de alto nivel, con experiencia de más de 25 años en el gobierno, sin hablar de las reservas federales destinadas a sostener la negociación.

Uno de los aspectos más interesantes en este proceso fue la estrategia que ambos países desplegaron a medida que este tomaba forma. Inicialmente, los estadounidenses presionaron al gobierno canadiense con el fin de que diera los pasos necesarios para que la negociación arrancara de manera oficial, pero en los hechos, las actitudes y declaraciones que se dieron en 1985 y hasta mediados de 1986 enviaban un mensaje ambiguo e inquietante al gobierno canadiense.[27]

Después de que el primer ministro Mulroney presentara formalmente la propuesta de negociación al presidente Reagan, el poder Ejecutivo enviaría una nota formal al Senate Finance Committee y al House Ways and Means Committee para anunciar que el mandatario intentaría negociar un acuerdo de libre comercio con Canadá.[28] Al mismo tiempo, la Comisión de Comercio Internacional (ITC) prepararía un reporte sobre el probable impacto económico del acuerdo para los Estados Unidos. Si los dos comités aludidos no presentaban objeción alguna en un plazo no mayor de noventa días, entonces los dos gobiernos podrían proceder a la negociación, con excepción de los aranceles, los cuales solo podrían ser negociados después del reporte de la ITC.

Pese a la claridad del trámite, en los hechos el inicio de este proceso estuvo plagado de contradicciones y desagradables sorpresas del lado estadounidense. En gran medida fue porque la solicitud de Canadá se utilizó abiertamente dentro del forcejeo político que periódicamente se daba entre la Casa Blanca y los congresistas. Por si no fuera suficiente, los funcionarios estadounidenses más vinculados a esta negociación ejercieron cierta presión sobre los canadienses respecto a los términos en que se llevaría a cabo el proceso, al tiempo que manipulaban la solicitud de *fast track* para llegar a ciertas componendas políticas entre el gobierno de Reagan y los congresistas.

Esta situación, pese a la basta experiencia negociadora de Canadá, provocó desconcierto y produjo serios problemas internos. En efecto, la situación generada en Washington ofreció a los opositores al acuerdo suficientes argumentos para fortalecer su discurso anti libre comercio. Esta circunstancia, lejos de cesar conforme avanzaban las negociaciones, creció exponencialmente, acicateada por las medidas proteccionistas que los estadounidenses no repararon en aplicar sobre las exportaciones canadienses.[29]

Después de largos meses de presiones y vacilación, el 10 de diciembre de 1985 el presidente Reagan decidió actuar, y notificó formalmente al Congreso, bajo la fórmula *fast track*, que intentaría entrar en negociaciones con Canadá. El calvario canadiense apenas comenzaba, como pudo palparse en el contenido de la notificación presidencial:

> I welcomed the Prime Minister's proposal for trade talks as consistent with the efforts of both my Administration and the Congress to open foreign markets for US exporters. I am aware that some Members are concerned about pending trade disputes with Canada, and have suggested that negotiations be delayed until those matters are resolved. I firmly believe, however, that we should not delay. With the enormous volume of trade that flows between ours two countries, some differences of opinion bound to arise. We must not permit such transitory frustrations, important though they may be, to obstruct the improvement of our long term trade relationship-an issue by the way, that will be of immense significance in the coming decades. The initiation of new bilateral trade negotiations may significantly enhance our efforts to eliminate current trade frictions with Canada. And in any event, I assure you and the other Members of your Committee that the Administration will do everything possible to resolve such disputes in a reasonable and timely manner [White House, press statement, 1985, citado en Hart, 1994: 119].

Cuando el gobierno canadiense consideró que el proceso apenas empezaba a encarrilarse, surgieron otros problemas que no hicieron más que agudizar el clima de tirantez que prevalecía entre los funcionarios involucrados. Ni bien los dos comités mencionados recibieron la notificación de Reagan, la discusión tomó un rumbo insospechado en cuanto a la determinación del plazo en que debía darse respuesta al presidente. La legislación hablaba de noventa días, pero no existía ninguna precisión sobre si esto significaba días naturales, días hábiles o los días en que el Congreso sesionaba. Aunado a esto, había quienes afirmaban que el reporte que debía producir la ITC solo debería presentarse después del plazo de noventa días. Pero finalmente la sensatez se impuso y Washington determinó que la interpretación correcta era noventa días naturales y que la ITC debía entregar su análisis en el mismo plazo y no esperar a conocer la decisión de los dos comités; lo cual en términos reales hubiera alargado a más de seis meses el proceso de aprobación de la autorización al presidente[30] [Hart, 1994: 119].

Mientras el Congreso estadounidense discutía la notificación, los canadienses prefirieron no quedarse en una situación de *stand-by*, temiendo que esta actitud animara a algunos congresistas a rechazar la iniciativa. El gobierno canadiense empezó a prepararse para la negociación más importante de su historia, estudiando el perfil de los posibles candidatos que podrían ser parte de su equipo negociador y organizando reuniones *ad hoc* sobre este asunto. El 8 de noviembre de 1985, Mulroney dio luz verde al proceso de formación del grupo negociador al poner a Simón Reisman a la cabeza del equipo.[31]

El nombramiento de Reisman desencadenó toda suerte de especulaciones sobre quiénes serían llamados a formar parte de la camarilla. Reisman se inclinaba por un grupo reducido que funcionaría bajo su dirección, con el apelativo de Oficina de Negociaciones Internacionales (TNO). Su ubicación dentro del organigrama del gobierno naturalmente planteó algunos resquemores, especialmente dentro del MAECI, así como en el grupo que estaba a cargo de las negociaciones multilaterales y del GATT.

Evidentemente, la creación de la TNO hirió muchas susceptibilidades; pero aún más, el nombramiento de Reisman, uno de los más destacados mandarines de la función pública de ese país desde la posguerra, y quien difícilmente aceptaría subordinarse a cualquier dependencia gubernamental, con excepción del primer ministro. Por su parte, los ministros más involucrados en la negociación también se sentían amenazados en su radio de acción ante la abrumadora personalidad de Reisman. Tal fue el caso del equipo encargado de negociaciones multilaterales con el cual finalmente se llegó a un arreglo que consistió en crear una oficina de Negociaciones de Comercio Multilateral que se ocuparía del GATT dentro de la TNO.[32] Dentro de la etapa previa a las negociaciones, un asunto imprescindible de resolver fue la construcción de los vínculos formales entre la TNO y los gobiernos provinciales, así como con los grupos empresariales. En esta fase, y también más adelante, resultó vital contar con un consenso suficiente entre estas tres instancias.

En la estructura política de Canadá, las provincias siempre han contado con competencias muy específicas; la política comercial, la industrial y la fiscal son de su facultad, por lo que era imposible que el gobierno federal emprendiera una negociación sin tener en cuenta los intereses y la jurisdicción de las provincias. Un caso análogo ocurrió con los empresarios, los cuales por contar con una enorme ascendencia sobre la vida económica de Canadá no podían ser ignorados. Visto así, desde un principio Simon Reisman tuvo que considerar estas variables y construir instancias vinculatorias entre la TNO, las provincias y los empresarios.

Desde el momento en que Mulroney decidió solicitar formalmente a los Estados Unidos el inicio de las negociaciones, se vio obligado a considerar los pros y contras de esta iniciativa, así como los posibles escenarios políticos dentro de los cuales debería moverse durante todo el proceso. Dentro de este ejercicio de prospectiva política, Mulroney no podía prescindir de considerar todas las implicaciones que este acuerdo provocaría sobre la relación entre la federación y las provincias.

La actitud que prevaleció desde un inicio por parte del gobierno federal fue ambigua, incluso contradictoria, en cuanto al lugar que ocuparían las provincias en todo el proceso. Desde un principio buscó limitar la injerencia de los gobiernos provinciales, pero al mismo tiempo estaba consciente de que no podía prescindir de su apoyo si realmente quería lograr tal acuerdo. Al mismo tiempo, Mulroney trató de evitar en todo momento que la aprobación del acuerdo estuviera condicionada exclusivamente a la aprobación legislativa de las provincias.

Los gobiernos provinciales captaron todas estas contradicciones y tomaron la determinación de conquistar un sitio en la mesa de negociaciones, en especial las provincias del Canadá central y las del oeste se movieron rápidamente en esa dirección, como lo demostró la reunión en Halifax durante noviembre de 1985. Mulroney asistió visiblemente mal preparado, dada la envergadura de la reunión, evidenciando el descuido tanto de la oficina *ad hoc* del MAECI para estos menesteres como de la Oficina de Relaciones Federales-Provinciales, responsables de la organización del encuentro. En contraste, las provincias presentaron una argumentación fundamentada y bien preparada que se centró en demandas muy específicas, entre las cuales solicitaban que las provincias tuvieran una participación permanente y en pie de igualdad, así como la creación de un secretariado federal-provincial que diera seguimiento a todo el proceso negociador.

Los primeros ministros en Halifax dieron por sentado lo anterior y quedaron convencidos de que Reisman operaría bajo las instrucciones de los diez ministros provinciales y de que tendrían un asiento permanente y desempeñarían un papel dentro de la conducción de las negociaciones [Doern y Tomlin, 1991: 129-130].

Tal convicción estaba totalmente alejada de la realidad, y sobre todo de lo que Mulroney y Reisman tenían en mente. Desde un principio, la relación entre el jefe negociador y los primeros ministros provinciales fue ríspida. Estos, conscientes de sus prerrogativas, consideraban que los negociadores recibirían "línea", tanto del gobierno provincial como del federal, pretensión que fue rechazada tajantemente por los ministros federales y por el propio Reisman [Hart, 1994: 129].

Sin embargo, como tampoco se trataba de declarar una guerra doméstica, con la anuencia del primer ministro, en enero de 1986 se creó un grupo formado por algunos primeros ministros provinciales que se formalizó con el nombre Continuing Committee on Trade Negotiations, el cual sesionaría regularmente mediante consultas.[33]

Aunque las provincias nunca lograron sentarse a la mesa de las negociaciones, participaron vigorosamente en el proceso e indudablemente adquirieron una enorme experiencia en las negociaciones comerciales internacionales. La fórmula gracias a la cual participaron, con el tiempo resultó ser tan provechosa que logró trascender e instalarse también en otras negociaciones como el TLCAN.[34]

En abril de 1986, tanto el Senate Finance Committee, como el House Committee Ways and Means, pusieron en jaque tanto a la administración Reagan como al gobierno canadiense. En especial, cuando el comité del Senado celebró una audiencia que buscaba principalmente dar voz a un grupo de senadores inconformes con ciertos aspectos de la relación con Canadá y dejar al mismo tiempo asentado su derecho a opinar sobre la política de comercio internacional en la que naturalmente se incluían las negociaciones con este país.

Muchos de los senadores republicanos que componían este comité consideraban innecesario negociar un acuerdo con Canadá cuando existían otras prioridades económicas. En este tenor, el líder de los senadores que se oponían a la aprobación de la vía *fast track* afirmaba: "I don't understand the train wreck idea. We've gone 210 years without a free trade agreement with Canada" [*Globe and Mail*, 1986, citado en Doern y Tomlin, 1991: 35].

En el fondo, las razones que motivaban la oposición del Congreso se encontraban en las diferencias de enfoque sobre la política internacional de comercio que sostenían el Congreso y la administración. La oposición que los congresistas expresaron, a través del Comité de Finanzas del Senado, fue una dura llamada de atención para Reagan y sus colaboradores, que en su opinión habían sido negligentes y poco sensibles a las preocupaciones del Congreso.

Los funcionarios en Washington, junto con el presidente, entendieron el mensaje y se decidieron a actuar. Toda la maquinaria gubernamental se puso en marcha, tratando de influir en cada uno de los congresistas opositores o dudosos. La opinión pública fue cooptada por todos los medios de comunicación y en los últimos días, antes de la votación final, el propio Reagan emprendió una campaña proselitista a través de llamadas telefónicas dirigidas a aquellos representantes dubitativos.

Finalmente, el *fast track* fue aprobado por un escaso margen.[35] Este proceso dejó bien claro que los congresistas estarían vigilando cada movimiento de la negociación y que esta debía hacer patente, en cada una de sus etapas, las ventajas que los Estados Unidos obtendrían.

Viendo a distancia lo ocurrido, resulta evidente que sin la intervención directa del presidente Reagan nunca se hubiera dado la autorización; a final de cuentas resultó determinante el peso del poder Ejecutivo, tanto como lo sería después en aquellas etapas en que las negociaciones entraron en un *impasse*.

La primera de una larga serie de reuniones bilaterales (hasta finales de 1987) tuvo lugar en mayo de 1986. Esta reunión fue particularmente importante para el equipo canadiense porque se percató de que los cambios y ajustes que debería hacer Canadá serían más amplios y profundos que los de Estados Unidos, y que por tanto era crucial evaluar la talla de su economía y sus diferencias respecto de la de su vecino.

En esta reunión, Reisman intentó partir de un esquema similar al del GATT e insistió en que el patrón de las negociaciones debía ajustarse al contenido del artículo XXIV. Con esta intención, se lanzó a una larga intervención sobre el papel de Canadá en el comercio internacional desde el fin de la guerra, y expuso las bases sobre las que debería sustentarse la negociación. Sin embargo, su interlocutor Peter Murphy,[36] no parecía muy convencido sobre esta exposición: tenía diferentes expectativas sobre la negociación, y al final de esta reunión ni siquiera hizo una declaración oficial que pudiera indicar el rumbo que pretendía seguir.

Para los canadienses todo "parecía estar en juego", pero no así para los estadounidenses. Este matiz, que en todo momento se tradujo en una actitud de indiferencia y muchas veces de desdén, hostigó el ánimo de los canadienses durante toda la negociación.[37]

De forma sorpresiva, esta reunión fue precedida por un inusitado ataque proteccionista del Congreso estadounidense que decidió aplicar el 35% de impuesto a ciertas importaciones canadienses. Este gesto echó por tierra el incipiente optimismo canadiense y los enfrentó con la realidad: los estadounidenses no tenían amigos, solo intereses. Acto seguido, Mulroney respondió con una airada carta en la cual recordaba a Reagan las coincidencias que habían tenido durante la reunión de Quebec, en especial en el combate contra las prácticas proteccionistas. El gobierno canadiense respondió al proteccionismo de los estadounidenses con la misma actitud, y en el mes de junio aplicó medidas de retorsión imponiendo un impuesto a los libros, los árboles de Navidad y las bolsas de té, decisión que en opinión de muchos canadienses castigó más a los consumidores canadienses que a los exportadores [Hart, 1994: 161].

La embestida estadounidense no se detuvo y a las anteriores medidas se unieron otras de mayor gravedad. El cabildeo estadounidense contra las exportaciones de madera blanda adquirió visos de guerra comercial, y llegaron a pedir como medida compensatoria un monto de 4 billones de dólares.

Por si no fuera suficiente, la Casa de los Representantes logró una votación favorable a una ley comercial que establecía un gran número de medidas proteccionistas para solucionar los problemas comerciales del gobierno, y que fueron plasmadas en la *Trade and Competitiveness Act* de 1988.

No satisfechos con lo anterior, también la política monetaria de Canadá fue objeto de la animosidad estadounidense, cuando el secretario del Tesoro, James Baker, declaró que apoyaría la sobrevaluación del dólar canadiense, lo cual directamente afectaría su comercio exterior. Esta propuesta produjo enorme preocupación en las filas gubernamentales y el ministro de Finanzas, Michael Wilson, tuvo que defender la flotación de la moneda y prácticamente impedir que la propuesta pasara a ser un punto dentro de la agenda de negociaciones.

En términos generales, el clima que prácticamente prevaleció durante toda la negociación fue de incertidumbre, principalmente porque en términos generales los canadienses consideraban que los estadounidenses no se comprometían a fondo y en muchos asuntos preferían dar largas a las decisiones finales. Esta actitud en gran medida se debía a las presiones del Congreso, pero también a que los negociadores no querían provocar inconformidad en su país cuando se encontraban en la víspera de las elecciones al Congreso.[38]

Indudablemente, gran parte de los continuos desencuentros entre los dos equipos se debía a la existencia de posiciones que parecían infranqueables. Quizá la más evidente de ellas se relacionaba con los mandatos de Reisman y Murphy, respectivamente; mientras el canadiense prácticamente contaba con un cheque en blanco en la negociación, el estadounidense tenía un mandato muy acotado que le impedía avanzar con la misma holgura que Reisman. Un segundo aspecto, vinculado a lo anterior, era la talla y preparación de cada equipo: mientras que Canadá tenía a su mejor gente, los Estados Unidos no habían actuado con el mismo criterio, básicamente porque tenían que atender varios frentes a la vez, en lo referente a su comercio internacional, en este contexto, Canadá era una figura más en su tablero internacional. Los negociadores eran en su mayoría burócratas que provenían de la Oficina del Representante Comercial (USTR),[39] la Comisión de Comercio Internacional (USITC),[40] el Departamento de Comercio y el Departamento de Estado, pero prácticamente sus mejores cuadros estaban comprometidos en aquel momento con el inicio de las negociaciones de la Ronda Uruguay del GATT.[41] Esta situación fue claramente descrita por un miembro de alto nivel de la Oficina Canadiense de Negociaciones Comerciales que comentaba: "The American team would arrive and would say: 'Well, if you could excuse us for an hour, we'll have a meeting and decide what we can talk about, or what our position is going to be'. Literally, we would introduce the American delegation to each other [...] It's all part of a tragic situation, the average U.S. bureaucrats are very weak, very badly paid, very badly equipped, and don't have the capacity to do a good job" [citado en Doern y Tomlin, 1991: 169].

Otro aspecto que continuamente atoraba la dinámica de las reuniones era la falta de capacidad política del equipo estadounidense para manejar a su Congreso. Desde un inicio, del lado canadiense hubo la sensación de que este aspecto sería un gran escollo en las negociaciones. Clayton Yeutter, el representante del USTR, indudablemente era un funcionario muy calado en comercio internacional, pero él y su equipo carecían de la capacidad y la infraestructura necesarias para lidiar con los congresistas. Esto obviamente repercutió sobre la dinámica de la negociación, ya que los participantes americanos tenían que consultar continuamente con Washington, lo que obviamente provocaba continuos aplazamientos en las discusiones.

Otros factores que trababan el avance de los negociadores eran los objetivos que ambos grupos perseguían, los cuales coincidían muy poco. Reisman desde un principio iba tras un acuerdo amplio y de largo alcance, capaz de penetrar hasta en el menor resquicio de la relación comercial, y para ello estaba listo a usar como llave maestra de las negociaciones la cláusula de Tratamiento Nacional. Esta, por su contenido, garantizaba una gran movilidad de los bienes y servicios de ambos países y conjuraba cualquier intento proteccionista del Congreso, del Departamento de Comercio o de la USITC. En suma, el objetivo principal del lado canadiense era lograr un acceso seguro al mercado estadounidense y zanjar las continuas disputas que provocaba la aplicación de sus leyes proteccionistas

Los negociadores estadounidenses, en principio, no podían aceptar esta propuesta, ya que significaría renunciar a toda la parafernalia proteccionista de la que tradicionalmente habían echado mano, la cual entre otras cosas combatía y penalizaba las prácticas de *dumping* y los subsidios. Más aun, Murphy no podía negociar algo que iba directamente contra el ejercicio de poder al que el Congreso recurría con frecuencia; simplemente él carecía de autorización para negociar cualquier medida que fuera en contra de las leyes remediales de comercio de su país –*U.S. trade remedy laws*– [Doern y Tomlin, 1991: 153-154].

Los estadounidenses no tenían tanto interés en lograr un acuerdo amplio, pero tampoco lo descartaban. Sus objetivos eran muy específicos: en primer término les interesaba establecer un intercambio comercial que estuviera exento de aranceles e incursionar en sectores donde hasta ese momento no tenían un total acceso: el comercio de servicios y la propiedad intelectual. Pero la gran apuesta apuntaba a la liberalización total del sector energético y la inversión, fuente de irritación en la relación bilateral, debido a las medidas nacionalistas que Canadá había aplicado en el pasado.

Durante los primeros 15 meses de negociaciones, la situación entre los dos equipos no paró de tensarse. Los estadounidenses colocaron al grupo canadiense en el lugar del peticionario y, como tal, solo decidieron escucharlo, ver qué pedía y qué ofrecía, sin brindar a cambio ninguna respuesta. La dureza y la persistencia de Murphy en no ceder ni un ápice en las negociaciones se hizo legendaria. Los meses transcurrieron sin que en realidad se negociara algo formalmente, porque los estadounidenses estaban decididos a aplicar la táctica del desgaste lento a los canadienses, a sabiendas de que Reisman y su equipo se jugaban el todo por el todo.

Dentro de esta situación, dos aspectos se convirtieron en la piedra de toque para ambos negociadores. Los estadounidenses no cejaban en su intento de imponer a los canadienses sus planteamientos sobre una liberalización a ultranza de la inversión, mientras que los canadienses insistían en que debían discutirse las leyes remediales sobre comercio. Murphy, por ejemplo, llegó a afirmar que negociar el tratamiento que debía otorgarse a la inversión era una condición *sine qua non* si los canadienses querían un acuerdo. Reisman carecía de un mandato para negociar el capítulo de inversión, pero estaba dispuesto a buscarlo si su contraparte accedía a las demandas canadienses, a lo que Murphy contestó que si los canadienses se olvidaban de subsidiar a ciertos sectores, entonces ellos no tendrían por qué preocuparse de las leyes proteccionistas estadounidenses. En suma, el negociador de Estados Unidos no había dejado de jugar rudo durante este proceso, negándose a comprometerse en los temas cruciales y asumiendo posiciones irreductibles en la mayoría de las reuniones [Doern y Tomlin, 1991: 162].

Ante el evidente fracaso de las negociaciones, el gobierno de Mulroney envió una carta al Jefe del Staff de la Casa Blanca, solicitando una reunión de alto nivel para tratar de romper con el *impasse* en que habían entrado las negociaciones desde agosto de 1987. La estrategia canadiense era evidente: su propósito era solicitar formalmente que las negociaciones pasaran a ser discutidas en el ámbito político y con ello presionar a Murphy desde el mismo Washington para que flexibilizara la discusión.

En agosto de 1987, ante la falta de voluntad política del equipo negociador estadounidense y las dificultades para obtener de ellos ciertas concesiones, el responsable de la negociación canadiense, Simon Reisman, declaraba: "Hemos hecho saber muy claramente a los Estados Unidos que deben hacernos propuestas más precisas y más detalladas para que nosotros aceptemos regresar a la mesa de negociación" [Hart, 1994: 421].

Para septiembre de 1987, los términos puntuales de la negociación no tenían consenso de ambas partes; el ministro de comercio exterior resumía las exigencias canadienses en cinco puntos: *1)* establecer reglas claras sobre lo que constituyen prácticas comerciales leales o desleales; *2)* una legislación clara, rápida y obligatoria sobre litigios relacionados con los impuestos a las importaciones; *3)* liberalización del acceso a los productos agrícolas y alimenticios del otro país, en forma equilibrada; *4)* modificación a la reglamentación del comercio automotriz para que efectivamente sirviera para incrementar la producción y el empleo en los dos países, y *5)* eliminación de todas las barreras arancelarias y no arancelarias entre los dos países y el no establecimiento de cualquier otro tipo de barreras.

Acto seguido, Reisman recibió instrucciones directas de Mulroney para que declarara rotas las negociaciones si los estadounidenses no daban señales significativas de que finalmente querían comprometerse a negociar los asuntos clave durante la próxima reunión plenaria, que tendría lugar en Washington. Ante la intransigencia de Murphy, que continuó con la misma táctica que en los meses anteriores, el 23 de septiembre del mismo año, Simon Reisman declaraba al abandonar las negociaciones: "He suspendido las negociaciones porque los Estados Unidos no responden sobre todos los puntos esenciales para Canadá. Hemos puesto toda nuestra voluntad para concluir este acuerdo, toca ahora a los Estados Unidos moverse" [Hart, 1994: 422].

La reacción estadounidense no tardó en manifestarse por medio de los canales que existían entre ciertos congresistas que formaban parte del House Ways and Means, y Gotlieb, el embajador de Canadá en Washington. La razón principal era que el plazo fijado por el Congreso para dar término al permiso de las negociaciones expiraba el 3 de octubre, por lo que se consideró que era más que oportuno que la situación pasara a ser manejada políticamente. Teniendo esto en mente, James Baker, secretario del Tesoro, tomó las riendas del lado estadounidense y Derek Burney, jefe del *staff* de Mulroney, por el lado canadiense.

Antes de regresar a la mesa de negociaciones, fue necesario que los relevos políticos detectaran con claridad los principales escollos que bloqueaban el proceso. Sin gran dificultad, averiguaron que estos eran la forma en que se proponía negociar la inversión, y las leyes y medidas proteccionistas que los estadounidenses imponían regularmente a las exportaciones canadienses.

Sam Gibbons, jefe del Subcomité de Comercio del House Ways and Means Committee, fue quien realmente centró la problemática y ofreció soluciones a ambos grupos. Entre estas, sugería tres medidas: que la negociación en torno a los subsidios y las medidas en su contra debían sacarse de la negociación; que las leyes comerciales vigentes siguieran aplicándose interinamente y que se ideara un procedimiento de apelación que pudiera ser utilizado para examinar la forma en que se imponían los recursos de resarcimiento comercial en estos países.

Indudablemente, fue la última de las tres sugerencias la que abrió una salida a la situación. Acto seguido, los dirigentes políticos de ambos grupos, junto con Gibbons y Gotlieb, procedieron cada uno por su parte a redactar algo que pudiera servir de base para destrabar la negociación. Una de las salidas se dio del lado canadiense, cuando Burney propuso la creación de un tribunal que solucionaría las disputas comerciales. Gibbons, por su lado, pidió al director del *staff* del Subcomité de Comercio que escribiera algo sobre un mecanismo de solución de diferencias y disputas comerciales [Doern y Tomlin, 1991: 180].

La propuesta de Gibbons fue particularmente constructiva porque, en vez de seguir centrando la discusión en el cambio de las leyes, lo cual era poco realista, movió el eje de la negociación hacia un mecanismo que pudiera dar solución a las disputas, sin invadir los lares del Congreso.

En un principio, la propuesta no fue acogida calurosamente por ambos lados; de hecho, Mulroney se aprestaba a anunciar oficialmente el fracaso de las negociaciones que por entonces se encontraban a fines de septiembre, por lo que en pocos días el plazo vencería. Sin embargo, en el último momento, un grupo de congresistas decidió apoyar las propuestas de Gibbons y, después de una maratónica jornada de llamadas telefónicas de alto nivel y de cabildeo, la medianoche del 1º de octubre, Reisman fue llamado para que regresara con su equipo a Washington. Al día siguiente, faltando escasas 48 horas para que venciera el plazo, las negociaciones se reanudaron.[42]

Después de esta declaración, un intercambio de opiniones vía telefónica se llevó a cabo entre el presidente Reagan y el primer ministro

Mulroney: ambos acordaron presionar a sus respectivos negociadores y dejar bien establecido que existía una voluntad política por parte de ambos gobernantes de que las negociaciones del ALCCEU debían llegar a buen fin, pronto, y a cualquier precio. Esto significó, en pocas palabras, que los dos equipos debían abandonar la táctica del regateo pormenorizado y en su lugar adoptar una estrategia de "suma cero". Por supuesto que la presión del "alto mando" provocó que los canadienses se vieran obligados a bajar la guardia en ciertos asuntos y que solo a partir de ese momento los estadounidenses se apuraran a cerrar el trato, como bien indicó el representante de comercio de los Estados Unidos, Clayton Yeutter, al afirmar: "Estamos listos a reanudar las negociaciones y a negociar 24 horas sobre 24 horas a fin de lograr el acuerdo en la fecha estipulada" [Hart, 1994: 422].

Efectivamente, después de una reunión de más de siete horas y media se declaró que se "progresaba" en la negociación y, finalmente el 4 de octubre de 1987, el primer ministro Mulroney pudo declarar con evidente satisfacción que se había concluido la negociación del ALCCEU.

Al analizar con mayor detenimiento la evolución de las negociaciones, destaca cómo varios elementos del arreglo evolucionaron a lo largo de estos años, en especial la construcción de una orden del día global, a la que los negociadores se referían como *comprehensive*, la cual a medida que transcurrió el tiempo permitió a los negociadores abordar las discusiones, desde una perspectiva que analizaba las ventajas que obtendrían si en lugar de negociar sectorialmente el acuerdo, es decir, parte por parte, producto por producto, se examinaba todo lo que era materia de negociación, equilibrando y repartiendo las pérdidas y ganancias entre los diversos sectores puestos a discusión. Por ejemplo, para los negociadores canadienses era más importante que los estadounidenses aceptaran el establecimiento de un mecanismo de solución de conflictos y diferencias comerciales,[43] o la exclusión de sus industrias culturales, que negarse a dar ciertas concesiones en el sector energético, el cual desde antes del ALCCEU ya estaba muy comprometido con las compañías estadounidenses; sin embargo, como lo veremos más adelante, el capítulo sobre energía tuvo un costo político desastroso para Mulroney.

Por otra parte, las discusiones se hicieron tratando de que las negociaciones no transgredieran los enunciados del GATT, en especial los relacionados con el artículo XXIV y procurando que la liberalización de los intercambios no se apartara del concepto de Nación Más Favorecida como lo contemplaba la reglamentación del GATT.

Es un hecho que, si se analiza con mayor detenimiento el contenido del acuerdo, resalta el cuidado que se puso en su redacción, para no violar ninguno de los aspectos que ya habían sido estipulados en la reglamentación del GATT. De la misma forma en que también se puso enorme esmero en que no se acordaría nada que fuera en contra de lo que se vislumbraba que sería el contenido de la Ley Ómnibus de Estados Unidos.

La conclusión de las negociaciones resultó ser un alivio para el equipo canadiense, el cual, como lo describimos anteriormente, vivió un proceso de desgaste permanente. Aunque la firma y aprobación del ALCCEU representó un evidente triunfo para el gobierno conservador, este se logró gracias a importantes concesiones que conllevaron un elevado costo político para el gobierno.

Prontamente, los canadienses asumieron que tal triunfo se había logrado no solamente por la habilidad de sus negociadores, sino por la presencia de una serie de circunstancias totalmente ajenas a la propia negociación. En realidad, el cambio de táctica de los estadounidenses coincidió con el peor momento del desempeño de la diplomacia estadounidense y el descrédito de Reagan, turbiamente comprometidos en Irán, Nicaragua y El Salvador. Ante esta situación, resultaba muy conveniente encontrar un motivo de prestigio para la alicaída política exterior estadounidense. Fue dentro de esta tesitura que el ALCCEU vino a ofrecer un éxito a la Casa Blanca.

La publicación del contenido del ALCCEU desencadenó una fuerte oposición contra el gobierno conservador, en gran medida por la manera en que los estadounidenses se habían comportado durante la negociación y las concesiones que los canadienses habían tenido que hacer. Para un número considerable de ellos, el ALCCEU había resultado una pifia. Con la aparición de la crisis económica, a partir de 1989, la mala acogida que tuvo el ALCCEU se aceleró, y no hizo más que favorecer los argumentos de sus detractores

5.4. Defensores y detractores del Acuerdo

Durante las negociaciones, los canadienses presentaron una diversidad de opiniones; algunas consideraron la firma del acuerdo como un acto de desesperación y, en muchos casos, como una respuesta resignada a un hecho que se venía dando desde hacía décadas y que ahora solo era necesario contractualizar. La población fue bombardeada con una publicidad alimentada básicamente por dos aspectos.[44] Por una parte se transmitió a la ciudadanía el sentimiento de vulnerabilidad del país ante el crecimiento del proteccionismo de Estados Unidos, utilizando como ejemplos su nueva ley comercial, así como el rumbo que este país iba tomando en las negociaciones comerciales multilaterales dentro del GATT. Sobre todo, se insistía en que después de diciembre de 1990, cuando se calculaba que probablemente finalizaría la Ronda Uruguay, era previsible un cambio en las reglas del juego del comercio internacional que podría perjudicar especialmente a Canadá.[45] Otro aspecto que también influyó en la opinión pública canadiense fue la impresión de que esta sería su única oportunidad para subirse en el "carro de la globalización", y que era mucho mejor hacerlo acompañando a los Estados Unidos, como había sido el caso desde la fundación del GATT en 1947.

El ALCCEU difícilmente podría haber llegado a su aprobación sin el apoyo de los grupos de presión empresarial y la asesoría de ciertas instituciones académicas favorables al acuerdo. Entre los primeros, podemos mencionar el Business Council on National Issues (BCNI), el cual fue creado desde 1976 como una respuesta a las medidas nacionalistas del gobierno, y el movimiento a favor de la canadianización de la economía. La composición de sus miembros auguraba que la corriente procontinental dentro del sector privado prevalecería durante las negociaciones, en especial cuando entre ellos aparecían los líderes empresariales de las grandes compañías canadienses y las plantas subsidiarias estadounidenses de mayor peso económico y político en Canadá.[46]

A diferencia de otros grupos, su principal objetivo era "contribuir a la formulación de las prioridades nacionales", para lo cual empezaron por desplegar un intenso cabildeo, indistintamente entre los miembros del Partido Liberal, como del Conservador, dentro del Parlamento canadiense; con esto pretendían impulsar los intereses de las corporaciones que representaban [Martin, 1994: 231-250].

Este consejo fue formulando paulatinamente su propia agenda, la cual mencionaba entre otros asuntos la necesidad de introducir una reforma fiscal y una mayor liberalización comercial con los Estados Unidos.

Otra asociación que tuvo un papel muy importante en esta etapa fue la Canadian Manufacturer's Association (CMA). La CMA es una asociación mucho más antigua que el BCNI, fundada más de un siglo atrás, y cuya historia ha corrido paralelamente a la Política Nacional, lo que significaba que tradicionalmente había representado los intereses del sector manufacturero de Canadá. Sus posiciones en el pasado no se inclinaron por el libre comercio, ya que es obvio que el proteccionismo prohijado por la Política Nacional les redituó bastante durante décadas. Sus miembros no son CEO de las empresas, como en el caso del BCNI, aunque desde luego son altos ejecutivos; su radio de influencia se circunscribe básicamente al Canadá Central [Doern y Tomlin, 1991: 46-47]. A diferencia del BCNI, su inclinación a favor del libre comercio no ha sido tan categórica. Durante la década de 1970, las posiciones a favor o en contra del libre comercio estuvieron muy divididas dentro de la asociación, lo que llevó a la determinación de no empujar a sus miembros hacia posiciones claramente librecambistas que podrían hacer peligrar la unidad de la agrupación.

Las razones que explican la diferencia de enfoques residen en el propio historial del CMA, una asociación con cierta heterogeneidad en el origen de sus miembros, los cuales no necesariamente son individuos ni empresas tan encumbradas como los CEO del BCNI. Esta heterogeneidad contribuyó en cierta medida a la vulnerabilidad de la agrupación, que por ejemplo durante la recesión de 1982 fue muy golpeada. Alrededor de 300 000 empleados que pertenecían a las empresas agrupadas en la CMA perdieron su empleo durante esta crisis [Doern y Tomlin, 1991: 49].

Las posiciones a favor del libre comercio adquirieron un mayor consenso dentro del CMA a medida que el comercio exterior de Canadá se incrementó y las empresas agrupadas dentro de esta asociación empezaron a involucrarse más seriamente en las actividades vinculadas al comercio internacional.

Por su parte, el BCNI, en gran medida, destacaba de la CMA por su forma de cabildear, gracias a la posición privilegiada de que gozaba dentro de la comunidad empresarial, así como por sus contactos políticos, tanto con el gobierno como con el partido Liberal y el Conservador. Un aspecto que también lo diferenciaba de la CMA era el hecho de que sus miembros eran los CEO más importantes de las empresas canadienses y las multinacionales establecidas en Canadá, lo cual lo dotaba de un poder de influencia incontestable en prácticamente todos los sectores y ramas económicas del país.

Uno de los argumentos más recurrentes, esgrimido por la comunidad de negocios independientemente de la agrupación a la que pertenecían, era la reiterada afirmación de que el sector privado era quien realmente producía la riqueza de Canadá, y fue en este sentido que presionó primero por medio de la Comisión MacDonald y posteriormente a través del cabildeo durante la negociación del ALCCEU para que tanto sus intereses como sus organizaciones fueran no solo protegidos, sino favorecidos por el acuerdo.

El cabildeo de los empresarios se hizo en torno a determinados argumentos, los cuales resultaron ser muy convincentes tanto para el gobierno conservador como para los futuros negociadores. Estos giraban en torno al antagonismo que existía entre la demostrada "ineficiencia" del gobierno, en el logro de un incremento de la productividad y la necesidad de elevar los niveles de competitividad de Canadá. Los empresarios incesantemente repetían que el mercado era el único regulador de las fuerzas económicas y que este decidiría qué sectores económicos serían los ganadores en la contienda librecambista. Por supuesto que la relación con los Estados Unidos siempre estuvo en boca del sector corporativo y gran parte de las presiones recayeron sobre la necesidad de reestructurar la política internacional de comercio hacia el vecino.

Un aspecto que difícilmente podría pasar desapercibido fue el hecho de que los grupos empresariales en Canadá habían sostenido históricamente vínculos muy estrechos con sus homólogos estadounidenses y que ambos coincidían en la necesidad de establecer un marco regulatorio de los intercambios económicos que daría a las empresas mayor certidumbre, aun por encima de sus gobiernos.

En enero de 1983, poco después de que la Comisión MacDonald fuera establecida por el gobierno liberal, por entonces a punto de eclipsarse, varios miembros del BCNI se reunieron con el representante de comercio de los Estados Unidos. En esta reunión, William Broca se mostró favorable a la propuesta de los empresarios acerca de negociar un acuerdo de libre comercio; sin embargo, este sugirió que primero debían hacer el cabildeo con el ministro de Comercio de Canadá, Gerald Reagan.

Los miembros del BCNI no se amilanaron ante esta propuesta y continuaron con su cabildeo del lado estadounidense, quizá porque consideraban que era crucial convencer a la contraparte estadouniense antes de aumentar las presiones sobre el gobierno canadiense, así que no bastándoles la entrevista con el representante de comercio, también llevaron a cabo un encuentro en el mes de marzo del mismo año con el vicepresidente de los Estados Unidos, George Bush, durante su visita a la ciudad de Toronto. De acuerdo con Doern y Tomlin, el vicepresidente estadounidense, después de noventa minutos de conversación, pareció sorprendido ante la propuesta de los empresarios canadienses que planteaban la negociación de un acuerdo bilateral de gran alcance.

La osadía del BCNI no produjo resquemor entre los funcionarios del gobierno canadiense, pero fue sorpresivamente enfriada cuando los CEO de esta organización decidieron entrevistarse con la que podría considerarse su contraparte en los Estados Unidos, la American Business Roundtable. Con gran estupor, constataron que este grupo no tenía gran interés en respaldar el cabildeo canadiense en lo tocante a la negociación de un acuerdo comercial. La actitud de los estadounidenses no estaba desprovista de lógica, ya que en gran medida su presencia y desempeño dentro del espacio económico canadiense no necesitaba urgentemente un acuerdo tan ambicioso. Esperando una mejor ocasión, tanto la CMA como el BCNI enfilaron sus baterías a los trabajos que estaba llevando a cabo la Comisión MacDonald con la certeza de que a través de ella sus ideas podrían adquirir un mayor consenso.

Efectivamente, sus pretensiones no andaban desencaminadas y sus ideas fueron ampliamente consideradas por esta comisión. Un aspecto particularmente interesante fue que la comunidad de negocios en Canadá no solamente logró incidir en la orientación de los comisionados, sino también en el propio Donald MacDonald respecto a cuál debía ser el blanco al que debía apuntar la comisión: el libre comercio con los Estados Unidos.

MacDonald quedó particularmente impresionado cuando los empresarios afirmaron que podían competir perfectamente con los estadounidenses en su propio mercado, pero que era necesario que se les diera una mejor oportunidad. Dado el largo historial de los empresarios canadienses en relación con la inversión estadounidense en Canadá y el papel de subalternos que muchos habían asumido en el pasado, los prejuicios de MacDonald, justificados o no, respecto al papel de los empresarios canadienses parecieron cambiar. Este quedó persuadido de que las afirmaciones del CMA y el BCNI eran una clara "expresión del nacionalismo empresarial de los canadienses" [Doern y Tomlin, 1991: 55].

En medio de estas presiones, el gobierno federal publicó en 1985 el documento titulado *How to Secure and Enhance Canadian Access to Export Markets*, dividido en tres partes que analizan el comercio canadiense dentro del entorno económico internacional, la participación de Canadá en el GATT y los objetivos pretendidos dentro de la futura Ronda Uruguay (1986). La tercera parte plantea cuatro opciones ante la relación con Estados Unidos:

1) La posibilidad de preservar el *statu quo* que predominaba en la relación, por medio del multilateralismo, lo que los propios autores del documento abiertamente desaprobaban.
2) Negociar nuevos acuerdos sectoriales.
3) Negociar un acuerdo amplio.

4) Negociar un acuerdo marco que sirviera para entablar consultas y de ser posible futuras negociaciones.

En todo el documento, la expresión *libre comercio* fue evitada voluntariamente; sin embargo, después de su publicación, los periódicos determinaron que la política del gobierno conservador, gracias al contenido del documento, se revelaba claramente librecambista [Hart, 1994: 66].

Por otra parte, el documento citado había dado la oportunidad a diversos sectores que no veían con buenos ojos las tendencias expresadas por el gobierno de iniciar un movimiento de contestación que con el transcurso del tiempo adquirió relevancia gracias a los argumentos planteados y a la estrategia emprendida, la cual tocó las fibras más sensibles de la sociedad canadiense y mantuvo en jaque al propio gobierno durante el proceso de negociación del ALCCEU. Este movimiento de impugnación estaba formado especialmente por organizaciones sociales, representantes de diversas iglesias, organizaciones no gubernamentales, partidos políticos de oposición, sindicatos y académicos que reaccionaron desfavorablemente a la propuesta de Mulroney. La fuerza que adquirieron estos grupos fue asombrosa y pronto resultaron ser un contrincante político de peso para los proyectos librecambistas del BCNI y de los conservadores [Ayres, 1998: 21-23]. Simon Reisman, jefe negociador, llegó en su momento a declarar públicamente que "los oponentes al libre comercio eran nazis que usaban las técnicas de Goebbels para diseminar la propaganda anti libre comercio" [Merret, 1996: 34].

La respuesta estableció con el tiempo diversos frentes, los cuales se caracterizaron por la diversidad de su origen. Independientemente de aquellos grupos e individuos que tradicionalmente habían sido catalogados como nacionalistas o, la menor de las veces, "de izquierda", también contó con el respaldo de periódicos de incontestable prestigio como el *Toronto Star*, el cual publicó importantes artículos y notas editoriales que cuestionaban el rumbo que el gobierno de Mulroney estaba tomando. Pero indudablemente la respuesta más vigorosa provino de la central sindical más fuerte de Canadá, el Canadian Labour Congress (CLC), que puso en marcha todo tipo de campañas que trataron de atajar lo que parecía inevitable: la negociación del ALCCEU.

Tanto la Comisión MacDonald, como la negociación del acuerdo, provocaron un clima político en constante efervescencia, dentro del cual prácticamente ningún individuo podía quedar indiferente. Entre 1985 y 1988 aparecieron varias coaliciones que en gran medida reflejaban las dos grandes fuerzas que movían a la sociedad canadiense a finales de la década de 1980.

Dentro de esta dinámica, un aspecto que difícilmente podría omitirse fue el hecho de que por primera ocasión el perenne debate constitucional entre la Federación y las Provincias pasó temporalmente a un segundo plano, en gran medida porque el libre comercio con los Estados Unidos había obnubilado cualquier otra cuestión política en Canadá. Este aspecto tuvo graves repercusiones años después, cuando los canadienses fueron conminados a pronunciarse, primero sobre el Acuerdo del Lago Meech (1990), y posteriormente a votar en un referéndum constitucional sobre los cambios que el gobierno conservador planteaba por medio del Acuerdo de Charlottetown (1992).

Paradójicamente, mientras el debate sobre el libre comercio resultó ser un factor altamente aglutinante, las reformas constitucionales, y en especial el factor Quebec, no pararon de dividir a aquellos que en el debate sobre el ALCCEU habían luchado unidos, tanto en la coalición a favor como en aquella que se manifestó en contra del acuerdo. Mientras que los Estados Unidos representaban la fuerza centrípeta para la consolidación de la nación, el debate constitucional en todas sus variaciones, y en particular Quebec, significaba la fuerza centrífuga que tendía a desunir al país.

Analizando retrospectivamente este período, resulta interesante constatar que finalmente el debate sobre un proyecto de nación se hubiera reposicionado dentro de la sociedad canadiense en particular desde la perspectiva de lo que Canadá y los canadienses buscaban en su relación con los Estados Unidos. Esta discusión aglutinó a la gente en dos grandes grupos, los cuales indistintamente estaban convencidos de que su lucha estaba encaminada a hacer de Canadá una nación mejor. En este sentido, ambos se consideraban a sí mismos nacionalistas, porque buscaban, cada uno a su manera, crear las condiciones para un mejor país.

Desde este punto de vista, la denominación *nacionalista* dejó de ser una marca exclusiva de aquel grupo que desde los sesenta reivindicaba el derecho de los canadienses sobre la soberanía económica y la explotación de sus recursos, y pasó a ser disputada por otro grupo de canadienses, que por considerarse los principales productores de la riqueza de Canadá reclamaban su derecho a participar en la formulación de la política económica del país. Dentro de esta prerrogativa contemplaban un cambio de rumbo en la relación bilateral como paso indispensable en la construcción de la nación. Desde esta perspectiva debe examinarse la formación y el desempeño de las coaliciones que se crearon con la única finalidad de proteger dos proyectos de nación.

Los intereses de la comunidad de negocios, desde los ochenta, germinaron hasta dar nacimiento a la Canadian Alliance for Trade and Jobs Opportunities (ATJO); su primera aparición oficial ocurrió en marzo de 1987. Esta agrupación reunía a todas las asociaciones empresariales de Canadá, tanto a las más poderosas como a las menores, y se autodeclaraba sin afiliación partidista. La ATJO no tenía el menor empacho en declararse apartidista porque en el fondo apoyaba indiscriminadamente tanto a los liberales como a los conservadores, a sabiendas de que ambos partidos favorecían ampliamente los intereses empresariales.[47]

Esta coalición no solo empujaba la idea de un ALCCEU, sino que también había aprovechado la fuerza que le daba su propia composición, anclada en el ámbito de los negocios y las finanzas, para impugnar ciertas estrategias del gobierno conservador respecto a su política comercial internacional. Entre estas críticas sobresalían aquellas que señalaban la ineficacia de las autoridades respecto al proteccionismo estadounidense. Desde luego, esta acusación aparentemente afloraba en disonancia frente al profundo interés que la coalición manifestaba en la consolidación de una nueva etapa en la relación con los Estados Unidos, bajo la figura de un acuerdo de libre comercio. Pero en realidad se trataba de la instrumentación de una estrategia que buscaba el asalto virtual sobre las instituciones del Estado del Bienestar. En este sentido, la coalición se proponía deliberadamente debilitar las instancias y los mecanismos del intervencionismo estatal y dejar en pie todo aquello que sirviera a sus propios objetivos. El gobierno de Mulroney estaba consciente de esto, pero también compartía aquella visión que propugnaba por un desregulacionismo estatal.

La ATJO resultó ser una coalición poderosa e influyente en Canadá, en gran medida porque sus creadores, aún antes de las negociaciones, tenían una enorme ascendiente, tanto en el sector privado como en el gubernamental; gracias a esto pudieron orquestar una formidable campaña pro libre comercio, que prácticamente no se detuvo hasta después de la firma del TLCAN en 1993.

A partir de 1987, cuando el acuerdo llegó a tomar forma, la alianza se encargó de inundar los principales periódicos y revistas con anuncios y artículos que se proponían convencer a sus lectores de que Canadá, y en especial sus empresarios estaban preparados para competir y ganar en un mundo globalizado. En efecto, de tanto repetirlo, esta afirmación se convirtió en la muletilla con la que la ATJO convenció al gobierno conservador de que ellos representaban el nuevo nacionalismo en Canadá [Ayres, 1998: 25].

Por si esta embestida mediática no fuera suficiente, los miembros más destacados de la alianza emprendieron una cruzada de costa a costa para divulgar las bondades del ALCCEU, respaldados por los estudios de importantes *think-tanks* y de ciertos centros de investigación dentro y fuera de las universidades.[48]

Toda esta campaña pudo ser llevada a cabo gracias al ilimitado apoyo financiero que proveyeron las principales empresas que formaban parte de asociaciones tales como el BCNI.[49] Posteriormente, cuando el acuerdo ya había sido firmado, la alianza en pleno volvió a la carga durante las elecciones federales (1988), buscando así apoyar a aquellos políticos que asegurarían la continuidad del ALCCEU. Las donaciones que se hicieron durante el proceso fueron motivo de serias críticas por parte de la ciudadanía, en especial porque con la publicación de los montos donados y los nombres de los donadores resultó evidente que la comunidad de negocios buscaba adquirir un seguro de vida para su propio proyecto, sin hacer grandes distinciones entre los liberales y los conservadores, los cuales fueron bien cortejados por esta colectividad.

Nunca como en este período, gobierno y comunidad de negocios estuvieron tan unidos bajo un solo objetivo; gracias a su alianza táctica, la labor de convencimiento fue abrumadora, aunque no tan exitosa como lo esperaban sus promotores. A colación de esta contienda, vale la pena recordar lo que Susan George afirmaba años después respecto de cómo las ideas neoliberales, y entre ellas el libre comercio, se volvieron dominantes: "Ellos comprendieron, como no lo han hecho las personas progresistas, que las ideas tienen consecuencias [...], crearon una enorme red de fundaciones, institutos, centros de investigación, publicaciones, profesores, escritores y relaciones públicas que trabajaban para desarrollar e impulsar incansablemente sus ideas y doctrinas. Créanme, el trabajo ideológico y promocional de la derecha ha sido absolutamente brillante" [George, 1999: 96].

Dos importantes coaliciones nacieron como una alternativa sólida a la ATJO. La primera fue concebida en febrero de 1985 y oficialmente fundada en octubre del mismo año con el nombre de Council of Canadians (CoC), y la segunda nació en abril de 1987, con el nombre Pro Canada Network (PCN).[50]

Los aspectos éticos y morales tuvieron un lugar relevante en el discurso alternativo que formularon ambas organizaciones. Tanto una como otra otorgaron particular importancia al hecho de que Mulroney en 1983, durante su campaña electoral, había afirmado contundentemente que él no favorecería el libre comercio: "Don't talk to me about free trade, that issue was decided in 1911. Free trade is a danger to Canadian sovereignty, and you'll-hear none of it from me now during this leadership campaign or at any other time in the future" [*Globe and Mail*, 1983, citado en Ayres, 1998: 25-27]. Esta afirmación fue motivo de severas críticas por parte de la oposición, que no se contuvo de gritarle en diversos actos públicos que era un mentiroso. Los canadienses, particularmente sensibles a los valores éticos en el comportamiento de los políticos, vieron con enorme desconfianza a Mulroney, quien justo antes de ocupar su puesto como primer ministro, ya había sido condenado de por vida por un número considerable de canadienses.

Durante los años que transcurrieron entre 1984 y 1994, la sociedad canadiense no cesó de atribuir a Mulroney, y por ende al ALCCEU, todas las desventuras económicas que afectaron con indiscutible rigor a este país. Nunca como en este lapso tantos canadienses regatearon a un primer ministro su voto de confianza; al final de su mandato, Mulroney dejó tras de sí a un partido desacreditado que prácticamente había perdido la totalidad de sus escaños en el parlamento.

Pero mientras tanto, defensores y detractores se organizaban para dar la batalla. Al igual que la alianza opositora, el Council of Canadians se lanzó en una intensa campaña que implicó conferencias y discursos. A diferencia de la ATJO, el CoC contaba con menos recursos financieros, lo cual los empujó a hacer gala de una enorme astucia política. Su principal éxito fue capitalizar a su favor las reuniones gubernamentales y empresariales que se celebraban, organizando paralelamente a estas otras conferencias que obviamente aprovechaban los reflectores y micrófonos de los medios de comunicación allí reunidos. Tal fue el caso de la reunión paralela que el CoC organizó en abril de 1987, la Cumbre de la Hoja de Maple, en el momento en que también se celebraba la 3ª Cumbre de Shamrock, en que Reagan y Mulroney se reunían. De hecho, cualquier incidente en la relación bilateral sirvió para reforzar los argumentos que la CoC levantaba contra el gobierno de Mulroney. Su táctica resultó muy efectiva, y también fue utilizada por el PCN, no únicamente en relación con el ALCCEU, sino con respecto al TLCAN [Ayres, 1998: 62-63].

El discurso del CoC fue extremadamente convincente para un número considerable de canadienses; así, desde el momento de su fundación en 1985 hasta abril de 1987, logró una membresía de 3 000 individuos. Durante la celebración de su tercera conferencia, en octubre de 1987, esta había aumentado hasta 7 000, y durante la campaña electoral de 1988, el número de miembros del CoC ascendió a 14 000 personas. El gran prestigio del CoC en gran parte se debe a la personalidad de algunos de sus miembros, destacados nacionalistas de los años setenta. La composición de sus asociados era muy definida: 25% eran miembros del Partido Liberal, mientras que 15% pertenecían al Partido Neodemócrata (NDP) y más de 50% no pertenecían orgánicamente a ningún partido político [Doern y Tomlin, 1991: 210; Ayres, 1998: 36].

Aunque el clima político que había generado el ALCCEU, indudablemente, fue una de las motivaciones centrales del CoC, es un hecho que
su discurso estuvo más encaminado a atacar al gobierno de Mulroney
que a criticar exclusivamente el libre comercio como la gran opción
para Canadá. En este sentido, el CoC no podía negar sus orígenes,
profundamente enraizados en el discurso sobre la soberanía de Canadá
y la necesidad de defender su esencia como nación.

Por el contrario, Pro Canada Network emergió en 1987, durante la
Cumbre de la Hoja de Maple, como una organización que aglutinaba
prácticamente a todos los grupos que por una u otra razón se oponían
al ALCCEU. Desde el punto de vista organizacional, se trataba de una
agrupación numéricamente amplia, que contaba con treinta organizaciones nacionales y diez coaliciones provinciales, y sus afiliados sumaban
10 millones de canadienses.[51]

Todas las actividades organizadas por el PCN estaban destinadas a
combatir el libre comercio y a divulgar toda la información concerniente al ALCCEU, no únicamente entre sus miembros, sino sobre toda la
ciudadanía. El eje que aglutinaba a esos 10 millones de miembros era
la lucha contra el libre comercio; en este sentido, el PCN permaneció
unido y resultó ser una coalición de coaliciones, persuasiva y efectiva,
mientras fue fiel al motivo de su creación. Conforme nuevos desafíos
políticos tocaron a la organización y a sus miembros, la unidad resultó
más difícil de mantener, como lo demostraron diversos hechos después
de la elección de 1988. Si bien el TLCAN trajo nuevos bríos a la coalición,
esta fue debilitándose hasta fragmentarse inexorablemente después de
1995 [Ayres, 1998: 75].

5.5. El GATT y su vinculación al contenido del ALCCEU

Para poder entender cabalmente por qué todos los acuerdos de libre
comercio celebrados a partir de la década de los ochenta utilizan como
base de su negociación lo estipulado en el contenido del GATT, es necesario tomar en cuenta que este acuerdo-matriz, que esencialmente promovía el libre comercio, fue suscrito a partir de 1947, tanto por países
capitalistas de primer orden como por otros de menor talla económica.[52]
Respecto a esto, no hay que olvidar que dicho acuerdo se pactó pocos

años después de que la Segunda Guerra Mundial hubiera concluido y que, en consecuencia, muchos de los países que inicialmente lo firmaron, en especial los europeos, no gozaban de una situación económica boyante y, por tanto, no estaban en condiciones de cuestionar cómo la hegemonía estadounidense se perfilaba en los foros multilaterales [Gutiérrez-Haces, 2004b].

El GATT, en sus orígenes, contó con un número bastante restringido de países miembro, y solamente a través de sus 53 años de vida logró aumentar su membresía e imponerse como la máxima institución de regulación del libre comercio.[53] Durante el prolongado período en que gozó de vigencia, logró constituirse en el referente insustituible de cualquier controversia comercial en el mundo. En cada una de sus reuniones logró avances a favor de su meta: la instalación del libre comercio en el ámbito internacional. Sin embargo, un número considerable de países, entre ellos los latinoamericanos, expresaron durante décadas su desconfianza hacia un acuerdo que contravenía directamente los principios sobre los que ellos habían basado su proyecto de desarrollo económico: la industrialización por sustitución de importaciones. En este sentido, los procesos de integración económica, propios de los países latinoamericanos, se centraron desde la década de 1960 en la industrialización proteccionista como la estrategia central que tendía a transformar a los países menos desarrollados de productores primarios a productores manufactureros.

Esta estrategia contravenía, por tanto, las propuestas del GATT, lo que finalmente provocó que los países de América Latina en las primeras décadas de su funcionamiento participaran de forma marginal y que retardaran su adhesión plena hasta los ochenta. A partir de este período, la desconfianza inicial fue reemplazada por la adopción del credo librecambista, como hizo México en 1986.

Indiscutiblemente, los Estados Unidos y Canadá, como fundadores del GATT, portaban una enorme ventaja frente a México en el momento de las negociaciones del TLCAN, ya que los dos primeros habían vivido todo el proceso de liberalización comercial a escala internacional, en el seno del GATT, mientras que la automarginación de México lo había colocado no solo en desventaja respecto a la negociación trilateral, sino también en relación con los cambios económicos que debía emprender en comparación con los que Canadá debió llevar a cabo con el ALCCEU.[54]

Resulta evidente que aunque en todas las discusiones que se realizaron durante la negociación del ALCCEU, pero también posteriormente dentro del TLCAN, el libre comercio fue la pieza central de la propuesta integradora; pero también es cierto que nunca se pudo negociar un acuerdo de libre comercio a ultranza, sencillamente debido a que este término cubre una enorme diversidad de opciones que no necesariamente podían ser incluidas ni en el ALCCEU ni en el TLCAN.

La siguiente lista enumera cuáles fueron las principales opciones que estuvieron presentes durante la negociación que emprendieron, primero Canadá y los Estados Unidos y, posteriormente, México y los países antes citados. Esta lista no implica que los negociadores hayan hecho suya cada una de ellas, y mucho menos que las hayan aceptado como punto de partida en las negociaciones; sin embargo, ofrecen interesantes pistas para entender la dinámica negociadora:

1. Libre comercio entre países con profundas asimetrías económicas.
2. Libre comercio que pone énfasis en la liberalización de
   - mercancías
   - la inversión
   - los servicios
3. Libre comercio que se apoya en una política industrial nacional.
4. Libre comercio que enfatiza una estrategia de comercio exterior que dé prioridad al comercio de recursos naturales y su posible transformación.
5. Libre comercio que busca obtener
   - una hegemonía económica continental
   - crecimiento económico y empleos
   - mayor competitividad internacional
   - recuperación económica interna

Los proyectos de libre comercio llamados *de segunda generación*,[55] como el ALCCEU, contemplan casi todas las orientaciones anteriores, salvo algunas, como sería la de un proyecto de industrialización nacional[56] y el no reconocimiento de las asimetrías económicas, que aunque menores a las existentes con México, también son considerables en el caso de Canadá en relación con la economía estadounidense.[57] A diferencia de proyectos como el GATT o los primeros intentos de integración económica en los sesenta, en los acuerdos celebrados por los tres países que componen América del Norte queda bastante claro que no se negoció únicamente el libre intercambio de mercancías, sino que se buscó avanzar sobre las propuestas iniciales agregando nuevos tópicos, como inversión, servicios, propiedad intelectual y cultura, principalmente. Así, en el caso del ALCCEU no solo se negoció el intercambio comercial, sino también aspectos tales como la instalación de un mecanismo de solución de controversias comerciales y la industria cultural, quedando esta última finalmente excluida del acuerdo.

Asimismo, en el ALCCEU no se contempló la aplicación de la cláusula de NMF,[58] puesto que se decidió que las concesiones negociadas no podían generalizarse a otros países que no formaban parte de este acuerdo. Con esta decisión por supuesto que se excluía cualquier intento de que algún otro país miembro del GATT solicitara que las concesiones logradas en el ALCCEU se ampliaran a este.[59]

En efecto, gracias a una cláusula de excepción contemplada en el artículo XXIV del GATT, se permite que los países miembro de un acuerdo de libre comercio o de una unión aduanera no necesariamente hagan extensivas las concesiones que se otorgan entre sí a los otros países miembros del GATT.[60] Ejemplo de esta práctica es la Asociación Latinoamericana de Integración (ALADI, 1980); el Acuerdo entre Nueva Zelanda y Australia; la Ley de Recuperación Económica de la Cuenca del Caribe (1983); el Acuerdo Comercial entre Estados Unidos e Israel (1985); el ALCCEU (1988), y la ampliación de la Comunidad Económica Europea (1986), con la adhesión de España y Portugal [Malpica, 1988: 39-40]. Esta excepción es la que produce que, más que hablarse de libre comercio en sentido amplio, los actuales proyectos de integración tiendan mucho más a construir sistemas de bloques comerciales en los que existen reglas comunes para los países que se encuentran en su interior, y limitaciones y exclusiones para aquellos que no forman parte de este.

Cuando se analiza detalladamente la estructura del GATT, surgen de inmediato algunas preguntas: ¿cuáles son las ventajas de que algunos países como Estados Unidos, Canadá y México negocien con un tratado de libre comercio?; ¿existen puntos de avance entre lo que proponía el GATT y lo que pudo plantear un acuerdo como el ALCCEU?; ¿cuáles fueron los aspectos realmente novedosos que ofrecería el ALCCEU en relación con el GATT?

Un primer punto de reflexión recae obviamente en los beneficios y las pérdidas resultantes de las negociaciones comerciales multilaterales y bilaterales del primer tipo de arreglo; un buen ejemplo es el GATT, que junto con el Banco Mundial y el Fondo Monetario Internacional representaban los grandes puntales del orden económico internacional de la segunda posguerra, mientras que el ALCCEU y el TLCAN representan una propuesta que, aunque apoyada básicamente en el artículo XXIV del GATT, pretende ir mucho más lejos que lo planteado por el acuerdo de 1947.

En términos generales, la reglamentación del GATT tuvo una fuerza considerable en la regulación del comercio internacional, aunque habría que decir que paradójicamente tenía una cierta debilidad coercitiva para hacer cumplir lo estipulado; este aspecto fue en gran medida lo que lo llevó a su fin.

Al analizar los resultados de las sucesivas rondas de negociaciones comerciales multilaterales en Ginebra, Suiza (1947); Torquay, Reino Unido (1950-1951); Ginebra, Suiza (1955-1956); Dillon (1960-1961); Ronda Kennedy (1964-1967); Tokio (1973-1979) y, finalmente, la de Uruguay (1986-1994), demuestran cómo las posibilidades de alcanzar un consenso internacional en materia de comercio fueron cada vez más restringidas, de ahí que los períodos de las rondas se prolongaran excesivamente, como ocurrió con la Ronda Uruguay, que duró casi nueve años [Delorme y Clerc, 1994: 38]. El GATT, pese a sus flagrantes limitaciones, fue agregando cambios en su contenido que le aseguraron mayor vitalidad que la prevista. Una de sus ventajas residía en que su propia composición multilateral permitía un determinado margen de maniobra, tanto a países pequeños como poderosos. Así, en ciertas negociaciones, el único reducto que tenían los países más débiles era la autoexclusión en la negociación de ciertos aspectos o las concesiones a cambio de la fijación de períodos de desgravación más prolongados.[61]

Durante la negociación del ALCCEU, las conversaciones se encontraron muchas veces en punto muerto porque la estructura misma del GATT, y en especial los artículos I, IX, XVI, XVII, XVIII, XX y XXIV, funcionó como una camisa de fuerza para la negociación en curso.[62]

Dentro de este regateo, un acuerdo permitió suprimir ciertas orientaciones de los artículos del GATT. En nuestra opinión, la más grave fue la total omisión de algunas de las orientaciones estipuladas en el artículo XVIII, el cual se titulaba *Ayuda del Estado para favorecer el desarrollo económico* [GATT, 1988: 30-38].

Desde luego, si se analiza el clima político y económico que llevó a la negociación de este acuerdo, resulta evidente que ninguno de los dos equipos estaba dispuesto a reproducir de nuevo un capítulo que enfatizaba el intervencionismo estatal y la responsabilidad de este en el desarrollo económico del país.

Este capítulo fue, en su momento, un triunfo político de los países menos desarrollados que formaban parte del GATT, los cuales consideraban que su adhesión al libre comercio no solo pasaba por la visión neoclásica del libre cambio, sino principalmente por la necesidad de crear proyectos de industrialización concentrados regionalmente y protegidos por el Estado.

Quizás a la luz de la experiencia actual, resulte descomunal tal discusión; esta se gestó a inicio de los cincuenta, cuando los países menos desarrollados exigían consideraciones especiales para su propio proceso de crecimiento económico interno, y fue indudablemente el eje de la discusión que dio nacimiento al párrafo tres del artículo XVIII del GATT, el cual establece:

> Las partes contratantes reconocen además que puede ser necesario [...] con objeto de ejecutar sus programas y de aplicar sus políticas de desarrollo económico tendientes al mejoramiento de vida de su población, adoptar medidas de protección o de otra clase que influyan en las importaciones [...]. Por consiguiente, están de acuerdo en que debe preverse [...] facilidades suplementarias que les permitan *a)* mantener en la estructura de sus

aranceles aduaneros una elasticidad suficiente para que puedan conceder la protección arancelaria que requiera la creación de una determinada rama de la producción; *b)* establecer restricciones cuantitativas destinadas a proteger el equilibrio de su balanza de pago de manera que se tenga plenamente en cuenta el nivel elevado y estable de la demanda de importaciones que puede originar la ejecución de sus programas de desarrollo económico [GATT, 1988: 30].

El artículo XVIII reviste particular interés a la luz de la negociación del ALCCEU por dos motivos: el primero se refiere al reconocimiento que hace el GATT sobre la diferencia de desarrollo económico entre los países. La aceptación de la existencia de diversos niveles de desarrollo durante las primeras reuniones del GATT implicó la necesidad de crear cláusulas especiales, las cuales fueron anexadas al texto inicial para proteger a los países más débiles. No bastando con ello, se especificó en el artículo citado la necesidad de contar con un Estado que organizara políticas económicas que alentaran el crecimiento económico. Estos aspectos obviamente dieron un gran respaldo a las acciones de los Estados no solo en América Latina, sino en otras regiones en vías de desarrollo [Gutiérrez-Haces, 2004c].

Países como los Estados Unidos nunca digirieron que dentro del GATT el intervencionismo estatal tuviera, gracias al artículo XVIII, acta de legalidad, así que al iniciarse las pláticas tendientes a constituir el ALCCEU, los negociadores tuvieron buen cuidado de que un artículo de esta naturaleza no fuera ni remotamente considerado y que, por el contrario, su contenido alentara la intervención de los empresarios, considerados el principal actor económico, junto con el mercado [Gutiérrez-Haces, 1992a].

Resulta evidente que el ALCCEU avanzó en algunos aspectos mucho más que lo contenido en la reglamentación del GATT, pero también es cierto que mucho de los temas presentados como novedosos dentro de esta negociación estaban directamente copiados de la legislación multilateral. Es innegable que hasta la creación de la OMC, en 1995, en cada ronda de negociaciones del GATT se avanzaba parcialmente en la liberalización del comercio internacional, en gran medida por la complejidad de la tarea y por el gran número de países miembro con intereses económicos muy diversos [Millet, 2001: 51-83].

Los resultados que se dieron en cada negociación fueron, en ocasiones, más la consecuencia de posiciones irreductibles de este acuerdo —como fue y sigue siendo el tema de los subsidios agrícolas— que los frutos de una verdadera negociación, que implica ganancias, concesiones y pérdidas. Sin embargo, resulta central insistir en el poder y el impacto que tuvo el GATT en cada una de las reuniones que se efectuaron desde su creación, hasta 1994, incluyendo el ALCCEU y el TLCAN.

5.6. Objetivos del Acuerdo de Libre Comercio Canadá-Estados Unidos

El acuerdo perseguía tres grandes objetivos del lado canadiense:[63]

1. Un acceso más abierto y más libre de sus exportaciones al mercado estadounidense. Se consideraba que, gracias al acuerdo, a partir del 1º de enero de 1988 todos los aranceles existentes entre los dos países desaparecerían, excepto algunos que lo harían gradualmente. De esta forma, se calculaba que las exportaciones canadienses obtendrían mayor competitividad frente a la economía estadounidense.

2. Una mayor protección en el trámite de dicho acceso. Es decir, garantías de que las inversiones canadienses no se verían posteriormente afectadas por la legislación de Estados Unidos, en especial las referentes a su comercio. El acuerdo garantizaba un acceso más seguro en varios sectores, en especial el comercio de servicios, inversión y energía.

   Por el contrario, en el plano de las barreras no arancelarias pocos avances se lograron; el acceso canadiense al sector transporte, a la investigación aplicada y a algunos sectores de punta fue prácticamente nulo. Estados Unidos obtuvo de Canadá que los gastos sobre el derecho de corte en los bosques canadienses no fueran eliminados en el acuerdo.

3. Confeccionar un acuerdo que sirviera como un ejemplo al resto del mundo en cuanto a la liberalización del comercio y de modelo para las negociaciones multilaterales que tenían lugar en la Ronda Uruguay del GATT. Nuevas reglamentaciones se adoptaron en varios

sectores, en especial el comercio de servicios, inversión y energía. Estas servirían para regular los intercambios comerciales y las diferencias suscitadas por aquellos. En este sentido, el acuerdo significó un convenio bilateral sobre la industria de servicios y la inversión.

Dentro del ALCCEU aparece una serie de capítulos que podrían considerarse la columna vertebral del acuerdo, sobre estos reposan todos los temas que se plantean dentro de las negociaciones:

- Tratamiento nacional
- Reglas de origen o de contenido nacional
- Derecho de establecimiento
- Medidas arancelarias y desgravación
- Reglamento binacional de diferencias en materia de derechos *antidumping* y compensatorios

Los capítulos referentes a temas específicos como vinos y bebidas alcohólicas, agricultura, energía, comercio de autopartes y mercancías, servicios, movimiento temporal de hombres de negocios, inversión, mercados públicos y servicios financieros contienen una reglamentación específica que tomaba en cuenta las características del sector. Pero al mismo tiempo estos capítulos se ven delimitados por los cinco rubros arriba mencionados; de tal manera que la inversión, la energía, o las autopartes, por ejemplo, son regulados tanto por los capítulos *ad hoc*, como por aquellos que están específicamente relacionados con su campo de acción.

Dentro de la Ronda Uruguay, Canadá también determinó sus objetivos particulares frente a los países miembro. Considerando que estas negociaciones coincidieron con la negociación del ALCCEU, así como del TLCAN, sus principales metas eran el acceso a los mercados en productos agrícolas y alimenticios, a los productos provenientes de los recursos naturales, industria energética, equipo y servicios ligados a esta; equipo de transporte y comercio de servicios.

Un año después, en 1987, Canadá estaba en el tramo final de las negociaciones del ALCCEU. Su objetivo era muy claro –aunque la negociación emprendida no era más que la prolongación de lo que ya trataba de obtener desde hacía una año en la Ronda Uruguay–: Canadá calculaba que la negociación bilateral le permitiría tomar aun mayor ventaja de los Estados Unidos que lo que ya estaba haciendo gracias a la negociación multilateral.

Prácticamente, salvo algunos temas sinuosos como la industria de la cultura, la seguridad nacional y la energía, todo había comenzado a discutirse en el foro multilateral al mismo tiempo que en la negociación paralela del ALCCEU; sin embargo, la diferencia más evidente era que Canadá se proponía asegurar su acceso al mercado estadounidense como socio preferencial.

Este deseo solo fue posible por un breve lapso. El ALCCEU fue ratificado y aplicado a inicios de 1989, pero en 1990 México planteaba la negociación de un tratado de libre comercio con Estados Unidos. Esta noticia enfrió el triunfalismo del gobierno de Mulroney, que ya por entonces encaraba la condena de toda la ciudadanía respecto al contenido del ALCCEU. Los medios de comunicación y los opositores al ALCCEU utilizaron este hecho para atizar más el fuego contra el gobierno conservador. En este ambiente, después de algunas dudas y *faux pas* el gobierno se vio forzado a ingresar como la tercera parte negociadora. Paradójicamente, con esta decisión Canadá regresó a la fórmula multilateral, aunque numéricamente reducida, a fin de proteger, cuando no tratar de rectificar, lo que ya había negociado en su propio acuerdo, como lo analizaremos más adelante.

Este hecho, la no conclusión de la Ronda Uruguay y la aparición de nuevas propuestas de libre comercio, en las que Estados Unidos pretendía desempeñar el papel central, dieron un nuevo carácter a la discusión; un gran número de grupos de presión en Canadá señaló reiteradamente las bondades de preservar el espacio multilateral del GATT [Gutiérrez-Haces, 1992a; Kuttner, 1991].

5.7. Principales aspectos contenidos en el ALCCEU

5.7.1. La problemática regional

El peso de los intereses federales y provinciales tuvo un importante papel en los debates, ya que había provincias que temían verse negativamente afectadas por el acuerdo, como Ontario, donde se encuentran los principales centros de la industria automotriz ligados a la economía estadounidense. Los efectos del acuerdo en el ámbito regional estaban íntimamente vinculados a la estructura industrial de cada una de las provincias canadienses. Inicialmente se sostuvo que tanto la producción como el empleo crecerían como resultado del convenio firmado, pero 18 meses después de haberse iniciado la instrumentalización del acuerdo se empezó a observar que en ciertas provincias tales efectos estaban siendo negativos, como fue el caso de las pescaderías de la Columbia Británica, además de las provincias atlánticas, como Nueva Escocia.

En el debate regional las provincias tuvieron un papel importante. Es un hecho que la discusión fue animada por posiciones muy encontradas en las que, si bien se exhortaba al gobierno federal a usar todos los medios estratégicos de que disponía para contrarrestar la agresividad comercial estadounidense, también se insistía en que el objetivo de las negociaciones era asegurar su acceso al mercado de Estados Unidos.[64]

Revisando el contenido del ALCCEU en su versión oficial se observa que la problemática regional, aunque de enorme peso en las discusiones, no logró enteramente dejar asentada su posición dentro del contenido del texto. El acuerdo más bien debilitaba el poder federal y el provincial en cuanto constreñía sus funciones en lo tocante a implementar políticas de empleo y salarios equilibrados regionalmente.

Por otra parte, el acuerdo reducía las funciones provinciales y les impedía llevar a cabo políticas de desarrollo industrial que antaño obligaban a procesar *in situ* los recursos naturales de una provincia y que otorgaba importantes apoyos económicos a aquellos industriales que se instalaban en ellas. Hoy en día, la mayoría de los estímulos provinciales han sido modificados a la luz de la reglamentación del ALCCEU por ser estos considerados prácticas desleales frente a los derechos que han adquirido las empresas estadounidenses ubicadas en determinadas provincias, gracias a cláusulas como la de Tratamiento Nacional, la cual obliga a otorgar un trato no discriminatorio a las partes [Miller, 1989: 220].

Las estipulaciones contenidas en el ALCCEU reflejan las presiones de importantes grupos económicos canadienses que lograron que se dejara fuera del convenio muchos de los productos que les permiten obtener un alto grado de rentabilidad, como el textil, la cerveza y el vino.

Las concesiones canadienses fueron seguramente más importantes que las estadounidenses, sobre todo en lo que respecta a inversión extranjera. Es evidente que Estados Unidos tenía menos necesidad de desplegar grandes esfuerzos en este campo, ya que una alta proporción de la industria canadiense está bajo el control de este país y, por tanto, Canadá tenía poco que decir sobre la inversión ya existente en su territorio.[65] Respecto a la inversión nacional, evidentemente esta tendría que competir con las firmas estadounidenses en el mismo nivel, lo cual significa que estas no podían ser más favorecidas que las firmas de Estados Unidos, en cuanto a inversión en su propio país.

La relevancia del contenido que sobre inversión extranjera aporta el acuerdo reside básicamente en la aplicación que se le da a las cláusulas de Tratamiento Nacional y la que versa sobre el Derecho de Establecimiento, que reviste particular interés si se ubican dentro del contexto de la política de desarrollo regional de Canadá.

Históricamente, el peso económico y político de cada provincia ha sido relevante; cada una de ellas es constitucionalmente responsable del desarrollo económico de su región y bajo esta tónica subsidia y alienta la producción *in situ* de sus recursos naturales sin hacer grandes distinciones entre la presencia de la inversión nacional y la extranjera [Mitjans y Castellá, 2001: 103-119; Théret, 2002: 16-17].

La aplicación de las cláusulas citadas implica, en términos generales, que los productores canadienses y estadounidenses tienen el derecho a gozar del mismo trato y de apoyos económicos similares, tanto en territorio canadiense como en el estadounidense; más aún, los gobiernos provinciales no pueden dar un mejor trato a las empresas canadienses en detrimento de las estadounidenses, sin incurrir en la discriminación, una de las prácticas más penalizadas en el ALCCEU.

Aunque aún antes del ALCCEU la inversión estadounidense era de gran monto, existía siempre la posibilidad de que los nacionales gozaran de un cierto nivel de protección en determinados sectores, en especial los ligados a la explotación de recursos naturales. Gracias a las disposiciones establecidas en el ALCCEU, la política regional fue trastocada en relación al funcionamiento tradicional de las cadenas productivas que funcionaban en el sector pesquero, forestal y agropecuario, principalmente; las cuales podían ser legalmente interrumpidas por la presencia de agentes económicos estadounidenses interesados en participar en un tramo del proceso productivo existente. Por ejemplo, en la provincia de Columbia Británica, como en las provincias de las Marítimas (Nueva Escocia, Terranova, Nueva Brunswick), tradicionalmente los estadounidenses podían pescar en aguas canadienses, pero estaban obligados a llevar parte del proceso posterior a la pesca *in situ*, lo que naturalmente representaba una derrama en salarios y empleos para los canadienses. Después del ALCCEU, la cadena pesquera se vio perjudicada en cuanto que parte del procesamiento del pescado y su enlatado se empezó a hacer en los Estados Unidos, por ser más barato que en Canadá, dejando únicamente la actividad de la pesca en alta mar a los canadienses.

En términos llanos, el ALCCEU favorecía que los procesos de transformación productiva se llevaran a cabo en donde se localizaran las mayores ventajas económicas, sin considerar que la antigua organización de la producción, en muchas ocasiones, daba trabajo a poblaciones completas, respaldadas por la reglamentación constitucional que determinaba que "todo recurso natural debía ser procesado en el sitio de su extracción". Este había sido también el espíritu que había inspirado la Política Nacional, la cual gracias a esta medida había atraído a la inversión estadounidense a Canadá.

La reglamentación del ALCCEU, indudablemente, alentó la fragmentación del mercado, en tanto que los intereses de la región se sobrepusieron a los intereses amparados por el acuerdo con Estados Unidos. Otra implicación de lo anterior fue el proceso de relocalización de las empresas de origen estadounidense asentadas en Canadá, que deseaban ubicarse de nuevo en Estados Unidos o en la frontera Norte de México, buscando con ello la posibilidad de llevar a cabo una parte o todo el proceso productivo en mejores condiciones económicas que en Canadá, donde el salario y la reglamentación laboral eran notablemente superiores a los de Estados Unidos y México [Kuttner, 1991].

La recesión vivida en Estados Unidos y en Canadá a partir de 1990 causó innegables efectos negativos sobre la instrumentación del ALCCEU. Los gobiernos contaron con recursos económicos limitados para aplicar programas de ajuste laboral que básicamente buscaban amortiguar el cierre total o parcial de ciertas actividades productivas en determinada región.

Es de lamentar que, si bien durante la negociación del ALCCEU las provincias canadienses tuvieron enorme influencia –al grado de que se organizó un mecanismo específico para eslabonar la negociación provincial con la federal–, no se tuviera la capacidad de prever que la aplicación del acuerdo contribuiría a la generación de tendencias regionales desintegradoras que se agravaron aún más cuando el gobierno canadiense se internó de nuevo en una desgastante discusión constitucional, en torno a la presumible existencia y aceptación de una sociedad distinta para provincias como Quebec, los derechos de los indígenas, el estatuto de las mujeres, etcétera.[66]

Los Estados Unidos, aún después de firmado el ALCCEU, consideraron que el gobierno canadiense, tanto provincial como federal, incurría en subsidios desleales a los productores canadienses. Por su parte, la administración canadiense sostenía que los subsidios eran parte de una política dirigida a disminuir la desigualdad regional y promover su desarrollo económico. Este aspecto representó, y continúa representando, un grave problema para Canadá, puesto que es por mandato constitucional que se aplica este tipo de política regional.

Finalmente, habría que decir que el acuerdo reforzaba el eje económico norte-sur a la vez que fragmentaba la relación este-oeste de Canadá. Toda la economía de Canadá se vertió sobre la relación económica con el sur e inicialmente poco se trató de reforzar las condiciones que favorecían los intercambios en el interior del propio Canadá. Esta tendencia agudizó las pugnas regionales y los nacionalismos provinciales de aquellos que se sentían más fuertes negociando con Estados Unidos que con las otras provincias canadienses.

Hasta 1994, cuando ya el ALCCEU y el TLCAN tenían tiempo de haber sido puestos en marcha, el gobierno de Canadá logró dar fin a una larga negociación entre las provincias y los territorios, que buscaba derogar la existencia legal de las barreras comerciales interprovinciales imperantes en Canadá desde el siglo XIX. Con este acuerdo, conocido como *Accord sur le Commerce Intérieur*, el gobierno pretendía dar una mayor movilidad a los intercambios interprovinciales y facilitar el libre movimiento de la inversión estadounidense principalmente [Gutiérrez-Haces, 1994c].

5.7.2. Conflictos comerciales

Respecto a la relación que se estableció entre la inversión y la normatividad contemplada en la cláusula de Tratamiento Nacional,[67] habría que decir que esta dentro del ALCCEU conllevó un gran número de efectos secundarios. Uno de ellos fue, y sigue siendo, la posibilidad de recurrir a medidas de retorsión o represalias comerciales, conocidas comúnmente como *cross-retaliation actions*, que concretamente consistían en que si una compañía extranjera no tenía la autorización y las facilidades inherentes a esta cláusula, podía recurrir a medidas punitivas sobre las mercancías y productos del país ofensor; esta no es una práctica novedosa, aparece tanto en el GATT como en el TLCAN.

Los negociadores decidieron entonces incluir dentro del acuerdo un *Réglament binational des différends en matière de droit antidumping et droit compensateur*, para dirimir disputas ocasionadas por *dumping*, subsidios considerados como comercio desleal y cualquier situación que ocasionara un conflicto; todos estos aspectos están contemplados en la parte VI titulada "Dispositions Institutionnelles", en los capítulos 18 y 19. Este mecanismo superaba otras instancias del mismo carácter integradas en el GATT y representaba el "cerrojo" de toda la reglamentación del acuerdo. La creación de este mecanismo fue uno de los grandes objetivos canadienses que consideraron que sin esto no habría posibilidad de sentirse efectivamente protegidos para competir dentro del mercado estadounidense [GATT, 1988: 30-38].

Tanto para Estados Unidos como para Canadá las relaciones comerciales debían conducirse bajo reglas claras y precisas, sin necesidad para ello de la intervención del Estado; en este sentido la normatividad propuesta por el ALCCEU era la respuesta fiel a tal requerimiento.

Pese a esto, el acuerdo no logró sustraer a Canadá de la aplicación de la Ley Ómnibus sobre comercio internacional (1988). Cada país podía seguir aplicando sus propios derechos *antidumping*, salvo que a partir de la ratificación de este acuerdo se aplicarían medidas de salvaguarda global en relación con otros socios comerciales.

Para poder llevar a cabo la aplicación de la reglamentación, el tribunal bilateral creó un sistema mutuo de leyes que permitía regir la fijación de precios desiguales, subvenciones, derechos *antidumping* y compensatorios. En suma, gracias al acuerdo, ambos países debían abstenerse de toda medida comercial que pudiera afectar negativamente a alguno de los dos firmantes.

En nuestra opinión, uno de los aspectos más complejos que tenía que dirimir el panel binacional era todo lo referente a los subsidios, un tema perennemente controvertido ya que casi todos los gobiernos tienden a fomentar ciertos sectores productivos subsidiándolos. Los bienes producidos gracias a estos apoyos al exportarse contienen un precio que implica una competencia desleal para el país importador.

El panel binacional representó una salida para esto, en especial los canadienses insistieron firmemente en que era necesario que los Estados Unidos se definieran sobre lo que consideraban una práctica comercial desleal, sobre todo en lo referente a subsidios. Este tema era de por sí delicado, ya que los Estados Unidos habían llegado a afirmar que los salarios más elevados de los trabajadores canadienses y un sistema de seguridad social piloteado por el gobierno podían ser considerados como una práctica desleal hacia Estados Unidos, llamándolo *dumping social* [Gutiérrez-Haces, 1991a].

5.7.3. Reglas de Origen o de Contenido Nacional

Otro motivo de disputa binacional puede ser previsto en lo referente a la determinación del contenido local, o más específicamente de las Reglas de Origen. En términos generales, cualquier mercancía puede gozar de libre circulación hacia otro país miembro del ALCCEU, siempre y cuando pueda probarse que ese bien contiene 50% de valor agregado nacional.

La Regla de Origen fue materia de discusión, en especial en el sector automotriz dentro del cual ambos países gozaban de enormes ventajas gracias al Pacto del Automóvil; este arreglo fue durante mucho tiempo usado como un ejemplo para otras posibles negociaciones sectoriales.

Dentro del Pacto, el contenido nacional específicamente representaba un 60%; pero en la reglamentación del ALCCEU se consideró que un 50% cumplía con las exigencias requeridas, aclarando que no se hablaba del contenido canadiense sino del *contenido norteamericano*, entendiendo por ello la producción automotriz conjunta de Canadá y Estados Unidos [Winham, 1991: 51; MAECI, ALCCEU, 1987: 158-160].

5.7.4. Energía

El artículo encargado de regular la energía en el GATT es un claro ejemplo de la enorme diferencia que existe al celebrar un acuerdo comercial como este con los Estados Unidos o en forma multilateral. En términos generales, el GATT hablaba sobre energía, sin incurrir en grandes especificaciones tales como el petróleo o la electricidad, y, de hecho, el ALCCEU seguía el mismo tipo de tendencia. Sin embargo, la importancia de este capítulo durante los primeros años de implementación del acuerdo residía en que más de 10 billones de dólares canadienses provenían anualmente de las exportaciones dirigidas a los Estados Unidos.

La energía es un sector de elevada importancia binacional; en períodos anteriores a la firma del ALCCEU fue uno de los temas que más dificultades provocó en la relación entre los dos países. Este tema fue motivo de negociaciones muy ríspidas en el ALCCEU, sobre todo si consideramos que en Canadá durante más de 20 años y, en especial, durante la administración de Trudeau existió una política muy clara de defensa de los recursos naturales y la evidente pérdida del control canadiense sobre los aspectos centrales de su economía [Gutiérrez-Haces, 1991a: 169].

En 1984, el gobierno conservador anunció el *Programme Énergetique National* (NEP), que proponía una política de reestructuración semejante a la que había seguido con el FIRA; así fue como en 1985 se publicó el NEP, llamado socarronamente el *Programa de la Empresa Privada* por los nacionalistas canadienses que se oponían al ALCCEU.

Después de que se efectuó la firma del acuerdo, surgió con enorme fuerza la idea de que la paraestatal Petro-Canada debía privatizarse; esto no vino más que a confirmar la tendencia gubernamental imperante que en términos generales buscaba pasar a manos de las corporaciones la gestión absoluta de este tipo de agencias que en el pasado habían sido creadas como una expresión del nacionalismo de Canadá frente a la contundente presencia económica de Estados Unidos en el país.

La regulación de la extracción y comercialización de la energía en Canadá es un asunto profundamente delicado, puesto que cuenta con enormes recursos que lo ubican como un gran exportador de electricidad y petróleo, entre otros. Canadá, como miembro del GATT, regulaba este aspecto acogiéndose a la reglamentación de este, especialmente lo dicho en los capítulos XI, inciso 1, y en el XX, inciso g, h, i, j, donde se especifica que en caso de: "penuria general, o local, dichas medidas de abastecimiento deberán ser compatibles según el cual todas las partes contratantes tienen derecho a una parte equitativa del abastecimiento internacional de estos productos" [GATT, *Reglamento*, 1986: 40].

Siendo congruente con lo estipulado en el GATT, se redactó el capítulo IX sobre energía, en el cual más de diez artículos intentaban regular este sector. Este capítulo fue uno de los más vilipendiados por la oposición canadiense, sobre todo en lo referente al condicionamiento del suministro de energía en caso de una crisis interna o internacional y/o de penuria local, lo cierto es que esto ya venía estipulado en el GATT, solo que como muchos otros artículos, nunca tuvo fuerza coercitiva y únicamente adquiere obligatoriedad al hacerlo suyo en un acuerdo bilateral con los Estados Unidos, como fue el caso del ALCCEU.

El artículo 409 otorga a los Estados Unidos el derecho a la energía y recursos energéticos de Canadá en la misma proporción que lo que se compró en los últimos tres años. Al consumidor estadounidense no se le podrá cobrar más porque esto significaría una tasa discriminatoria, pero tampoco se puede otorgar ayuda federal y provincial al que desee invertir en una región, esto implicaría un subsidio injusto en contra de Estados Unidos.

En opinión de muchos autores, las obligaciones de Canadá asumidas a través del capítulo sobre energía son menores que bajo la reglamentación de la Agencia Internacional de Energía (AIE); por otra parte, no se puede soslayar que las negociaciones del ALCCEU en lo tocante a la energía se inspiraron directamente de lo que fue acordado en la Ronda Tokio del GATT, en la cual se tomaron disposiciones muy claras al respecto.

En el capítulo sobre energía se procuró respetar las consideraciones ya previstas en el GATT y las concernientes a la seguridad nacional de cada país; ninguno de ellos limitaría las importaciones provenientes del otro, así Canadá gozaría de un acceso permanente de sus exportaciones de energía hacia Estados Unidos.

5.8. Otros puntos vulnerables del ALCCEU

Canadá, país con una enorme riqueza forestal, tuvo que enfrentar la creciente competencia en agricultura y forestación que representa Estados Unidos. En las últimas décadas, este país ha venido desplazando sus estrategias económicas a una política de mayor exportación de productos avícolas y madereros, así como un buen número de productos primarios.

En el sector manufacturero se observa que los productores de Estados Unidos operan basados en una estrategia de expansión de su producción a Canadá, con un bajo costo marginal, lo cual en un primer momento produjo un "efecto de inundación" de diversos bienes estadounidenses en este país. Los canadienses, por el contrario, tienden a introducirse en el mercado estadounidense con formidables costos en la comercialización y en la producción, debidos en gran medida a la existencia de salarios superiores, así como diversas ventajas sociales y sindicales, que desde luego no existen en los Estados Unidos.

Por otra parte, el ALCCEU debilitó las capacidades del gobierno federal y provincial en lo tendiente a políticas de empleo y producción. Los gobiernos provinciales, que en el pasado pudieron implementar proyectos económicos autónomos, hoy enfrentan la competencia en pie de igualdad, entre los intereses locales y los estadounidenses en Canadá.

El acuerdo deroga la restricción de 25% sobre la participación extranjera en las instituciones financieras canadienses y limitó a solo 10% la igualdad bancaria. La Ley de Inversión Extranjera, que ya casi había sido anulada en 1985, se redujo al derecho de revisar la inversión en el sector energía, transporte aéreo, telecomunicaciones e industria de la cultura.

Epílogo

Si bien los defensores del acuerdo consideran que Canadá no obtuvo todo lo que deseaba negociar, el acuerdo significó la compra de un "seguro de vida" que se esperaba no sería anulado por la aplicación de la Ley Ómnibus y la conclusión de la Ronda Uruguay del GATT, a finales de 1993. Cuando Canadá concluyó el acuerdo (1987), difícilmente podía haber imaginado que poco después tendría que negociar con México y Estados Unidos un segundo acuerdo de libre comercio.

Después de la firma del ALCCEU, Canadá tuvo que hacer frente a tres grandes problemas: *1)* una recesión y después una crisis económica que en 1990 reveló la fragilidad del modelo canadiense y que sus industrias no se adaptaban a las restricciones de un mundo cada vez más interdependiente de los cambios industriales; *2)* un proceso de integración al mercado estadounidense mal controlado, que tuvo elevados costos a mediano plazo, y *3)* el cierre de empresas y su relocalización en muchos casos coadyuvó a crear un clima de incertidumbre alarmante entre 1990 y 1993.

El acuerdo no fue únicamente una transacción comercial, porque en él se incluían medidas que limitaban la soberanía nacional, en especial en lo tocante a energía, desarrollo regional, seguridad social y control de transferencia de capital extranjero.

El capital canadiense tenía un mayor interés que el estadounidense en establecer un mercado integrado, que le permitiría a la vez que especializarse, aprovechar las economías de escala y encontrar un lugar seguro para Canadá.

Es quizás esta la razón por la cual un inmenso número de grupos económicos canadienses sostuvieron la ratificación del acuerdo y es quizá también uno de los elementos que empujaron al presidente de Estados Unidos, George Bush, a proponer una iniciativa para las Américas bajo la égida de librecambismo y la continentalización.

Desde esta lógica, resulta claro que el espíritu del acuerdo era la contractualización de una reglamentación en que las prioridades económicas y sociales ya no obedecerían más a los objetivos de un Estado benefactor.

Con el transcurso del tiempo quedó evidenciado no únicamente el contenido desregulacionista del acuerdo, sino la evidente desigualdad existente entre los logros canadienses y estadounidenses.

En esencia, varios aspectos se vislumbraron críticos para Canadá: la generación de una política económica gubernamental que desde el ALCCEU debía ser conducida en concordancia no solamente con los requerimientos nacionales, sino también considerando la política económica estadounidense; se trataba en suma de un nuevo apremio en cuanto que la propia reglamentación del acuerdo provocaba situaciones muy específicas que debían ser resueltas tomando en consideración no únicamente los intereses federales o provinciales de Canadá, sino también los propios tiempos de Estados Unidos.

Así los artículos 701 y 709 del ALCCEU prohibían cualquier subsidio a la exportación en el comercio agrícola de los dos países y en las cláusulas se especificaba que "debía tomar en consideración los intereses de la contraparte cuando se aplican concesiones a terceros países" [MAECI, ALCCEU, 1987: 75-77].

Este fenómeno provocó una de las más acaloradas críticas de la oposición canadiense y exhibió la debilidad de un acuerdo que no contempló con seriedad los posibles efectos en la estructura del empleo y la necesidad de planificar una política industrial acorde con los cambios que provocaría la apertura prácticamente irrestricta a la inversión estadounidense en todos los sectores económicos del país.

La relocalización industrial fue muy severa en el caso de Canadá, lo cual se atribuye a varias causas: la existencia de condiciones salariales superiores en Canadá: 12.97 dólares, en contraste con 11.10 dólares la hora en Estados Unidos (1987), y la aplicación de una reglamentación de seguridad social para el trabajador superior en Canadá que provocaba la protesta del empresariado, quien consideraba que esto le restaba competitividad frente al empresario estadounidense, que debía destinar un monto menor de sus ganancias en el pago de seguros de protección al trabajador [Gutiérrez-Haces, 1991c].

Aunado a esto, la existencia de altas tasas de interés, que en el primer trimestre de 1991 promediaron 11.58% en contraste con 9.19% en Estados Unidos, lo cual reforzó el valor del dólar canadiense frente al estadounidense, lo que se consideraba perjudicial para el valor de las exportaciones de Canadá.

Durante el mes de junio de 1990 se calculó que 165 000 empleos se habían perdido únicamente en el sector manufacturero; de esta cantidad, 8% correspondía a la provincia de Ontario, considerada la región con el mejor mercado laboral de Canadá. Fuentes oficiales del gobierno negaron que uno de los resultados del ALCCEU había sido el cierre de empresas y el consiguiente desempleo; sin embargo, las cifras publicadas por el Canadian Labour Congress, la central sindical más fuerte del Canadá y la Confederation des Syndicats Nationaux, ubicada en Quebec, que publican regularmente registros detallados del incremento de este proceso, contradijeron la posición oficial. A continuación presentamos algunos datos que muestran la situación que privó durante los primeros años de haber sido implementado el ALCCEU.

Cuadro 5-4

Provincias de Ontario: Cierre de empresas, 1991-1987

	Cierre		Empleos perdidos		Total
	Total	*Parcial*	*Desempleados*	*Planta*	*Empleo*
Años	(1)	(2)	(2)		
1991	49	14	777	63	5 958
1990	110	27	5 215	137	20 554
1989	77	22	2 979	99	12 684
1988	58	12	1 129	70	9 799
1987	60	10	980	70	10 104

Fuente: Ministry of Labour, Ontario [1991].

El desempleo total o parcial en Canadá no fue el único fenómeno importante; la flexibilización había influido profundamente en la estructura del empleo en los últimos años, así entre 1983 y 1989 los empleos de tiempo parcial se duplicaron, y entre 1989 y 1991 se incrementó la política empresarial de reducir las horas de trabajo.

Las empresas, en términos generales, reforzaron sus políticas frente al sindicato y los trabajadores, las dificultades para aplicar el seguro de desempleo se agudizaron y no es de extrañar que la renegociación de los contratos colectivos fuera acompañada con alusiones sobre el "posible cierre de empresas" o la relocalización de la planta en la frontera México-Estados Unidos.

Cuadro 5-5

Compañías ubicadas en Canadá
relocalizadas en México

Compañía	Situación	Empleos perdidos
General Electric	Quebec	200
Ford Motor Co.	Ontario	900
Motorola Co.	Ontario	186
Square-D	Nueva Brunswick	156
Square-D	Ontario	107
General Motors	Ontario	800
General Motors	Quebec	1700
General Motors	Ontario	2700
Black and Decker	Ontario	100
Black and Decker	Quebec	150
Whirpool Co.	Ontario	870
Echlin Canadá	Ontario	58
Echlin Canadá	Ontario	125
Norther Telecom	Quebec	680
Norther Telecom	Quebec	250
Norther Telecom	Ontario	240
Norther Telecom	Ontario	145
Norther Telecom	Ontario	120

Fuente: Réseau Canadien d'Action, Canadá, abril de 1991.

Este aspecto provocó una verdadera paranoia en Canadá contra México, que empezó a ser visto como un competidor que ofrecía aparentemente grandes facilidades a la inversión extranjera; así los bajos salarios mexicanos, la debilidad sindical y la ausencia de prácticas efectivas de protección al trabajador, como es la inexistencia de un seguro de desempleo, sin olvidar la actitud de soslayamiento de algunas autoridades ante el abuso del patrón o la violación de la reglamentación de salud laboral o de contaminación, fueron algunos de los argumentos que se utilizaron en Canadá para demostrar la asimetría laboral de los tres países y el carácter de una ventaja comparativa de México, fundamentada en la debilidad del trabajador mexicano.[68]

Quizás uno de los aspectos más novedosos del debate laboral sobre la política salarial fue la discusión en torno al salario social que en Canadá representa una de las grandes conquistas sindicales en el ámbito nacional. Durante el proceso de negociación del ALCCEU, las autoridades canadienses se comprometieron a que este no afectaría los beneficios obtenidos por los trabajadores y que se aplicaría un programa de ajuste laboral que contrarrestaría el posible desempleo y los efectos negativos del cierre total o parcial de ciertas empresas.

Durante la etapa posterior a la firma del ALCCEU, el gobierno conservador no pudo implementarlo, y, por el contrario, se observó una clara tendencia a modificar el seguro de desempleo; asimismo, los programas federales de asistencia se limitaron, así como la pensión infantil, la jubilación y la protección a la maternidad, entre otros.

Con referencia al seguro de desempleo, este empezó a vislumbrarse más como un arreglo entre empleado y empresa, dejando de ser tripartita al sugerirse que no participara el gobierno. Según datos publicados, se calcula que 200 000 trabajadores dejaron de beneficiarse de este y que existían 170 000 posibles candidatos que no podrían aspirar a obtenerlo en un futuro cercano [Gutiérrez-Haces, 1991b].

Como resultado de la reducción de los beneficios de la política asistencial, se calcula que el gobierno de Canadá ahorró 15% en programas de pensiones y asistencia familiar, datos que reflejan una de las tendencias desreguladoras más evidentes por parte del gobierno conservador. Esto hace suponer que todo estuvo encaminado a eliminar el principio de universalidad existente en la política social, tendiendo más y más a buscar una "armonización hacia abajo" que se ligara al sistema estadounidense, mucho más privatizado que el de Canadá; no hay que olvidar que las compañías afianzadoras en Estados Unidos contemplaban con interés la posibilidad de penetrar en el mercado canadiense, que debido a la política de seguridad social existente, no encontraba una clientela propicia.

Unida a estos procesos, paulatinamente surgió la tendencia a modificar la estructura fiscal hasta entonces vigente. La puesta en marcha de una nueva reglamentación fiscal se tradujo en un nuevo impuesto, aplicado a los consumidores de bienes y servicios, el General Sales Taxes (GST). Esta medida fue solo el principio de una reestructuración que resultaba evidente si se considera que cualquier gobierno requiere de fuentes de ingreso vía la política fiscal. Puesto que la mayoría de los impuestos a la importación y la recaudación aduanera se redujeron paulatinamente como resultado del ALCCEU, el gobierno conservador necesitaba echar mano de otras fuentes de financiamiento para el gasto público.

Algunos otros cambios en la política impositiva fueron la reducción del crédito fiscal para la investigación científica, la exención del impuesto a las ganancias de capital, casi en 100%, y la reducción de alrededor de 24% al causante de alto nivel de ingresos, mientras que gracias a la aplicación del GST, parte de la carga impositiva, se recuperó en el consumidor de ingresos medios y bajos.

Con relación al controvertido tema de la inversión extranjera, resulta evidente que existía la determinación, por parte de los negociadores estadounidenses, de liberalizar al máximo los reglamentos de inversión canadienses y crear nuevas condiciones normativas que aseguraran que ningún futuro gobierno tendría la posibilidad de modificar lo ganado; en este sentido el Departamento de Estado en Washington llevó a cabo una evaluación confidencial sobre el ALCCEU en la que hacía la siguiente consideración:

> El objetivo global de estas conversaciones es el de ampliar, tanto como sea posible, la liberalización de las políticas canadienses en materia de inversión extranjera y, por otra parte, el congelamiento de la reglamentación anterior es algo esencial para favorecer a los inversionistas estadounidenses

y evitar que futuros gobiernos canadienses puedan dar marcha atrás a las políticas insatisfactorias que existían hace algunos años. De ahora en adelante, Canadá no impondrá requisito alguno en materia de exportación, contenido local, fuentes domésticas o sustitución de importaciones a los inversionistas de Estados Unidos. Si bien no pudimos acabar con la existencia de la Agencia de Inversión Canadá, sí logramos reducir significativamente su campo de acción. A partir de ahora, el logro real del ALCCEU será que la vasta mayoría de las nuevas inversiones estadounidenses en Canadá fluirán sin interferencias del gobierno canadiense [citado en Dillon, 1991: 77].

Sobre la anterior declaración solo agregaríamos que en aquel momento 13.7% del producto interno de Canadá equivalía a la inversión directa de Estados Unidos y que 70% de la inversión extranjera en Canadá era de origen estadounidense, situación profundamente asimétrica si la comparamos con el valor de la inversión canadiense en Estados Unidos que representaba solamente 7.6 por ciento.

A estos datos habría que agregar que los capítulos 105, 501 y 502 del ALCCEU establecían ampliamente los lineamientos concernientes a la aplicación de la cláusula de Tratamiento Nacional, los cuales unidos a los capítulos 16 y 14 del mismo acuerdo implicaba, entre otras cosas, que solamente inversiones muy cuantiosas, mayores de 10 000 millones de dólares canadienses, necesitaban permiso de Investissement Canada, la agencia que sustituía al FIRA.[69]

Como una consecuencia de todos los cambios que el ALCCEU había introducido en el manejo oficial de la inversión extranjera, y más específicamente estadounidense, entre 1988 y 1989, 460 empresas canadienses pasaron bajo control extranjero, sin olvidar que las obligaciones que en el pasado pesaban sobre el empresario estadounidense fueron desapareciendo rápidamente, como respecto a la exigencia de comprar un mínimo de insumos canadienses o incorporar un cierto porcentaje de valor agregado por trabajador canadiense. Gracias al Capítulo 3, artículos 301, 302, 303, 304, sobre las Reglas de Origen, estas exigencias desaparecieron completamente.

Los aranceles, punto medular del acuerdo, también provocaron efectos inesperados; inicialmente se calculó que se disminuirían gradualmente en un lapso de diez años, pero en los hechos este proceso se aceleró sorpresivamente dando como resultado que la capacidad competitiva de las empresas canadienses no tuvo tiempo de consolidarse lo suficiente frente a la penetración de productos, inversión y servicios. La única respuesta posible fue el cierre, las fusiones o la racionalización de la producción al máximo, procurando recuperar pérdidas a costa de los trabajadores, siendo la provincia de Columbia Británica un buen ejemplo de esto al verse afectada en dos de sus actividades principales: la pesca y la madera. En los dos casos el traslado de parte de la actividad tradicional hacia Estados Unidos provocó la reducción del empleo y de los salarios.

Con seguridad uno de los puntos de conflicto fue el referente al sector de los servicios en que como en el caso de la agricultura se reglamentó insuficientemente en espera de la conclusión de la Ronda Uruguay. En Canadá, el sector servicios significaba en 1987 más de 2/3 partes del ingreso nacional y generaba 70% de los empleos; sin embargo, se trataba de un sector que se apoyaba en el mercado interno y que presenta una balanza deficitaria frente a Estados Unidos.

Cuando se revisa el capítulo 14, se evidencia la pobreza de su contenido y la situación de indefensión que presenta Canadá frente a los servicios estadounidenses en pleno dinamismo. Si bien actividades como la telecomunicación representan una industria avanzada, en otros rubros, como el de las aseguradoras, su posición era muy débil. Este capítulo resultó conflictivo en cuanto la tendencia de la inversión estadounidense se enfocaba más a este sector que al manufacturero.

Durante el primer año de aplicación del ALCCEU no faltaron evaluaciones optimistas sobre los logros obtenidos, pero a medida que el tiempo transcurrió estas afirmaciones se atemperaron frente a la complejidad de nuevos aspectos que surgieron en torno a este acuerdo. Durante el mes de agosto de 1990 el descontento en Canadá se manifestó electoralmente al ser derrotado el Partido Conservador en la provincia capital de Ontario por el Partido Neodemócrata de tendencias socialdemócratas; algo similar ocurrió en las elecciones de las provincias de Columbia Británica y Saskatchewan.

A mediados de 1991 la discusión en torno a la abrogación del ALCCEU crecía y se intensificaba el debate interno ante la aparición de nuevos actores y escenarios en torno a Canadá, entre estos la Iniciativa de las Américas, propuesta por el presidente George Herbert Walker Bush, y la negociación del TLCAN.

Finalmente, en las elecciones federales de 1993 el partido conservador fue materialmente arrollado por un voto de castigo por parte de la ciudadanía canadiense a la política del primer ministro Mulroney, pese a que el descontento hacia el ALCCEU y el TLCAN fueron una componente central de la votación, el nuevo gobierno liberal con Jean Chrétién a la cabeza decidió que la política comercial internacional debía continuar caminando por los cauces que habían abierto estos acuerdos comerciales.

NOTAS

[1] Durante las dos presidencias de Reagan, la intervención estadounidense se hizo patente en América Latina y más particularmente en Centroamérica; durante este período tanto México como Canadá manifestaron su apoyo diplomático a favor de la paz en Centroamérica. Este gesto fue mal acogido por el Departamento de Estado, el cual manifestó su molestia cuando Canadá, por medio de sus organizaciones no gubernamentales, empezó a dar su apoyo a los países centroamericanos. Antes de 1979, la presencia canadiense en esta región fue escasa, ya que existía una regla no escrita que establecía que Latinoamérica era el espacio natural de los Estados Unidos, con Centroamérica y México como su *patio trasero* [Rochlin, 1999: 169-189 y 219-249].

[2] No hay que olvidar que especialmente durante la administración de Pierre Elliot Trudeau se llevaron a cabo varias medidas de corte nacionalista, desde la repatriación de la Constitución (1982), hasta la creación de un *Task Force* que analizaba la estructura de la industria en Canadá y su control bajo la inversión extranjera, el cual produjo el *Reporte Watkins* (1968). Con una orientación similar, después se publicó

el *Reporte Wahn* (1970) y el *Reporte Gray* (1971); se estableció la Corporation du Dévelopement du Canada (1971); se creó la Agencia de Revisión de la Inversión Extranjera (1973); Petro-Canada (1976), así como el Programa Nacional de Energía (1981), entre otras medidas con la misma tendencia.

3 Los motivos que inicialmente empujaron a Mackenzie King a iniciar negociaciones con vistas a un acuerdo comercial, bajo el más grande hermetismo, principalmente fueron los problemas de balanza de pagos que aquejaban a Canadá después de la Segunda Guerra Mundial. En especial, su superávit con el Reino Unido, que lo había inundado con libras esterlinas inconvertibles y, en consecuencia, no le servían para pagar las importaciones estadounidenses y aligerar su déficit con los Estados Unidos. Durante seis meses se llevaron a cabo reuniones secretas, aprovechando el ambiente y las reuniones en las que paralelamente estaban participando los dos países con el propósito de lanzar la OIC y la Carta de La Habana. En aquel momento, Canadá y Estados Unidos colaboraban muy estrechamente y habían logrado que se agregara a la Carta el concepto de *áreas de libre comercio*. Esta propuesta formó parte de la Carta con la cual se establecería la OIC y sirvió de base para la redacción del Artículo XXIV del GATT. Cuando las negociaciones secretas estaban a punto de concluir, Mackenzie King reconsideró el paso que iba dar y recordó que una acción similar le había costado la cabeza a Laurier y al Partido Liberal en 1911, así que las negociaciones se cancelaron y no se volvió a hablar del asunto entre los dos países [Hart, 1994: 56-57].

4 A propósito de la frontera entre los dos países, Dorval Brunelle y Christian Deblock afirman que: "La frontière entre le deux pays n'a pas de signification historique profonde compte tenu des constants et incessants mouvements migratoires qui ont contribué á homogénéiser cette portion de l'espace nord-américain" [Brunelle y Deblock, 1989: 132].

5 Las plantas subsidiarias inicialmente se instalaron en Canadá para escapar al proteccionismo establecido por la Política Nacional, lo cual evidentemente dañaba a las exportaciones estadounidenses. Al mismo tiempo, las *branch plants*, como se conocen en Canadá, utilizaron esta política a su favor al cooptar un mercado cautivo. Este hecho, en opinión de Drache y Cameron, tuvo dos efectos: "*1)* Business continues to minimize the influence of high levels of foreign ownership on Canada's potential for growth through productivity increases. Branch plants may not be cost-efficient, but they can be profitable nonetheless because of pricing agreements with their parent companies. *2)* Since the branch plants are not aggressively seeking export markets, Canada's reduced share of world trade has held back capacity utilization rates and not led to a significant reduction of production costs on a per unit basis" [Drache y Cameron, 1985: xviii y xix].

6 El Pacto del Automóvil sin duda fue uno de los grandes responsables de la renovación industrial y de los cambios observados en la estructura del comercio exterior. Sin embargo, no podemos omitir la presencia masiva de las empresas extranjeras en este sector [Brunelle y Deblock, 1989: 170].

[7] Esta situación se debe en cierta medida a que los cargos de alta jerarquía dentro del gobierno canadiense muchas veces son ocupados por individuos ganadores de las elecciones federales o provinciales y que, por tanto, tienen un compromiso con sus electores. Aunque los ministros son designados por el primer ministro, guardan un considerable margen de independencia sobre diversos aspectos que competen a la orientación política y económica del país, en especial cuando portan la representación de la ciudadanía. Sin embargo, en términos generales, el primer ministro forma su gabinete federal con personas que pertenecen a la Cámara de los Comunes, MP (Miembro del Parlamento); cuando excepcionalmente no lo hace, se considera que está yendo contra la "tradición". Este fue el caso de Stephen Dion (Privy Council) y de Pierre Pettigrew (Comercio Internacional) durante la gestión de Jean Chrétien. Este aspecto posteriormente fue corregido por medio de una *bi-election* en que estos ministros ganaron en una circunscripción.

[8] Véase *Ministère des Affaires Extérieures*, 1983 y *Senate Standing Committee on Foreign Affairs*, 1982.

[9] Estas opciones eran: libre comercio multilateral; libre comercio con Estados Unidos, la Comunidad Europea y Canadá; libre comercio entre Estados Unidos, Canadá y la CEE, y libre comercio entre Canadá, Estados Unidos y Japón.

[10] Ante esto, Brunelle y Deblock afirman en su libro que Mitchell Sharp, rechazando el continentalismo y el *statu quo*, en su artículo, daría a la política exterior y a las relaciones con los Estados Unidos una orientación precisa. Según estos autores, para establecerse como potencia, Canadá debía en el plano exterior distanciarse de los Estados Unidos, y en el interno fortalecer su base económica. Esto requeriría una política comercial de diversificación agresiva, complementada con una política industrial consciente de la promoción del capital nacional.

[11] A propósito de esto, Michael Hart afirma: "Free trade is one of the more opaque and lifeless phrases in the English language. In Canada, however, the two words seem to go to the roots of nationhood" [Hart, 1994: 4].

[12] El presidente de esta comisión fue Donald MacDonald, quien ganó desafortunada notoriedad cuando declaró que "Los canadienses deberían estar preparados para dar un 'salto de fe' y tener autoconfianza en que prosperarían en una relación más abierta con los Estados Unidos". MacDonald presentó en nombre de los comisionados, en Mayo de 1985, al gobierno conservador recién elegido y al primer ministro Brian Mulroney el reporte que después sería conocido como el *Reporte Macdonald* [citado en Hart, 1994: 34; Drache y Cameron, 1985: x-xvi, y Doern y Tomlin, 1991: 53].

[13] Los estudios y las consultas se iniciaron en el Departamento de Industria y Comercio, bajo la dirección de Ed Lumley, quien nunca había visto con buenos ojos el intervencionismo estatal ni el nacionalismo económico del primer ministro Trudeau. Cuando las entrevistas tocaron a su fin, y después de una gira de consultas por las provincias, la conclusión fue: "No more nationalist experiments and get Canada-

U.S. relationship right". En 1983, en una declaración posterior a las consultas, el periódico *The Globe and Mail* afirmaba respecto al sentir de las provincias: "We must dramatically improve our economic relationship with the U.S. by all means. All the provinces see the repairing of our relationship with the U.S. as our No. 1 bilateral trade policy objective" [Hart, 1994: 17-18].

[14] En 1983, cuatro sectores fueron considerados objeto de posibles negociaciones sectoriales: acero, industrias urbanas de tránsito, equipo agrícola e informática. En junio de 1984, después de una reunión bilateral, llegaron a la conclusión de que estas no funcionaban y se abandonó la posibilidad de llegar a nuevos acuerdos sectoriales [Hart, 1994: 58].

[15] La Comisión MacDonald continuó sus trabajos pese al cambio electoral, ya que era una comisión oficialmente declarada apartidista. Los resultados de su encuesta sirvieron –como veremos más adelante– ampliamente a los intereses del sector empresarial y del gobierno conservador.

[16] Indudablemente, los factores geográficos favorecieron el auge industrial del sur de la provincia de Ontario, en especial su proximidad física con el centro de la industria estadounidense. Pero la geografía no fue el único elemento a su favor, también debemos mencionar la estrategia política del gobierno federal, que favoreció la concentración de esta actividad en Ontario. La construcción del ferrocarril y la ruta marítima del Saint Laurent acercaron a la provincia con el eje de la actividad económica estadounidense, pero destruyeron la primacía del puerto de Montreal como el trasbordador líder de todas las mercancías del este. Otra medida que alentó las pugnas regionales fue la decisión federal de que el petróleo canadiense solo podía ser usado al este del valle de Ottawa. Esta medida provocó la construcción de petroquímicas en Ontario, mientras que Montreal, que hasta los cincuenta había sido la capital de la industria petroquímica, fue cerrando sus plantas. Finalmente, esta situación se agravó aún más cuando el gobierno federal aceptó los términos del Pacto del Automóvil, que fijaba el grueso de la actividad en Ontario sin considerar la descentralización de esta industria a lo largo de su frontera [Drache y Cameron, 1985: 147-148].

[17] En octubre de 1981, Trudeau cortó por lo sano medio siglo de agitación constitucional. Ottawa traería la Constitución, gustase o no, a las provincias; sin embargo, el primer ministro necesitaba contar con un consenso mínimo de los primeros ministros de cada provincia. Después de la media noche del 5 de noviembre de 1981, Chrétien, Romanow y el procurador general de Ontario dieron forma a un compromiso que permitiría la repatriación de la Constitución. Acto seguido, se despertó a todos los primeros ministros provinciales, menos a René Lévesque. El compromiso abarcaba el control provincial sobre los recursos y el reparto fiscal, pero el histórico derecho a veto de Quebec había desaparecido; Lévesque nada pudo hacer para impedir la decisión de la mayoría. El 17 de abril de 1982, la reina Isabel de Inglaterra dio su asentimiento al Acta Constitucional [Morton, 1994: 587-590].

18 El 5 de octubre de 1970 fue secuestrado James Cross, el comisionado británico en Montreal. Entre las peticiones de los secuestradores figuró una emisión por radio en que se daría lectura a un manifiesto del FLQ. El gobierno de Bourassa aceptó las exigencias, pero no pudo detener las manifestaciones nacionalistas de adhesión al FLQ. El 10 de octubre, Pierre Laporte, ministro del Trabajo del gobierno de Bourassa, también fue secuestrado. Varias de las figuras políticas más prominentes de Quebec aconsejaron a Bourassa que no solicitara la ayuda de Trudeau y que el gobierno provincial resolviera el asunto internamente, pero ya era demasiado tarde. Trudeau aprovechó la ocasión calculando que esto le daría fuerza sobre la provincia rebelde, y el 16 de octubre puso en vigor el Decreto de Medidas de Guerra. A partir de esto se desató una búsqueda intensa que implicó la represión. Finalmente, se encontró al británico con vida, mientras que el hallazgo del cadáver de Laporte paralizó a una ciudadanía poco acostumbrada a este tipo de situaciones. Miembros y simpatizantes del FLQ fueron capturados, y con ello el movimiento quedó desarticulado [Morton, 1994: 572].

19 El nombre oficial es Partido Progresista Conservador, conocido en la jerga política como el partido de los Torys.

20 Durante el gobierno del partido liberal, bajo el liderazgo de Trudeau, existió una profunda preocupación por la pérdida del control canadiense respecto a la explotación y comercialización de los recursos naturales y la considerable presencia de las compañías extranjeras (*branch plants*), en especial estadounidenses. La creación en 1973 del FIRA tenía como objetivo evaluar la inversión extranjera y seleccionar aquella que sería más favorable para Canadá; el establecimiento de esta agencia gubernamental fue muy mal visto tanto por el gobierno estadounidense como por su sector empresarial [Hart, 1994: 16 y 18].

21 A finales de 1973, el gobierno federal ya había adoptado sus primeras medidas de nacionalismo económico sancionando el proyecto de Ley C-132, que creó la Agencia de Revisión de la Inversión Extranjera. La ley de 1973 sometía al control del gobierno proyectos de adquisición de una empresa canadiense existente por parte de extranjeros, la creación de empresas e inversión realizada en un sector de actividad nueva por una empresa ya instalada en Canadá y controlada en el extranjero. Cada solicitud fue examinada por un comité que presentaba una propuesta al ministro de Industria y Comercio; este formulaba una opinión y luego transmitía todo al gobierno, que tenía la decisión final. El objetivo de esta ley era admitir la inversión extranjera si se albergaban "ciertas ventajas"; la política oficial del gobierno federal no era "bloquear" la inversión, sino controlarla [Gauthier, 1992: 712-713].

22 Ya hemos dicho que desde el período del presidente Reagan, la idea de concretar la unidad continental se acentuó dentro de los objetivos del proyecto republicano; ante esto, los gobiernos en México y Canadá no presentaron objeciones muy significativas, sino que cada uno a su manera decidió buscar una nueva recomposición de la relación bilateral, esta vez estrechando contractualmente una relación que de por sí siempre había estado muy inclinada sobre el espacio estadounidense.

[23] Las comisiones reales históricamente han sido un instrumento del gobierno canadiense para preparar un posible cambio en algún aspecto de importancia en la vida pública del país. Las comisiones generalmente abren un proceso de consultas públicas, pueden organizar entrevistas, levantar encuestas entre los sectores afectados y convocar a la presentación de trabajos relativos al asunto que compete a tal comisión. El propósito de estas comisiones ha sido muy criticado por algunos grupos, alegando que raramente los resultados y las recomendaciones de las comisiones realmente son tomados en cuenta por el gobierno. En algunos casos, cuando las comisiones han sido demasiado independientes o existen dudas sobre el contenido del reporte de la comisión, el gobierno ha encargado a una contracomisión que elabore un estudio paralelo sobre el mismo asunto. Un aspecto importante es que una comisión real, pese a su mandato apartidista, siempre tiene un propósito político. Al respecto, Drache y Cameron afirman que cuando el gobierno necesita divulgar un tema políticamente explosivo utiliza una comisión real para hacerlo. Según los autores citados, el trabajo de la comisión consiste en "aparentar" que ha producido un consenso sobre un tema específico: "a royal commissions can change not only the focus of public discourse, but also conventional wisdom, by generating an 'expert' body of knowledge. For this reason the commission must be headed by a high profile, supposedly neutral person, often an ex-politician or judge, who is seen to be acting in the national interest" [Drache y Cameron, 1985: x-xi].

[24] En 1983, durante tres meses, los comisionados se dedicaron a reunir una vasta gama de opiniones en torno al futuro de Canadá. La comisión visitó más de 28 ciudades y consultó a más de 700 grupos, reunió más de 1 100 ponencias que hicieron un total de alrededor de 40 000 páginas, el reporte final después de una evidente depuración contaba con cerca de 2 000 páginas.

[25] Frank Underhill llamó al trabajo de los académicos en esta comisión el *taller mecánico del capitalismo* [citado en Drache y Cameron, 1985].

[26] Entre septiembre y diciembre de 1985, el presidente Reagan y el primer ministro Mulroney notificaron a sus respectivos cuerpos legislativos que entrarían a negociar un acuerdo de libre comercio. Durante 1986 y 1987 se llevaron a cabo las negociaciones y finalmente en enero de 1988 ambos mandatarios firmaron el ALCCEU, este acuerdo entró en vigor el primero de enero de 1989.

[27] De acuerdo con los términos del procedimiento legislativo conocido como *fast track,* la petición de una negociación debe provenir del otro país y no de los Estados Unidos. Pero tanto en el caso de que efectivamente el otro país sea el solicitante, como en el de que no lo sea, siempre se tiene que recurrir al procedimiento *fast track.* En resumidas cuentas, esto coloca a los otros países en posición de peticionarios. Los Estados Unidos saben que en cualquier tipo de negociación el solicitante se encuentra en posición de debilidad, esta es la verdadera argucia del *fast track.*

[28] La legislación estadounidense estipula que una vez que el presidente somete formalmente la iniciativa de ley al Congreso para implementar un acuerdo que será

negociado bajo la autoridad del Acta, ambas cámaras deberán votar sobre este proyecto de ley en un plazo de 90 días. Ninguna enmienda está permitida.

[29] Durante octubre de 1985, diez senadores que formaban parte del Finance Committee enviaron una carta al presidente Reagan en la cual lo conminaban a que antes de entrar en negociaciones con Canadá se resolviera el problema de la madera blanda. En oposición al contenido de esta misiva, 66 congresistas republicanos se reunieron con el Líder de la Minoría para respaldar la *Trade Partenership Act*, de 1985, la cual significaba un antídoto a la posibilidad de que aparecieran más leyes proteccionistas. Esta incluía una petición al presidente Reagan de actuar más expeditamente en la negociación de un acuerdo con Canadá [Hart, 1994: 118].

[30] Finalmente la decisión de proceder a las negociaciones se anunció el 26 de septiembre, y el intercambio de cartas entre el presidente y el primer ministro ocurrió el primero de octubre de 1985.

[31] Reisman era un funcionario con una larga trayectoria. Había sido consejero de ocho primeros ministros. Tenía una larga experiencia como negociador en asuntos de comercio internacional, lo cual le valió una reputación considerable. Formó parte de la delegación canadiense que intervino en la conferencia de La Habana, que buscaba el establecimiento de la OIC; asimismo, participó en las reuniones preparatorias del GATT, en donde se le considera el artífice del capítulo XXIV, así como en sus cinco rondas de negociaciones. Indudablemente el puesto que le dio mayor visibilidad fue su papel como negociador en jefe del Pacto del Automóvil. Cuando fue nombrado por Mulroney, Simon Reisman se desempeñaba como consultor privado, y participaba en varias comisiones gubernamentales como la de la industria del automóvil y la de reclamación de tierras en los Territorios del Noreste.

[32] Pero aún fue más importante determinar la naturaleza del mandato de Reisman: al haber sido nombrado por el primer ministro, era evidente que acordaría directamente con él y no dependería ni del secretario de Estado para Asuntos Exteriores ni del Consejo Privado, como se pretendió en un inicio.

[33] Durante el proceso, Mulroney celebró tres reuniones con los gobiernos provinciales y ocho reuniones especiales sobre libre comercio. Por su parte, Reisman y su equipo se encargaron de entregarles todos los resúmenes que resultaban de cada reunión. También se celebraron reuniones sectoriales con las provincias involucradas y antes de cada reunión plenaria se organizaron reuniones con el CCTN. Asimismo se estableció que habría una comunicación telefónica con cada provincia, antes de cada plenaria, a fin de tenerlos al tanto de las negociaciones. Al respecto, Reisman comentaba, con razón, que los primeros ministros provinciales estaban mejor informados que muchos de los ministros del gabinete federal [Doern y Tomlin, 1991: 132].

[34] Las diez provincias ofrecieron diversos grados de apoyo al ALCCEU. Entre estas, Alberta brindó un apoyo incondicional al acuerdo ya que tenía interés en lograr un mayor acceso al mercado estadounidense para sus productos agrícolas y energéticos.

Asimismo, buscaba que el acuerdo cerrara el paso a cualquier intromisión del gobierno federal relacionada con su política energética, como había ocurrido en 1985 con el PNE. Por su parte, Columbia Británica al inicio se mostró muy favorable, pero a partir de que el *lobby* americano contra la madera blanda se recrudeció y logró en 1986 imponer 15% de derechos compensatorios sobre las exportaciones de esta provincia, su posición se radicalizó. Dentro de las provincias atlánticas, las más interesadas fueron Terranova y Nueva Escocia, estas favorecían el acuerdo porque buscaban poner un coto al proteccionismo estadounidense que con frecuencia los castigaba con la aplicación de derechos compensatorios principalmente sobre las pescaderías. Nueva Escocia lideró a las provincias atlánticas frente a las posiciones que manejaba Reisman, las cuales fueron particularmente lesivas para estas provincias; en especial defendió su derecho a los apoyos regionales y los subsidios, los cuales argumentaban no deberían ser objeto de acciones compensatorias. Por su parte, Quebec fue ampliamente favorable al acuerdo, en especial porque esto le permitiría hacerse de un lugar más privilegiado en el mercado estadounidense y ganar mayor espacio económico y político en Canadá. Aunado a esto, Quebec contaba con una clase empresarial muy dinámica que veía en el acuerdo una enorme oportunidad de renovar aquellos sectores de su economía que permanecían rezagados. Finalmente Ontario fue la provincia que más cuestionamientos hizo al acuerdo, en gran medida porque este minaría parte de su relación privilegiada con los Estados Unidos, gracias, entre otros, al Pacto del Automóvil. Una razón de peso que esgrimía el gobierno de Ontario era la pérdida de empleos, un asunto que también concernía al Canadian Labour Congress y al partido Nueva Democracia, que en aquel momento ejercían enorme influencia dentro del gobierno provincial de Ontario.

[35] El Senate Finance Committee, en una votación de 10 contra 10, acordó no desaprobar las negociaciones bilaterales con Canadá.

[36] Fue nombrado como jefe negociador por Clayton Yeutter, representante de Comercio de los Estados Unidos, antes de su nombramiento estaba asignado a negociaciones multilaterales en Ginebra.

[37] Mientras que el gobierno canadiense nombró como jefe de la negociación al individuo más calado en estos menesteres, Estados Unidos puso a la cabeza de su equipo a Peter Murphy, el cual era prácticamente desconocido en el ambiente de las negociaciones comerciales en su país. Este aspecto pronto se reflejó en las reuniones, donde Murphy parecía no tener mucha claridad sobre los objetivos de la negociación.

[38] El 5 de noviembre de 1986, el Partido Demócrata ganó el control del Senado.

[39] El US Trade Representative es un funcionario en la oficina ejecutiva del presidente, con nivel de miembro del gabinete y rango de embajador, encargado de asesorar al presidente, llevar a cabo y coordinar la política del gobierno sobre negociaciones comerciales internacionales y la estrategia de desarrollo comercial.

[40] La US Internacional Trade Comisión es una agencia federal, no-partidista, de carácter regulatorio, formada por seis miembros encargados de determinar y hacer

ciertas recomendaciones, cuando un sector económico, una industria o los trabajadores han sido dañados por las importaciones. Bajo solicitud del presidente, del Congreso o bajo su propia iniciativa, la Comisión elabora estudios sobre problemas comerciales específicos, posibles impactos en reducción arancelaria, etc. Esta es la comisión encargada de hacer el estudio sobre el posible impacto del ALCCEU en los Estados Unidos.

[41] De acuerdo con Doern y Tomlin, aunque Murphy era el jefe negociador tenía otras responsabilidades que cumplir dentro de la USTR, al igual que sus colaboradores, que trabajaban a tiempo parcial en la negociación y debían continuar cumpliendo con sus responsabilidades dentro de sus trabajos de origen [Doren y Tomlin, 1991: 166].

[42] Los canadienses iniciaron el maratón con visibles desventajas. Pese a que ellos habían suspendido las negociaciones, fueron forzados a viajar a Washington, en donde James Baker contaba con ventajas políticas y técnicas evidentes. El equipo canadiense fue dividido desde su llegada, el TNO fue confinado a las oficinas de la USTR, allí junto con el equipo estadounidense fueron divididos en equipos de trabajo. Mientras tanto, los ministros canadienses Wilson y Carney, junto con el embajador Gotlieb y Burney, fueron llevados al Departamento del Tesoro, huérfanos del TNO, donde Baker los esperaba. Una airada protesta de Reisman logró que Murphy y él pudieran ir al edificio del Tesoro, pero no por ello pudieron unirse con el grupo político; Reisman fue colocado en una sala contigua y era consultado cuando se requería.

[43] Indiscutiblemente uno de los temas centrales al final de la negociación fue la propuesta de crear un tribunal binacional que pudiera resolver las disputas comerciales. El gran obstáculo surgió cuando los canadienses hablaron de un mecanismo permanente y los estadounidenses se negaron a ello por considerar que iría en contra del Poder Legislativo de su país; sin embargo, condicionaron su aceptación a que este funcionara bajo una estructura de paneles con una membresía rotativa, en vez de un tribunal permanente.

[44] La promoción publicitaria a favor del ALCCEU ascendió a 32 millones de dólares canadienses, los cuales fueron destinados a cabildeo, relaciones públicas, anuncios en los medios de difusión, panfletos, etcétera.

[45] Contrariamente a las previsiones un tanto optimistas de los negociadores estadounidenses, entre los que destacaban Carla Hills y Julius Katz, futuros negociadores del TLCAN, la Ronda Uruguay solo finalizó hasta 1993, lo cual provocó serios problemas en las negociaciones del ALCCEU y del TLCAN respectivamente, pues ninguno de los países quería ceder más de lo que ya se había ofrecido en el GATT, pero al mismo tiempo dentro del ALCCEU y el TLCAN fue muy evidente que buscaban obtener mayores concesiones de las que habían logrado en la ronda multilateral.

[46] La relación entre la compañía estadounidense American Express y Mulroney fue objeto de duras críticas en los medios de comunicación canadienses. Uno de los

mejores análisis sobre las relaciones de Mulroney con las corporaciones estadounidenses, así como con los partidos Liberal y Conservador se encuentra en el libro de
Marcy McDonald 1995: 214, 215, 248, 332 y 334.

[47] Aunque inicialmente la alianza incluía a los miembros de las mayores asociaciones empresariales, es un hecho que también dio cabida a otros grupos como la
Consumers' Association of Canada, que temporalmente perteneció a la coalición.
En cierto momento, la membresía creció gracias a que se les unió la Canadian
Cattlemen's Association y los Western Canadian Wheat Growers. Por su parte,
aunque a regañadientes, también se le unieron la Canadian Bankers' Association y
la Canadian Petroleum Association. Los primeros hubieran preferido no exhibir sus
inclinaciones tan abiertamente, puesto que su clientela se encontraba muy polarizada respecto al ALCCEU; los segundos hubieran deseado quedarse al margen porque
no querían que el petróleo formara parte de la negociación. El caso más interesante
lo representó el Business Council for Fair Trade, que en vez de unirse a la alianza
prefirió adherirse a Pro Canada Network, la gran coalición en contra del ALCCEU
[Doern y Tomlin, 1991: 216].

[48] Entre estos podemos mencionar el Economic Council of Canada y el C. D. Howe
Institute; académicos como Richard Lipsey y Wonnacot, entre otros, dieron un
gran espaldarazo intelectual a la coalición.

[49] Entre marzo de 1987 y abril de 1988, la Alianza gastó alrededor de tres millones de
dólares en su cruzada pro libre comercio. Posteriormente, durante la campaña electoral de 1988 –ante la perspectiva de que los liberales podrían ganar, en vez de su
favorito, el partido conservador– gastaron otros 2.3 millones en propaganda mediática para asegurar la sobrevivencia del ALCCEU ante un eventual cambio político
[Doern y Tomlin, 1991: 219].

[50] La primera fue encabezada por Mel Hurting, un legendario nacionalista origina-
rio de Edmonton, Alberta. Autor entre otros de *The Canadian Encyclopedia,* una
obra monumental escrita para explicar a propios y extraños cómo se construyó la
nación canadiense. Fue en los setenta uno de los fundadores del Committee for an
Independent Canada. La segunda coalición estaba encabezada por Tony Clarke, un
sacerdote que orquestó una crítica vigorosa, formulada por el Canadian Conference
of Catholic Bishops, durante la crisis de 1982. Esta reivindicaba el pleno empleo
para los canadienses, como un imperativo moral. Durante las negociaciones del
ALCCEU, su carisma movió un número apabullante de simpatizantes; su valor al
enfrentar verbalmente a Mulroney y a los principales promotores del acuerdo en
reuniones parlamentarias le valió el respeto de todos. Años después se convirtió
en el líder de la oposición al TLCAN, donde jugó un papel crucial en la creación
de la RMALC en México, una coalición similar a PCN. Durante el debate sobre
la aprobación del Acuerdo Multilateral de Inversiones (AMI), en la reunión de la
OCDE en París, su experiencia logró que la oposición lograra que el acuerdo fuera
anulado.

[51] El PCN se caracterizó desde un principio por su alta diversidad. Entre ellos se encontraban los sindicalistas de viejo raigambre, como también grupos de jóvenes que consideraban que la razón de ser de los sindicatos no podía reducirse a la negociación del contrato colectivo de trabajo y que debían incidir en el debate político y económico de Canadá. Dentro de este grupo, los sindicalistas ligados a la función pública tuvieron una participación importante, en particular porque habían sido terriblemente golpeados por el gobierno. El apoyo intelectual de los académicos fue crucial para PCN, entre ellos destacan universitarios como Mel Watkins, de la Universidad de Toronto, que durante los setenta encabezó una Comisión Real sobre la inversión extranjera; Duncan Cameron, de la Universidad de Ottawa, quien publicó en 1985 *The Other MacDonald Report,* el cual recopilaba los trabajos que a pesar de que habían sido presentados ante la Comisión MacDonald no habían sido suficientemente considerados por su carácter crítico. Otra figura interesante fue Marjorie Bowker, una jubilada de 72 años que escribió un análisis sobre el ALCCEU, que por su claridad y percepción se convirtió en un éxito de librería.

[52] El GATT fue concebido como un mecanismo provisional mientras entraba en vigor la Carta de La Habana y la Organización Internacional de Comercio; al no haber ocurrido esto, el GATT sustituyó a título provisional a la OIC. Los Estados Unidos alentaron la opción del GATT como un arreglo comercial internacional que bajo la forma de un acuerdo en forma simplificada permitiría al presidente estadounidense implementarlo administrativamente, sin tener que contar con la aprobación del Senado para ratificarlo a través de la Trade Agreements Act.

[53] El GATT en sus inicios (1947) contaba con 23 países signatarios entre los que se encontraban Estados Unidos, Canadá, Brasil, Chile y Cuba. Paulatinamente, el número fue incrementándose hasta contar con 95 participantes en 1987, cuando el ALCCEU empezó a ser negociado.

[54] Canadá fue llevando a cabo importantes cambios en el régimen de su comercio exterior desde los cuarenta; estas transformaciones siempre se hicieron tomando en consideración la relación con los Estados Unidos; de tal manera que cuando decidió negociar el ALCCEU en 1986, los cambios que tuvo que llevar a cabo fueron cualitativamente menos dramáticos que los que México tuvo que instrumentar en un brevísimo período de tiempo, que abarcó de 1986 –en que ingresó al GATT– a 1990, cuando inició las negociaciones del TLCAN. Sin embargo, un aspecto que generalmente se soslaya es que pese a que Canadá había crecido internacionalmente dentro de los parámetros del libre comercio y las rondas de negociaciones del GATT, hecho que le permitió llevar a cabo diversos cambios en su política de comercio, esto no impidió que durante la recesión económica, oficialmente reconocida por Mulroney a finales de 1990, el gobierno conservador tomara la decisión de aplicar medidas de ajuste estructural, similares a las que fueron aplicadas en México, con la salvedad de que los canadienses, dado su elevado nivel de vida, resintieron más profundamente el impacto del ajuste, debido en gran parte a que poseían un sistema de seguridad social y elevados salarios, de lo que México indudablemente carecía.

⁵⁵ Los proyectos de integración económica de primera generación son aquellos que empezaron a instrumentarse en América Latina bajo la inspiración de la CEPAL, en la década de los sesenta. Estos se caracterizaron, entre otras cosas, por la prioridad que se otorgaba al proyecto de industrialización proteccionista. En este sentido, la integración buscaba la conformación de bloques regionales de comercio como una forma de ampliar el radio de acción de los mercados de los países latinoamericanos y a la vez potenciar la industrialización [Rodríguez, 1980: 1-15; Deblock y Constantin, 2000: 11-12].

⁵⁶ Dada la cláusula de contenido nacional en el ALCCEU y de contenido regional en el TLCAN, la política industrial de los tres países se ve supeditada a la compra de bienes intermedios y de capital dentro de la región si se quiere exportar al resto de la región norteamericana. En este sentido, los gobiernos han optado por dar prioridad al proyecto exportador por encima del industrial y han supeditado las políticas nacionalistas gubernamentales a las estrategias de producción de las empresas trasnacionales.

⁵⁷ Las asimetrías no siempre son negativas, en el caso de Canadá encontramos varias diferencias con los Estados Unidos que son realmente positivas, como un mayor salario por hora que el vigente en los Estados Unidos; un sistema de seguridad social público que mucho contrasta con el *medicare* estadounidense y la red de instituciones privadas y las afianzadoras que controlan la asistencia médica estadounidense. Lo mismo podría decirse del sistema de pensiones. Es bien sabido que los ciudadanos estadounidenses que viven a lo largo de la frontera canadiense se valen de múltiples triquiñuelas para acceder gratuitamente a los servicios de salud en Canadá; es por todas estas razones que en el momento en que se negoció el ALCCEU, los canadienses temieron con suficiente razón que la "homogenización" de las dos economías vía el ALCCEU tendería a debilitar las conquistas sociales de los canadienses.

⁵⁸ La cláusula de la Nación Más Favorecida fue incluida por primera vez en el acuerdo que los dos países firmaron en 1935. Este formaba parte de una serie de convenios negociados dentro del Reciprocal Trade Agreements Program de los Estados Unidos, establecido durante la presidencia de Roosevelt con el propósito de paliar el efecto del Acta Arancelaria Smoot-Hawley, implementada en 1930, la cual había elevado las barreras arancelarias a niveles inadmisibles.

⁵⁹ Canadá siempre mantuvo una posición recelosa frente a las posibles ventajas comerciales que otros países podían obtener de los Estados Unidos. El recelo canadiense se manifestó crudamente a fines de 1989, cuando la posibilidad de un acuerdo con México empezó a vislumbrarse y este fue el móvil que lo llevó a pedir su entrada en estas negociaciones.

⁶⁰ La no obligatoriedad de aplicar la cláusula de la NMF se estableció pensando en la situación económica de los países menos desarrollados; sin embargo, como se observa en el ALCCEU, Canadá hizo también uso de ella para cerrar el paso a sus competidores por el mercado estadounidense.

[61] La pérdida de esta multilateralidad que permitía hacer "frentes de países" fue uno de los aspectos más duros en la negociación del ALCCEU, ya que ninguno de los dos países podía unirse a otros para hacer una determinada presión sobre la contraparte. Debido a esto, la práctica del cabildeo se volvió parte de la cotidianeidad de las negociaciones. Durante la negociación del ALCCEU, como también del TLCAN, la presencia de diversos cabilderos fue flagrante; los más poderosos fueron evidentemente los voceros de las empresas multinacionales, como las armadoras de automóviles. Cuando se revisa los capítulos, las cláusulas y las excepciones de ambos acuerdos resulta bastante evidente que tras su redacción estuvieron los intereses no solo de los gobiernos, sino también de sus cabilderos.

[62] I: Trato General de Nación Más Favorecida; IX: Marcas de Origen; XVI: Subvenciones; XVII: Empresas comerciales del Estado; XVIII: Ayuda del Estado para favorecer el desarrollo económico; XX: Excepciones generales, dentro del cual está incluido el inciso j) sobre el derecho a abastecimiento de ciertos productos, incluidos los recursos naturales, en caso de penuria general o local; Artículo XXIV: Uniones aduaneras y zonas de libre comercio [GATT, 1988: 1886].

[63] Véase Ministère des Affaires Extérieurs du Canada, *Accord du Libre-échange entre le Canada et les États-Unis*, Ottawa, 1988.

[64] Véase: *Négociations commerciales Canada États-Unis, Le commerce: La Clé de l'Avenir*, Canadá, 1987.

[65] No hay que olvidar que las compañías estadounidenses ya explotaban, entre otros, los recursos naturales, de tal manera que, al menos durante la negociación, los canadienses no mantuvieron una posición tan dura como la que se observó posteriormente con los mexicanos en el TLCAN, en especial en lo relacionado con el petróleo y las empresas paraestatales como Pemex y la Compañía Federal de Electricidad.

[66] Con esto nos referimos al Acuerdo del Lago Meech y al Acuerdo de Charlottetown, por medio de los cuales el gobierno federal intentó hacer determinados cambios en la Constitución. Ambos fracasaron por falta de consenso y la oposición de los canadienses.

[67] *Tratamiento Nacional* se define como el compromiso de reconocer a otra Parte o a sus nacionales un trato no menos favorable que el otorgado, en circunstancias similares a los nacionales o residentes o a las actividades preexistentes desarrolladas dentro del territorio nacional.

[68] Con asombrosa frecuencia, durante el proceso de negociaciones del ALCCEU, así como en los primeros años de su puesta en marcha, los programas de televisión, así como los de radio, utilizaron al máximo los aspectos más negativos de México, tales como la corrupción, la falta de democracia, la violación de las normas ambientales y la ausencia de derechos sindicales, entre otros, para demostrar cómo el gobierno mexicano se servía de estos hechos para atraer la inversión del resto de América del Norte. En especial, los sindicatos canadienses desplegaron una importante campaña en contra de México, aduciendo que los trabajadores mexica-

nos robaban los empleos de los canadienses. Resulta paradójico constatar que una
campaña como esta nunca se repitió posteriormente en Canadá, en especial hoy en
día en que la inversión canadiense se está desplazando aceleradamente hacia China.

[69] Capítulo 1. Objetivos y alcance: Artículo 105: Tratamiento Nacional. Capítulo 5.
Tratamiento Nacional: artículo 501 y 502: Incorporación de la regla del GATT y
las medidas que conciernen a las Provincias y los Estados. Capítulo 16. Inversión:
Artículo 1601: Ámbito de aplicación; Artículo 1602: Tratamiento nacional; Artículo 1603: Requisitos de Desempeño; Artículo 1604: Vigilancia; Artículo 1605:
Expropiación; Artículo 1606: Transferencias; Artículo 1607: Legislación vigente.

Capítulo 6

México como un país de América del Norte: La negociación del TLCAN

Introducción

De los tres países que conforman América del Norte, indiscutiblemente México es el más distinto de los tres, en especial si atendemos al hecho de que además de ser el único hispanoparlante, posee una cultura y una historia que tiene más en común con el resto de los países latinoamericanos que con sus socios en el Tratado de Libre Comercio de América del Norte (TLCAN).

Visto así, bien podríamos empezar este capítulo preguntándonos en qué reside la fuerza de un tratado comercial como el TLCAN, que parece que ha logrado alejar a México de su destino latinoamericano, para encauzarlo firmemente hacia su sino continental.

Hasta mediados de la década de 1980, la mayoría de los mexicanos, así como sus gobernantes, consideraron que el destino de su país estaba ligado naturalmente a América Latina. Nunca en todos esos años se plantearon de forma seria otro tipo de convivencia y mucho menos de integración, en particular porque México desempeñaba un destacado liderazgo en la región.

Por su parte, la relación con Estados Unidos, asumida con una enorme dosis de determinismo geográfico, unida al ancestral rechazo a un vecino que lo había privado de la mitad de su territorio, dio paso a una forma de relación que profundizó su carácter simbiótico y en la que los aspectos económicos resultaron determinantes.

Tal visión era, sin duda, ambivalente, ya que por una parte buscaba denodadamente el estrechamiento de las relaciones económicas con Estados Unidos, llegando con el tiempo a privilegiarlas por encima de cualquier otra, mientras que, por otro lado, trataba a su vecino como un advenedizo en el continente latinoamericano. En este sentido, la historia oficial se encargó durante décadas de profundizar una manera de ver y de relacionarse con el Norte, perpetuado expresamente en la creencia de que la política mexicana hacia Estados Unidos era nacionalista y, por ende, antiestadounidense.

El análisis de los capítulos anteriores ha dado buena cuenta de la complejidad de las relaciones que tanto México como Canadá han llevado a cabo con Estados Unidos; sin embargo, pese al carácter problemático que generalmente las ha determinado, la interdependencia en las relaciones de los tres países ha privado muy por encima de la rispidez que la relación ha podido entrañar.

El proceso de negociación del TLCAN significó la ruptura con un número considerable de aspectos político-ideológicos que sustentaban la relación de México con los Estados Unidos. Cuando en 1988 el gobierno de Carlos Salinas de Gortari decidió que el país estaba listo para llevar a cabo su modernización económica, la primera gran tarea que se propuso fue iniciar la deconstrucción de aquellos presupuestos que tradicionalmente sustentaron esta relación.

Esta tarea resultaba ser una condición *sine qua non* para iniciar el proceso de modernización del país. En este sentido, el gobierno de Salinas consideró que la relación con Estados Unidos era una componente central en su proyecto, ya que serviría como palanca para iniciar los cambios.

El viraje que se aprestaba a dar el nuevo mandatario tenía tras de sí el respaldo de todos aquellos cambios políticos y reformas económicas que se habían llevado a cabo durante la administración del presidente Miguel de la Madrid. El propio Salinas de Gortari, como muchos de sus colaboradores, emergía del gabinete económico anterior, así que de cierta manera su papel consistiría en consolidar el proyecto de apertura y liberalización económica, dentro de una visión de largo plazo, que buscaba modernizar al país.

El TLCAN trajo consigo múltiples cambios; uno de ellos fue el generacional. Cuando Salinas asumió la presidencia, no llegaba a los 40 años, y la mayoría de su gabinete tenía más o menos la misma edad. Pero la juventud del equipo modernizador no fue el único elemento que favoreció el cambio, más importante fue su formación profesional, ya que después de toda una tradición de presidentes formados en las escuelas y facultades de leyes, aparecía ahora una generación de economistas que en términos generales habían llevado a cabo sus estudios en alguna universidad estadounidense. La mayoría de los negociadores tenía un doctorado obtenido en los Estados Unidos, lo cual no solo significó contar con individuos mejor preparados, sino con un grupo de personas que había tenido un contacto prolongado y determinante con la forma de vida estadounidense. Obviamente esto los hacía ver y considerar la relación con el vecino desde una perspectiva totalmente distinta a la que había prevalecido en el pasado.

En aquel entonces no faltó quien ante el perfil del nuevo gabinete afirmara que México sería gobernado por la primera generación de americanos nacidos en México, pero criados ideológicamente en Estados Unidos. Solo el tiempo y el distanciamiento que nos ofrece la historia podrán evaluar la pertinencia de tal afirmación.

Por lo pronto, es evidente que Salinas de Gortari, en cada una de las acciones que emprendió durante su gobierno, estuvo imbuido del sentido de la historia y del papel que en esta deseaba ocupar. Muchas de las decisiones que tomó, pero en especial su determinación de cambiar las reglas del juego en la relación con los estadounidenses, se hicieron con el convencimiento de que este cambio, junto con la modernización económica, alteraría de tal forma a México que su gestión pasaría a la historia, de la misma forma que Lázaro Cárdenas lo había logrado con la reforma agraria y la expropiación petrolera en 1938.[1]

Desde esta perspectiva debe verse el TLCAN, el cual significó el gran instrumento en manos de un grupo de convencidos de que el tratado cambiaría la posición geoeconómica de México en América del Norte y en Latinoamérica, lo cual, de ocurrir, cambiaría la historia.

La fuerza de tal idea, a lo largo de todo el proceso de negociaciones, determinó que se buscara denodadamente establecer toda suerte de cláusulas, reglas y mecanismos que impedirían que el TLCAN pudiera ser denostado por el siguiente presidente. No conformes con esto, se cambiaron algunos artículos de la Constitución, que por su contenido habían dado vida y sustento al antiguo modelo de desarrollo proteccionista. En este sentido, la misión del gabinete de Salinas no solo consistió en introducir cambios y reformas, sino en destruir cualquier puente que en el futuro facilitara el regreso al modelo anterior.

Las consecuencias del TLCAN son visibles a veinte años de su puesta en marcha, pero quizás el resultado más notable ha sido que el tratado logró situar la relación bilateral bajo una correlación de fuerzas favorables, no solo para los estadounidenses, como era de esperarse, sino para los otros socios, gracias a la consolidación de un esquema comercial regido por la interdependencia.

Durante los últimos años, la relación con los Estados Unidos ha cambiado en forma y fondo, como lo revela el inusitado apoyo que se brindó a México durante la crisis económica de 1994, pero también en la manera como México y Canadá decidieron no apoyar la guerra contra Irak y la aceptación del proyecto estadounidense de reorganización de sus fronteras bajo los conceptos de perímetro de seguridad y de frontera inteligente. En estos ejemplos se puede constatar el nuevo ritmo de la relación trilateral, en la cual los problemas económicos son de todos y la seguridad territorial se convierte en tarea de tres.

El TLCAN en México no logró que cayera ningún gobierno, como sucedió en Canadá con el ALCCEU; sin embargo, la oposición que se conformó en torno a las negociaciones fue el embrión de aquellos grupos que lucharían por la democratización del país. La formación de diversas redes sociales, conectadas a sus homólogas en Canadá y en Estados Unidos, dio fuerza y contenido a un tipo de relación inédita en América del Norte, debido a que esta había sido construida desde abajo. Esta forma de continentalización, que emergió desde las raíces de las tres sociedades, y que se consolidó a través de años de militantismo, evidentemente contrastó con la construcción de aquellas redes ancladas en las élites gubernamentales, los empresarios y los grandes líderes sindicales y campesinos, que también influyeron en la construcción de una nueva agenda entre los tres países.

La fuerza de estas relaciones, tanto las que provenían del poder como las de los excluidos, dieron contenido a la agenda con los Estados Unidos a lo largo de todo ese proceso. Unas y otras se dejaron oír en diversos ámbitos y ambas fueron responsables de algunas modificaciones y precisiones que sufrió el clausulado del tratado.

El TLCAN indudablemente creó un bloque regional de comercio, por cierto el único que hasta el momento cuenta con una potencia hegemónica que ejerce solitariamente su poder a falta de una contraparte de talla como en su momento lo fue la Unión Soviética.

De esta forma, la continentalización, como un proceso creciente de identificación e integración a los Estados Unidos, encontró en el TLCAN su verdadera formalización. De ser una tendencia esquiva, y en ocasiones asumida con dificultad por las contrapartes más débiles, pasó a ser el marco legal que dio una orientación distinta a las relaciones en América del Norte.

6.1. El Estado mexicano: entre el pragmatismo económico y la vecindad con los Estados Unidos

Miguel de la Madrid (1982-1988) asumió su cargo como presidente en un momento crítico para el país. México se encontraba en una situación económica particularmente precaria a causa de su enorme deuda externa y un raquítico crecimiento económico, que acentuó su situación de indefensión externa, especialmente en relación con los Estados Unidos.

Aunado a esto, la política exterior mexicana se convirtió en el blanco de diversos ataques provenientes tanto del Departamento de Estado como de algunos congresistas republicanos estadounidenses, quienes contemplaban con enorme encono cualquier manifestación de nacionalismo en México. Estos habían expresado reiteradamente que los cambios que el gobierno mexicano había introducido en sus relaciones con Latinoamérica, y en especial con Centroamérica, resultaban inaceptables dentro de la visión este-oeste, la cual predominaba en aquel momento dentro del gobierno de los Estados Unidos.

Hasta principios de la década de 1980, el gobierno mexicano se había conducido en circunstancias excepcionales gracias al auge de su producción petrolera y a una coyuntura internacional que le era especialmente favorable. Este hecho le confirió un amplio margen de independencia económica que supo aprovechar ampliamente para promover su política internacional de potencia media. Sin embargo, como mencionamos en capítulos precedentes, el precio de esta política no se hizo esperar y a partir de 1982 México fue objeto de una avalancha de presiones internacionales, entre las que destacó la firma de una nueva *Carta de Intención* con el FMI. Esto conllevó automáticamente la aplicación de un severo programa de austeridad de corte monetarista y al condicionamiento del crecimiento económico del país al pago puntual del servicio de la deuda externa. Dentro de estos lineamientos, tanto la disminución del déficit fiscal, como del correspondiente al desequilibrio externo, junto con las presiones inflacionarias, ocuparon un lugar central en la política económica del gobierno en turno.

Por si estas medidas no fueran suficientes, el gobierno de Miguel de la Madrid elaboró un Plan Nacional de Desarrollo (1983-1988) que establecía los lineamientos de la estrategia que consideraba necesario instrumentar para consolidar una política de cambio estructural. Entre los aspectos más sobresalientes aparecía la redefinición del papel del Estado en México y una nueva manera de enfocar la inserción del aparato productivo en la economía internacional [Rico, 2000].

Estas circunstancias empujaron al gobierno mexicano a rectificar su posición en el ámbito internacional, tanto en su relación con Estados Unidos como en lo tocante a su activismo diplomático en Centroamérica. El rompimiento temporal del Acuerdo de San José sobre los suministros de petróleo con Nicaragua, a un año de la toma de posesión de Miguel de la Madrid, significó un parteaguas entre la política exterior de los sexenios anteriores y el vigente.

En este sentido, el rasgo que predominó durante este gobierno fue el acercamiento sin cortapisas a los intereses económicos estadounidenses, lo que en consecuencia afectó la dinámica de sus relaciones con los países centroamericanos y del Caribe [Lazo, 1986].

En relación con el protocolo de adhesión de México al GATT (1986), es importante mencionar que casi 90% de las negociaciones se llevaron a cabo casi exclusivamente con la delegación de Estados Unidos, pese al carácter multilateral del GATT. A diferencia de lo ocurrido en 1979, en esta ocasión fue el Senado de la República quien convocó a una consulta popular antes de que el presidente instruyera al secretario de Comercio y Fomento Industrial a iniciar formalmente la adhesión de México al GATT [Malpica, 1988: 36].

La dinámica que tomó esta nueva negociación difería mucho de la realizada durante el sexenio anterior; en primer término, las condiciones económicas del país eran realmente críticas, no solo por el programa de austeridad que se venía aplicando, sino por la manifiesta incapacidad del gobierno para cumplir a cabalidad con todas las exigencias del FMI. Es un hecho que el terremoto de septiembre de 1985 liberó a México de forma milagrosa de la necesidad de declararse virtualmente en moratoria del pago de su deuda externa.

Estas circunstancias provocaron que el gobierno del presidente De la Madrid contara con un margen de maniobra muy reducido durante las negociaciones con el GATT; es bien sabido que los negociadores mexicanos enfrentaron no pocas dificultades para hacer aprobar su entrada a dicho organismo y que las condiciones que se les exigieron distaron mucho de ser insignificantes y mucho menos benignas.

Pese a lo anterior, hubo ciertos aspectos internos que favorecieron su ingreso al GATT. En primera instancia, algunos de los cambios económicos que exigía este organismo al gobierno mexicano, ya se estaban aplicando, y la exigencia de asignar una apertura comercial no representaba totalmente una sorpresa para los círculos financieros y empresariales, que en su mayoría la veían favorablemente, hecho que contrastaba en mucho con la anterior negociación.

Estos aspectos facilitaron el trabajo de convencimiento interno, en especial durante la consulta organizada por el Senado de la República. Aunque las voces opositoras también se hicieron escuchar, como en 1979, estas no lograron modificar la decisión que había tomado el presidente De la Madrid.

Otro hecho que también favoreció dicho proceso fue que la iniciativa presidencial ni por asomo tuvo que enfrentar una oposición al interior de su gabinete de la misma envergadura que la que surgió durante el mandato del presidente López Portillo. En aquel entonces, como se recordará, el presidente se vio en la necesidad de pedir la renuncia a varios miembros de su cartera.[2]

Durante el sexenio que transcurrió entre 1982 y 1988, la relación económica con Estados Unidos tuvo particular influencia en muchos aspectos cruciales para México, por estar su vínculo con las reformas estructurales internas y el establecimiento de la nueva agenda bilateral entre los dos países. Esto pudo percibirse en especial en:

1. La negociación de un acuerdo bilateral sobre subsidios y derechos compensatorios, que desembocó en la firma del Entendimiento bilateral entre Estados Unidos y México sobre Subsidios y Derechos Compensatorios (1985).[3]
2. La discusión sobre una legislación sobre patentes y derechos de propiedad intelectual.
3. El replanteamiento del marco regulatorio sobre la inversión extranjera directa que culminó con la publicación de los Lineamientos para la Inversión Extranjera y Objetivos para su Promoción (1984).
4. Que el gobierno de Estados Unidos otorgó a las exportaciones mexicanas la exención de impuestos bajo el Sistema Generalizado de Preferencias.[4] Estos beneficios solo tenían vigencia por un año.
5. La firma de un Entendimiento relativo a un marco de principios y procedimientos de consulta sobre relaciones de comercio e inversión, que finalmente se concretó con la firma del Acuerdo Marco de Entendimiento en Comercio e Inversión entre México y los Estados Unidos (1987).[5]
6. En diversas negociaciones de carácter sectorial [Olea Sisniega, 1994; Secofi, *Documentos Básicos*, 1994; Blanco, 1994].

En gran medida, los anteriores aspectos reflejan fielmente el clima en que empezaron a gestarse, a mediados de los ochenta, los cambios que desembocarían en la negociación del TLCAN.

Antes de la década de 1980, prácticamente no se habían instrumentado mecanismos formales que regularan las relaciones comerciales de México a escala bilateral. Algo hasta cierto punto similar había ocurrido con los foros multilaterales, ya que la participación de México se había limitado a la ALALC (1960) y la ALADI (1980).[6]

Los acuerdos marco sobre comercio e inversión suscritos en 1987 y 1989, respectivamente, detonaron un cambio de consideración en la estrategia económica mexicana, dando paso a un período de relativo activismo internacional, alentado en gran medida por el proceso de apertura comercial. La disposición del gobierno mexicano a tratar abiertamente el tema de la inversión extranjera, que históricamente había sido un tabú, fue una clara señal de que las autoridades estaban dispuestas a abrir mucho más la economía mexicana y que los cambios no se quedarían estacionados en los aspectos meramente comerciales.

6.2. Reformas económicas que facilitaron la opción librecambista

En 1982, el gobierno mexicano inició un proceso de reestructuración a diversos niveles. La respuesta a la crisis de la balanza de pagos fue la imposición del control de cambios y la devaluación de la moneda, junto con el establecimiento de permisos de importación para todos los productos; esto significó que el gobierno había decidido llevar a cabo una política cambiaria de corte claramente proteccionista y a su vez una estrategia de liberalización en lo tocante al comercio. A partir de 1983 se llevó a cabo una apertura gradual en la que se redujeron los aranceles, mas no los permisos previos a las importaciones. Posteriormente, en una segunda fase, también se empezaron a eliminar los mencionados permisos.

De acuerdo con declaraciones oficiales del propio gobierno mexicano, dicho proceso representó "un mínimo para el país", puesto que desde 1983 la participación de las importaciones sujetas a un arancel mayor a 50% había sido menor a 5 por ciento.

Desde la perspectiva de uno de los representantes de la Secretaría de Comercio y Fomento Industrial (Secofi), el "proceso de liberalización tuvo un papel adicional importante: debilitó el poder de los oligopolios en la fijación de precios al permitir la entrada de productos importados con aranceles muy bajos". Sin embargo, este aparente logro desmanteló en gran medida a la pequeña y mediana empresas nacionales.

Después de haberse iniciado el proceso de apertura, diversos sectores económicos, entre los que también se encontraban algunos que habían apoyado el proceso, empezaron a manifestar su inquietud ante los efectos negativos de la estrategia aplicada, lo cual muestra el elevado índice inflacionario que en mucho contrastaba con el magro crecimiento del PIB en pleno período de apertura económica.

En 1988, dos años después del ingreso al GATT, el presidente de la Asociación Nacional de Importadores y Exportadores de la República Mexicana (ANIERM) mencionaba: "Si las exportaciones han crecido, esto se debe tan solo al esfuerzo de los mexicanos, al sector público y privado, y de ninguna manera es una consecuencia de las negociaciones en el GATT, cuyos beneficios no hemos visto todavía" [*Excelsior*, 1988, citado en Álvarez y Mendoza, 1991].

El gobierno del presidente De la Madrid emprendió una política económica muy distinta a la de López Portillo. Esta consistió en la reestructuración de la planta productiva nacional y en la eliminación de un gran número de subsidios; asimismo, inició un proceso de fusión, liquidación y privatización de las empresas paraestatales que consideró no eran prioritarias para los objetivos de la nueva estrategia de desarrollo.

La cantidad de organismos públicos desincorporados entre 1982 y 1988 fue de 1 115 establecimientos; en 1992, 217 empresas más habían pasado por el mismo procedimiento. Los bancos y el monopolio de Teléfonos de México (Telmex) indudablemente representaron los casos de privatización más espectaculares dentro de este proceso, el cual enriqueció ostensiblemente a personas muy cercanas al Poder Ejecutivo, durante la presidencia de Salinas de Gortari. Como parte del programa económico posdevaluación, en 1995 se anunciaron más privatizaciones, entre las que se encontraban las plantas generadoras de energía, los ferrocarriles, los puertos, los aeropuertos y la industria petroquímica secundaria [Álvarez y Mendoza, 1991].

Dentro de este proceso, indudablemente la apertura comercial fue una decisión clave, entre 1983 y 1985 eliminó los permisos previos de importación de 35 000 fracciones arancelarias, lo que equivalía a 44% de las 81 000 existentes; sin embargo, un gran número de estos artículos no tenían gran peso en la balanza comercial [González y Loría, 1994].

Posteriormente se aplicó una política que buscaba la diversificación del comercio exterior, tratando con ello de hacerlo menos dependiente de las exportaciones petroleras, como había ocurrido en el pasado, las que en 1986 representaban 39.3% del comercio exterior [González y Loría, 1994].

Pese al proceso de reestructuración y liberalización comercial, en 1987 el PIB anual tuvo un precario crecimiento de alrededor de 1.4%, mientras que la tasa de inflación había ascendido vertiginosamente hasta 159.2%. Estos datos muestran cómo, pese a la acelerada apertura unilateral que el gobierno mexicano había emprendido aun antes de su ingreso al GATT, la situación económica en México no había mejorado considerablemente como para que la mayoría de aquellos ciudadanos que habían pagado el elevado precio del cambio y del ajuste económico se sintieran medianamente recompensados.

Una parte del problema residía, en opinión de los encargados de la política económica, en que las medidas tomadas eran contrarrestadas por diversas trabas comerciales generadas por el creciente proteccionismo de los países industrializados, y en particular de los Estados Unidos.[7]

Efectivamente, las barreras no arancelarias y fitosanitarias seguían siendo aplicadas por este país, lo cual implicaba un obstáculo permanente para las exportaciones mexicanas. En el sector agropecuario, debido a diversas restricciones impuestas por los Estados Unidos, no tenían acceso productos como aguacate, manzana, papa y limón, entre muchos otros. En años anteriores a la firma del TLCAN, el cemento mexicano tenía que pagar un impuesto compensatorio de 58%; mientras que el melón cargaba con un arancel de 35%, y los espárragos y algunos vegetales frescos o congelados debían pagar un arancel de 25%. En suma, si bien México había desgravado notablemente sus importaciones, no podía afirmarse que hubiera encontrado reciprocidad, principalmente por parte de su mayor socio comercial.

La urgente necesidad de lograr un crecimiento considerable de la economía mexicana contribuyó directamente a un replanteamiento de la política de apertura comercial, lo cual implicó concentrarse básicamente en tres estrategias: una mayor desgravación arancelaria; búsqueda de mercados alternativos o complementarios al de Estados Unidos, y atracción de mayor inversión extranjera, que pudiera ubicarse en las actividades productivas o en el atractivo mercado de capitales.

Con el transcurso del tiempo se hizo más evidente que sin un convenio comercial con Estados Unidos no podrían darse estos cambios; pero para que realmente ocurrieran, era necesario crear un clima de confianza para propios y extraños, que esencialmente impidiera que todas las medidas de liberalización tomadas desde 1983 fueran revertidas por nada ni nadie en el futuro, y al mismo tiempo asegurara, con reglas más claras, la relación comercial con Estados Unidos y, por ende, el acceso al mercado americano.

6.3. Hacia un cambio cualitativo en la relación bilateral

Las relaciones entre México y los Estados Unidos pasaron por un período particularmente conflictivo durante los mandatos presidenciales de Miguel de la Madrid y Ronald Reagan, particularmente exacerbado por el tratamiento que el Departamento de Estado y el Congreso de los Estados Unidos hacía del conflicto Este-Oeste, el cual se había convertido en una verdadera caja de resonancia en Centroamérica.

La disensión que privaba entre los dos países sobre los conflictos políticos en esta región había corroído las relaciones entre los dos gobiernos. Durante este período, la política exterior de México inició su retirada de Centroamérica, pero también en cierta medida del resto de América Latina, siendo esto parte de una estrategia que buscaba aminorar el conflicto frontal con Estados Unidos. Con tal estrategia simplemente se apostaba a que las presiones de índole económica que se ejercían sobre México disminuyeran en relación directa con la contracción de su perfil diplomático.

A diferencia de lo que ocurrió durante la presidencia de López Portillo, en la que el petróleo había ofrecido al gobierno mexicano la posibilidad de actuar con enorme independencia de los designios estadounidenses; durante el período 1982-1988, la gravedad de la crisis económica no daba, ni por asomo, cabida a ningún desplante de corte nacionalista.

Frente a esto, en los dos países surgieron un número considerable de opiniones que coincidieron en la urgente necesidad de encontrar canales de conciliación que llevaran a los dos gobiernos a la reestructuración de su agenda bilateral:

Una atmósfera de recriminación y conflicto envuelve la relación entre México y los Estados Unidos. Ello daña su interacción bilateral, en un momento en que cada país se ha vuelto más importante para el otro. Como resultado de lo anterior, se han perdido oportunidades para proyectar los intereses particulares de cada uno y mejorar su vinculación, con base en aquellos que comparten. Por tanto, México y Estados Unidos deben hacer un esfuerzo deliberado para mejorar su relación bilateral, y deben hacerlo ahora [*Informe de la Comisión*, 1988: 3].

En septiembre de 1986 fue creada la Comisión sobre el Futuro de las Relaciones México-Estados Unidos, la cual fue integrada por un grupo de ciudadanos de ambos países,[8] cuya meta era hacer una reevaluación de los patrones de cambio y continuidad a largo plazo en la relación México-Estados Unidos, y formular recomendaciones a las autoridades de ambas naciones: "La relación bilateral entre México y Estados Unidos ha adquirido creciente importancia para ambos países. Sin embargo, esto no ha impedido el surgimiento de una atmósfera de conflicto y recriminación que la daña. De ahí la necesidad de que ambos países se involucren en un esfuerzo concertado que la mejore [*Informe de la Comisión*, 1988: xi].

La Comisión sobre el Futuro de las Relaciones México-Estados Unidos, después de dos años de trabajo, elaboró el informe *El desafío de la interdependencia: México y Estados Unidos*, el cual fue publicado en 1988, de manera simultánea en los dos países.

Esta Comisión distó mucho de parecerse a la Comisión MacDonald de Canadá, la cual, como se recordará, también se propuso, entre otros objetivos, analizar la relación con su vecino y proponer diversas estrategias para encarar la creciente dependencia económica de Estados Unidos. Pese a sus notables diferencias, ambas influyeron de manera directa sobre la decisión de los dos gobiernos respecto a la opción librecambista, y en gran medida alentaron un enfoque que implícitamente favorecía la opción continentalista por encima de cualquier otra alternativa.

La Comisión Binacional no fue creada por iniciativa ni del gobierno mexicano ni del estadounidense, como sí sucedió con la Comisión Canadiense, respaldada financieramente por la Fundación Ford, la cual encargó 48 trabajos a reconocidos especialistas en la materia que servirían de apoyo a las discusiones de la Comisión y se emplearían al mismo tiempo como un punto de referencia calificado en el momento de redactar el informe final.

Pese al origen de su financiamiento, la Comisión declaró desde su constitución que trabajaría en forma autónoma.[9] Las reuniones de análisis y discusión duraron cerca de dos años, y toda la organización recayó en el liderazgo de dos directores ejecutivos: Rosario Green y Peter H. Smith.[10]

Desde un principio, hubo consenso dentro de la Comisión en cuanto a que el sujeto de sus trabajos sería el estado de la relación bilateral y a que el propósito principal, tanto de las reuniones como de los trabajos, sería "buscar áreas de acuerdo bilateral, explorar posibles áreas de acuerdo y formular recomendaciones que pudieran servir simultáneamente a los intereses compartidos por los dos países" [*Informe de la Comisión*, 1988: 4].

Un aspecto que condicionó tanto las discusiones como los trabajos, y hasta el mismo contenido del *Informe de la Comisión*, fue el ánimo de evitar, hasta donde fuera posible, cualquier tipo de discusión que los llevara a tocar diversos aspectos de la política interna de los dos países, por considerar que esto irremediablemente los conduciría a "emitir juicios del pasado o del presente".

Este aspecto resulta particularmente esclarecedor si se tiene en cuenta que el gobierno mexicano aún estaba bajo el control del PRI y que, por otra parte, era imposible obviar las críticas reiteradas del Congreso de los Estados Unidos, así como de diversas organizaciones no partidistas en este país, en relación con la falta de democracia en México y el constante recurso al fraude electoral.

Resulta evidente que los comisionados mexicanos prefirieron evitar que las reuniones de la Comisión se convirtieran en un foro de crítica a su gobierno, en especial cuando un número considerable de los comisionados estaban ligados al PRI y al aparato estatal. De hecho, uno de los pocos mexicanos que no estaba vinculado a este partido era Fernando Canales Clariond,[11] el único comisionado que presentó por escrito su inconformidad con esta decisión, aduciendo que entre los asuntos que se habían omitido sobresalía una discusión seria sobre la democracia: "Los gobiernos de Estados Unidos y de México conceptualizan la democracia en forma diferente, y esto es fuente de problemas bilaterales. El trabajo sería más completo de haber abordado este tema. La mayoría de los comisionados lo consideró un asunto interno y no internacional. En este y en otros temas que sí se analizaron, me dio la impresión de que se seguía la posición oficial gubernamental mexicana. Respeto su opinión pero difiero de ella" [*Informe de la Comisión*, Apéndice V, 1988: 241-242].

Hay que decir que las decisiones que se asumieron al interior de la Comisión, incluyendo el enfoque, la temática y la propia dinámica de esta, se hicieron por consenso informal y no por votación: "Hubo ocasiones en que los miembros de la Comisión no estuvimos convencidos de dar nuestra anuencia al contenido íntegro de algunas recomendaciones o a determinado pasaje del Informe. Sin embargo, todos hemos coincidido en el espíritu de las recomendaciones y en la importancia que tiene lograr un Informe basado en el consenso" [*Informe de la Comisión*, 1988: 5].

La forma en que funcionó la Comisión fue bastante tradicional. Constó de un programa de investigación, seguido de reuniones de análisis y discusión que respaldaron a los comisionados a lo largo de las sesiones, las cuales se llevaron a cabo en distintas ciudades de México y Estados Unidos. Por otra parte, sus integrantes celebraron diversas reuniones con funcionarios, gobernadores de los estados, miembros del servicio exterior, empresarios, congresistas, así como con aquellos individuos que de una u otra forma tenían una vinculación particular con los temas de la agenda bilateral.

El Informe, en uno de sus apéndices, publicó el nombre de las personas que habían sido entrevistadas, las cuales fueron clasificadas como funcionarios de gobierno y participantes privados de México; y en el caso de Estados Unidos, en las siguientes categorías: funcionarios de gobierno, exfuncionarios de gobierno y participantes privados.

Dentro de esta lista aparecen enormes disparidades en la conformación del grupo de participantes mexicanos y estadounidenses. Mientras que del lado estadounidense se dio espacio a la participación de representantes sindicales, grupos religiosos, organizaciones de defensa legal y apoyo a mexicano-estadounidenses, además de incluir miembros de diferentes *think-tanks*, así como académicos, en el equipo mexicano resulta notable que de 27 participantes ninguno provenía de un sindicato, organización religiosa, ni de las organizaciones sociales ligadas a la problemática bilateral. Quince de sus integrantes ocupaban diversos cargos en el gobierno mexicano; entre los restantes la presencia de académicos de El Colegio de México y de El Colegio de la Frontera Norte era predominante [*Informe de la Comisión*, Apéndice IV, 1988: 237-238].

Pero indudablemente el aspecto más sustancial fue que la relación bilateral pasó a ser catalogada como una de creciente interdependencia; por ello, el informe fue titulado precisamente *El desafío de la interdependencia*.

La justificación de la Comisión al utilizar este enfoque se apoyaba en el siguiente razonamiento: "Al centrar nuestra atención en la interdependencia, orientamos nuestro trabajo al análisis de la interconexión de ambas sociedades. Lo que ocurre en un país tiene alguna consecuencia en el otro, por lo tanto nuestros destinos nacionales están ligados [...] la interdependencia no significa equilibrio, pues la asimetría sigue siendo una característica básica de la relación" [*Informe de la Comisión*, 1988: 6].

Un punto sobre el cual la Comisión fue muy enfática consistió en el reconocimiento de la complejidad de la relación, la cual definitivamente tendía a acentuarse en forma paralela a la profundización de la interdependencia. Por primera ocasión hubo un reconocimiento explícito de que lo que ocurría en México tenía repercusiones en Estados Unidos, y viceversa.

Desde esta perspectiva, se seleccionaron los temas centrales que articularían los trabajos de los comisionados: economía (deuda, comercio e inversión); migración (con particular atención a la legislación estadounidense); drogas (consumo, producción y tráfico); relaciones interestatales (con énfasis en las diferencias de enfoque en la política exterior); educación y opinión pública (en relación con la transmisión de estereotipos).

De la lista temática sobresale la ausencia de una discusión específica sobre la problemática de la frontera norte, aunque implícitamente se consideraba que en los temas de migración y droga se incluía de alguna forma la frontera. Sin embargo, el enriquecedor campo de análisis que ofrece esta región para poder entender la complejidad de la relación bilateral fue una de las grandes omisiones del Informe, el cual solo tangencialmente abordó otros aspectos vinculados a la frontera norte, como el impacto de las maquiladoras y la contaminación ambiental.

Uno de los temas que recibió mayor atención fue la economía, probablemente porque ambos países pasaban por momentos difíciles. Durante la década de 1980, México era uno de los países más endeudados del orbe, a pesar de ser un importante exportador de petróleo.[12] Durante aquellos años había tenido que enfrentar la inestabilidad financiera, una fuga masiva de capitales y una crisis petrolera. A finales de 1987, la deuda total de México equivalía a 77% del PIB y el pago de los intereses de esta deuda representaba 6% del PIB. Estos datos revelan la gravedad de los problemas económicos de México, entre los cuales la carga del pago de la deuda externa anulaba prácticamente el crecimiento económico [*Informe de la Comisión*, 1988: 37].

Cuadro 6-1

México: Participación porcentual de la deuda y sus intereses en el PIB

	1981	1982	1983	1984	1985	1986	1987
Deuda total (miles de millones)	77	91	94	95	98	102	108
% Deuda en el PIB	31	53	63	54	53	79	76
% Deuda en las exportaciones	284	332	331	295	332	439	366
Pago de intereses (miles de millones)	9	12	10	12	10	8	8
% Intereses en el PIB	4	7	7	7	6	6	6
% Intereses en las exportaciones	35	44	36	36	35	36	27

Fuente: Institute of Internacional Finance [1987].

Un aspecto ampliamente discutido por dicha Comisión fue el estado del comercio bilateral, ya que la relación en este terreno venía perfilándose como conflictiva debido principalmente a la nueva orientación de la política de comercio internacional de México, que desde 1983 aplicaba una estrategia de liberalización comercial unilateral, que chocaba de frente con el creciente proteccionismo estadounidense. Paradójicamente, ambos países consideraban que una estrategia de promoción de sus exportaciones era crucial para lograr un mayor crecimiento de sus economías; sin embargo, la actitud del Congreso estadounidense en cuanto al comercio distorsionaba los efectos de cualquier política internacional de comercio que tuviera como principal contraparte al mercado estadounidense.

Un asunto que en particular atrajo el interés de los comisionados, al grado de convertirse en motivo de importantes discusiones dentro de la Comisión, fue la constatación de que el gobierno de Estados Unidos –pese a que había sido uno de los artífices de la Ronda Uruguay del GATT– empezaba a abandonar su preconizada predilección por el multilateralismo comercial y había iniciado una nueva estrategia en la que se privilegiaban los acuerdos bilaterales de libre comercio, como lo demostraban los recién suscritos con Israel (1985) y Canadá (1988).

La Comisión, pese a estar constituida por individuos con una experiencia considerable en la relación bilateral, analizó con enorme miopía el proceso de cambio que se daba en la política comercial estadounidense, y concluyó:

> No creemos que el acuerdo recientemente firmado entre Estados Unidos y Canadá ofrezca un marco adecuado para aplicarlo a la relación comercial entre Estados Unidos y México. A diferencia de Canadá, no sería de esperar que México eliminara rápidamente todos los aranceles y subsidios a la exportación. Es más, México difícilmente podría comprometerse a eliminar las diferencias entre los precios petroleros domésticos y de exportación; acordar el mismo tratamiento a los inversionistas y proveedores de servicios extranjeros que a los nacionales; renunciar totalmente a salvaguardas y requisitos vinculados con la actuación de la inversión, y abandonar apoyos gubernamentales como un instrumento de desarrollo [*Informe de la Comisión*, 1988: 63].

Esta opinión tardó menos de dos años en perder validez, ya que la liberalización comercial avanzó notablemente y las restricciones a la inversión extranjera fueron desapareciendo.

A partir de 1990, el gobierno de Salinas de Gortari inició la negociación del TLCAN, justamente partiendo de todo aquello que el *Informe de la Comisión* había estimado inaceptable. Poco después, cuando el contenido del TLCAN fue publicado, también pudo constatarse que un número considerable de sus cláusulas iban en completa contradicción con lo que la Comisión había sostenido en algunas partes de su Informe.

Finalmente, una de las conclusiones de la Comisión fue que la política de comercio internacional, tanto de México como de Estados Unidos, debería constituirse en el motor del crecimiento económico de estos países. Dada la interdependencia comercial de ambos, la Comisión recomendaba establecer una mayor concertación entre las dos estrategias: "La Comisión recomienda a los gobiernos que en breve iniciarán sus mandatos que reafirmen su intención de propiciar una relación comercial lo más abierta posible" [*Informe de la Comisión*, 1988: 65].

Indudablemente, los aspectos más importantes que se desprenden de la discusión económica se encuentran en las recomendaciones que la Comisión hacía a los dos gobiernos; entre estas, la referente al tipo de estrategia que debía emprenderse a favor del libre comercio resultaba particularmente significativa, ya que la Comisión no recomendaba en primera instancia la negociación de un acuerdo amplio de libre comercio:

La Comisión recomienda a los gobernantes de ambos países adoptar un enfoque en su relación comercial bilateral que contemple dos pasos, con las limitaciones que necesariamente se derivan de las enormes disparidades económicas. Primero, ambos países deben seguir otorgándose concesiones comerciales recíprocas. Segundo, deben avanzar hacia arreglos de libre comercio por sectores específicos de producción, a fin de cubrir todos aquellos sectores donde pueden existir beneficios cuantitativos, especialmente los industriales [*Informe de la Comisión*, 1988: 66].

Derivado de esta recomendación, la Comisión también recomendaba la eliminación programada de los aranceles en sectores específicos, aunque claramente reiteraba: "la meta no es la integración económica sino el crecimiento económico y la creación de empleos".

Respecto a la inversión extranjera, la Comisión era muy explícita y recomendaba la adopción de una política más abierta y consistente para la nueva inversión extranjera, la cual se dirigía preferencialmente hacia la exportación de bienes de alto valor agregado, al turismo y a las industrias maquiladoras. La Comisión, asimismo, hacía la salvedad de que debería otorgarse a los inversionistas el derecho a participar en el mercado interno.

Indudablemente el mayor escollo para llevar a la práctica esta recomendación eran los innumerables impedimentos que durante décadas habían controlado el destino y comportamiento de la inversión extranjera en México. Con esto en mente, la Comisión recomendaba enfáticamente que los dos gobiernos establecieran mecanismos expeditos para detectar los impedimentos a la inversión y que se adoptaran medidas congruentes para eliminarlos o disminuirlos [*Informe de la Comisión*, 1988: 70-72]. Esta recomendación sería ampliamente satisfecha dentro del Capítulo 11 sobre Inversión del TLCAN.

El Informe de la Comisión concluía su análisis sobre los aspectos económicos afirmando: "Estas recomendaciones requerirán una ruptura con el pasado. Su instrumentación demandará tanto habilidades de estadista como arrojo. Pretender menos no solo no valdría la pena, sino que también estaría condenado al fracaso" [*Informe de la Comisión*, 1988: 74].

El efecto del *Informe de la Comisión* fue prácticamente nulo tanto en la opinión pública, como en el gobierno de Salinas de Gortari, que recientemente había tomado posesión, pese a que su contenido encajaba perfectamente con las preocupaciones de aquel momento.

El hecho de que los trabajos se hicieran prácticamente a puerta cerrada y de que las consultas distaran mucho de ser amplias, plurales y democráticas, provocó que tanto los trabajos de la Comisión como el propio Informe que produjeron se redujeran a un mero ejercicio intelectual.

A lo largo del Informe resalta el cuidado con que la Comisión manejó los problemas bilaterales: el lenguaje utilizado fue claro y en ocasiones contundente, pero las críticas fueron tan limitadas como la profundidad con que se abordaron los temas.

El estudio, pagado por la Fundación Ford, hubiera requerido ser más acucioso y no limitarse a un documento que mezclaba las posiciones de la Comisión con largos pasajes descriptivos, que en muchos casos resultaban demasiado obvios en cuanto a su contenido, sobre todo si se considera que la Comisión había reunido a un número importante de expertos en la relación bilateral.

Su celo por no tocar los asuntos políticos de orden interno terminó por limitar la riqueza de la discusión, ya que, paradójicamente, el análisis de la interdependencia difícilmente podría hacerse si se ignoraba la relación que existe entre la política interna y la complejidad de la relación bilateral.

6.4. Circunstancias que empujaron el proceso de negociación del TLCAN

Durante la administración de Salinas de Gortari (1988-1994), la vecindad con los Estados Unidos fue percibida de una manera totalmente distinta en relación con los gobiernos anteriores. Este cambio se reflejó con rapidez en la forma en que oficialmente se reconoció que la relación y la cercanía geográfica con este país no necesariamente implicaban una desgracia, y que era necesario reformular y reafirmar tal vínculo como parte de una estrategia política de largo alcance: "Transformar la relación con Estados Unidos era una de mis metas. Deseaba enfatizar las coincidencias y hacer respetar las diferencias. Durante el primer año de mi gestión conseguimos ponernos de acuerdo incluso para mantener nuestros desacuerdos" [Salinas, 2001: 43].

Esta visión por supuesto reconocía que el mercado estadounidense era nodal para el crecimiento de la economía mexicana, pero consideraba que tal prioridad debería ser parte de un proyecto político de largo aliento, que buscaba no solo el acercamiento con Estados Unidos sino un cambio cualitativo, de carácter perdurable, en el manejo de la relación: "Nuestra nueva estrategia tenía que establecer reglas claras para la relación económica. Era necesario someter la relación de intercambios a normas previamente acordadas y verificables por órganos independientes. Había que lograr que algunas cuestiones fundamentales para el crecimiento mexicano ya no dependieran de los juegos de poder de los Estados Unidos. Esta había sido históricamente una aspiración toral en las relaciones con el vecino del norte" [Salinas, 2001: 45].

Jeffrey Davidow, exembajador de Estados Unidos en México, publicó en 2003 un libro que, bajo el título *El oso y el puercoespín,* analizaba los principales aspectos que habían caracterizado las relaciones entre México y Estados Unidos. Explicaba con acierto y franqueza los hechos que a lo largo de la historia compartida de los dos países han dado un particular significado a tal vínculo. Entre otras cosas, el autor describe las dificultades que los gobiernos de estos países han enfrentado para lograr un mejor entendimiento y los principales aspectos que lo han hecho abortar.

La relación económica, con su carácter altamente dependiente del mercado americano, raramente fue minimizada por los diferentes gobiernos en México; sin embargo, esto nunca significó que resultara ser fluida, armoniosa ni mucho menos simétrica. A esto contribuyó enormemente la existencia de una estrategia de política exterior mal manejada entre los dos países; la torpeza y excesiva fuerza del oso y la conducta reactiva del puercoespín.

Posiblemente, el acierto más importante que se dio bajo el gobierno de Salinas fue que los diversos aspectos de la agenda empezaron a ser tratados en forma separada y hasta cierto punto autónoma, para evitar que algunos de ellos contaminaran el resto de la agenda: "Desde el inicio de mi diálogo con el presidente Bush acordamos que la agenda bilateral quedaría señalada deliberadamente, de manera que ninguna de las partes pudiera definir el conjunto de la relación. En términos prácticos esto implicaba que las diferencias sobre cuestiones específicas no debían distorsionar ni mucho menos contaminar el rumbo general de la relación bilateral" [Salinas, 2001: 43].

Esta estrategia, si bien dio sus frutos, fue particularmente difícil de mantener, sobre todo debido a las consecuencias políticas o económicas que provocaron algunos hechos, los cuales difícilmente podían dejar de influir en el resto de la agenda bilateral.[13]

Los cambios que se dieron durante la presidencia de Salinas nunca hubieran podido ocurrir de no haber estado respaldados por las reformas económicas emprendidas durante la presidencia de Miguel de la Madrid. Pese a esta innegable ventaja, México distaba mucho de encontrarse en condiciones económicas óptimas cuando empezó a ser gobernado por el nuevo presidente.

Los tres grandes escollos que Salinas enfrentó al inicio de su mandato fueron la falta de crecimiento económico vinculado al saldo de la deuda externa, el cual representaba casi 45% del PIB en 1988, y un índice inflacionario de más de 150%. Todo esto impidió que el nuevo gobierno contemplara en un primer momento la posibilidad de negociar un acuerdo de libre comercio con Estados Unidos. Sin embargo, dado el perfil político del nuevo gabinete y tomando en cuenta el tono que se había utilizado durante la campaña, la mayoría de la población estaba convencida de que un mayor acercamiento hacia los Estados Unidos sería irremediable en el gobierno de Salinas de Gortari.

La firma del ALCCEU no había pasado desapercibida en México, y aunque el gobierno de Salinas se cuidó de no mencionar sus planes respecto a este asunto y otros más, relacionados con su futura política internacional de comercio, muchos mexicanos suponían que más temprano que tarde se anunciaría una iniciativa en ese sentido.

Esto no obstó para que en la primera reunión celebrada entre el presidente estadounidense George Bush padre y Salinas de Gortari, el 22 de noviembre de 1988, en Houston, Texas, se abordaran dos aspectos económicos que serían el parteaguas en la relación entre los dos países.

De acuerdo con lo escrito por el propio Salinas de Gortari en su libro *México. Un paso difícil a la modernidad* (2001) –donde describe detalladamente el contenido de las conversaciones entre los dos mandatarios–, el presidente Bush, en forma privada, empezó por hablar con él sobre el apoyo que los anteriores gobiernos mexicanos ofrecieron a la guerrilla centroamericana y el nivel de compromiso del gobierno mexicano en relación con la lucha contra el narcotráfico.[14]

Evidentemente, ambos asuntos resultaban en extremo delicados, y si fueron tratados directamente por Bush, sin mediar testigos, claramente fue por una táctica bastante obvia para indicar de entrada a su contraparte mexicano que tales asuntos podrían utilizarse en cualquier momento para presionar a su gobierno. Salinas había llegado a Houston, a pocas semanas de su toma de posesión, con un propósito muy ambicioso, y en consecuencia contestó, sin buscar ningún tipo de confrontación, que reflexionaría sobre el asunto de la guerrila, y que respecto a la lucha contra el narcotráfico, su gobierno la llevaría a cabo como si se tratara de su propia guerra; después de todo, no se trataba de comportarse en ese primer encuentro como un puercoespín ante la cercanía del oso [Salinas, 2001: 10-11].

El mandatario mexicano sabía, desde antes de llegar a la presidencia, que la falta de crecimiento económico era un gran lastre para el país, y que representaba el mayor obstáculo al proyecto de modernización económica que tenía entre manos.

Durante la reunión en Houston, el tema central de las intervenciones de Salinas fue la carga de la deuda externa sobre el PIB del país. Salinas buscaba el apoyo estadounidense no solo para postergar los pagos, sino para reducir el monto de la deuda; en este sentido sus preocupaciones fueron recogidas por los funcionarios estadounidenses, con el compromiso de que se daría seguimiento a la propuesta de Salinas. El plato fuerte de la reunión fue el tema del comercio entre los dos países: los estadounidenses acababan de firmar el acuerdo de libre comercio con Canadá y se mostraban satisfechos de los resultados. Seguramente animado por este triunfo, el presidente Bush propuso a Salinas, sin tapujos, el establecimiento de una zona de libre comercio entre México y Estados Unidos; después de todo, el proyecto de una zona de libre comercio era una idea que rondaba en Washington no solo desde la presidencia de Reagan, sino desde el mandato del presidente Carter.

La propuesta era atractiva y aparentemente podría ayudar a México a resolver varios problemas económicos que lo aquejaban; sin embargo, el presidente mexicano rechazó hábilmente el planteamiento aduciendo que por el momento su prioridad consistía en resolver el problema de la deuda y que en lo referente al comercio bilateral se sentía más inclinado por las negociaciones sectoriales.[15]

Bush entendió perfectamente que en aquella entrevista Salinas buscaba su apoyo para dar una pronta solución a la deuda externa, la cual amenazaba con aniquilar el inicio de su gobierno, y decidió no insistir más en el asunto. Por su parte, Salinas guardó entre sus anotaciones personales la propuesta estadounidense y escribió que "se lo recordaría más adelante" [Salinas, 2001: 12].

El optimismo que privó después de la reunión de Houston duró poco: el gobierno mexicano tuvo que enfrentar una de las negociaciones más difíciles de su historia en relación con su deuda externa. Este episodio permitió al gobierno mexicano ubicar con enorme realismo cuál era el juego del gobierno estadounidense, del FMI y de los quinientos bancos comerciales que prácticamente habían sitiado al gobierno mexicano.

El problema más serio que tuvo que enfrentar México fue la multiplicidad de las negociaciones, puesto que su endeudamiento abarcaba diferentes acreedores; mientras que el FMI, el Banco Mundial, el Club de París y el propio gobierno de los Estados Unidos poco a poco aceptaron flexibilizar sus posiciones, los bancos comerciales adoptaron una posición de enorme intransigencia que empujó a los negociadores mexicanos, con la anuencia de Salinas, a preparar la declaración de una moratoria unilateral en el servicio de la deuda (1989).

Esto estuvo precedido por una situación económica muy inestable; los mexicanos por fin habían dejado de creer en el gobierno y en las instituciones, lo cual se reflejó drásticamente en la falta de inversiones, la fuga de capitales y los continuos rumores de devaluación, con la consabida compra masiva de dólares y la retracción del ahorro bancario.

El presidente Salinas, ante las dificultades que se avecinaban, dispuso que los depósitos del gobierno mexicano en Estados Unidos empezaran a transferirse a los bancos de un país neutral, con el fin de evitar un posible embargo como represalia, en caso de que declarara la moratoria unilateral [Salinas, 2001: 13].

Finalmente, la habilidad de los negociadores mexicanos, junto con el apoyo del gobierno estadounidense, así como del FMI, el BM y el BID, lograron que también los bancos comerciales cedieran en su empeño, y el 23 de julio de 1989 se logró un acuerdo final.[16]

Solucionado el problema de la deuda, el presidente Salinas consideró que había llegado el momento de dar los primeros pasos hacia su proyecto de modernización del país. Dentro de este ambicioso programa, la política internacional de comercio tendría un papel clave al buscar una apertura comercial en sentido amplio que apostaba a desencadenar importantes cambios económicos en el ámbito interno.

Salinas consideraba, al igual que la mayoría de sus colaboradores, que la modernización económica tarde o temprano traería consigo la necesidad de llevar a cabo las reformas políticas que a su vez facilitarían una modernización integral del país, y actuó en consecuencia.[17]

Las diversas estrategias que se idearon para llevar a cabo la modernización económica de México estuvieron necesariamente ancladas en un contexto internacional profundamente influido por la globalización, proceso que marcó el ritmo y el destino de la modernización mexicana.

Cuando Salinas llegó a la presidencia en 1988, difícilmente podría haber previsto el efecto que tendrían sobre muchas de sus decisiones políticas los cambios políticos internacionales de finales de 1989, en particular la caída del muro de Berlín; la reunión de Bush y Gorbachov, celebrada en Malta, en la cual se reconoció el fin de la Guerra Fría, y la invasión a Panamá, perpetrada por el gobierno americano. Todos estos acontecimientos tuvieron un significado muy especial para el gobierno mexicano, ya que apuntaban a la constatación de que su vecino y principal socio comercial se había convertido en una potencia hegemónica única y, por tanto, sin contraparte de talla como lo fue la Unión Soviética hasta 1990.

Aunado a esta situación, el gobierno mexicano necesariamente debía tomar en cuenta, al idear su programa de modernización, las posibles contrapartes comerciales con que podía contar para llevar a buen puerto sus metas. Por una parte, el acuerdo de libre comercio entre Canadá y Estados Unidos no dejaba de inquietarlo,[18] y por la otra, la inminencia de los acuerdos de Maastricht y la consolidación de la Unión Europea lo llevaban a preguntarse sobre su futuro ante la creación de los bloques regionales de comercio. Tomando en cuenta este factor, resultaba evidente que el proyecto de modernización en México tendría que ser ajustado a esta nueva realidad.

Los principales argumentos que en aquel momento Salinas esgrimió para establecer una estrategia diferente a la del pasado respecto de la relación con Estados Unidos reposaban en las siguientes afirmaciones:

- México solo podía aspirar a una tasa sostenida de crecimiento si participaba en las corrientes mundiales de libre comercio.
- No había posibilidad de crecer rápidamente sin integrarse al libre comercio.
- Había que convertir en ventaja permanente para los mexicanos la vecindad con la economía más grande del mundo, al modificar los marcos de las relaciones políticas y las condiciones de incertidumbre que dominaban el intercambio comercial. En este campo, la falta de reglas claras y permanentes en nuestro trato comercial prohijaba la discrecionalidad.
- Era indispensable proporcionar seguridad desde dentro, convencer a los inversionistas de que nuestras políticas tendrían continuidad y vigencia a largo plazo y que no dependerían de la voluntad del gobierno en turno.
- Necesidad de más divisas y empleos. Las exportaciones generaban las dos cosas. Para elevar nuestros niveles de exportación se requería un acceso mucho mayor a Estados Unidos.
- Imprescindible enfrentar la globalización desde una región integrada económicamente. México solo sería atractivo como parte de uno de los tres grandes bloques de comercio internacional.
- Para diversificar nuestras relaciones comerciales con otras partes del mundo, distintas a los Estados Unidos, primero teníamos que concentrarnos en buscar la integración con el mercado estadounidense.

Con esa idea, el presidente Salinas llevó a cabo una extensa gira por Europa que le permitió entrevistarse con las grandes personalidades políticas de la escena internacional: Mario Soares, Margaret Thatcher, Helmut Kohl, Jacques Delors y Arthur Dunkel, entre otros. Estas entrevistas, más los innumerables intercambios que llevó a cabo durante el Foro Económico Mundial de Davos, Suiza (febrero de 1989), lo convencieron de que era urgente establecer una nueva estrategia para las relaciones internacionales de México: "Me quedó claro que el carácter inevitable de la globalización hacía urgente negociar el TLC" [Salinas, 2001: 51].

El presidente Salinas decidió que la reunión de Davos era una excelente oportunidad para sondear el asunto con la delegación estadounidense que participaba en la reunión, en especial con Carla Hills, responsable de las negociaciones internacionales del gobierno de Estados Unidos, quien en ese momento trataba de dar fin a las negociaciones de la Ronda Uruguay del GATT.

Aunque la propuesta mexicana resultaba importante para los americanos, el hecho era que desde el principio fue manejada con un enorme pragmatismo político por parte de los Estados Unidos. En este sentido, por el momento era prioritario lograr que las negociaciones del GATT resultaran favorables a sus intereses; desde este punto de vista ni Carla Hill ni el presidente Bush estaban dispuestos a abrir un nuevo frente de negociaciones comerciales cuando su mejor gente estaba ocupada con el seguimiento de la Ronda Uruguay.

Salinas, junto con los principales miembros de su gabinete, regresó a México. Aquí las versiones sobre lo que ocurrió poco después se contradicen. De acuerdo con lo escrito por el presidente mexicano en su libro sobre su mandato, pareciera como si las cosas hubieran salido bien en su gira por Europa y en especial en Davos, por lo que el futuro inmediato se miraba con optimismo.[19] Pero los periódicos mexicanos de la época consideraron que la gira por Europa no había logrado atraer la inversión extranjera a México y algunos la consideraron un fracaso.

Aquí hay dos aspectos que es interesante subrayar. Por una parte, la propuesta de Salinas respecto a la posibilidad de negociar un acuerdo comercial con Estados Unidos no fue ampliamente publicitada, la cautela privaba entre los miembros del gabinete que con justa razón podían temer que la noticia desatara una reacción nacionalista a ultranza, del tenor de aquella que López Portillo había enfrentado cuando se habían hecho las primeras negociaciones para ingresar al GATT.[20]

El segundo aspecto por considerar es que posiblemente Salinas, quien ya en aquel momento se perfilaba como un mandatario muy sagaz, decidió poner a la opinión pública de su lado antes de anunciar sus intenciones sobre el TLCAN. Para ello, esperó a que quedara bastante claro que ni Europa ni Asia tenían por el momento un genuino interés en México, ya que ambas regiones llevaban a cabo su propio proceso de integración regional. Cuando este punto quedó claro públicamente, Salinas consideró que el camino estaba despejado y procedió a dar los primeros pasos para allanar el terreno donde se darían las negociaciones.

Como era su costumbre, el presidente ofreció una entrevista a un periódico estadounidense lo suficientemente conocido como para que sus ideas causaran un efecto de *boomerang* no solo entre sus vecinos, sino entre los mexicanos: "Hemos sido muy específicos respecto de lo que queremos en cuanto a comercio con los Estados Unidos. Nuestra línea ha sido muy clara: México abrió unilateralmente su economía al comercio exterior, pero esta apertura no ha recibido la respuesta que esperábamos. Por eso ante Estados Unidos y Canadá, Europa y Japón, hago hincapié en reglas que permitirían un acceso permanente a los mercados" [Salinas de Gortari en *The Wall Street Journal*, 1990].

Tras haber decidido buscar una negociación con los americanos, el presidente Salinas procedió de inmediato a construir un frente interno que, llegado el momento, respaldaría su propuesta; algo similar debió de hacer en relación con los países de América Latina, con los que México tenía una relación comercial más dinámica.

Durante todo febrero de 1989, Salinas se dedicó junto con su gabinete a planear cómo resolver algunos escollos que de entrada harían fracasar las negociaciones y al mismo tiempo considerar aquellos aspectos que desde un principio debían ser rechazados en la negociación. Entre estas tareas, la estrategia para profundizar los cambios estructurales fue crucial, en especial porque esta se proponía llevar a cabo importantes privatizaciones de las empresas públicas. Se contemplaba la privatización de la banca, de la industria telefónica y de la siderurgia.

Pronto se llegó a la conclusión de que el gobierno mexicano no debería aceptar ninguna propuesta que planteara la negociación de un mercado común. De ahí se pasó a la discusión sobre si se buscaría negociar un acuerdo o un tratado comercial. Se recordó que Canadá había suscrito un acuerdo, no tanto por su voluntad sino porque los Estados Unidos favorecían esta fórmula para zanjar posibles dificultades con su Congreso. En el transcurso de esta discusión se recordó que en México los tratados tenían la misma fuerza que la Constitución.

En el mismo tenor, se decidió llevar a cabo varios estudios sobre cuál sería el efecto y los posibles problemas que generaría un acuerdo de libre comercio con Estados Unidos en relación con lo que México había pactado con la ALADI y el GATT. También surgió interés por conocer más de cerca la experiencia europea y analizar el trato que esta había dado al ingreso de países con menor desarrollo económico, como España, Portugal y Grecia.

Después de estas reuniones, Salinas decidió que las negociaciones se llevarían a cabo bajo la responsabilidad de la Secretaría de Comercio y Fomento Industrial y no de la Secretaría de Relaciones Exteriores, como hubiera sido lógico. A partir de entonces resultaron cada vez más claros el rumbo y la orientación que se daría a las negociaciones.

El proceso de preparación que se realizaba en México hasta cierto punto fue respaldado por la visita de varias personalidades políticas, tanto estadounidenses como canadienses. Henri Kissinger visitó a Salinas en marzo de 1990 y personalmente lo alentó a que llamara al presidente Bush para hacerle saber que estaba listo para iniciar las negociaciones. En un tono similar, pocos días después Brian Mulroney, primer ministro de Canadá, también visitó a Salinas; en su caso la conversación giró en torno a la experiencia que su gobierno había adquirido durante la negociación del ALCCEU y aconsejó abiertamente al presidente mexicano que desde un principio estableciera con nitidez aquello en lo que no iba a ceder en la negociación: "Fija esos puntos con claridad y nadie se llamará a sorpresa durante la negociación" [citado en Salinas, 2001: 60].

La negociación estaba muy lejos de contar con un consenso absoluto; conforme la propuesta empezó a manejarse abiertamente, poco a poco empezó a aflorar cierta oposición, pero sorpresivamente esta no solo provenía de los grupos de izquierda.

Entre los propios legisladores del PRI había muchos que expresaron abiertamente sus temores sobre tal acuerdo. De la misma manera hubo burócratas y funcionarios de alto nivel que al inicio expresaron sus dudas sobre la pertinencia de la iniciativa. El presidente Salinas, desde un principio, aceptó que era necesario crear dentro de la propia burocracia mexicana una corriente de opinión lo suficientemente sólida como para vencer las inercias y adherencias que aún generaba el proyecto de ISI dentro de su propio gabinete y los miembros del poder legislativo, pese a que el PRI contaba con mayoría.

Este aspecto fue de particular importancia a lo largo del proceso, ya que tampoco era tan evidente que el propio PRI y la burocracia que este partido había alimentado por décadas estuvieran dispuestos a renunciar a su *statu quo*.

En este sentido, el proyecto de Salinas empezó por romper las inercias internas de su propio partido y del aparato de Estado. Entre otras cosas, significó que ante la imposibilidad de cambiar la mentalidad de tantos individuos en tan poco tiempo, fuera necesario crear un muro entre los nacionalistas de viejo cuño y los librecambistas modernizadores.[21]

Para lograrlo, fue necesario reestructurar todas las instancias dentro del gobierno que tendrían contacto con la negociación; la primera secretaría de Estado que vivió estos cambios fue la Secofi; por su parte, en la Secretaría de Relaciones Exteriores se cooptó a los más anuentes y se marginó a quienes podrían significar un obstáculo.

La Secofi se llenó de jóvenes entusiastas que poco recordaban –y mucho menos sabían– el nacionalismo económico en una negociación comercial. Las embajadas de México en Estados Unidos y en Canadá dieron cabida a un nuevo tipo de diplomáticos y en ambos países se creó una oficina de representación de la Secofi que, conforme pasó el tiempo logró el control de todos los asuntos económicos; acto seguido también lo hizo con los de índole política para evitar que cualquier incidente pusiera en peligro el éxito de la negociación.

La creación de un consenso a favor del TLCAN jamás hubiera estado completa sin el respaldo del sector privado (empresarios, industriales y comerciantes). La estrategia que se siguió para obtener su respaldo en gran medida fue la misma que el PRI había utilizado durante décadas para controlar a importantes sectores populares. Primero se sensibilizó a aquellos empresarios y comerciantes que estaban más vinculados al sector exportador y a las empresas transnacionales, a sabiendas de que la fuerza de estos grupos no provenía exclusivamente de los beneficios derivados del proyecto de industrialización por sustitución de importaciones, sino, más bien, del proyecto de liberalización comercial. Estos grupos habían sido particularmente favorecidos por la administración del presidente De la Madrid y por el propio Salinas, quienes obviamente encontraban en estos individuos el apoyo que tanto requería el proyecto económico exportador. Los líderes y dirigentes de las cámaras industriales y de comercio fueron cooptados para que a su vez controlaran verticalmente a las corporaciones y agrupaciones que manejaban[22] [Puga, 2004: 76-93].

De la misma manera, los dirigentes campesinos y obreros fueron llamados a cooperar con el proyecto de modernización de Salinas. En este caso, las posiciones estuvieron muy divididas y nunca se logró la unificación de todos los campesinos y los obreros a través de sus agrupaciones. Desde luego que las corporaciones más identificadas con el gobierno de Salinas, como la Confederación Nacional Campesina (CNC) y la Unión Nacional de Organizaciones Campesinas (Unorca) lograron aglutinar una posición más favorable al TLCAN, mientras que el Congreso Agrario Permanente (CAP), que reunía a las 12 organizaciones campesinas más poderosas del país, se vio enormemente dividido respecto al TLCAN.

Por su parte, las organizaciones obreras, tradicionalmente alineadas al PRI y a sus gobiernos,[23] con Fidel Velázquez a la cabeza, como la Confederación de Trabajadores Mexicanos (CTM) y el Congreso del Trabajo, ofrecieron su apoyo al proceso de negociaciones, sin conocer cabalmente sus consecuencias. Sin embargo, las voces de los sindicatos obreros independientes, agrupados en el Frente Auténtico del Trabajo (FAT) lograron hacer la diferencia en un sector caracterizado por el control corporativo y la manipulación de los obreros a favor de los intereses de sus dirigentes y del gobierno.

No bastando con la construcción de un consenso en torno al TLCAN, el gobierno procedió a la reorganización del propio aparato del Estado. Esto significó que en términos reales no se dejó al azar ni el control, ni la logística de la burocracia que trabajaba en aquellas secretarías de Estado más vinculadas a las negociaciones comerciales internacionales. Con el fin de lograr el control y la intercomunicación entre las diversas dependencias del gobierno, se instituyó la Comisión Intersecretarial para el Tratado de Libre Comercio, con Herminio Blanco como su dirigente. Esta comisión estaría a cargo de coordinar el trabajo que se solicitaría a cada secretaría en relación con el TLCAN, velando principalmente para que hubiera unidad y suficiente comunicación. Dada la idiosincrasia del trabajo de cada secretaría, dentro de la cual la secrecía, los celos entre los diferentes secretarios y el ocultamiento de la información eran la regla, resultaba absolutamente necesario que todo el trabajo en torno a la negociación avanzara por el mismo cauce y que no ocurriera, como era frecuente, que algún secretario con sus colaboradores quisiera llevarle la delantera a otro equipo. Tomando en cuenta que tanto Salinas como sus más cercanos colaboradores tenían experiencia en la función pública, sabían que frente a los estadounidenses y los canadienses debían presentar un frente unido porque no se trataba de que una secretaría hiciera una buena negociación de los asuntos que recaían bajo su competencia en detrimento de las otras. La negociación del TLCAN tocaba tal diversidad de aspectos que era imprescindible que una persona supervisara que todas las secretarías trabajarían al unísono [Rubio, 1992: 132-134].

Al lado de la Comisión Intersecretarial para el TLCAN, se creó la Oficina Negociadora del TLCAN, cuya responsabilidad también recayó en Herminio Blanco;, con él colaboraron como negociadores Jaime Zabludovsky, Pedro Noyola, Guillermo Aguilar, Jorge Amigo, Jesús Flores, Israel Gutiérrez, Enrique Espinosa, Fernando de Mateo, Héctor Olea, Raúl Ramos y Fernando Salas.

Finalmente, a estas oficinas se agregó otra, de una índole muy distinta a la constante en las anteriores. Mientras que en las arriba mencionadas todos sus integrantes eran servidores públicos, en el Consejo Asesor del TLCAN se agruparon individuos de muy diverso origen profesional y político. Productores, dirigentes obreros, representantes del sector agropecuario, empresarios y rectores de las universidades públicas y privadas de todo el país formaron parte de las reuniones entre el propio Consejo y los negociadores.

Esta instancia, por contar con una mayor pluralidad en su composición, estuvo en condiciones de intentar balancear el trabajo de los negociadores con los intereses y problemas de muy diversa índole que surgieron de las discusiones del Consejo Asesor. Gracias a la intervención del Consejo, muchos aspectos que después serían sujeto de negociación pudieron ser tratados con cierta sensibilidad. En algunos casos, las opiniones del Consejo ayudaron a que hubiera una mayor conciencia sobre algunas problemáticas.[24]

Indudablemente los empresarios resultaron ser el grupo más organizado dentro de los diferentes sectores productivos del país. No bastando su participación en el Consejo Asesor del TLCAN, a instancias del propio gobierno crearon una Coordinadora de Organizaciones Empresariales del Comercio Exterior (COECE) cuyo principal objetivo fue estar presente y asesorar las negociaciones del lado mexicano. La COECE fue integrada por 114 ramas de producción vinculadas a la actividad exportadora, y su trabajo de apoyo al lado del grupo de negociadores le valió el sobrenombre de *El Cuarto de Junto* [Rubio, 1992: 30, 121, 123-130]. Esta coordinadora no reunía a las cámaras empresariales, sino a los individuos más dinámicos y representativos del sector privado mexicano; a la cabeza aparecía Juan Gallardo, un empresario profesionalmente vinculado a la embotelladora Coca-Cola.

El 21 de agosto de 1990, como consecuencia de lo anterior, el gobierno de México propuso oficialmente al estadounidense la negociación de un tratado de libre comercio. Los objetivos que se proponía podrían sintetizarse en torno a la idea de que el TLCAN sería el instrumento más adecuado para promover el crecimiento de México y consolidar las reformas económicas; en consecuencia, el tratado significaba un imperativo político y económico y, como tal fue negociado y defendido por el gobierno de Salinas de Gortari.

6.5. El ingreso de Canadá a las negociaciones del TLCAN

El 24 de septiembre de 1990, Canadá también manifestó su interés en participar en las negociaciones con México y Estados Unidos, y un día después el presidente George Bush solicitó la autorización formal al Comité de Finanzas del Senado y al Comité de Medios y Procedimientos de la Cámara de Representantes de su país para iniciar la negociación bajo el procedimiento expedito (*fast track*). Esta autorización fue otorgada el 27 de febrero de 1991, en medio de un agitado debate entre detractores y defensores del Tratado.

La decisión que tomó Canadá, en el sentido de incorporarse a las negociaciones, presagiaba nuevas dificultades para el gobierno conservador, ya que en gran medida esto significaba que se reabriría el debate suscitado con el anterior acuerdo comercial. La iniciativa canadiense entrañaba el riesgo de deteriorar aún más la credibilidad del primer ministro Mulroney y su partido, quienes desde 1988 enfrentaban un elevado número de críticas debido a los problemas económicos y políticos que afectaban a este país y que en términos generales eran achacados automáticamente al ALCCEU.

En un primer momento, cuando México y Estados Unidos anunciaron su decisión, Canadá se mantuvo a la expectativa y prefirió convocar a diversos especialistas para que opinaran sobre la nueva alternativa. Estas opiniones recogían en gran medida los testimonios que se habían presentado en las audiencias organizadas por el comité de asuntos exteriores de la Cámara de los Comunes del Parlamento de Canadá. Sin embargo, cuando se comparan las diversas temáticas que formaron su contenido, sobresale la enorme diferencia entre los testimonios que motivaron el primer acuerdo de libre comercio con el TLCAN.

La mayoría de estos testimonios, básicamente, alertaban al gobierno conservador sobre los peligros que implicaba una asociación comercial con un país como México. El comité tuvo gran cuidado de convocar a las voces disidentes que se habían expresado durante la negociación del ALCCEU y asimismo se invitó a mexicanos y estadounidenses a rendir su testimonio sobre el futuro del TLCAN.[25]

Durante el segundo debate la mayoría de las preocupaciones manifestadas se vinculaban a temas de origen muy variado, como la debilidad de la democracia en México, su nivel de productividad, los bajos salarios de sus trabajadores, la presencia de las maquiladoras, la constante violación a las normas laborales, ambientales y de derechos humanos, entre otros.

Para los mexicanos vinculados al debate sobre esta negociación fue muy difícil distinguir los peligros que entrañaba la formulación de las anteriores críticas en los foros fuera de México; en gran medida, estas no hicieron más que alimentar el recalcitrante proteccionismo de sus vecinos en América del Norte, el cual se manifestó particularmente a través de las audiencias organizadas, tanto en Canadá como en Estados Unidos, sin olvidar el asombroso número de congresistas estadounidenses que visitaron México con la finalidad de obtener información de primera mano, a través de la oposición mexicana, que posteriormente fue utilizada para reforzar los intereses de los legisladores estadounidenses y canadienses.

Este último aspecto fue motivo de preocupación tanto entre los opositores como entre los negociadores mexicanos. Poco a poco, se percataron de que los testimonios mexicanos servían directamente a dos propósitos: desarticular la propaganda a favor del Tratado de Libre Comercio, y, al mismo tiempo, alimentar entre canadienses y estadounidenses la mala imagen de México y la xenofobia contra los mexicanos.[26]

La respuesta a lo anterior, especialmente por parte de la Secofi, fue afirmar que los testimonios hechos principalmente en el Congreso de los Estados Unidos "solo le hacían el juego a los estadounidenses y canadienses". En general, este hecho fue manejado por el gobierno mexicano como una muestra de la "falta de patriotismo" de ciertos mexicanos que con su testimonio no hacían más que engrosar los argumentos de sus vecinos contra México.

Quizás el momento más tenso se dio cuando algunos congresistas estadounidenses, viendo las dificultades que enfrentaban aquellos mexicanos que habían presentado su testimonio en el Congreso de Estados Unidos y frente a la reticencia de algunos otros en aceptar su invitación, decidieron que podían trasladarse a México, con el propósito de celebrar una audiencia especial del Congreso de Estados Unidos relacionada con la situación en México, en algún lugar del Distrito Federal.

Inicialmente la propuesta pareció tener una respuesta favorable entre los mexicanos que fueron invitados; el sitio elegido para llevar a cabo tal cometido fue el auditorio del Museo de Antropología e Historia, dirigido por aquel entonces por Mari Carmen Serra Puche, hermana del secretario de la Secofi. La iniciativa cundió como reguero de pólvora en México; el gobierno mexicano por ningún motivo deseaba empañar el clima de las negociaciones, pero tampoco estaba dispuesto a que los legisladores estadounidenses organizaran un foro contra el sistema político mexicano en suelo mexicano. Finalmente, ocurrió lo previsible. Ni el auditorio solicitado, ni ningún otro recinto, fueron facilitados para tal propósito y la iniciativa rápidamente fue abandonada por los estadounidenses.

En términos generales, los canadienses actuaron con mayor discreción, aunque llegado el momento de las negociaciones puntuales –como lo referente a las Reglas de Origen en el sector automotriz– no escatimaron el uso de todo tipo de presiones y cabildeo para impedir que los negociadores mexicanos obtuvieran mayores ventajas que las que ellos habían obtenido en el ALCCEU. Por su parte, los sindicatos canadienses también presionaron a sus negociadores buscando que se fijara un elevado porcentaje de contenido nacional, que evidentemente golpearía a la industria maquiladora mexicana, la cual con dificultades lograba integrar el 2% de valor agregado nacional a los productos elaborados.

El cabildeo canadiense desorientó especialmente a los sindicatos independientes en México, principalmente al FAT, ya que los sindicatos canadienses habían sido los primeros en aleccionar a sus homólogos mexicanos respecto a las trampas y malas consecuencias del Tratado, proponiéndoles diversos tipos de alianzas.

Esto último, como ya se mencionó, no impidió que presionaran a sus negociadores para que el cálculo de valor agregado de las mercancías que circularían en el área de América del Norte fuera más elevado que el acordado en el ALCCEU. Sus presiones tuvieron éxito y las Reglas de Origen fueron pactadas en 62.5% en la producción automotriz, cuando en el ALCCEU esto había sido acordado en un 50% [Gutiérrez-Haces, 2003d].

El gobierno canadiense había aceptado participar en la nueva negociación principalmente debido a que consideraron que su ausencia provocaría que en la práctica los Estados Unidos terminaran con dos convenios bilaterales de libre comercio, lo cual evidentemente favorecería a este último. Los estadounidenses serían los más beneficiados con la inversión extranjera al tener un mercado interno con acceso exclusivo a los mercados de sus vecinos.[27]

Un aspecto que también pesó en la participación canadiense fue su celo por proteger los beneficios ya adquiridos en el ALCCEU y su necesidad de impedir que la presencia mexicana, por medio de este convenio bilateral, los perjudicara respecto de lo que ya habían negociado.

El argumento que finalmente los disuadió de que su presencia fuera crucial fue la posibilidad de rectificar por medio de esta nueva negociación algunos aspectos que no eran de su entera satisfacción, en especial el capítulo de energía y el tocante a la inversión, que les había provocado demasiados problemas ante la opinión pública canadiense.

Una razón más que los alentó a solicitar su participación fue la constatación de que Canadá había incrementado su relación comercial con México en los últimos años. Cerca de 80% de las exportaciones mexicanas ingresaban a Canadá con tarifas arancelarias mínimas, mientras que no era así para las mercancías canadienses que se introducían a México; por tanto, una negociación trilateral seguramente liberalizaría la carga arancelaria sobre las exportaciones canadienses.

Vista en retrospectiva la participación canadiense, resulta evidente que a medida que la negociación avanzó, prevaleció la tendencia que trataba de resguardar las posiciones adquiridas y no una que buscara construir un nuevo esquema regional que incluyera genuinamente a México.

Tal actitud cambió paulatinamente, y veinte años después de haber sido instrumentado el TLCAN empezó a percibirse un mayor interés por establecer, en determinados casos, estrategias comunes. Sin embargo, este aspecto no alteró en lo más mínimo el hecho de que los Estados Unidos han sido y son el socio preferencial de los dos países y que dentro del TLCAN la bilateralización por encima de la trilateralización sería la norma.

6.6. La negociación frente a diversas fuerzas e interlocutores

6.6.1. La construcción de consensos en torno al TLCAN

Si bien el 12 de junio de 1991 se iniciaron formalmente las negociaciones trilaterales, antes fue necesario "negociar la negociación", lo que significó que los tres países tuvieron que ponerse de acuerdo y definir los aspectos que se iban a negociar, así como los que de entrada no se negociarían. De esta misma forma, fue indispensable determinar las reglas del juego y los mecanismos que se utilizarían durante la negociación [Rubio, 1992: 152-277]. Cada país tuvo que enfrentar problemas muy específicos de orden político y económico en sus países, para lograr un ambiente de consenso en torno a la futura negociación. En especial, en Estados Unidos y Canadá apareció una oposición muy articulada que provenía de los grupos sindicales, las organizaciones no gubernamentales y algunos grupos empresariales y agrícolas. Todos ellos contaban con una experiencia previa, adquirida a raíz del debate que había generado el ALCCEU, así que su intervención en contra del TLCAN fue bien concertada [Bertrab, 1996: 84-108].

Dentro del Congreso de Estados Unidos esta se vinculó a la lucha entre republicanos y demócratas en relación con las futuras elecciones presidenciales y en el caso de Canadá fue uno de los elementos que precipitaron la debacle del Partido Conservador a través del referéndum constitucional de 1992 y de las elecciones federales de 1993, cuando ganó el Partido Liberal [Gutiérrez-Haces, 1990b; Rubio, 1992: 57-78; Bertrab, 1996: 27-83].

En el caso específico de México, las cosas ocurrieron en forma muy distinta. En primer término, el gobierno de Salinas de Gortari decidió organizar un Foro Nacional de Consulta sobre las Relaciones Comerciales de México con el Mundo, a cargo del Senado, en abril de 1990. Esta consulta se llevó a cabo casi simultáneamente en varias ciudades del país: Distrito Federal, Puebla, Mérida, Mazatlán, Monterrey y Guadalajara, principalmente.

Estas reuniones destacaron por su carácter maratónico, al permitirse que un gran número de personas presentaran sus puntos de vista sobre la opción librecambista. Este evento puso en evidencia, una vez más, la aplastante fuerza de un gobierno identificado verticalmente con el PRI que, teniendo el control no solo de un Senado mayoritariamente priista sino de la logística del evento, manipuló la agenda del mismo para que la mayoría de las intervenciones fueran oficialistas o favorables al TLCAN.

En las primeras nueve horas de ininterrumpidas sesiones, durante la reunión que se llevó a cabo en el Distrito Federal, los principales medios de comunicación se encontraban presentes. En esa larga sesión únicamente se dio cabida a aquellas intervenciones que de antemano se sabía que serían verdaderas declaraciones de fe librecambista, y se dejó para el final de la tarde, justamente cuando ya la mayoría de la audiencia había abandonado la sala empujada por el hambre y la fatiga,[28] la presentación de aquellos participantes que se sospechaba que podrían ser más críticos o al menos más independientes de la consigna que el gobierno de Salinas de Gortari había dejado entrever.

Más allá del carácter anecdótico de este primer ejercicio de supuesta democracia en torno a la inminencia del TLCAN, resulta profundamente sobrecogedor, a la luz de la crisis política y económica que vive México hoy en día, constatar la inconciencia con que los miembros del sector privado, así como los del gobierno y algunos académicos se entregaron a una cruzada a favor del libre comercio. Estas demostraciones fueron en la mayoría de los casos un acto de acatamiento a la "línea que tiraba el gobierno", o en el mejor de los casos una reacción de rechazo o de fastidio al excesivo proteccionismo comercial de antaño.

En aquella primera experiencia, teniendo como escenario el Senado mexicano (abril de 1990), fue evidente el desconocimiento que el sector privado tenía respecto al estado de sus industrias y del sector económico al que pertenecían; salvo honrosas excepciones, estaba claro que a partir de estas intervenciones y de las primeras monografías que posteriormente redactaron a petición del gobierno, poco podía servir de base para llevar a cabo una negociación aceptable.[29]

En general, los grupos más ligados a la industria transnacional o aquellos que básicamente dependían del comercio exterior desplegaron una estrategia de abucheo en contra de aquellos que osaban manifestar su cautela o reticencia –lo cual no necesariamente significaba un rechazo a la apertura– frente a una negociación dentro de la cual simplemente no veían con claridad los beneficios que conllevaría.

Por otra parte, muy pronto resultó claro que la negociación se perfilaba como un jugoso negocio para muchos, pues resultaba evidente que la Secofi no se encontraba equipada para elaborar todos los estudios y diagnósticos que exigía el proceso, sin contar con que se necesitarían excelentes asesores legales y cabilderos para que el tratado fuera aprobado, especialmente en el Congreso de los Estados Unidos. Los cuadros 6-2 y 6-3 muestran cómo en la negociación mexicana fue necesario, en especial en el período previo a la aprobación del *fast track* por el Congreso de los Estados Unidos, fortalecer la información y el cabildeo sobre los beneficios del TLCAN; para esto se contrataron empresas, despachos y expertos para la elaboración del material *ad hoc*.

La estrategia en esta etapa se centró específicamente en los siguientes aspectos:

- Asesorar al gobierno mexicano en sus relaciones con organizaciones privadas de negocios, sindicatos y organizaciones no gubernamentales mexicanas que necesitaban ser convencidos de los beneficios del tratado.
- Promover el TLCAN entre los miembros del Congreso estadounidense, en especial entre aquellos que habían manifestado oposición o inquietud respecto a la negociación. No hay que olvidar que un número considerable de mexicanos opuestos al TLCAN había hecho diversas presentaciones ante los congresistas estadounidenses, por lo cual fue necesario orquestar una estrategia que contrarrestara el testimonio de los mexicanos que se habían manifestado en contra del tratado.
- Informar a los negociadores mexicanos acerca de las preocupaciones que los parlamentarios canadienses, así como diversas organizaciones sociales y grupos de interés habían manifestado.

Este proceso contó con el asesoramiento de algunas instituciones de educación superior y firmas de consultores privados, tanto de México como del extranjero. Tal fue el caso de El Colegio de la Frontera Norte, en Tijuana, que realizó principalmente los estudios sobre maquila, medioambiente y turismo en la frontera norte. A esta tarea también contribuyó El Colegio de México; de acuerdo con la información publicada por la Secofi en 1994, fue la institución educativa que obtuvo el mayor número de contratos para llevar a cabo los análisis que servirían de apoyo en las negociaciones; en especial aquellos que sopesaban los efectos económicos del TLCAN y los beneficios que se obtendrían de este.[30]

Otras consultorías, como el Centro de Estudios para un Proyecto Nacional Alternativo –organización que en el pasado estuvo integrada por profesionistas de izquierda pero que posteriormente se reorganizó con intelectuales muy cercanos a las posiciones de algunos integrantes del grupo negociador mexicano–, elaboró a su vez varios estudios sectoriales, en especial los relacionados con el sector manufacturero y sus vinculaciones con Estados Unidos. Asimismo, los estudios en torno a la industria automotriz fueron asesorados por el profesor James Womack, conocido académico estadounidense que durante años se destacó por sus trabajos sobre esta materia.

Por último, también se realizaron diversos trabajos acerca de la comunidad chicana y los congresistas de origen latino en los Estados Unidos en aquel momento, gracias a los análisis desempeñados por las consultorías de Toney Anaya y Abelardo Valdez.

Cuadro 6-2

**Distribución del presupuesto de consultoría
especializada, 1991-1993
(millones de pesos)**

Rubros de gasto	1991	1992	1993	Total
Asesoramiento directo a negociaciones	30.5	38.7	38.7	107.9
Nacional	3.8	3.0	1.3	8.1
Asesoramiento legal	0.2	0.3	0.1	0.6
Estudios económicos	2.9	1.3	0.7	4.9
Cabildeo, relaciones públicas	0.4	0.2	0.0	0.6
Otros asesoramientos y servicios de apoyo	0.3	1.2	0.5	2.0
Extranjera	26.7	35.7	37.4	99.8
Asesoramiento legal	7.5	14.6	12.4	34.5
Estudios económicos	3.4	0.9	1.7	6.0
Cabildeo y relaciones públicas	15.0	19.8	22.6	57.4
Otros asesoramientos y servicios de apoyo	0.8	0.4	0.7	1.9
Asesoramientos indirectos a la negociación	1.9	4.8	3.1	9.8
TOTAL	32.4	43.5	41.8	117.7

Fuente: Dirección General de Programación, Organización y Presupuesto, Secofi [1994].

Del lado canadiense, el grupo negociador mexicano también pagó diversas asesorías, tal fue el caso de la Universidad de Dalhousie, la única institución de educación superior que, de acuerdo con la documentación oficial, asesoró a los mexicanos.

Algunos consultores canadienses también brindaron su apoyo, como Towsend Trade Strategies, que desarrolló un estudio sobre la unificación de criterios con Estados Unidos y Canadá respecto a los formatos de certificados de origen y el diseño de mecanismos de vigilancia para el cumplimiento de las Reglas de Origen en Canadá; la compañía Stratégico Inc, por ejemplo, apoyó la organización de un seminario sobre la experiencia canadiense en la negociación del TLC con Estados Unidos; JML Technologies LTD hizo un estudio sobre la industria canadiense en los sectores de energía, petroquímica y agricultura, así como un análisis sobre las importaciones mexicanas en el mercado canadiense; Gowling, Strathy & Henderson se encargó de publicar en Canadá el documento titulado *Forjando una nueva relación*, con la finalidad de proporcionar principalmente al gobierno canadiense información referente a las relaciones comerciales México-Canadá.

Cuadro 6-3

**Presupuesto para asesorías directas a la negociación
por país de origen, 1991-1993
(millones de pesos)**

Origen	1991	1992	1993	Total
Nacional	3.8	3.0	1.3	8.1
Extranjero	26.7	35.7	37.4	99.8
Estados Unidos	23.2	31.6	34.0	88.8
Canadá	3.5	4.1	3.4	11.0
TOTAL	30.5	38.7	38.7	107.9

Fuente: Dirección General de Programación, Organización y Presupuesto, Secofi [1994].

6.6.2. La rearticulación de la sociedad civil frente al TLCAN

La negociación del TLCAN desencadenó, a partir de 1989, un sinnúmero de procesos sociopolíticos paralelos, que por su propia naturaleza no necesariamente podrían ubicarse ni en la esfera de lo económico ni en el ámbito de lo estrictamente gubernamental. Dentro de estos procesos, destaca el surgimiento de las redes sociales trinacionales, las cuales encontraron su razón de ser en la creciente inconformidad respecto al proceso de negociación del TLCAN [Blanquer, 2004a: 22].

Grupos de ciudadanos en México, Canadá y Estados Unidos, conminados por el anuncio de las negociaciones del TLCAN, conformaron a partir de 1990 redes trinacionales que tuvieron por objeto, y aún tienen, discutir continentalmente las posibles implicaciones, ramificaciones e impactos del tratado [Rubio, 1992: 92-95].

Pronto, estas redes rebasaron el ámbito de su primer objetivo, la anunciada integración económica, y ampliaron sus actividades a otros aspectos que se encontraban indirectamente interconectados con el TLCAN. De esta manera, la democracia, los procesos electorales, los temas laborales, los aspectos ambientales y los derechos humanos pasaron también a formar parte de una discusión que inicialmente había comenzado con el TLCAN.

Esta misma dinámica también contribuyó posteriormente a la gestación de las estrategias que dieron lugar a los Acuerdos Paralelos sobre trabajo y medio ambiente en el TLCAN. Estos jamás habrían sido aprobados, como una parte anexa al tratado, sin la movilización y la presión que las redes trinacionales ejercieron durante toda la negociación.

La velocidad con que el tratado fue negociado y el anuncio casi inmediato de una negociación de alcances continentales con el Área de Libre Comercio de las Américas (ALCA) produjo que las redes iniciaran un proceso de ampliación de su campo de acción geográfica y rebasaran el ámbito trinacional para extender sus relaciones dentro de un espacio de carácter continental. Aunado a esto, su capacidad de convocatoria trascendió las limitaciones geográficas de antaño, como lo demuestran los crecientes contactos con las redes de Europa y el sureste asiático.

La velocidad con la que las redes trinacionales establecieron un entramado de redes subsidiarias, dentro de lo que se denomina *modelo espacial reticular*, resultó notable. Estas redes, organizadas como nodos de ciudadanos, contaban con una estructura y funcionamiento bastante informal, lo que les permitía una gran flexibilidad en sus acciones y alianzas, con otros grupos, tanto locales como nacionales e internacionales.

Debido a la diversidad de intereses de sus integrantes, y ante la aparición de nuevas problemáticas en los años posteriores a la instrumentación del TLCAN, aconteció que partes de la red matriz, en cada uno de los tres países, se desprendieran para crear otros nodos, que a su vez podían en el futuro ramificarse en otros más. Esta forma de funcionamiento es la que le ha proporcionado tanta fortaleza y capacidad de reacción.

Las redes que surgieron al fragor del TLCAN no desarrollaron estrategias vinculadas exclusivamente a un sector económico. Estas redes no solo estaban integradas por sindicalistas, aunque se nutrían de ellos; no solo representaban a las organizaciones campesinas, o a los pequeños empresarios; ni mucho menos fueron agrupaciones exclusivamente ambientalistas. Su credibilidad residió en la amplia heterogeneidad de sus integrantes y en la atomización de sus intereses y de sus miembros.

La organización reticular fue y sigue siendo su fuerza política, ya que estas redes pueden rápidamente agrupar un enorme número de sectores, muchas veces disímbolos, que con frecuencia tocan e influyen la cúpula del poder político en los tres países.

Al revisar la composición de Action Canada Network o de la Red Mexicana de Acción frente al Libre Comercio (RMALC), que fueron las redes más articuladas durante este proceso, resulta claro que si bien poseían una estructura de funcionamiento mínima, también es cierto que contaban con una gran flexibilidad en la manera como organizaban sus estrategias.

Los gobiernos, dada su estructura burocrática, tienden a reaccionar con mayor lentitud ante los problemas de la sociedad civil. Este aspecto contrasta con la capacidad de reacción de las redes, las cuales ganaron adeptos justamente porque respondían con mayor velocidad que el grupo negociador a las inquietudes de la sociedad. Si a esto añadimos el hecho de que la ciudadanía no tiene actualmente una delimitación territorial tan acotada como en el pasado, gracias a la globalización, bien puede entenderse el potencial político que porta la proliferación de redes basadas en el modelo trinacional.

La apertura económica en México logró indirectamente la eficien-
tización de las redes trinacionales, quienes gracias a la reducción de
costos y el mejoramiento en los servicios de telefonía e internet lograron
superar la distancia geográfica y económica que existía con las redes de
Canadá y de Estados Unidos.

El proceso de negociación del TLCAN reunió principalmente a dos
grandes grupos de interés. El más fuerte podría localizarse específicamente en la esfera económica, institucional y transnacional de los tres
países; este propugnó por la consolidación de los principios del libre
comercio en el ámbito global. Para ellos los cambios deberían venir desde arriba, negociarse entre los gobiernos y las corporaciones y asimismo
consideraban que con el tiempo este proceso derramaría beneficios al
resto de la sociedad.

Entre ellos existía plena conciencia de que el TLCAN traería aparejado
un período amargo de ajustes estructurales, en el cual desaparecerían
los remanentes del proteccionismo. El costo social y político del ajuste,
así como la transición a un nuevo modelo de desarrollo económico, se
conocía de antemano, pero este grupo consideró que era un mal necesario para la consecución del proyecto trilateral.

El segundo grupo tenía como común denominador su resistencia a
una globalización que percibía como negativa, principalmente porque
se preveía que el TLCAN buscaba homogeneizarlos hacia la baja, principalmente en sus niveles de bienestar social. La aparición de movimientos
que se globalizaban desde abajo, ligados al TLCAN, desde un principio estuvo muy vinculada a la socialización de la información. Los sindicatos
empezaron a considerar que, siendo trabajadores de empresas globales,
era necesario saber qué ocurría con otros trabajadores y sindicatos ligados a la misma empresa, ubicada en algún lugar de América del Norte;
en suma, sus problemas eran tan globales como los de la propia empresa.

Las acciones de solidaridad trinacional en las plantas automotrices
fue uno de los primeros anuncios de que la inconformidad social tendía
a trilateralizarse. De 1990 a 1996, un número impresionante de sindicalistas de Canadá y Estados Unidos viajaron a México para discutir sus
experiencias laborales y sindicales, el descubrimiento de sus realidades
modificó ampliamente sus preconcepciones mutuas.

La globalización desde abajo nunca se expresó en forma homogénea durante el proceso del TLCAN, sino que se manifestó unas veces en forma reactiva y otras de manera proactiva. En términos generales, las reacciones en contra de las políticas de ajuste en nuestros países fueron identificadas como parte de los efectos de la continentalización en primera instancia, dentro de un fenómeno más amplio identificado con la globalización.

Pero este proceso no solo creó redes reactivas, también surgieron redes proactivas que buscaron generar nuevas formas de globalización en áreas quizá menos sensibles que lo ambiental, lo laboral o el propio libre comercio. Dentro de este enfoque, se ubican los proyectos académicos trinacionales tan en boga a partir de la negociación del TLCAN, los programas de movilidad de estudiantes en América del Norte que empezaron a exponer a las generaciones jóvenes con la realidad de los otros países vecinos, y los intercambios de carácter político, como los que han venido ocurriendo entre el IFE y Elections Canada, así como entre la Comisión de Derechos Humanos en México y sus homólogos en Estados Unidos.

Indiscutiblemente, el elemento que articuló a aquellos grupos que formaron las redes trinacionales fue la incertidumbre sobre lo que significaría el TLCAN para los tres países, así como una toma de conciencia ciudadana vertiginosa sobre los posibles riesgos de un proceso de integración económica que se imponía sin la menor consulta.

Las coaliciones que en Canadá habían jugado un papel reactivo en torno al ALCCEU, pronto bajaron a México para tomar contacto principalmente con los sindicatos independientes, como fue el caso del FAT.

Dos grupos de actores sociales, vinculados con las redes, estuvieron presentes durante el proceso negociador. Uno estaba formado por aquellos canadienses que participaron de forma activa en los movimientos de solidaridad con Centroamérica. Casi todos pasaron en algún momento por México e hicieron algunos contactos. Pero en la mente de aquellos internacionalistas, el México de 1979 no era su objetivo. Como herederos del internacionalismo promovido por la política exterior canadiense, en su versión *Tercera Opción*, Nicaragua, el Salvador o Guatemala llenaban mucho más las expectativas de su trabajo de solidaridad, que un país como México.

Esta visión cambió de manera radical con la creación de las redes trinacionales en torno al TLCAN, las que en Canadá se nutrieron de aquellos internacionalistas que vivieron en Centroamérica. El ambiente político que empezó a gestarse en México en las postrimerías del PRI como gobierno, junto con la negociación del TLCAN, hizo más atractivo el trabajo de solidaridad con los mexicanos.

El segundo grupo estaba constituido por las iglesias canadienses, que en 1987 organizaron dos acciones fundamentales: la Ecumenical Conference on Free Trade, Self Reliance and Economic Justice y la declaración conjunta de numerosas organizaciones sociales, titulada *A Time to Stand Together: A Time for Social Solidarity*. Ambos grupos crearon las bases para el nacimiento de una nueva coalición, llamada Pro-Canada Network, que en 1991 cambió su nombre a Action Canada Network, y tuvo un papel fundamental en la creación de la RMALC [Gutiérrez-Haces, 1995a].

En el despertar de las redes trinacionales resulta evidente la influencia de los movimientos ecuménicos y de los sindicatos más independientes, que desempeñaron un importante papel; sin embargo, la coordinación de programas conjuntos, así como la organización de las acciones de protesta, no ocurrió sin escollos. Conforme el tiempo avanzó, las agendas políticas de las redes provocaron momentos de tensión que pusieron en peligro la unidad trinacional en contra del TLCAN.

En cuanto a los objetivos a perseguir, muy pronto quedó evidenciado que la oposición trilateral hacia el TLCAN podría presentar ciertas diferencias, conforme la discusión aterrizaba en aspectos más puntuales, tal fue el caso de la definición sobre el porcentaje de contenido nacional de las exportaciones que circularían en el espacio norteamericano. Como se mencionó anteriormente, los sindicatos canadienses y estadounidenses exigían un porcentaje tan elevado que de haber sido aceptado en las negociaciones hubiera eliminado la posibilidad de exportar libremente las mercancías mexicanas.

Estas redes estaban conformadas por diversos grupos; en el caso de Canadá y de Estados Unidos, contaban además con representantes locales y provinciales. En este sentido, la dificultad más seria dentro de las relaciones entre las redes trinacionales la representaron la perspectiva política y los puntos de vista de los grupos sindicales en Quebec, que sostenían posiciones menos radicales contra el TLCAN que los grupos, redes y coaliciones del Canadá inglés, notablemente más agresivas que las quebequenses.[31]

Este aspecto influyó directamente en la RMALC, que por medio del FAT[32] mantenía una relación histórica con la Confederación de Sindicatos Nacionales (CSN), lo cual implicó que la RMALC oficialmente tampoco se pronunciara abiertamente en contra del TLCAN [Masicotte, 2004: 234-300].

Dentro de esta tesitura, en una primera etapa, tanto el Canadian Labour Congress (CLC) como la Federación Estadounidense del Trabajo y Congreso de Organizaciones Industriales (AFL-CIO), prefirieron establecer sus contactos en México en torno a la Confederación de Trabajadores Mexicanos (CTM), la cual históricamente ha sido la confederación de obreros más vinculada a los intereses gubernamentales y, por ende, al PRI. Su desconocimiento sobre la situación sindical en México fue evidente; quizás este fue mucho más acentuado del lado canadiense, ya que el CLC había tenido contactos muy esporádicos con los mexicanos. Esto produjo buena cantidad de confusiones entre los sindicatos de Canadá y México, sobre todo cuando los primeros constataron que el sindicalismo oficial mexicano solo aceptaba las consignas del gobierno, lo cual en este caso se traducía en una posición a favor del TLCAN. Posteriormente, el CLC rectificó su estrategia y llevó a cabo una serie de actividades conjuntas con el FAT en torno al TLCAN.

Quizás uno de los más grandes escollos fue el interés proteccionista de los grupos estadounidenses, en especial los ambientalistas y los sindicalistas, que en casi todo momento empujaron a las redes mexicanas a jugar un juego político por demás peligroso. Los grupos mexicanos, generalmente menos avezados en el cabildeo que sus contrapartes, fueron prácticamente cooptados por la agenda de las redes estadounidenses.

Los testimonios mexicanos ante el Congreso de este país solo alimentaron la xenofobia contra México, la cual fue bien aprovechada

por la prensa y los congresistas estadounidenses. Las características de
la maquila, el uso de fuerza de trabajo infantil, la ausencia de sindicatos
independientes en la frontera norte o la falta de medidas de protección
ambiental fueron denunciadas con honestidad en los testimonios mexicanos. Este hecho solo sirvió para nutrir el cabildeo estadounidense
contra México y provocar varios intentos de deslegitimación del gobierno mexicano en contra de aquellos que habían ofrecido testimonios y entrevistas a los estadounidenses.

Bajo este clima, la mayoría de los sindicatos oficiales en México
empezó a cuestionar a aquellos compañeros que se oponían más abiertamente al cierre de plantas en Estados Unidos o en Canadá, como
una consecuencia atribuida al TLCAN. La principal crítica que se les hacía consistía en cuestionar las razones de su oposición a la relocalización
de las plantas canadienses y estadounidenses, que finalmente al reubicar-
se en México darían trabajo a los mexicanos.

Ante estos hechos, cabría preguntarse cómo se pudieron crear estas
redes cuando había diferencias políticas tan fundamentales entre ellas.

Quizá la correa de transmisión que unió a las tres redes fue la discusión sobre la democracia. La apertura económica en México generó
una nueva óptica en torno a este tema, en especial cuando se le vinculó
con la forma en que la negociación del TLCAN se estaba llevando a cabo.
Pronto el reclamo de las redes se unificó en torno a lo antidemocrático
del proceso de negociación.

La actividad que desarrollaron las redes logró importantes avances en varios aspectos. Quizá la red mexicana fue la que mejor supo
aprovechar la presión que sobre la democratización de México exigían
Canadá y Estados Unidos, al convertirse en el interlocutor de mayor
reconocimiento entre las organizaciones sociales, los sindicatos y sobre
todo ante el grupo negociador mexicano. Esta red indudablemente fue
la que menos desgaste sufrió en el proceso de 1990 a 1995; por ser la
última en crearse no se vio obligada a seguir una trayectoria de moviliz-
aciones y activismo tan intensa como la sufrida por la canadiense y la
estadounidense, desde 1987.

En especial recordemos como Action Canada Network se vio envuel-
ta en dos procesos de negociación sobre el libre comercio; participó en

el proceso de reforma constitucional de Charlottetown; en las elecciones federales de 1994 y en el debate sobre Quebec y el Referéndum en 1995, sin olvidar que sus vínculos con el Partido Nueva Democracia y el Canadian Labour Congress la obligaron a participar en las contiendas federales y provinciales.

Estas redes contaban con el apoyo intelectual de varios centros de reflexión e investigación sobre la realidad de sus países, entre ellos destacaron Common Frontiers Project, the Ecumenical Coalition for Economic Justice, the Canadian Center for Policy Alternative y el Economic Policy Institute.

En el caso de la red mexicana nunca hubo un centro de investigación y análisis que la respaldara, sino que en forma individual y hasta anónima muchos intelectuales y altos funcionarios gubernamentales apoyaron el análisis y la investigación.

La falta de un centro pensante al servicio de la red mexicana aparentemente implicaba una desventaja, pero esta carencia en realidad jugó a su favor, pues no tuvieron necesidad de acoplar ni de multiplicar los acuerdos políticos con una enorme cantidad de grupos como fue el caso de sus aliados.

Otro factor de importancia fue el financiero, los mexicanos directamente se apoyaron en la infraestructura del FAT y no se desgastaron buscando financiamientos para montar una oficina y contratar personal de apoyo, ya que la mayoría de sus integrantes trabajaban benévolamente. Con el tiempo, y a medida que aparecieron nuevos temas por discutir, la RMALC generó indirectamente la creación de diversas ONG, las cuales sí participaron en la dinámica de los financiamientos. Este aspecto ha sido ampliamente discutido dado el nivel de dependencia económica de las organizaciones sociales respecto a las fundaciones internacionales.[33]

6.6.3. *Papel de la Red Mexicana de Acción frente al Libre Comercio*

Paralelo al proceso de preparación de las negociaciones, la sociedad civil también tuvo una participación destacada en el proceso del TLCAN. Diversas organizaciones sociales de Canadá, como Action Canada Network, Canadian Center for Policy Alternatives, Confederation des Syndicats Nationaux de Québec, Coalition Quebec, Common Frontiers,

Ecumenic Coalition for the Economic Justice, y otras más, empezaron a tomar contacto con sus homólogos en México con el objetivo de concientizar a las organizaciones sociales mexicanas sobre lo que significaba esta negociación y la posibilidad de organizarse conjuntamente para influir en el proceso; estas acciones repercutieron en la dinámica de los sindicatos independientes en México, quienes descubrieron la dimensión internacional del debate, el cual apenas empezaba en México.

Este proceso dio lugar a la formación de la Red Mexicana de Acción Frente al Libre Comercio (RMALC), una organización fundada en abril de 1991, en la que confluyeron sindicatos no afiliados a la CTM –y, por tanto, no controlados por el gobierno–, así como organizaciones sociales, académicos, representantes de las iglesias, pequeños y medianos empresarios y organizaciones campesinas: "El nacimiento de la Red es parte de un proceso iniciado en octubre de 1990 que ha consolidado relaciones trinacionales con referentes sociales similares y también de carácter sectorial, en una lógica de revisar experiencias, promover intercambios y encontrar intereses y posiciones comunes frente al impacto que tendrá el Tratado de Libre Comercio en las expectativas y formas de vida" [RMALC, 1995].

Esta red tempranamente planteó al gobierno mexicano la inclusión de una serie de demandas de corte social en la negociación del TLCAN, entre estas se pedía la adopción de un salario mínimo y beneficios sociales a nivel trilateral.

Este planteamiento difícilmente podía haber tenido éxito cuando una de las ventajas que esgrimían los negociadores mexicanos residía justamente en el atractivo de los bajos salarios como uno de los factores que formaba parte de las ventajas comparativas de México. Como una respuesta a la demanda planteada por la RMALC, el grupo negociador mexicano mencionó que para homologar el salario había necesidad de establecer normas de productividad y una organización del trabajo en México distinta de la vigente.

Un aspecto en el cual la RMALC hizo hincapié de forma recurrente fue en la falta de información sobre los mecanismos de la negociación, así como sobre los aspectos que estaban siendo sujetos al arreglo comercial. Efectivamente, la Secofi no había permitido que fuera del dominio público los estudios que se habían preparado, en especial aquellos que habían sido hechos por la COECE, de la misma manera que también prevalecía una actitud de enorme discrecionalidad dentro del grupo que tenía a su cargo las negociaciones.

Las organizaciones que reclamaban mayor transparencia consideraban que tanta secrecía no hacía más que encubrir posibles violaciones a la Constitución mexicana. Ante esto la Secofi alegaba que debían mantener en secreto la estrategia de la negociación para no "abrir el juego" a los negociadores de Canadá y Estados Unidos.

Es un hecho que la presión que la RMALC aplicó sobre los negociadores mexicanos recibió un enorme respaldo del exterior, en especial de Estados Unidos en donde ya existía una larga tradición a favor de la apertura democrática en México.[34]

En este sentido, las demandas formuladas por la RMALC fueron inmediatamente consideradas como una consecuencia más de la falta de democracia en México; después de todo –afirmaban– la forma en que se estaba llevando a cabo el proceso de negociación reflejaba claramente el grado de antidemocracia que existía en la relación entre el gobierno y la ciudadanía.

Uno de los logros de dicha presión consistió en que a partir de 1991 la Secofi decidió reunirse en privado, en múltiples ocasiones, con integrantes de la RMALC,[35] y asimismo enviar miembros del grupo negociador a participar en los eventos sobre el TLCAN que la Red estaba llevando a cabo. La finalidad era muy clara: consideraban preferible discutir con la RMALC determinados aspectos de la negociación, que continuar siendo el blanco de los ataques de los opositores al TLCAN. Esto no significó que la mayoría de estas demandas fueran satisfechas por la Secofi, pero al menos se propició un diálogo por iniciativa del gobierno, que nunca había ocurrido en México. No deja de ser paradójico considerar que finalmente el gobierno mexicano estableció un mayor contacto con los grupos gubernamentales que sus homólogos en Canadá y Estados Unidos.

Debido a las anteriores circunstancias, la RMALC se convirtió en un interlocutor reconocido no solamente por el gobierno mexicano, situación inusual para México e inexistente en el caso de Canadá y de

Estados Unidos, donde pese a la gran capacidad de las redes, estas nunca obtuvieron un trato semejante de los grupos negociadores de sus países.

Las redes trinacionales estuvieron presentes en todas las reuniones que los negociadores celebraron, y en estas se convirtieron en *El Segundo Cuarto de Junto*, ya que el primero lo ocupaban los integrantes del sector empresarial y exportador de México.

Las redes, dando pruebas de sagacidad política, aprovecharon sistemáticamente la disponibilidad de los medios de comunicación internacionales que asistían a estas reuniones, para publicitar sus posiciones y puntos de vista sobre la negociación, lo cual evidentemente repercutía sobre los negociadores.

En especial durante la Reunión Trilateral en Zacatecas, en octubre de 1991, las tres redes organizaron un evento paralelo llamado *La opinión pública y las negociaciones del Tratado de Libre Comercio: Alternativas ciudadanas*. A pocas horas de que el evento comenzara, el gobernador del estado de Zacatecas canceló la autorización para que la reunión se celebrara en uno de los más conocidos teatros de la ciudad. Temiendo que los participantes decidieran tomarlo por su cuenta, las autoridades dieron orden de desclavar y quitar las butacas del recinto para impedir que la reunión se llevara a cabo, calculando que con esta medida fracasaría el evento.

Gracias a la Universidad Autónoma de Zacatecas, la reunión pudo celebrarse en sus instalaciones, y sorpresivamente los medios de comunicación decidieron trasladarse y darle cobertura internacional, quizá fastidiados de que los grupos negociadores dosificaran a tal extremo la información que prácticamente no tenían ningún material o información del cual echar mano para cubrir el evento. Así que aburridos de esperar, se trasladaron al encuentro paralelo organizado por la RMALC, el cual contó con la presencia de destacados activistas políticos y religiosos [*Memoria de Zacatecas*, RMALC, 1992].

La reunión de Zacatecas agrupó a más de 120 organizaciones sociales, las cuales buscaban principalmente presionar a los gobiernos de los tres países a que se aprobara, junto con el TLCAN, una carta de derechos laborales, así como el establecimiento de una política migratoria más justa y sancionar a las empresas exportadoras que contaminaban el medioambiente. La reunión también fue aprovechada por destacados activistas políticos ligados a la lucha por el mejoramiento de los derechos humanos y la implantación de un régimen más democrático en México.[36]

Con seguridad, uno de los momentos de mayor impacto en este proceso ocurrió el 21 de marzo de 1992, día de fiesta nacional en México y objeto de un largo asueto burocrático en que en una sorpresiva conferencia de prensa, organizada por dos conocidos activistas mexicanos vinculados a la RMALC,[37] se dio a conocer el borrador de 400 cuartillas que contenía los términos en que se estaba dando la negociación. Este documento había sido discutido en la reunión de los tres grupos negociadores, ocurrida en Dallas, Texas. Su filtración tomó por sorpresa a todos los que participaron en dicha reunión y obligó a los jefes negociadores a cambiar parte de su estrategia.

El *Borrador de Dallas*, como se le llamó, había sido filtrado por un integrante del gobierno de la provincia de Ontario, en aquel entonces en manos del Partido Nueva Democracia (NDP) a uno de los grupos canadienses que se oponían al Tratado.[38] Estos, a su vez, se encargaron de enviarlo a sus homólogos estadounidenses. Estos activistas, calculando el impacto político que tendría esta información, decidieron no darle publicidad en Estados Unidos sino filtrarlo expeditamente a los mexicanos, a sabiendas de que su impacto sería mayor si era descubierto desde México.

El *Borrador de Dallas* daba buena cuenta de los temas que se estaban negociando; de estos podía inferirse la orientación bajo la cual eran negociados. Era también un resumen de todos los avances y acuerdos que se habían logrado hasta la última reunión ministerial en Dallas, Texas, celebrada el 21 de febrero de 1991.

Este borrador permitió a los grupos opositores comparar con el ALCCEU los avances o la permanencia de ciertos aspectos y puso fin al coto cerrado de la negociación y la supuesta discrecionalidad con que debía ser manejado.

Cuatro días después, la RMALC entregó a la Comisión Permanente del Congreso de la Unión el borrador ya traducido al español –para que no hubiera excusa de que los congresistas no leían en inglés y por tanto no pudieran opinar al respecto–, haciendo énfasis en que su entrega era un deber ciudadano, ya que el Poder Ejecutivo no lo había hecho hasta ese momento.

Los diputados de la oposición llevaron a la tribuna la discusión del citado borrador, y fueron increpados por los legisladores del PRI, quienes trataron de negar la validez del documento y reiteraron el derecho absoluto de la Secofi a mantener en secreto los avances de la negociación.

Varios aspectos merecen ser mencionados respecto de dicha filtración. En primer término, finalmente después de meses de incertidumbre se pudo saber, gracias a su lectura, cuál era el carácter de la negociación, cuáles eran las posturas divergentes entre los tres países y cuáles eran los aspectos que se estaban negociando. Fue importante también detectar la correlación de fuerzas de los grupos negociadores y en qué rubros cada uno cedía o negociaba.

En segundo término, se detectaron omisiones de importancia, que en muchos casos se había dejado entender que sí se negociarían, como fue el caso de las demandas sociales, la protección ambiental y los derechos laborales. Esto último influyó directamente sobre la presión que se ejerció después, durante la presidencia de Clinton, para que se formularan los llamados *Acuerdos Paralelos* en lo ambiental y lo laboral.

Este borrador permitió a las tres redes discutir con bases más reales el contenido de lo que se estaba negociando y construir un diálogo más pragmático en relación con lo que cada país negociaba; fue importante tomar mayor conciencia de que era poco realista pretender una estrategia absolutamente trilateral, cuando estaba claro que no solo los negociadores sino las organizaciones no gubernamentales y sindicales de cada país buscaban el logro de ciertos objetivos que no necesariamente eran coincidentes con los intereses de los otros países.

El *Borrador de Dallas* puso de manifiesto el poder de la opinión pública en los tres países; la fuerza de cabildeo en Estados Unidos y en Canadá se vio notablemente reforzada con la aparición del documento. En el caso de México, el *Borrador* no provocó una discusión política de envergadura que realmente incidiera en la negociación, en gran medida debido a la estructura e idiosincrasia de la división de poderes, aunada a la hegemonía del PRI.

Vale la pena aclarar que la propia configuración del documento, tecnicista, confuso y con un exceso de entrecomillados y espacios en blanco dentro de casi cada párrafo,[39] en ocasiones poco ayudó al debate en el Senado y en la Cámara de Diputados en México [Gutiérrez-Haces, 1992b].

Por su parte, la RMALC declaró en abril de 1992 que las negociaciones tomaban un rumbo marcadamente desfavorable para México, pues ni Estados Unidos ni Canadá reconocían a México como una nación con menor desarrollo económico. Esto no hacía más que revivir el viejo debate sobre la asimetría económica de ciertos países en las negociaciones librecambistas, aspecto por demás importante puesto que el gobierno mexicano insistía en que México debía negociar en pie de igualdad económica, cuando esto realmente estaba muy poco apegado a la realidad.

En esta argumentación, se encontraba subyacente el interés que Salinas de Gortari y su equipo económico tenían en introducir al país, por medio de alianzas económicas como el TLCAN y la OCDE en la modernización. Paradójicamente, México logró su entrada a la OCDE en 1994, unas horas antes de que el candidato del PRI a la Presidencia de la República, Luis Donaldo Colosio, fuera asesinado. Este suceso desencadenó un retroceso político, económico y social que vertiginosamente alejó a México de la modernización y lo hundió en una de las etapas más conflictivas de la historia reciente del país.

Pero no únicamente las organizaciones sociales y los sindicatos se encontraban preocupados frente a una negociación en la que había mucha ignorancia sobre lo que realmente significaba un acuerdo de libre comercio; también los partidos políticos empezaron a buscar respuestas y, desde luego, una vez más la participación de los canadienses fue crucial.

En octubre de 1990, el Partido Acción Nacional (PAN) organizó un coloquio internacional titulado *Experiencias de la negociación del Tratado de Libre Comercio Canadá-Estados Unidos*, al cual fueron convocados todos los militantes y simpatizantes de este partido, pero además, por tratarse de una organización de centro-derecha, la asistencia rebasó cuantitativamente cualquier expectativa, ya que tanto el sector empresarial como los mandos medios de varias Secretarías de Estado decidieron asistir con la confianza de que era un evento convocado por la derecha y no por los grupos y partidos de izquierda, como el Partido de la Revolución Democrática (PRD).

La sorpresa fue grande para propios y extraños, pues los organizadores del evento tuvieron gran interés en invitar a destacados ponentes de Canadá, que fueron tanto representativos de la oposición como proclives al TLCAN. Asimismo, se procuró que entre los ponentes hubiera una representación provincial equilibrada y que también participaran algunos negociadores del ALCCEU, así como académicos y personeros del mundo financiero y empresarial de Canadá[40] [Gutiérrez-Haces, 1991].

En mi opinión, este evento influyó sensiblemente en la preparación de las negociaciones, pues el debate que los canadienses provocaron sugirió a los mexicanos muchos tópicos que hasta ese momento no se habían contemplado, en especial los aspectos relacionados con el petróleo, la maquila, los servicios financieros, la agricultura y la seguridad social.

Un aspecto por destacar fue que únicamente los canadienses presentaron públicamente sus puntos de vista.[41] Paradójicamente, esto les permitió abrir el debate sobre el ALCCEU en suelo mexicano, lo que no había sido posible en Canadá, y al mismo tiempo evitó que el evento se distorsionara con la presencia de ponentes mexicanos que seguramente habrían hecho un nuevo acto de fe frente al proyecto de Salinas de Gortari. Al menos en este coloquio, los oyentes escucharon, retuvieron libremente lo que desearon y en consecuencia actuaron a mediano plazo. Meses después, el PAN publicó las actas del coloquio bajo el título *Experiencias de la negociación del TLC entre Canadá y Estados Unidos*, así como un documento interno en el que el PAN desarrollaba su posición respecto a México y su entorno internacional.

No podría dejar de mencionarse cómo el PRD, al lanzar su iniciativa sobre *Un Acuerdo Continental para el Desarrollo*, produjo un interesante impacto en los grupos canadienses y estadounidenses, en especial cuando de la lectura de tal propuesta podía deducirse que no se estaba en contra de la apertura económica ni a favor de un proteccionismo comercial *per se*; la oposición se centraba en la forma en que se estaba llevando a cabo la negociación del TLCAN por parte del gobierno mexicano. Esta posición fue claramente ratificada en múltiple ocasiones por el PRD y fue el eje de los discursos que Cuauhtémoc Cárdenas, líder moral del PRD, llevó a cabo durante sus viajes por América del Norte y Europa. Cabe mencionar que la propuesta continental en cierto momento propició cierta confusión en el exterior, en cuanto que los grupos opositores manejaban posiciones más radicales que las de Cárdenas en relación con el TLCAN.

6.7. ¿Cómo negociaron nuestros negociadores?

Los negociadores mexicanos tenían como principal objetivo integrar la economía mexicana, por medio del TLCAN, a una región económica y geográfica, en donde el comercio de bienes y servicios, así como los flujos de inversión, representaban 80% de su relación económica con Estados Unidos.

Alcanzar una mayor complementariedad y reciprocidad eran parte de sus metas ya que se les consideraba una condición *sine qua non* para enfrentar la competitividad que la globalización exigía. El TLCAN era visto por los negociadores como complemento y fortalecimiento de las políticas de cambio estructural de la economía que el gobierno estaba llevando a cabo con el propósito de lograr un mayor crecimiento económico, así como una mejor distribución del ingreso.

El primer paso para apoyar las negociaciones fue la creación del Consejo Asesor del Tratado, integrado por representantes del sector laboral agropecuario, empresarial y académico [Secofi, 1993].

El liderazgo de las negociaciones se asignó a la Secretaría de Comercio y Fomento Industrial, que a su vez creó la Oficina de la Negociación del Tratado de Libre Comercio, en febrero de 1993; esta se elevó al rango de Subsecretaría de Negociaciones Comerciales Internacionales.

Con el objeto de coordinar los trabajos de las entidades de la administración pública en relación con las negociaciones, se creó una Comisión Intersecretarial del Tratado de Libre Comercio, en la que participaron diversas Secretarías de Estado: Secofi; Relaciones Exteriores; Desarrollo Social; Hacienda; Trabajo y Previsión Social; la Oficina de la Presidencia y el Banco de México, principalmente [Blanco, 1994: 22].

Un año después del anuncio presidencial, el 12 de junio de 1991, se inició el proceso de negociación en Toronto, Canadá. Este concluyó catorce meses después, el 12 de agosto de 1992. Posteriormente, durante el mes de octubre de ese año, los tres países rubricaron el documento y el 17 de diciembre de 1992 los tres mandatarios firmaron el TLCAN [Bertrab von, 1996: 108-112].

En el caso de México, desde agosto de 1992, por orden presidencial se inició el Programa de Difusión del Tratado de Libre Comercio, que organizó 44 reuniones a lo largo de toda la república para informar los resultados de la negociación. Esta decisión estuvo profundamente influida por la propaganda que la oposición canadiense había difundido en México, y que la RMALC y algunos partidos políticos habían retomado, en el sentido de que el gobierno conservador había solamente hecho público el ALCCEU cuando este ya había sido firmado por ambos gobiernos.

El hecho fue que los negociadores mexicanos decidieron "curarse en salud" y lo difundieron entre agosto y diciembre, antes de que este fuera firmado. Dentro de la misma dinámica, se celebraron 14 foros en el Senado de la República, con el fin de informar a los legisladores sobre el contenido del TLCAN.

El Senado mexicano lo aprobó el 22 de noviembre de 1993, mientras que la Cámara de los Comunes y el Senado de Canadá, lo hicieron respectivamente el 27 de mayo y el 23 de junio de 1993. En Estados Unidos el TLCAN fue aprobado el 17 y el 20 de noviembre de 1993 [Serra Puche, 1994, Salinas de Gortari, 2001: 1100].

Durante el proceso, del lado mexicano, se suscitaron algunos aspectos que merecen mención aparte, en especial cuando se considera que una de las críticas que inicialmente recibieron los negociadores mexicanos fue su falta de experiencia, la cual aludía tanto al hecho de que ninguno de los participantes era un negociador de anteriores contiendas como la del GATT, y que el promedio de edad de sus integrantes en la mayoría de los casos no llegaba a los 40 años.

Para muchos fue evidente que uno de los criterios aplicados en la selección del equipo negociador consistió en que sus miembros carecían de memoria histórica y con esto nos referimos a que no se buscó gente que hubiera crecido dentro del modelo nacionalista-desarrollista-proteccionista. Cuando se repasa la lista con los nombres de quienes negociaron el GATT en 1979 y 1986, resulta sorprendente que ninguno de estos negociadores tuvo la oportunidad de ofrecer su vasta experiencia en la negociación del TLCAN, sino que se prefirió elegir profesionistas ligados al proceso de desregulación económica y liberalización comercial, y, por tanto, públicamente identificados con el proceso que pretendía tener como corolario al tratado.

Otro rasgo fue que los miembros del equipo eran en su mayoría parte de una orgullosa generación de estudiantes formados bajo los esquemas estadounidenses aplicados en instituciones universitarias mexicanas y extranjeras; nunca las escuelas de administración pública, negocios y comercio internacional tuvieron tanta demanda como en este período; evidentemente el viejo modelo que había alimentado a los viejos funcionarios públicos se había nutrido del humanismo y del universalismo europeo, en especial del francés, y definitivamente este perfil no era el que buscaba la Oficina de Negociaciones del TLCAN.

El joven equipo maduró aceleradamente durante el proceso y la forma en que idearon estrategias, método de trabajo, concesiones y negociaciones; fue motivo de sorpresa para muchos de los negociadores extranjeros que esperaban encontrarse con el estereotipo del mexicano: gente mal preparada, que poco sabía sobre cómo negociar un acuerdo comercial de esta magnitud. No olvidemos que los otros negociadores contaban con una experiencia previa, que sin lugar a dudas era de un peso considerable, pues habían negociado el ALCCEU y tenían años de participar activamente en las rondas del GATT.

La cantidad de recursos invertidos y el número de integrantes del equipo –más de cien–, demuestran la importancia que el gobierno mexicano otorgaba a la negociación. En opinión de muchos, dentro del equipo sobresalió su firme decisión de llevar a cabo un cambio radical en el esquema comercial, y no únicamente defender los viejos sectores privilegiados de la economía mexicana [Rubio, 1992: 81].

Respecto a esto último, habría que decir que a través del proceso de negociación, así como del documento final, el gobierno mexicano consideró que los cambios económicos quedarían asegurados; quizá lo que nunca calcularon fue que la transición macroeconómica tocaría a los viejos sectores privilegiados, provocando una reacción en cadena que reventó en diciembre de 1994, la propia reforma macroeconómica.

6.8. Contenido y objetivos del TLCAN

El 12 de agosto de 1992, el secretario de la Secofi, Jaime Serra Puche, anunció en conferencia de prensa que la negociación del documento definitivo del TLCAN estaba terminado. El proceso había implicado más de doscientos encuentros ministeriales, y más de doscientas reuniones de trabajo con cada uno de los grupos especializados. Para dar a los productores mexicanos tiempo de adaptarse a la competencia atada al tratado, los plazos de puesta en marcha habían sido previstos en cuatro pasos. El primero entraría en vigencia con la puesta en marcha del tratado en enero de 2004; el segundo sería colocado cinco años más tarde; el tercero a diez años de la firma, y, finalmente, un plazo especial de liberalización de 15 años después del comienzo del acuerdo con el fin de proteger a los sectores más sensibles como la agricultura.

Un aspecto particularmente favorable para México es que los Estados Unidos abrieron con más rapidez su mercado a las exportaciones mexicanas.

Por otra parte, el texto oficial del Tratado se divide en ocho partes, y está integrado por 22 capítulos con sus anexos correspondientes. Este documento, firmado por los tres jefes de Estado de los países signatarios, incluye más de 400 páginas y su estructura es la siguiente:[42]

Parte I: Disposiciones generales
   Capítulo 1: Objetivos
   Capítulo 2: Definiciones generales

Parte II: Comercio de bienes
   Capítulo 3: Trato nacional y acceso de bienes al mercado
      Anexo 300-A: Comercio e inversión en el sector automotriz
      Anexo 300-B: Bienes textiles y del vestido

   Capítulo 4: Reglas de Origen
   Capítulo 5: Procedimientos aduanales

ANEXOS

Anexo I: Reservas en relación con medidas existentes y compromisos
            de liberalización
Anexo II: Reservas en relación con medidas futuras
Anexo III: Actividades reservadas al Estado
Anexo IV: Excepciones al trato de Nación Más Favorecida
Anexo V: Restricciones cuantitativas
Anexo VI: Compromisos diversos
Anexo VII: Reservas, compromisos específicos y otros

El artículo 101 establece una zona de libre comercio el cual dice:

Las Partes de este Tratado, de conformidad con lo dispuesto en el
Artículo XXIV del Acuerdo General sobre Aranceles Aduaneros y Comercio, establecen una zona de libre comercio.

El artículo 102 determina cuáles son los objetivos del TLCAN:

1. Los objetivos del presente Tratado, desarrollados de manera más
   específica a través de sus principios y reglas, incluidos los de trato
   nacional, trato de Nación Más Favorecida y transparencia, son los
   siguientes:

   a) eliminar obstáculos al comercio y facilitar la circulación trans-
       fronteriza de bienes y de servicios entre los territorios de las
       Partes;

   b) promover condiciones de competencia leal en la zona de libre
       comercio;

   c) aumentar sustancialmente las oportunidades de inversión en
       los territorios de las Partes;

   d) proteger y hacer valer, de manera adecuada y efectiva, los de-
       rechos de propiedad intelectual en territorio de cada una de
       las Partes;

   e) crear procedimientos eficaces para la aplicación y cumplimien-
       to de este Tratado, para su administración conjunta y para la
       solución de controversias; y

   f) establecer lineamientos para la ulterior cooperación trilateral,
       regional y multilateral encaminada a ampliar y mejorar los
       beneficios de este Tratado.

2. Las Partes interpretarán y aplicarán las disposiciones de este Tratado a la luz de los objetivos establecidos en el párrafo 1 y de conformidad con las normas aplicables del derecho internacional.

El artículo 103 establece la relación entre el TLCAN y otros acuerdos, en los siguientes términos:

1. Las Partes confirman los derechos y obligaciones existentes entre ellas conforme al Acuerdo General sobre Aranceles Aduaneros y Comercio y otros acuerdos de los que sean parte.

2. En caso de incompatibilidad entre tales acuerdos y el presente Tratado, este prevalecerá en la medida de la incompatibilidad, salvo que en el mismo se disponga otra cosa.

6. 9. De la transición a la consolidación del TLCAN

La crisis económica que estalló en México en 1994 puso en evidencia varios de los argumentos que ya habían sido señalados por los opositores al TLCAN en su momento. El primero de estos enfatizaba que aún con el TLCAN en marcha, no se podía prescindir totalmente de la regulación estatal, sobre todo si resultaba evidente que esta debía rediseñarse de acuerdo con las circunstancias impuestas por el tratado y el propio proceso de continentalización.

La llamada de auxilio dada por los industriales mexicanos, a través de sus principales cámaras organizativas, convocando a retomar una política industrial más nacionalista, demostró un despertar, desgraciadamente extemporáneo, de una parte importante del sector empresarial. Estas agrupaciones reclamaban al Estado mexicano una mayor regulación de las importaciones, particularmente debido a las acciones proteccionistas del Congreso estadounidense en relación con ciertos productos como el atún, el azúcar y la alta fructosa, así como el *dumping* que en forma creciente ejercían ciertos exportadores del Sudeste Asiático en materia de producción de zapatos e industria del vestido, entre otros.

Tardíamente, el gobierno mexicano reconoció el fundamento de una regulación necesaria e incrementó sustancialmente algunos aranceles a través de los impuestos compensatorios. En otros casos, fue el propio Congreso de México la institución que gravó internamente ciertos productos que en el origen tenían un componente importado, con el propósito de desalentar su consumo y favorecer a los productores nacionales de un bien semejante. Tal fue el caso del impuesto que se aplicó a la alta fructosa estadounidense, con la cual se producen la mayoría de las bebidas gaseosas en México. Este sobreimpuesto de 20% tenía el propósito de favorecer el consumo del azúcar de caña de origen mexicano en detrimento del de maíz.[43]

Resulta evidente que antes del proceso de negociación del TLCAN hubiera sido impensable que el gobierno mexicano ejerciera cierto regulacionismo en lo concerniente a su política internacional de comercio, lo que evidentemente hubiera sido mal visto por sus socios en Washington y Ottawa.

Por otra parte, el capital *golondrina* que había llegado al país en forma sustancial para colocarse en la Bolsa de Valores, durante el sexenio de Salinas de Gortari, fue otro aspecto que reforzó la idea de que no podía pretenderse que el país se desarrollara en forma estable sin contar con una política oficial que incluyera suficientes estrategias para enraizar el capital en la producción y la modernización de la base económica de México.

Era evidente que las pretensiones de desregulación instantánea no habían permitido a la industria mexicana adecuarse a las nuevas condiciones de un mercado más competitivo, entre otros mediante la modernización de sus equipos y un incremento sustancial de la productividad. Un mayor gradualismo de las medidas desregulacionistas hubiera permitido un incremento progresivo de las exportaciones para sostener en el mediano y largo plazo, una balanza de pagos relativamente estable y una moneda más sólida.

Durante el proceso de negociación del TLCAN, así como en los primeros años de su instrumentalización, el debate en torno a la posibilidad de concretar una nueva relación trilateral, inspirada en la normatividad del tratado sirvió como punta de lanza para justificar un gran número de reformas y cambios de carácter político, legal y económico en México. El proceso de negociación de TLCAN concluyó con la publicación y firma de un enorme texto, dividido en dos volúmenes, que contienen una excesiva cantidad de cláusulas, que de manera bastante críptica sentaron las bases para el futuro intercambio comercial en América del Norte. Las primeras impresiones que se derivaron de la lectura de este documento son dignas de reflexión para entender el proceso de instrumentación del tratado.

El documento fue negociado y redactado en forma compartimentalizada, esto significa que el grupo negociador mexicano segmentó exageradamente la tarea de analizar documentos e idear posibles escenarios de negociación, controló la información de cada funcionario; en suma, dividió y supervisó cuidadosamente el proceso, de tal forma que casi nadie tuvo en sus manos la posibilidad de contar con una visión de conjunto, y no me refiero a toda la negociación, sino a un tema específico de la negociación.

El resultado fue que las condiciones de seguridad y confidencialidad fueron estrictas, pero también la responsabilidad de la visión de conjunto, ya que la negociación total recayó en un número muy reducido de altas autoridades y burócratas [Rubio, 1992: 81].

Esto nos lleva a una segunda reflexión: el TLCAN fue anunciado, negociado y publicado de tal manera que provocó expectativas y mensajes optimistas que reflejaron con cierto dramatismo la necesidad que tenía la sociedad civil en México de considerar al tratado como un anuncio de que habría cambios sustanciales en su cotidianidad.

Esta actitud reflejaba el hecho de que generalmente los proyectos de integración económica son inicialmente más populares que los programas de ajuste estructural. Los primeros son anunciados con promesas de mayor empleo, un incremento del dinamismo económico y mejoras sociales; mientras que en el segundo caso, aun el público menos avezado intuye que las políticas de ajuste implican sacrificios económicos, estrechez en los niveles de vida y, sobre todo, resultados positivos muy inciertos.

Es dentro de este escenario que ocurrió el proceso de transición, en el cual se abandonó una enorme cantidad de prácticas y normas que encuadraban el modelo de desarrollo económico anterior, básicamente de carácter proteccionista, el cual fue sustituido por cambios institucionales, legislativos y económicos sustanciales, encaminados a facilitar el tránsito de México hacia el librecambismo [Gutiérrez-Haces, 1991b: 147].

El proceso de transición que se inició a finales de 1990 significó un gran desafío dentro del proyecto de modernización económica llevado a cabo por los últimos tres gobiernos, a partir de la presidencia de Salinas de Gortari; en especial después de los sucesos ocurridos en Chiapas, los cuales pusieron en tela de juicio muchos de los cambios con que se pretendía habilitar al país para asumir el TLCAN.[44]

Esta transición engendró desde sus orígenes ciertas particularidades, ya que se trató de un proceso de cambio cimentado en una crítica acérrima al modelo de industrialización proteccionista y la exaltación de la apertura económica. Estas apreciaciones ciertamente resultaron sorprendentes si se considera que la crítica al viejo modelo económico, la actual iniciativa de cambio y la nueva propuesta de modelo de desarrollo provenían del mismo partido político: el PRI.[45]

Efectivamente, la transición apareció como resultado de un nuevo debate sobre la nación, que poseyó todos los elementos de la discusión neoliberal en torno al desarrollo económico del país. Como vimos en capítulos anteriores, desde 1982 la discusión se había inclinado hacia opciones económicas que justificaban una visión del mercado, como un agente regulador eficiente frente a la existencia de una gestión estatal, que en opinión de muchos había conducido al país a su ruina.

La transición a partir del proceso negociador del TLCAN se desarrolló en varias etapas, en ella hubo un desenajenamiento del propio comportamiento del PRI, el cual se alejó rápidamente de las premisas económicas y políticas dentro de las cuales había construido el anterior modelo de desarrollo económico, para introducirse, gracias al debate y negociación del TLCAN, en una dinámica que intentaba edificar un nuevo proyecto nacional.

En la transición mexicana, la casi obligatoriedad de elegir entre una política económica basada en una gestión estatal fuerte y proteccionista, frente a una estrategia que diera prioridad al libre movimiento de las fuerzas del mercado sin ningún tipo de intervencionismo, fue y sigue siendo una disyuntiva falsa. El Estado mexicano ha venido aplicando una política directa, contundente y vertical, para implementar las bases del modelo aperturista, de la misma manera que lo hizo con el modelo de industrialización por sustitución de importaciones.

En este sentido, la transición se desarrolló simultáneamente en dos niveles: el internacional y el doméstico, ambos han estado permanentemente interrelacionados y han influido sobre la gobernabilidad del país.

En el ámbito internacional, el gobierno mexicano ha tenido que enfrentar el incremento del proteccionismo comercial en múltiples foros, desde la OMC hasta los tribunales de justicia de los Estados Unidos. El recrudecimiento del proteccionismo comercial dentro del TLCAN ha resultado sumamente complejo, sobre todo porque este se ha visto amparado por la propia normatividad del tratado.

Este hecho ha tenido un impacto muy específico en la sociedad civil mexicana, ya que en términos generales ha encontrado incomprensible que pese a que existe un nuevo esquema comercial de apertura y liberalización en América del Norte, se sigan recibiendo acusaciones y penalizaciones sobre sus exportaciones, como ocurre con el atún, el camarón, la varilla de acero y el cemento, entre otros rubros.

Desde luego, el proteccionismo comercial refuerza el pacto social de los Estados Unidos, pero no ayuda sustancialmente en un proceso de transición tan difícil como ha sido el de México, en que el respaldo ciudadano al TLCAN es frágil. Estos ciudadanos son tanto los exportadores de escobas a Estados Unidos, que producen una derrama económica sobre un sector muy pobre en México, y que desde luego en caso de penalizaciones comerciales jamás tendrán el poder económico para ganar un juicio internacional como lo hizo Cementos de México (Cemex), una empresa mexicana que controla 68.2% del mercado de cemento mexicano, 72% del concreto premezclado en México y en el sur de los Estados Unidos, y que tiene una importante presencia en América Latina y España. Cemex perdió 50 millones de dólares al dejar de exportar durante el litigio que sostuvo con los Estados Unidos durante 1992. Finalmente, la razón se inclinó a favor de la empresa mexicana; sin embargo, es de reconocer que muy pocos exportadores mexicanos podrían enfrentar un litigio tan prolongado y oneroso.

En lo interno, existen algunos elementos que pueden servirnos para entender la transición, en especial los de carácter económico. Para muchos ha existido un ambiente de apresuramiento en los tiempos en que se hizo la demolición del proteccionismo, aunque debemos reconocer que tal dinamismo provocó algunos efectos positivos que México requería desde décadas, entre estos podría mencionarse: *1)* forzó al aparato productivo a dinamizarse frente a la competencia internacional; *2)* rompió con un mercado de consumidores cautivos, presa fácil de monopolios comerciales, que se habían desarrollado bajo el proteccionismo estatal; *3)* abrió la mentalidad de la gente ante nuevas realidades económicas que no se limitaron a los Estados Unidos, como ha sido específicamente la posibilidad de organizar estrategias económicas alternativas con Canadá.

La liberalización económica también produjo ciertos escollos, tales como haber forzado a la planta productiva a enfrentar la apertura económica sin una verdadera calendarización; sin la posibilidad de crear suficientes políticas de ajuste que lograran amortiguar el impacto en la pequeña y la mediana industrias, así como entre los agricultores menos ubicados en las actividades de exportación. Si bien las medidas de choque resultaron ser atractivas en el exterior, ya que fueron interpretadas como un signo de que México llevaba a cabo su proyecto de modernización con seriedad, es importante distinguir entre los grupos empresariales e industriales fuertes, que desde 1985 habían establecido estrategias acordes con la apertura económica, profundizando sus lazos con la inversión extranjera y el sinnúmero de pequeños y medianos empresarios que se encontraban deficientemente preparados para los ajustes, pero que representaban 70% de la población económicamente activa del país.

Aunado a esto, también destaca cómo el libre comercio alteró el esquema económico interno que prevalecía, al dar una mayor prioridad a la estrategia exportadora. El talón de Aquiles de la transición ha sido el comportamiento de la inversión extranjera, que en el sexenio de Salinas de Gortari alcanzó un valor de 30 641.8 millones de dólares, de los cuales 53.2% estaba colocado en la Bolsa Mexicana de Valores [*Informe Banamex*, 1993].

Para contrarrestar tal tendencia, la Comisión Nacional de Inversión Extranjera autorizó emitir acciones para ser adquiridas por extranjeros bajo régimen de inversión neutra y, por tanto, con trato nacional, aspecto que no sorprende puesto que en el cuerpo legal de TLCAN, en los capítulos III y XI, se estipula que "cada una de las partes otorgará trato nacional a los bienes de otra parte".

México recibió desde 1989 importantes flujos de inversión foránea destinada al mercado de valores, lo mismo ocurrió con la compra de los bancos. Debido a este tipo de movimientos, México captó más capitales por conducto del sector bursátil y financiero que por la actividad productiva en toda su historia.

La nueva inversión que surgió con el TLCAN ha hecho uso del Régimen Automático de Inversión, que permite su autorización sin pasar por la Comisión Nacional de Inversión Extranjera.[46] Este cambio apenas describe la dimensión de los principales cambios debidos a la transición y actualmente hay otros desafíos, que pueden ser clasificados de la siguiente manera:

6.9.1. Desafío legal y normativo

El paquete jurídico del TLCAN incluyó innumerables cambios en la normatividad mexicana. Los años de 1992 y 1993 se distinguieron por la cantidad de disposiciones legales emitidas, con el fin de adecuar constitucionalmente la realidad del tratado con la legislación mexicana [*Leyes del Tratado de Libre Comercio*, 1993].

En apariencia todos estos cambios desmantelaron el soporte jurídico del antiguo modelo de desarrollo económico, pero el desafío sigue residiendo en el grado de aceptación que logren estas leyes en la sociedad civil mexicana.

La impresión que ofrece esta excesiva normatividad es de un profundo temor de que los cambios no permanezcan más allá de un sexenio, de ahí que la reglamentación en marcha sirva como un candado para cerrar cualquier intento de regresar al proteccionismo de antaño.

6.9.2. Desafío institucional

Los cambios legales y la normatividad han debido ser aplicados por un sinnúmero de instituciones y funcionarios, muchos de estos fueron anteriormente el apoyo del proyecto económico proteccionista. Bajo el libre comercio, siempre puede existir el peligro de que los responsables del cambio, sobre todo los más cercanos a la población, tengan dificultades para instrumentarlo, ya sea porque no les convence o no lo entienden administrativamente o porque lo desaprueban al no ofrecerles ganancias suplementarias como antaño. Este aspecto ha resultado especialmente flagrante en la aplicación de las Reglas de Origen y en el tratamiento que se ha dado a los inversionistas provenientes de la región de América del Norte.

6.9.3. Desafío ético

Estos cambios conllevan una transformación de los viejos usos y costumbres. En especial la burocracia comprometida en la instrumentalización de los grandes cambios legales ha tenido que prepararse a la par que el funcionamiento del TLCAN. Esta situación, idealmente hablando, podría haber erradicado algunas prácticas de corrupción ligadas al anterior modelo económico, como las que se llevaban a cabo en las aduanas o las formas en que se acostumbraba hacer buenos negocios en México, generalmente evadiendo la legalidad.

6.9.4. Desafío en la política internacional de comercio

Lograr convergencia entre los diversos proyectos de integración; compatibilizar los diversos marcos jurídicos, en especial entre aquellos ya existentes y el TLCAN, como serían el Mercosur, la ALADI, el Mercado Común Centroamericano (MCCA), la Comunidad Andina, la Unión Europea y especialmente el ALCA [Blanquer, 2004: 16].

Dentro del esquema planteado por el TLCAN, el peligro consistiría en que se desarrolle un bilateralismo asimétrico en el que Estados Unidos represente la contraparte obligada. Este fenómeno puede darse aun dentro del TLCAN, puesto que los intereses de México y Canadá se inclinan por acrecentar preferentemente su presencia en el mercado estadounidense, que en el del otro socio comercial.

6.10. Puntos vulnerables del TLCAN

Un primer aspecto por considerar es que cualquier evaluación del TLCAN enfrentará serias dificultades al tratar de deslindar, por un lado, los efectos derivados tanto de la apertura comercial iniciada a mediados de los años ochenta como las consecuencias de las políticas de ajuste estructural aplicadas, y por otra parte, los efectos generados por la instrumentación del tratado.

En ocasiones se ha recurrido indiscriminadamente al TLCAN como el elemento explicativo para la mayoría de los cambios ocurridos en México en los últimos años; sin embargo, estudios recientes reconocen que algunos de los efectos negativos adjudicados al TLCAN igualmente hubieran ocurrido debido a que la lógica de la globalización empuja en la misma dirección con o sin un tratado. En relación con esto, M. Larude afirma: "Even if NAFTA had never been approved, the long-term trend toward shifting production from the U.S. to Mexico would surely have continued, as more firms learned how to do business in Mexico. Thus some of the jobs lost can be attributed to this long term trend rather than to NAFTA" [Larude, 1999: 143].

Otro aspecto que vendría a reforzar lo anterior es que el TLCAN es solo una pieza dentro del conjunto de reglamentaciones que pesan sobre el comercio internacional, en especial a partir de la creación de la OMC. Visto en retrospectiva, resulta cada vez más evidente que en los últimos veinte años ha predominado una voluntad política supranacional que ha buscado reestructurar la economía internacional a partir de cada nuevo acuerdo o tratado que se concluye.

Así, el ALCCEU buscó superar las deficiencias que en opinión de Canadá y Estados Unidos habían acumulando las rondas del GATT, en especial la Ronda Uruguay. A su vez, el TLCAN fue un ajuste y avance del ALCCEU, el cual a su vez fue remedado en ciertos aspectos por la reglamentación de la OMC. Paradójicamente, en un universo donde la desregulación parece tener la última palabra, resulta que la economía mundial se encuentra agobiada por la sobrerregulación, una consecuencia directa del exceso de normatividad que han producido la multiplicación de los tratados comerciales.

Uno de los objetivos que Canadá y México persiguieron con la firma del TLCAN fue el acceso seguro al mercado estadounidense. Los hechos demostraron rápidamente que este no era el caso, básicamente porque la preservación y aplicación de las leyes que garantizan lo que los estadounidenses consideran un comercio justo fue y seguirá siendo la verdadera finalidad de sus negociaciones.

El uso del término *comercio justo* solapa la verdadera naturaleza de las relaciones comerciales que este país sostiene con el mundo. Este implica la reciprocidad irrestricta y, sobre todo, la existencia de una balanza comercial que siempre mira a sus propios intereses; dentro de esta visión, los subsidios, el *dumping* y los casos de comercio desleal ocupan un sitio central.

El gobierno de Estados Unidos ha sido muy enfático desde la rubricación tanto del ALCCEU como del TLCAN: estos "no pueden exentar a ningún país de las leyes comerciales estadounidenses", y como prueba de ello están las controversias sobre madera blanda y los coches Honda en el caso canadiense; estos, entre muchos otros, han sido el objeto de los paneles de solución de controversias del capítulo XIX del Tratado. Dentro de este proteccionismo, también mencionaríamos la forma en que grupos de agricultores, comerciantes y empresarios han hecho valer sus intereses por medio del Congreso estadounidense o simplemente acudiendo a un juez local, el cual cuenta con la capacidad legal de decretar una sanción comercial a un país durante varios años como fue el caso de las exportaciones de atún y de camarón en México.

Durante el debate suscitado en contra del TLCAN, se repitió una de las críticas que había sido utilizada reiteradamente contra el ALCCEU: el tratado había sido el resultado de una negociación muy influida por las empresas transnacionales y los principales representantes de los sectores económicos nacionales que respaldaban a tales empresas.

Los representantes gubernamentales desempeñaron a su vez un doble papel: por una parte, negociaron lo que era de su competencia, y, por el otro, participaron como facilitadores entre los intereses empresariales de los tres países y sus gobiernos. En esta negociación, los sindicatos oficiales fueron considerados marginalmente y los grupos sindicales independientes fueron ignorados por completo [Gutiérrez-Haces, 1996a: 161].

Al revisar el contenido del TLCAN se observa que las tres grandes empresas automotrices estadounidenses estuvieron presentes durante todo el proceso negociador,[47] a tal grado que una de las pocas menciones específicas que dentro del texto del tratado se hicieron en el capítulo sobre las Reglas de Origen se refiere a los textiles y al sector automotriz;

en el resto del documento aparecen pocas menciones con la especificidad de las anteriores.

A 20 años de la firma del tratado, se observa un nivel de alta concentración corporativa en el sector externo, tanto de México como de
Canadá. En especial, el gobierno canadiense ha quedado atrapado entre
su política internacional de comercio y los intereses de las corporaciones
que amenazan con cerrar y relocalizar sus plantas para obtener mayores
privilegios en aras de la competitividad.

Los impuestos corporativos federales en Canadá han ido decrecien-
do. En un estudio publicado por B. Campbell, se habla de una reducción de 36% a 28% a partir de finales de la década de 1980; lo contrario
ha ocurrido con los subsidios gubernamentales a las empresas, los cuales han aumentado sensiblemente. La situación mexicana no ha sido
muy distinta, a diario las empresas por medio de sus agrupaciones insisten en una reforma a fondo de la política fiscal, cuando se sabe que las
grandes empresas gozan de una carga impositiva irrisoria comparada con
sus ganancias [Campbell, Gutiérrez-Haces, Jackson, Larudee, 1999].

El peso del comercio dentro de la zona del TLCAN recae sobre un
número reducido de empresas, casi todas transnacionales, 70% de las
corporaciones estadounidenses se encargan del comercio entre Canadá
y Estados Unidos. En el caso de México, el nivel de transnacionaliza-
ción ha crecido junto con la apertura económica, pero quizás el fenómeno más preocupante es que muchas de estas empresas han dejado
de comprar a las empresas mexicanas y han organizado una estrategia de adquisiciones sirviéndose de las proveedoras extranjeras, muchas
veces subsidiarias de estas. En este sentido, la posición gubernamental
que está a favor de una mayor liberalización de la inversión extranjera
aduciendo que crean fuentes de trabajo no se sostiene al demostrarse
que la mayoría de las transnacionales invierten dentro de su propia
corporación y sus filiales.

De acuerdo con un estudio apoyado por la Organización Internacional del Trabajo (OIT), se estima que 45% del comercio entre Estados
Unidos y Canadá es intrafirma, en especial en la manufactura, y que
más de 55% del comercio intrafirma entre México y Estados Unidos
se concentra en las exportaciones; actualmente se calcula que este es

44% superior al de antes de la puesta en marcha del TLCAN [Campbell, Gutiérrez-Haces, Jackson, Larudee, 1999].

Pero la concentración no es únicamente corporativa y sectorial, también sobresale el elevado nivel de concentración regional, que prácticamente se reduce a América del Norte; las cinco primeras empresas exportadoras en México exportan a Estados Unidos y Canadá y las cinco importadoras ubicadas en territorio mexicano tienen también a Estados Unidos como el único país de origen para sus importaciones.

En contraposición, mientras estas empresas adquieren cada día más el rango de globalizadas, un creciente número de empresas mexicanas llegan al límite de su resistencia frente a las presiones de la competitividad; una de las problemáticas sin solución para los gobiernos de Canadá y México es lograr la sobrevivencia de estas empresas, las cuales contribuyen con un alto porcentaje al empleo.

La pequeña y la mediana empresas son un sector económico de importancia en los dos países y representan 95% de las unidades productivas en México. Solamente 5% de las empresas registradas en el país son exportadoras; de estas, alrededor de 3% genera entre 80% y 85% de las exportaciones. La apertura económica en México y el TLCAN, al poner como prioridad de este proyecto al sector exportador, provocaron que las empresas asumieran cambios tecnológicos y de organización que significaron ahorro de mano de obra [Godínez, 1997].

Una consecuencia de las presiones corporativas es el decrecimiento del gasto social como parte de las medidas tendientes a compensar la reducción fiscal corporativa. Los programas más golpeados han sido el seguro de desempleo y el de incapacidad, en el caso específico de Canadá. Por su parte, las jubilaciones, los seguros de gastos médicos y los programas de educación y capacitación en los tres países también han sido afectados. La proporción de desempleados elegibles para el seguro de desempleo en Canadá cayó de 83.4% en 1989 a 41.1% en 1997. Respecto a Estados Unidos, M. Larude afirma que cada día son mayores las dificultades que tienen los trabajadores estadounidenses para cumplir con los requisitos que dan derecho al seguro de desempleo, en especial por la oferta de trabajo a tiempo parcial. En México no existe ningún seguro de desempleo y, por tanto, los individuos bajo estas circunstancias sobreviven gracias a la solidaridad social y a la informalidad.

Por su parte, el NAFTA Trade Adjustment Assistance Program en Estados Unidos solo beneficia a los trabajadores que pueden probar que trabajan en la producción de bienes industriales y deben presentar un documento del Departamento de Trabajo que certifica que la pérdida de ese empleo se debe al impacto de las importaciones de México y de Canadá, o a la relocalización de la producción fuera de territorio estadounidense. Independiente de este programa, existen otros que buscan aliviar el desempleo pero sus requisitos no son más sencillos que los del anterior; resulta notable que son los trabajadores sindicalizados los que han tenido un mayor acceso a estos programas.

Debido a las grandes diferencias que existen en política social en estos países, resulta difícil comparar el impacto del TLCAN ya que los programas sociales son distintos, sin olvidar que Canadá cuenta con mayores apoyos federales y provinciales en relación al desempleo y la jubilación.

Indudablemente dos de los grandes problemas que ha enfrentado el TLCAN han sido el empleo y los salarios. Estos dos aspectos han sido fuente de controversia entre los sindicatos y las organizaciones sociales de los tres países, en especial porque la racionalidad del tratado reside en dos principios que contravienen la política laboral y salarial que hasta hace pocos años tenía vigencia:

- El primero sería que al crear un espacio productivo de acuerdo con los parámetros del TLCAN se ubicarían eficientemente los factores de producción: capital, trabajo-tecnología y recursos naturales, de acuerdo con las ventajas comparativas de cada país.
- El segundo sería que las economías de escala y una mayor especialización productiva en el mercado de América del Norte llevarían a mayores ganancias y eficiencia [OIT, 1998: 4].

Estos argumentos, convincentes para aquellos que respaldan el TLCAN sin restricciones, ignoraron las especificidades de cada uno de los países analizados, en especial porque poco tomaron en consideración el desempleo existente, el aumento del sector informal, la situación de la balanza comercial, las condiciones en que se llevaba a cabo la movilidad de capital, la desigualdad salarial, y las diferencias sindicales entre los tres países.

Ningún análisis oficial sobre los posibles impactos del TLCAN dimensionó el cambio que ocurriría en cuanto al equilibrio de poder, en el cual la lógica de las transnacionales junto con la movilidad del capital erosionaron el poder del Estado, pero también a los grupos y organizaciones que tradicionalmente vinculaban a los trabajadores con el gobierno, en especial los sindicatos.

En un primer momento, resultó muy conveniente para los gobiernos y los empresarios el deterioro del poder sindical, es bien sabido cómo las empresas capitalizaron la necesidad de competitividad bajo el TLCAN, amenazando en cada negociación de un contrato laboral, con cerrar la empresa o reducir el número del personal si las negociaciones no se hacían a su manera. Pero las amenazas de relocalización, de cierre de empresa y de reducción salarial también terminaron por afectar la capacidad fiscal del gobierno, el cual, al privatizar las empresas paraestatales y de La Corona, renunció a una fuente segura de ingresos, aunado a esto, la dependencia de ciertos recursos naturales como fuente de ingreso para los gobiernos los hizo aún más vulnerables, como fue la caída de los precios internacionales del petróleo en enero de 1998.

Al TLCAN se le atribuyó desde su negociación un carácter político estratégico; lo cual significó que no fue únicamente concebido como un acuerdo comercial sino también como la política pública nacional de mayor importancia.

A diferencia de otros acuerdos comerciales, el TLCAN fue enfocado como una estrategia que se proponía consolidar el proceso de modernización económica en México. En este sentido, a parir de 1994, se ha dado continuidad a dicho proyecto. Esto explicaría en parte la actitud de firmeza, poco usual en el pasado, ante las presiones proteccionistas de diversos sectores nacionales, los cuales insisten en la renegociación de ciertos capítulos del tratado. La negativa a tal pedimento expresa la existencia de una férrea voluntad política, decidida a no ceder frente a lo que el gobierno identifica como el surgimiento de una "contramodernización económica"; al respecto, el presidente Zedillo declaró en su momento: "El TLCAN no está a discusión, tenemos que aprender a vivir, competir y ganar mercado en Estados Unidos". [*El Financiero*, enero de 1999].

La actitud del gobierno no ha desalentado las presiones de ciertos grupos económicos, las cuales han ido en aumento conforme el tiempo de desgravación ha transcurrido. Así, los agricultores, la micro, pequeña y mediana empresa insisten en que se revisen las cuotas y que los calendarios de desgravación sean más equilibrados, en suma exigen que se renegocie el contenido del TLCAN.

Si consideramos que los primeros cinco años del tratado abarcaron la primera etapa de desgravación arancelaria, cabe preguntarse bajo qué criterios se llevó a cabo la negociación. Esta pregunta es pertinente si se considera que los sectores desgravados en esta etapa fueron considerados dentro de la negociación, lo suficientemente consolidados como para resistir la apertura.

Una de las razones por las cuales el modelo de apertura no logra ser identificado como nacional es que la política industrial actual presenta grandes dificultades en la incorporación de una estrategia espacial.

La apertura comercial ha disociado el espacio de la producción de la del mercado, la ruptura del vínculo entre la planta productiva nacional y el mercado doméstico y su sustitución por una multiplicidad de centros de producción y consumo, dentro y fuera del país, ha tenido serias consecuencias.

Una posible explicación de la manifiesta negligencia de las autoridades mexicanas respecto a la política industrial y el TLCAN sería que, de acuerdo con el cambio arriba mencionado, no habría necesidad de políticas industriales acopladas al mercado doméstico, sino la aplicación de una estrategia industrial supeditada a los requerimientos de la competitividad internacional. Esto quizás explique la posición oficial vigente que apoya a las empresas más competitivas ligadas al mercado internacional. El resto de la planta productiva, de acuerdo con esta óptica, estaría condenada a sufrir una suerte de darwinismo económico y, en el mejor de los casos, convertirse en empresas de segunda clase, o reconvertirse en comercializadoras de productos importados dentro de la misma orientación de aquellos que antes producían, como sería el caso de las vitivinícolas nacionales.

Ligado a lo anterior, resulta notable cómo dentro de la estrategia económica vigente existen serios problemas en la integración de cadenas productivas sectoriales y regionales debido a la ausencia de una estrategia industrial capaz de vincular racionalmente las actividades que están dirigidas al mercado externo y al doméstico.

Por el contrario, lo que se observa hasta ahora es un proceso de fragmentación cuando no de polarización, debido a que para las autoridades es más importante la presencia de la inversión extranjera, aun cuando esta implique la ruptura de cadenas productivas o la creación de eslabonamientos productivos paralelos que terminan por aniquilar a las anteriores.

Una actitud bastante generalizada, en relación a lo anterior, es que en el ámbito oficial están persuadidos de que la inversión extranjera cumple también con la función de desplazar automáticamente a las partes más rezagadas, improductivas o menos competitivas de un eslabonamiento, aunque este sea nacional.

La ruptura de las cadenas productivas fue uno de los temas que ocupó gran parte del discurso de la oposición al TLCAN, las autoridades hicieron caso omiso de este, aun siendo un caso en que los argumentos que se esgrimieron estaban bien fundamentados. Resulta revelador que cinco años después el debate sobre la ruptura de cadenas productivas fue recuperado por los creadores del Programa sobre Política Industrial y Comercio Exterior, sin que esto haya significado un cambio real.

Antes de concluir, quisiera mencionar una circunstancia por demás paradójica: el efecto que ha producido sobre la economía mexicana el número cada vez más creciente de trabajadores mexicanos que participan diariamente con su trabajo en el dinamismo de la planta productiva de los Estados Unidos. Los bajos salarios que generalmente perciben contribuyen al reforzamiento de la competitividad de las exportaciones estadounidenses a México. No hay que olvidar que la flagrante dependencia de bienes intermedios importados por el sector manufacturero de exportación creció recientemente en más de 75%. Visto de esta forma, podríamos decir que parte de la competitividad comercial estadounidense es subvencionada por el trabajo y los salarios de la migración mexicana a los Estados Unidos.

Si a este hecho sumamos que el TLCAN no contempla dentro de su contenido ningún tipo de regulación sobre la movilidad laboral en América del Norte, pero sí estipula el cumplimiento de cláusulas como la de contenido regional o la de tratamiento nacional, las cuales prácticamente han creado un mercado cautivo en la región, resulta evidente que la fuerza de trabajo mexicana en México enfrenta enormes desventajas dentro del TLCAN.

NOTAS

[1] La Secretaría de Educación Pública de México, desde hace 40 años, publica anualmente los libros de texto gratuitos para las escuelas primarias. Cada determinado tiempo el contenido de los libros se actualiza. Durante el sexenio de Salinas de Gortari, el libro de *Historia* fue modificado sensiblemente, en particular se suprimieron o se minimizaron todas aquellas referencias históricas que de alguna manera alimentaban el nacionalismo. La guerra e invasión estadounidense de 1846-1847 prácticamente fue suprimida, así como todos los pasajes que podrían contribuir a una imagen negativa de los Estados Unidos. Cuando eso se descubrió, estalló un gran escándalo, en especial entre los intelectuales. Esta protesta se vio exacerbada cuando se percataron de que la historia de México llegaba hasta el período de Salinas de Gortari, aun cuando no había concluido su mandato, y que en ella los logros de su gobierno eran ampliamente tratados en detrimento de otros períodos como el del presidente Cárdenas y la expropiación petrolera.

[2] Carlos Rico considera que en la experiencia anterior se habían enfrentado dos escuelas de pensamiento económico que tenían profundas diferencias respecto a temas tan importantes como el papel del Estado y del mercado en la reestructuración económica. Quienes desde 1979 se habían pronunciado a favor de la entrada al GATT estaban ahora en la cúspide del poder político, lo cual facilitaba la creación de un consenso político interno. Finalmente, México ingresó al GATT el 24 de agosto de 1986 [Rico, 2000: 163].

[3] Gracias a este acuerdo se eliminaron los precios oficiales como método de valoración aduanera y se lograron concesiones arancelarias diversas, así como la inclusión de la *prueba del daño* para toda demanda de Estados Unidos en contra de las expor-

taciones mexicanas. La *prueba del daño* consistía en obligar al gobierno de Estados Unidos a comprobar cualquier daño que supuestamente ocasionaban las exportaciones mexicanas, antes de aplicar un impuesto compensatorio. En 1985, los dos gobiernos dieron un importante paso hacia el establecimiento de un acuerdo marco. En una declaración pública conjunta acordaron poner trabas a las compañías estadounidenses que buscaran una compensación por parte de sus competidores mexicanos (aplicando la prueba del daño), a cambio del compromiso de eliminar gradualmente los subsidios [*Informe*, 1988: 64].

[4] Estas exenciones solo tenían vigencia durante un año, lo cual significaba que al final del período Estados Unidos podía decidir cuáles productos quedarían excluidos de ese esquema preferencial.

[5] Este acuerdo estableció los procedimientos y principios para resolver las controversias comerciales y facilitar la inversión y el comercio entre los dos países. Durante 1988, se ratificó el Acuerdo Marco y se discutió el borrador de un acuerdo que pretendía liberalizar algunos sectores industriales, un poco en la misma tesitura del Pacto del Automóvil de Estados Unidos y Canadá, firmado en 1965. Este acuerdo no logró consolidarse, en especial porque se temió incurrir, con una liberalización sectorial, en la segmentación de algunas ramas del sector manufacturero y romper con las cadenas productivas intersectoriales, como podía ser el caso del sector automotriz y el de la electrónica [*Informe*, 1988: 64].

[6] La Asociación Latinoamericana de Integración estaba formada por Argentina, Bolivia, Brasil, Colombia, Chile, Ecuador, México, Paraguay, Perú, Uruguay y Venezuela. Estos países firmaron el Tratado de Montevideo el 12 de agosto de 1980; este tratado fue ratificado por el Senado mexicano el 12 de febrero de 1981.

[7] Una situación similar fue la que finalmente empujó al gobierno canadiense a iniciar las negociaciones del ALCCEU.

[8] Los miembros de la Comisión fueron: Héctor Aguilar Camín, director de la Revista *Nexos*; Gilberto Borja, presidente del Grupo ICA; Ivonne Brathwaite, socia del bufete Jones, Day, Reavis & Pogue; Juan José Bremer, presidente de la Comisión de Relaciones Exteriores de la Cámara de Diputados; Fernando Canales Clariond, empresario de Monterrey; Henry Cisneros, alcalde de San Antonio, Texas; Lawrence Eagleburger, presidente del bufete Kissinger Associates; Ernesto Fernández Hurtado, director del Banco de Comercio; Carlos Fuentes, escritor; Roger Heyns, presidente de la Fundación William and Flora Hewlett; Nancy Landon Kassebaum, senadora de Kansas; Hugo Margain, senador por el Distrito Federal; Robert McNamara, expresidente del Banco Mundial; Mario Ojeda, presidente de El Colegio de México; Charles Parry, presidente de Aluminium Co.; William D. Rogers, socio del bufete Arnold & Porter; Glen E. Watts, expresidente de la AFLCIO, y Rosario Green y Meter Smith como directores ejecutivos.

[9] El monto del financiamiento nunca fue revelado y la propia Comisión tampoco hizo una rendición de cuentas al momento de publicar el informe final. Tomando

en cuenta que la razón de ser de la Fundación Ford es precisamente alentar y financiar este tipo de proyectos, resultaba normal que el monto no fuera del dominio público, ya que esta Comisión no era una creación gubernamental, sino una oficina privada, y, como tal, tampoco era financiada directamente con los impuestos de los contribuyentes.

[10] En aquel momento, Green era la directora del Instituto Matías Romero de Estudios Diplomáticos perteneciente a la SRE; Smith era profesor de Ciencia Política de la Universidad de California en San Diego. Ambos habían destacado por sus trabajos sobre esta temática; sin embargo, resulta notable la asimetría en los cargos profesionales. Mientras que Smith era un profesor universitario, Green era representante del gobierno mexicano, con rango de embajadora, dentro de la Secretaría de Relaciones Exteriores; indudablemente esto marcó la orientación de las reuniones de la Comisión.

[11] Ocupó el cargo en la Secretaría de Economía, anteriormente llamada Secofi, durante el gobierno del presidente Vicente Fox.

[12] La crisis de la deuda en México se vio profundamente agravada por diversas circunstancias, entre ellas podemos mencionar: el incremento en las tasas de interés; la caída de los precios internacionales del petróleo, que redujeron los ingresos públicos y la desaceleración del crecimiento económico a escala mundial, que limitó la demanda de las exportaciones no petroleras. Aunado a esto, las altas tasas de inflación y la caída del peso no hicieron más que agravar una situación que ya de por sí resultaba insostenible para los mexicanos.

[13] Por ejemplo, en abril de 1990, poco antes de que empezaran formalmente las negociaciones del TLCAN, fue secuestrado por agentes de la DEA un médico mexicano, en la ciudad de Guadalajara, acusado de complicidad en la tortura y muerte del agente Camarena. El Dr. Álvarez fue llevado secretamente a los Estados Unidos. Este hecho llevó al descubrimiento de las acciones encubiertas de la DEA en México y a la forma en que había recurrido al soborno. Pese a la protesta oficial del gobierno mexicano, el Dr. Álvarez no fue liberado de inmediato, lo que llevó a Salinas de Gortari a publicar e imponer severas reglas a las acciones de la DEA en México.

[14] Aparentemente, las observaciones de Bush se basaban en lo que había estado ocurriendo durante la presidencia de Luis Echeverría y de López Portillo, y en menor grado con De la Madrid, ya que Salinas de Gortari acababa de tomar posesión como presidente. Sin embargo, el comentario de Bush no fue fortuito: buscaba alertar a Salinas, quien poco tiempo tenía de haber realizado su primera visita y su primer viaje al extranjero a los dos países con que colinda la frontera sur: Guatemala y Belice.

[15] Salinas temía que los estadounidenses pretendieran obtener concesiones comerciales a cambio de la negociación de la deuda externa. También le preocupaba que el gobierno mexicano tuviera que concederles una disminución arancelaria a cambio

de la reducción de la deuda y que a su vez esto no significara el libre acceso de las exportaciones mexicanas a su mercado.

[16] Como resultado de esta negociación, el saldo directo de la deuda externa se redujo en 7 171 millones de dólares, monto superior al contratado por México entre 1820 y 1970 (4 262 millones de dólares).

[17] Aunque en reiteradas ocasiones se sostuvo que el contenido de la Constitución mexicana no iba a ser tocado con el propósito de habilitar al país para las negociaciones del TLCAN, en los hechos ocurrió exactamente lo contrario. Seguro los ejemplos más notables fueron la reforma al Artículo 27, que suprimió el ejido y ofreció a los campesinos mexicanos el derecho pleno sobre sus tierras, lo cual significó la apertura de los ejidos a la venta de cualquier postor. Sin el absoluto respaldo de los legisladores ni de la ciudadanía, se procedió a hacer los cambios necesarios, a partir de modificaciones de tipo técnico en la reglamentación de la explotación de petróleo o el régimen de la inversión extranjera. Por ejemplo, el TLCAN reconoció la reclasificación de los productos que correspondían a la petroquímica secundaria efectuada desde 1992, para que fueran objeto de inversión. Por su parte, el gobierno mexicano se reservó la propiedad directa del petróleo y los carburos de hidrógeno sólido, así como el derecho exclusivo de explotar, refinar y procesar petróleo y gas natural, procesos que por razones obvias son los más costosos y onerosos, ya que la recuperación de la inversión es muy incierta. En cambio, la inversión extranjera tuvo acceso a la petroquímica secundaria y a la venta de servicios técnicos.

[18] Desde la perspectiva mexicana, la firma del ALCCEU podría desplazar el flujo del comercio que tradicionalmente se destinaba al mercado estadounidense.

[19] El libro mencionado resulta particularmente interesante porque presenta ordenadamente el desarrollo de una gran cantidad de asuntos que ocurrieron durante su gobierno. Su versión de muchos de estos hechos nunca fue publicada por los periódicos. Sus observaciones sobre lo que ocurrió en aquellos seis años, y en particular durante las negociaciones del TLCAN son valiosas porque ofrecen una idea más cabal de lo que sucedió, desde la perspectiva del poder. Sin embargo, la manera como se seleccionaron los temas y el manejo de estos refleja una gran habilidad del autor para acomodar los hechos a su propia versión de la historia y el papel que en ella desempeñó, los cuales son siempre relatados en primera persona. Salinas publicó su libro en 2000, cuando el gobierno de Zedillo había concluido y la victoria del PAN llevaba a Vicente Fox a la presidencia.

[20] Esta cautela también fue acompañada de múltiples negativas formuladas por funcionarios del gobierno, los cuales rechazaron públicamente que se estuviera contemplando una negociación con Estados Unidos. Por ejemplo, Fernando Solana como secretario de Relaciones Exteriores negó a los legisladores mexicanos, en enero de 1989, la posibilidad de que se estuviera preparando la negociación de un acuerdo de libre comercio que abarcaría a América del Norte, y en su lugar mencionó la conveniencia que se veía en celebrar acuerdos comerciales sectoriales.

Jaime Serra Puche, secretario de Comercio, mencionó en su primera conferencia de prensa que sería muy difícil negociar un acuerdo comercial con las características del ALCCEU; más adelante, en febrero de 1989, Serra negó enfáticamente el asunto y habló de que México buscaría "nichos de exportación" y no un acuerdo como el canadiense. Este hermetismo cambió después de febrero de 1989 como consecuencia de la reunión en Davos [Garciadiego, 1994: 11-15; Salinas, 2001: 53].

[21] Durante el proceso de preparación, previo a las negociaciones formales del TLCAN, Salinas contó con un operador político astuto y eficaz: Luis Donaldo Colosio. Este fungía como presidente del PRI en aquel entonces. Cuando llegó el momento de destapar el delfín para suceder a Salinas en la presidencia de la república, Colosio apareció como el elegido y por supuesto el PRI lo respaldó. Durante su campaña, Colosio reiteró la necesidad de democratizar México y abrir el juego político a otros partidos. Su innegable carisma y su discurso sobre la renovación interna del PRI, con seguridad atacó los intereses de ciertos sectores políticos. Colosio fue asesinado en 1994, en un mitin de campaña en Tijuana. Salinas siempre deberá a Colosio el control y la neutralización de un gran número de integrantes del PRI, entre ellos todos los dirigentes obreros y campesinos, así como la burocracia gubernamental, lo cual le permitió echar a andar las negociaciones del TLCAN sin la oposición de los priistas, así como los cambios constitucionales, políticos y económicos que requería la modernización de Salinas.

[22] Entre estos empresarios destacaba Luis Germán Cárcoba, dirigente de la Concamin, la más poderosa organización de empresarios vinculada a la actividad industrial; Rolando Vega, dirigente del Consejo Coordinador Empresarial; Jacobo Zaidenweber, de la Cámara de Comercio México-Estados Unidos; Roberto Sánchez de la Vara, de la Canacintra; Hugo Villalobos, dirigente de la Confederación de Cámaras Nacionales de Comercio.

[23] No debemos olvidar que la propia organización del PRI es corporativa y que dentro de este partido la presencia de las centrales sindicales es nodal. Hasta la presidencia de De la Madrid, estos sindicatos tenían derecho a una cuota de representantes obreros en las dos cámaras legislativas por parte del PRI. Cada seis años, cuando el ritual de la sucesión presidencial comenzaba, tocaba a Fidel Velázquez, el máximo líder obrero, dar a conocer el nombre del candidato del PRI y este siempre aparecía al lado del presidente al momento del ceremonial. Esta costumbre terminó cuando los tecnócratas tomaron por asalto al PRI en 1982.

[24] Tomando en cuenta que la negociación abarcó todos los asuntos relacionados con la economía y el comercio de México, resultó una labor titánica la construcción de una agenda de trabajo que abarcara todos sus rubros. Los negociadores difícilmente hubieran podido olvidar los aspectos más importantes que tocaría el libre comercio, pero el hecho fue que pese a toda la organización que generó esta negociación, hubo algunos pequeñísimos sectores económicos que nunca fueron negociados. Dada la estructura organizativa de las instancias de apoyo a la negociación y la importancia

que en ellas tuvo la representatividad, ocurrió que algunos productores campesinos, sin representante ni voz, quedaron excluidos involuntariamente del tratado. Desde luego que cuando eso se descubrió, no se consideró que significara una catástrofe, sino simplemente parte de las omisiones de una gran transacción comercial. Dado el enorme proteccionismo que ha seguido imperando en la política agrícola de Estados Unidos y en menor grado de Canadá, pese al TLCAN, muchos productores agrícolas desprotegidos por el TLCAN fueron prácticamente borrados del campo mexicano.

25 En octubre de 1990, tuve la oportunidad de expresar mis puntos de vista en la Cámara de los Comunes, invitada por el Comité de Asuntos Internacionales del Parlamento de Canadá. Durante la audiencia, los parlamentarios pertenecientes al Partido Liberal expresaron serios cuestionamientos ante la posibilidad de negociar un nuevo tratado comercial. Por su parte, el Partido Nueva Democracia centró su interrogatorio sobre los bajos salarios existentes en México, así como en la ausencia de libertades y derechos laborales.

26 La xenofobia se exacerbó cuando algunos productos mexicanos, en especial de origen manufacturero, empezaron a ser vendidos en sus mercados. Este hecho produjo descontento y fue considerado como una prueba fehaciente de que pronto cundiría el desempleo tanto en Canadá, como en los Estados Unidos.

27 Este temor se apoyaba en la conocida interpretación que la ciencia política hace de las relaciones estadounidenses con el mundo bajo el concepto de *rueda y rayo* (*hube and spoke*), lo cual significa que los Estados Unidos se colocan como el eje de todas las relaciones comerciales y estos a su vez radiaban una serie de vínculos semejantes a la rueda de una bicicleta.

28 Mi presentación consistió en un análisis de la experiencia canadiense en el ALCCEU, con la que trataba de extrapolar aquellos aspectos que podrían alertar a los negociadores mexicanos sobre la problemática por venir. La exposición causó interés, sobre todo porque servía como un antecedente y punto de referencia distinto, dentro de un debate que desde su origen venía sesgado. La línea que el gobierno había lanzado fue apabullante y silenció visiblemente cualquier signo de desacuerdo con el proyecto de Salinas de Gortari. Paradójicamente, tuvieron que transcurrir diez años para que muchas de aquellas voces que se manifestaron disciplinadamente a favor reconocieran que no todos los efectos del TLCAN habían sido tan espectaculares como inicialmente fueron anunciados.

29 El caso de las monografías resulta particularmente revelador, ya que evidenció el profundo desconocimiento que tenían muchos de los representantes de aquellos sectores que serían compelidos por la negociación. Desde luego, los sectores más trasnacionalizados, como el automotriz, estuvieron mejor preparados que aquellos grupos que representaban a los sectores más tradicionales de la economía mexicana. Uno de los problemas más serios que tuvo que enfrentar la Secofi fue la ausencia casi total de información en torno a determinados productos y la evidente incapacidad

de muchos de los productores para elaborar una monografía que sirviera de punto de arranque en las negociaciones.

[30] Que El Colegio de México fuera la institución que captó el mayor número de contratos no es de extrañar, ya que muchos de los negociadores fueron egresados de esta institución y, durante años, algunos formaron parte de la planta académica. Jaime Serra Puche es un buen ejemplo de lo anterior.

[31] Este hecho encuentra su explicación en el peso tan significativo que detentaba el Parti Québécois en la vida política de la provincia, durante este período. Tanto la clase empresarial, como los grupos políticos habían estado abiertamente a favor del ALCCEU por considerarlo el mejor instrumento para consolidar la economía de Quebec. Cuando las negociaciones del TLCAN tomaron forma, el Parti Québécois consideró imprescindible dar su respaldo, en especial porque este acuerdo cerraría la pinza de las relaciones comerciales en América del Norte. Por su parte, los sindicatos pertenecientes a esta provincia sostenían importantes relaciones con su gobierno y aunque existía el temor a la pérdida de empleos, como consecuencia del TLCAN, manejaron una posición menos agresiva que la que sostuvo el CLC, de enorme ascendiente en el Canadá angloparlante.

[32] Las oficinas de la RMALC se encuentran ubicadas en las instalaciones del FAT. El edificio que alberga a este frente sindical fue construido con el apoyo financiero de la CSN de Quebec.

[33] La búsqueda de financiamiento provocó que finalmente muchas de estas organizaciones acoplaran la orientación de sus actividades a los lineamientos planteados por las fundaciones, lo que a la postre produjo una cierta reconversión de sus propios objetivos. La prioridad que las fundaciones atribuyeron a los trabajos relacionados con los derechos humanos; los estudios de género; la democracia y las minorías, repercutió sensiblemente sobre las actividades de muchas de las organizaciones vinculadas a la protesta contra el TLCAN.

[34] Aun antes de 1990, el Congreso de Estados Unidos había dado cabida al testimonio de un número considerable de mexicanos que abiertamente criticaban la falta de democracia política prohijada por el fraude electoral y la consecuente hegemonía del PRI. Las audiencias dedicadas a México se celebraban con cierta regularidad, sobre todo porque algunos comités estaban genuinamente preocupados con la constante violación de los derechos humanos en México y el incremento de la violencia y la corrupción. Durante años, sistemáticamente congresistas como Jesse Helms lograron poner en vilo al gobierno mexicano.

[35] Pese a la aparente buena voluntad de la Secofi, las reuniones se llevaron a cabo en un ambiente no exento de rispidez. Tanto para Salinas de Gortari, como para el grupo negociador, resultaba imprescindible sanear la relación con los congresistas estadounidenses. Desde este punto de vista, los negociadores mexicanos no estaban dispuestos a arriesgar la futura votación del Congreso por un reproche sobre la falta

de democracia en el proceso negociador. Esta fue la verdadera razón por la cual Secofi aceptó dialogar con la RMALC. Sin embargo, este diálogo no influyó lo más mínimo en la orientación de la negociación, simplemente se trató de un trámite que buscaba bajar el tono a las críticas de los estadounidenses. Por otra parte, se debe reconocer que la talla de los integrantes del diálogo era profundamente asimétrica. En algunos temas la RMALC pudo argumentar correctamente, pero en otros casos, esto fue prácticamente imposible porque los integrantes de la oposición no tenían toda la capacidad profesional para desarmar cada uno de los puntos que se encontraban a discusión. Detrás de cada rubro y capítulo que se negociaba, había un ejército de empleados de la Secofi, únicamente dedicados a analizar el tema desde todos los ángulos posibles. La RMALC en contraste no contaba con la misma fuerza, de hecho poco a poco el grupo opositor que dialogaba fue reduciendo su tamaño porque no contaba con suficientes personas que pudieran analizar y contra argumentar cada uno de los puntos sensibles del TLCAN. Pese a la evidente desigualdad, la RMALC logró sentar un importante precedente que después fue retomado en otras negociaciones como ha sido el caso con el ALCA, que desde los inicios de la negociación dio espacio dentro del organigrama de las reuniones a los grupos que representan los intereses de la sociedad civil.

[36] Esta reunión marcó un precedente importante para las reuniones antiglobalización y altermundistas que se organizaron en contra de la OMC y el ALCA.

[37] Las personas que recibieron el borrador de las negociaciones fueron Carlos Heredia, responsable de una importante ONG llamada Equipo Pueblo y miembro de la dirección de la RMALC; y Adolfo Aguilar Zínzer, quien años después sería diputado del Partido Verde Ecologista y posteriormente representante de México ante el Consejo de Seguridad de la ONU, durante la guerra desatada por el gobierno de Bush contra Irak en 2004.

[38] Esta circunstancia no deja de ser interesante, ya que el gobierno federal, que tiene asentado sus poderes en la ciudad de Ottawa, Ontario, era favorable al TLCAN, mientras que la propia provincia de Ontario, con su representación de poderes en Toronto, estaba bajo el gobierno del NDP.

[39] Los espacios en blanco, enmarcados entre paréntesis, significaban que determinado aspecto no había sido negociado o que no existía aún un acuerdo al respecto. En el *Borrador de Dallas*, todos los aspectos delicados como energía, seguridad e inversión, entre otros, aparecían marcados entre paréntesis.

[40] Fue el área de estudios internacionales del PAN la que tomó la decisión de organizar este evento y contactarme en mi calidad de experta en estudios norteamericanos para coordinar el coloquio. Tomando en cuenta los usos y costumbres propios a la vida interna de un partido político como el PAN, resultó muy aleccionador trabajar en forma apartidista para un partido político. A diferencia de otras experiencias relacionadas con el TLCAN, durante todo el tiempo que duró mi encomienda no

hubo ningún momento en que se tratara de influir sobre mis criterios de trabajo y mucho menos con la selección de las temáticas y los ponentes.

41 Los ponentes, en su totalidad, fueron canadienses; entre ellos se contó con la presencia de Christian Deblock, profesor de la Universidad de Quebec en Montreal; John Foster, secretario nacional de Oxfam; Robert Fox, director de Comercio y Política del Departamento de Desarrollo Económico y Comercio del gobierno de Alberta; Ricardo Grinspun, profesor de la Universidad de York; Armin Yalnizyan, directora del Consejo de Planeación Social de Toronto; Paul Friser-Frederiksen, representante del Royal Bank de Canadá en México; John Dillon, coordinador de la Coalición Ecuménica para la Justicia Económica; Don Wright, ministro asistente asociado de la División Internacional del gobierno de Saskatchewan; Stephan Randall, miembro del equipo de Naciones Unidas sobre vigilancia electoral y profesor de la Universidad de Calgary; Marjorie Cohen, activista del movimiento de mujeres en Canadá, miembro de la Comisión Industrial de investigación sobre la rama pesquera en la Columbia Británica; Stuart Culbertson, asistente del Ministerio de Comercio de Canadá, cabeza del equipo negociador de Columbia Británica en el ALCCEU; Scout Sinclair, coordinador de la coalición contra el ALCCEU; Mark Petro, experto en el sector manufacturero y maquiladoras en México; Bernard Landry, activo impulsor del tratado desde Quebec; Helmut Mach, experto en negociaciones con el GATT; Duncan Cameron, profesor de la Universidad de Ottawa, presidente del Centro Canadiense de Alternativas Políticas y de la revista *Canadian Forum*.

42 El contenido del Tratado se ha tomado del texto oficial del TLCAN y Rubio [1992: 218-222].

43 La medida tomada por el Poder Legislativo no fue aceptada por el presidente Vicente Fox, quien temió que con tal decisión Estados Unidos tomara represalias. El presidente derogó la ley, pero los legisladores lograron revertir tal medida introduciendo una interpelación en la Suprema Corte de Justicia, la cual finalmente falló a favor de los legisladores. Fox, no contento con tal fallo, continuó tratando de anularla por otros medios, sin obtener éxito. Por su parte, Robert Zoellick, representante de comercio de Estados Unidos, hizo varias visitas a México, para presionar y amenazar con llevar el caso a los tribunales del TLCAN. El impuesto se aplicó de enero de 2002 a diciembre de 2006.

44 No hay que olvidar que en el primer comunicado del Ejército Zapatista de Liberación (EZLN), el día 1º de enero de 1994, fecha en la que también se iniciaba la instrumentación del TLCAN, el EZLN mencionó que su insurrección significaba una protesta contra la situación de desigualdad económica que privaba en la región, la cual se profundizaría con el tratado.

45 Efectivamente, los grandes cambios en la política de desarrollo económico de México fueron llevados a cabo por el PRI gracias a su permanencia en el poder por más de 70 años. Sin embargo, la propuesta de un modelo de modernización económica, basado en el libre comercio, provino de un grupo dentro de este partido, que no

compartía necesariamente la visión política, ni económica, de aquellos que dentro del mismo partido habían sostenido el modelo de Industrialización por Sustitución de Importaciones.

[46] En el contexto de las negociaciones del TLCAN, México elaboró la nueva Ley sobre la Inversión Extranjera, que fue publicada en la *Gaceta oficial* del 27 de diciembre de 1993. La Ley establece el régimen de autorización automática, que tiene como objetivo el promover la participación extranjera en proyectos de inversión en México, sin la aprobación del Comité de Inversión Extranjera.

[47] General Motors, Ford y Chrysler.

Tercera parte:

La continentalización como sistema de articulación de poder prolongado

Capítulo 7

Rasgos de la política económica internacional de Canadá en México y América Latina

Introducción

Particularidades de la política exterior canadiense

Durante los últimos setenta años, Canadá ha manifestado un interés ciertamente relativo respecto de América Latina. Su presencia económica y diplomática en el continente solamente se formalizó después de la Segunda Guerra Mundial, como consecuencia natural de su participación en la creación y la institucionalización del orden mundial de la segunda posguerra. Las Naciones Unidas, el GATT, la OTAN, el FMI fueron, entre otras, algunas de las iniciativas que Canadá apoyó a finales de los años cuarenta junto con Estados Unidos, con el propósito expreso de allegarse un espacio de interlocución internacional más propio. Gracias a estas instituciones de carácter multilateral, Canadá empezó a familiarizarse con la problemática de América Latina, pero sintiéndose aún británico y muy norteamericano.

Su interés estuvo enfocado primordialmente en una participación de carácter institucional que reflejaba con claridad cuáles eran sus prioridades políticas y comerciales en la posguerra: los Estados Unidos y Europa. No podría afirmarse lo mismo en cuanto a su actitud respecto a Latinoamérica, ya que en términos generales el gobierno canadiense estaba decidido a conservar sus vínculos atlantistas, pero sin dejar de reivindicar insistentemente ante Churchill y Roosevelt su participación en las decisiones del nuevo orden mundial. Esta reivindicación, por supuesto, estaba respaldada no solo por la Declaración de Balfour (1926) y el Estatuto de Westminster (1931), sino por el esfuerzo de guerra que a Canadá le significó mandar a más de una generación económicamente activa de canadienses al frente de batalla y después al desembarco de los aliados en Normandía. Asimismo, su política económica estuvo condicionada a las exigencias de una economía de guerra, en la que Canadá actuó como proveedor directo de la demanda británica y estadounidense. Después de la contienda bélica, el gobierno de Canadá concretó generosos préstamos y arrendamientos a los ingleses para apoyarlos en las tareas de reconstrucción económica, como lo haría también en su momento el Plan Marshall de los Estados Unidos (1947-1951).

Durante esa etapa, Canadá limitó sus relaciones en el continente americano a su vinculación con los Estados Unidos, negándose a aceptar que en América del Norte existía algo más que ellos y los estadounidenses.[1]

Canadá ha manifestado reiteradamente que su política internacional se basa en el multilateralismo y el libre comercio, de ahí que la formulación de su política exterior hacia América Latina se haya visto tan influida por dichos principios.

La presencia de Canadá en el continente latinoamericano fue bastante débil y generalmente esporádica hasta 1990, debido a una estrategia geopolítica expresa, impulsada por Estados Unidos, que consistió en un acuerdo tácito sobre la repartición de los espacios regionales en cuanto a sus intereses comerciales en el continente americano.

Dentro de este arreglo, América del Sur vino a significar el ámbito donde la presencia canadiense se manifestó más tempranamente como parte de la responsabilidad que los Estados Unidos le habían atribuido, buscando con ello contrarrestar los avances del totalitarismo, particularmente en Argentina, Chile y Brasil.[2] Esta suerte de asignación de tareas fue otra de las consecuencias que derivó de su participación en el Acuerdo de Ogdensburg, por el cual se comprometía a apoyar la defensa del hemisferio norte ante la eventualidad de que los nazis entraran en América del Sur. Con esta mentalidad, Roosevelt afirmó en su momento que "la creación de representaciones diplomáticas canadienses en América del Sur era parte de la lucha entre las fuerzas del totalitarismo y la democracia» [Rochlin, 1999: 28; Matute, 1995].

Dentro de la repartición regional de influencias, México y Centroamérica desde un principio fueron considerados como el *patio trasero* de Estados Unidos y, por ende, una zona de alta seguridad debido a su localización geográfica. Por su parte, Canadá tendió a ocupar en América Latina y en el Caribe las zonas de influencia económica que el Imperio británico había controlado hasta la década de 1940. Su estrategia en este sentido apuntaba a la recuperación de aquellos mercados que los ingleses habían tenido que abandonar durante la Segunda Guerra Mundial.

Si bien los Estados Unidos no deseaban que los canadienses avanzaran sobre América Latina a título oficial o privado antes de 1944, tampoco estaban dispuestos a enfrentar a los ingleses; después de todo, oficialmente Canadá todavía era parte del imperio formal.

Después de los años cuarenta, la oposición de los Estados Unidos se fue matizando; en términos políticos, Canadá se había vuelto más independiente, así que decidieron involucrarlo en la creación de la institucionalidad militar y económica de la posguerra con un claro afán de control sobre ellos.

Canadá desarrolló tempranamente una estrategia comercial internacional muy propia, que le permitió subsanar el que aún no fuera "funcionalmente independiente". Esta estrategia pudo concretarse por una vía bastante peculiar, gracias a la presencia de dos factores de índole cultural. Uno fue el bilingüismo, que históricamente ha sido uno de los rasgos distintivos de Canadá. Este coadyuvó a que casi no existieran obstáculos que le impidieran relacionarse tanto con el Caribe inglés como con el francoparlante; prueba de ello es la relación que hasta la fecha mantiene tanto con Haití como con Jamaica y Trinidad y Tobago. Su presencia en el Caribe, así como en parte de Centroamérica, ha obedecido a un proyecto político-económico específico: por una parte, el apoyo a la francofonía en Latinoamérica, que fue un plus para ganar posiciones de interlocución, y por la otra, la identificación de esta región como una reserva potencial de minerales y mano de obra, de la misma forma en que lo habían hecho los ingleses.

A partir de los años sesenta, la política exterior canadiense acentuó su carácter comercial; para ello, se vinculó poco a poco a la América hispanoparlante, en particular a las élites que habían estado ligadas comercialmente con los ingleses y los franceses. Asimismo, gracias a su bilingüismo, pudo vincularse a las oligarquias sudamericanas, en general muy identificadas con Francia e Inglaterra.

Un segundo elemento que actuó a favor de los canadienses en Latinoamérica fue el aspecto religioso: la Iglesia católica en la provincia de Quebec creó una conexión de base con el continente, en la cual el aspecto ideológico tampoco fue un obstáculo. Durante décadas, la Iglesia católica de Quebec desempeñó un papel de importancia en la enseñanza de las élites latinoamericanas a través de la exportación de sus publicaciones, en especial las de carácter confesional, sin olvidar que algunas órdenes religiosas en los dos países tenían proyectos educativos comunes; en el sureste de México las familias acomodadas preferían enviar a sus hijos a estudiar francés a Quebec, a la que consideraban una ciudad más segura que París.

A través de estos mecanismos se conformó una correa de transmisión paralela a los canales diplomáticos que en ciertos momentos logró cimbrar las relaciones entre el gobierno de Canadá y América Latina; como fue el caso de la Guerra Cristera en México (1926-1929), durante la presidencia del general Plutarco Elías Calles (1924-1928). Esta guerra, muy focalizada territorialmente, estuvo a punto de provocar un rompimiento de relaciones diplomáticas y fue el objeto de ríspidas discusiones en la Cámara de los Comunes en el Parlamento Canadiense. En este mismo tenor, los canadienses principalmente católicos se manifestaron preocupados respecto a la instauración de la educación "socialista" durante el gobierno del general Lázaro Cárdenas (1934-1940) [Ogelsby, 1989].

Canadá, como el Dominio más importante de Inglaterra, indefectiblemente se vio involucrado en la política internacional de la Corona Británica, tanto en los aspectos diplomáticos como en los comerciales. Derivado de esto, su gobierno y sus élites reprodujeron los enfoques políticos y económicos que estaban en boga en la Madre Patria; en este sentido, Canadá se perfiló como pupilo aventajado de las doctrinas de David Ricardo y Adam Smith, aunque sin duda fueron las ideas de John Maynard Keynes las que ejercieron mayor influencia en las políticas públicas encaminadas a establecer un Estado del bienestar después de la Segunda Guerra Mundial.

La influencia que Canadá recibió del Imperio inglés no se circunscribió a los aspectos económicos; la estructura institucional, necesaria al apoyo de la política internacional canadiense, y su vertiente comercial también se inspiraron en los británicos, no solo en cuanto a las representaciones diplomáticas, las actividades financieras o sus inversiones en infraestructura urbana, sino a los servicios de espionaje que durante décadas siguieron el patrón inglés. Este aspecto fue ampliamente utilizado por los Estados Unidos para justificar las nuevas reservas que expresaba respecto al ingreso de Canadá a la OEA.

La inmadurez virtual que caracterizó a la política internacional de Canadá, prácticamente subordinada a la Gran Bretaña hasta la década de 1940, y posteriormente condicionada por la vecindad con los Estados Unidos, son dos de los elementos interpretativos que explican el rumbo que tomó el proceso de maduración de esta política, una que, dicho propiamente, no pudo ser llamada *política exterior* hasta mediados de la década de 1940.

7.1. América Latina como una opción

Prácticamente todos los autores coinciden en afirmar que el período de mayor acercamiento entre Canadá y América Latina antes de 1990 fue la década de 1960, cuando la política exterior canadiense fue reformulada seriamente a partir de una serie de planteamientos político-diplomáticos que buscaban la elaboración de una estrategia alternativa calificada como la Tercera Opción. Esencialmente, esta cuestionaba el peso excesivo de la relación con los Estados Unidos y proponía que Canadá buscará otras opciones comerciales y diplomáticas para ser consecuente con la doctrina del multilateralismo [Cooper, 1997; Nossal, 1997].

La Tercera Opción produjo un mayor acercamiento con América Latina, quizá mucho más en lo diplomático que en lo comercial. Este cambio implicó una posición más crítica hacia la presencia estadounidense en el continente, y trajo como consecuencia un mayor apoyo al proceso de democratización en Centroamérica, así como una clara condena a las dictaduras militares, como en América del Sur.

La formulación de una política exterior más comprometida con los principios de la democracia data de este período, aunque la cristalización de esta vertiente en la política exterior canadiense solo tomara fuerza a finales de la década de 1980, y más concretamente a partir del ingreso de Canadá a la OEA y la creación a su interior de la Unidad de Promoción de la Democracia en 1990.

Sin embargo, al acentuar paralelamente su carácter económico, así como su interés en participar de forma activa en la promoción de la democracia en América Latina, Canadá entró en un terreno político sinuoso, casi desconocido para sus diplomáticos, más avezados en actuar como representantes comerciales que como agregados políticos y militares. Sus pronunciamientos acerca de la falta de democracia, la corrupción y la no observancia de prácticas medioambientales, en suma, la ausencia de un Estado de derecho, incomodaron a muchos gobiernos latinoamericanos, que preferían recibir la inversión canadiense sin condicionamientos de carácter político.

7.2. La promoción del libre comercio como un principio de política exterior

Durante los últimos sesenta años, el gobierno de Canadá ha publicado pocos documentos programáticos que den cuenta de sus objetivos a largo plazo en materia de política exterior. Prácticamente podríamos decir que dentro de esta categoría solo se cuenta con alrededor de cinco grandes análisis de carácter oficial, que examinan la estrategia canadiense en materia internacional en una forma amplia.

Con independecia de estos documentos, siempre han existido declaraciones y reportes *ad hoc* en dicha materia; sin embargo, la visión de cómo debería abordarse la política exterior canadiense se expresó de una manera más articulada en el documento *Foreign Policy for Canadians*, publicado en 1970 durante el gobierno liberal del primer ministro Trudeau, y más adelante en el documento denominado *Canada in the World*, presentado a la opinión pública en 1995 bajo la administración liberal del primer ministro Jean Chrétien. Entre estos dos grandes pronunciamientos, apareció, en 1985, *Competitiveness and Security: Directions for Canada's International Relations*, el primer documento de política exterior emanado de los conservadores, y dedicado a analizar los desafíos económicos que enfrentaba Canadá en 1985. Este documento en particular buscaba dar una respuesta, desde la perspectiva de un gobierno conservador, a los resultados de la Comisión MacDonald, comanditada por el gobierno liberal de Trudeau para promover un cambio de envergadura en Canadá; este nuevo documento, impulsado por el primer ministro Brian Mulroney, evidentemente preparaba el camino para la futura negociación del ALCCEU.

En 2005, los liberales, de regreso al poder con el gobierno de Paul Martin, Jr., publicaron un nuevo documento, *International Policy Statement: a Role of Pride and Influence in the World.* Por último, durante el gobierno conservador de Stephen Harper, en 2007, se dio a conocer un nuevo pronunciamiento: *Canada and the Americas Priorities & Progress,* que al replantear la posición de Canadá en relación con América Latina desde la perspectiva del partido conservador buscaba marcar una clara distancia respecto a las posiciones del partido liberal, las cuales habían predominado en cuanto a la forma de hacer diplomacia en las Américas desde la década de 1970.

El primer documento mencionado ha sido analizado por más de tres décadas, principalmente desde el enfoque de las relaciones con los Estados Unidos. En términos generales, señala el viraje del gobierno canadiense hacia una tercera opción comercial y, hasta cierto punto, política, como el intento de romper con un *modus operandi* proyanqui, arraigado entre la burocracia y los grupos empresariales de este país.

Con independencia de la importancia que para los canadienses significaba formular un pronunciamiento de política exterior articulado en torno a la búsqueda de espacios alternativos alejados de los "imperios", también fue muy revelador que se definiera una forma de hacer política exterior pensada "para y por los canadienses", lo que evidentemente lleva a preguntarse si acaso antes de 1970 el gobierno canadiense carecía de un cuerpo de principios propios articulados en torno a su política exterior.

Del documento mencionado se infiere que hasta 1970 este país consideraba que su política exterior no estaba totalmente al servicio de los canadienses, sino en función de un imperio formal, el británico, y de la hegemonía estadounidense.

Foreign Policy for Canadians innegablemente fue producto del proceso económico y político ocurrido entre mediados de los sesenta y los setenta, la *canadanización*. El espíritu y contenido de este documento difícilmente podría ser aquilatado en su verdadera dimensión si no se le vinculara al reporte *Foreign Ownership and the Structure of Canadian Industry* (1968), resultado de los trabajos de una comisión *ad hoc* impulsada desde el gobierno federal por Walter Gordon, quien de 1950 a 1970 fue el representante más destacado del nacionalismo canadiense anglófono. Gordon encabezó la Royal Commission on Canada's Economic Prospects, y fue uno de los ministros en el gobierno de Lester Pearson; asimismo, se desempeñó como Honorary Chair del Committee for an Independent Canada, dirigido por el profesor Mel Watkins. En los sesenta, Gordon se convirtió en el vocero más destacado de aquellos canadienses que pedían que se pusiera un límite a la preponderancia de la inversión estadounidense en la actividad manufacturera. Este proceso llevó al surgimiento de un importante movimiento que reclamaba que se pusiera algún tipo de cortapisas a la influencia americana; y esta corriente es precisamente la que se conoció como *canadanización*.

La publicación del reporte producido por Watkins y su equipo provocó un tremendo impacto en la sociedad canadiense, debido a que mostraba claramente el grado de avance de la inversión extranjera en la apropiación de la economía de Canadá (Azzi, 1999). Resulta irónico constatar que esta manifestación, la cual no era exclusivamente una expresión del nacionalismo económico, ocurrió justo cuando la presencia económica de los Estados Unidos en Canadá se encontraba en su punto más bajo. Pero más interesante aún fue constatar que, pese a las pruebas fehacientes que demostraban el control extranjero sobre la economía canadiense, la población canadiense tenía un vínculo tan arraigado con la Corona inglesa que, no obstante las evidencias respecto a la inversión de portafolio de origen inglés, esta no fue vista como extranjera sino como canadiense, mientras que la animadversión hacia los estadounidenses no necesitó datos económicos.

La Tercera Opción aceleró los malentendidos entre los dos vecinos, en especial cuando los canadienses tocaron el talón de Aquiles de los Estados Unidos y decidieron crear el Canadian National Energy Board, que se proponía establecer mayor control sobre la exploración, explotación, comercialización y exportación del petróleo y el gas natural.

Los canadienses no se amilanaron ante la agresividad estadounidense, y en 1973 crearon una Agencia de Revisión de la Inversión Extranjera (FIRA); esta medida, junto con el establecimiento de la Agencia de Desarrollo Canadiense (1970) que promovió la inversión canadiense en su país y en otros, alentó con múltiples incentivos la apertura de mercados en Europa y en Asia.

El escándalo Watergate en Estados Unidos, que involucró al propio presidente Nixon y precipitó su dimisión, detuvo temporalmente la tensión entre los dos países. Gracias a este *momentum,* en que Estados Unidos se vio sumergido en un intenso debate interno y se olvidó de la canadanización, el gobierno de Canadá pudo dirigir más holgadamente sus intereses hacia América Latina.[3]

De esta manera, a finales de los sesenta, dos documentos gubernamentales revelaban la indefinición del país respecto a su economía, su política interna y su posición internacional. En el fondo, lo que estaba en debate a partir de estas publicaciones era la formulación de un proyecto de nación que obligadamente traería una reflexión sobre la identidad nacional.

Ante la ausencia de guerras de invasión y frente a la ambigüedad que caracterizó la construcción política, económica y social de Canadá, la memoria histórica de los canadienses ha tenido dificultades en construir un imaginario que forje el concepto de nación. El propio federalismo canadiense ha coadyuvado a prolongar esta problemática, dentro de la cual la provincia de Quebec identifica como enemigo a la Federación y busca en los Estados Unidos un respaldo económico y logístico, mientras que el resto de Canadá mira con desconfianza a una provincia que habla francés y reivindica su autonomía frente al resto de Canadá [Gutiérrez-Haces, 1994a: 335-351].

¿Cómo podría formularse una política exterior que debe considerar, entre los derechos adquiridos por cada provincia, la libertad de promover sus intereses comerciales, políticos y culturales en el extranjero? Si bien el gobierno federal es el único con derecho a rubricar acuerdos y tratados, esto no impide que en el ámbito internacional los intereses de las diez provincias se expresen en forma separada y no siempre coincidente, y que las oficinas de representación provincial en el extranjero en ocasiones emulen el poder de expansión comercial del gobierno federal.

7.3. Una política económica exterior sin Guerra Fría

El fin de la Guerra Fría obligó al gobierno liberal de Jean Chrétien (1993-2003) a revisar a fondo los principios de política exterior vigentes desde los setenta. Si bien el conflicto soviético-americano terminó, es un hecho que las responsabilidades de Canadá dentro de la OTAN se volvieron más complejas, en especial con la recomposición del poder territorial y étnico en los antiguos países socialistas, con los conflictos que continúan en África[4] y la guerra contra el terrorismo emprendida por Estados Unidos en Afganistán e Irak (2003), y que actualmente se ha extendido a otros países como Siria.

La política exterior canadiense inició un importante proceso de revisión a partir de 1984, cuando el primer ministro conservador Brian Mulroney dio apoyo oficial al proceso de negociación de un acuerdo de libre comercio con los Estados Unidos (1986). Su documento sobre competitividad y seguridad, publicado en 1985, buscó preparar a la opinión pública, así como a muchos burócratas, para aceptar un acuerdo de largo alcance con los Estados Unidos, lo que obviamente profundizaría la relación en su totalidad y echaría por tierra el legado de Walter Gordon, Mel Watkins y Abraham Rostein, entre tantos otros.

Vencer las reticencias de los Estados Unidos sobre este ingreso fue un largo proceso de más de cincuenta años de duración; aunque también al interior de Canadá hubo suficientes reservas sobre el posible papel que Canadá podía desempeñar como miembro con total responsabilidad dentro de la OEA. Los motivos para cambiar su estrategia pueden encontrarse explicitados en el documento *Canada in the World*, publicado por el gobierno federal en 1995.

En este documento destaca la reflexión que el gobierno liberal hace sobre el liderazgo de Canadá en América Latina. Un aspecto que sobresale en este nuevo análisis es la justificación de su ingreso a la OEA como forma para influir directamente y desde dentro en las preocupaciones hemisféricas. Esta reflexión difícilmente podría pasarse por alto, cuando se sabe que Canadá tradicionalmente se había marginado de los problemas y las preocupaciones del continente latinoamericano, pero sobre todo porque hasta hace poco se definía a sí mismo como "un país europeo en América".

El latinoamericanismo de México, como el atlantismo de Canadá, se debilita a partir del momento en que ambos países se asumen conjuntamente como ciudadanos de la comunidad de América del Norte, como consecuencia de su nuevo posicionamiento en la relación con los Estados Unidos gracias al ALCCEU (1989) y al TLCAN (1994). Dentro de este reposicionamiento regional, los dos países han optado por utilizar los acuerdos comerciales y a la propia OEA como certificados de su nueva identidad, lo que evidentemente ha tenido un costo político favorable para Canadá y ciertamente negativo para México, debido a su tradicional latinoamericanismo. Ambos países han replanteado su liderazgo en el subcontinente latinoamericano, aunque en apariencia con estrategias diferentes.

La existencia de un nuevo panorama económico en Latinoamérica, que según Canadá implica un mayor número de países proclives a consolidar las reformas necesarias a una economía de mercado y el derrumbe de los obstáculos a la apertura económica, es su mayor argumento para avanzar en una estrategia hacia el continente.

Consecuente con esta visión, Canadá dentro de la OEA estableció los Fondos para la Unidad de Promoción de la Democracia, y posteriormente creó el Fondo Democrático Regional que se concibió como un centro de derechos humanos y observación electoral. Dentro de este mismo organismo, la presencia de Canadá en la Oficina de Seguimiento del Libre Comercio en las Américas se ha utilizado hasta la fecha como vehículo para introducir sus ideas sobre política comercial internacional en un foro multilateral.

Dentro de esta estrategia, Canadá ha incluido el trabajo de asesoría a los procesos de gobernabilidad en los que incluye la orientación en las privatizaciones, la reforma en la recaudación de impuestos y el apoyo en la tecnología electoral, entre otras muchas actividades. Tampoco es evidente que la presencia y los intereses económicos canadienses puedan suavizarse por medio de la OEA y las ONG canadienses, que con frecuencia trabajan al servicio de las ideas inspiradas en la doctrina de la Seguridad Humana.[5]

Una variante imprescindible cuando se analiza la política económica exterior canadiense es el peso del sector empresarial. A diferencia de otros países, la comunidad de negocios canadienses tiene enorme injerencia en el ministerio y es frecuente que las embajadas reciban presiones muy serias cuando los negocios en determinado país no toman el rumbo esperado. Las licitaciones y compras gubernamentales representan un motivo de permanente preocupación en la relación entre diplomáticos y empresarios, sin olvidar los intereses económicos del propio gobierno canadiense.

De acuerdo con el documento *Canada in the World*, los ejes de la política exterior canadiense son la "promoción de la prosperidad y del empleo [así como], proyectar los valores de la cultura canadiense y proteger su seguridad hemisférica". Resulta evidente que estamos ante una concepción de política económica exterior que integra los intereses económicos con los diplomáticos y que resuelve su problema de unidad política e identidad nacional a través de la promoción internacional de sus valores culturales y, agregaremos, también los económicos.

Después de diez años, durante los cuales el Ministerio de Asuntos Extranjeros y Comercio Internacional no publicó un documento de posición que tuviera la talla de los que le precedieron, el ministerio decidió publicar *International Policy Statement. A Role of Pride and Influence in the World*. Este documento reflejaba claramente la necesidad de un ajuste de su política frente a nuevos problemas y desafíos internacionales, tales como la seguridad hemisférica, los cambios en el multilateralismo y el reposicionamiento económico de Canadá en una economía que se situaba cada vez más en las actividades extractivas.

Este documento está relacionado con la iniciativa trilateral denominada Alianza para la Seguridad y Prosperidad de América del Norte (ASPAN), que a partir de 2004 fue impulsada por el poder ejecutivo de los tres países. Esta propuesta representó el proyecto más ambicioso para estandarizar el conjunto de América del Norte bajo los parámetros de la seguridad y la competitividad económicas. Aunque se trataba de una propuesta que provenía de la rama ejecutiva de cada uno de estos países, la Alianza nunca buscó la aprobación de las legislaturas de México, Estados Unidos y Canadá, tratando con ello de evitar el retorno a la desmesurada acrimonía que este tipo de aprobaciones legislativas suscitaron en el pasado, como fue el caso, y aún lo es, de los acuerdos de libre comercio, entre otros.

Esto condujo al debilitamiento de la ASPAN, que siempre fue vista como una iniciativa de los tres mandatarios en turno y que, en términos generales, era considerada una propuesta con poco respaldo ciudadano. Cuando sus creadores dejaron sus responsabilidades como mandatarios, la ASPAN terminó por desaparecer. Los dos nuevos presidentes de México y Estados Unidos, así como el nuevo primer ministro de Canadá, en realidad no expresaron el mismo entusiasmo por la promoción del proyecto que sus antecesores, y prefirieron impulsar aquellos proyectos ideados durante gestión.

Los documentos enumerados reflejan la reiterada tendencia de la política internacional de Canadá, en el sentido de recurrir a un tipo de marca (imagen de marca, etiqueta) de Canadá. En las últimas décadas, el gobierno canadiense, independientemente de su origen partidiario, ha invertido sostenidamente en la construcción de su imagen internacional, lo cual le ha permitido consolidar su activismo en la OEA, así como en la promoción internacional de la doctrina de la Seguridad Humana y, en particular, la creación de la Convención de Ottawa, que prohíbe las minas antipersonales.

Canadá, bajo el liderazgo conservador (2006-2015), decidió abandonar su proselitismo diplomático en lo referente a la observancia de los principios de la Seguridad Humana, tan en boga durante los gobiernos liberales, y en sustitución ha promovido una imagen internacional de carácter empresarial en la que destaca la pericia tecnólogica de las compañías canadienses en las actividades extractivas. Dentro de esta tesitura, el gobierno federal y algunos de los provinciales han destinado fuertes montos de su presupuesto a promover esta identidad empresarial exitosa como motivo de orgullo para todos los canadienses, buscando así un agrupamiento de carácter identitario en torno al liderazgo corporativo de Canadá en la explotación de los recursos naturales.

Dada la conflictividad social inherente a la inversión en las actividades extractivas, el gobierno conservador de Harper ha impulsado paralelamente los principios de la Responsabilidad Social Empresarial, buscando con ello un contrapeso a la animosidad que ha surgido entre muchos gobiernos y comunidades locales que cuestionan la tan depredadora forma de operar de las empresas mineras y petroleras.

Durante la gestión de Stephen Harper, el vocabulario y las ideas relacionadas con la agenda de la Seguridad Humana, el gran distintivo de la diplomacia canadiense bajo los liberales, desaparece. Las personas, sujeto principal de esta doctrina, fueron reemplazadas por el posicionamiento de la empresa como actor internacional y la Responsabilidad Social Corporativa como la marca que etiqueta la presencia económica internacional del país.[6]

7.4. Reconstruyendo la relación con América Latina

Los procesos de integración económica y regionalización comercial en América Latina a partir de 1990 se caracterizaron por incluir, dentro de sus esquemas institucionales, actores regionales que tradicionalmente no participaban en iniciativas comerciales multilaterales dentro del subcontinente latinoamericano.

Este es el caso de Canadá, un país que en términos reales ha tenido una participación económica menor que la de los Estados Unidos en América Latina, y que en general había considerado equivocadas las políticas económicas de los países latinoamericanos, que en su opinión eran demasiado proteccionistas y, por lo tanto, poco proclives al libre comercio, lo cual, en consecuencia, las hacía incompatibles con sus intereses económicos.

Esta posición cambió radicalmente a partir 1985, cuando los Estados Unidos y Canadá iniciaron negociaciones tendientes a acordar formalmente un proyecto de integración económica, que se concretó con el ALCCEU y concluyó favorablemente en 1988. Dos años más tarde, ambos países negociaron, conjuntamente con México, el TLCAN, el cual fue puesto en vigor en 1994.

El hecho de que, por primera ocasión, los Estados Unidos firmaran dos tratados de libre comercio en el continente americano desató numerosas especulaciones que condujeron a una serie de acontecimientos de bastante interés para los objetivos de este análisis.

Un primer efecto que se percibió prácticamente en todos los países de la región fue que las políticas de ajuste estructural, así como las estrategias tendientes a conformar economías de mercado, recibieron un mayor impulso y justificación, como si fueran la condición *sine qua non* para participar en futuros esquemas de integración vinculados a la economía estadounidense.

En efecto, los esquemas de integración económica regional en América Latina se multiplicaron, mientras que los ya existentes se fortalecieron. Todo esto se llevó a cabo sin la presencia oficial de Estados Unidos como miembro pleno dentro de dichos acuerdos de integración; de hecho, hasta mediados de 2002 este país solo fungía como socio comercial, vía acuerdo o tratado de libre comercio, con México y Canadá.

Las restricciones que históricamente ha aplicado el Congreso de los Estados Unidos sobre la capacidad de maniobra y decisión del presidente de este país con la finalidad de celebrar acuerdos comerciales limitaron seriamente la posibilidad de celebrar a corto plazo nuevos acuerdos después de 1994. Cuando este órgano legislativo no otorgó al presidente William Clinton la aprobación para el uso de la vía *fast track* para iniciar otras negociaciones comerciales,[7] esta disposición trajo como consecuencia la cancelación del poder de negociación del presidente estadounidense para iniciar tratos con Chile, ante la solicitud de ingreso al TLCAN por medio de la cláusula de acceso de este tratado.

El viraje en la estrategia comercial de Canadá hacia América Latina encuentra su explicación en dos hechos. Uno fue que su participación en la dinámica de la negociación y firma del TLCAN lo introdujo en un círculo político, comercial y diplomático vinculatorio con América Latina. El segundo fue que el vacío económico producido por el bloqueo del Congreso estadounidense a la vía *fast track* provocó que Canadá diera un golpe de timón en su diplomacia comercial de bajo perfil y emprendiera una estrategia más proactiva. La consecuencia fue la firma de varios acuerdos de libre comercio bilaterales, así como la negociación de acuerdos de cooperación comercial y protección de la inversión extranjera, inspirados en los principios del malogrado Acuerdo Multilateral de Inversión (AMI).

El hecho de que tanto Canadá como Estados Unidos asumieran una actitud mucho más favorable a participar en convenios de integración económica con los países latinoamericanos alteró en gran medida su esquema tradicional de intercambio comercial bilateral, hasta hace poco marcadamente endógeno.

A partir del TLCAN, Canadá entró en un proceso de construcción de una identidad internacional más adecuada a sus intereses económicos y al entorno internacional imperante. En este sentido, se trata de conformar una identidad que conserve su inclinación por el multilateralismo, pero que también manifieste su disposición a sacrificar este principio frente a una visión más pragmática de sus intereses económicos y políticos.

Esto significa que Canadá apunta hacia un cambio en su imagen internacional, dentro del cual la parte más novedosa residió primero en la forma en que transitó de su viejo papel de guardián de la paz (*peacekeeper*) al de constructor de la paz y la democracia (*peacebuilding*), para finalmente rematar convirtiéndose en un enorme facilitador de las compañías canadienses dentro y fuera de su país.[8]

En esta reconversión, Canadá primero concentró todos sus esfuerzos en participar y contribuir tanto en los procesos de transición democrática, como en la consolidación de las economías de mercado en América Latina, como lo demuestra, entre otras cosas, la estrecha relación del organismo Elections Canada con el Instituto Federal Electoral de México, así como la creación dentro de la OEA de oficinas *ad hoc,* como la Unidad para la Promoción de la Democracia, y su activa participación en la Unidad de Comercio, así como su evidente liderazgo en la Secretaría de la Cumbre de las Américas. Dentro de esta estrategia, el apoyo gubernamental canadiense a diversas ONG que trabajan en México fue crucial en el proceso electoral del año 2000.

En la consolidación de esta estrategia, América Latina representó el espacio ideal para poner en práctica dichos principios. Los procesos de transición y consolidación democrática en América Latina le ofrecieron un espacio adecuado para demostrar su capacidad como mediador y facilitador político de peso; su participación en la reunión de la OMC en Cancún confirmó esta estrategia (2003).

Los principales rasgos de la política económica internacional de Canadá hacia México y América Latina también deben ser examinados a partir del análisis de las tensiones que implícitamente ha generado dicha estrategia, al menos en tres niveles de acción: *1)* en su relación con los Estados Unidos dentro del espacio regional latinoamericano; *2)* ante su relativo fracaso de concretar nuevas iniciativas multilaterales en América Latina; *3)* en la conducción de la relación con México a la luz de los cambios ocurridos en los Estados Unidos a partir del 11 de septiembre de 2001.

7.5. Obstáculos a los intereses económicos de Canadá en América Latina

Es bien sabido que el dinamismo de la economía canadiense en gran medida se debe a su comercio exterior. El comportamiento del sector externo ha sido una parte central en las preocupaciones políticas de todos los gobiernos canadienses, tanto liberales como conservadores, pues tradicionalmente ambos han considerado que la única vía para fortalecer su desarrollo económico era el comercio exterior y la inversión extranjera directa [Deblock y Benessaieh, 2000; 2002].

En especial, a partir de finales de los cuarenta, Canadá consideró oficialmente que el objetivo económico del gobierno en turno era la promoción del crecimiento económico y la creación de empleos, para lo cual era necesaria una política expresa de apertura a la inversión extranjera, así como una estrategia comercial internacional que favoreciera los principios del libre comercio dentro de un esquema de negociación y acuerdos de carácter multilateral. A partir de esta visión se consolidó un tipo de proyecto político que dio prioridad a los vínculos económicos con los Estados Unidos, y al mismo tiempo canceló parcialmente cualquier lazo comercial de envergadura con América Latina.

Aun antes de la Segunda Guerra Mundial, los contactos canadienses con Latinoamérica tuvieron un carácter empresarial, prácticamente exentos de la intervención del gobierno canadiense, y en general fueron el resultado de iniciativas individuales que momentáneamente contribuyeron a la modernización del equipamiento urbano y financiero de algunas ciudades en México y Brasil [Gutiérrez-Haces, 1994a].

Por su parte, América Latina, después de la Segunda Guerra Mundial, optó por el proteccionismo comercial y por la consabida industrialización sustitutiva de importaciones. En general, los gobiernos latinoamericanos manifestaron una relativa desconfianza en participar en instituciones multilaterales de inspiración librecambista, como lo era el GATT, y específicamente se inclinaron por aplicar las propuestas de la CEPAL. Estos hechos provocaron una gran molestia en los círculos gubernamentales y empresariales de Estados Unidos y Canadá,[9] así como el absoluto rechazo del gobierno canadiense a cualquier vinculación formal con los países latinoamericanos [Pollock, 1978].

Durante varios años, canadienses y estadounidenses rechazaron las iniciativas de la CEPAL[10] respecto al establecimiento de acuerdos regionales dentro de América Latina que, en gran medida, ignoraban las propuestas de libre comercio formuladas por el GATT. El rechazo al modelo económico latinoamericano fue amplio, y algunos ministros canadienses como Paul Martin padre, ante la creación de la CEPAL, consideraron que Canadá debía oponerse a la autarquía regional latinoamericana e impedir el regionalismo en América Latina [Miller, 1947].

Una reacción similar suscitó la creación de la OEA, institución que desde 1948 manifestó su vocación panamericana; también en este caso, Canadá expresó abiertamente sus reservas, en especial cuando surgió la propuesta del lado latinoamericano a que Canadá se adhiriera como miembro pleno a esta organización. La negativa canadiense fue modificada de forma parcial en 1978, fecha en que ingresó como observador. Canadá no formalizó su pleno ingreso a dicha organización hasta 1990 [Sheck, Conrad, *et al.*, 1994 y Gutiérrez-Haces, 1999b].

Durante el período conocido como la Guerra Fría, hubo dos concepciones económicas que inspiraron las estrategias de política económica en el continente americano; la primera, proclive al libre comercio, enarbolada por Canadá y los Estados Unidos; y la segunda, de carácter más proteccionista, que tuvo una mayor aceptación entre los países latinoamericanos hasta la década de 1980.

Las diferencias programáticas e ideológicas entre estas visiones económicas provocaron una brecha que, en muchos momentos, disoció económicamente a las dos regiones; sin embargo, cabe aclarar que los Estados Unidos aprovecharon el proteccionismo latinoamericano para ubicarse, producir y vender dentro del mercado cautivo que representaba casi toda la región, mientras que Canadá solamente estableció relaciones comerciales esporádicas con América Latina.

Varios son los motivos de la inhibición comercial canadiense. El primero, ya lo mencionamos, fueron los intereses geopolíticos de los Estados Unidos, los cuales se habían apropiado de la región e impedían a los canadienses prácticamente cualquier avance de envergadura, alegando que "aún estaban demasiado vinculados a los ingleses". El segundo aspecto, con seguridad menos conocido que el anterior, fue la propia estructura de la economía canadiense, que en gran medida se había desarrollado como una economía de planta subsidiaria. Los estadounidenses prácticamente controlaban el mercado doméstico canadiense y lo inhibían, en especial en su comercio exterior. Lo producido en Canadá se exportaba sobre todo hacia los Estados Unidos, y de allí se reexportaba a diversas regiones, entre ellas América Latina. El sector automotriz es claro ejemplo de ello: las armadoras estadounidenses exportaban desde Canadá a los Estados Unidos, pero nunca desde Canadá, así que en cierta medida los consumidores canadienses importaban autos, y otros bienes del mercado estadounidense, que prácticamente habían sido producidos en su propio país [Gutiérrez-Haces, 2002].

Otro elemento que sin duda abunda sobre las razones del distanciamiento inicial entre Canadá y América Latina fue que el primero no solo desconfiaba económicamente de los países latinoamericanos por ser proteccionistas, sino que manifestaba serias reservas sobre el comportamiento político de los gobiernos latinoamericanos, en especial respecto a las dictaduras tanto civiles como militares que se establecieron en muchos de estos países y que se perpetuaron casi hasta la década de 1990.

A diferencia de otros países, Canadá siempre tuvo dificultades ideológicas y hasta estructurales para relacionarse con aquellos gobiernos que, a su juicio, carecían de bases democráticas suficientes como para que se garantizara la seguridad de la inversión y la integridad personal de los empresarios canadienses en la región. Esta actitud se matizó relativamente con el transcurso de los años, en especial cuando el pragmatismo comercial canadiense predominó sobre los principios ético-humanitarios.

Al paso del tiempo, los intereses comerciales de Canadá han pesado mucho más que el sostenimiento de sus principios en favor de la defensa de la democracia y los derechos humanos. Un ejemplo son los cambios de estrategia que el gobierno de Canadá manifestó en su relación con ciertos gobiernos ampliamente conocidos como antidemocráticos, como el de Cuba. En este y otros casos, Canadá ha aplicado un doble criterio: se opuso al bloqueo comercial estadounidense decretado por la ley Helms-Burton, que afectaba directamente sus inversiones en la isla, pero aparentemente soslayó la falta de libertades individuales en Cuba.

Es un hecho que durante más de cincuenta años, Canadá profundizó sus vínculos continentalistas con los Estados Unidos y constriñó sus relaciones dentro de las Américas a su vínculo con esa nación, negándose a aceptar que en América del Norte existiera algo más que ellos y los Estados Unidos. En este sentido, México representó durante mucho tiempo dentro de la política económica exterior canadiense la entrada a territorio bárbaro, que por cierto se extendía hasta la Tierra de Fuego.

7.6. De una estrategia de potencia media a una táctica de nichos comerciales

Los aspectos anteriormente mencionados sirven para contextualizar los motivos por los cuales Canadá, después de la Segunda Guerra Mundial, se autodefinió como una *potencia media*, conceptualización que formó parte de una estrategia más amplia que tendía a establecer, dentro de la arena internacional, que Canadá podía "hacer la diferencia", en relación con el desempeño de las grandes potencias, léase los Estados Unidos. Al mismo tiempo, Canadá cimentó su política internacional en el multilateralismo, como una argucia que le permitía lidiar con Estados Unidos.

Como una prolongación de su perfil internacional como potencia media,[11] Canadá refinó poco a poco una estrategia diplomática de nichos, la cual, *grosso modo*, consistía en aplicar las directrices tan en boga dentro de la mercadotecnia contemporánea, en el sentido de buscar espacios de oportunidad para potenciar su proyecto económico internacional [Cooper, 1995 y 1997].

A riesgo de simplificar lo anterior, diríamos que el término *potencia media*, utilizado por Canadá, empezó a manifestarse como una fórmula desgastada a partir del fin del conflicto Este-Oeste y la Guerra Fría, de ahí que surgiera la necesidad de reformular estrategias comerciales y políticas alternativas, las cuales consistirían en aprovechar las capacidades y pericias ya demostradas de la diplomacia canadiense y en identificar ciertos nichos de oportunidad en los cuales su acción diplomática podía expresarse con mayores ventajas que las de otros países, incluidos los Estados Unidos.

En este sentido, la diplomacia canadiense en busca de nichos encontró terreno fértil en América Latina a partir de los noventa. Una de las grandes virtudes en la formulación de la diplomacia de nichos residió en que se concentraba específicamente en la identificación de espacios de oportunidad económica, en los cuales la diplomacia canadiense había demostrado un buen desempeño, lo que garantizaba la efectividad de sus acciones.

Comparativamente, la diplomacia económica estadounidense funciona a partir de una agenda formada por problemas; en consecuencia, reacciona y formula parte de sus estrategias internacionales a partir de las supuestas agresiones que considera que se infringen a su economía y a su sector empresarial; no es fortuito que este país sea uno de los mayores querellantes frente a la OMC y en el TLCAN.

Por el contrario, la diplomacia de nichos del gobierno canadiense funciona a partir de una evaluación pormenorizada de las posibilidades que se tienen de aportar y ganar algo en sus relaciones comerciales, económicas y diplomáticas. De ahí la reputación de Canadá como un sólido *peacebuilding*. Desde esta perspectiva, la región latinoamericana cobra relevancia para Canadá a partir del debate sobre la deuda externa de los países latinoamericanos en 1982. La problemática financiera latinoamericana atrajo la atención de los canadienses, ya que por primera ocasión Canadá también enfrentaba una crisis de endeudamiento externo de dimensiones similares a la mexicana [SELA, 1998]. Pese a esta circunstancia, dicho contacto no disminuyó su predisposición hacia

América Latina, región que continúa considerándose un área compleja en términos económicos.

Treinta años después, la estrategia de nichos resultó crucial en las negociaciones comerciales de Canadá con Chile, Argentina, Brasil y Centroamérica. Muchos latinoamericanos vinculados en el pasado a organizaciones humanitarias canadienses pasaron a ocupar posiciones de importancia política en los procesos de democratización de sus países, e iniciaron un proceso de reformas económicas que favorecieron el establecimiento de economías de mercado [Bailey, 1995].

7.7. Canadá toma ventaja de las decisiones del Congreso de los Estados Unidos

Estados Unidos es, sin duda, el principal referente conceptual para América Latina, y no es de extrañar que las acciones de carácter humanitario y de solidaridad que Canadá emprendió en esta región, en especial a partir de los setenta, hayan pasado desapercibidas para la mayoría de los latinoamericanos, salvo para un grupo de ciudadanos que, víctimas de las dictaduras militares, se asilaron en Canadá.

Esta circunstancia cambió en 1990, cuando Canadá enfrentó el hecho de que Estados Unidos negociaría un nuevo acuerdo de libre comercio con México. Dicha iniciativa sacudió el sentimiento de seguridad que el gobierno y las corporaciones canadienses habían adquirido con la firma de su propio acuerdo comercial (1988), y empujó a las autoridades canadienses a solicitar su ingreso en las negociaciones trilaterales con México (1990). Su ingreso al TLCAN indudablemente alteró la correlación de fuerzas que predominaba en América del Norte, donde la relación bilateral con los Estados Unidos prevalecía sobre cualquier contacto entre Canadá y México.

Más allá de que el móvil canadiense fue y continúa siendo la protección de sus intereses económicos dentro del mercado estadounidense, es importante resaltar que el cambio en su postura obedeció a la perentoria necesidad de expansión de una clase empresarial que, tradicionalmente, ha sustentado una estrategia corporativa extrovertida.

El TLCAN indudablemente obligó a que Canadá mirara y dialogara primero con México y después con América Latina en una forma mucho más articulada que en el pasado. Para esto fue perentorio que Canadá dejara de ser un "amable observador", como oficialmente se autodefinía, y que asumiera su multilateralismo diplomático en el terreno político, como ocurrió con su ingreso como miembro pleno a la OEA, en 1990.

Independientemente de que la protección y preservación de los privilegios ya adquiridos en el mercado estadounidense fuera uno de los motivos que obligaron a los canadienses a participar en las negociaciones del TLCAN, también influyó un factor adicional, el cual empujó tanto al gobierno como a los empresarios a formular una estrategia comercial mucho más coherente y sostenida con América Latina.

Indudablemente, el factor que detonó este cambio fue el resurgimiento del proteccionismo comercial estadounidense, a través de los principios del comercio administrado. Es un hecho que los Estados Unidos, pese al compromiso contraído con Canadá y México a través del ALCCEU y el TLCAN, continuaron aplicando medidas proteccionistas unilaterales. En años recientes, este país ha insistido en que sus principales socios comerciales acepten las reglas del comercio administrado, que no es otra cosa que la imposición de una estructura de cuotas para las exportaciones que ingresan a Estados Unidos. Dicha práctica se ha convertido en la norma en casi todos los sectores económicos donde Canadá y México tienen una ventaja competitiva o una mayor eficiencia, y ha sido el trasfondo de la disputa comercial entre México y Estados Unidos en torno a la fructosa estadounidense y la caña de azúcar mexicana (1999-2002).[12]

La nueva estrategia comercial canadiense hacia América Latina ha consistido en identificar un número restringido de nichos comerciales y diplomáticos sobre los cuales consideran que puede actuar con un buen margen de libertad. Esta estrategia es reflejo de las presiones corporativas canadienses que exigen nuevos espacios de acción ante la competencia estadounidense en su propio mercado.

La instrumentalización de una estrategia comercial que apunta directamente a la conquista del mercado latinoamericano ha tenido que superar importantes escollos, en especial la identificación y homologación de la presencia canadiense como si fuera estadounidense. En este sentido, Canadá ha intentado construir una diplomacia comercial muy específica que le permita definir una identidad propia en la región. Esta tarea se ve facilitada relativamente por la existencia de un presunto espacio de maniobra que en gran medida obedece a que Canadá carece de una agenda de seguridad hemisférica de la envergadura de la de Estados Unidos y, por tanto, puede aplicar una estrategia de identificación de nichos. Mientras que los Estados Unidos deben atender una gran variedad de aspectos a escala mundial, Canadá tiene bastante claro que, como potencia media, sus intereses se acotan básicamente al ámbito comercial, a la promoción de la democracia y de los derechos humanos y a sus preocupaciones sobre la conservación del medioambiente. Tareas como el combate a las drogas o la lucha contra la guerrilla en América Latina rebasarían los límites de la capacidad de maniobra que se ha autoimpuesto a través de los años.

La estrategia de nichos implica, también, que Canadá ha estado construyendo y exportando a Latinoamérica una imagen diplomática que lo presenta como una alternativa comercial y política unívoca para la región. Mediante un lenguaje subliminal, aunque en ocasiones también explícito, ha construido un discurso que intenta dar una respuesta alternativa a la animadversión que los Estados Unidos han suscitado entre ciertos sectores sociales en América Latina. En los últimos años ha sido frecuente escuchar comentarios de este tenor: "For many of them a relationship with Canada is a natural partnership that doesn't have the same overtones as their relations with the U.S." [Axworthy, 1997: 3]. Como mencionamos, esa imagen diplomática ha tendido a deteriorarse con el cambio de giro económico de ciertas empresas canadienses vinculadas a la explotación de los recursos naturales.

Si bien es un hecho que desde 1994 países como México y Canadá, y en menor grado la Unión Europea, han incrementado sus iniciativas comerciales en América Latina, también es cierto que los Estados Unidos han mantenido y fortalecido sus intereses económicos en la región, aun sin recurrir a la negociación de acuerdos comerciales que cuenten con la autorización del Congreso de los Estados Unidos. La aprobación en la Cámara Baja (1999) de una extensión de los beneficios del TLCAN al Caribe y a Centroamérica podría interpretarse como una respuesta al cuestionamiento de su liderazgo que se manifestó durante la reunión del ALCA en Toronto en 1999.

7.8. El posicionamiento de Canadá en México y América Latina

Tras haber analizado algunas de las condiciones que facilitaron la presencia de la diplomacia comercial canadiense en la región, ahora examinaremos el significado que ha tenido su estrategia multilateral en conexión con el liderazgo estadounidense en la región.

La reiterada tendencia de Canadá a hacer que prevalezca una visión multilateral dentro de su diplomacia comercial suscita algunas reflexiones interesantes.

La vinculación canadiense en América Latina es parte de una estrategia comercial unilateral, que no responde a una acción previamente concertada con Estados Unidos y mucho menos con México. Desde luego, ningún país requiere notificar su estrategia comercial internacional a los otros, pero en este caso en particular hablamos de un país que tradicionalmente evitó inmiscuirse en los espacios comerciales bajo liderazgo estadounidense. Esta posición cambió de forma manifiesta, quizás a causa de su sociedad comercial dentro del TLCAN.

La iniciativa canadiense, además de ser unilateral, capitalizó abiertamente las dificultades originadas por el *fast track*, las cuales prevalecieron durante un prolongado período, y al mismo tiempo aprovechó el respaldo que le otorgaba su pertenencia al bloque comercial de América del Norte.

Indiscutiblemente, la buena recepción que la mayoría de los países de América Latina otorgaron a Team Canada –una iniciativa del gobierno liberal de Jean Chrétien cuyo objetivo era la promoción de la inversión y el comercio canadiense en algunos países de América Latina– se explica porque a los integrantes de este grupo de empresarios y funcionarios públicos los respaldaba su pertenencia a un país que formaba parte del TLCAN.

El unilateralismo canadiense lo es por *default* en varios sentidos; inicialmente, Canadá trató de negociar su vínculo comercial con América Latina bajo una óptica estrictamente multilateral, lo cual significó que dio preferencia al contacto con otros bloques comerciales, más que con países específicos, tal fue el caso con el Mercosur, el Pacto Andino (PA), el Mercado Común Centroamericano (MCC) y el Caricom.

De esta iniciativa resultaron la firma del Trade and Investment Cooperation Arrangements (TICA's) con el Mercosur en 1998 y con la Comunidad Andina en 1999. También Canadá firmó un Memorandum of Understanding on Trade and Investment (MOUTI) con los gobiernos de Centroamérica (Costa Rica, El Salvador, Guatemala, Honduras y Nicaragua) en 1998. Desde luego, la iniciativa comercial de mayor alcance fue, inicialmente, el Acuerdo de Libre Comercio con Chile, que data de 1997.[13] En 1998 se iniciaron negociaciones para establecer un Tratado de Libre Comercio con El Salvador, Guatemala, Honduras y Nicaragua (2001-2004),[14] así como un Acuerdo de Doble Tributación con Brasil, Guyana y México.

A mediados de 2002, se celebró un Acuerdo de Libre Comercio entre Canadá y Costa Rica, así como dos acuerdos paralelos sobre medioambiente y trabajo. Acuerdos similares se han firmado con Perú en 2009; con Colombia en 2011, con Panamá en 2013, y con Honduras en 2014. Tratados similares de libre comercio se están negociando con la República Dominicana (2007-2014), así como con el Caricom (2001-2014). Asimismo, se está explorando la posibilidad de llevar a cabo negociaciones para la firma de un acuerdo de libre comercio con el Mercosur. Las consultas dieron inicio en el año 2011 y continúan hasta la fecha.

En agosto de 2011, el primer ministro Stephen Harper anunció el inicio de las negociaciones con Costa Rica, para la actualización del Acuerdo de Libre Comercio vigente desde el año 2002. A finales de 2012 se completó la quinta ronda de negociaciones y hasta el momento se encuentran estableciendo los lineamientos para continuar con el proceso de actualización del acuerdo.

En lo tocante a las inversiones, Canadá hubiera preferido que su relación con América Latina estuviera enmarcada en una fórmula multilateral como la que proponía el AMI. Sin embargo, la no aprobación de este acuerdo durante la reunión de la OCDE en París (1998) lo condujo posteriormente a la celebración de una enorme cantidad de Acuerdos para la Promoción y Protección Recíproca de Inversiones (APPRIs) primero con Uruguay, Argentina, Cuba y, posteriormente, con otros países y bloques comerciales regionales.

Dentro de esta misma tónica, Canadá ha insistido en que el capítulo 11 del TLCAN debe reabrirse para renegociar el comportamiento de las inversiones. La propuesta canadiense intenta determinar con mayor transparencia dentro de este capítulo, el "derecho" de las empresas a exigir compensación de los gobiernos cuando hay cambios en las leyes, o en las regulaciones ambientales o de salud que afecten las ganancias de las empresas.

Durante el año 2001, el gobierno de Canadá aumentó su presión sobre las consecuencias del capítulo; el tema se había convertido en un asunto delicado debido al incremento de demandas contra Canadá y México por la supuesta violación que se había cometido al Capítulo 11. La insistencia de Canadá debe entenderse como una iniciativa de renegociación que apuntaba a un mayor rigor en la interpretación del capítulo por las autoridades y jueces, ya que hasta la fecha ha existido una fuerte tendencia a interpretar sesgadamente el contenido del capítulo, lo cual ha abierto espacio para que ciertas compañías sin escrúpulos aprovechen a su favor la ambivalencia del texto y demanden a los gobiernos [Gutiérrez-Haces, 2004a, Clarkson, 2011].

La negociación de los acuerdos entre Canadá y ciertos países de América Latina no ha estado exenta de dificultades. Lo anterior encuentra su explicación principalmente en dos aspectos: por una parte, es bien sabido que la diplomacia comercial canadiense promueve básicamente los intereses del sector privado, y parte de las funciones del gobierno consisten en facilitar sus actividades. El sector empresarial representa el asunto central del comercio canadiense y, en este sentido, tanto el gobierno federal, como los provinciales, son considerados un promotor comercial y como tal son tratados por los contribuyentes canadienses. Por otra parte, los inversionistas y empresarios canadienses consideran erróneamente que la firma de un acuerdo o tratado comercial les concede el monopolio del mercado y de la producción en un país determinado. Tal fue el caso de la licitación que llevó a cabo el gobierno mexicano para la construcción de vagones del metro para las ciudades de Guadalajara y Monterrey. Esta licitación favoreció a una empresa española, en detrimento de la oferta presentada por la empresa Bombardier-Concarril, ubicada en ciudad Sahagún, Hidalgo. Un asunto similar provocó la querella en torno a los airbus entre el gobierno de Brasil y la compañía Bombardier que los ha llevado a interminables discusiones dentro de la OMC.[15]

Independientemente de la importancia de estos acuerdos comerciales, es importante mencionar que América Latina continúa haciendo prevalecer, dentro de su comercio exterior, sus relaciones comerciales entre ellos mismos y después con los Estados Unidos y con la Unión Europea.

El intercambio canadiense, aunque se ha fortalecido recientemente, continúa siendo muy reducido, como sucede con la Asociación Latinoamericana de Integración (ALADI). Aparentemente, el intercambio con Canadá ha crecido, sin embargo, las estadísticas demuestran que el comercio registrado entre México y Canadá es el origen del aparente crecimiento dentro de la ALADI [Vaillant, 1998 y Crisorio, 1999].

7.9. El multilateralismo canadiense a prueba: el caso de Chile y el TLCAN

Uno de los episodios que mejor ilustran el rumbo que ha tomado el multilateralismo económico canadiense en Latinoamérica es el concerniente a Chile. En 1990 el gobierno chileno, bajo la presidencia de Patricio Aylwin, consideró que existía un clima político y económico favorable a la negociación de un acuerdo de libre comercio con los Estados Unidos como resultado de la Iniciativa de las Américas propuesta por el presidente Bush.

Si se considera que previamente a los hechos aquí descritos, Chile había sentado las bases para convertirse en un modelo exitoso de economía de mercado, resultaba evidente que de la lectura que el gobierno hacía de la situación, se podía inferir que Chile sería el siguiente paso en la escalada de acuerdos de libre comercio con los Estados Unidos.

Aunado a esto, Canadá, entre 1995 y 2001, se convirtió en un exportador de inversión directa importante, ocupando en el mismo lapso, el segundo lugar después de Estados Unidos en el total de la inversión extranjera en Chile.

Después de esta fecha, varios países de América Latina también se beneficiaron de las inversiones canadienses, principalmente los sectores de recursos naturales, lo que implicó un fuerte golpe para la economía mexicana; ya que solo entre 2000 y 2005 estas inversiones fueron superiores a las de México, y esta tendencia continuó hasta 2014.

El interés chileno por firmar acuerdos de libre comercio con Estados Unidos y Canadá fue antecedido por un número importante de iniciativas, entre las cuales se encontraban los acuerdos de libre comercio con México y Colombia, respectivamente, así como con Malasia y Nueva Zelanda, entre otros. Su propia diplomacia comercial se revigorizó en la Ronda Uruguay, dentro del grupo CAIRNS, y fue aceptado como miembro del Foro de Cooperación Económica Asia-Pacífico (APEC) en 1994. Todas estas iniciativas tuvieron como propósito demostrar internacionalmente que Chile se había comprometido a fondo con las reformas económicas y la democracia. En 1992, la embajada de Estados Unidos inició pláticas no oficiales en torno a un acuerdo comercial con Chile. Los chilenos interpretaron este gesto como un signo de que las condiciones de ese momento favorecían una iniciativa de corte bilateral. A esas alturas, los chilenos no vislumbraban la posibilidad de proponer directamente su acceso al TLCAN como algo viable.

Las razones a favor de una negociación bilateral del lado chileno eran importantes, la relación con los Estados Unidos era lo suficientemente sólida como para intentar un acuerdo. Por otra parte, las leyes comerciales chilenas no eran compatibles con el espíritu del TLCAN, y los chilenos consideraban innecesarios los acuerdos laborales y ambientales que acompañaban al TLCAN, así que juzgaron preferible empujar la opción bilateral.

Canadá, por su parte, se manifestó preocupado ante la posibilidad de que esta iniciativa erosionara las ventajas adquiridas bajo su ALCCEU y el TLCAN. Su temor principal era que los Estados Unidos introdujeran el sistema de intercambio comercial bilateral, mejor conocido como *hub and spoke*, como el patrón en futuras iniciativas comerciales con América Latina [Bailey, 1995].

A partir de 1993, Canadá inició una serie de pasos diplomáticos directamente con el gobierno chileno [Christie, 1995]. Aprovechó tres importantes espacios de interlocución: las viejas relaciones entre integrantes de la sociedad civil chilena y algunas organizaciones no gubernamentales canadienses, la presencia de la Agencia Canadiense de Desarrollo Internacional (ACDI) y los contactos que desde Washington le ofrecía su nuevo papel en el seno de la OEA.

El mensaje que intentaba transmitir el cabildeo y las gestiones canadienses era bastante claro: *1)* Chile debería negociar su acceso al TLCAN porque este acuerdo le ofrecía mayores ventajas a los negociadores chilenos que si lo hacían bilateralmente con los Estados Unidos; *2)* existían suficientes argumentos que invalidaban las ventajas de la formula *hub and spoke* propuesta por los negociadores estadounidenses, en especial la imposibilidad de que los chilenos lograran una negociación pareja (*level playing field*); *3)* además afirmaban que los negociadores chilenos nunca lograrían más de lo que Canadá y México ya habían logrado de Estados Unidos dentro del TLCAN.

Para 1994, el cabildeo canadiense a favor del multilateralismo comercial y del TLCAN empezó a vislumbrarse como algo factible. La propuesta del presidente William Clinton, conocida comúnmente como la *Iniciativa de las Américas*, fue interpretada por los chilenos como un indicio de que era más factible una negociación multilateral que una bilateral. De ahí en adelante la negociación de su acceso al TLCAN cobró mayor ímpetu.

La campaña que Canadá expresamente llevó a cabo a favor del acceso de Chile al TLCAN triunfó como la opción más viable a presentar ante el Congreso de los Estados Unidos; sin embargo, el procedimiento *fast track* solicitado por el presidente Clinton para negociar un acuerdo comercial con Chile no fue aprobado.

Los chilenos, ante la incapacidad de revertir la decisión del Congreso estadounidense, decidieron negociar, en cierto sentido por *default,* y finalmente firmaron un acuerdo bilateral de libre comercio con Canadá en 1997. Transcurrido el tiempo, Estados Unidos inició de nuevo conversaciones con el gobierno chileno que, de concretarse en un acuerdo comercial, demostraría que este último país se interesaba más por negociaciones bilaterales que por hacer uso de la cláusula de acceso dentro del TLCAN. Aunado a esto, de forma multilateral todas las apuestas estaban a favor de negociar un Acuerdo de Libre Comercio de las Américas, lo que obviamente desalentó a los chilenos en la búsqueda de un acuerdo bilateral.

Este episodio resultó por demás paradójico para el multilateralismo canadiense, ya que toda la labor de abogacía y cabildeo desplegada por los canadienses para convencer a los chilenos de las ventajas del multilateralismo comercial fracasaron rotundamente, y los mismos diplomáticos canadienses que cabildearon a favor del multilateralismo comercial para evitar que Chile tratara de ingresar al TLCAN, finalmente tuvieron que negociar y firmar un acuerdo bilateral con Chile [Labán y Meller, 1997].

Pese a los hechos descritos, el acuerdo de libre comercio entre Chile y Canadá avanzó positivamente, mientras que las negociaciones entre Estados Unidos y Chile, que aún no podían contar con la aprobación de la vía *fast track*, tomaron más tiempo. Finalmente, el acuerdo de libre comercio entre los dos países se firmó en 2002, justo después del comienzo de la segunda guerra contra Irak, y a pesar de la posición adoptada por Chile en contra de los intereses estadounidenses en Irak.

El acuerdo comercial entre Chile y Canadá de 1997 sirvió de modelo para las negociaciones con Estados Unidos. Gracias a este acuerdo, la inversión canadiense en Chile ha tenido un crecimiento considerable, y ocupa el tercer lugar después de Estados Unidos y España. La mayor parte de la inversión canadiense se concentra en el sector minero y de energía. La compañía Hidro-Quebec es la empresa que mayor inversión ha hecho en el sector de recursos naturales en Chile. Por su parte, este país exporta cobre, frutas, vino, salmón, textiles e incluso madera a Canadá. Asimismo, la liberalización del comercio de servicios en Chile ha permitido a los canadienses introducirse en áreas como la ingeniería, el medio ambiente, la tecnología, los servicios financieros, la salud y la biotecnología, principalmente [Nankivell, 2002].

7.10. México y Canadá: ¿Competidores o socios estratégicos?

Dentro de la política económica internacional de Canadá, sin lugar a dudas México ha ocupado un lugar central. Su relación ha sido históricamente más intensa que con el resto de América Latina y este hecho se ha profundizado a partir de la firma del TLCAN. Sin embargo, en años recientes, como ya hemos mencionado, Canadá ha llevado a cabo una estrategia de diversificación comercial que abarca a la mayoría de los países latinoamericanos y del Caribe. En nuestra opinión, este incremento en sus relaciones comerciales ha afectado la importancia relativa de su relación con México, debido a que países como Chile, Brasil, Singapur y Hong Kong captan mayor inversión directa de Canadá, desde luego sin mencionar la captación de Estados Unidos y la Unión Europea.

Sin embargo, esto debe ser matizado, ya que existen importantes factores políticos que han provocado una mayor profundización de la relación entre los dos países en otros ámbitos que el estrictamente comercial. Por una parte, el ataque terrorista perpetrado en las ciudades de Nueva York y Washington, en septiembre de 2001, cambió radicalmente la relación política y económica de los tres países integrantes de América del Norte, llevándolos a discutir por primera vez la seguridad de sus fronteras y a introducir nuevos términos geoeconómicos como el de un *perímetro de seguridad de América del Norte* y la creación de una frontera inteligente entre Canadá y Estados Unidos [Gutiérrez-Haces, 2002 y 2003b].

Este hecho alentó por un breve lapso la idea de construir una fortaleza comercial y política en América del Norte, que se sobreponía al proyecto de una zona de libre comercio de las Américas que hasta ese momento parecía ser la alternativa más conducente para unir a los países TLCAN con el resto de América Latina y el Caribe.

Regularmente se publica información económica que intenta inclinar el fiel de la balanza hacia las posiciones a favor o en contra de los efectos que ha tenido el TLCAN en los tres países. Un aspecto que ha quedado bastante claro con el transcurso de los años es que dentro de este tratado la relación entre estos países continúa bajo un patrón de comportamiento bilateral, en el cual tanto México como Canadá siguen dando mayor prioridad a su relación con Estados Unidos. Este fenómeno aparte de profundizar su dependencia económica del mercado estadounidense ha impedido que la diversificación comercial con otros países sea una realidad tangible: México y Canadá han multiplicado el número de acuerdos de comercio e inversión con el resto del mundo, pero las estadísticas demuestran que la mayor parte del comercio de estos países sigue destinándose al mercado estadounidense.

Ante este hecho, existe una corriente de opinión en México que insiste en que, más que la diversificación económica, estos países deben seguir trabajando en la creación de reglas claras que les permitan agilizar y optimizar su relación con Estados Unidos. Para esto, el TLCAN no basta. En 2002, el gobierno mexicano expresó, a través de la Secretaría de Relaciones Exteriores, su apoyó a la creación de un mercado común de América del Norte o, en su defecto, una comunidad del sector energético.

Paradójicamente, los canadienses se mostraron reticentes ante dichas propuestas. En reiteradas ocasiones expresaron su rechazo a negociar una integración energética que implicara a los productores canadienses de petróleo, gas natural y electricidad para homologar los precios con México y Estados Unidos.

La negativa canadiense contiene elementos explicativos de interés. El primero es que dentro del acuerdo de libre comercio firmado con Estados Unidos en 1988, el capítulo sobre energía tuvo un efecto muy negativo sobre el gobierno conservador del primer ministro Brian Mulroney (1984-1993). En segundo término, esta iniciativa provenía originalmente del presidente George W. Bush padre, y del *lobby* de empresarios texanos vinculados al negocio petrolero. El hecho de que por segunda ocasión un mandatario procedente de la familia Bush reviviera la propuesta produjo desconfianza en los medios oficiales en Canadá ya que, de aceptarse, este país se vería forzado a abrir la reserva natural de la Antártica a la explotación petrolera estadounidense. Por último, otro aspecto que en definitiva influyó en esta negativa fue el ataque a Irak, lo que evidentemente afectaría el mercado internacional del petróleo.

Sin embargo, esta reticencia fue superada en forma parcial debido a factores políticos exógenos: un primer elemento a favor del cambio canadiense fue la constatación de que la relación bilateral de México con los Estados Unidos había sufrido un cambio cualitativo que marginaba relativamente el amplio espectro de interlocución de los canadienses. Este hecho produjo malestar durante los primeros diez meses del gobierno del presidente Vicente Fox, pero los acontecimientos ocurridos el 11 de septiembre de 2001 dieron a Canadá la oportunidad de recuperar su relación privilegiada con Estados Unidos. En un hecho que la celeridad con que reaccionó el gobierno canadiense en apoyo del presidente estadounidense, en comparación con la respuesta de México, le permitió reposicionarse en ese espacio de interlocución, sobre todo a partir de la propuesta de una mayor cooperación fronteriza y la participación activa de soldados canadienses en la ofensiva contra Afganistán.

Por otra parte, la presión de los empresarios canadienses hizo saber claramente al gobierno canadiense que sus intereses comerciales podrían resultar perjudicados con la negativa del gobierno a contribuir a la creación de un Mercado Común de Energía. Finalmente, poco antes de la Cumbre de las Américas, celebrada en Quebec en abril de 2001, el primer ministro Jean Chrétien dio su anuencia a la creación trilateral de un Instituto Norteamericano de Energía que ayudaría a elaborar el diseño técnico de gasoductos y conexiones eléctricas entre los tres países.

El cambio de posición del gobierno canadiense obedeció también a que ni el gobierno, ni los empresarios canadienses estaban dispuestos a perder la oportunidad de avanzar en la venta de tecnología de punta en el sector energético mexicano y, al mismo tiempo, controlar técnicamente el proceso de ingeniería y comercialización, no solo en América del Norte, sino en la ruta de México hacia Centroamérica, a través del Plan Puebla-Panamá, lanzado por el presidente Vicente Fox al inicio de su mandato.

De concretarse el proyecto energético trilateral, resultaba evidente que Estados Unidos trataría de introducir las cláusulas sobre seguridad de abasto existentes en el ALCCEU, las cuales no fue posible imponer a México en el TLCAN, así como el derecho de la inversión privada a incursionar en el sector energético mexicano, protegido constitucionalmente hasta el año 2014; frente a esto, los canadienses decidieron que sus reticencias los automarginaban del proceso, por lo que decidieron flexibilizar su posición.

Pero el sector energético en México no era el único que había atraído el interés de Canadá, desde 1999 existía un acuerdo en materia de telecomunicaciones entre los dos países, en lo tocante a prestación de servicios vía satélite. Los objetivos de dicho protocolo establecían criterios técnicos y condiciones para el uso de satélites y estaciones terrenas de las dos naciones, desde y dentro de sus territorios. El logro de este convenio fue que más de 2 400 municipios y 14 000 localidades de la República Mexicana pudieran acceder a la comunicación vía telefónica.

A 21 años de entrada en vigor del TLCAN, el comercio exterior entre México y Canadá ha crecido aceleradamente. Según datos publicados por la Secretaría de Economía de México, los flujos comerciales entre México y Canadá crecieron 0.8%, ubicándose en 36 084 millones de dólares estadounidenses. Este valor representa un crecimiento del comercio de 791% en la era del TLCAN, lo que además se traduce en una tasa de crecimiento anual promedio de 11% entre 1993 y 2014. México se ubicó como cuarto mercado de exportación para los productos canadienses (2.1% del total), por debajo de Estados Unidos, China y Reino Unido. En términos de valor, las ventas de Canadá a México se ubicaron en 10 045 millones de dólares estadounidenses, monto 755% superior al registrado en 1993. La tasa de crecimiento anual promedio de las exportaciones de Canadá a México entre 1993 y 2014 fue de 10.8 por ciento.

Entre los países con mayor inversión en México, el sexto lugar corresponde a Canadá, de acuerdo con un estudio elaborado por el Centro de Estudios Económicos del Sector Privado (CEESP) en 2009. Sin embargo, la mayor parte de la inversión canadiense continúa destinándose a Estados Unidos. De acuerdo con datos recabados por Statistics Canada (1999), Estados Unidos fue el factor de mayor relevancia detrás del 70% de los ingresos netos acumulados en Canadá de 1990 a 1998. Solo en 1997, Canadá captó 11.6% y México 3% del total de la inversión estadounidense.

La inversión canadiense en México también se incrementó de 1.8% a 3% entre 1986 y 1997, mientras que la estadounidense decreció ligeramente de 62% a 60% en el período mencionado [Deblock *et al.*, 2002].

La Secretaría de Economía reportó que para el período de enero 2000 a septiembre 2014, la IED acumulada de Canadá en México alcanzó los 22 568 millones de dólares estadounidenses, lo que lo ubicó como el cuarto país inversionista en el país, después de Estados Unidos, los Países Bajos y España.[16]

Sin embargo, la inversión canadiense en Sudamérica ha crecido de manera espectacular y ha sido superior en montos, tanto en Brasil como en Chile. Resulta interesante constatar que la inversión directa canadiense destinada a Japón hasta 2010 era superior a la que recibía México, lo que nos permite concluir que la inversión directa de Canadá conserva sus preferencias económicas tradicionales hacia Estados Unidos y la Unión Europea, pero también se diversifica en Asia y América del Sur en detrimento de su socio menor en el TLCAN: México.

Por su parte, de 1990 a 1998 Estados Unidos captó más de la cuarta parte de la inversión extranjera total en el ámbito mundial, mientras que Canadá y México solo atrajeron alrededor de 2.5%. Sin embargo, dentro de los países que forman la OCDE, Canadá es uno de los más abiertos; de las tres economías de América del Norte, es el más dependiente de la inversión extranjera, aspecto que explica en gran medida la reiterada insistencia de Canadá en reabrir el Capítulo 11 del TLCAN [Deblock, 2000].

El TLCAN ha influido en la consolidación de la relación entre México y Canadá como socios estratégicos y comerciales; el intercambio de bienes entre los dos países ha crecido indudablemente, en especial como consecuencia de algunas de las estipulaciones establecidas en el tratado, particularmente debido a la obligatoriedad de comprobar que los productos que se exportan dentro de la región de América del Norte cumplan con la Regla de Contenido Regional. Lo anterior ha obligado a estos tres países a consumir insumos y bienes intermedios producidos dentro de la región, aun cuando estos podrían ser adquiridos a menor costo en otros mercados. El efecto distorsionador de la Regla de Origen ha afectado seriamente los intentos de diversificación de mercado de México y Canadá.

7.11. Balance de la presencia canadiense en México y América Latina

A través de los años, la estrategia económica internacional de Canadá ha debido compaginar cinco aspectos centrales: *1)* una política multilateral que le permita actuar internacionalmente dentro de un espacio económico propio y evitar así posibles conflictos con Estados Unidos; *2)* responder a las continuas demandas de un regionalismo comercial interno, que presiona a través de las Provincias por ocupar un espacio específico en la política internacional de Canadá; *3)* la construcción de su propia estrategia económica, a escala federal, dentro y frente a bloques comerciales regionales como el TLCAN, la Unión Europea y el Mercosur, entre otros; *4)* tomar siempre en cuenta los intereses empresariales, no solo de las grandes corporaciones, sino de la pequeña y mediana empresas; y *5)* promover los principios que rigen la política internacional canadiense a través, primero, de la doctrina de Seguridad Humana y, más recientemente, de la promoción de la ética en los negocios a través de los principios de la Responsabilidad Social Corporativa.[17]

Todos estos aspectos han tenido importantes repercusiones en la relación que Canadá ha establecido con México y el resto de los países latinoamericanos desde la década de 1980. En la práctica, compaginar aspectos como los antes mencionados presenta dificultades estructurales, ya que implica conciliar intereses y exigencias de muy diversa naturaleza, que en los hechos no siempre se han cumplido.

El Ministerio de Relaciones Exteriores y Comercio Internacional de Canadá ha contado con una organización burocrática que da cabida tanto a los asuntos corporativos (Team Canada) como a las preocupaciones por promover un desarrollo sustentable en el ámbito internacional. Estos aspectos han estado muy presentes en la diplomacia de nichos que el gobierno canadiense ha venido desarrollado en América Latina.

Por su parte, la comunidad de negocios latinoamericana está consciente de que existe cierta tendencia del lado canadiense a transferir las pugnas regionales y provinciales que históricamente han azotado a Canadá al ámbito de los negocios internacionales. Es frecuente que la visión provincial-regional no necesariamente coincida frente a la perspectiva de las empresas y los gobiernos latinoamericanos, los cuales por lo general practican una política más centralista que federalista. El gobierno de Canadá firmó un convenio con México sobre asuntos federales, el primero de estas características signado por el presidente Fox en 2003.

Sin duda, de los aspectos anteriormente mencionados, la política provincial internacional y la mezcla de los principios promovidos por la Seguridad Humana con los intereses comerciales de Canadá constituyen los elementos que han sido menos comprendidos y aceptados por los gobiernos latinoamericanos.

Las diferencias de estrategia comercial internacional entre el Estado federal y las provincias canadienses resultan ajenas para países donde el centro-capital negocia en nombre del conjunto de todos los intereses territoriales, y en donde la economía mixta, como la de México, aún distingue los intereses económicos del sector privado de los del gobierno. Este aspecto ha sido motivo de desencuentros y fricciones con países como México que, estructuralmente, han tenido muchas dificultades para dar un espacio a sus entidades federativas a escala internacional. Asimismo, muchos de los funcionarios del gobierno mexicano han considerado, aunque no abiertamente, que las reivindicaciones provinciales de Canadá pueden ser una mala influencia para los gobiernos locales en México.

Es un hecho que Canadá conoce mejor la realidad latinoamericana que hace 21 años. Indudablemente su presencia comercial en la región ha dado frutos, y en la actualidad se encuentra en mejores condiciones para elaborar una estrategia económica específica para América Latina. Su participación en la Cumbre de las Américas, celebrada en la ciudad de Quebec en 2001, indudablemente le permitió conectarse en un alto nivel con todos los mandatarios de este continente y transmitir un mensaje claro respecto al tipo de principios y valores que desea que sirvan de cimiento institucional para futuras negociaciones de acuerdos de libre comercio.

El reto que enfrenta la relación de Canadá con México, así como con el resto de América Latina es amplio y diverso; de cierta manera tendrá que ser jerarquizado de acuerdo con las condicionantes económicas y políticas que han aparecido recientemente.

Sin duda, la relación con México seguirá siendo primordial debido al TLCAN, aunque a futuro no podría asegurarse que México continuará conservando esta posición como su principal socio comercial en América Latina, sobre todo si nos atenemos a datos recientes que demuestran el avance de Chile, Brasil, Venezuela y hasta de Colombia en su relación comercial con Canadá.

Es importante mencionar que el cambiante entorno económico y político que ha venido gestándose en varios países latinoamericanos permite pronosticar que la presencia canadiense en la región no gozará de las mismas facilidades que en el pasado, sobre todo porque tiene como principal objetivo al sector extractivo, actualmente uno de los sectores más controvertidos en América Latina. Este aspecto representa un nuevo reto para la diplomacia canadiense, que tendrá que lidiar con nuevos actores y escenarios políticos.

Sin duda, la crisis de los precios internacionales del petróleo, la cual pasó por momentos muy críticos entre los años 2014 y 2015, llevó a su nivel más bajo al comercio de hidrocarburos entre Estados Unidos y sus principales socios comerciales, como es el caso de Canadá y México, pero también de Venezuela y Ecuador, cambiando con ello la dinámica de la inversión extranjera directa en este sector y naturalmente poniendo en peligro el proyecto energético de América del Norte.

Por su parte, México hasta hace poco representaba para Canadá un país con enormes oportunidades económicas, el atractivo de una oferta de mano de obra mucho más barata que en Canadá, con una situación sindical más laxa y menos restrictiva que la suya. Sin embargo, tres hechos han desalentado el ímpetu del comercio y la inversión entre los dos países: *1)* la entrada de China a la Organización Mundial del Comercio, *2)* los sucesivos cambios que el gobierno mexicano ha hecho al régimen de las maquiladoras buscando potenciar las ventajas dentro del TLCAN y, por ende, contrarrestar algunos de los efectos negativos de la cláusula sobre contenido regional y *3)* el *impasse* en que entró la reforma constitucional del sector energético en México iniciada en 2014, ante la caída de los precios del petróleo y de los minerales, lo que inhibió el ímpetu de la inversión extranjera en estas actividades.

A mediados de 2002, el cierre de un número considerable de maquiladoras en México fue acompañado de la publicación de una profusa información sobre el destino geográfico que siguió la relocalización de las maquiladoras asentadas en México. Esta reubicación principalmente se llevó a cabo en China; la presencia del país asiático es un factor que ha afectado la relación comercial entre México y Canadá, debido a que desde 1997 China se ha colocado como uno de los cinco primeros países exportadores de mercancías a Canadá. Obviamente esto significa que el dinamismo de las exportaciones chinas, además de avanzar aceleradamente, ha desplazado a México como el quinto país exportador al mercado canadiense.[18]

Mientras que la información estadística sobre la inversión directa de Canadá en América del Sur es contundente respecto a la disminución relativa del lugar que ocupa México como socio estratégico, la información sobre la relación comercial entre los dos países demuestra que México se encuentra a la cabeza de los países latinoamericanos en lo

Cuadro 7-1

**Comercio de México con las Provincias
canadienses, 2009-2013
(millones de dólares canadienses)**

	2009	2010	2011	2012	2013
Exportaciones					
Ontario	2 252.0	2 348.3	2 262.1	2 225.5	2 358.3
Alberta	1 046.0	760.3	951.6	983.3	939.8
Manitoba	263.4	344.4	327.4	293.2	298.3
Importaciones					
Ontario	12 648.7	17 477.4	19 543.8	19 571.0	20 139.1
Alberta	759.5	967.7	1 313.9	1 530.9	1 856.9
Saskatchewan	131.6	164.6	207.7	252.7	229.6
Columbia Británica	1 342.0	1 343.9	1 466.5	1 497.6	1 482.6
Manitoba	360.9	380.0	450.8	555.1	569.9

Fuente: Elaboración de la autora, con base en datos de Statistics Canada [2015].

tocante a exportaciones e importaciones de Canadá. Por último, cabe destacar que pese al activismo del comercio exterior canadiense en América Latina, en la mayoría de sus intercambios comerciales, incluyendo México, este es deficitario.

Si bien parece que el talón de Aquiles de la relación México-Canadá ha sido más su relativa falta de ímpetu en lo tocante a la inversión canadiense que el intercambio comercial, posiblemente esta deficiencia encuentre su explicación en algunos hechos relacionados con la forma en que el gobierno de Canadá ha percibido la situación económica y política en México desde 1994.

Debido a esto, la relación política entre México y Canadá conoció momentos bastante tensos durante la presidencia de Zedillo (1994-2000), a tal grado que durante la visita del primer ministro de Canadá, Jean Chrétien (1993-2003), el mandatario mexicano le mencionó que sería preferible que el gobierno canadiense destinara mayor financiamiento a la ayuda al desarrollo en México, en lugar de fomentar la participación de sus ONG en el país. Pese a este reclamo, en los hechos, los contactos entre los hombres de negocios, las diversas dependencias gubernamentales y las organizaciones civiles y sindicatos se incrementaron, creándose una importante red de contactos binacionales en los que la paradiplomacia adquirió una considerable importancia.

A partir del año 2000, el gobierno canadiense manifestó ciertas reservas sobre el proyecto impulsado inicialmente por el expresidente Fox y la cancillería mexicana, respecto a la propuesta de construir un mercado común de América del Norte ya que, en el fondo, Canadá no era tan favorable a la creación de instituciones de carácter supranacional que a la larga permitirían la consolidación de un mercado común en el que dominaría el proyecto estadounidense, poniendo en riesgo las ventajas adquiridas con anterioridad gracias a la relación especial que sostenía con este país. En su lugar, como los hechos lo demostraron años despues, se inclinaron por arreglos parciales que igual se concretaron primero con Estados Unidos, como el gasoducto Keystone en 2015, que uniría a los dos países y se prolongaría hasta México.[19]

Un aspecto que temporalmente favoreció el escepticismo canadiense fue el estancamiento que sufrió el proceso de liberalización del sector eléctrico y energético en México hasta prácticamente 2012 y 2014, respectivamente. Esto facilitó la posición canadiense que se inclinaba por esperar que en México se realizaran los cambios constitucionales que abrieran sectores como el petróleo, el gas, la electricidad y, por supuesto, la actividad minera, antes de comprometerse a fondo con la propuesta de un mercado común energético. Desde luego, esto cambió notablemente cuando el gobierno del presidente Peña Nieto (2013-2018) llevó a cabo una serie de reformas constitucionales, entre las cuales el petróleo fue crucial para cambiar la correlacion de fuerza en América del Norte.

Resulta interesante constatar que los canadienses, generalmente confiados en su relación con Estados Unidos, han pasado por momentos de desorientación respecto al rumbo que ha tomado la relación entre México y Estados Unidos, en particular a partir del año 2000, cuando el renovado dinamismo del primer gobierno elegido democráticamente en México impulsó cambios y propuestas de envergadura al sentirse liberado de las críticas que en el pasado se manifestaron respecto a la falta de alternacia en el gobierno y la prolongada permanecia del Partido Revolucionario Institucional. En diversos momentos a partir de 2002, el gobierno mexicano desplegó una estrategia muy específica respecto a Estados Unidos, la cual se concretó en una agenda con propuestas consistentes, como fue la renegociación del tema migratorio entre los dos países; la negociación de un NAFTA plus; la propuesta de una estrategia fronteriza congruente con las preocupaciones de Estados Unidos ante el terrorismo; la creación de un mercado común de América del Norte; la iniciativa para crear un Fondo de Desarrollo en América del Norte; así como un Grupo Parlamentario y una Corte Permanente que obviamente consolidaría la tendencia hacia una institucionalidad supranacional.

Canadá, por su parte, propuso la reorganización de su frontera sur con Estados Unidos a partir de la informática y la tecnología. Ante sus dudas respecto de los beneficios de un mercado común, prefirió plantear en su momento que las aduanas funcionaran desde las fábricas exportadoras para agilizar el paso de mercancías por las fronteras; lo que evidenció que a la rivalidad comercial por el mercado estadounidense habría que agregar la potencial discrepancia político-diplomática en ciertos aspectos de la relación México-Canadá.

En gran medida, el proceso de consultas emprendido por el Comité Permanente de Asuntos Exteriores y Comercio Internacional llevado a cabo en Canadá, México y Estados Unidos durante 2002, representó la respuesta más articulada que el gobierno canadiense había formulado en torno al futuro de las relaciones con sus socios en América del Norte hasta ese momento.[20]

Tras el fracaso del Área de Libre Comercio de las Américas y la desaparición de la Alianza para la Seguridad y la Prosperidad de América del Norte, casi los únicos vínculos institucionales entre Canadá y las Américas fueron los diversos acuerdos comerciales negociados con los países del continente. En cierta medida, Canadá había perdido el poder del diálogo en América Latina debido a su alineación con los Estados Unidos en el proceso de negociación del ALCA y su insistencia sobre la aplicación, en sus relaciones con América Latina, de los criterios inspirados por el concepto de *seguridad humana*, en particular los derechos humanos y la primacía del Estado de derecho, que son parte del conjunto de lo que se llama *los valores canadienses*.[21]

Dada la relativa disminución de su popularidad en la región, en julio de 2007, el primer ministro Stephen Harper decidió recomponer las relaciones de Canadá con los países de América Latina, a través de la publicación del documento titulado: *Prioridades y Progreso. Canadá en las Américas*. Las principales líneas de acción propuestas fueron la promoción de la prosperidad económica y la seguridad, que representan para el gobierno de Canadá los valores fundamentales de la gobernanza democrática.[22]

Aunque los objetivos no son nuevos, es interesante ver los criterios fundamentales que han dominado la estrategia canadiense. Después de la publicación de este documento, el ministerio lanzó un nuevo posicionamiento en la región, basado en un tipo de clasificación no escrita, pero utilizado en la práctica por países con los cuales primordialmente buscan un vínculo. La primera fila estuvo ocupada por países de ideas afines (*like-minded*), como Chile, Perú y Costa Rica. Luego, en su estrategia, siguieron los países que en ese momento presentaban menos compatibilidad con los intereses de Canadá, como era el caso de Venezuela, Bolivia y Ecuador, y finalmente, los países agrupados que podrían tener potenciales afinidades, sobre todo políticas, con el proyecto, como Argentina, Panamá, Colombia y algunos países de América Central.

Es obvio que el pragmatismo del gobierno canadiense le permitió diferenciar claramente entre lo que son sus intereses económicos en la región y sus objetivos políticos, en particular los atados a la transmisión de los valores canadienses, reflejados a través del documento mencionado.

En este sentido, cabe señalar que las relaciones entre Canadá y América Latina se han profundizado y, por ende, se han vuelto más complejas. Hasta hace 21 años, la agenda latinoamericana en Canadá prácticamente tenía solo dos socios: los gobiernos y las empresas. Sin embargo, a partir de que las empresas canadienses comenzaron a incursionar en el sector minero, la situación se complicó con el surgimiento de nuevos actores: las comunidades locales afectadas por la minería y una gran cantidad de organizaciones sociales apoyadas por organizaciones canadienses.

Ante esto, el gobierno de Canadá cambió los parámetros de su diálogo con América Latina para intentar resolver el descrédito de su imagen internacional como resultado de los conflictos mineros.

En este momento se introdujo la promoción de la ética empresarial del gobierno canadiense como una solución al descrédito, aunque en los hechos resulta evidente que esta enfrenta un doble reto: por un lado, busca promover sus intereses económicos en América Latina, y, por el otro, tiene que limitar el comportamiento de sus empresas, no siempre comprometidas con el cumplimiento de los principios ético-corporativos enarbolados por Canadá.

Visto con la perspectiva que nos da el tiempo, parece que la relación entre México y Canadá siempre ha sido influida por la situación política y económica de ambos países y esta no ha sido necesariamente fácil. Estas relaciones han debido ajustarse y reajustarse continuamente, como lo analizaremos en la última parte del libro. Sin embargo, estos parámetros en gran parte se deben a la diversidad de percepciones que ambos países sostienen respecto de problemas fundamentales para su proyecto nacional.

Aunado a esto, resulta innegable que los gobiernos de los tres países son más interdependientes que nunca debido principalmente a los cambios geopolíticos provocados por los ataques terroristas de 2001 y la guerra contra Afganistán e Irak (2002 y 2003); en este sentido, ni Canadá ni México podían funcionar diplomáticamente sin tomar en cuenta la situación y opinión del otro socio.

La relación México-Canadá se ha institucionalizado paulatinamente; cuenta con un plan estratégico de acción, una agenda política, social y económica que a últimas fechas se ha visto ampliada con los temas de seguridad fronteriza; anualmente se celebran reuniones ministeriales y parlamentarias, y la asesoría de diversas instancias del gobierno de Canadá es cada día más evidente en México.

El establecimiento de una estrategia antiterrorista en las fronteras de Estados Unidos bajo el nombre de *perímetro de seguridad y frontera inteligente* refleja en gran medida la homogenización de la política de Estados Unidos hacia sus dos socios y, más aún, la absorción de estos dos países en el espacio vital de Estados Unidos.

En cierta medida, el proceso de integración profunda entre los tres países avanzó silenciosamente debido a circunstancias ajenas al TLCAN. La lucha contra el terrorismo emprendida por Estados Unidos produjo mayor institucionalidad en cuanto a la gestión de las fronteras de México y Canadá; paradójicamente, el TLCAN, un acuerdo que en su origen estaba delimitado a los aspectos comerciales, ha tenido que adecuarse a un esquema de regulación aduanal que tiende a acotar su radio de acción.

Ante esto, el desafío de México y Canadá se enfoca en crear nuevos espacios de interlocución y de acción conjunta que reviertan la capitalización que Estados Unidos ha hecho de la relaciones en América del Norte en su estado actual.

NOTAS

[1]   En el Capítulo 4, se analizó con más detalle lo que sería el inicio de las relaciones entre México y Canadá; en este sobresale el carácter empresarial de la relación.

[2]   Para mayor información sobre el tema, véase Gutiérrez-Haces [1997].

[3]   Para mayor información sobre la *canadanización*, se puede consultar Gutiérrez-Haces [1995a]; Clarkson y Mildenberger [2011]; Cameron [1993]; Brunelle y Deblock [1989].

[4]   Neufeld y Withwort [1997].

[5]   Es una doctrina lanzada por las Naciones Unidas en 1993, que promueve valores universales como la democracia, el respeto a los derechos humanos, la búsqueda del bienestar económico para la mayoría, la protección del medioambiente, el desarrollo económico sostenible, entre otros.

[6]   Este cambio fue apoyado en 2005 por el tercer informe publicado por el Subcomité de Desarrollo Internacional y Derechos Humanos con respecto a las actividades de las empresas mineras canadienses y otras compañías que operan en el sector de recursos naturales en los países en desarrollo. El informe hace hincapié en la necesidad de que las empresas canadienses respeten la responsabilidad social corporativa. El subcomité estaba preocupado por el hecho de que Canadá no tenía una ley que obligara a que las empresas mineras llevaran a cabo sus operaciones en estricta conformidad con las normas de derechos humanos, incluidos los derechos de los trabajadores y aborígenes. En respuesta a la petición del Parlamento, el gobierno federal, a través de MAECI, ha publicado un documento titulado *La minería en el desarrollo de la responsabilidad social*. Este documento fue el inicio de un cambio fundamental del Ministerio en lo tocante a su plataforma ideológica y programática. En 2009, el gobierno federal dio a conocer un nuevo documento: *La estrategia de la responsabilidad social de las empresas en la industria minera canadiense*, que trataba claramente de contrarrestar el creciente descontento en contra de las actividades de las empresas mineras canadienses en los países en desarrollo.

[7]   En 1993, el Congreso de los Estados Unidos autorizó una renovación breve de la Trade Promotion Authority (TPA) para concluir las negociaciones de la Ronda Uruguay (1986-1994). Sin embargo, para el segundo período presidencial de Clinton (enero de 1997 a enero de 2001) el Congreso rechazó la autoridad *fast track* para negociar acuerdos de librecomercio y continuar las negociaciones pendientes, por ejemplo, el caso de Chile, así como las negociaciones que pretendían crear el Área de Libre Comercio de las Américas.

[8]   Desde 1945, Canadá ha invertido mucho en todas las acciones que buscan una solución a los conflictos internacionales. La creación de *peacekeeper* es una iniciativa canadiense que rápidamente fue adoptada por las Naciones Unidas después

de su destacada participación en el conflicto del Canal de Suez (1956). Canadá ha participado prácticamente en todas las operaciones de mantenimiento de paz de la ONU.

En el curso de los años, Canadá ha hecho mucho proselitismo por la democracia y ha participado en todas las acciones encaminadas a establecerla o consolidarla. Estas acciones son conocidas en los círculos políticos como *peacebulding*.

[9] Específicamente, la presión que estos países ejercieron sobre México fue considerable. En el *Informe anual* presentado por el presidente Gustavo Díaz Ordaz en 1965, textualmente se afirmó: "En lo que respecta a la integración económica de América Latina, es un esfuerzo circunscrito exclusivamente a ella, sin hostilidad hacia Estados Unidos y Canadá o hacia alguna de las grandes áreas industrializadas del mundo. No se trata de ir contra nadie, sino de sumar esfuerzos a favor de Latinoamérica" [Ampudia, 1997: 164].

[10] En la CEPAL originalmente fueron incluidos países como Estados Unidos, Gran Bretaña, Francia y Holanda, debido a que estos países argumentaron que aún mantenían fuertes vínculos económicos, políticos y culturales con algunas naciones de la región, ya fuera porque tenían o habían tenido colonias o porque existía un claro interés económico, como era el caso de Estados Unidos. Véase *El Comercio Exterior de México* [1982: 54].

[11] A partir de 1944, en los círculos políticos internacionales los funcionarios canadienses empezaron a hablar de Canadá como una potencia media. En Ottawa, el primer ministro Mackenzie King declaró ante la Casa de los Comunes: "La simple división del mundo entre grandes potencias y el resto es irreal e incluso peligrosa; otros estados en el mundo poseen poder y la capacidad para usarlo en la preservación de la paz". Mackenzie King popularizó la idea de que Canadá era un poder o potencia de talla media o una potencia media y, por lo tanto, debería gozar de un estatus diferente en relación con potencias menores. En 1945, el término *potencia media* fue adoptado por el gobierno federal para describir el rango de Canadá en el ámbito internacional y generalmente se usaba con el prefijo: "*así llamada* potencia media" [Nossal, 1997: 58].

[12] De acuerdo con H. von Bertrab, durante las negociaciones del TLCAN, Estados Unidos decidió que México podría exportar su azúcar, después de demostrar que había cubierto su superávit neto, es decir, que tenga sobrantes después de cubrir el consumo nacional. Esta medida se estableció para impedir que México importara azúcar barata de otros mercados, como Cuba, y exportara la suya a Estados Unidos [Bertrab, 1996: 240].

[13] Información obtenida de la página web del Ministerio de Relaciones Exteriores y Comercio Internacional.

[14] Después de 10 rondas de negociaciones, las conversaciones se estancaron en 2004, principalmente por cuestiones de acceso al mercado. En 2010 Canadá consideró

que Honduras había presentado las mejores propuestas para firmar un acuerdo de libre comercio, por lo cual decidió comenzar negociaciones de forma bilateral, para concluir la firma de un acuerdo de libre comercio en 2011. Las negociaciones con el resto de los países centroamericanos quedaron suspendidas.

[15] Desde 1998, la OMC, por medio de su órgano de reglamentación de diferencias (ORD), ha concluido, en cinco ocasiones, que Proex, el programa brasileño de subvenciones a las exportaciones, que reduce los costos de financiamiento para los exportadores brasileños, es una subvención prohibida dentro del caso de las aeronaves de transporte regional [Ministére des Affaires Étrangéres et du Commerce International, 2002: 56].

[16] El monto de inversión estadounidense en 2014 fue de 6 516.4 mdd; España invirtió 4 092.9 mdd; Canadá, 2 421.4 mdd; Alemania, 1 546.2 mdd; los Países Bajos, 1 489.6 mdd, y otros 79 países aportaron 5 068.2 mdd [Secretaría de Economía de México, *Informe Estadístico sobre el Comportamiento de la Inversión Extranjera Directa*, 2014].

[17] La Responsabilidad Social Corporativa se ha convertido en el objetivo de la política exterior canadiense, especialmente en los numerosos conflictos que han surgido entre las empresas mineras y las comunidades en los países en desarrollo.

[18] En 2014, Estados Unidos ocupó el primer lugar como destino de las exportaciones canadienses, con un 76.83% del total. El tercer lugar lo ocupó el Reino Unido, con 2.9%, seguido por Japón con 2.04% [Stastistics Canada, 2015].

[19] La relación política durante la presidencia de Vicente Fox (2000-2006) cambió considerablemente de cariz como consecuencia del estrechamiento de las relaciones con el presidente Bush; detrás de este acercamiento se encontraban los intereses de las empresas petroleras estadounidenses, en particular las relacionadas con la familia del presidente estadounidense.

[20] Comité Permanente de Asuntos Exteriores y Comercio Internacional, Canadá, 2002.

[21] La mayoría de los países de América Latina percibió de forma negativa la diplomacia canadiense, que no solo insiste abiertamente en la necesidad de una mayor democratización, sino que también alentó a los grupos y las reuniones donde discutieron sobre la violación de los derechos humanos y laborales, así como la situación de las comunidades indígenas. Esta práctica se ha interpretado como un acto de "injerencia" en los asuntos políticos internos, y provoca un enfriamiento entre las embajadas canadienses y los gobiernos latinoamericanos.

[22] El documento, publicado en 2007, *Canadá en las Américas,* buscaba reforzar las relaciones bilaterales con los organismos regionales y la consolidación de su presencia en la región.

Capítulo 8

Un Estado subnacional frente a la continentalización: El caso de Quebec

Introducción

La mayor parte del análisis que hasta este momento hemos desarrollado se ha enfocado esencialmente en el comportamiento de México y Canadá –dos estados independientes y soberanos– frente al proceso de absorción, principalmente económico, de Estados Unidos, y en las diversas estrategias que dichos países han puesto en práctica para favorecer u obstaculizar la continentalización. Sin embargo, debido a la naturaleza intrínseca a este proceso, también se observa que en diversos momentos de la historia de México y de Canadá se han dado casos en que una de sus entidades federativas o provincias ha visto con sumo interés la posibilidad de llevar a cabo un proceso de anexión territorial a Estados Unidos o, en su defecto, de poner en práctica una política de mayor proximidad económica que la que lleva a cabo el resto del país. Tal sería el caso de Quebec en Canadá o de los estados de la frontera norte de México, en especial a partir de la década de 1960.

Dentro de este contexto, resulta evidente que a medida que los estados no soberanos, llámense *provincias* o *entidades federativas*, consideran que el gobierno central no satisface cabalmente sus aspiraciones internacionales –económicas y en algunos casos también políticas–, buscan por cuenta propia desarrollar una estrategia internacional que en muchos casos contraviene los objetivos de la política exterior del país.

Si a esto agregamos que históricamente México y Canadá han sostenido una relación muy estrecha con Estados Unidos, y que sus economías son altamente dependientes del mercado estadounidense, resulta evidente que las manifestaciones en pro de formular una política internacional propia significan, en última instancia –aunque no de forma exclusiva–, la reivindicación de un Estado no soberano de poner en marcha una estrategia específica con relación a los Estados Unidos.

Desde esta perspectiva, el análisis del proceso de continentalización no podría ser estudiado como si México y Canadá fueran representaciones estatales monolíticas dentro de las cuales las provincias, las entidades federativas y las regiones carecieran de vida política, económica y social propias. Por el contrario, uno de los aspectos más interesantes dentro del análisis del proceso de continentalización es constatar que a lo largo de su historia, las reacciones y respuestas a este proceso han tenido un correlato que corresponde con la diversidad político-territorial de cada provincia o entidad en que se han dividido estos países, en muchos casos de manera arbitraria, desde el siglo XIX.

En el caso de Canadá, la provincia de Quebec ha reaccionado al proceso de continentalización de una manera distinta a la que se advierte en el gobierno federal o en otras provincias, como Alberta y Ontario, principalmente.

Así, resulta difícil aceptar que solo la representación gubernamental de la Federación, ubicada en la capital del país, pueda elaborar satisfactoriamente una política internacional en la cual la continentalización sea determinante, de ahí que algunas provincias canadienses reivindiquen el derecho a establecer su propia política internacional y a participar de manera más activa en la elaboración y la gestión de la política exterior de Canadá.

En cuanto a México, se ha vivido una experiencia completamente distinta a la de Canadá: las entidades federativas, debido a su subordinación política y económica al gobierno central, así como a que casi durante sesenta años tanto los gobiernos estatales como el gobierno federal estuvieron gobernados por el PRI, han vivido una situación de control casi absoluto del PRI-gobierno, de ahí que la menor disidencia se ha castigado con la disminución de los recursos que la Federación otorgaba a los estados.

Las entidades federativas y los municipios en México, pese a la riqueza de sus recursos naturales o a la existencia de considerables montos de inversión extranjera en algunas regiones, no han contado con suficiente autonomía para utilizarlos a su favor, lo que en la práctica significa que carecen de bases materiales para formular una estrategia internacional relativamente independiente del poder central.

Las entidades mexicanas no son, en términos constitucionales, propietarias de los recursos naturales de su región y, por tanto, no pueden explotarlos en su beneficio; tampoco pueden crear empresas estatales independientes de las nacionales, como Hidro-Quebec o Hidro-Ontario en Canadá, ni pueden aplicar libremente una política fiscal propia que les permita allegarse ingresos, como sucede con las provincias canadienses, que pueden fijar impuestos al consumo distintos de los que se aplican en otras provincias. Hasta hace no mucho tiempo, tampoco podían elaborar una política comercial propia ni mucho menos salir a buscar inversión extranjera para su entidad: todo esto era, y en gran medida sigue siendo, una atribución del centro, es decir del poder federal ubicado en la capital de la República Mexicana.

La disputa, a veces abierta y otras soterrada, entre el poder federal y las entidades federativas ha estado presente tanto en México como en Canadá a lo largo de toda su historia. En términos generales, el móvil que en el pasado los llevó a buscar su independencia política y esporádicamente su anexión territorial a Estados Unidos, o más recientemente su derecho a dictar su propia política económica internacional, ha sido la insatisfacción respecto a la forma en que la Federación ha velado por sus intereses, en especial económicos. Tanto entidades como provincias siempre han considerado a la Federación un obstáculo, y en ocasiones hasta un enemigo, en la prosecución de su proyecto como estados no soberanos [Gutiérrez-Haces, 1994c].

En este sentido, el siglo XIX se caracterizó específicamente como un período en el que Estados Unidos alentó y aprovechó de forma abierta las tendencias independentistas y anexionistas de algunos grupos en América Latina, descontentos por el trato que les otorgaba el gobierno central. Sucedió en particular en México ante la separación de Texas (1835) y su posterior anexión a Estados Unidos;[1] fue también la situación de Yucatán[2] que, aunque sin éxito, intentó separarse del gobierno mexicano, durante la primera etapa de la Guerra de Castas (1847-1849), la cual se prolongó hasta 1901 [Careaga, 2000].

En esta misma forma, como ya mencionamos en capítulos precedentes, Canadá enfrentó una problemática similar a la de México, con la salvedad de que las tendencias anexionistas manifestadas por los patriotas de Montreal ocurrieron poco antes de la creación del Dominio de Canadá (1867). Sin embargo, en ambos países fue la desarticulación política y territorial, aunada a la falta de consolidación de un Estado-nacional, lo que alentó dichos procesos.

Los casos brevemente mencionados deben verse como un antecedente del proceso de continentalización en América del Norte, pero en sentido estricto no pueden compararse con el de la provincia de Quebec –sujeto central de este capítulo–, la cual representa un tema de estudio aparte, pues pese a considerársele un Estado no soberano o subnacional ha desarrollado su propia política internacional, en gran medida independiente de la política exterior federal de Canadá, la cual incluye los aspectos culturales, educativos y comerciales en los que Estados Unidos representa su contraparte principal [Fry, 1998; Painchaud, 1989; Jacomy-Millette, 1989; Lalande, 1989; Soldatos, 1987; y Bernier y Thérien, 1994].

Este capítulo analiza principalmente tres aspectos: *1)* las características fundamentales de la política internacional de las provincias canadienses y particularmente el caso de Quebec, que se distingue del resto de las provincias canadienses, así como de las entidades federativas en México; *2)* la estrategia económica y política de Quebec en relación con Estados Unidos dentro del debate sobre la continentalización, y *3)* los intereses de Quebec en América Latina y, en particular, en México, como un intento por balancear el peso de la relación con Estados Unidos, en especial a partir del TLCAN.

8.1. La política internacional de las provincias canadienses: El caso de Quebec

Históricamente, el derecho de las provincias canadienses a dictar su propia política internacional ha sido un tema controvertido y, a la vez, recurrente en su relación con la Federación canadiense. El problema fundamental de dicha reivindicación consiste en determinar si las provincias tienen el derecho a compartir las responsabilidades de la Federación en la proyección internacional de Canadá y, en especial, si pueden incidir de manera directa tanto en la formulación de la política exterior de Canadá, como en su gestión.

Tomando en cuenta este planteamiento, es necesario examinar la forma en que se establece el reparto de las competencias legislativas entre la Federación y sus estados miembro, es decir, las provincias. Indudablemente, la delimitación de tales competencias está determinada en el contenido del Acta Británica de América del Norte (ABAN) de 1867.[3] En esta se atribuye a la Federación el ejercicio de los poderes esenciales, incluyendo aquellos que no estaban especificados según la cláusula residual del artículo 91 [Jacomy-Millette, 1989: 82].

Por su parte, correspondía a las provincias ejercer aquellos poderes de interés local, también precisados en el ABAN de 1867, como el derecho de propiedad sobre las tierras del dominio público y sobre los recursos naturales, el derecho a legislar sobre la propiedad y los derechos civiles, y sobre las cuestiones administrativas en sentido amplio del término.[4]

La constitución canadiense no trata específicamente la repartición de competencias en materia internacional ni en relación con el poder federal ni con las provincias, salvo la sección 132 del ABAN, que fuera del contexto histórico en que fue redactado hace que no sea aplicable actualmente.

El Artículo 132 extiende al nuevo Dominio el poder de implementar las obligaciones inherentes a los tratados suscritos por Inglaterra: "Le parlement et le gouvernement du Canada auront tous les pouvoirs nécessaires pour mettre en œuvre les obligations du Canada et de toute province, du fait de leur appartenance à l'Empire britannique, envers les pays étrangers, qui se dérivent des traités entre l'Empire et ces mêmes pays" [Pilette, 1993: 95].

La ausencia de legislación sobre la política internacional de Canadá resulta totalmente explicable si consideramos que quienes redactaron el ABAN de 1867 no lo hicieron teniendo en cuenta una situación de independencia política de Inglaterra, como *sí* fue el caso de la Constitución de Estados Unidos en 1790. En 1867, Canadá carecía de una personalidad internacional independiente, porque en términos políticos era un Dominio de La Corona Británica. Esto lo expresa claramente Johannson, quien afirma que "El ABAN de hecho no fue destinado a ser una constitución para un Estado-nación autónomo" [Johannson, 1978: 359, citado en Nossal, 1997: 295].

Como ya hemos mencionado en varios capítulos anteriores, Canadá adquirió su soberanía internacional de Inglaterra entre 1900 y 1931, es decir, entre la Primera Guerra Mundial, el Tratado de Versalles y la publicación del *Estatuto de Westminster*. Respaldada por su participación en estos acontecimientos y en especial por la autorización del Parlamento inglés a dictar su propia política internacional, Canadá asumió las prerrogativas que hasta entonces estaban bajo la jurisdicción de Inglaterra, tales como la declaración de guerra, la neutralidad, la declaración de la paz, el establecimiento o la ruptura de las relaciones diplomáticas, la negociación e instrumentación de tratados o la presentación de reclamaciones internacionales; en resumen, las competencias que otorgan a Canadá una proyección en el ámbito internacional.[5]

Durante la última década del siglo XX, el gobierno de Canadá, junto con las élites políticas y financieras del país, buscó modificar la Constitución, tanto en su versión original (1867) como en la de 1982. Esta última –que es la vigente– conserva el texto del ABAN de 1867, pero también contiene un documento adicional conocido como la *Carta de derechos y libertades*.[6] Este documento anexo fue aprobado por el Parlamento de Westminster como el último acto político de la Corona inglesa sobre su Dominio, el cual marcó el proceso de repatriación del ABAN de 1867.

Con el transcurso del tiempo, el gobierno federal decidió establecer su posición al respecto de una manera más oficial, por lo que en 1968 publicó el libro blanco titulado *Federalisme et relations internationales*, el cual establecía claramente la responsabilidad del gobierno federal dentro de la conducción de la política extranjera de Canadá y, en particular, su poder exclusivo de concluir tratados, de participar como miembro en las organizaciones internacionales y de acreditar y recibir representantes diplomáticos.

Pese a esto, Quebec no cejó en su política y continuó abriendo diversos tipos de representaciones en el extranjero, desde delegaciones generales hasta oficinas de promoción turística, según su interés en determinado país.[7]

A finales de la década de 1970, muchas de las provincias se habían contagiado del espíritu reivindicativo de Quebec. El derecho de contar con representaciones provinciales en el extranjero, así como la facultad para negociar tratados internacionales, fue planteado por algunas provincias. Obviamente, estas reivindicaciones fueron formuladas por las provincias más prósperas, como Alberta, la cual desde 1978 había pedido al gobierno federal que incluyera dentro de la Constitución una cláusula que afirmara el legítimo derecho de las provincias a participar en ciertas áreas de la política exterior, incluyendo los aspectos económicos.

Frente a esto, la posición de Ottawa fue muy clara; rechazaba en principio las reivindicaciones provinciales por considerar que la política exterior era un asunto exclusivo del Estado federal, el cual era y es el único habilitado para ejercer los poderes y las prerrogativas en este terreno. Posteriormente, la actitud del gobierno federal se flexibilizó, pero siempre en forma discrecional, y en contadas ocasiones de acuerdo con las circunstancias políticas, tanto domésticas como internacionales, que rodeaban una iniciativa provincial. Con los años, el gobierno federal ha proyectado una política menos tajante sobre los asuntos de índole cultural y educativa de las provincias, pero en los aspectos de orden económico y comercial su actitud se ha endurecido.[8]

A partir de 1975, debido a la presión de los gobiernos provinciales, los mecanismos de consulta federal-provincial sobre las negociaciones comerciales multilaterales fueron puestos en marcha, así que un comité de carácter federal-provincial empezó a presidir las negociaciones. Principalmente se trataba de informar a las provincias sobre sus oportunidades en materia de comercio internacional, pero también sobre el proteccionismo de ciertos países.

Todos los gobiernos provinciales, especialmente desde la década de 1970, han insistido en la importancia de respaldar e incrementar las exportaciones canadienses, en particular las destinadas a los Estados Unidos. Estos intereses están presentes desde la celebración de las diferentes rondas comerciales del GATT hasta el período actual en que Canadá ha multiplicado exponencialmente su participación en diversos acuerdos comerciales.

Gracias a esta estrategia, las provincias tuvieron la oportunidad de detectar la divergencia entre sus intereses regionales y la política comercial de otros países; pero más importante aún fue que las provincias canadienses adquirieron mayor conciencia de las disparidades regionales entre algunas provincias exportadoras de recursos naturales y otras de productos manufactureros. Lo anterior contribuyó a exacerbar el mal estado de las relaciones interprovinciales, que dio origen al surgimiento de una tendencia nacionalista, sobre todo en el ámbito económico.

Indudablemente, Quebec ha sido la provincia que de manera más sostenida ha reivindicado el derecho de concluir acuerdos internacionales en el terreno de lo que jurídicamente es competencia de la provincia. Los acuerdos que ha negociado cubren cuestiones culturales, de educación y de cooperación. En este sentido, se observa que Quebec ha concluido regularmente acuerdos con otras naciones dentro de diversos dominios, como el de seguridad social, administración de la justicia o reglamentación de transportes y construcción de puentes internacionales.

A partir de 1975, los delegados del gobierno de Quebec en el extranjero han tenido la misión de establecer contactos, principalmente con los medios empresariales y financieros. Pero desde 1982, los delegados ubicados en los países de interés prioritario para el gobierno de Quebec han tenido que ampliar su radio de actividades y dedicarse al cabildeo, en especial con los representantes del Poder Legislativo, así como con funcionarios clave y con los grupos de presión. Esta misión resulta compleja dada la desconfianza que abrigan los funcionarios de países poco sensibilizados con la causa de Quebec, entre los que se cuentan tanto Estados Unidos como México.

Con los años, pese a la reticencia de Ottawa, las posiciones federales han tenido que modificarse, pues en la actualidad todas las provincias buscan ocupar un espacio en el ámbito internacional. Actualmente, casi todos los gobiernos provinciales están persuadidos de que el establecimiento de una oficina foránea garantiza mayor presencia de la inversión y los intercambios comerciales en su provincia.

De todo esto, lo más evidente es que las provincias más ricas no solo son las que han expresado de forma más abierta la necesidad de ampliar sus relaciones con el extranjero, sino que también son las mejor establecidas en términos financieros para abrir este tipo de oficinas.

En contraste, las provincias más desamparadas en términos económicos solo cuentan con el gobierno federal para ayudarlas a aumentar sus vínculos económicos con el extranjero, lo cual nos permite concluir que hay una divergencia de posiciones en relación con este debate, las cuales pasan por el tamiz de la riqueza económica, pero también por la lealtad de la provincia hacia el gobierno central, sobre todo en el caso de las regiones más vulnerables.

Dentro de este panorama, la situación de Quebec es particularmente interesante. A diferencia de las otras provincias, su participación en diversas actividades internacionales constituye una necesidad no solo de carácter económico, sino político, ya que mediante esta participación el gobierno de Quebec consolida su proyecto nacional como una "sociedad distinta". Desde este punto de vista, resulta evidente que la política internacional de Quebec suscite tanta oposición, ya que se trata de una estrategia con un móvil político específico, que desde luego no comparte con el resto de las provincias canadienses: la soberanía-asociación con Canadá y, en particular, con Ottawa.

El acuerdo constitucional del Lago Meech[9] en 1987 y el de Charlottetown en 1992 significaron dos intentos serios por plasmar una serie de cambios constitucionales, que en ambos casos fracasaron debido al desacuerdo de ciertas provincias o de algunos grupos como los indígenas, que impidieron su aprobación en ocasión del referéndum constitucional (1995). Debido a esto, tanto el ABAN de 1867, como el Acta de 1982, tras su repatriación permanecen intactos hasta la fecha, provocando que ante la ausencia de cualquier prohibición constitucional contra la actividad internacional, los gobiernos provinciales buscaran proyectar y proteger sus intereses más allá del poder central de Canadá y de sus fronteras[10] [Nossal, 1997: 296].

Este proceso por el cual las provincias reivindican su derecho a determinar su papel en el ámbito internacional se ha considerado en las últimas décadas un signo inequívoco de una tendencia política conocida en los círculos gubernamentales canadienses como *province-building*.[11]

Actualmente, casi todos los gobiernos provinciales consideran que su participación en los ámbitos político y económico internacionales contribuye a fortalecer las instituciones y los gobiernos provinciales; sin embargo, el mayor mérito corresponde a la provincia de Quebec, por haber sostenido este enfoque desde la década de 1970, con el advenimiento de la Revolución Tranquila y la difusión de la doctrina Gérin-Lajoie, que analizaremos más adelante.

Un factor que ha tenido un papel relevante en este proceso es el idioma; las provincias donde la lengua comunicante es entera o mayoritariamente el inglés, en general, no han cuestionado la capacidad del gobierno federal en materia de política internacional, a diferencia de Quebec. En 1981, Howard Leeson, subministro de Asuntos Intergubernamentales de la provincia de Saskatchewan, afirmaba al respecto: "Personne ne peut sérieusement mettre en doute le rôle primordial du gouvernement fédéral dans le développement de la politique extérieure du Canada" [Jacomy-Miller, 1989: 83].

Sin embargo, conforme las provincias han gozado de mayor autonomía y han adquirido conciencia de su potencial económico, los gobiernos han desafiado cada vez más al poder federal. Actualmente, las provincias no están ya dispuestas a ser objeto de una simple consulta: reclaman a Ottawa una colaboración entre iguales. Con más frecuencia reivindican su derecho —en su opinión, ganado a pulso— a desarrollar una política internacional propia, y para ello argumentan su considerable participación en la composición del PIB de Canadá.

8.2. Visiones desencontradas entre Quebec y América Latina

Durante abril de 2001 se llevó a cabo en la ciudad de Quebec la Cumbre de las Américas, la cual reunió a mandatarios, políticos de alto nivel y miembros de la sociedad civil de América Latina, Estados Unidos y Canadá, con excepción de Cuba. El objetivo era continuar las discusiones sobre los principales aspectos de la negociación del ALCA. Las negociaciones para este acuerdo se habían suspendido en 2005.

El hecho de que la reunión cumbre tuviese lugar en la provincia de Quebec no fue fortuito, ya que desde hace más de setenta años América Latina ha sido un punto de referencia político, social, cultural y económico para la sociedad quebequense. También podría agregarse que dentro de la construcción del imaginario identitario de Quebec, América Latina representa un referente conceptual de importancia [Gay, 1983; Saragossi, 1991 y 1996].

La mayoría de los análisis sobre el carácter y la historia de las relaciones entre la provincia de Quebec y América Latina coinciden en afirmar que dicho interés aparece con mayor claridad a partir de la Revolución Tranquila (1960-1980), cuando se gestaron muchos principios de la política internacional de Quebec y, por tanto, resultaba lógico que dentro de esta visión Latinoamérica ocupara un sitio de importancia [Mace, 1989, 1993a, 1993b; Thérien, Bélanger y Gosselin, 1994; Donneur, 1994; Balthazar, 1993].

No obstante, ya hemos mencionado que los orígenes de esta relación se remontan a 1865, cuando las cuatro colonias británicas ubicadas al norte de Estados Unidos, conocidas como Canadá, Nueva Brunswick, Nueva Escocia y la Isla Príncipe Eduardo, discutieron en la ciudad de Quebec acerca de "las posibilidades que ofrecía el mercado mexicano como una alternativa comercial frente al expansionismo del mercado estadounidense" [Gutiérrez-Haces, 1997].

La presencia de Quebec en Latinoamérica no se caracteriza por su continuidad. Tampoco podría decirse que abarcara la mayor parte de los países del continente americano; ni podría afirmarse que se haya manifestado con el mismo ímpetu en las diversas regiones del continente; en suma, se trata de una presencia muy desigual y, en ocasiones, hasta desarticulada. Esto se explica si se toman en cuenta los rasgos que han caracterizado la historia de esta provincia, así como el grado de desarrollo político y económico que Quebec ha experimentado dentro de su permanencia en la confederación canadiense.

En este apartado se hace un análisis y una relectura, desde una perspectiva latinoamericana, del significado que Quebec ha tenido para

América Latina en cuatro aspectos clave para entender las tendencias continentalistas y latinoamericanistas presentes en el desarrollo de su política internacional:

1. Sobre el derecho que reivindica Quebec con relación a la prolongación de sus competencias internas como provincia, en el ámbito internacional y más específicamente en América Latina y el Caribe.
2. Respecto a la inclinación que la sociedad quebequense ha manifestado, en lo individual y en su conjunto, por considerar a Latinoamérica, a los latinoamericanos y a lo latinoamericano como un espacio real e imaginario, en el cual pone a prueba sus ideales, sus valores y la reafirmación de su identidad.
3. Sobre la forma en que América Latina ha inspirado el discurso político y social de Quebec sobre la opresión y la exclusión.
4. Sobre la posibilidad que ofrece América Latina para que esta provincia ponga en práctica el discurso oficial acerca de Quebec como una "sociedad moderna, innovadora y más agresiva económicamente hablando", que el resto de Canadá.

Para llevar a cabo el siguiente análisis hemos utilizado como material de investigación los principales documentos que el gobierno de Quebec ha producido sobre su política internacional,[12] así como diversas fuentes secundarias y material hemerográfico producido en Quebec y en algunos países latinoamericanos que estudian diferentes aspectos de la relación Quebec-América Latina.

El acervo bibliográfico producido por autores canadienses y quebequenses [Mace y Goulet, 1996] resultó mucho más amplio que el existente en Latinoamérica, donde son pocos los ensayos consagrados a este tipo de análisis. Es un hecho que el interés intelectual que ha suscitado Quebec en los círculos latinoamericanos se ha circunscrito mayoritariamente a los aspectos literarios y culturales, los cuales desde hace décadas reciben un amplio apoyo gracias a la política de Quebec vinculada a la francofonía. Sin embargo, resulta necesario mencionar que a partir de la firma del TLCAN, los estudios de corte político y económico, así como los que versan sobre las relaciones internacionales, han tenido un notable crecimiento en México, Venezuela, Argentina,

Chile y Brasil, donde el vínculo con Quebec ha sido más estrecho que el del resto de los países latinoamericanos.

Por el contrario, la abundancia de obras especializadas sobre esta temática en Quebec no es un hecho fortuito, sino una consecuencia directa de una tendencia de muy largo aliento, que en especial tuvo un empuje importante desde 1942, cuando diversas iniciativas universitarias alentaron la proliferación de cursos que analizaban diferentes aspectos de América Latina.

Además, en Quebec, desde la década de 1940 hubo un gran impulso a la enseñanza del español y el portugués, como en los programas de estudio de la Universidad de Montreal y de la École des Hautes Études Commerciales, también ubicada en esta universidad [Podea, 1948].

Entre los motivos más evidentes de la desigualdad que hay entre la cantidad de estudios en Quebec y en Latinoamérica, sobresalen en primer lugar la identificación y delimitación de Quebec en América Latina como ente político con un alto grado de autonomía dentro de Canadá, y que además posee una dinámica internacional propia. En términos generales, la autonomía de Quebec en los campos cultural y educativo ha sido bien aceptada en América Latina, lo que ha ocurrido en menor grado con Francia e Inglaterra, dos países con una política cultural internacional muy presente en el continente. Sin embargo, es en el ámbito estrictamente político donde Quebec ha enfrentado las mayores dificultades en América Latina, en especial a partir de 1980 con motivo de la celebración de su primer Referéndum.[13] En términos llanos, los gobiernos latinoamericanos han demostrado muy poca disposición a respaldar la "causa de Quebec", en particular a partir de 1990, cuando Canadá ingresó como miembro pleno a la OEA e inició una activa estrategia comercial y política federal en América Latina.

El segundo motivo es el peso de los Estados Unidos, pero también de la propia realidad latinoamericana, como objetos de estudio, lo cual ha dejado un reducido espacio para un acercamiento intelectual sobre Quebec. Un tercer motivo sería que la relación Quebec-América Latina durante décadas ha sido un asunto de individuos y sobre todo de organizaciones sociales, culturales y religiosas. La construcción de una red de relaciones entre el gobierno de Quebec y América Latina, como parte de una política de Estado-no soberano emerge con mayor claridad a finales de la década de 1980.

Únicamente en años recientes, con la introducción de los análisis en torno a la "sociedad civil", que incluyen a las organizaciones no gubernamentales, Quebec fue reconocido plenamente como un interlocutor de peso en América Latina, en especial por dos motivos: *a)* por la larga trayectoria de su presencia en América Latina a través de las diversas iglesias, las organizaciones humanitarias y filantrópicas, los sindicatos y más recientemente las organizaciones no gubernamentales, vinculadas de diversas maneras a los problemas de opresión y marginación en América Latina; *b)* por su importante participación en los debates a favor y en contra del libre comercio, llevados a cabo desde una perspectiva múltiple que ha abarcado a la vez al gobierno de Quebec, a sus sindicatos, a sus organizaciones sociales y sobre todo a una sociedad muy pendiente de todo lo que ocurre en América Latina. Los tres elementos arriba mencionados también han tenido un importante papel en el carácter de las relaciones que los latinoamericanos han establecido con Quebec.

La identificación de los quebequenses como individuos portadores de una cultura y un ideario político diferente al del resto de Canadá no ha sido un hecho ni evidente ni fácil de asimilar para la mayoría de los gobiernos de Latinoamérica. En especial este sería el caso de la primera etapa de contactos, que ocurrió a finales del siglo XIX, cuando, en un sinnúmero de ocasiones, los quebequenses fueron confundidos con los franceses; años después, en pleno siglo XX, cuando el rostro político de Canadá se perfiló con más claridad para los latinoamericanos, Quebec fue asimilado, por los latinoamericanos, dentro de la identidad canadiense.

Concretamente, esta provincia tuvo que esperar casi hasta finales de la década de los setenta para ocupar un sitio aparte en la visión de América Latina. Sobre este asunto volveremos más adelante.

El problema de confusión de identidades no ha sido privativo de los quebequenses. También los anglo-canadienses fueron objeto de ciertas confusiones en Latinoamérica, al haber sido asimilados inicialmente como británicos durante el siglo XIX y principios del siglo XX, y luego al ser confundidos con los estadounidenses durante varias décadas del siglo XX.

Aunado a esto, debemos agregar que la tarea de analizar el carácter de las relaciones entre Quebec y América Latina se enfrenta con una profunda escasez de fuentes primarias disponibles. Este hecho se explica en cierta medida debido a que en la mayoría de los archivos históricos y diplomáticos de América Latina los documentos desclasificados que cubren hasta mediados del siglo XX contienen poca información sobre la presencia de Canadá y sobre todo de sus provincias en Latinoamérica, y cuando esta aparece, generalmente se encuentra formando parte de los expedientes británicos[14] y, en algunos casos, franceses.

Por su parte, los archivos nacionales en Canadá, así como los archivos diplomáticos ubicados en Ottawa, se han organizado de acuerdo con una visión federal en la cual todo documento generalmente es clasificado bajo la denominación "Canadá-América Latina", para después subdividirse en temas cronológicamente organizados; los expedientes que mencionan específicamente a Quebec son raros.

Por último, los archivos provinciales, como serían los de la provincia de Quebec, ofrecen un importante acervo de documentos oficiales, pero por su naturaleza no necesariamente reflejan el vínculo entre América Latina, la comunidad de negocios y la sociedad de Quebec; estos documentos son en su mayoría comunicados gubernamentales, pronunciamientos, reportes y declaraciones diplomáticas.

Aunado a lo anterior, también debemos considerar que en realidad el interés gubernamental por América Latina [Mace, 1993] data únicamente de los gobiernos de Bourassa (1973-1974) y de René Lévesque (1976-1981), lo cual vendría a significar, para los propósitos de una investigación, que el lapso transcurrido hasta la fecha deja un espacio relativamente corto para la consulta.[15]

8.3. Tiempos históricos diferentes y malentendidos acerca de la identidad política de Quebec en América Latina

Independientemente de los aspectos anteriores, es un hecho que la confusión identitaria de que fueron objeto quebequenses y anglo-canadienses hasta mediados de los setenta en América Latina resulta explicable si tomamos en cuenta las circunstancias históricas en que Canadá obtuvo el derecho a dictar su propia política internacional y en la que, por tanto, dejó de aparecer subordinado a los designios del Imperio británico. Tal hecho indudablemente afectó sus relaciones con América Latina, ya que en términos técnicos carecía de identidad en el mundo de la diplomacia.

Antes de 1926 y de 1931, fechas que corresponden a la Declaración de Balfour y a la proclamación del Estatuto de Westminster, Canadá, como dominio que formaba parte del Imperio, compartía las estrategias y prioridades de la política internacional de Inglaterra; dentro de esta realidad, Quebec, como el resto de las provincias canadienses, también estaba incluido.

Si al mismo tiempo revisamos los grandes momentos de la historia de América Latina, en el mismo período se observará que, para 1930, la mayoría de los países de esta región había consolidado la formación del Estado-nacional como resultado de un difícil proceso que había durado cerca de ochenta años. Esta consolidación se había logrado con serias dificultades que abarcaron guerras, rebeliones y un sinnúmero de bancarrotas económicas, pero indudablemente estos países habían dejado atrás el período colonial que los había atado a las monarquías española y portuguesa, respectivamente. Latinoamérica en esas fechas se encontraba inmersa en un proceso de desarrollo económico profundamente afectado por la crisis económica de 1929; en la mayoría de estos países, el modelo primario exportador se encontraba en entredicho junto con los gobiernos que lo respaldaban [Cardoso y Faletto, 1969].

No podría decirse que esta situación política prevaleciera en Quebec entre 1867 y 1931. Durante este período, la influencia británica aún era muy importante, no obstante que la presencia económica de los Estados Unidos también avanzaba en la región. Dentro de este contexto, los canadienses y los quebequenses que se interesaron en Latinoamérica, a los ojos de los latinoamericanos eran británicos, aun si en el caso de los quebequenses se diferenciaban por su idioma.

Los gobiernos latinoamericanos, pese a sus problemas políticos y económicos, ejercían su propia política exterior desde mediados del siglo XIX, una política internacional que, por cierto, se había formulado, en la mayoría de los casos, al fragor de la amenaza de invasión o de intervención de las grandes potencias europeas y también de los Estados Unidos.

América Latina vivía entre el amor, el odio y la admiración hacia los británicos, entre los cuales se encontraban varios canadienses. En gran medida, esta mezcla de sentimientos se debía a que su presencia se situaba en los sectores económicos más modernos, como los ferrocarriles, el telégrafo, la construcción de la infraestructura urbana, los bancos, las compañías aseguradoras, las hidroeléctricas y el sector minero, entre otros. Estas actividades ampliamente redituables favorecían a una élite vernácula vinculada a los empresarios extranjeros, mientras que parte de los sectores intermedios no siempre tenían el acceso que ambicionaban a la riqueza generada por las actividades vinculadas a la inversión extranjera, muchas veces ubicada dentro de verdaderos enclaves.

El caso de la dictadura del general Porfirio Díaz en México (1876-1880 y 1884-1911) es bastante ilustrativo de aquel momento. A mediados del siglo XIX, al igual que en el resto de América Latina, los primeros comerciantes canadienses que llegaron a México se presentaron en calidad de ciudadanos de un imperio europeo con asentamientos territoriales en el norte del continente americano; su presencia fue considerada por los mexicanos como parte de las actividades de los británicos asentados en Canadá [Gutiérrez-Haces, 1997: 15].

Las primeras misiones comerciales canadienses, las cuales también abarcaban la presencia de algunos quebequenses, desconfiaron profundamente de la situación que prevalecía en el México postindependentista. En especial, guardaban el recuerdo de los hechos ocurridos a partir de 1854, fecha en que se inició el movimiento de Reforma Liberal en México.

La revolución liberal de 1854 luchó por hacer prevalecer los intereses de los liberales mexicanos sobre los del bando conservador: su principal aporte a la historia de México fueron las Leyes de Reforma (1857), que decretaban constitucionalmente la separación de cualquier religión –en la práctica, de la Iglesia católica romana– del Estado mexicano. Esta medida provocó que todos los bienes inmuebles y las tierras que pertenecían a la Iglesia católica pasaran a ser propiedad del Estado mexicano, logrando así un asombroso proceso de acumulación de capital y la secularización del Estado.

Para el gobierno y los habitantes de Quebec, las noticias de un gobierno que incautaba todas las riquezas y propiedades del clero católico, declarándolas "bienes de la Nación" gracias a la Ley Juárez y a la Ley Lerdo (1857), resultaron preocupantes, en especial cuando esta iniciativa provenía de un presidente indígena de origen zapoteco.[16] No hay que olvidar que el sentimiento de pertenencia a dos entidades europeas se encontraba profundamente arraigado en las colonias británicas de América del Norte, ni que la cuestión indígena carecía del tratamiento político del Quebec contemporáneo.

La guerra entre liberales y conservadores afectó económica y políticamente a México. En 1861, los conservadores libraron su última batalla diplomática contra los liberales y el presidente Benito Juárez, al respaldar de forma abierta una intervención europea, supuestamente justificada por el incumplimiento del pago de la deuda externa del gobierno mexicano a los ingleses, franceses y españoles.

En 1862, estos tres países ocuparon el puerto de Veracruz, pero los franceses decidieron ir más lejos que los otros deudores europeos y promovieron la instauración de un gobierno monárquico dirigido por Maximiliano de Habsburgo, hermano del emperador de Austria (1864).

Las noticias en Quebec respecto a la instauración de un imperio europeo en México, apoyado principalmente por Francia, duraron poco; este efímero acontecimiento fue eclipsado por el fusilamiento de Maximiliano el 19 de junio de 1867, bajo las órdenes del liberal Benito Juárez. Indudablemente, todos estos acontecimientos nutrieron una imagen de caos en la mente de los quebequenses [Lemoine, 1997].

A su vez, el recuerdo entre los mexicanos de la invasión de Veracruz, así como de la batalla librada contra los franceses en Puebla y la instauración de una monarquía europea apoyada por los conservadores mexicanos y el gobierno de Francia influyó en las relaciones iniciales entre México y Quebec, ya que para muchos mexicanos, y aun para el propio gobierno, resultaba muy difícil separar a Quebec de la presencia francesa en este período.

Un aspecto que difícilmente podría pasar desapercibido es que el fusilamiento de Maximiliano de Habsburgo coincidió con el proceso de formación de la Confederación en Canadá, el cual desembocó, como ya lo mencionamos, en la formulación del Acta Británica de América del Norte en 1867.

En el ánimo de los Padres Fundadores de Canadá pesaron diversos hechos en el momento en que se redactó el ABAN; entre estos fue importante la discusión sobre el expansionismo de los Estados Unidos en América Latina, que desde la década de 1840 había avanzado notablemente. Al respecto existen indicios de que la pérdida de la mitad del territorio de México, como consecuencia de la guerra con los Estados Unidos, estuvo presente en la mente de los Padres Fundadores de la Confederación canadiense, y que en las discusiones en torno a la futura constitución se mencionó que posiblemente el apetito territorial estadounidense se había colmado con la mitad del territorio mexicano, obtenido como botín de guerra en 1847 [Moore, 1997].

Pero este expansionismo no solo se manifestó en América Latina, sino en el territorio de las colonias británicas de América del Norte aun antes de 1867. Como fue en la batalla de Saint John, al sureste de Montreal (1775), la cual provocó una cesión territorial de Quebec al firmarse la paz con los Estados Unidos en 1783. Debido a esto, los límites de las posesiones británicas en América del Norte retrocedieron hasta los Grandes Lagos, para definir la frontera sur oriental del territorio que con el tiempo se convertiría en el Canadá moderno [Waite, 1994: 349].

Posteriormente, durante el conflicto bélico de 1812, en el cual Estados Unidos declaró la guerra a la Gran Bretaña, provocó el ataque directo al territorio de los Canadás y, posteriormente, la delimitación del paralelo 49, como límite meridional entre el territorio británico y los Estados Unidos.[17]

Ejemplos más cercanos a 1867 fueron las insinuaciones hechas por Estados Unidos a la Gran Bretaña respecto a la cesión de la América del Norte Británica, en pago por las intervenciones de apoyo inglés, como la del buque *Alabama*, durante la Guerra de Secesión de Estados Unidos (1864-1866). Indudablemente, los hechos aquí mencionados fueron motivo de preocupación entre aquellos colonos que tuvieron que decidir el tipo de estructura política y económica de la futura Confederación canadiense [Waite, 1994: 353].

A partir de esta situación, se podría afirmar que América Latina y Quebec nunca enfocaron completamente su relación en términos bilaterales, ya que el factor Estados Unidos siempre fue un condicionante de peso que interfirió en su propia vinculación.

La primera misión comercial en América Latina (1865), organizada por las colonias británicas de América del Norte, tenía como propósito visitar México, Brasil y las Indias Occidentales. Sin embargo, esta misión nunca llegó a México, ya que la visita programada coincidió con la caída del Imperio de Maximiliano y su ulterior fusilamiento; este incidente impactó tanto a aquellos comisionados, tanto que decidieron visitar otros países y anular su primer periplo en México [Gutiérrez-Haces, 1997: 15].

La falta de sincronía en los tiempos históricos de Quebec y América Latina fue un hecho constante hasta finales del siglo XX. Únicamente a partir de 1990 se alcanzó cierto ritmo, gracias a la negociación conjunta de México, Canadá y Estados Unidos tendiente a la puesta en marcha del TLCAN. Paradójicamente, gracias a este tratado se detonó un proceso de diversa índole en América del Norte, el cual forzó a una mayor concordancia de gobiernos y sociedades en torno a un acuerdo comercial.

Antes de la creación del Estado canadiense, de la redacción del ABAN y de la aparición del Dominio de Canadá dentro del *hinterland* británico, los futuros Padres de la Confederación tuvieron que negociar –bajo los buenos oficios del representante británico Lord Elgin– con los Estados Unidos de América el Tratado de Reciprocidad de 1854, una propuesta que provenía enteramente de las colonias británicas de América del Norte y, en especial, del Bajo Canadá (Quebec), como consecuencia de los problemas económicos que enfrentaban las colonias ante el relativo alejamiento político y comercial del Imperio británico [Lachapelle, 1995; Cotter, 1995].

El tratado de 1854, aunque de carácter comercial, fue un recurso político concebido por los diversos gobiernos locales de aquellas colonias, sentando con esta acción las futuras bases para negociar otros acuerdos como estados no soberanos. Estas colonias se sirvieron del

Tratado de Reciprocidad Comercial Elgin-Marcy, negociado con los Estados Unidos, como un recurso para detener el inicio de un proceso de desintegración territorial, económico y político, que se había manifestado con mayor intensidad desde 1846.

Este artilugio pareció ser el remedio más eficaz para contrarrestar el discurso proanexionista de Montreal,[18] sobre todo a partir del regreso, en 1845, del líder rebelde Louis-Joseph Papineau (1786-1871),[19] quien había expresado abiertamente su inclinación por las instituciones republicanas como las de los Estados Unidos.[20]

Dos fueron los móviles que indujeron a Lord Elgin, como representante de la Corona inglesa y de sus colonias, a buscar la anuencia de los Estados Unidos. Uno, como ya lo mencionamos, era de carácter económico, y principalmente buscaba asegurar el mercado estadounidense para el destino de las mercancías producidas por las colonias británicas de América del Norte; el otro era de carácter político, y se relacionaba con los brotes de un claro anexionismo en favor de Estados Unidos.

Las primeras discusiones sobre la posible anexión de las colonias británicas hacia los Estados Unidos provenían de Montreal, aunque Nueva Brunswick y en cierta medida Nueva Escocia también se quejaban por la situación económica que los orillaba a buscar la fórmula anexionista o la negociación de un tratado de reciprocidad comercial. La publicación del *Annexation Manifesto of October*, de 1849, preocupó a los futuros Padres de la Confederación canadiense, aunque en realidad no contó con un apoyo considerable fuera de Montreal [Gagan y Rasporich, 1971].

Resulta paradójico pensar que también en México aparecieron grupos ubicados en el norte del país, especialmente en Texas, que por encontrarse más vinculados a las actividades económicas de la frontera con los Estados Unidos manifestaron sus intenciones anexionistas, dando con ello suficientes argumentos como para que la guerra con los Estados Unidos se precipitara en 1846.

Como en el caso de la frontera norte de México, tanto las fuerzas abolicionistas como las esclavistas en los Estados Unidos reaccionaron ante la publicación del *Manifiesto de Anexión* de 1849, y la propuesta de un tratado de reciprocidad comercial; después de todo, la anexión del territorio norte de México había ampliado política y territorialmente la causa sureña, y no era cuestión de repetir y reforzar la posición norteña con la posible anexión de las colonias británicas o, al menos, del Bajo Canadá (Quebec).

Del análisis anterior se desprende que, en una primera etapa, la cual se inicia desde mediados del siglo XIX hasta finalizar aproximadamente 1930, la visión que tenía Quebec respecto a América Latina había suscitado opiniones por demás encontradas y desfavorables en el seno de la sociedad y las instituciones quebequenses.

Las guerras, las luchas partidistas entre liberales y conservadores, las peleas regionales entre la capital y las provincias y las entidades federativas en América Latina, sumadas a la laicización y secularización de algunos de los gobiernos latinoamericanos, fueron vistas con desconfianza por la mayoría de los habitantes del futuro Quebec.

Esto no impidió que algunos individuos se acercaran a Latinoamérica, movidos por un afán económico; tampoco que en ciertos casos, aparecieran aventureros y hasta idealistas desubicados, como fue el quebequense que se unió al ejército de Napoleón III y de Maximiliano de Habsburgo (1862-1867).

Este "internacionalista precoz" no tuvo empacho en calificar a aquellos liberales mexicanos, que se oponían a la imposición del Imperio de Maximiliano en México, como *bandidos*, *bandoleros* y *traidores* a Francia [St. Maurice, 1988 y 1989].

Esta anécdota, aunque meramente circunstancial, refleja el sentimiento de pertenencia y de lealtad que la mayoría de los habitantes de Quebec profesaban a Francia, pero también es un interesante indicio de lo que sería la vocación internacional de Quebec a las causas políticas y sociales en el siglo XX.

Por su parte, también algunos países latinoamericanos no veían con buenos ojos las expresiones del anexionismo de Montreal; no hay que olvidar que México, debido a la guerra con los Estados Unidos, había perdido la mitad de su territorio entre 1846 y 1848. En este sentido, tanto México como las colonias británicas de América del Norte se vieron implicados indirectamente en el conflicto abolicionista y en la Guerra de Secesión en los Estados Unidos, lo cual sin duda influyó en sus mutuas opiniones y juicios.

Sumada a la negatividad de sus percepciones, la sociedad y el gobierno del Bajo Canadá no tenían una idea muy clara de lo que ocurría política y económicamente en la mayoría de los países latinoamericanos, de tal manera que la posición que se adoptó fue el inmovilismo y la desconfianza. Estas dos actitudes determinaron que las acciones de los quebequenses en América Latina inicialmente fueran muy esporádicas; después de todo, en este período Quebec tenía desafíos políticos más importantes como la relación con Estados Unidos.

Por su lado, los gobiernos y los habitantes de América Latina difícilmente podían entender la complejidad política de las colonias británicas de América del Norte bajo la férula del Imperio británico; además, carecían de información suficiente como para poder deslindar las esferas de acción de británicos, anglocanadienses y quebequenses en la región antes de 1930.

8.4. Hechos que predeterminaron la acción de Quebec en América Latina

La presión política y diplomática que Canadá generó en torno a la negociación de su estatus internacional en el seno de la comunidad británica, en la década de 1930, desembocó en el ya mencionado *Estatuto de Westminster*. Este triunfo cambió por completo la correlación de fuerzas políticas entre la federación canadiense y las provincias, así como la visión de estas en relación con el mundo.

En Quebec, los principales dirigentes políticos consideraron que la ocasión de poner en práctica sus nuevas prerrogativas internacionales era inaplazable.

En este contexto se dio el primer debate oficial, tanto del gobierno federal de Canadá como del de Quebec, a favor de una mayor proximidad de las relaciones con América Latina.

Bajo un ambiente de efervescencia política en Canadá, tres hechos ocurridos específicamente en Quebec provocaron que la discusión sobre el vínculo con América Latina adquiriera mayor amplitud que en otras provincias; estos acontecimientos fueron: *1)* la divulgación y el debate sobre la posibilidad de ingresar a la Unión Panamericana (1910), llevado a cabo por todas las fuerzas políticas y sociales, incluyendo a los principales grupos religiosos en Quebec a partir de 1944; *2)* la participación de la Iglesia católica en el debate sobre el papel de Quebec en el ámbito internacional y, en especial, en América Latina, y *3)* la aparición de los conceptos de *latinidad* y de *francofonía* en Quebec como artilugio para identificarse con América Latina y a su vez deslindarse del resto de las provincias canadienses.

Estos hechos indiscutiblemente marcaron el tono y el ritmo del futuro de las relaciones entre Quebec y los latinoamericanos. Respecto al primero podemos decir que entre las voces independientes que se escucharon a favor de la Unión Panamericana, se encontraba la de Henri Bourassa, fundador y editor del periódico *Le Devoir*, el cual argumentaba la necesidad de que Canadá ingresara como miembro de la Unión Panamericana [Rochlin, 1994; Podea, 1948; Miller, 1947].

La insistencia de Henri Bourassa sobre el "posicionamiento" de Quebec en la región latinoamericana se había vuelto proverbial en diversos foros desde 1915. En estas reuniones argumentaba que Canadá podría obtener importantes ventajas en su asociación con los países latinoamericanos.

Sus razones, más que de carácter comercial, obedecían a una visión nacionalista y geopolítica sobre el futuro de Quebec: en su opinión, esta provincia debía aprovechar la oportunidad que le ofrecía la Unión Panamericana.

De acuerdo con la información recabada por Iris S. Podea, Henri Bourassa veía en el idioma francés un instrumento con el cual los francocanadienses podrían fomentar sus relaciones comerciales y una salvaguarda contra cualquier resurgimiento de la "fiebre imperialista" de los Estados Unidos; en este sentido, podríamos decir que los análisis de Bourassa contribuyeron ampliamente a lo que más tarde se convertiría en una política internacional del gobierno de Quebec: la francofonía [Bourassa, 1915 y 1916].

En 1935, Bourassa planteó en la *Casa de los Comunes*:

Why not join the Pan American Union, in which we would be far more at home than we are in the League of Nations? There we would meet the representatives of all those states of South America which, in some respects, are in close understanding with the United States, but in others have the same feelings of diffidence that we have and which are natural in small or weak nations toward a very large one, dominating the continent? [Canada, *House of Commons Debates*, 1935, citado en Ferreti y Miron, 1992: 73].

Sin duda, el debate que surgió en Canadá sobre su posible ingreso a la Unión Panamericana[21] detonó la opinión de diversas fuerzas políticas en Quebec, las cuales no solo se manifestaron en contra o a favor de esta membresía sino que también provocaron la formulación de diversas argumentaciones que exhibían sus inclinaciones y lealtades, a favor o en contra del alineamiento de Canadá con relación a la Gran Bretaña o a los Estados Unidos.

En 1944, la opinión pública en Quebec fue testigo del fuego cruzado entre diversos medios de comunicación, los cuales aprovecharon la excusa que le ofrecía la posible institucionalización de la relación con los países latinoamericanos para expresar sus sentimientos, lealtades y fobias, en muchos casos destinadas hacia el Commonwealth, los anglo-canadienses, los Estados Unidos y, en última instancia, el gobierno federal en turno: "No country can live in isolation, the French Canadians cannot afford to remain aloof in an English-speaking and Protestant milieu and, if they do not seek help from peoples of a culture similar to their own, they risk extinction. French Canadians and Latin Americans are both threatened by Yankee imperialism and they should unite in defense against Jewish-American finance" [Bloc Populaire, 1944, citado en Ferreti y Miron, 1992: 121].

Detrás de una prolífica publicación de editoriales, artículos y notas periodísticas, el verdadero debate se reducía a cuestionarse el papel que Quebec deseaba desempeñar en la esfera internacional.

Aunque en apariencia este debate se centraba en la participación de Canadá en una organización de vocación estrictamente latinoamericana, detrás de esto se encontraba la definición geopolítica y económica de

Canadá y, con ello, de Quebec y el resto de las provincias, después de la Segunda Guerra Mundial.

Ante esto, Quebec genuinamente se interrogaba sobre el ulterior significado de la resistencia de ciertos políticos vinculados al gobierno federal respecto al ingreso de Canadá a la Unión Panamericana: "Why Should Canada, which has participated in European wars twice within twenty-five years, feel that it is such a great risk to join an organization of American States, whose record has been entirely peaceful? These fears are attributed to certain English-speaking circles accustomed to having foreign policy emanate only from London? As a result of this colonial mentality, Canada's foreign policy is sadly lacking in clarity" [*Journal Action Catholique*, 1945].

El debate sobre el ingreso de Canadá a la Unión Panamericana también despertó diversas opiniones a lo largo de América Latina; paradójicamente, algunos gobiernos latinoamericanos veían con desconfianza el ingreso de Canadá por considerarlo a veces muy británico y otras demasiado estadounidense.

A partir de la lectura de las publicaciones quebequenses de este período, se infiere que Quebec veía en la Unión Panamericana una oportunidad para reafirmar su presencia en América Latina, como parte de una estrategia tendiente a prolongar sus competencias provinciales fuera de Canadá; sin embargo, este objetivo chocaba con otras opiniones en el interior de Canadá que consideraban un peligro ingresar a una organización multilateral "demasiado controlada por los Estados Unidos".

El entusiasmo de Quebec por la Unión Panamericana nunca tomó en cuenta la coyuntura política latinoamericana, sino que, por el contrario, se centró en la justificación de este ingreso como un medio para debilitar el peso de Inglaterra, pero también de los Estados Unidos en Canadá. No hay que olvidar que este debate surgió como parte de un movimiento nacionalista en Quebec.

En nuestra opinión, la amplitud y la diversidad de la problemática política latinoamericana resultaban tan complicadas para el Quebec de la segunda posguerra, que en general se tendió a obviarlas. Con ello lograron que la formulación de su estrategia en torno a la Unión Panamericana, por guardar un carácter muy parroquial, no lograra conectarse con el sentir y las preocupaciones de los países latinoamericanos.

Ahora bien, sobre esta actitud habría que considerar dos aspectos; el primero sería que, en descargo de la actitud quebequense, en tal período los países de América Latina no eran tan favorables al libre comercio como lo habían manifestado Canadá y los Estados Unidos. El segundo aspecto era que Latinoamérica tampoco compartía la misma visión geopolítica de Canadá y mucho menos de los Estados Unidos, como lo demostró la Conferencia Interamericana sobre Problemas de la Guerra y de la Paz en 1945.

En estos años, Latinoamérica estuvo dedicada a la celebración de reuniones relacionadas con el problema de su seguridad militar y la disyuntiva de participar o automarginarse del proyecto geopolítico de los Estados Unidos; en todas estas discusiones, cierto o falso, existió el sobrentendido de que Canadá compartía la visión estadounidense.

Tres instituciones con una manifiesta vocación latinoamericana, la Unión Panamericana (1910), la Comisión Económica para América Latina (1948) y, posteriormente, la Organización de Estados Americanos (1948) lograron centrar en términos muy controvertidos el debate sobre la relación entre Quebec y América Latina.

En los tres casos, Quebec enfrentó el dilema de pronunciarse a favor de tales iniciativas o desconfiar de las "organizaciones regionales autárquicas", como calificó Paul Martín a la CEPAL.

El segundo hecho que también influyó sobre el debate acerca del latinoamericanismo de Quebec indudablemente fue la presencia de las principales congregaciones religiosas de origen católico-romano que provenían de Quebec, las cuales también desempeñaron un papel de importancia en la construcción de la relación con América Latina.

Antes de la aparición de asociaciones humanitarias o filantrópicas y de la presencia de algunos sindicatos de Quebec en Latinoamérica,[22] la Iglesia católica de Quebec era la correa de transmisión entre los sectores de mayor peso político en Quebec y determinados grupos en América Latina. Sin embargo, esta presencia no debe ser confundida con las actividades vinculadas a la Teología de la Liberación, la cual ha tenido una presencia mucho más reciente en América Latina.

La presencia de las congregaciones religiosas quebequenses obedeció a diversas causas, entre las cuales sobresale la decisión de determinadas órdenes religiosas de llevar a cabo un proceso de reevangelización[23] de la población rural y de los sectores más marginados en América Latina.

Esta reevangelización fue una de las consecuencias de la salida de estas órdenes religiosas del continente asiático, en especial a partir de la Larga Marcha (1946-1949) encabezada por Mao Tse-Tung (1893-1976) y de la Revolución Cultural en China (1959). Pero también influyó en ellas la secularización de Quebec como resultado de la Revolución Tranquila (1960).[24]

En nuestra opinión, las congregaciones religiosas en Quebec vivieron un proceso interno similar al de los empresarios quebequenses: ambos consideraron, aunque por razones diferentes, que América Latina era el espacio apropiado para reafirmar su ideología y extender su radio de acción; en síntesis, se trataba de la prolongación territorial de su ideología [Claval, 1960].

Como en el caso de la presencia comercial y empresarial de Quebec, los primeros religiosos que se animaron a trabajar en Latinoamérica fueron pocos y además lo hicieron esporádicamente desde 1853. De acuerdo con J.C.M. Ogelsby, en 1940 había menos de seis sacerdotes en América Latina. Sin embargo, años más tarde se observaba una mayor presencia de religiosos canadienses. A mediados de los setenta se contaban alrededor de 1 902 participantes; de este contingente, Haití atrajo 420 religiosos; Perú, 417; Brasil, 313, y República Dominicana, 106. El 71% de los 207 centros establecidos en América Latina estaban en manos de francocanadienses.

La labor de estos sacerdotes no se limitó al trabajo pastoral sino que también intervinieron en la organización económica de sus comunidades, montando cooperativas y enseñando técnicas de optimización de la producción a los campesinos; asimismo, su trabajo en los barrios obreros tuvo mucha importancia.

Aunque no buscaban la injerencia política, su forma de trabajo y la internacionalización de la ayuda financiera que recibían, muchas veces politizó su trabajo. En Bolivia, los padres oblatos criticaron abiertamente al gobierno de Bolivia un mes antes de la captura y muerte del

Che Guevara, y perdieron a uno de sus sacerdotes, el padre Maurice Lefebvre, quien fue acribillado en la toma de la Universidad de La Paz mientras auxiliaba a los caídos [Ogelsby, 1989].

Si bien el número de sacerdotes quebequenses resultó insuficiente para las necesidades de los católicos latinoamericanos, su labor sentó las bases para la entrada de otro tipo de acciones años más tarde. Sin embargo, en nuestra opinión, el impacto más tangible de estas congregaciones religiosas se produjo en la sociedad quebequense. Esta vivió un proceso muy importante de concientización sobre la realidad latinoamericana gracias a que los órganos de difusión escrita de la Iglesia católica, *Relations* y *Maintenant*, dedicaron grandes espacios al análisis de América Latina y a las actividades de los sacerdotes quebequenses en esa región.

De esta forma, América Latina indudablemente inspiró a la sociedad quebequense, hecho que no podría afirmarse sobre Quebec en América Latina. Esta influencia no solamente se percibió en las actividades religiosas, sino en otro tipo de organizaciones como los sindicatos y los grupos políticos de izquierda.

A finales de la década de 1960, la Revolución cubana atrajo el interés de un sector joven de la sociedad quebequense; ante esto, los grupos católicos de derecha reaccionaron negativamente. Años después, las acciones del Front de Libération du Québec (FLQ) (1963-1982)[25] también se inspiraron en las acciones de la guerrilla urbana, en especial de los Tupamaros del Uruguay.

Intelectualmente, los conocidos trabajos de los autores latinoamericanos como A. Gunder Frank sobre el problema del subdesarrollo y la dependencia influyeron en los análisis políticos del FLQ al concluir que Quebec era tan subdesarrollado como muchos de los países latinoamericanos, y que el fenómeno de la dependencia también existía en Quebec en relación con Ottawa; en conclusión, el FLQ debía romper con esta situación, de la misma manera en que lo estaba haciendo el movimiento guerrillero en América Latina [Commeau, Cooper et Valliéres, 1990; Simard, Lortie y Rose, 1982; Ferretti y Miron, 1992].

El tercer aspecto reside en el hecho de que inicialmente la presencia de Quebec en América Latina no obedeció a intereses partidistas o del gobierno en turno, esta fue sobre todo la expresión de una sociedad convencida de su latinidad buscando otras latinidades.

La latinidad ha sido un recurso del que han echado mano tanto los políticos como los empresarios y la sociedad de Quebec para justificar plenamente sus relaciones con América Latina en los últimos años. Como resultado de la participación de Quebec en el TLCAN, se ha citado reiteradamente que los quebequenses son "los latinos de Norteamérica".[26]

El concepto de *latinidad*, por su propia naturaleza, carece de la agresividad política de otros vocablos y, hasta cierto punto, podría decirse que es inocuo, de ahí que su uso haya resultado tan conveniente para justificar tanto los intereses políticos y económicos, como la solidaridad de Quebec en Latinoamérica.

En cierto momento, dentro de Quebec se divulgó la idea de que los países latinos de las Américas tendrían interés en unirse para contrarrestar la influencia del bloque anglosajón, así como el de otras etnias o grupos religiosos en las Américas. Este enfoque ha sido totalmente superado en la actualidad y lo que ha quedado de la latinidad ha sido la idea de que América Latina y Quebec comparten un pasado y un origen lingüístico comunes [Podea, 1948; Mace, 1993].

La latinidad nunca llegó a convertirse en una política de Estado, como lo es la francofonía, la cual posee una carga política innegable detrás de sus objetivos culturales. Sin embargo, la francofonía no podría ser utilizada para incorporar a todos los latinoamericanos, quienes mayoritariamente no cuentan con el francés como lengua materna; por el contrario, la latinidad posee la virtud de aglutinar tanto a Quebec como al resto de Latinoamérica y el Caribe francoparlante.

Por otra parte, la latinidad no ha provocado el mismo interés en el gobierno federal que la francofonía, la cual posee un espacio propio dentro del organigrama del MAECI.

La francofonía ha sido una punta de lanza del gobierno de Quebec; sin embargo, la asignación de esta tarea se remonta a 1940, cuando el primer ministro de Canadá, W.L. Mackenzie King, consideró que la provincia de Quebec debía tomar el bastión de esta causa, debido al debilitamiento del liderazgo cultural de Francia durante la Segunda Guerra Mundial

Este hecho prueba que la asignación de ciertas tareas internacionales a Quebec no siempre estuvo reñida con el gobierno federal. Por otra parte, Francia también había manifestado interés en la participación de Quebec dentro de la francofonía como una clara estrategia de "puenteo" entre Francia y los Estados Unidos, de la misma forma en que muchos países de América Latina pretenden introducirse económicamente en los Estados Unidos utilizando como plataforma a Quebec

Hasta 1960 las relaciones internacionales de Quebec estuvieron más vinculadas, *grosso modo*, a los lineamientos federales, pero con relación a su presencia en América Latina, el gobierno de Quebec ya había logrado importantes avances antes de la aparición del documento *La política exterior al servicio de los canadienses* en 1970 y la divulgación de la estrategia conocida como *Tercera Opción* dentro de la política exterior canadiense. De tal suerte que la política de los liberales y del primer ministro Pierre E. Trudeau no hizo más que reforzar la presencia de Quebec en América Latina.

Como conclusión de este apartado, podría decirse que en términos generales los gobiernos de Quebec y la sociedad quebequense han manejado múltiples percepciones, opuestas y encontradas sobre América Latina, que abarcan desde la que considera a América Latina un continente hundido en la miseria, con gobiernos corruptos y, a la vez, llena de riqueza cultural, hasta aquella que la contempla como la tierra de las grandes oportunidades económicas.

8.5. De la presencia cultural a las prioridades económicas

A fines de los setenta, una serie de circunstancias hicieron coincidir los intereses del gobierno mexicano y del gobierno de Canadá en torno a la necesidad de estrechar en forma más articulada sus relaciones como una posible alternativa al peso económico de Estados Unidos.

De esta coyuntura se derivaron cambios importantes en la relación. México inició una estrategia de diversificación de mercados, tratando con ello de revertir su excesiva dependencia hacia Estados Unidos. Durante esta etapa, unas de las expresiones que con más frecuencia utilizó el gobierno mexicano fue: "México, la mejor inversión" y "100% hecho en México". Este período coincidió con el anteriormente descrito en Canadá, durante el cual se inició un proceso de nacionalismo económico conocido como la *canadianización*, que en lo esencial coincidió con el de la mexicanización [Colgan, 1993].

Dentro de esta política de diversificación geográfica y comercial se seleccionaron cinco países prioritarios como destino para las exportaciones mexicanas, entre ellos se encontraba Canadá.

En los ochenta, los intercambios económicos entre México y Canadá se centraron en los recursos naturales; el petróleo mexicano se convirtió en la exportación principal, gracias a un Convenio de Cooperación Industrial y Energética celebrado entre los dos países. Dentro de este arreglo, importantes empresas de Quebec empezaron a participar en el mercado mexicano. Casos paradigmáticos son Hydro Quebec y Bombardier, paradójicamente dos empresas que crecieron gracias a los cambios provocados por la Revolución Tranquila, ocurrida en los sesenta [Gutiérrez-Haces, 1996b].

En esta primera etapa sobresale el hecho de que únicamente empresas quebequenses que ya manifestaban cierta vocación internacional fueron las que empezaron a abrirse camino en el mercado mexicano. Por otra parte, las relaciones económicas que se iniciaban en general fueron fruto de convenios entre el gobierno de Quebec y la administración mexicana.

Dentro de estos acuerdos, Quebec tuvo especial interés en instrumentar el intercambio de jóvenes especialistas y técnicos, así como de ubicarse en los espacios en los que su desempeño tiene fama por su alto nivel: energía, agropecuario, turismo, medioambiente y forestal, entre otros.

La presencia empresarial y comercial de Quebec en México fue un claro reflejo de la necesidad que tanto el gobierno provincial como las élites económicas y provinciales expresaban desde tiempo atrás con relación a abrirse hacia al exterior por medio de una estrategia propiamente quebequense y para beneficio de los habitantes de Quebec. La proyección de Quebec Inc. en Latinoamérica fue crucial para los intereses de Quebec [Bélanger, 1998].

En este período, tanto en el ámbito económico como en el cultural, Quebec vivió una etapa en la cual el espacio económico de la provincia resultaba limitado y limitante para las expectativas de una clase política y empresarial en plena pujanza.

Según estos grupos, era necesario crear una estrategia que institucionalizara sus relaciones con el exterior, lo que significaba crear puentes que en su momento los conectaría con un espacio francófilo que bien podría respaldar sus intereses económicos y culturales en el exterior de Canadá.

A partir de 1970, tres países empezaron a llenar tales expectativas: Haití, por su fuerte migración a Quebec; Venezuela, que tenía un enorme déficit comercial con Quebec, pero le ofrecía petróleo, y México, por su posición privilegiada entre América Latina y América del Norte.

Es evidente que la relación cultural de los quebequenses con los latinoamericanos facilitó la instrumentación de una política exterior comercial más activa que en el pasado. En términos generales, Quebec era visto como parte del "mundo culto" francoparlante, lo que obviamente le restaba ese aire de agresividad con que generalmente era vista la presencia estadounidense en América Latina.

Como consecuencia de lo anterior, el Consejo de Ministros de Quebec envió en 1978 un memorando manifestando su interés por establecer una Delegación General de Quebec en México.

Un hecho que también aceleró esta iniciativa fue que el gobierno de Quebec constató que las embajadas de Canadá en el mundo evidentemente servían mucho más a los intereses federales y solo en menor grado ponían atención a las particulares preocupaciones de esta provincia.

Por otra parte, estaba claro que el número de funcionarios públicos de origen quebequense que trabajaban en el servicio exterior era casi nulo. Así, en 1978, solo entre 5% y 10% del personal canadiense ocupado en el servicio diplomático era quebequense; aproximadamente se contaba con tres o cuatro empleados, también quebequenses, distribuidos en 53 representaciones comerciales de Canadá en la misma fecha.

Por estas razones, el gobierno de Quebec decidió abrir una Delegación en México, sirviendo esta inicialmente como un primer enlace con América Latina.

Desde su apertura en 1980, esta fue concebida como un puente de promoción cultural y comercial, pero con los años se han vuelto evidentes las dificultades que se han debido superar para mantener un equilibrio entre la esfera comercial y la cultural dentro de las representaciones de Quebec en el exterior [Studer y Prud'homme, 1995; Gutiérrez-Haces, 1996c].

Para un país tan centralizador como México, que históricamente ha ignorado lo que es un verdadero federalismo, era evidente que la existencia de una Delegación General de Quebec en ocasiones haya sido motivo de preocupación y de un trato prudente por parte de los funcionarios mexicanos.

En especial, durante la negociación del TLCAN, en que los intereses provinciales canadienses influyeron en la negociación, contrastando esto con la negociación mexicana, en la cual los intereses regionales y las voces de los estados fueron escuchados débilmente.

El gobierno mexicano, con los años, ha procurado solucionar la dicotomía que presenta una relación con la Embajada de Canadá y con la Delegación General de Quebec, permitiendo que los memorandos de entendimiento administrativo con las diferentes oficinas gubernamentales se traten directamente con la Delegación de Quebec, pero siempre respetando el entendido de que la Embajada de Canadá es finalmente el canal oficial de comunicación entre las autoridades provinciales canadienses y las autoridades mexicanas, así como la instancia oficial con poder de negociación para celebrar un tratado o acuerdo de índole comercial o política.

Esta situación resulta aún más compleja si se considera que inicialmente detrás de la iniciativa de abrir una Delegación General en México existió el tácito interés por hacer válidos los principios de la doctrina Gérin-Lajoie que, como ya mencionamos, hablaba sobre la "prolongación externa de las competencias constitucionales internas de las provincias", lo que en la práctica vendría a significar que Quebec buscaba hacer prevalecer los privilegios que le garantizaba la constitución canadiense en los campos de la educación, la cultura, la agricultura, los recursos naturales y la migración.[27]

A treinta años de haberse abierto la Delegación de Quebec, podemos observar algunas constantes en lo que podría llamarse la presencia económica de Quebec en México:

1. El interés que han tenido en establecer convenios con las entidades federativas de la República Mexicana y no únicamente centrarse alrededor de la Ciudad de México o en la frontera Norte de México. Esto se debe en gran medida a que el tipo de servicios especializados que ofrece Quebec, como el tratamiento de aguas negras o la tecnología ambiental, delimita enormemente su campo de acción;este hecho les ha permitido crear un "nicho de mercado", lo cual con los años ha fortalecido su estrategia comercial en el exterior.
2. Como consecuencia de lo anterior se observa que en la evolución del intercambio comercial entre los dos países sobresale la venta de servicios con tecnología de punta.

Durante cerca de diez años, las exportaciones de Quebec hacia México mostraron una fuerte concentración en ciertos productos como leche, huevos, miel, amianto, material para ferrocarril, papel periódico y celulosa, principalmente; este patrón cambió de manera radical con la apertura comercial en México y su entrada al GATT en 1986 y el TLCAN en 1994. Por ejemplo, de 1995 a 1998, México exportó petróleo por un monto que se mantuvo relativamente estable todos esos años, pero a partir del mismo año las exportaciones de repuestos y autopartes empezaron a ocupar uno de los primeros niveles en la balanza comercial.

Resulta interesante constatar que las exportaciones mexicanas se han especializado en productos que en gran medida se manufacturan en la industria maquiladora. Con relación a Quebec, se observa que hasta 1990 la exportación de papel periódico ocupó el primer rango, pero después de esta fecha son los aviones, el equipo de telecomunicación, el amianto, los autos y chasis los que aumentan su presencia.[28]

Es importante hacer notar que en el conjunto del comercio canadiense, la participación de Quebec disminuyó sensiblemente de 1981 a 1986 y que el intercambio comercial con México fue deficitario desde

1981 y únicamente repuntó a partir de 1994, cuando el comercio se incrementó 22% en relación al año anterior.

Durante los últimos 20 años, México ha representado un mercado de importancia relativa para Quebec: en 1980 ocupaba el 11º lugar y en 1985 había descendido al 13º país que comerciaba con la provincia.

Cuadro 8-1

**Balanza comercial de Quebec con México,
1994-2012
(millones de dólares americanos)**

Años	Exportaciones	Importaciones
1994	124	183
1995	57	226
1996	111	297
1997	83	335
1998	94	307
1999	107	407
2000	167	631
2001	188	650
2002	214	1 336
2003	231	1 441
2004	285	1 439
2005	327	1 920
2006	650	2 510
2007	621	2 257
2008	883	2 449
2009	536	2 164
2010	767	3 428
2011	1 014	3 402
2012	974	3 887

Fuente: Statistique Canada, *Commerce international des marchandises*. Institut de la statistique du Québec, Direction des Statistiques Économiques et du Développement Durable, reporte del 30 de mayo de 2013.

El comercio entre México y Quebec ha aumentado después de la implementación del TLCAN en un 500%. México sigue ocupando un lugar importante entre los países latinoamericanos.

De acuerdo con los datos publicados por Statistics Canada, los principales mercados de exportación para Quebec durante 1996 y 1999 fueron, en orden decreciente: Estados Unidos, Gran Bretaña, Francia, Alemania y Holanda. Entre 2002 y 2012, los principales mercados de exportación fueron Estados Unidos, China, Alemania, Holanda, Francia y Gran Bretaña.

Esta tendencia en las exportaciones de Quebec cambiaría a partir del año 2002, si bien Estados Unidos conserva el primer lugar tanto para Quebec como en su totalidad para Canadá, China ocuparía el segundo lugar, seguida de Alemania y Holanda. En América Latina, México ocupa actualmente el octavo lugar, y le sigue Brasil, que ocupa el quinto lugar en el total de las exportaciones de Quebec.

Por el contrario, en las importaciones China avanza mucho más rápidamente que México, Venezuela y Chile desde 2001.

Ahora, si se compara la situación de Quebec con la de la provincia de Ontario en el comportamiento de las exportaciones e importaciones, muestra que entre 2009 y 2012 Estados Unidos ocupa el primer lugar, seguido por Gran Bretaña, México, China y Noruega.

8.6. Quebec entre la interdependencia y la continentalización

Dejemos por un momento las cifras y los porcentajes y concentrémonos en los grandes cambios ocurridos en Quebec, los cuales necesariamente han influido en su comercio exterior.

En primer término, si bien es importante la apertura de una Delegación y el estrechamiento de las relaciones económicas internacionales, también es cierto que la coyuntura internacional del comercio mundial marca las altas y bajas que se reflejan en la balanza comercial de un país.

Así, a partir de 1988, como resultado de la fusión del Ministerio de Relaciones Internacionales de Quebec con el Ministerio de Comercio, la política internacional de Quebec fue inclinándose mucho más hacia los aspectos comerciales, provocando que también la Delegación General de Quebec en México se centrara mucho más en lo económico que en lo cultural.

En 1991, por primera vez se adoptó públicamente una estrategia política sobre asuntos internacionales. Entre sus objetivos aparecían como prioritarios los compromisos económicos: inversión y desarrollo industrial, comercio de bienes y servicios y transferencia de tecnología.

Está claro que se había producido un cambio en relación con lo que sucedió diez años atrás, cuando el gobierno de Quebec presentaba una política económica exterior mucho más articulada, en la que "hacer negocios" era parte de un enfoque integrado sobre los asuntos internacionales.

Por consiguiente, era importante desarrollar una estrategia cimentada en la búsqueda de los efectos multiplicadores, y favorecer las asociaciones internas y externas (*partenariat*) como un modo de acción privilegiado sobre el plan internacional.

Cuando nos referimos a este *partenariat* hablamos de las asociaciones que empezaron a darse entre ciertos industriales, las empresas del Estado y parte del sector financiero, y que con el tiempo lograron participar en el comercio exterior de Quebec.

Ahora bien, cuando hablamos de Quebec en un mundo de interdependencia cabe aclarar que el peso económico de México es muy relativo si se compara con el de los Estados Unidos, su principal cliente comercial.

Por otra parte, está claro que, durante años, Quebec ha tenido un comercio deficitario con México. Por ejemplo, de acuerdo con datos de Statistics Canada, en 1994 el valor de las exportaciones de Quebec a México alcanzó la cifra de 124 millones de dólares estadounidenses. Esta tendencia ha continuado: se puede observar que en el año 2000 las exportaciones ascendieron a 167 millones de dólares estaounidenses, mientras que en 2011 ascendieron a 1 014 millones de dólares estadounidenses. Las cifras de 2012 son parte de la tendencia: las exportaciones alcanzaron 974 millones de dólares americanos.

Esta diferencia ha sido objeto de numerosas conjeturas y explicaciones; recientemente se ha insistido en el hecho de que gran número de las exportaciones de Quebec que llegan a otras provincias canadienses y a los estados del sur de los Estados Unidos tienen como destino final México u otro país de América Latina. Esto explicaría parcialmente el déficit de Quebec, pero sobre todo revela la importancia que reviste el hacer un seguimiento más detallado del trayecto geográfico de las mercancías, desde las diferentes provincias de Canadá hacia Estados Unidos y México.

Ahora bien, existen dos tipos de empresas quebequenses que vienen avanzando en el mercado mexicano. Las más conocidas son evidentemente las más grandes como Bombardier, Caisse Desjardins, Quebecor, Canamanac, Lavalin, Teleglobe, etcétera, pero quizás es aún más interesante la aparición de pequeñas y medianas empresas interesadas en invertir o realizar coinversiones con México [Lachapelle, 1995].

La planta industrial quebequense tiene como base a las pequeñas y medianas industrias que en su mayoría producen bienes finales poco dependientes del conglomerado trasnacional estadounidense. La pequeña y mediana empresas en el caso de Quebec son importantes creadoras de empleos, al igual que en México, de ahí el interés en ligarlas dentro de una estrategia de complementariedad.

La provincia de Quebec tiene una larga tradición de apertura al comercio internacional, la expansión de su planta industrial depende de su capacidad para exportar y diversificarse, en este sentido es notable cómo no únicamente los grandes conglomerados quebequenses ganan espacio sino también las pequeñas empresas.

La crisis económica de 1995 en México afectó notablemente la relación con Quebec, sin embargo, existen otros aspectos que también de manera negativa han influido en la relación comercial, como las expectativas que ha suscitado la aparición de otros proyectos de integración, en especial el Mercosur, que materialmente ha jalado a gran número de empresarios quebequenses que se encontraban iniciando actividades en México. Ejemplo de lo anterior sería el caso de Brasil, que ha atrajo el interés de las grandes empresas quebequenses a partir de la política económica llevada a cabo por el presidente Cardoso. Esa política económica se apoyó básicamente en proyectos de inversión en infraestructura urbana y rural, rubros en los cuales Quebec ha demostrado su alta capacidad.

Un aspecto a destacar es que independientemente de la crisis mexicana, los principales exportadores de productos vinculados a la industria automotriz son Brasil y México, como también en aquellos productos que utilizan hierro y acero. Estos dos países latinoamericanos también compiten en la producción de fibras textiles y productos químicos, por lo que, en este sentido, si ambos desean conservar el mercado quebequense deberán concentrarse en ofrecer las ventajas de una economía estable, mayores ventajas competitivas de las que ofrecen en otros países y facilidades en la infraestructura.

Si algo resulta impactante al hacer el seguimiento de la relación económica México-Quebec es la inercia y la fatalidad que durante décadas los ha conducido a optar por el mercado estadounidense como primera y única opción. Habría que decirse, en descargo de los intereses económicos de Quebec, que en realidad las áreas en las que pueden tener mayor interés en participar son aquellas donde hay por el momento más dificultades de índole política para permitir la participación extranjera: los ferrocarriles, la electricidad, el petróleo, justamente aquellos sectores en donde Quebec tiene liderazgo.

Recientemente la relación económica entre los dos países ha cobrado una nueva dimensión. En muchos sectores extranjeros, incluyendo a Quebec, existe la opinión de que es necesario crear cierto grado de presión sobre el gobierno mexicano a fin de que se comprometa a impulsar estrategias de crecimiento económico que mejoren el nivel de vida de los mexicanos.

Esta opinión es compartida por el Banco Mundial, el FMI y el BID; los motivos que generan esta opinión no son estrictamente filantrópicos, más bien ocurre que una población sin poder adquisitivo y desempleada genera cuellos de botella en el comercio internacional.

En conclusión, la relación de Quebec con América Latina se ha ampliado cualitativamente a partir de 1990, fecha en que se inició la negociación de TLCAN y en que Canadá ingresó a la OEA. Estos dos hechos han tenido un importante significado para Quebec, en especial si consideramos que gracias a esto Quebec tuvo la oportunidad de poner en práctica su diplomacia como Estado no soberano. En especial, su participación como un gobierno provincial, favorable al TLCAN, le permitió reforzar su imagen política e incrementar sus relaciones comerciales con México y América Latina.

Sin embargo, las presiones políticas derivadas del segundo referéndum[29] en Quebec (1995) lo empujaron a buscar aliados, en especial entre sus socios tradicionales; en este sentido, Francia y los Estados Unidos, así como en un segundo término también México, fueron objeto de diversas visitas por parte de funcionarios de alto nivel del gobierno quebequense. Este hecho, al menos en el caso de México, desestabilizó temporalmente el buen entendimiento entre estos países, debido al carácter altamente político de la problemática planteada.

Los gobiernos latinoamericanos, incluido México, manifiestan simpatía y hasta solidaridad con la causa de Quebec, pero si se vieran forzados a elegir, lo más seguro es que tendrían ciertas reservas a expresarlo públicamente, no hay que olvidar que el centralismo es un rasgo de la mayoría de los gobiernos latinoamericanos, lo cual no ayuda mucho a los requerimientos de Quebec.

En nuestra opinión, la estrategia a favor de la soberanía-asociación de Quebec ha sido demasiado directa y no ha tomado en consideración los diversos matices de la idiosincrasia política de América Latina; en especial, cuando el proceso de democratización en la región ha sido relativamente reciente y la mayoría de los gobiernos y partidos políticos no desean ni pueden comprometerse abiertamente en un proceso político que por diversas razones no solo les es ajeno, sino que también siembra el mal ejemplo en las relaciones entre los estados y los gobiernos federales.

Los países latinoamericanos poseen en general un poder político bastante relativo dentro de las instituciones internacionales y, en general, tienden a construir alianzas con sus principales socios; esto significa quea menudo se inclinan a sopesar las consecuencias que el apoyo político a Quebec podría acarrear en dos planos de acción. En el primero se encuentra el impacto que tendría el apoyo a la causa de Quebec sobre el equilibrio político interno, con relación a la federación y las entidades federativas; en el segundo plano se sopesarían las implicaciones que tendría en la relación con Canadá y, en segundo término, con los Estados Unidos y aun con otros países latinoamericanos.

Un cierto cambio en su estrategia internacional podría convenir, por ejemplo, reforzando su participación y su poder de mediación dentro de instituciones multilaterales en donde la actividad de cabildeo es más amplia y menos comprometedora que en posibles reuniones bilaterales casi *tête-à-tête*.

El pragmatismo no es un rasgo exclusivo de países como los Estados Unidos y Canadá, también las democracias latinoamericanas son pragmáticas y en este sentido su principal interés consiste en que sus principales socios comerciales contribuyan ampliamente con el desarrollo económico de la región.

Durante el gobierno del presidente Ernesto Zedillo en México, surgió una cierta preocupación debido a la presencia tanto de organizaciones sociales como de organizaciones no gubernamentales de origen canadiense y quebequense, como consecuencia del recrudecimiento del conflicto político en el estado de Chiapas. Este hecho produjo en los círculos más cercanos de la diplomacia mexicana y de las instituciones vinculadas con el TLCAN cierto malestar que se tradujo en una velada reclamación sobre los fondos que financiaban estas organizaciones, los cuales en opinión del gobierno mexicano podrían servir para apoyar los proyectos de desarrollo y cooperación económica en América Latina.

Desde el punto de vista de las organizaciones sociales y no gubernamentales, en América Latina, la labor de Quebec a favor de la democratización y la protección a los derechos humanos es central y se oponen a que sus gobiernos interfieran en dicha relación.

El gobierno de Quebec ha publicado en los últimos años varios documentos que se proponen identificar con mayor claridad sus prioridades y objetivos a escala internacional, en ellos se encuentran todos los ingredientes que caracterizan la relación con América Latina: intereses económicos y comerciales, cultura, compromiso con la democratización del continente, derechos humanos y gobernabilidad, entre otros.

Todos estos aspectos fueron recogidos en la Cumbre de las Américas en la ciudad de Quebec y forman parte de la estrategia oficial del gobierno de Quebec, llamada la *Décennie des Amériques*, la cual se propone acrecentar la presencia cultural y comercial de esta provincia en América Latina. Un paso importante dentro de la estrategia internacional de Quebec se dio en la Cumbre de las Américas, en la cual se logró aceptar por consenso que las negociaciones fueran más transparentes que en el pasado, y que el acceso a la información fuera una práctica aceptada por todos los países que formarán la futura zona de libre comercio de las Américas.

Es de esperar que en el futuro cercano el gobierno y la sociedad quebequenses intensifiquen genuinamente sus vínculos con América Latina y no únicamente con América, es decir, con los Estados Unidos.

NOTAS

[1] En 1835, los colonos estadounidenses de Texas declararon su independencia, empezando una primera guerra entre los Estados Unidos y México. Después de que los ejércitos mexicanos fueron derrotados, el Congreso de los Estados Unidos proclamó la anexión de Texas a la Unión (1845), y también de California y Nuevo México. Una segunda guerra fue resultado de la entrada de las tropas de Estados Unidos en el territorio mexicano y de la ocupación de las ciudades del Norte, luego de Veracruz y México. El Tratado de Guadalupe Hidalgo, impuesto en 1848 en México, ratificó la pérdida de los Estados del Norte. El presidente Santa Anna vendió Arizona y Nuevo México por 10 millones de dólares en 1853, por medio del Tratado de la Mesilla [Seguin, 2003: 10].

[2] El 25 de marzo de 1848, el gobernador de Yucatán, Santiago Méndez, hizo llegar al secretario de Estado James Buchanan, por medio del comisionado mexicano Justo Sierra O'Reilly, el ofrecimiento de la soberanía yucateca a cambio de la ayuda necesaria para acabar con la insurrección maya. El presidente James K. Polk veía en este ofrecimiento serios problemas políticos, en especial cuando se estaba negociando con México el Tratado de Guadalupe-Hidalgo, que daba fin a la guerra con Estados Unidos. La propuesta de Sierra O'Reilly fue ampliamente debatida en

el Congreso de este país; sin embargo, esta iniciativa literalmente fue retirada del Senado el 17 de mayo de 1848, cuando los congresistas tuvieron la noticia de la celebración de un tratado de paz en el pueblo de Tzucacab, Yucatán. Este tratado se rompió antes de ser firmado, y la guerra de Castas continuó hasta 1901, pero los Estados Unidos ignoraron tal hecho y prefirieron no atender el intento de anexión de Yucatán [Careaga, 2000].

[3] Hoy conocida como Ley Constitucional de 1867.

[4] La sección 92 da a las provincias autoridad para prestar dinero y las autoriza para gozar de un amplia participación en los asuntos económicos; la sección 92 A y la 109 dan a las provincias control sobre sus recursos naturales; la sección 93 les otorga autoridad exclusiva en el campo educativo, y la sección 95 les confiere poder sobre la agricultura y la inmigración.

[5] De todas estas atribuciones, Canadá ha hecho un uso muy relativo; sin embargo, su interés se enfocó en su participación en el seno de las instituciones internacionales, en especial las de carácter económico, a través de las cuales podía poner en marcha los principios de su política exterior: el internacionalismo y el multilateralismo. Por su parte, las provincias consideran que sus intereses no siempre han sido bien representados dentro del internacionalismo de la Federación, de ahí su insistencia en reivindicar su participación como cogestionarios de la política exterior canadiense.

[6] La Canadian Charter of Rights and Freedoms está incluida oficialmente en la Canada Act de 1982, que define las libertades fundamentales como los derechos democráticos, los derechos de movilidad, los derechos legales, los derechos de igualdad, los idiomas oficiales y su obligatoriedad. El Acta de 1982 también considera los derechos de los indígenas, así como la ecualización y las disparidades regionales; determina el *modus operandi* de las conferencias constitucionales así como los procedimientos a seguir para enmendar en el futuro la Constitución; también establece las enmiendas hechas al ABAN de 1867 sobre los recursos no renovables, la energía eléctrica y los recursos forestales [Milne, 1991: 318-332].

[7] Las delegaciones de Quebec en el extranjero son, específicamente, representaciones que atienden diferentes aspectos de interés provincial, como los asuntos económicos y socioculturales. Estas oficinas se caracterizan por trabajar con aquellos sectores que están directamente relacionados con las actividades que son de competencia legislativa provincial; sin embargo, en muchos casos, las actividades de estas representaciones rebasan claramente sus límites, como lo demuestran la actividad de la Delegación General, establecida en París desde la década de 1960, la cual desde el gobierno del general De Gaulle recibió un trato diplomático especial.

[8] En este sentido, la política federal respecto a las provincias debe ser objeto de un análisis precavido ya que hasta el momento no existe una política clara. Cuando Uganda invitó a Quebec a una reunión sobre educación, el gobierno federal estuvo tan indignado que rompió relaciones diplomáticas con el país africano; más recien-

temente la política federal sobre la francofonía y la participación de Quebec ha revelado un sinnúmero de ambigüedades; por último, si nos atenemos a la reunión ministerial del ALCA en la ciudad de Quebec (2001), en la cual el primer ministro de Canadá, Jean Chrétien, no dio prácticamente ningún espacio a los funcionarios del gobierno de Quebec, incluyendo a su primer ministro, Lucien Bouchard, resulta claro que la posición del gobierno federal es reducir el margen de maniobra internacional de las provincias.

[9] Estos dos acuerdos, de haberse aprobado, podrían haber contribuido a aclarar el asunto de las competencias federales y provinciales en torno a la política internacional. Por ejemplo, en el contenido del acuerdo del Lago Meech (1987) se analizaban ciertas actividades, como el comercio internacional y la política migratoria, que por su naturaleza remitían directamente a la discusión sobre las atribuciones y la gestión de la política exterior.

[10] Bajo el articulo 10 (1), la Constitución de los Estados Unidos prohíbe a los estados establecer cualquier tipo de acuerdo con países extranjeros, e incluso la negociación de estos por el poder federal requiere la aprobación del Congreso. Un caso similar se observa en México, donde ninguna entidad federativa puede firmar un acuerdo o tratado independiente del poder federal ni desarrollar su propia política internacional, como sucedería si decidiera participar de forma individual en las reuniones de los organismos internacionales como la OMC, la OCDE, etc. Aun en el caso de los tratados comerciales internacionales, como el TLCAN, las entidades federativas mexicanas no pueden actuar fuera del contexto de las instancias federales como la Secretaría de Economía o la Secretaría de Relaciones Exteriores.

[11] De acuerdo con una opinión vertida por Kim Richard Nossal y compartida con otros autores como Mace, Bélanger y Bernier, para el gobierno de Quebec la actividad internacional es un imperativo que forma parte de un proyecto político mucho más amplio: la transformación de la sociedad quebequense de una comunidad de franco-canadienses a una de quebequenses, lo cual en última instancia implica la existencia de un proyecto nacional más que uno exclusivamente provincial. Esta tendencia se acentuó a partir de la Revolución Tranquila en que el gobierno de Quebec empezó a definir la identidad de todos los que viven dentro de esta provincia. El impulso internacional de Quebec es marcadamente nacionalista y sus intereses externos tienden a ser influidos por la cuestión nacional, lo que lleva a concluir a Nossal que, a diferencia del resto de las provincias canadienses, Quebec se mueve por el imperativo del *nation-building* más que por el *province-building* [Nossal, 1997: 315-316].

[12] Véase Gouvernement du Québec [1985 y 1991].

[13] El primer referendum tuvo lugar el 20 de mayo de 1980. He aquí la cuestión refendraria que fue sometida a consideración: «Le gouvernement du Québec a fait connaître sa proposition d'en arriver, avec le reste du Canada, á une nouvelle entente fondée sur le principe de l'égalité des peuples; cette entente permettait au Québec

d'acquérir le pouvoir exclusif de faire ses lois, de percevoir ses impôts et d'établir ses relations extérieures, ce qui est la souveraineté et, en même temps, de maintenir avec le Canada une association économique comportant l'utilisation de la même monnaie; aucun changement de statut politique résultant de ces négociations ne sera réalisé sans l'accord de la population lors d'un autre référendum; en conséquence, accordez-vous au gouvernement du Québec le mandat de négocier l'entente proposée entre le Québec et le Canada?». La opción del NO recibió 59.56% de los 110 distritos electorales en Quebec, mientras que 40.44% votó por el Sí.

[14] Canadá nunca declaró su independencia, el Estatuto de Westminster en 1931 le confirió la soberanía, prácticamente no ha dado lugar a celebraciones populares y a fiestas de aniversario. La Constitución de Canadá no sería repatriada antes de 1982. Los canadienses quedaron sujetos a los británicos hasta 1946 [Balthazar y Hero, 1999: 44].

[15] Durante los años en que realicé mi investigación en los Archivos Nacionales de Canadá y en los Archivos Diplomáticos de MAECI en Ottawa, Canadá (1994-1998), me sorprendió constatar la falta de acceso a la consulta de ciertos archivos sobre México y Canadá, que en realidad ya habían sido desclasificados y consultados años atrás por investigadores canadienses, e incluso habían sido citados por ellos en sus trabajos. En opinión de varios investigadores latinoamericanos que han compartido una experiencia similar a la mía, resultaba claro que el TLCAN y el Alca, habían "politizado" la investigación de los archivos en Canadá, sobre América Latina, provocando con esto un tipo de "censura discrecional" sobre expedientes declarados oficialmente públicos desde hacía varios años.

[16] La llegada a la Presidencia de la República del gobernador del estado de Oaxaca simbolizaba el cambio. Sostenido por la población, retransmitido por los poderes locales favorables al federalismo. Benito Juárez impuso la Reforma, en un clima de guerra civil. La estabilización política fue por un período corto y terminó con la invasión francesa en México en 1863 [Seguin, 2003: 11-12].

[17] Después de la guerra de 1812, los habitantes de las colonias británicas de América del Norte empezaron a considerar inevitable el expansionismo estadounidense; Lord Durham, el *Governor-in Chief of British North America*, recién llegado de Inglaterra, compartía este presentimiento y pronto expresó abiertamente su preocupación porque los Estados Unidos podían apoderarse de Canadá, de la misma forma que lo habían hecho con Texas. En su famoso Report on the Affaires of British North America (1839) escribió que el único camino para evitar la anexión era "raising up for the North American colonist some nationality of his own; by elevating these small and unimportant communities into a society having some objects of a national importance; and thus by giving their inhabitants a country which they will be unwilling to see absorbed even onto more powerful". Como sabemos, a estas colonias les tomó 28 años convertirse en el Dominio de Canadá y redactar su acta constitucional [Granatstein, 1996].

[18] La tentación de la anexión a los Estados Unidos se manifestó esporádicamente a lo largo del siglo XIX. Pero el "americanismo" de Papineau permanecía limitado. Parece que él y sus allegados se habrían contentado con un Bajo Canadá (Quebec), dirigido por un gobierno responsable en el marco del Imperio británico. Por otra parte, los estadounidenses, que habían condenado el Acta de Quebec (1774) hasta el punto de incluirla entre las leyes "intolerables" mencionadas en la Declaración de Independencia de 1776, difícilmente podrían acoger el programa político de Papineau [Balthazar y Hero, 1999: 31-33].

[19] Jefe del Parti canadien, el cual se convirtió en Partido Patriota en 1826. En el mes de extrema tensión que precede al estallido de la batalla entre los canadienses y el ejército inglés (1837), Papineau, contrariamente a la tendencia dominante, desalentó cualquier acción violenta y en su lugar promovió el desarrollo de las luchas constitucionales y el debilitamiento de la clase dominante, el boicot a los productos ingleses como un medio para hacer triunfar los derechos nacionales de los canadienses. En 1837, su cabeza tenía un precio, huyó a los Estados Unidos y después a Francia. A su regreso del exilio en 1845, tomó la acción política de denunciar el régimen de la Unión, así como los canadienses franceses que estaban de acuerdo para formar parte del gobierno manifestaron su apoyo a la anexión a los Estados Unidos. Finalmente dejó la política en 1854 [Ferreti y Miron, 1992: 71].

[20] Este nacionalismo a menudo es inspirado por las políticas estadounidenses, Jefferson, Madison y Jackson. Papineau, líder indiscutible del "movimiento patriota", con frecuencia evocaba en sus discursos el ideal republicano. Citaba extensamente las palabras de los grandes líderes estadounidenses.

[21] Desde 1909, los gobiernos latinoamericanos solicitaron a Canadá que formara parte de la futura Unión Panamericana. En su libro, James Rochlin menciona que esta organización, después de su establecimiento oficial, preparó una silla con el nombre de este país, pero debido a los titubeos de Canadá, esta silla pasó a formar parte del mobiliario que ocupó los sótanos de la Unión Panamericana y posteriormente los de la OEA [Rochlin, 1999: 23].

[22] Por ejemplo, el FAT en México desde su fundación (1960) ha contado con el apoyo de una de las centrales sindicales más importantes de Quebec, la CSN, que apoyó financieramente al FAT en la construcción de sus oficinas en el Distrito Federal.

[23] Hablamos de *reevangelización* para distinguirla del gran proceso de evangelización llevado a cabo principalmente por los frailes españoles durante la conquista y la colonización de México a partir de 1521.

[24] La Revolución Tranquila, iniciada en Quebec alrededor de 1960, provocó un rápido cambio al interior de la sociedad de esta provincia. Se asiste a una carrera desenfrenada hacia la modernización de las instituciones y de la economía; calificada de "recuperación" lleva a importantes transformaciones políticas y sociales, y a una rápida laicización de Quebec. Esta fue acompañada de un nuevo nacionalismo dirigido a socavar la influencia económica y social ejercida por la minoría

angloparlante, y a permitir a los francoparlantes desempeñar un papel creciente en la dirección de la sociedad. La instauración de un Estado benefactor en Quebec provocó que este se ocupara de numerosas actividades que anteriormente llevaba a cabo la Iglesia católica. La Revolución Tranquila fue la toma de poder del gobierno y las élites quebequenses de la economía de la provincia; asimismo, a partir de este período los diversos gobiernos quebequenses reivindicaron su derecho a establecer relaciones internacionales de acuerdo con los intereses específicos de la provincia [Linteau, 1994: 622-624].

[25] Cuando aparece el primer manifiesto del Frente de Liberación de Quebec (FLQ), el 16 de abril 1963, el balance de las operaciones del movimiento se limita a algunos robos de dinamita, a la explosión de dos bombas y al dinamitazo de una vía de ferrocarril del Canadian National. Considerando su carácter excepcional, estas acciones tienen un gran impacto. De 1963 a 1967, las numerosas células que no tendrán ninguna comunicación entre ellas y actuarán en nombre del FLQ atacan más de treinta veces a diversos símbolos de la Corona británica y del federalismo. A partir de 1968 y hasta los acontecimientos de octubre de 1970, el FLQ detonará alrededor de sesenta bombas. El Manifiesto de 1970, leído en la televisión de Radio Canada la noche del 8 de octubre, provoca una fuerte corriente de simpatía en la población que reconoce en el análisis propuesto la realidad de la opresión tanto social como económica de la población quebequense. El secuestro y la muerte de Pierre Laporte, ministro de Trabajo del gabinete de Robert Bourassa, modera el entusiasmo de la población respecto al FLQ y la puesta en vigor de la Ley de Medidas de Guerra, el 16 de octubre [Ferretti y Miron, 1992: 136 y 183].

[26] La latinidad de Quebec no ha parado de ser reivindicada por múltiples instancias, incluyendo el propio gobierno provincial. Por ejemplo, la Feria Internacional del libro celebrada en Guadalajara en 2003 se dedicó a Quebec; toda la propaganda desplegada en torno a este evento se centró en el slogan *Quebec, los latinos del Norte.*

[27] Es Paul Gérin-Lajoie, quien declaró por primera vez de modo explícito las razones que legitiman la presencia internacional de Quebec. Pronunciado su discurso frente al cuerpo consular de Montreal el 12 de abril de 1965, se convirtió en una especie de doctrina para el Gobierno de Quebec. Según Gérin-Lajoie, la extensión de la jurisdicción internacional de una provincia canadiense es la responsabilidad de la provincia, en la misma medida que sus asuntos internos. Afirmó que en esta ocasión en que el gobierno es responsable de la aplicación de un acuerdo internacional, debe negociar y concluir él mismo. Según él, "no hay ninguna razón legítima para que un convenio internacional se disocie del derecho de concluir ese acuerdo. Se trata de dos etapas esenciales de una operación única. Además, es inaceptable que un Estado federal vigile y controle las oportunidades de que dispone Quebec en sus relaciones internacionales" [Baltasar, 1980: 482, citado en Morin, 1987: 28].

[28] En el transcurso de los últimos años, las exportaciones mexicanas son principalmente piezas de repuesto para vehículos de motor y piezas eléctricas y electrónicas hechas por la industria maquiladora, que alcanzan posiciones importantes en la balanza comercial de la provincia.

[29] El 12 de junio de 1995, el Partido Quebequense, el Bloque Quebequense y la Acción Democrática de Quebec firmaron un acuerdo tripartito que hace que la mayor parte del proyecto sea una presentación a la población: el segundo referéndum de Quebec ofrece un Quebec soberano acompañado de una asociación económica y política negociada con el resto de Canadá. La pregunta del referendo fue: *¿Está de acuerdo en que Quebec debe convertirse en soberano después de haber hecho una oferta formal a Canadá para una nueva asociación económica y política dentro del proyecto de ley sobre el futuro de Quebec y del acuerdo firmado el 13 de junio 1995?* El referéndum no logró ganar estrechamente 49.4% de los votos a favor contra 50.6% para el *no*. La participación en el referéndum ha superado el 93%. [Direction général des élections du Quebec].

Conclusiones generales

A lo largo de la primera parte del libro, analizamos las raíces económicas, políticas e históricas que explican cómo se llevó a cabo el proceso de desarrollo económico de México y Canadá, bajo los parámetros de la continentalización, haciendo a la vez una referencia cruzada a la influencia permanente de los Estados Unidos.

Nuestra intención no solo residió en determinar la existencia de las asimetrías que de manera casi natural se desprenden de estas relaciones, sino en establecer la presencia de considerables similitudes, las que, por cierto, nos eran relativamente desconocidas al inicio de la investigación.

La combinación de las asimetrías, así como también de las diversas analogías, nos llevó a definir la presencia de una profunda interconexión en el desarrollo económico de América del Norte, como resultado de la singularidad que producen las relaciones de vecindad entre un país central hegemónico, personificado por Estados Unidos, y sus dos periferias inmediatas: Canadá y México.

En la introducción del libro, hablamos del uso excesivo de los enfoques bilaterales como método de análisis predominante para explicar lo que ocurre en Norteamérica. Asimismo, mencionamos cómo dicha orientación en cierta medida ha producido un efecto de desviación en el análisis de estos países, porque funciona en forma parcelada y, hasta cierto punto, desconectada de una interpretación de conjunto. Así que preferimos acotar esta perspectiva y demostrar que el manejo de un método comparativo basado en la economía política esclarece más puntualmente la sinergia producida por la continentalización.

El hecho de que el análisis de los acuerdos y tratados comerciales ocupe una parte importante no es casual: estamos convencidos de que estos instrumentos, estructuralmente de carácter técnico, están muy lejos de ser política y socialmente inocuos; estos han producido un impacto palpable en el desarrollo económico de los países analizados y por ende en la construcción del Estado-nación.

El uso de variables temporales, habituales en este tipo de investigación, se adaptaron a ciertos criterios que nos llevaron, en un momento dado, a dar cierta prioridad al análisis de los procesos históricos que ocurrieron en la región antes de 1944, fecha a partir de la cual consideramos que se reforzaron las tendencias continentales en América del Norte. En este sentido, el proceso de continentalización no tendría coherencia sin el análisis de las raíces del desarrollo económico de estos países.

Debido a la escasez de fuentes bibliográficas específicas sobre el proceso de continentalización en América del Norte, en particular después de 1988 –fecha en que se firmó un acuerdo de libre comercio entre Canadá y Estados Unidos (ALCCEU)–, consideramos que sería importante dar mayor espacio al período menos estudiado. Esta decisión buscó ofrecer un análisis alterno a aquellos que proliferaron durante los últimos 26 años y que consideran que solo después de la instrumentación del TLCAN podríamos hablar de un desarrollo económico interconectado en América del Norte, pero no de una continentalización.

En este contexto, resultó ineludible examinar cuáles fueron las respuestas que a lo largo del tiempo formularon Canadá y México frente a las reiteradas propuestas de Estados Unidos en cuanto a compartir su modelo de desarrollo económico. A través de la sistematización de dichas respuestas, confirmamos cómo periódicamente los Estados Unidos han intentado intervenir en el proceso de crecimiento de sus vecinos, motivados por imperativos de carácter geoeconómico, entre los que hacer crecer sus periferias extramuros resulta funcional y complementario para su propio proyecto. Visto así, las asimetrías económicas toman un cariz diferente, aproximando a México y a Canadá dentro de un proyecto continental en el que Estados Unidos toma ventaja de estas para encaminar mejor sus aspiraciones continentales.

En este libro consideramos central establecer dos distinciones medulares. La primera hace referencia al hecho de que el desarrollo económico de Canadá se llevó a cabo de manera condicionada a la evolución del sistema capitalista, primero en Inglaterra y posteriormente en Estados Unidos; esto implicó para Canadá una articulación de excepción con dos países hegemónicos en distintos períodos e indudablemente emblemáticos por su orientación económica. Por su parte, México emprendió su desarrollo como Estado independiente coartado económicamente por España y Estados Unidos, aunque cabe aclarar que tampoco escapó a la influencia del imperio informal británico, como se detalla en la obra. Aunado a ello, México no contó con la posibilidad de obtener beneficios económicos similares a los de Canadá. La pérdida de la mitad de su territorio durante la guerra contra los Estados Unidos lo colocó tanto geográfica como económica y políticamente dentro de una vecindad cimentada en la confrontación.

A pesar de que los dos países mencionados se insertaron en la economía mundial dentro de un modelo de país colonial exportador de recursos naturales, el proceso de consolidación de su esquema económico como países independientes no se produjo ni en la misma temporalidad, ni en relación con los mismos espacios. Esta circunstancia explica, en gran medida, las diferencias que se observan en relación con el proceso de continentalización. México, como un país independiente, estableció su conexión con el comercio internacional aun antes que Canadá, durante la primera fase del mercantilismo, cuando los valores predominantes eran los metales preciosos. Por su parte, Canadá, hasta 1867, era un conjunto de colonias del imperio formal británico que aparentemente carecían de la riqueza mineral que exhibía México desde el siglo XVI, así que su conexión se sustentó en activos de valor secundario, de acuerdo con las premisas económicas predominantes.

A lo largo del libro, nuestro análisis estuvo indudablemente acotado por la presencia recurrente de las tres fuerzas que acentuadamente han dado impulso al desarrollo económico de México y de Canadá: el atlantismo, el continentalismo y el nacionalismo. Estas fuerzas han estado presentes a lo largo del proceso de desarrollo de estos países, ya sea de manera antagónica en determinados períodos, mientras que en otros alguna de ellas ha predominado.

De los tres países de América del Norte, Canadá fue el único en mantener una estrecha relación con su Metrópoli a un costo político menor. Esto fue posible gracias a que la reestructuración de su relación con Inglaterra tuvo lugar en 1867, después de que el Imperio ya había abrazado la causa del libre comercio. Estas circunstancias cambiaron la correlación de fuerzas entre Inglaterra y el recién creado Dominio de Canadá, dando paso, sin que mediara un derramamiento de sangre, al fin de las Colonias Británicas de América del Norte. En este Dominio, las tendencias atlantistas y continentalistas coexistieron o alternaron sin mayores enfrentamientos hasta mediados de la década de 1950.

El libro analiza comparativamente uno de los aspectos más interesantes de la relación trilateral en el siglo XIX. Los intentos de separación territorial –propuestos casi simultáneamente por los movimientos de anexión a favor de Estados Unidos– en México y Canadá develaron la interconexión política entre los dos países y la consiguiente constatación sobre cómo ciertos acontecimientos podían impactar en la vida política del otro. Cuando en 1849 la Asociación de Libre Comercio de Montreal, dirigida por los comerciantes del Bajo Canadá, consideró seriamente los resultados de la guerra entre México y Estados Unidos, planteó abiertamente la agregación territorial del Bajo Canadá a los Estados Unidos. El inicio de las consideraciones anexionistas de lo que posteriormente sería el Dominio de Canadá fue influido por la separación de Texas en 1836 y su anexión a los Estados Unidos en 1845, así como por el intento de anexión fallida de Yucatán, también a Estados Unidos, en 1836. Por su parte, los Padres Fundadores del Dominio tomaron la decisión de apurar la unificación de las colonias británicas bajo la estructura de un protectorado, temiendo un desmembramiento territorial de calibre similar al mexicano.

La coincidencia de ideas unidas a los intentos anexionistas en México y en algunas de las colonias Británicas de América del Norte refleja la fuerza de atracción del mercado estadounidense para sus vecinos inmediatos y los vínculos que habían comenzado a desarrollarse entre las comunidades empresariales de los tres países; estos hechos también manifiestan cómo el proceso de continentalización iba arraigándose en determinados sectores sociales del futuro Dominio y del México independiente. La casi sincronía de las reclamaciones anexionistas de Texas, Yucatán y el Bajo Canadá se analizan en el libro con el propósito de demostrar que tanto en México como en el futuro Canadá existían fuerzas antagónicas que buscaban la unidad regional y la consolidación de un Estado, mientras que otras consideraban la unión territorial con los Estados Unidos como un proyecto viable.

En 1850, las ideas anexionistas habían perdido ímpetu, y en su lugar se prefirió vislumbrar las posibilidades de una reciprocidad comercial ambiciosa que redujera los derechos de aduana que estuvieron vigentes en Canadá durante 75 años (1846-1911); la búsqueda de dicha reciprocidad se convertiría en el foco principal de la política de comercio internacional tanto de Canadá como de México; ambas políticas estaban predominantemente orientadas a consolidar la relación estadounidense.

El interés en la firma de un acuerdo comercial con los Estados Unidos no solo respondía a la intención de acceder a su mercado sino que buscaba un mayor reconocimiento internacional. Canadá lo necesitaba porque solo a través de su política de comercio internacional podía vincularse al mundo de aquel entonces con cierto grado de independencia; recordemos que no fue hasta 1931, gracias al Estatuto de Westminster, cuando este país obtuvo el derecho a dictar su propia política exterior, mientras que México ya lo hacía respaldado en su primera Constitución (1824). Aunado a esto, los tratados comerciales significaban para México la oportunidad de demarcar su propio espacio geográfico de una manera más o menos cordial, especialmente cuando se trataba de fijar no solo la frontera con Estados Unidos, sino también respecto a las potencias europeas.

En la primera parte del trabajo, observamos el ascenso económico de Estados Unidos junto con su crecimiento territorial en abierta competencia con los intentos de reposicionamiento de Inglaterra en las Américas. En medio de esta disputa, México y Canadá quedaron atrapados y, paradójicamente, optaron por la negociación de acuerdos comerciales como mecanismo más confiable para garantizar su independencia frente a las grandes potencias y, al mismo tiempo, amarrar el éxito de su crecimiento, incluso a costa de su autonomía económica.

El componente espacial resultó una variable de primera importancia en diversas secciones del libro, cuando buscamos demostrar que la continentalización no es solo una manifestación económica, sino el resultado de una sinergia territorial. Este aspecto adquirió relevancia cuando se analizaron algunas manifestaciones del expansionismo norteamericano, así como la forma en que se fue adecuando el desarrollo económico de México y Canadá a las presiones continentales.

Si revisamos los acontecimientos que rodearon el tema de los acuerdos comerciales, fácilmente se podría inferir que las negociaciones de los tratados de México y Canadá tienen muy poco en común, ya que se trata de dos países que no solo son económicamente disímiles, sino que han establecido una relación claramente diferenciada con los Estados Unidos. Sin embargo, un análisis pormenorizado de estos aspectos nos permite evidenciar la existencia de un conjunto de elementos que demuestran que a través del contenido de estos instrumentos hubo una clara coherencia entre los objetivos de los Estados Unidos y la estructuración paulatina de un espacio continental.

A lo largo del libro pudimos establecer cómo la estrategia económica de los Estados Unidos en relación con los países que son parte de América del Norte mostró un carácter particularmente homogéneo, aunque en la práctica las respuestas a dicha actividad fueron claramente diversas. Esto se explica por la correlación de fuerzas políticas nacionales respecto a los intereses estadounidenses en un momento dado, y su vinculación al contexto internacional. Resulta particularmente evidente cuando se analizan épocas muy contrastantes en un mismo país, como es el caso de las presidencias de Luis Echeverría y José López Portillo, en que predominaron las respuestas nacionalistas, en evidente contraposición con los gobiernos de presidentes como Miguel de la Madrid, Carlos Salinas y Ernesto Zedillo, que destacaron por sus posiciones continentalistas. En cuanto a Canadá, un contrapunto similar se dio entre un gobierno de tendencia relativamente nacionalista como el del ministro Pierre Trudeau y la consolidación paulatina de las políticas procontinentalistas de los últimos primeros ministros: Brian Mulroney, Jean Chrétien, Paul Martin y Stephen Harper, aunque con ciertos matices y diferencias entre cada uno de ellos.

El método que elegimos para seguir la traza de la continentalización en América del Norte no consistió exclusivamente en analizar los acuerdos de libre comercio, sino en dar seguimiento a las políticas de desarrollo instrumentadas por México y Canadá, que en general estaban vinculadas a la posición de los gobiernos en turno respecto de los Estados Unidos. Un ejemplo temprano de esta estrategia fue la Política Nacional de Canadá (1879-1979), concebida originalmente para presionar a Estados Unidos en relación con la negociación de un acuerdo de libre comercio. Esta política, de carácter proteccionista, elevó los aranceles canadienses y paradójicamente provocó una respuesta muy favorable de los Estados Unidos, aunque no en el sentido esperado por el gobierno de Canadá. En lugar de negociar un acuerdo comercial, el gobierno y las empresas estadounidenses vieron en dicha política la ocasión soñada para posicionarse desde adentro de ciertas áreas de la economía canadiense, en particular la de los recursos naturales. La perspectiva de poder producir *in situ,* de contar con un mercado cautivo de consumidores y de beneficiarse de un sistema tributario favorable fue un incentivo primordial para atraer el capital estadounidense a Canadá, obviando la negociación de cualquier convenio.

De hecho, la presencia de Estados Unidos también se consolidó en México gracias a una circunstancia similar, la política de Industrialización por Sustitución de Importaciones. Esto ocurrió a través de inversiones directas y también por medio de leyes nacionales proteccionistas que en general fueron muy favorables a los intereses norteamericanos instalados en el espacio económico mexicano.

Inicialmente, la política económica de México y de Canadá, a pesar de sus asimetrías, tuvo objetivos bastante similares: por una parte, impulsar las exportaciones vinculadas al sector primario, y por la otra, proteger a su sector manufacturero, en el que muchas veces las fronteras entre el control nacional y el extranjero prácticamente no existían.

A lo largo de este libro destacamos reiteradamente cómo el proyecto estadounidense se ha centrado en una estrategia de carácter incremental, que consiste en la creación de un espacio económico interconectado, basado en el diseño de una rueda con eje y rayos, en los que naturalmente los Estados Unidos siempre han asumido el papel de eje articulador.

Dentro de dicha estrategia, el gobierno estadounidense ha manifestado, en diversos momentos, la necesidad de institucionalizar tal diseño, no solo referido a los países de América del Norte, sino al resto del continente americano. En este entorno se lanzó la iniciativa de una Unión Aduanera Continental durante la Primera Conferencia Panamericana (1889-1890), convocada por Estados Unidos. Esta conferencia, así como la creación de la Unión Panamericana –antecedente directo de la Organización de los Estados Americanos (OEA)– fue la primera plataforma utilizada para poner en marcha un proyecto continental de muy largo aliento.

Años más tarde, ante el fracaso de la Conferencia Panamericana, se trató de crear la Organización Internacional de Comercio (OIC), durante la Conferencia sobre Empleo y Desarrollo celebrada en La Habana en 1946. El regreso a la propuesta de un proyecto de libre comercio continental, dirigido por Estados Unidos y secundado por otros países, entre ellos Canadá, dividió a los países entre aquellos que optaban por una política económica proteccionista y los que propugnaban por el libre comercio. Esta conferencia fue la primera ocasión en que de manera más clara Estados Unidos y Canadá se alinearon en torno al librecambismo, mientras que la mayoría de los países latinoamericanos, entre ellos México, optaron por el proteccionismo. Como resultado de la primera gran escisión de los países occidentales en asuntos de carácter económico, después de la Segunda Guerra Mundial, la OIC nunca llegó a establecerse y los países identificados con el libre comercio tuvieron que contentarse con el Acuerdo General de Comercio y Aranceles (GATT).

La posición nacionalista del gobierno mexicano durante estas reuniones se constituyó en un referente para muchos países y marcó la pauta en otros foros en los que se ventilaron nuevas propuestas continentales. Sin embargo, esto no impidió que México negociara sus primeros acuerdos comerciales con Estados Unidos y Canadá en 1942 y 1946. Estos convenios, aunque representan un buen indicio de que las relaciones entre los tres países comenzaban a encaminarse a una cierta institucionalización, contenían importantes excepciones y salvaguardas para la economía mexicana, lo cual indicaba que el gobierno mexicano aún no estaba dispuesto a abrazar el libre comercio, propugnado por sus vecinos. Aunado a esto, el gobierno también esquivó un compromiso de mayor alcance en lo tocante a participar en el proyecto de desarrollo continental de Estados Unidos y Canadá, plasmado en los acuerdos de Hyde Park (1941) y de Ogdensburg (1944).

A lo largo del libro buscamos destacar los mecanismos utilizados por Estados Unidos para consolidar su proyecto continental. Los primeros, ya lo mencionamos, fueron las negociaciones de acuerdos comerciales, y aunque la mayoría de estos no llegaron a aprobarse legislativamente o a instrumentarse, lograron que este país obtuviera considerables ventajas económicas. Probablemente el recurso más exitoso y menos politizado desde la perspectiva de su aprobación en el Congreso fue la formulación de instrumentos legislativos proteccionistas, de orientación económica o comercial, como los que dieron origen al Arancel McKinley (1888) y la ley Smoot-Hawley (1930).

Estos instrumentos desencadenaron la relocalización de parte de la inversión de las empresas estadounidenses en Canadá y México, buscando con ello evadir los efectos nocivos de las leyes de su propio país. Por su parte, los gobiernos receptores percibieron la relocalización de estos capitales como un efecto económico positivo, sin percibir que dichas inversiones darían cabida a un número considerable de empresas subsidiarias.

Los extremos de la dialéctica que marcó las relaciones en América del Norte hasta 1986 estuvieron pautados por la búsqueda de reciprocidad comercial con Estados Unidos, considerada como un medio seguro para impulsar el crecimiento económico, pero también para acotar las presiones de la continentalización. Después de esta fecha, la dinámica de las negociaciones funcionó bajo los estrictos parámetros de la continentalización. El antagonismo histórico entre la visión nacional y el enfoque continental fue claramente sustituido por la búsqueda de mayores ventajas dentro de una oferta continental rejuvenecida que muy poco tenía que ver con las que la habían antecedido. En este sentido, las negociaciones del TLCAN y del ALCCEU fueron claramente enfocadas hacia una sola dirección, negociar un mejor espacio dentro de la continentalización. En la actualidad, ambos países se encuentran particularmente condicionados no solo por las fuerzas continentalistas producidas por estos acuerdos, sino por las medidas de seguridad hemisférica establecidas por los Estados Unidos después de los ataques terroristas ocurridos en territorio estadounidense en 2001.

Existen indicios que nos empujan a considerar que el continentalismo que caracteriza a la región de América del Norte persistirá como punto de referencia predominante para México y Canadá, básicamente por dos motivos. El primero, que fue abordado con frecuencia a lo largo del libro, la continentalización no se reduce a la existencia de determinados acuerdos o tratados económicos, es ante todo una fuerza que produce una interacción propia de América del Norte y sobrepasa el ámbito de lo estrictamente económico. El segundo alude a la continentalización como fuerza que genera un proceso continuo de reinvención y que, por tanto, requiere simultáneamente a ambos países; en este reinventarse continuo, la continentalización no busca la segmentación, sino la regionalización.

En este trabajo nos centramos específicamente en la comparación de los procesos que llevaron a la instauración de la continentalización. Con este propósito, la segunda parte del libro se enfocó en el análisis de tres momentos que consideramos esenciales en dicho proceso, porque implican la búsqueda de puntos de convergencia. El capítulo cuatro se destinó al análisis de las relaciones México-Canadá antes del TLCAN, esto significó un ejercicio importante para determinar con base en qué y con qué potencial los dos países se aproximan para proponer una relación alternativa a futuro, en la que los Estados Unidos seguirán ocupando un lugar preponderante. Está claro que la duda sobre la persistencia de una relación interferida no podría ser disipada, aun si podemos predecir que esta intromisión se reduce en razón directa al fortalecimiento de una relación más abierta entre los vecinos del gran Vecino.

La institucionalización de la relación fue estudiada por separado desde diversos ángulos en los dos capítulos destinados a detallar el proceso de negociación del ALCCEU y del TLCAN. Nuestro análisis intentó poner en relieve los aspectos menos estudiados de este proceso, como los grupos que intervinieron en la negociación, las alianzas empresariales que se consolidaron, la dinámica causada por los proponentes y los opositores de estos acuerdos y la integración desde abajo que propiciaron.

Uno de los grandes retos que enfrentamos durante el desarrollo del libro fue mantener un equilibrio entre la información disponible y las limitaciones inherentes al material utilizado en la investigación. Esto resultó crucial porque la información de fuentes primarias siempre se vio limitada a los documentos autorizados para consulta pública en los archivos nacionales de estos países, y a las consecuencias de una censura exagerada, que reflejaba la desconfianza de los archivistas ante una investigadora extranjera, muy posiblemente la primera que solicitaba determinada información.

Hasta el año 2007, la mayoría de los archivos que cubrían la relación de Canadá con México prácticamente no habían sido librados a consulta pública, ya que casi nadie los había solicitado desde finales de la década de 1970. Aunado a esto, ya en ese momento existía un número considerable de nuevos archivos que contenían documentos que jamás habían sido sujetos al escrutinio público. La mayoría de estos archivos ya habían rebasado los 25 años de espera para que en rigor pudieran ser examinados, pero en los hechos eran pocos los investigadores que se habían interesado en consultarlos.

Al finalizar un libro de esta naturaleza, generalmente quedan algunos interrogantes, y casi siempre surgen ciertos temores sobre si las hipótesis planteadas seguirán siendo válidas en el futuro, o si se descubrirán nuevos aspectos que alteren radicalmente la interpretación que aquí se ha hecho sobre la continentalización. Este tipo de preocupaciones siempre estarán latentes en una obra de este género; sin embargo, consideramos que se trata de una inquietud relativamente infundada.

Cuando iniciamos nuestra investigación, una de nuestras prioridades fue indagar sobre aquellos análisis que en los últimos cincuenta años habían seguido pautas similares a las que nos proponíamos realizar. En esta búsqueda descubrimos que aunque contábamos con mayor cantidad de información para respaldar nuestros argumentos, la diferencia de nuestra interpretación no solo residía en la cantidad y la calidad de la información o en la evidente ventaja que nos ofrecía analizar la continentalización con un mayor distanciamiento temporal que el que habían tenido quienes nos habían antecedido. La diferencia residía en que los autores que habían estudiado el proceso de continentalización desde la década de 1960 lo hicieron determinando que se trataba de un proceso unidireccional que ocurría exclusivamente en Canadá como resultado de la relación especial que sostenía con Estados Unidos. Ninguno de estos autores concluyó que la continentalización se trataba de un proceso espacial multidimensional, propio de América del Norte, y que como tal incluía tanto a México como a Canadá.

Este libro es, entonces, un intento por explicar la lógica *sui generis* de las relaciones cruzadas dentro de América del Norte, en que historias aparentemente diferentes pero unidas por una fuerza especial que explica su pasado, su presente y, probablemente, su futuro han sido engarzadas por la continentalización.

Bibliografía

Abizaid Bucio, Olga [2004], *The Canada-Mexico Relationship: The Unfinished Highway*, Ottawa, Canadian Foundation for the Americas.

Aguirre Rojas, Carlos [2003], *Immanuel Wallerstein: Crítica del sistema-mundo capitalista*, México, Era.

Álvarez, A. y G. Mendoza [1991], *México 1988-1989. ¿Un ajuste económico?*, México, Facultad de Economía, UNAM.

Ampudia, Ricardo [1997], *Estados Unidos de América en los informes presidenciales de México*, México, FCE–SRE.

Anglin, Douglas [1961], "United States Opposition to Canadian Membership in the Pan American Union: A Canadian View", *International Organization* (XV): 1-20.

Arellano García, Carlos [1974], *Derecho internacional privado*, México, Miguel Ángel Porrúa.

_____ [1980], *La diplomacia y el comercio internacional*, México, Miguel Ángel Porrúa.

Armstrong, Christopher y H.V. Nelles [1986], *Monopoly's Moment: The Organization and Regulation of Canadian utilities 1830-1930*, Filadelfia, Temple University Press.

_____ [1988], *Southern Exposure: Canadian Promoters in Latin America and the Caribbean, 1896-1930*, Toronto, University of Toronto Press.

Attoloni, José [1950], *El Tratado de Libre Comercio Americano*, México, IIEc–UNAM.

Axworthy, Loyd [1997], "An Interview with the Minister of Foreign Affairs", *Canadian Foreign Policy Journal* (43): 1-5.

Ayala, José y José Blanco [1981], "El nuevo Estado y la expansión de las manufacturas. México, 1870-1930", en Rolando Cordera (ed.), *Desarrollo y crisis de la economía mexicana*, México, FCE, pp. 13-64.

Ayres, Jeffrey [1998], *Defying Conventional Wisdom: Political Movements and Popular Contention against North American Free Trade*, Toronto, University of Toronto Press.

Azzi, Stephen [1998], *Walter Gordon & the Rise of Canadian Nationalism*, Toronto, McGill-Queen's University Press.

Bailey, Glen [1995], "Canadian Diplomacy as Advocacy: The Case of Chile and the NAFTA", *Canadian Foreign Policy* 3 (3): 97-112.

Balthazar, Louis [1993], "Les Relations Québec-États-Unis", en Louis Balthazar, Louis Bélanger y Gordon Mace (eds.), *Trente ans de Politique Extérieure du Québec 1960-1990*, Quebec, Centre Québécois de Relations Internationales, pp. 65-105.

Balthazar, Louis y Alfred Hero [1999], *Le Québec dans l'Espace Américain*, Montreal, Éditions Québec Amérique.

Banco Nacional de Comercio Exterior [1953], *México 1953*, México, Bancomext.

―――― [1976], *México 1976*, México, Bancomext.

Barry, Donald y John Hilliker [1995], *Canada's Department of External Affairs, vol. 2: Coming of Age 1946-1968*, Kingston, Ontario, McGill-Queen's University Press.

Bátiz, José Antonio [1976], *El Real de a ocho, primera moneda universal*, México, Fomento Cultural Banamex.

Bélanger, Louis [1993], "Méthodologie: Mesurer la Politique Extérieure du Québec", en Louis Balthazar, Louis Bélanger y Gordon Mace, *Trente ans de Politique Extérieure du Québec 1960-1990*, Quebec, Centre Québécois des Relations Internationales, pp. 37-63.

―――― [1994], "La Diplomatie Culturelle des Provinces Canadiennes", *Études Internationales*, XXV (3): 421-452.

Bélanger, Yves [1998], *Québec Inc. L'Entreprise Québécoise à la Croisée des Chemins*, Montreal, Les Éditions Hurtubise.

Berain, Sandra [1994], "Las relaciones bilaterales México-Canadá", en Mónica Verea (coord.), *50 años de relaciones México-Canadá. Encuentros y coincidencias*, México, CISAN-UNAM.

_____ [1996-1997], "Hacia la consolidación de una relación estratégica: México y Canadá", *Revista Mexicana de Política Exterior* (51): 84-98.

Bernier, Ivan y Jean-Philippe Thérien [1994], "Le Comportement International du Québec, de l'Ontario et de l'Alberta dans le domaine Économique", Études Internationales, XXV (3): 453-486.

Bernier, Luc [1996], *De Paris à Washington: La Politique Internationale du Québec*, Quebec, Presses de l'Université du Québec.

Bertrab, Hermann von [1996], *El redescubrimiento de América, Historia del TLC*, México, FCE.

Bitar, Sergio y Carlos Moneta [1984], *La política económica de Estados Unidos en América Latina: Documentos de la administración Reagan*, Buenos Aires, Grupo Editor Latinoamericano.

Blanco Mendoza, Herminio [1994], *Las negociaciones comerciales de México con el mundo. Una visión de la modernización de México*, México, FCE.

Blanquer, Jean-Michel [2004a], *Retour au Politique et Retour au Pragmatisme*, París, Études de la Documentation Française.

_____ [2004b], *Du Panaméricanisme au Transméricanisme: La Tectoniques des Intégrations Régionales dans le Continent Américain*, París, Études de la Documentation Française.

Bonin, Bernard [1967], *L'Investissement Étrangère à long terme au Canada*, Montreal, Les Presses de l'École des Hautes Études Commerciales de Montréal.

Boorstin, Daniel (coord.) [1997], *Compendio histórico de los Estados Unidos. Un recorrido por sus documentos fundamentales*, México, FCE.

Bosch García, Carlos [1946a], "El primer tratado comercial Anglo-Mexicano: Intereses Económicos y Políticos", *El Trimestre Económico*, XIII (51): 495-532.

_____ [1946b], "Discusiones previas al primer tratado de comercio entre México y Estados Unidos: 1822-1838", *El Trimestre Económico*, XIII (50): 329-345.

_____ [1986], *Problemas diplomáticos del México independiente*, México, UNAM.

Bravo Aguilera, H. [1989], "La política comercial de México y el Acuerdo General sobre Aranceles Aduaneros y Comercio", Blanca Torres y Pamela Falk (coords.), *La Adhesión de México al GATT*, México, El Colegio de México.

Brebner, Bartlet John [1945], *North Atlantic Triangle: The Interplay of Canada, the United States and Great Britain*, Toronto, Ryerson Press for the Carnegie Endowment for International Peace, Division of Economics and History.

Brown, Craig [1994], *Historia ilustrada de Canadá*, México, Fondo de Cultura Económica.

Brunelle, Dorval [1989], "Continentalisation et Continentalisme", *Interventions Économiques*, (22-23): 131-146.

Brunelle, Dorval y Deblock, Christian [1989], *Le Libre Échange par Défaut*, Canadá, VLB Éditeur.

Bueno, Gerardo [1982], *El comercio exterior de México*, México, Siglo XXI Editores.

Bulmer-Thomas, *Víctor [1994], The Economic History of Latin America since Independence*, Cambridge, Cambridge University Press.

Calderón, Francisco [1995], "La vida económica", en Daniel Cosío Villegas, *Historia Moderna de México. La República restaurada. Vida económica*, México, Hermes.

_____ [1985], "El pensamiento económico de Lucas Alamán", *Historia Mexicana*, XXXIV (3).

Cameron, Duncan [1986], *The Free Trade Papers*, Toronto, James Lorimer.

Cameron, Duncan y Mel Watkins [1993], *Canada under Free Trade*, Toronto, James Lorimer.

Campbell, Bruce, Teresa Gutiérrez-Haces, Andrew Jackson y Mehrene Larudee [1998], *Labour Market Effects under CUFTA/NAFTA*, Ginebra, International Labour Organization.

_____ [1999], *Pulling Apart: The Deterioration of Employment and Income in North America under Free Trade*, Ottawa, The Canadian Centre for Policy Alternatives.

Canada Royal Commission [1981], *Royal Commission on Conditions of Foreign Service*, Ottawa, Royal Commission.

Canada Department of External Affairs [1985], *Compétitivité et Sécurité: Orientations pour les Relations Internationales du Canada*, Ottawa, Department of External Affairs.

Cardoso, Fernando y Enzo Faletto [1969], *Dependencia y desarrollo en América Latina*, México, Siglo XXI.

Careaga, Viliesid Lorena [2000], *De llaves y cerrojos: Yucatán, Texas y Estados Unidos a mediados del siglo XIX*, México, Instituto Mora.

Castro Valle, Jorge [1996-1997], "Mecanismos institucionales gubernamentales y no gubernamentales en las relaciones México-Canadá", *Revista Mexicana de Política Exterior* (51): 99-115.

Ceceña Gámez, José Luis [1970, 1973], *México en la órbita imperial*, México, El Caballito.

Chapoy Bonifaz, Alma [2000], *El Sistema Monetario Internacional*, México, Miguel Ángel Porrúa.

Christie, Keith [1995], "The Four Amigos and Beyond: Towards the Free Trade Area of the Americas", *Policy Staff Paper* 95/10, Ottawa, Ministère des Affaires Étrangères et du Commerce International.

Clarkson, Stephen [1968], *An Independent Foreign Policy for Canada?*, Toronto, McClelland and Stewart.

_____ [1985], *Canada and the Reagan Challenge: Crisis and Adjustment 1981-1985*, Toronto, James Lorimer.

_____ [2002], *Uncle Sam and US globalization, Neoconservatism and the Canadian State*, Toronto, University of Toronto Press y Woodrow Wilson Center Press.

_____ [2008], *Does North America Exist? Governing the Continent after* NAFTA *and 9/11*, Toronto, University of Toronto Press.

Clarkson, Stephen y Matto Mildenberger [2011], *Dependent America? How Canada and Mexico Construct U.S. Power,* Toronto, University of Toronto Press.

Claval, Paul [1970], "Architecture Sociale, Culture et Géographie au Québec: Un Essai d'interprétation Historique", *Annales de Géographie*, 83 (4): 394-419.

Cockcroft, James [2001], *La esperanza de México: Un encuentro con la política y la historia*, México, Siglo XXI.

Colgan, Charles [1993], "Economic Development Policy in Quebec and the Challenges of a Continental Economy", *Quebec Studies* (16): 69-83.

Comeau, Robert, Daniel Cooper y Pierre Vallières [1990], FLQ: *Un Projet Révolutionnaire. Lettres et écrits felquistes 1963-1982*, Quebec, *Études Québécoises.*

Commission Royale sur l'Union Économique et les Perspepctives de Développement du Canada [1985], *Commission Royale sur l'Union Économique et les Perspectives de Développement du Canada (Commission MacDonald Rapport)*, Ottawa, Ministre des Approvisionnements et Services, 3 volúmenes.

Committe on Ways and Means U.S. House of Representantives [1987], *Overview and Compilation of U.S. Trade Statutes*, Washington, Committe on Ways and Means U.S. House of Representatives.

Conn, Stetson, Rose Engelman y Byron Fairchild [1964], *United States Army in World War II. The Western Hemisphere. Guardian the United States and its Outpost*, Washington D.C., Office of the Chief of Müitary History, U.S. Army.

Connolly, Priscilla [1997], *El contratista de don Porfirio. Obras públicas, deuda y desarrollo desigual*, México, FCE.

Cook, Ramsay [1994], "El triunfo y las penas del materialismo 1900-1945", en Craig Brown (coord.), *Historia Ilustrada de Canadá*, México, FCE, pp. 410-509.

Cooper, Andrew [1995], "*In Search of Niches: Saying 'yes' and Saying 'no' in Canada's International Relations*", Canadian Foreign Policy, (3): 1-13.

_____ [1997], *Canadian Foreign Policy: Old Habits and New Directions*, Ontario, Prentice-Hall Canada.

Cordera, Rolando y Carlos Tello [1981], *México, la disputa por la nación: Perspectivas y opciones del desarrollo*, México, Siglo XXI.

Creighton, Donald [1937], *The Commercial Empire of the St. Lawrence, 1760-1850*, Toronto–New Haven, Ryerson Press–Yale University Press for the Carnegie Endowment for International Peace, Division of Economics and History.

_____ [1952], *John A. McDonald: The Young Politician*, Toronto, Mac-Millan.

_____ [1976], *The Forked Road: Canada 1939-1957*, Toronto, McClelland & Stewart.

Crisorio, Beatriz [1999], *Las relaciones argentino-canadienses entre el TLCAN y el Mercosur*, ponencia presentada en el VI Congreso de la Asociación Mexicana de Estudios Canadienses (AMEC), México.

Cross, Michael [1971], *Free Trade, Annexation and Reciprocity 1846-1854*, Toronto, Holt.

Dafoe, J.W. [1911], *Papers*, Ottawa, Public Archives of Canada.

Dales, John [1966], *The Protective Tariff in Canada's Development: Eight Essays on Trade and Tariffs. When Factors move with Special Reference to Canadian Protectionism 1870-1955*, Toronto, University of Toronto Press.

D'Aquino, Thomas [2004], "Toward a New North America", *ViewPoint Americas*, Washington, Council of the Americas (2).

Deblock, Christian [1996], *Du Libre-échange à l'Union Politique: Le Canada dans l'Accord de Libre-échange Nord-Américain, la France dans le Marché Unique*, Montreal, Harmattan.

_____ [2002], *L'Organisation Mondiale du Commerce. Où s'en va la Mondialisation?*, Montreal, Editions Fides.

Deblock, Christian y Arteau Richard [1988], *La Politique Économique Canadienne à l'épreuve du Continentalisme*, Montreal, Association Canadienne Française pour l'Avancement des Sciences.

Deblock, Christian, Afef Benessaieh y Marie-Paule L'heureaux [2000], *Les Relations Economiques entre le Canada et le Mexique depuis l'ALÉNA: Un Point de vue Canadien*, Montreal, Université du Québec à Montréal, Groupe de Recherche sur l'Integration Continentale.

Deblock, Christian y Afef Benessaieh [2002a], "¿Puede ser el comercio exterior motor del crecimiento económico en Canadá?", en Teresa Gutiérrez-Haces (coord.), *Canadá. Un Estado posmoderno*, México, Plaza y Valdés, pp. 177-215.

Deblock, Christian y Constantin Christian [2000], *Intégration des Amériques ou Intégration à l'Économie Américaine?*, Montreal, Université du Québec à Montréal, Groupe de Recherche sur l'Intégration Continentale.

Dell Sidney, Samuel [1981], *Bloques de comercio y mercados comunes*, México, FCE.

Delorme, Hélène y Clerc Denis [1994], *Un Nouveau GATT? Les Échanges Mondiaux après l'Uruguay Round*, Bruselas, Editions Complexe.

Department of External Affairs [1984], *The Department of External Affairs*, Ottawa, Ministère des Affaires Extérieures.

Dillon, John [1991], "Energía e inversión extranjera", en Teresa Gutiérrez-Haces (ed.), *Experiencias de la negociación del TLC Canadá-Estados Unidos*, México, EPESSA–PAN, pp. 75-81.

Doern, Bruce y Tomlin, Brian [1991], *The Free Trade Story. Faith and Fear*, Canadá, Stoddart.

Donneur, André [1994], *Politique Étrangère Canadienne*, Canadá, Guérin Universitaire.

Drache, Daniel y Wallace Clement [1985], *The New Practical Guide to Canadian Political Economy*, Toronto, James Lorimer.

Drache, Daniel y Cameron Duncan [1985], *The Other MacDonald Report: The Consensus on Canada's Future that the MacDonald Commission left out*, Toronto, James Lorimer & Company.

Drache, Daniel [1995], *Staples, Markets, and Cultural Change: Selected Essays Harold A. Innis*, Montreal, McGill-Queen's University Press.

Drummond, Ian [1972], *British Economic Policy and the Empire, 1919-1939*, Londres, Allen & Unwin.

Drummond, Ian y Hillmer Norman [1989], *Negotiating Free Trade: The United Kingdom, the United States, Canada, and the Trade Agreements of 1938*, Ontario, Wilfrid Laurier University Press.

Dunn, Robert [1927], *American Foreign Investments*, Nueva York, B.W. Huebsch and The Viking.

Echeverría, Luis [1972], *Segundo Informe de Gobierno*, México, Presidencia de la República.

Falk, Pamela y Blanca Torres [1989], *La adhesión de México al GATT. Repercusiones internas e impacto sobre las relaciones México-Estados Unidos*, México, El Colegio de México.

Ferns, Henry [1960], *Britain and Argentina in the nineteenth century*, Oxford, Clarendon.

Ferretti, Andrée y Gaston Miron [1992], *Les Grands Textes Indépendantistes*. Écrits, Discours et Manifestes Québécois 1774-1992, Montreal, L'Hexagone.

Flores Caballero, Romeo [1971], *Proteccionismo y libre cambio: El debate entre 1821 y 1836*, México, Bancomext.

Flores Quiroga, Aldo [1998], *Proteccionismo versus librecambio: La economía política de la protección comercial en México, 1970-1994*, México, FCE.

Foreman-Peck, James [2000], *Historia económica mundial*, Madrid, Prentice Hall.

Foster, George [1910-1911], *Debates*, Ottawa, House of Commons.

French, Richard [1981], *How Ottawa Decides: Planning and Industrial Policy-making 1968-1980*, Toronto, Canadian Institute for Economic Policy.

Fry, Earl [1998], *The Expanding Role of State and Local Governments in U.S. Foreign Affairs*, Nueva York, Council on Foreign Relations.

Fry, Earl y Lee Radebaugh [1985], *Canada-U.S. Economic Relations in the Conservative Era of Mulroney and Reagan*, Provo, Utah, Bringham Young University.

Gagan, David y Anthony Rasporich [1971], *Free Trade, Annexation and Reciprocity 1846-1854*, Montreal, Holt Rinehart and Winston of Canada Limited.

García, Genaro [1990], *Crónica oficial de las fiestas del primer centenario de la Independencia de México*, México, Condumex.

Garciadiego, Javier [1994], *El TLC día a día. Crónica de una negociación*, México, Miguel Ángel Porrúa.

GATT [1988], *Accord General sur les Tarifs Douaniers et le Commerce*, Ginebra, GATT.

Gauthier, François [1992], *Relations Économiques Internationales*, Quebec, Les Presses de l'Université Laval.

Gay, Daniel [1983], *Les Élites Québécoises et l'Amérique Latine*, Montreal, Nouvelle Optique.

George, Susan [1999], *A Short History of Neoliberalism*, Nueva York, Global Policy Forum.

Godoy, E. [1996], "Un ingeniero y su imperio: Frederick Stark Pearson", *Revista de la Universidad de México* (545): 35-39.

González, Marco y Eduardo Loría [1994], *Liberalización comercial y globalización en México*, ponencia presentada en The Canadian Association for Latin American and Caribean Studies, Ottawa, Canadá.

Gouvernement du Canada [1972], *Investissements Étrangers Directs au Canada*, Ottawa, Gouvernement du Canada.

—— [2009], *Priorités et Progrès. Le Canada dans les Amériques*, Ottawa, Gouvernement du Canada.

Gobierno de México y Gobierno de Canadá [2004], *Partenariat Canada-Mexique*, México–Ottawa, publicación conjunta del Gobierno de México y el Gobierno de Canadá.

Gouvernement du Quebec [1985], *Le Québec dans le Monde ou le Défi de l'Interdépendance. Énoncé de Politique de Relations Internationales*, Quebec, Ministère des Relations Internationales.

Granatstein, J.L. [1981], *A Man of Influence: Norman A. Robertson and Canadian Statecraft 1929-1968*, Ottawa, Deneau Publishers.

_____ [1996], *Yankee Go Home? Canadians and Anti-americanism*, Toronto, Harper Collins Publishers Ltd.

Gutiérrez-Haces, Teresa [1998], "La continentalización: Una geopolítica del libre-cambio", en Raúl Benítez *et al.*, *Viejos desafíos, nuevas perspectivas*, México, Miguel Ángel Porrúa, pp. 97-115.

_____ [1990a], "Libre comercio trilateral: Un proyecto para América del Norte", *Problemas del desarrollo*, XXI (83): 37-43.

_____ [1990b], "México y Canadá frente a su destino continental", *Nuestra América* (16).

_____ (coord.) [1991a], *Memorias del coloquio: Experiencias de la negociación del TLC Canadá-Estados Unidos*, México, EPESA–PAN.

_____ [1991b], "Libre comercio y oposición sindical", *Trabajo Social* (8-9): 63-81.

_____ [1992a], "Del GATT al Tratado de Libre Comercio: Algunas consideraciones sobre el acuerdo trilateral Canadá-Estados Unidos-México", en Barbara Driscoll y Mónica Gambrill (coords.), *El Tratado de Libre Comercio. Entre el viejo y el nuevo orden*, México, Centro de Investigaciones sobre América del Norte–UNAM, pp. 17-33.

_____ [1992b], "La negociación del TLC a partir del Borrador de Dallas", *Problemas del Desarrollo*, XXIII (90): 66-71.

_____ [1994a], "Canadá: del nacionalismo y la diversidad política a las realidades de la continentalización", en Teresa Gutiérrez-Haces y Mónica Verea (coords.), *Canadá en Transición*, México, Centro de Investigaciones sobre América del Norte–UNAM, pp. 335-351.

_____ [1994b], "*L'Accord de Libre-échange Nord-américain: Les Contraintes de la Transition et la Réforme de l'État au Mexique*", en Dorval Brunelle y Christian Deblock (eds.), *L'Amérique du Nord et l'Europe Communautaire: Intégration Économique, Intégration Sociale?*, Quebec, Les Presses de l'Université du Quebec, pp. 97-106.

_____ [1994c], "Canadá: Entre el libre comercio y las barreras comerciales interprovinciales", *Comercio Exterior*, 44 (1): 72-79.

———— [1995a], "Experiencias y coincidencias de una vecindad bajo el libre comercio", en Rey Roman (coord.), *La integración comercial de México a Estados Unidos y Canadá*, México, Siglo XXI.

———— [1995b], "Canada-Mexico: The Neighbor's Neighbor", en Stephen Randall y Herman Konrad (eds.), *NAFTA in Transition*, Alberta, University of Calgary Press, pp. 57-75.

———— [1996], "Reexaminando el Tratado de Libre Comercio de América del Norte", en F. Pallan; J. Wilkie y J. Arroyo, *México y las Américas*, México, ANUIES.

———— [1996b], "*Echange Culturels et Mondialisation au Mexique et au Canada*", en André Lapierre; Patricia Smart y Pierre Savard, *Language, Cultures and Values in Canada at the dawn of the 21st century*, Canadá, Carleton University Press, pp. 185-188.

———— [1997], "Vecindad interferida", *Revista Mexicana de Política Exterior* (51): 11-33.

———— [1999a], "Canadá y el libre comercio. Un análisis de su reciente participación en los acuerdos comerciales en América del Norte", en Germán de la Reza y Raúl Conde (coords.), *Nuevas dimensiones de la integración del TLCAN al regionalismo hemisférico*, México, Plaza y Valdés, pp. 85-103.

———— [1999b], "Canadá redescubre las Américas. Entre un liderazgo en la promoción de la democracia y las exigencias del libre comercio", *Revista Relaciones Internacionales* (79): 17-26.

———— [2000], "*La Diplomatie Économique du Canada vis à vis de l'Amérique Latine*", en *Cahier des Amériques Latines* (34): 145-163.

———— [2002], *Procesos de integración económica en México y Canadá. Una perspectiva histórica comparada*, México, Miguel Ángel Porrúa.

———— [2003a], "La contribución de la política exterior de Canadá a la construcción de una identidad pan-canadiense", *Estudios Políticos* (32): 13-52.

———— [2003b], "*Geopolitics of Relations in North America*", *South America, Central America and the Caribbean 2004*, Londres, Taylor and Francis Books.

_____ [2003c], *"Identity and Otherness in the Canadian Foreign Policy"*, Chad Gaffield y Karen Gould (eds.), *The Canadian Distinctiveness into the XXIst Century*, Canadá, University of Ottawa Press, pp. 231-250.

_____ [2003d], "Canadá: entre la promoción de una política económica internacional y el desarrollo sustentable", en Paz Consuelo Márquez, Germán Pérez Fernández y Remedios Gómez, *Desde el sur. Visiones de Estados Unidos y Canadá desde América Latina a principios del Siglo XXI*, México, Centro de Investigaciones sobre América del Norte–UNAM, pp. 21-56.

_____ [2004a], "La inversión extranjera directa en el TLCAN", *ECONOMIAUNAM* (3): 30-52.

_____ [2004b], "The Rise and Fall of an 'Organized Fantasy': The Negotiations of Status as Periphery and Semi-periphery by Mexico and Latin America", en Marjorie Griffin Cohen y Stephen Clarkson (eds.), *Governing under Stress: Middle Power and the Challenge of Globalization*, Canadá, Zed Press, pp. 70-89.

_____ [2004c], "Le Canada et le Mexique entre l'ALÉNA et la ZLEA: 10 ans ne suffisent pas", en Dorval Brunelle y Christian Deblock (coords.), *L'ALÉNA. Le Libre-échange en Défaut*, Canadá, Editions Fides, pp. 79-105.

_____ [2004d], "Retos de la política económica internacional de Canadá en México y América Latina", en Germán de la Reza (coord.), *México más allá del TLCAN. Competitividad y diversificación de mercados*, México, Plaza y Valdés, pp. 93-129.

Gutiérrez-Haces, Teresa y Mónica Verea (coords.), *Canadá en Transición*, México, Centro de Investigaciones sobre América del Norte–UNAM, 1994.

Halperin Donghi, Tulio [2000], *Historia contemporánea de América Latina*, Buenos Aires, Alianza Editorial.

Hanningan Robert [1980], "Reciprocity 1911: Continentalism and American Realpolitik", *Diplomatic History* (4): 1-10.

Hansen, Roger [1971], *La política del desarrollo mexicano*, México, Siglo XXI.

Hart, Michael [1994], *What's next. Canada, the Global Economy and the New Trade Policy*, Ottawa, Centre for Trade Policy and Law, 1994.

_____ [1994], *Decision at Midnight. Inside the Canada-US Free Trade Negotiations*, Canadá, UBC Press.

_____ [1998], *Fifty Years of Canadian Tradecraft. Canada and the GATT 1947-1997*, Ottawa, Centre de Droit et de Politique Commerciale.

Hawkes, Arthur [1911], *An Appeal to the British-born*, Canadá, British News of Canada.

Hiernaux, Nicolas Daniel [1984], "El Estado y las políticas urbanas", en Iván Restrepo, *Las Truchas. ¿Inversión para la desigualdad?*, México, Océano, pp. 91-129.

Hilliker, John [1990], *Le Ministère des Affaires Extérieures du Canada, v. 1: Les années de formation 1909-1946*, Quebec, Presses de l'Université Laval.

Holmes, John [1970], *The Better Part of Valour: Essays on Canadian Diplomacy*, Toronto, McClelland & Stewart Limited.

Howlett, Michael y M. Ramesh [1992], *The Political Economy of Canada. An Introduction*, Canadá, McClelland & Stewart.

Ibarra Bellon, Araceli [1998], *El comercio exterior de México 1821-1862. La lucha por las fuentes financieras entre el Estado central y las regiones*, México, FCE.

Informe de la Comisión sobre el Futuro de las Relaciones México-Estados Unidos [1988], *El desafío de la interdependencia: México y Estados Unidos. Informe de la Comisión sobre el futuro de las relaciones México-Estados Unidos*, México, FCE.

Innis, Harold [1956], *The Fur Trade in Canada: an Introduction to Canadian Economic History*, Toronto, University of Toronto Press.

Instituto Mexicano de Comercio Exterior [1982], *El comercio exterior de México*, México, Instituto Mexicano de Comercio Exterior–Siglo XXI Editores.

Izquierdo, Rafael [1975], "El proteccionismo en México", en Leopoldo Solís, *La economía mexicana, análisis por sectores y distribución*, México, FCE, pp. 228-269.

Jacomy-Millette, Annemarie [1989], "Les Activités Internationales des Provinces Canadiennes", en Paul Painchaud (ed.), *De Mackenzie King à Pierre Trudeau quarante ans de Diplomatie Canadienne 1945-1985*, Canadá, Les Presses de l'Université Laval, pp. 81-104.

Jiménez Codinach, Guadalupe [1991], *La Gran Bretaña y la independencia de México 1808-1821*, México, FCE.

Joyce, K. y G. Kolko [1972], *The Limits of Power: The World and United States Foreign Policy, 1945-1954*, Nueva York, Harper & Row.

Keohane, Robert y Joseph Nye [1988], *Poder e interdependencia. La política mundial en transición*, Buenos Aires, Grupo Editor Latinoamericano.

Kirton, John [1997], "*Foreign Policy under the Liberals: Prime Ministerial Leadership in the Chrétien Government's Foreign Policy-making Process*", en Maureen Appel y Martin Rudner, *Canada among Nation 1997: Asia Pacific face-off*, Canadá, Carleton University Press, pp. 21-50.

Konrad, Herman [1995], "North American Continental Relationships: Historical trends and antecedents", Stephen Randall y Herman Konrad, *NAFTA in Transition*, Canadá, University of Calgary Press, pp. 15-35.

Kuntz Ficker, Sandra [2003], "Las oleadas de americanización en el comercio exterior de México 1870-1948", en María I. Barbero y Andrés Regalsky (coords.), *Americanización. Estados Unidos y América Latina en el siglo XX. Transferencias económicas, tecnológicas y culturales*, Buenos Aires, Eduntref, pp. 39-70.

Kuttner, Robert [1991], *The End of Laisses Faire, National Purpose and the Global Economy after the Cold War*, Nueva York, Knopf.

Laban, R. y P. Meller [1997], "Trade Strategy for a small Country: The Chilean Case", en Richard Lipsey, *Western Hemisphere Trade Integration*, Canadá, St. Martin Press.

Lachapelle, Guy, Tremblay Pierre y Trent John (coords.) [1995], *L'Impact Référendaire*, Quebec, Presses de l'Université du Québec.

Lalande, Gilles [1989], "*La Francophonie et la Politique Étrangère du Canada*", en Paul Painchaud (coord.), *De Mackenzie King à Pierre Trudeau quarante ans de Diplomatie Canadienne 1945-1985*, Quebec, Les Presses de l'Université Laval, pp. 217-248.

Larude, Mehrene [1999], "NAFTA's Impact on U.S. Labor Markets, 1994-1997", en Bruce Campbell, Teresa Gutiérrez-Haces, Andrew Jackson y Mehrene Larudee, *Canadá, The Canadian Centre for Policy Alternatives*, pp. 123-175.

Latin American Working Group [1991], *Open for Business: Canada-Mexico-U.S.*, Toronto, Latin American Working Group.

Laurier, Wilfrid [1910-1911], *Debates*, Ottawa, House of Commons.

Laux, Jeanne y Maureen Molot [1988], *State Capitalism. Public enterprise in Canada*, Londres, Cornell University Press.

Lemoine, Ernesto [1997], *México e Hispanoamérica en 1867*, México, Centro Coordinador y Difusor de Estudios Latinoamericanos, UNAM.

Linteau, Paul-André [1994], "La identidad francófona de Quebec en un contexto norteamericano y multicultural: perspectivas históricas", en Teresa Gutiérrez-Haces y Mónica Verea (coords.), *Canadá en transición*, México, Centro de Investigaciones sobre América del Norte–UNAM, pp. 603-625.

Lipset, Seymour Martin [1990], *Continental Divide: The Values and Institutions of the United States and Canada*, Canadá, Routledge.

——— [1993], *La división continental. Los valores y las instituciones de los Estados Unidos y Canadá*, México, FCE.

Lipsey, Richard y Murray Smith [1985], *Taking the Initiative: Canada's Trade Options in a Turbulent World*, Toronto, C.D. Howe Institute.

Llinás Álvarez, Edgar [1996], *Vida y obra de Ramón Beteta*, México, UNAM.

López Portillo, José [1988], *Mis tiempos*, México, Fernández Editores.

López Rosado, Diego [1971], *Historia y pensamiento económico*, México, IIEc–UNAM.

Loyola, Rafael (coord.) [1985], *Entre la guerra y la estabilidad política. El México de los 40*, México, Grijalbo–CNCA.

Mace, Gordon [1987], *Les Relations du Canada avec l'Amérique Latine et les Caraïbes*, Quebec, Université Laval, Laboratoire d'Études Politiques et Administratives.

_____ [1987], *Une Politique Étrangère Régionale du Canada en Amérique Latine?*, Quebec, Université Laval, Laboratoire d"Études Politiques et Administratives.

_____ [1989], "*Les Relations du Canada avec l'Amérique Latine et les Caraïbes*", en Paul Painchaudn, *De Mackenzie King à Pierre Trudeau quarante ans de Diplomatie Canadienne*, Quebec, Les Presses de l'Université Laval, pp. 401-332.

_____ [1993a], "Canada's Provinces and Relations with Latin America: Quebec, Alberta and Ontario", en Jerrey Haar y Edgar Dosman, *A Dynamic Partnership. Canada's Changing Role in the Americas*, Ottawa, North-South Center.

_____ [1993b], "*Les Relations du Québec avec l'Amérique Latine*", en Louis Balthazar, Louis Bélanger y Gordon Mace, *Trente ans de Politique Extérieure du Québec 1960-1990*, Quebec, Centre Québécois des Relations Internationales, pp. 221-249.

_____ [2004], "Quelles institutions pour l'ALÉNA?", en Dorval Brunelle y Christian Deblock, *Le Libre-échange en Défaut*, Canadá, Fides Points Chaudes.

Mace, Gordon y Claude Goulet [1996], "Canada in the Americas: Assessing Ottawa's Behavior", *International Journal of Canadian Studies* (13): 133-159.

Mackintosh, W.A. [1978], *The Economic Background of Dominion-Provincial Relations*, Canadá, Macmillan of Canada Limited.

Malpica, Luis [1988], *¿Qué es el GATT?*, México, Grijalbo.

Manning, William [1916], *Diplomatic Correspondence of the United States, Inter-American Affairs, 1831-1860*, Washington, Carnegie Endowment for International Peace.

Marichal, Carlos y Cerrutti Mario (coords.) [1997], *Historia de las grandes empresas en México, 1920-1930*, México, FCE.

Marichal, Carlos [1988], *Historia de la deuda externa de América Latina*, Madrid, Alianza Américas.

Martin, Richard [1994], "El impacto negativo del ALC para los trabajadores canadienses: Perspectivas del TLC", en Teresa Gutiérrez-Haces y Mónica Verea, *Canadá en transición*, México, Centro de Investigaciones sobre América del Norte–UNAM, pp. 329-349.

Massicotte, Marie-Josée [2004], *Mexican Sociopolitical Movements and Transnational Networking in the Context of Economic Integration in the Americas*, Ph.D Dissertation submitted to the Faculty of Graduate Studies, Department of Political Science, York University, 2004.

Masters, Donald [1932], *La Réciprocité 1846-1911*, Ottawa, Société Historique du Canada.

_____ [1963], *The Reciprocity Treaty of 1854*, Toronto, McClelland & Stewart Limited.

Matute, A. [1995], *Las dificultades del nuevo Estado*, México, El Colegio de México.

McDonald, Marci [1995], *Yankee Doodle Dandy. Brian Mulroney and the American Agenda*, Toronto, Stoddart Publishing.

Mckercher, B.J.C. y Lawrence Aronsen [1996], *The North Atlantic Triangle in a Changing World: Anglo-American-Canadian Relations, 1902-1956*, Toronto, University of Toronto Press.

Merret, Christopher [1996], *Free Trade: Neither Free nor about Trade*, Montreal, Black Rose Books.

Meyer, Lorenzo [1991], *Su Majestad británica contra la Revolución Mexicana, 1900-1950. El Fin del imperio informal*, México, El Colegio de México.

_____ [2000], *México y el mundo. Historia de sus relaciones exteriores. Tomo VI: La marca del nacionalismo*, México, Senado de la Republica.

Miller, Eugene [1947], "*Canada and the Pan-American Union*", *International Journal* (3): 66-82.

Miller, Morris [1989], *El acuerdo de libre comercio entre Canadá y los Estados Unidos: lecciones para América Latina*, INTAL.

Millet, Montserrat [2001], *La regulación del comercio internacional del GATT a la OMC*, Barcelona, La Cita.

Milne, David [1982], *The New Canadian Constitution*, Toronto, James Lorimer.

_____ [1991], *The Canadian Constitution*, Toronto, James Lorimer.

Ministère de la Justice [1993], *Loi de Mise en œuvre de l'Accord de Libre-échange Nord-américain*, Ottawa, Ministère de la Justice.

Ministère des Affaires Extérieures [1970], *Politique Étrangère au Service des Canadiens*, Ottawa, Ministère des Affaires Extérieures.

_____ [1987], *Accord de Libre-échange entre le Canada et les États-Unis*, Ottawa, Ministère des Affaires Extérieures.

_____ [1984], *The Department of External Affairs*, Ottawa, Ministère des Affaires Extérieures.

Ministère des Affaires Étrangères et du Commerce International [1995], *Canada in the World*, Ottawa, Ministère des Affaires Étrangères et du Commerce International.

_____ [2002], *Partenaires en Amérique du Nord. Promouvoir les Relations du Canada avec les États-Unis et le Mexique*, troisième rapport, Ottawa, Comité Permanent des Affaires Étrangères et du Commerce International.

_____ [2005], *Fierté et Influence: Notre Rôle dans le Monde*, Ottawa, Ministère des Affaires Étrangères et du Commerce International.

Mitjans, Esther y Joseph Castellá [2001], *Canadá. Introducción al sistema político y jurídico*, Barcelona, Asociación Española de Estudios Canadienses y la Universitat de Barcelona.

Moore, Christopher [1997], *How the Fathers Made a Deal*, Canadá, McClelland & Stewart.

Morin, Claude [1978], "La Politique Extérieure du Québec", *Études Internacionales*, IX, 281-289.

_____ [1987], *L'art de l'Impossible: La Diplomatie Québécoise depuis 1960*, Montreal, Boréal Express.

Morton, Desmond [1994], "Tensiones de la abundancia 1945-1987", Craig Brown, *Historia Ilustrada de Canadá*, México, FCE, pp. 510-614.

Muirhead, B.W. [1992], *The Development of Postwar Canadian Trade Policy. The Failure of the Anglo-European Option*, Montreal, McGill-Queen's University Press.

Nankivell, Neville [2001], "Unfinished Agenda: Freeing up Canada's International Trade Market", en *Strengthening Canada: Challenges for International Trade and Mobility Conference Proceedings*, Toronto, 31 de mayo–1 de junio.

Navarrete, Alfredo [1958], "El Crecimiento económico de México y las inversiones extranjeras", *Trimestre Económico*, XXV (100).

Neufeld, Mark y Whitworth, Sandra [1997], "Imag(in)ing Canadian Foreign Policy", en Wallace Clement y Glen Williams (eds.), *Building on the New Canadian Political Economy*, Montreal, McGill-Queen's University Press, pp. 197-214.

Nevins, Allan, Henry Commanger y Jeffrey Morris [1994], *Breve historia de los Estados Unidos*, México, FCE.

Nicolau D'Olwer, Luis [1974], "Las inversiones extranjeras", en Daniel Cosio Villegas, *Historia moderna de México: El porfiriato*, México, Hermes.

Niosi, Jorge [1982], *Les Multinationales Canadiennes*, Montreal, Boréal Express.

Norrie, Kenneth y Douglas Owram [1996], *A History of the Canadian Economy*, Canadá, Harcourt Brace.

Nossal, Kim Richard [1993], "Contending Explanation for the Amalgamation of External Affairs", Donald Story, *The Canadian Foreign Services in Transition*, Toronto, Canadian Scholar's Press, pp. 37-58.

_____ [1997], *The Politics and Canadian Foreign Policy*, Canadá, Prentice Hall.

Ogelsby, J. [1976], *Gringos from the far North: Essays in the History of Canadian-Latin American Relations*, Toronto, Macmillan.

_____ [1989], *Gringos del Lejano Norte. Ensayo de historia de las relaciones canadienses-latinoamericanas 1866-1968*, Quito, Instituto Panamericano de Geografía e Historia.

Olea Sisniega, Miguel Ángel [1994], "México en el sistema de comercio internacional. Análisis de las negociaciones comerciales internacionales durante el decenio de los ochenta", en César Sepúlveda, *La política internacional de México en el decenio de los ochenta*, México, FCE, pp. 343-415.

Ortiz Mena, Antonio [2000], *El desarrollo estabilizador: Reflexiones sobre una época*, México, FCE.

Painchaud, Paul (ed.) [1989], *De Mackenzie King à Pierre Trudeau. Quarante ans de Diplomatie Canadienne*, Quebec, Les Presses de l'Université Laval.

_____ [1977], *Le Canada et le Québec sur la Scène Internationale*, Quebec, Centre Québécois de Relations Internationales, Les Presses de l'Université du Québec.

Parlement du Canada [2002], *Partenaires en Amérique du Nord. Promouvoir les Relations entre le Canada, les États-Unis et le Mexique*, Ottawa, Comité Sénatorial Permanent des Affaires Étrangères.

_____ [2004], *Mexico: Canada's other NAFTA Partner*, Ottawa, Comité Sénatorial Permanent des Affaires Étrangères.

Palerm, Ángel [1979], "Sobre la formación del sistema colonial. Apuntes para una discusión", Enrique Florescano, *Ensayos sobre el desarrollo económico de México y América Latina, 1500-1975*, México, FCE, pp. 23-36.

Pastor, Robert [2002], *Toward a North American Community. Lessons from the Old World for the New*, Washington, Institute for International Economics.

Paz, María Emilia [1997], *Strategy, Security, and Spies. Mexico and the U.S. as allies in World War II*, Pensilvania, The Pennsylvania State University Press.

_____ [1990], "México y la defensa hemisférica, 1939-1942", en Rafael Loyola, *Entre la Guerra y la Estabilidad Política: El México de los años 40*, México, Grijalbo, pp. 42-64.

Pearson, Charles [1989], *Free Trade, Fair Trade*, Washington, John Hopkins Foreign Policy, 1989.

Pilette, Lorraine [1993], *La Constitution Canadienne*, Montreal, Boréal.

Podea, Iris [1948], "Pan American Sentiment in French Canada", *International Journal*, III (4): 334-348.

Pollock, David [1978], "La actitud de los Estados Unidos hacia la CEPAL", *Revista de la CEPAL* (75): 59-86.

Pomfret, Richard [1989], *The Economic Development of Canada*, Canadá, Nelson.

Pringle, Henry [1964], *The Life and Times of William Howard Taft*, Nueva York, Farrar & Rinehart.

Puga, Cristina [2004], *Los empresarios organizados y el Tratado de Libre Comercio de América del Norte*, México, Miguel Ángel Porrúa.

Randall, Stephen y Herman Konrad [1995], *NAFTA in Transition*, Canadá, University of Calgary Press.

Randall, Stephen [2002], "In Search of a Hemispheric Role: Canada and the Americas", en *Canada among Nation 2002: A Fading Power*, Canadá, Oxford University Press, pp. 233-255.

Ray, Arthur [1994], "El encuentro de dos mundos", en Craig Brown, *Historia ilustrada de Canadá*, México, FCE, pp. 21-114.

Red Mexicana de Acción Frente al Libre Comercio [1992], *Memorias de Zacatecas. La opinión pública y las negociaciones del Tratado de Libre Comercio: Alternativas ciudadanas*, México, Red Mexicana de Acción Frente al Libre Comercio.

_____ [1995], *Documentos 1991-1995*, México, Red Mexicana de Acción Frente al Libre Comercio.

Reyes Heroles, Jesús [1950], *Naturaleza del tratado comercial mexicanoamericano de 1942*, México, Escuela Nacional de Economía.

Rico, Carlos [2000], *México y el mundo. Historia de sus relaciones exteriores. Tomo VIII:* Hacia la globalización, México, Senado de la República.

Riguzzi, Paolo [2003], *¿Reciprocidad imposible? La política de comercio entre México y Estados Unidos, 1857-1938*, México, El Colegio Mexiquense.

Robertson, Ross M. [1967], *Historia de la economía norteamericana*, Buenos Aires, Omeba.

Rochlin, James [1994], *Discovering the Americas. The Evolution of Canadian Foreign Policy toward Latin America*, Vancouver, UBC Press.

_____ [1999], *Descubriendo las Américas. La evolución de la política exterior canadiense hacia América Latina*, México, FCE.

Rodríguez, Octavio [1980], *La teoría del subdesarrollo de la CEPAL*, México, Siglo XXI Editores.

Romero, Matías [1890], *Reciprocidad comercial entre México y los Estados Unidos*, México, Bancomext.

Rosenzweig, Fernando [1965], "Moneda y bancos", en Daniel Cosío Villegas, *Historia moderna de México: El porfiriato*, México, El Colegio de México, pp. 789-885.

Rotstein, Abraham [1978], "Is there an English Canadian Nationalism?", *Journal of Canadian Studies* (13).

Royal Commission on Conditions of Foreign Services [1981], *Report: Royal Commission on Conditions of Foreign Services*, Ottawa, Minister of Supply and Services Canada.

Rubio, Luis [1992], *¿Cómo va a afectar a México el Tratado de Libre Comercio?*, México, FCE.

Salinas de Gortari, Carlos [2001], *México: Un paso difícil a la modernidad*, Barcelona, Plaza y Janés.

Saragossi, Maggy [1991], *Persuasion et Séduction: Le Discours Politico-commercial du Canada sur l'Amérique Latine, 1982-1985*, Quebec, Éditions Balzac.

_____ [1996], *Le Regard du Canada sur l'Amérique Latine, Parole Exclusive, Parole Transgressive*, Quebec, Editions Le Préambule.

Secofi [1993], *Organización de los Trabajos preparatorios del Tratado de Libre Comercio con Norteamérica*, México, Secretaría de Comercio y Fomento Industrial.

_____ [1993], *Tratado de Libre Comercio de América del Norte*, dos volúmenes, México, Secretaría de Comercio y Fomento Industrial.

_____ [1994], *Documentos básicos del Tratado de Libre Comercio de América del Norte*, México, Secretaría de Comercio y Fomento Industrial.

Secretaría de la Presidencia [1976], *Informe de Gobierno de Luis Echeverría*, México, Presidencia de la República.

Secretaría de Relaciones Exteriores [1976], *México a través de los informes presidenciales. La política exterior*, México, Secretaría de Relaciones Exteriores.

_____ [1999], *Tratados y convenios vigentes entre los Estados Unidos Mexicanos y otros países*, México, Secretaría de Relaciones Exteriores.

_____ [2003], *Conferencia Interamericana sobre problemas de la guerra y de la paz. México 1945*, México, Secretaría de Relaciones Exteriores.

SELA [1998], *El papel de Canadá en el Hemisferio*, Santiago, Sistema Económico Latinoamericano.

Senado de la República [1989], *Acuerdo General sobre Aranceles y Comercio, Reglamento*, México, Senado de la República Mexicana.

_____ [2000], *Análisis de los efectos del Tratado de Libre Comercio de América del Norte en la economía mexicana: Una visión sectorial a cinco años de distancia*, dos volúmenes, México, Senado de la República.

Serra Puche, Jaime [1994], *La reciprocidad internacional a la apertura económica de México*, México, Secretaría de Comercio y Fomento Industrial.

Sharp, Mitchell [1972], "Canada-U.S. Relations: Options for the Future", *International Perspectives*, número especial, otoño.

_____ [1994], *Which Reminds me .... a Memoir*, Toronto, University of Toronto Press.

Sheck, Conrad *et al.* [1994], *Canada in the America New-opportunities and Challenges*, Ottawa, Department of Foreign and International Trade.

Sifton, Clifford [1910-1911], *Debates*, Ottawa, House of Commons.

Soldatos, Panayotis [1987], "La Question du Spill over dans le débat sur le Libre-échange: Vers d'autres formes d'Intégration", en Christian Deblock y Maurice Couture, *Un Marché, deux Sociétés? Libre-échange et Autonomie Politique*, Canadá, Association Canadienne des Sociologues et Anthropologues de Langue Française, pp. 91-110.

_____ [1993], "La Revanche Continentaliste: Le Libre-échange Canado-américain", en A.P. Donneur y P. Soldatos, *Le Canada à l'ère de l'après-guerre Froide et des Blocs Régionaux. Une Politique Etrangère de Transition*, Canadá, Captus Press, pp. 135-189.

Spencer, Robert [1957], *Canada's Foreign Policy: Reminiscence and Reflection*, Toronto, Canadian Institute of International Affairs.

Stacey, Charles [1976], *Mackenzie King and the Atlantic Triangle*, Toronto, Macmillan of Canada.

Stanley, J. y Stein Barbara [1977], *La herencia colonial de América Latina*, México, Siglo XXI Editores.

Stevens, Paul (ed.) [1970], *The 1911 General Election: A Study in Canadian Politics*, Toronto, The Coop Clark Publishing.

Story Donald (ed.) [1993], *The Canadian Foreign Services in Transition*, Toronto, Canadian Scholar's Press.

Studer, María Isabel [1996-1997], "Fundamentos y condiciones de una sociedad estratégica entre México y Canadá", *Revista Mexicana de Política Exterior* (51): 45-83.

Studer, María Isabel, Prud'home J-F [1995], "Quebec-Mexico Relationships: A New Partner", en Lachapelle, *Quebec under Free Trade*, Quebec, Presses de l'Université du Québec.

Suárez, Luis [1983], *Echeverría en el sexenio de López Portillo: El caso de un expresidente ante el sucesor*, México, Grijalbo.

Tello, Carlos [1993], *La política económica en México 1970-1976*, México, Siglo XXI.

Théret, Bruno [2002], *Protection Sociale et Fédéralisme l'Europe dans le miroir de l'Amérique du Nord*, Bélgica, Presses Interuniversitaires Européennes.

Thompson, John y Randall Stephen [1994], *Canada and the United States: Ambivalent Allies*, Canadá, McGill-Queen's University Press.

Thomson, D.C. y R.F. Swanson [1971], *Canadian Foreign Policy: Options and Perspectives*, Canadá, McGraw-Hill.

Torres, Blanca [1979], "México en la Segunda Guerra Mundial", en *Historia de la Revolución Mexicana 1940-1952* (19).

Tucker, Gilbert [1936], *The Canadian Commercial Revolution 1845-1851*, New Haven, Connecticut, University Press.

Twomey, Michael [1993], *Las corporaciones multinacionales y el Tratado de Libre Comercio de América del Norte*, México, FCE.

United States International Trade Commission [1989], *Conditions of Competition between U.S. and Mexican Limited in the United States Market*, Washington, United States International Trade Commission.

_____ [1990], *Review of Trade and Investment Liberalization measure by Mexico and Prospects for Future United States-Mexican Relations. Phase I: Recent trade and Investment Reforms undertaken by Mexico and Implications for the United States*, Washington, United States International Trade Commission.

_____ [1990], *Review of Trade and Investment Liberalization measures by Mexico and Prospects for Future United States-Mexico Relations. Phase II: Summary of views on Prospects for Future United States-Mexico Relations*, Washington, United States International Trade Commission.

Vaillant, Manuel [1998], *Estudio de las relaciones comerciales ALADI-Canadá*, Santiago, ALADI.

Vázquez, Josefina y Lorenzo Meyer [1982], *México frente a Estados Unidos: Un ensayo histórico 1776-1980*, México, El Colegio de México.

Vega Cánovas, Gustavo [1987], "El Ingreso al GATT y sus implicaciones para el futuro de México", *Comercio Exterior*, 37 (7).

Villarreal, René [1997], *Industrialización, deuda y desequilibrio externo en México: Un enfoque neoestructuralista (1929-1997)*, México, FCE.

Waite, Peter [1994], "Entre tres océanos: Los desafíos de un destino continental. 1840-1900", en Craig Brown, *La historia Ilustrada de Canadá*, México, FCE, pp. 305-409.

Wallerstein, Immanuel [1984], *El mercantilismo y la consolidación de la economía-mundo europea, 1600-1750*, Madrid, Siglo XXI.

_____ [1998a], *La segunda era de gran expansión de la economía-mundo capitalista, 1730-1850*, México, Siglo XXI.

_____ [1998b], *El capitalismo histórico*, México, Siglo XXI.

Watkins, Mel [1963], "A Staple Theory of Economic Growth", *Canadian Journal of Economics and Political Science*, 29 (2).

_____ [1968], *Foreign Ownership and the Structure of Canadian Industry Report*, Canadá.

Weintraub Sidney [1987], *¿Libre comercio entre México y EUA? Las relaciones futuras entre ambos países*, México, Edamex.

_____ [1989], *México frente al Acuerdo de Libre Comercio Canadá-Estados Unidos*, México, Diana.

_____ [1997], *NAFTA at Three. A Progress Report*, Washington, The Center for Strategic & International Studies.

Willem, John [1959], *The U.S. Trade Dollar*, Nueva York, Whitman (edición revisada).

Williams, Douglas [1987], *Canadian Adjustment Policy: Beyond the Canadian Industrial Renewal Board*, Ottawa, North-South Institute.

Williams, Glen [1983], *Not for Export: Toward a Political Economy of Canada's arrested Industrialization*, Canadá, MacClelland & Stewart.

Winham, Gilbert [1988], *Trading with Canada. The Canada-U.S. Free Trade Agreement*, Nueva York, Priority Press Publications.

Winham, Gilbert y Black David [1988], *Trading with Canada. The Canada-U.S. Free Trade Agreement*, Nueva York, Priority Press Publications.

Winn, Peter [1975], *El imperio informal británico en el Uruguay en el siglo XIX*, Montevideo, Ediciones de la Banda Oriental.

Wolfe, David [1978], "Canadian Economic Policy. 1945-1957", *Journal of Canadian Studies* (13).

Wolman, Paul [1992], *Most Favored Nation. The Republican Revisionist and U.S. Tariff Policy, 1897-1912*, Chapel Hill–Londres, University of North Carolina Press.

Zea Prado, Irene [1982], *Gestión diplomática de Anthony Butler en México. 1829-1836*, México, SRE.

Siglas y acrónimos

ABAN	Acta Británica de América del Norte
ACDI	Agencia Canadiense de Desarrollo Internacional
AELE	Asociación Europea de Libre Comercio
AFEM	Asociación para el Fomento de Exportaciones Mexicanas
AFL-CIO	Federación Estadounidense del Trabajo y Congreso de Organizaciones Industriales
AHREM	Archivo Histórico de las Relaciones Exteriores de México
AIE	Agencia Internacional de Energía
ALADI	Asociación Latinoamericana de Integración
ALALC	Asociación Latinoamericana de Libre Comercio
ALCA	Área de Libre Comercio de las Américas
ALCCEU	Acuerdo de Libre Comercio Canadá-Estados Unidos
Alpro	Alianza para el Progreso
AMI	Acuerdo Multilateral de Inversiones
ANIERM	Asociación Nacional de Importadores y Exportadores de la República Mexicana
APEC	Foro de Cooperación Económica Asia-Pacífico
APPRI	Acuerdos de Protección a la Inversión Extranjera
AREM	Archivo de Relaciones Exteriores de México
ATJO	Canadian Alliance for Trade and Jobs Opportunities
Banamex	Banco Nacional de México
Bancomext	Banco Nacional de Comercio Exterior
BID	Banco Interamericano de Desarrollo
BIRF	Banco Internacional de Reconstrucción y Fomento

BM	Banco Mundial
BCNI	Business Council on National Issues
Canacintra	Cámara Nacional de la Industria de la Transformación
CAP	Congreso Agrario Permanente
Caricom	Comunidad del Caribe
CCE	Consejo Coordinador Empresarial
CEDI	Certificados de Devolución de Impuestos
CEE	Comunidad Económica Europea
CEESP	Centro de Estudios Económicos del Sector Privado
CEMAI	Consejo Empresarial Mexicano para Asuntos Internacionales
Cemex	Cementos Mexicanos
CEPAL	Comisión Económica para América Latina
Ceprofi	Certificado de Promoción Fiscal
CLC	Canadian Labour Congress
CMA	Canadian Manufacturer's Association
CNC	Confederación Nacional Campesina
CNE	Colegio Nacional de Economistas
COC	Council of Canadians
COECE	Coordinadora de Organizaciones Empresariales del Comercio Exterior
Concamin	Confederación de Cámaras Industriales de los Estados Unidos Mexicanos
Concanaco	Confederación de Cámaras Nacionales de Comercio
Coparmex	Confederación Patronal de la República Mexicana
CSN	Confederación de Sindicatos Nacionales
CTM	Confederación de Trabajadores Mexicanos
DAE	Departamento de Asuntos Exteriores
FAT	Frente Auténtico del Trabajo
FIRA	Foreign Investment Review Agency

FLQ	Frente de Liberación de Quebec
FMI	Fondo Monetario Internacional
Fomex	Fondo para la Promoción de Productos Manufacturados
Fonatur	Fondo Nacional de Turismo
GATT	Acuerdo General sobre Tarifas Aduaneras y Comercio
GEPLACEA	Grupo de Países Latinoamericanos y del Caribe Exportadores de Azúcar
GES	Gases de Efecto Invernadero
GST	General Sales Taxes
IDRC	Centro de Investigaciones para el Desarrollo Internacional
IED	Inversión Extranjera Directa
IFE	Instituto Federal Electoral
IMCE	Instituto Mexicano de Comercio Exterior
Imecafe	Instituto Mexicano del Café
ISI	Industrialización Substitutiva de Importaciones
ITC	Comisión de Comercio Internacional
MAECI	Ministerio de Asuntos Exteriores y Comercio Internacional
MCCA	Mercado Común Centroamericano
Mercosur	Mercado Común del Cono Sur
MIT	Massachusetts Institute of Tecnology
MOUTI	Memorandum of Understanding on Trade and Investment
NAMUCAR	Organización de la Naviera Multinacional del Caribe
NEP	National Energy Program
NDP	Partido Neodemócrata de Canadá
NMF	Nación Más Favorecida
OCDE	Organización para la Cooperación y el Desarrollo Económico
OEA	Organización de Estados Americanos
OIC	Organización Internacional de Comercio
OIT	Organización Internacional del Trabajo

OLADE   Organización Latinoamérica de Energía

OMC   Organización Mundial del Comercio

ONG   Organizaciones No Gubernamentales

ONU   Organización de las Naciones Unidas

OPEP   Organización de Países Exportadores de Petróleo

ORD   Órgano de Reglamentación de Diferencias

OTAN   Organización del Tratado del Atlántico Norte

PA   Pacto Andino

PAN   Partido Acción Nacional

PARC   Archivo Público del Ministerio de Relaciones Internacionales y Comercio Exterior de Canadá

PCN   Pro Canada Network

PEC   Política Exterior de Canadá

Pemex   Petróleos Mexicanos

PIB   Producto Interno Bruto

PNB   Producto Nacional Bruto

PRD   Partido de la Revolución Democrática

PRI   Partido Revolucionario Institucional

RMALC   Red Mexicana de Acción frente al Libre Comercio

Secofi   Secretaría de Comercio y Fomento Industrial

SEE   Sociedad para la Expansión de las Exportaciones

SELA   Sistema Económico Latinoamericano

SGP   Sistema Generalizado de Preferencias

SHCP   Secretaría de Hacienda y Crédito Público

Telmex   Teléfonos de México

TICA   Trade and Investment Cooperation Arrangements

TLCAN   Tratado de Libre Comercio de América del Norte

TNO   Oficina de Negociaciones Internacionales

TPA   Autoridad de Promoción Comercial

TPP   Acuerdo de Asociación Transpacífico

UE	Unión Europea
UNCTAD	Conferencia de las Naciones Unidas para el Comercio y el Desarrollo
Unorca	Unión Nacional de Organizaciones Campesinas
USITC	Comisión de Comercio Internacional de los Estados Unidos
USTR	Oficina del Representante Comercial de los Estados Unidos

Cuadros